만들면서 배우는
코틀린 & 안드로이드
프로그래밍

기초 문법부터 다섯 가지 실전 프로젝트 예제를
꼼꼼하게 설명하는

만들면서 배우는
코틀린 & 안드로이드
프로그래밍

기초 문법부터 다섯 가지 실전 프로젝트 예제를
꼼꼼하게 설명하는

지은이 유병석

펴낸이 박찬규 **엮은이** 윤가희 **디자인** 북누리 **표지디자인** 아로와 & 아로와나

펴낸곳 위키북스 **전화** 031-955-3658, 3659 **팩스** 031-955-3660

주소 경기도 파주시 문발로 115 세종출판벤처타운 311호

가격 36,000 **페이지** 992 **책규격** 188 x 240mm

초판 발행 2021년 04월 29일
ISBN 979-11-5839-252-9 (93000)

등록번호 제406-2006-000036호 **등록일자** 2006년 05월 19일
홈페이지 wikibook.co.kr **전자우편** wikibook@wikibook.co.kr

Copyright © 2021 by 유병석
All rights reserved.
Printed & published in Korea by WIKIBOOKS

이 책의 한국어판 저작권은 저작권자와 독점 계약으로 위키북스에 있습니다.
신저작권법에 의해 한국 내에서 보호를 받는 저작물이므로 무단 전재와 복제를 금합니다.
이 책의 내용에 대한 추가 지원과 문의는 위키북스 출판사 홈페이지 wikibook.co.kr이나
이메일 wikibook@wikibook.co.kr을 이용해 주세요.

만들면서 배우는
코틀린 & 안드로이드 프로그래밍

기초 문법부터 다섯 가지 실전 프로젝트 예제를
꼼꼼하게 설명하는

유병석 지음

위키북스

아이폰의 등장과 안드로이드 운영체제가 탑재된 여러 단말기가 널리 보급되면서 본격적인 스마트폰의 시대가 열렸습니다. 일상생활을 바꿀 편리한 앱들이 출시됐고, 이제는 스마트폰이 없는 세상을 상상하기 어렵게 됐습니다.

앱 개발 초창기에 사용됐던 어설프고 불안정했던 개발 도구들도 시간이 지남에 따라 기능이 추가되고, 손쉽게 개발할 수 있게 발전했습니다. 최근에는 리액트 네이티브나 플러터 같은 여러 플랫폼을 동시에 지원하는 개발 도구가 많은 관심을 받고 있지만, 아무래도 직접 네이티브 앱을 개발하는 것에 비해서 제약 사항이 많아서 네이티브 앱 개발의 수요는 꾸준히 증가하고 있습니다.

우연히 집필의 기회를 얻게 되어 어떠한 주제로 책을 써볼까 고민하던 중 가장 오랜 시간을 투자하여 개발 과정에 참여했고, 실제 앱을 출시한 경험이 있었던 '안드로이드 앱 개발'을 주제로 글을 써보는 것이 좋겠다고 생각했습니다. 마침 방과 후 학교에서 안드로이드 개발을 주제로 강의할 일이 있었는데, 최근 공식 언어로 발표된 코틀린 언어의 특징도 소개하고, 동시에 온전한 기능을 수행하는 안드로이드 앱을 제작하는 프로젝트를 여럿 진행할 수 있는 책이 있었으면 하는 마음으로 직접 책을 집필할 용기를 냈습니다.

전반부에서는 안드로이드 개발 과정에서 코틀린을 주 언어로 활용할 수 있도록 코틀린 언어의 문법을 소개하고, 곧바로 안드로이드 앱 개발에 응용할 수 있도록 책을 구성했습니다. 코틀린 언어를 단독으로 다루는 책은 아니지만, 프로그래밍 언어를 처음 접하는 사람이 알아야 하는 개념을 설명하고 안드로이드 앱을 개발하며 어려움을 느끼지 않도록 필요한 문법들을 충실히 다루려고 노력했습니다.

시중에 훌륭한 안드로이드 도서가 많이 나와 있지만, 앱을 처음 개발하는 분에게는 프로젝트를 처음부터 끝까지 진행하며 하나의 완전한 앱을 완성하는 과정을 여러 번 경험해보는 것이 더 중요하다고 생각했습니다. 따라서 첫 번째 프로젝트를 제외하고는 이론적인 설명은 가능한 한 최소화하고, 단계를 거치며 앱의 완성도를 높일 수 있게 구성했습니다.

또한, 책의 모든 내용을 전부 따라 하지 못하더라도 어느 정도 완성된 형태의 결과물을 바로 확인해 볼 수 있게 프로젝트의 도입부에서 가장 핵심적인 기능을 구현한 후 점진적으로 부차적인 기능을 추가하고, 사용자 인터페이스를 완성도 있게 가다듬을 수 있도록 내용을 구성했습니다.

지면의 한계로 안드로이드 개발과 관련된 모든 내용을 책에 수록하지는 못했지만, 거시적인 관점에서 앱 개발과 관련된 다양한 경험을 쌓을 수 있게 구성했습니다. 안드로이드 운영체제에서 제공하는 API와 안드로이드 홈페이지의 공식 개발 문서를 같이 참고하며 책을 읽으면 더 좋은 결과를 얻을 수 있을 것입니다.

비교적 난도가 높은 편인 안드로이드 앱 개발 학습 과정에 조금이나마 보탬이 됐으면 하는 마음이 간절하며, 부족한 책이 나올 수 있도록 많은 도움을 주신 출판사 관계자분들과 정서적 지지를 보내준 부모님, 친구, 지인분들께 감사의 말씀을 드립니다.

대상 독자

기본적으로는 프로그래밍 언어를 처음 접하는 사람도 이해할 수 있도록 설명했습니다. 다른 프로그래밍 언어를 접한 경험이 조금이라도 있는 독자분들은 이미 익숙한 내용은 적당히 생략해가면서 읽거나, 본인이 경험해 본 언어의 특징과 다른 부분을 비교해가며 읽으면 더욱 효율적으로 학습할 수 있을 것입니다. 안드로이드 앱 개발 경험은 전혀 없다고 가정하고 책을 집필했습니다.

책과 관련된 질문이 있다면 아래 카페에 올려주시기 바랍니다.

- https://cafe.naver.com/wbkotlinandroid

예제 파일 다운로드

이 책에서 사용된 예제 코드는 깃허브 저장소와 위키북스 홈페이지에서 내려받을 수 있습니다.

- 깃허브 저장소: https://github.com/akaz00/wikibook-learn-android
- 책 홈페이지: https://wikibook.co.kr/kotlin-android/

사용 리소스 출처

책에서 사용된 폰트 및 이미지의 출처는 다음과 같습니다.

- https://www.cookierunfont.com/
- https://www.iconfinder.com/iconsets/typicons-2
- https://www.iconfinder.com/iconsets/fat-face
- https://www.iconfinder.com/iconsets/fat-face-black
- https://material.io/resources/icons/?icon=add&style=sharp

김재석 (나인코퍼레이션 공동대표)

보통 실전서는 기초가 약하고, 기초 서적은 실전 응용 사례가 부족하다. 이 책은 기초와 실전을 한 권에 담고 있으며, 설명의 톤을 유기적으로 이어나가 초심자가 한 권 만으로 실전형 인재로 성장할 수 있게 공을 들였다. 따라하기만 하다 창작의 감을 잃지 않도록 도전 과제를 준비했고, 마치 현업에서 개발 업무를 맡은 듯한 경험을 제공하는 것 또한 이 책의 특징이다. 전직 스타트업 엔지니어이자 현직 교사만이 써낼 수 있는 특별한 코틀린 교본을 지금 만나보시라.

문성원 (나인코퍼레이션 CTO)

프로그래머를 업으로 삼아 일하다 보면 손에 꼽히게 어려운 일 중 하나가 교육이라고 생각합니다. 교육하는 입장에선 교육을 받는 사람이 무엇을 알고 무엇을 모르는지 쉽게 짐작하기 어렵기 때문입니다. 그런 면에서, 저자의 세심한 배려와 다양한 실습 과제로 구성된 이 책은 탁월한 입문서이자 길라잡이가 돼 줄 것입니다.

함기훈 (미림여자정보과학고 교사)

마이스터고등학교에서 수년간 강의 및 고등학교 교과서를 썼던 경험을 기반으로 만들어진 쉽게 쓰인 코틀린·안드로이드 책입니다. 입문하는 학생들이 많이 질문하는 기초적인 부분부터 안드로이드 앱 개발에서의 적용까지 모두 다루고 있습니다. 쉽고 다양한 예제와 상세한 코드 설명으로 차근차근 익힐 수 있는 책을 찾았다면 바로 이 책이 큰 도움이 될 것입니다.

01부 코틀린 프로그래밍 언어

01 들어가며 … 1
- 코틀린 프로그래밍 언어 … 4
- 인텔리J IDEA설치 … 4
- 첫 번째 코틀린 프로그램 … 15
- 콘솔창을 이용한 출력과 입력 … 18
- 코틀린 예제 코드 내려받기 … 20

02 변수와 자료형 … 24
- 변수의 개념 … 24
- 변수와 상수 선언 … 25
  - 변수 선언 … 25
  - 상수 선언 … 27
  - 변수와 상수의 명명 규칙 … 28
- 변수의 타입 … 29
  - 숫자 타입 … 29
  - 문자 타입 … 30
  - 문자열 타입 … 32
  - 논리값 타입 … 35
- 배열 타입 … 36
- Any 타입 … 40
- 타입 변환 … 41
- Nullable 타입 … 45
  - 조건문에서 null 값 대입 여부를 검사한 후 값에 접근 … 48
  - 안전 호출 연산자를 사용해 값에 접근 … 49
  - 엘비스 연산자를 이용해 값에 접근 … 49
  - null 값이 아님을 보장하는 연산자를 사용해 값에 접근 … 50
  - null을 반환하는 타입 변환 메서드 … 51
- 주석 … 52

03 \ 연산자 — 56

- 산술 연산자 — 56
- 대입 연산자 — 60
- 복합 대입 연산자 — 60
- 단항 연산자 — 61
- 비교 연산자 — 62
- 논리 연산자 — 64
- 인덱스 접근 연산자 — 65
- in 연산자 — 67
- 연산자 우선순위 — 71

04 \ 제어문 — 74

- 분기문 — 74
    - if 문을 이용한 분기 — 75
    - if 표현식과 삼항 연산자 — 81
    - when – case 표현식을 이용한 분기 — 85
- 반복문 — 91
    - while 문 — 91
    - do – while 문 — 93
    - for 문 — 93
    - for 문을 이용한 배열과 컬렉션 순회 — 101
    - break와 continue 명령어 — 103

05 \ 함수 — 110

- 함수의 개념 — 110
- 함수 정의 — 111
- 함수 축약 정의 — 117
- 기본 인자값 정의 — 118

가변 인자 전달	120
전개 연산자를 이용한 배열값 전달	122
이름을 통한 인자값 전달	124
람다 함수와 고차 함수	126
람다 함수의 정의와 생성	126
it을 이용한 람다 함수 내부에서의 인자값 접근	130
함수 타입 추론	130
함수의 반환값으로 람다 함수를 반환	131
함수의 인자로 람다 함수를 전달	134
함수 내부에 정의하는 로컬 함수	137
패키지	138
함수 오버로딩	144
함수 참조 연산자	146
범위 함수	150
객체지향 프로그래밍	159

06 \ 객체지향 프로그래밍 기초   159

객체지향 프로그래밍과 클래스	160
클래스 정의	164
클래스 생성자	166
보조 생성자의 개념과 정의	172
this 키워드를 이용한 객체 접근	180
접근 제어자의 개념	183
접근 제어자를 이용한 변수, 상수 및 함수 정의	186
속성과 게터, 세터 메서드	189
Lazy와 lateinit을 이용한 속성값 초기화	195
상속	199
super 키워드를 이용한 부모 객체 접근	204
메서드 오버라이드	205
메서드 오버로딩	208

추상 클래스	209
Any 클래스	215
인터페이스	**216**
인터페이스와 다중 상속	220
타입 확인과 타입 변환	**226**
is, !is 키워드를 이용한 타입 확인	226
as 키워드를 이용한 타입 변환	229
업캐스팅과 다운캐스팅	229
스마트 캐스트	237
안전한 형변환을 위한 as? 키워드	239
object 키워드와 익명 클래스	**245**

07 객체지향 프로그래밍 고급   245

데이터 클래스	**250**
equals 메서드와 hashCode 메서드 재정의	263
열거형 클래스	**274**
봉인 클래스	**280**
내부 클래스	**286**
확장 함수	**294**
중위 표기법을 이용한 메서드 및 함수 호출	**298**
object 키워드와 싱글턴 클래스	**301**
companion object 키워드를 이용한 클래스 변수, 상수, 함수 정의	**304**
const 키워드와 @JvmField 애너테이션의 활용	307
유용한 패키지와 클래스	**310**
문자열 클래스	310
수학 패키지	317
난수 클래스	322
날짜 클래스	323
시스템 클래스	326

08 예외 처리 ... 336

예외 처리의 개념 ... 336
try – catch 표현식 활용 ... 339
    스택 트레이스와 예외 발생 이유 찾기 ... 342
    여러 catch 블록의 중첩 ... 345
    finally 블록 ... 349

throw 키워드를 이용한 예외 발생 ... 352
표현식으로 사용되는 try – catch ... 353
예외 클래스 정의 ... 355
제네릭의 개념과 활용 ... 359

09 제네릭 ... 359

제네릭을 적용한 제네릭 함수 ... 364
컬렉션의 개념 ... 367
    mutable과 immutable ... 367

10 컬렉션 ... 367

리스트 ... 368
    리스트의 정렬 ... 374

맵 ... 378
집합 ... 381
컬렉션에서 제공하는 유용한 확장 함수 ... 382
    forEach, forEachIndexed ... 383
    map ... 384
    filter ... 385
    partition ... 386
    reduce ... 387
    count ... 389

zip	389
associate	390
groupBy	391
distinct	392
min, max, sum, average, count	392
any, all, none	393
Iterable 인터페이스	394

11 \ 파일 입출력   402

파일 입출력이란?	402
파일 생성	402
텍스트 파일 입출력	405
이진 파일 입출력	408
디렉터리 관련 작업 수행	414

02부 실전 안드로이드 프로젝트

01 Hello Android — 420

안드로이드 스튜디오 설치와 가상 단말기 생성 — 420
- 안드로이드 스튜디오 설치 — 420
- 프로젝트 생성 및 실행 — 425
- 완성된 프로젝트 불러오기 — 430
- 화면 패널 소개 — 432
- AVD Manager를 이용한 안드로이드 에뮬레이터 사용 — 435

XML 기초 개념 — 439

레이아웃 XML 파일과 다양한 리소스 — 441
- 뷰와 뷰그룹 개념 — 442
- 뷰와 식별자 할당 — 445
- res 폴더와 리소스 파일 — 446
- 문자열 리소스 및 색상 리소스 파일에 정의된 리소스 사용 — 449
- R.java 파일과 리소스 식별자 — 451
- 안드로이드에서 사용되는 가상 단위 DP — 453

첫 액티비티 코드 분석과 수정 — 460
- 레이아웃 파일 생성 및 새 레이아웃 적용 — 462
- 식별자를 이용한 뷰 객체 접근 — 463
- 클릭 이벤트 리스너 등록 — 465

로그캣과 토스트를 이용한 메시지 출력 — 469
- 로그캣을 이용한 로그 메시지 출력 — 469
- 토스트를 이용한 메시지 출력 — 473

액티비티의 개념과 액티비티 생명주기 — 475
- 단말기 상태 변경과 관련된 UI 상태 저장 — 480

자주 쓰이는 뷰그룹 — 489
- LinearLayout 뷰그룹 — 489
- RelativeLayout 뷰그룹 — 494
- 중첩 뷰그룹의 활용 — 497

자주 쓰이는 뷰	499
TextView, ImageView 뷰	500
Button, ImageButton, ToggleButton 뷰	503
EditText 뷰	506
CheckBox, RadioButton 뷰	508
Spinner 뷰	510
동적 생성된 뷰를 이용한 레이아웃 구성	513
AndroidManifest.xml 설정 파일	520
런처 아이콘 설정	523
그레이들 파일 설정	526

02 오늘의 명언 530

프로젝트 생성	531
액티비티 생성과 레이아웃 구성, 명언 출력 기능 구현	533
액티비티 정보 수정	533
SharedPreferences 인터페이스의 개념	544
SharedPreferences 객체 접근	544
Editor 객체를 이용한 데이터 저장, 수정, 삭제	546
SharedPreferences 객체를 사용한 명언 데이터 저장	548
명언 목록 액티비티 생성	554
명시적 인텐트를 이용한 액티비티 이동	556
명언 목록 액티비티 구성	561
명언 편집 액티비티 구성	571
명언 공유하기 기능 작성	579

03 날씨와 미세먼지 590

프래그먼트의 개념과 활용	591
프래그먼트에 필요한 초깃값 전달	601
리스너 구현을 통한 프래그먼트와 액티비티 통신	606

프로젝트 생성과 UI 구성	611
프래그먼트 활용	612
날씨 정보 API 서비스 신청	620
인터넷 권한 설정과 네트워크 요청 전송	624
비동기 작업을 정의하기 위한 AsyncTask 클래스 활용	626
AsyncTask 클래스를 상속받는 네트워크 요청 클래스 작성	644
Jackson 라이브러리 의존성 추가 및 JSON 문자열의 역직렬화	655
미세먼지 정보 API 서비스 신청	669
미세먼지 프래그먼트 생성	671
ViewPager를 이용한 프래그먼트 전환	684
위치 정보 접근	690
앱 UI 개선	701
배경 그러데이션 추가	701
애니메이션 리소스 활용	705
벡터 이미지 활용	710
Retrofit 라이브러리를 이용한 HTTP 통신	715

04 뽀모도로   733

서비스와 브로드캐스트의 개념	734
서비스의 개념	734
시스템에서 전달되는 브로드캐스트 메시지	754
포어그라운드 서비스의 필요성	757
프로젝트 생성과 UI 구성	758
서비스 생성 및 알람 기능 구현	759
사용 환경 개선	777
알람 시간 선택 기능 추가	777
알람까지 남은 시간을 액티비티 뷰로 표시	786
다양한 미디어를 이용한 알람 설정	794
설정 프래그먼트 추가	800

상태바 메시지에 시간 정보 표시 및 갱신	811
앱 UI 개선	817
툴 바 커스터마이징 및 액션바 대체	817
커스텀 뷰 작성 및 활용	821

05 퀴즈퀴즈   838

프로젝트 생성	839
내비게이션 드로어를 이용한 메뉴 생성	839
헤더와 메뉴 구성	840
Quiz 클래스 정의 및 Room 데이터베이스 설정	852
XML 리소스를 이용한 로컬 데이터베이스 구성	864
애셋 폴더 생성 및 퀴즈 데이터가 담긴 XML 애셋 파일 추가	864
초기 퀴즈 데이터를 데이터베이스에 추가	866
퀴즈 프래그먼트의 기초 기능 구현	872
퀴즈 목록 프래그먼트 및 퀴즈를 수정, 추가, 삭제하는 액티비티 생성	887
퀴즈 관리 액티비티 구현	892
퀴즈 수정 및 삭제 기능 구현	897
퀴즈 추가 기능 구현	908
퀴즈 내용 검증 기능 구현	912
퀴즈 추가, 수정, 삭제 이후 퀴즈 목록을 갱신하는 문제 해결	916
퀴즈 풀이 프래그먼트 기능 개선	926
퀴즈 목록 필터링 기능 추가	930
퀴즈 풀이 화면의 타이머 기능 구현을 통한 제한 시간 설정	935
UI 개선	944
프래그먼트 전환 애니메이션 추가	944
커스텀 폰트 적용	946
퀴즈 결과 프래그먼트 화면 수정	951
카드뷰 활용	955
피드백 이미지 및 선택지 버튼에 애니메이션 효과 적용	958

01부

코틀린 프로그래밍 언어

이 책의 1부에서는 코틀린 프로그래밍 언어의 문법 및 객체 지향 프로그래밍 방법을 배우겠습니다.

Chapter 01 _ 개발환경구성
코틀린 프로그래밍 언어 학습을 위한 개발 환경을 구성하고 프로그램을 실행하는 방법을 배웁니다.

Chapter 02 _ 변수와 자료형
변수를 선언하고 코틀린 언어에서 제공하는 다양한 자료형을 활용하여 값을 저장하는 방법을 배웁니다.

Chapter 03 _ 연산자
코틀린 언어에서 제공하는 연산자를 활용하여 다양한 연산을 수행하는 방법을 배웁니다.

Chapter 04 _ 제어문
분기문과 조건문을 이용하여 프로그램의 전체적인 논리 구조를 작성하는 방법을 배웁니다.

Chapter 05 _ 함수
함수를 작성하여 명령어를 추상화하는 방법을 배우고 람다 함수 작성법 및 고차 함수의 사용법을 배웁니다.

Chapter 06 _ 객체지향 프로그래밍 기초
객체지향 프로그래밍에 필요한 기초 개념인 클래스와 상속 개념을 학습하고 추상 클래스와 인터페이스 작성법을 배웁니다.

Chapter 07 _ 객체지향 프로그래밍 고급
클래스와 관련된 고급 개념을 살펴보고 언어에서 제공하는 유용한 클래스의 활용법을 배웁니다.

Chapter 08 _ 예외처리
예외처리를 통해서 프로그램이 비정상 종료되지 않도록 해결하는 방법을 배웁니다.

Chapter 09 _ 제네릭
제네릭의 개념과 활용법을 학습하고 제네릭이 적용된 함수를 작성하는 방법을 배웁니다.

Chapter 10 _ 컬렉션
리스트, 맵, 집합 컬렉션 클래스를 이용하여 데이터를 효율적으로 저장하는 방법을 배웁니다.

Chapter 11 _ 파일 입출력
파일을 생성하고 필요한 데이터를 저장한 후 읽어오는 방법을 배웁니다.

chapter

01

개발 환경 구성

코틀린 프로그래밍 언어

코틀린(Kotlin)은 WebStorm, PyCharm, IntelliJ IDEA 같은 여러 개발 도구를 제작한 JetBrains사에서 만든 프로그래밍 언어입니다. 코틀린은 자바 언어와 같이 **JVM에서 실행되는 바이트코드를 생성하므로 자바와 100% 호환되면서도** 자바보다 간결한 문법 및 생산성을 높여주는 문법적 편의성을 제공하여 새롭게 부상하고 있는 언어입니다.

특히 최근에는 **안드로이드 프로그램을 제작하기 위한 공식 언어로 채택**된 이후 세력을 넓혀가며 웹 개발(스프링 등)을 포함한 다양한 환경에서 사용되고 있습니다. 현재까지는 자바로 작성된 프로그램이 더 많지만 새로 작성될 프로그램은 생산성이 높은 코틀린 언어를 사용해서 작성될 확률이 높기 때문에 전망이 밝은 언어입니다.

인텔리J IDEA설치

코틀린 언어를 이용하여 본격적으로 개발을 시작하기에 앞서 인텔리J IDEA 프로그램을 설치해야 합니다. **인텔리J IDEA(IntelliJ IDEA)**는 **통합 개발 환경(IDE; Integrated Development Environment)**으로 코틀린 개발에 필요한 여러 기능을 제공하는 프로그램입니다.

이 프로그램은 코틀린 언어를 만든 JetBrains사에서 제공하는 개발 도구로서 자바, 코틀린 언어뿐만 아니라 다양한 언어(파이썬, 루비, PHP)를 이용한 개발도 지원합니다.

구글에서 다음과 같이 IntelliJ 키워드로 검색해 프로그램의 다운로드 페이지로 이동합니다.

그림 1-1 InteliJ IDEA 다운로드 페이지 접근

프로그램 다운로드 페이지 URL은 다음과 같습니다(단, 해당 링크 주소는 이후 변경될 수 있으므로 접속이 되지 않을 경우 구글 검색을 통해서 다운로드 페이지로 이동하는 방법을 추천합니다).

- https://www.jetbrains.com/idea/download

이후 다운로드 페이지에서 **자신의 운영체제에 맞는 프로그램을 선택**하고 프로그램을 내려받습니다.

Ultimate 버전과 Community 버전 중 하나를 내려받을 수 있는데 Ultimate 버전은 제공하는 기능이 더 많지만 유료 버전이므로 여기서는 **무료 버전인 Community 버전을 내려받겠습니다**.

그림 1-2 커뮤니티 버전 인텔리J 내려받기

이후 내려받은 설치 파일을 실행해 프로그램 설치를 진행합니다.

본격적인 프로그램 설치가 시작됨을 알리는 화면이 나오면 [Next] 버튼을 클릭합니다.

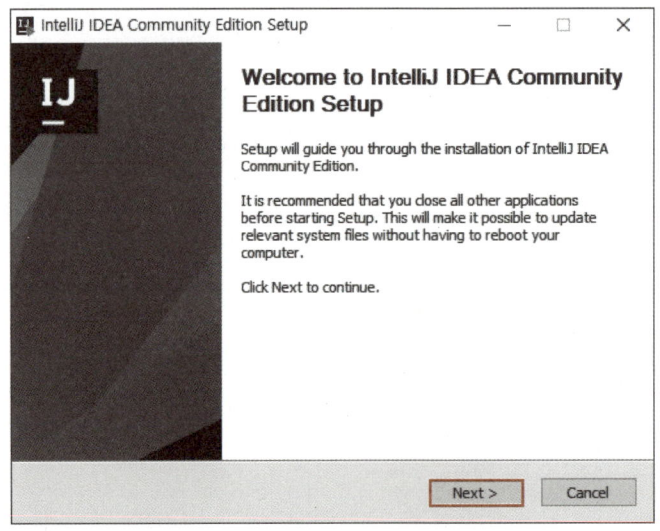

그림 1-3 프로그램 설치 시작

프로그램을 설치할 경로를 지정합니다. 기본 설치 경로 그대로 설치를 진행하기 위해서 [Next] 버튼을 클릭합니다.

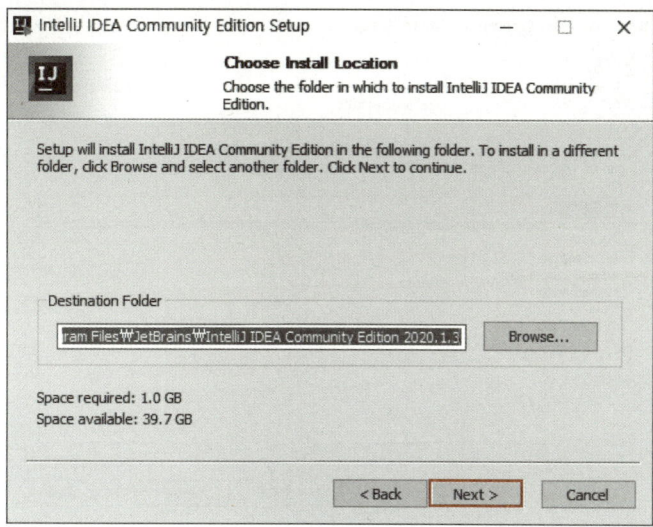

그림 1-4 인텔리J 설치 경로 설정

바탕 화면 아이콘 생성 및 파일 확장자 연결과 관련된 설정 화면이 나타납니다. 여기서도 따로 설정을 진행하지 않고 [Next] 버튼을 클릭합니다.

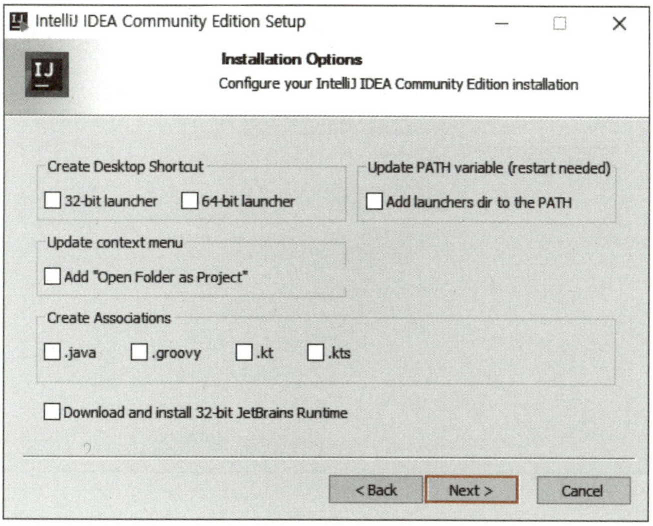

그림 1-5 인텔리J 설치 옵션 설정

윈도우의 시작 화면에 등록할 폴더 이름을 지정합니다. 여기서도 따로 내용을 변경하지 않고 설치를 진행하기 위해서 [Install] 버튼을 클릭합니다.

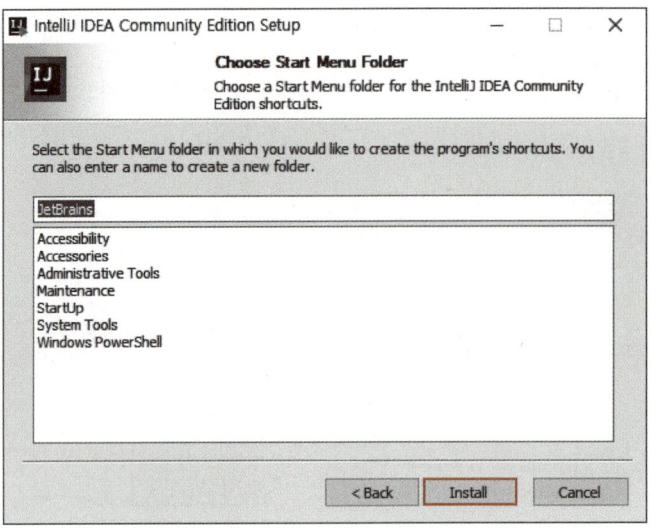

그림 1-6 시작 화면의 폴더 이름 지정

이후 프로그램 설치가 진행됩니다.

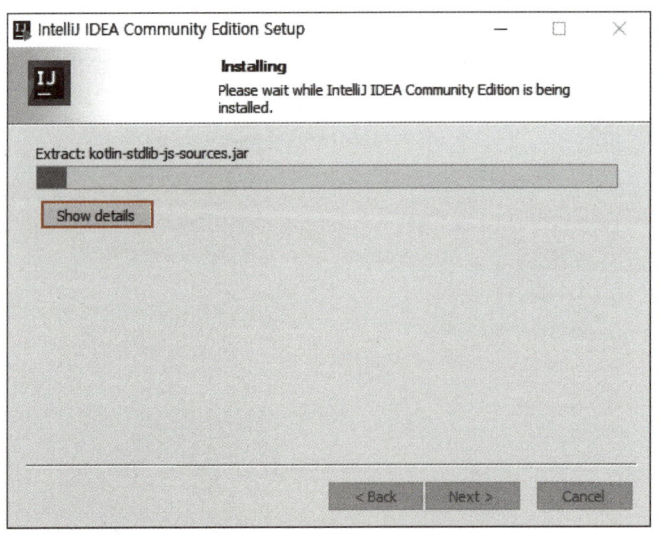

그림 1-7 설치 진행

설치를 모두 마치면 나타나는 화면입니다. Run IntelliJ IDEA Community Edition 옵션에 체크한 다음 [Finish] 버튼을 클릭하면 설치 마법사가 종료되며, 인텔리J 프로그램이 실행됩니다.

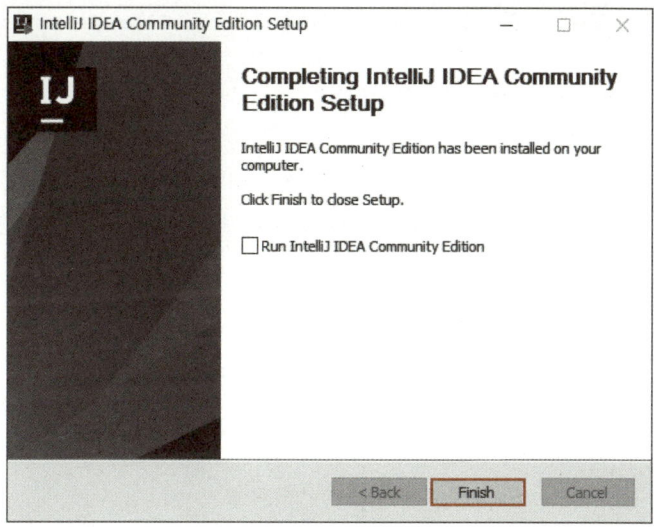

그림 1-8 인텔리J 설치 완료

마지막 화면에서 옵션에 체크하지 않고 [Finish] 버튼을 클릭했다면 시작 메뉴를 통해서 프로그램을 실행합니다.

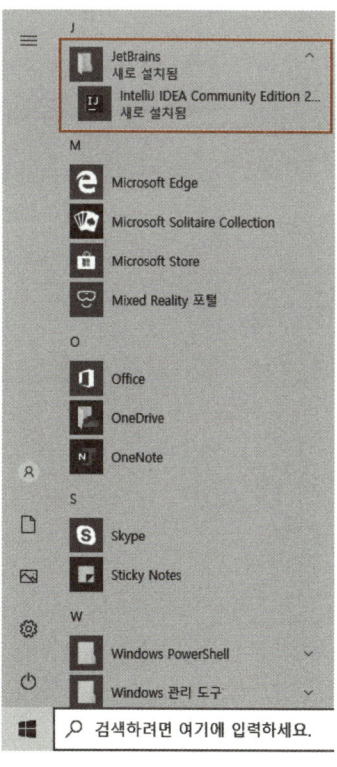

그림 1-9 시작 화면에 등록된 프로그램

프로그램을 실행하면 라이선스 정책 동의 화면이 나타납니다. 라이선스 정책에 동의하기 위해서 체크박스에 체크한 다음 [Continue] 버튼을 클릭합니다.

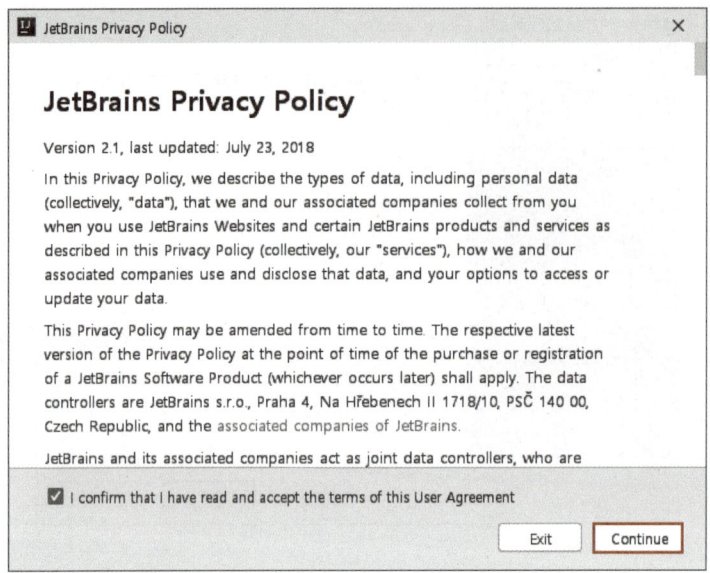

그림 1-10 라이선스 정책 동의

이어서 UI 테마 설정 창이 나옵니다. 취향에 따라 작업 화면의 모습(배경색, 글자색 등)을 결정하기 위한 UI 테마를 설정합니다. 여기서는 Light 테마를 선택했습니다.

이후 [Skip Remaining and Set Defaults] 버튼을 클릭해서 모든 설정 작업을 완료합니다.

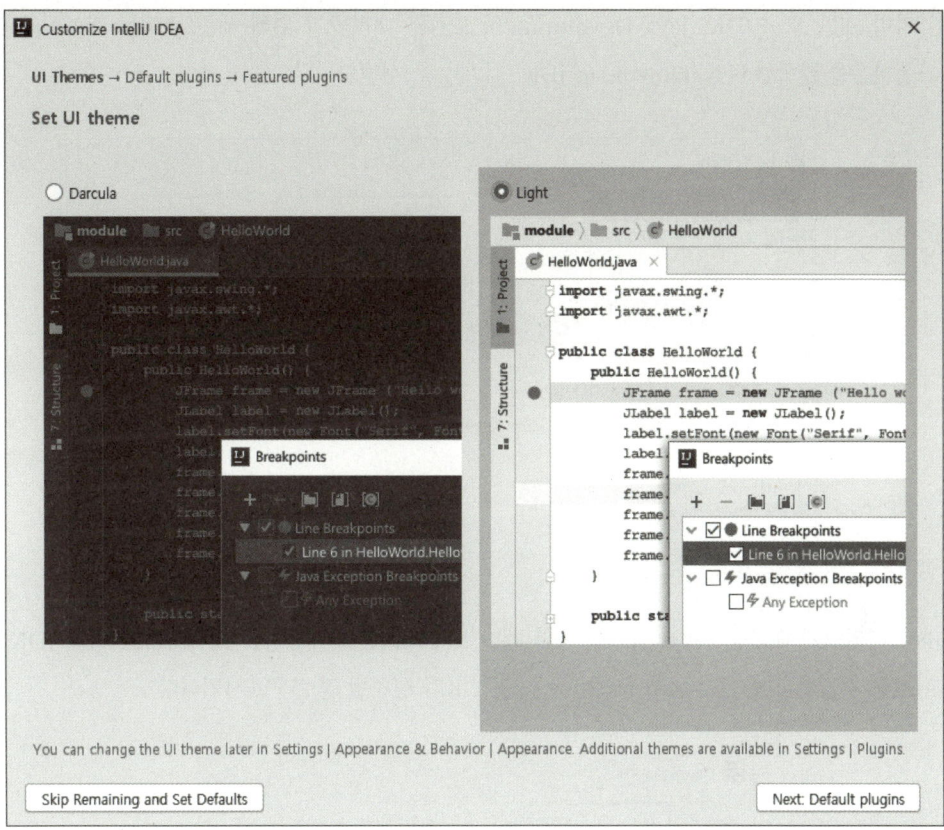

그림 1-11 UI 테마 설정

다음 화면에서 새 프로젝트를 생성하기 위해 [Create New Project] 메뉴를 선택합니다.

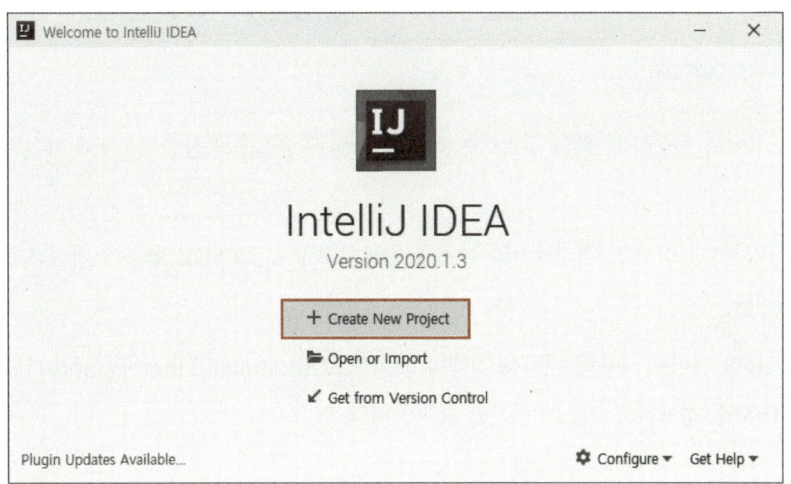

그림 1-12 새 프로젝트 생성

필요한 자바 개발 도구(JDK, Java Development Kit)를 내려받기 위해 새 프로젝트 창에서 Project SDK 드롭다운을 클릭한 다음 [Download JDK…] 메뉴를 선택합니다.

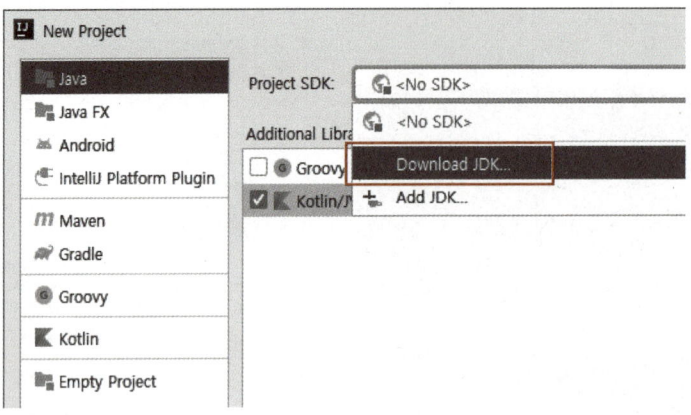

그림 1-13 Kotlin JVM 설정

이후 JDK 내려받기 대화상자에서 필요한 **자바 개발 도구(JDK)를 제공하는 회사(Vendor)와 JDK 버전(Version)을 지정**합니다. Location 항목에는 해당 JDK가 설치될 경로가 표시됩니다.

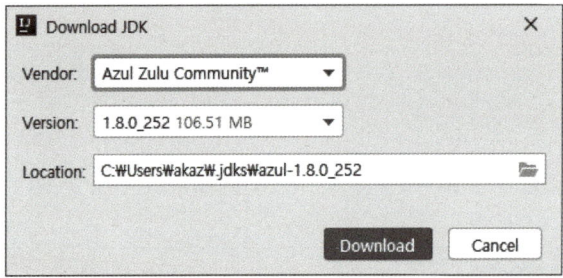

그림 1-14 JDK 내려받기 대화상자

여기서는 Azul사에서 제공하는, 책을 집필하는 시점에 가장 대중적으로 사용되는 1.8 버전의 JDK를 설치하겠습니다.

[Download] 버튼을 눌러 JDK 내려받기와 설치를 완료하고 Project SDK 항목에 내려받은 JDK가 적용됐는지 확인합니다.

이 책에서는 코틀린 언어를 사용해 개발을 진행할 것이므로 Additional Libraries and Frameworks 항목은 **'Kotlin/JVM'을 선택**하고 [Next] 버튼을 클릭합니다.

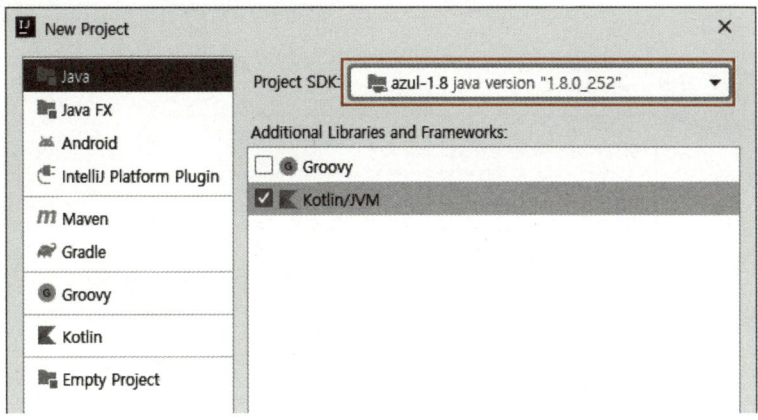

그림 1-15 내려받은 JDK 적용

이어서 프로젝트 이름과 프로젝트 경로를 설정합니다. 여기서는 프로젝트 이름을 'HelloKotlin'으로 지정했습니다. 이후 [Finish] 버튼을 클릭해 프로젝트 생성을 마무리합니다.

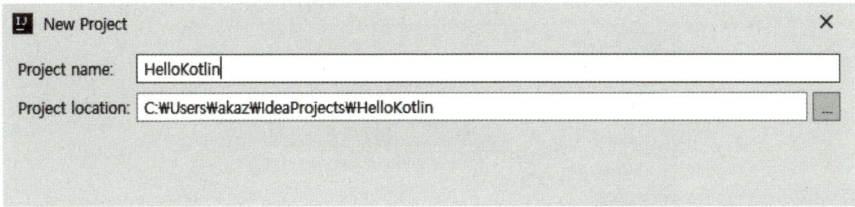

그림 1-16 프로젝트 이름과 경로 설정

이로써 코틀린 프로그램을 작성하기 위한 모든 설정이 끝났습니다.

더 알아보기 _ 미리 설치된 JDK 사용

만약 기존에 설치된 JDK가 있고 해당 JDK를 사용하고 싶다면 메뉴에서 [File] → [Project Structure]를 차례로 클릭한 후 왼쪽 패널에서 Project 탭을 선택합니다.

이후 Project SDK 항목 오른쪽의 [Edit] 버튼을 클릭하고 [JDK]를 선택합니다.

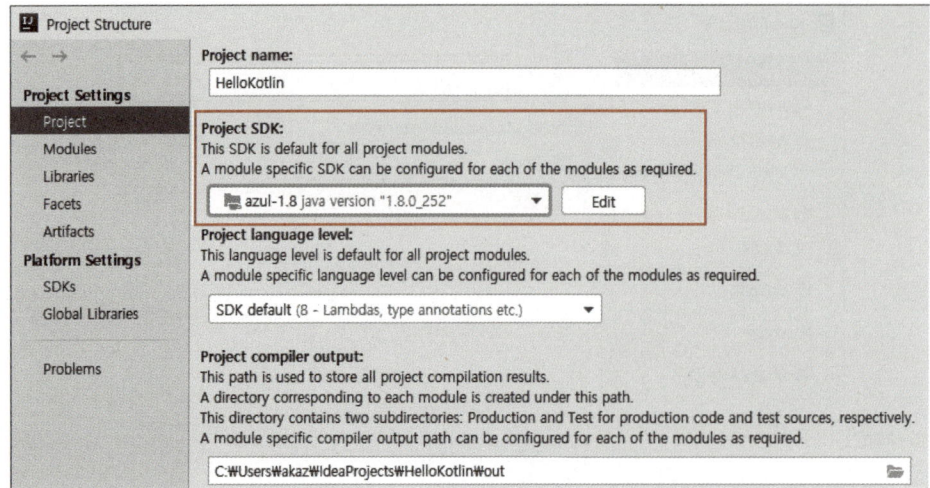

그림 1-17 Project Structure에서 JDK 설정

왼쪽 상단에 있는 [+] 버튼을 클릭한 후 [Add JDK] 메뉴를 선택합니다.

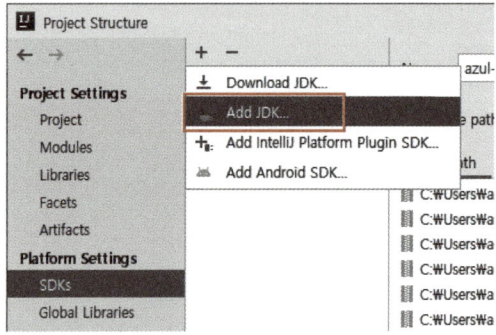

그림 1-18 JDK 추가

이후 JDK가 설치된 디렉터리를 지정하고 [OK] 버튼을 클릭합니다.

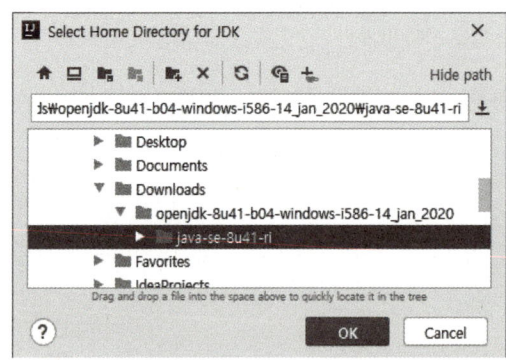

그림 1-19 JDK 폴더 지정

새로운 JDK 항목이 추가됐는지 확인한 후 Project 탭의 Project SDK 항목을 변경하여 새로 추가한 JDK를 사용할 수 있게 설정합니다.

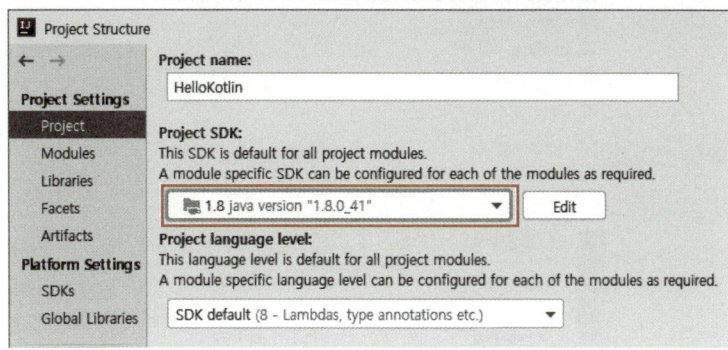

그림 1-20 사용할 JDK 설정

첫 번째 코틀린 프로그램

첫 프로그램을 작성하기 위한 소스 코드를 생성합니다. 왼쪽의 프로젝트 패널에서 src 폴더를 대상으로 마우스 오른쪽 버튼을 클릭하고 [New] → [Kotlin File/Class] 메뉴를 차례로 선택합니다.

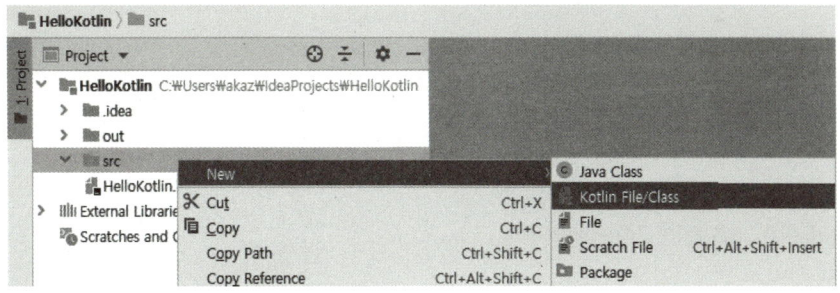

그림 1-21 코틀린 파일 생성

소스 코드 파일의 이름을 지정합니다. 여기서는 파일의 이름을 'HelloKotlin'으로 지정했습니다.

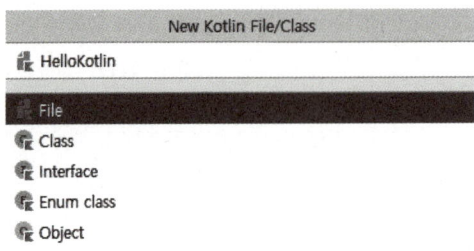

그림 1-22 코틀린 파일의 이름 지정

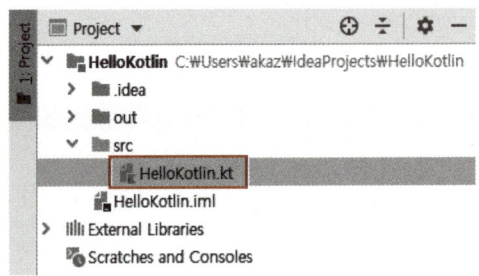

그림 1-23 생성된 코틀린 파일

프로그래밍을 배울 때는 일반적으로 첫 프로그램으로 "Hello, World!"라는 문자열을 출력하는 프로그램을 작성합니다. 여기서는 "Hello, Kotlin!"이라는 문자열을 화면에 출력하는 프로그램을 작성하겠습니다.

생성한 소스 코드 파일에 다음과 같은 코드를 작성합니다.

예제 1.1 콘솔창에 문자열을 출력하는 프로그램   HelloKotlin/HelloKotlin.kt

```kotlin
// (1)
fun main(args : Array<String>)
{    // (2) 중괄호를 이용해 실행할 코드 블록을 정의

    // (3) 필요한 코드를 이곳에 작성
    println("Hello, Kotlin!")

} // (2)
```

(1) main 함수를 정의하는 부분입니다. 함수의 개념은 나중에 함수를 다루는 장에서 설명하겠습니다. 지금은 프로그램을 실행하면 (2)에 추가한 모든 코드가 실행된다고 이해하면 됩니다.

(2) 중괄호 안에 실행할 코드(여기서는 "Hello Kotlin!" 문자열을 출력하는 코드)를 작성합니다.

(3) println은 문자열을 출력하기 위한 명령어(함수)입니다. println의 괄호 안에 출력하고 싶은 내용을 큰따옴표("")로 감쌉니다. 여기서는 "Hello, Kotlin!"이라는 문자열을 출력하고 있습니다.

```
println("Hello, Kotlin!")
```

이제 작성한 **프로그램을 실행하기 위해 상단 메뉴에서 [Run] → [Run]을 선택**하고(단축키: Alt + Shift + F10) HelloKotlinKt 항목을 선택합니다.

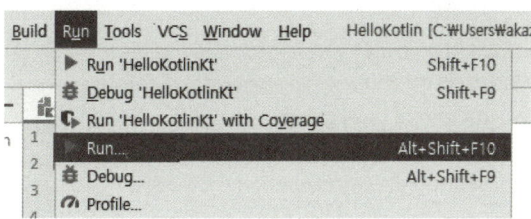

그림 1-24 작성한 코드 실행

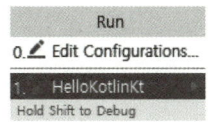

그림 1-25 실행할 파일 선택

성공적으로 프로그램이 실행되면 다음과 같이 **화면 하단의 콘솔창에 'Hello, Kotlin!' 문자열이 출력**되는 것을 확인할 수 있습니다.

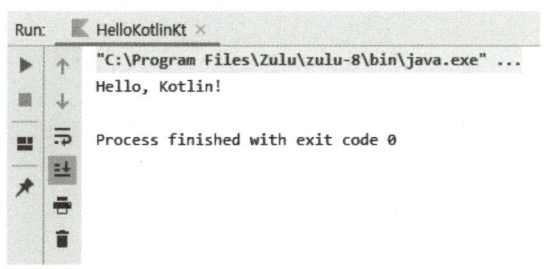

그림 1-26 콘솔 창에서 실행 결과 확인

> **참고**
>
> 콘솔(Console)은 텍스트 기반으로 작동하는 기초적인 입출력 프로그램으로 코드를 통해 출력한 내용을 보여주고 키보드를 통해 사용자의 입력을 받을 수 있도록 돕는 역할을 합니다.

이렇게 무사히 첫 번째 코틀린 프로그램을 작성하고 실행했습니다.

한 번 실행한 소스 코드 파일은 이후에 메뉴에서 [Run] → [Run '파일이름Kt']를 차례로 선택해(단축키: Shift + F10) 실행할 수 있습니다.

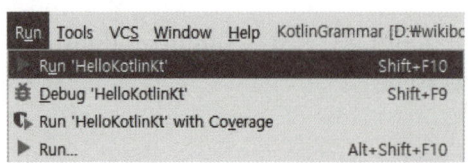

그림 1-27 한 번 이상 실행한 소스 코드 재실행

이후 실행할 파일을 변경해야 할 경우에는 다시 메뉴에서 [Run] → [Run]을 선택해 실행할 소스 코드 파일을 선택합니다.

콘솔창을 이용한 출력과 입력

이번에는 콘솔창을 통해 값을 입력받고, 입력받은 값을 다시 출력하는 프로그램을 작성해보겠습니다.

새 코틀린 파일을 만들고 파일의 이름을 BasicIO로 지정합니다. 이후 다음과 같은 코드를 작성합니다.

예제 1.2 콘솔창을 통한 입력 내용 출력   HelloKotlin/BasicIO.kt

```kotlin
fun main(args : Array<String>) {
    // (1)
    println("Hello!")
    println("안녕하세요!")
    println(100)

    // (2)
    print("안녕")
    print("하세요")
    print("!")
    println()

    // (3)
    print("> ")
    var line = readLine()
```

```
    println(line)
}
```

실행 결과

```
Hello!
안녕하세요!
100
안녕하세요!
> 안녕 (키보드로 직접 입력하는 부분)
안녕
```

(1) println 명령어를 호출해 괄호 안에 담긴 값을 출력합니다. 여기서는 문자열을 두 번 출력하고 이어서 숫자를 출력합니다.

```
println("Hello!")
println("안녕하세요!")
println(100)
```

println 명령어는 괄호 안에 지정한 내용 뒤에 **개행 문자(줄바꿈 문자)를 추가해서 출력하는 명령어**입니다. 따라서 괄호 안의 내용이 출력되고 줄바꿈이 일어납니다.

(2) print 명령어는 개행 문자를 삽입하지 않기 때문에 문자열이 연속되어 출력됩니다. println 명령어에 아무런 값도 전달하지 않고 빈 괄호만 지정해서 호출하면 **개행 문자만 삽입**되므로 줄바꿈만 일어납니다.

```
print("안녕")
print("하세요")
print("!")
// 개행 문자만 삽입
println()
```

최종 출력 결과를 살펴보면 "안녕하세요!" 문자열이 이어져서 출력되고 개행 문자가 삽입되는 것을 확인할 수 있습니다.

(3) readLine 명령어를 호출해 **문자열 값을 입력**받을 수 있습니다. 키보드를 통해 입력받은 값은 왼쪽의 line 변수에 저장됩니다. 이후 해당 변숫값을 출력합니다.

```
print("> ")
var line = readLine()
println(line)
```

이렇게 해서 두 번째 코틀린 프로그램을 작성하고 간단한 입출력 작업을 진행했습니다. 다음 장부터 본격적으로 코틀린 문법을 학습하겠습니다.

코틀린 예제 코드 내려받기

코틀린 예제 코드는 다음 주소에서 내려받을 수 있습니다.

- https://github.com/akaz00/wikibook-learn-kotlin

브라우저에서 프로젝트 저장소 주소로 접속한 후 초록색 [Code] 버튼을 클릭합니다. 그런 다음 [Download ZIP] 메뉴를 선택해 소스 코드가 포함된 프로젝트 압축 파일을 내려받습니다.

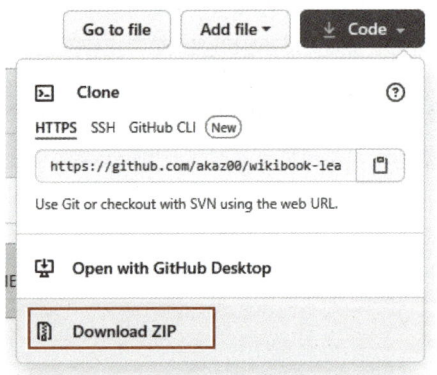

그림 1-28 저장소에서 파일 내려받기

내려받기가 완료되면 적절한 곳에 압축을 풀고 폴더의 이름을 wikibook-learn-kotlin으로 변경합니다.

인텔리제이를 실행합니다. 이미 프로젝트가 열려 있는 상황이라면 상단 메뉴에서 [File] → [Close Project]를 선택해 닫습니다.

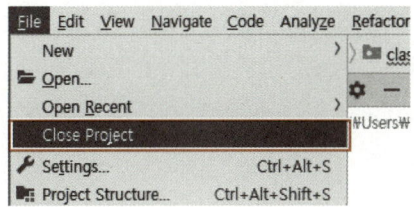

그림 1-29 기존 프로젝트 닫기

이후 프로그램 시작 화면에서 [Open or Import] 버튼을 클릭해 프로젝트 선택 화면으로 이동합니다.

그림 1-30 프로젝트 불러오기 메뉴 선택

불러올 프로젝트 폴더를 선택합니다. 앞서 압축을 풀고 이름을 변경한 'wikibook-learn-kotlin' 폴더를 선택합니다.

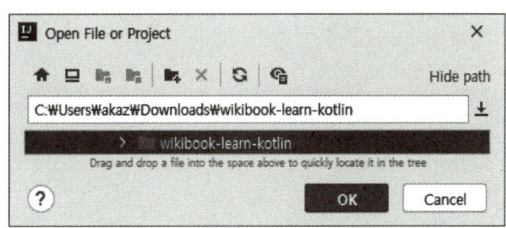

그림 1-31 불러올 프로젝트 폴더 선택

이후 프로젝트 화면이 나타나면 HelloKotlin 코틀린 파일을 엽니다. 파일 오른쪽 상단의 [Configure] 버튼을 누르고 [Java]를 선택합니다.

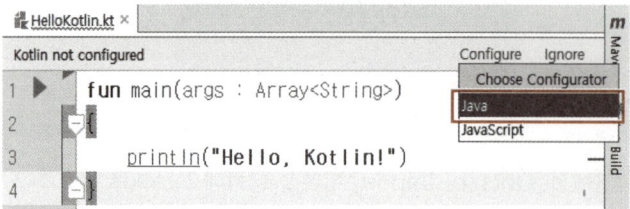

그림 1-32 프로젝트 실행 환경 설정

만약 Configure 관련 창이 자동으로 나타나지 않으면 왼쪽 프로젝트 패널에서 src 폴더를 대상으로 마우스 오른쪽 버튼을 클릭한 후 [Mark Directory as] → [Sources Root]를 선택합니다.

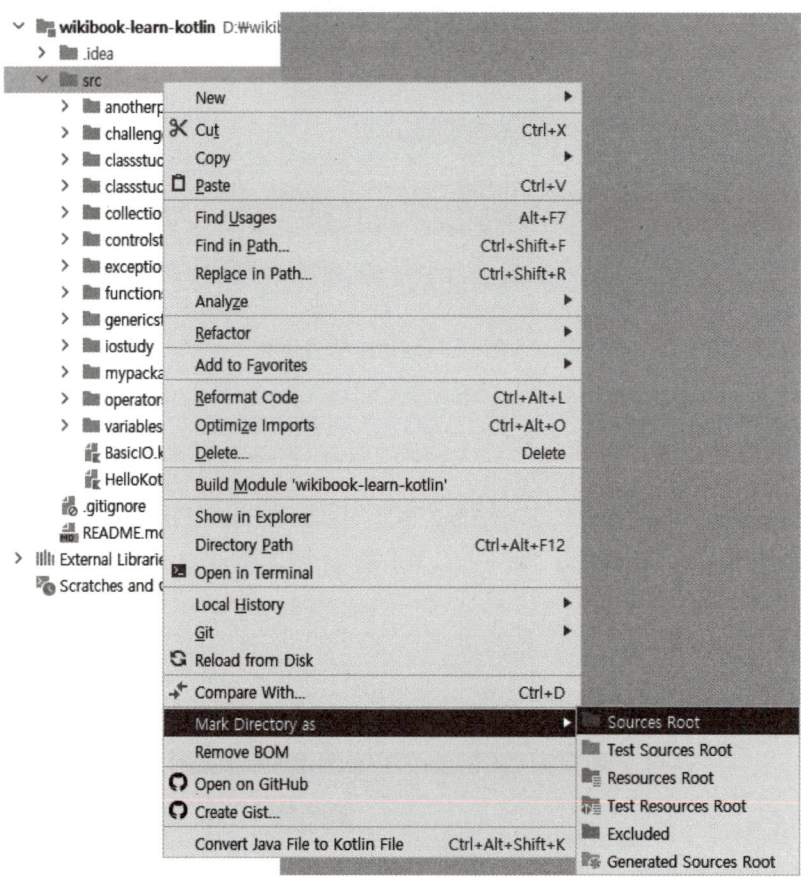

그림 1-33 소스 코드 저장 폴더 지정

이후 화면과 같이 코틀린 실행 환경을 설정한 후 [OK] 버튼을 눌러 **프로젝트 불러오기** 작업을 마무리합니다.

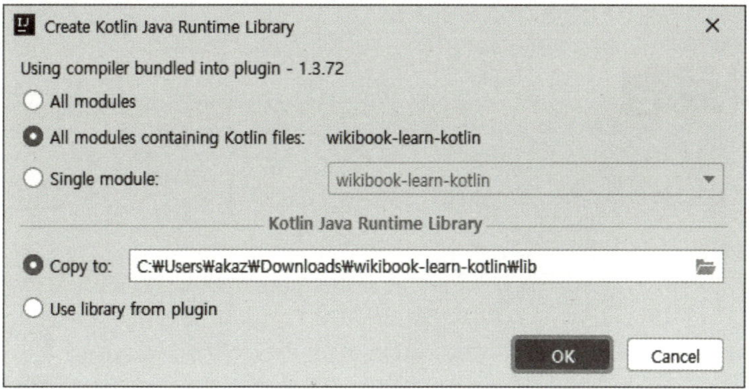

그림 1-34 프로젝트 실행 환경 설정

도전과제

Q1 _ 다음과 같이 이름을 입력받아 그대로 출력하는 프로그램을 작성하세요.

> **예상 실행 결과**
>
> 이름을 입력하세요 : 김철수
> 김철수

(해답: challenges.ch01.ReadName.kt)

chapter 02

변수와 자료형

변수의 개념

프로그램을 작성하는 과정에서 값을 저장하는 작업은 빈번하게 발생합니다. 가령 고객 정보를 저장하거나 은행에 맡긴 예금과 이자율을 저장하거나 이자가 얼마인지 계산해서 저장하는 등, 프로그램을 실행하는 과정에서 **여러 값들을 중간중간 저장해서 기억할 필요**가 있습니다. 그래서 프로그래밍 언어에서는 **값들을 저장할 변수를 생성**할 수 있는 방법을 제공합니다.

변수(variable)는 말 그대로 **변하는 값**으로서 프로그램을 실행하는 과정에서 변할 수 있는 모든 값들을 저장하기 위해서 사용됩니다. 이름, 나이, 예금, 오늘의 날짜는 모두 변할 수 있는 값이므로 변숫값입니다.

값을 저장하기 위해 변수를 생성하려면 다음과 같이 **변수의 이름, 자료형 정보, 저장할 변수의 값**을 지정해야 합니다.

변수의 이름	변수의 자료형	변수의 값
이름	글자	"김철수"
나이	숫자	20
예금	숫자	10,000,000
오늘 날짜	날짜	2019-07-02

그림 2-1 변수 이름, 자료형, 값

변수의 이름은 나중에 변수의 값을 참조하기 위해 사용되며, 변수의 자료형은 변수에 저장할 수 있는 값의 유형을 지정하기 위해 사용됩니다. 변수의 자료형을 **변수 타입, 값 타입 혹은 그냥 타입**이라 칭하기도 합니다.

변수 외에도 **값을 변경할 수 없는 상숫값**도 정의할 수 있습니다. 상수(constant)는 값을 저장할 수 있다는 측면에서는 변수와 차이점이 없지만 **한 번 값을 저장하고 난 후에는 값을 변경할 수 없습니다**.

수학에서 쓰는 파이(π)값을 대표적인 상숫값의 사례로 들 수 있습니다.

변수와 상수 선언

이제 코틀린에서 **변수와 상수를 선언(declaration)**하는 방법을 알아보겠습니다. 여기서 선언이라는 표현은 생성과 같은 의미이므로 변수나 상수를 생성한다는 의미로 이해하면 됩니다.

변수 선언

먼저 변수를 선언하는 방법부터 살펴보겠습니다.

```
// (1)
var 변수이름 = 값
// (2) 변수 타입을 명시하여 지정
var 변수이름: 변수타입 = 값
```

(1) var 키워드는 해당 값이 변수임을 알려주기 위해 사용하는 키워드로서 변수를 선언(생성)하기 위해서 반드시 **변수의 이름 앞에 붙여야 합니다**.

등호(=)를 기준으로 **왼쪽에는 변수의 이름을, 오른쪽에는 변수에 저장할 값**을 씁니다. 등호는 추후에 살펴볼 연산자 중 하나인 **대입 연산자(assignment operator)**로 오른쪽의 값을 왼쪽의 변수에 저장하기 위해 사용합니다.

또한, 이렇게 **값을 선언하는 동시에 대입하는 과정을 값을 초기화**한다고 표현합니다.

(2) 변수를 선언하는 과정에서 **변수의 타입(자료형)을 직접 명시해서 변수를 선언**할 수도 있습니다.

C 혹은 자바 언어에서는 변수의 타입을 반드시 명시해야 하지만 코틀린 언어에서는 **저장할 값을 보고 변수의 타입을 추론하기 때문에 일반적으로 변수의 타입을 생략**합니다. 따라서 일반적으로는 **(1)**과 같이 타입 정보를 생략하고 변수를 선언합니다.

다음은 점수를 저장하기 위한 변수(score)를 선언하고 값을 대입하는 코드입니다. 타입은 명시하지 않고 변수명과 저장할 값만 입력한 것을 볼 수 있습니다.

```
var score = 100
```

만약 **변수의 타입을 명시**해야 한다면 다음과 같이 콜론 기호의 오른쪽에 변수 타입을 써줍니다.

```
var score: Int = 100
```

Int 타입은 정숫값을 저장할 때 사용하는 타입입니다. 코틀린 언어에서 어떤 종류의 타입을 지원하는지는 변수를 선언하는 방법을 공부한 후 살펴볼 것이므로 지금은 숫자를 저장할 때 사용하는 타입이라고 이해하면 됩니다.

한 번 타입이 정해진 변수에는 다른 타입의 값을 저장할 수 없습니다. 예를 들어, 다음과 같이 앞에서 정의한 정수 타입의 변수에 문자열을 저장할 수 없습니다.

```
// 숫자 타입의 값을 저장할 수 있는 변수로 선언했으므로 문자열 값은 저장 불가
score = "Hello"
```

score 변수는 앞에서 숫자를 저장할 변수로 선언했으므로 다음과 같이 다른 숫자를 대입해서 값을 변경하는 것은 가능합니다.

```
// 새 값을 대입
score = 90
```

변수를 새로 선언하는 것이 아니라 값을 변경하기 위해 대입하는 코드이므로 변수명 앞에 **var 키워드가 붙어있지 않다는 점에 유의합니다.**

다음은 여러 타입의 값을 변수에 대입하는 예입니다. 따로 타입을 지정하지 않아도 문제없이 값이 대입됩니다.

```
var a = 100
var b = "Hello"
var c = 1.234
```

만약 **변수를 선언하는 시점에 바로 값을 대입하지 못하는 상황**이라면 어떤 값이 저장될지 알 수 없기 때문에 타입을 추론할 수 없습니다.

```
// 변수를 선언하면서 동시에 값을 대입하지 않은 경우 타입 추론이 불가
var score
```

따라서 변수를 선언하는 시점에 값을 대입할 수 없다면 다음과 같이 반드시 **변수의 타입을 명시**해야 합니다.

```
// 변수를 선언하되 값을 대입하지 않음(타입을 명시)
var score: Int

// 나중에 숫자 값을 저장 가능
score = 100
```

> 🔍 파이썬이나 자바스크립트 같은 언어에서는 변수 타입에 대한 제약이 적어 처음에 저장한 값과 다른 타입의 값을 저장하는 것도 허용합니다. 그러나 코틀린 언어에서는 그러한 작업을 허용하지 않습니다.

상수 선언

이번에는 상수를 선언하는 방법을 알아보겠습니다. **val** 키워드를 상수의 이름 앞에 붙여 상수를 선언할 수 있습니다. 상수는 **바뀌지 않는 값**이므로 한 번 값을 대입한 후에 값을 변경할 수 없습니다.

```
// val 키워드로 c라는 이름의 상수를 선언
val c = "Constant"

// 이후 값 변경 불가
c = "Change"
```

상수의 값을 변경하려고 시도하면 다음과 같이 **값 대입 불가 에러**(Val cannot be reassigned)를 출력하며 코드가 정상적으로 실행되지 않는 것을 확인할 수 있습니다.

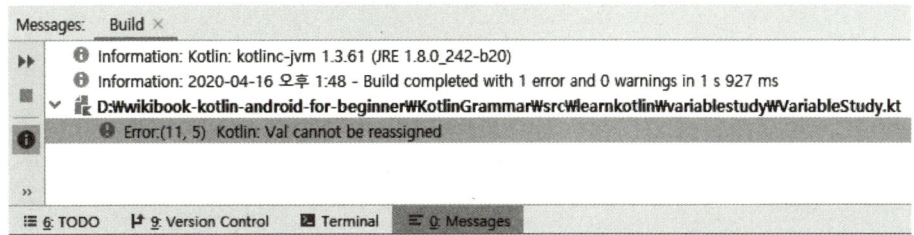

그림 2-2 콘솔창에 출력된 에러 메시지

변수와 상수의 명명 규칙

변수와 상수의 이름을 지을 때 다음과 같이 지켜야 할 **명명 규칙**이 있습니다. 특히 1, 2번 규칙은 코드를 작성하는 도중 실수로 자주 어기게 되는 규칙이므로 유의합니다.

1. 변수, 상수의 이름은 숫자로 시작할 수 없음(예: 123abc)
2. 미리 예약된 키워드를 사용할 수 없음
3. 변수 이름은 대소문자를 구별함(hello, HELLO는 다른 이름의 변수)
4. 공백(예: 스페이스)을 포함할 수 없음
5. #, @ 같은 특수 기호를 포함할 수 없음

2번에서 언급한 **키워드(keyword)** 는 코틀린 언어에서 특별한 의미로 사용하기 위해 미리 예약된 단어로서 다음과 같은 키워드가 있습니다.

as, break, class, continue, do, else, false, for, fun, if, in, interface, is, null, object, package, return, super, this, throw, true, try, typealias, typeof, val, var, when, while

가령 다음 코드에서는 변수를 선언할 때 미리 예약된 키워드(var, do)를 변수 이름으로 사용했으므로 변수 선언에 실패합니다.

```
// var, do는 모두 키워드이므로 변수 이름으로 사용 불가
var var = 100
var do = "Hello"
```

일반적으로 변수명을 지을 때는 다음의 규칙을 따르는 **카멜케이스(camelCase) 표기법**을 이용합니다. 카멜케이스 표기법은 공백 문자(스페이스)를 변수명에 포함할 수 없다는 제약을 극복하기 위해 대문자로 단어를 구분하는 표기법입니다.

1. 맨 처음 단어는 소문자로 표기
2. 그 이후 등장하는 각 단어의 첫 문자는 대문자로 표기

카멜케이스 표기법을 이용해 명명한 변수 이름은 다음과 같습니다.

```
var myName = "김철수"
var myParentBirthDay = "1960-04-07"
```

이 규칙은 강제로 지켜야 할 사항은 아닙니다. 하지만 특별한 일이 없다면 언어에서 권장하는 변수 명명 규칙을 따르는 것이 좋습니다.

변수와는 달리 **상수의 이름을 지을 때는 모두 대문자를 쓰며, 각 단어를 구분하기 위해 언더바(_)를 사용**합니다.

다음은 해당 표기법을 이용해 선언한 상수의 예입니다.

```
val PI = 3.14159
val GREETING_STRING = "Hello!"
```

변수의 타입

이제 변수의 타입을 살펴보겠습니다. 타입은 크게 **숫자와 문자 유형으로 나뉘며, 각 유형 안에서 값의 범위를 결정 짓는 다양한 세부 타입이** 있습니다.

먼저 숫자 타입부터 살펴보겠습니다.

숫자 타입

숫자는 컴퓨터에서 계산을 수행하는 데 필요한 가장 기본적인 요소입니다. 숫자는 크게 **정수형 타입과 실수형 타입**으로 나뉘며, 정수형 타입에는 4가지 타입(Byte, Short, Int, Long)이 있습니다.

정수형 타입은 모두 정숫값을 저장하기 위해 사용하지만 값을 저장하는 데 사용하는 용량(값을 저장하는 데 필요한 바이트의 개수)이 다르기 때문에 **저장할 수 있는 최솟값과 최댓값에는 차이**가 있습니다.

아주 큰 값을 저장해야 할 때는 더 많은 저장 용량을 이용하여 값을 저장하는 Long 타입을 쓰며, 일반적으로 21억 이상의 큰 수를 저장할 일은 자주 발생하지 않으므로 Int 타입을 사용해 정수를 저장합니다.

타입	최솟값	최댓값	저장 용량(바이트)
Byte	−128	127	1
Short	−32768	32767	2
Int	−2147483648	2147483647	4
Long	−9223372036854775808	9223372036854775807	8

실숫값을 저장할 수 있는 실수형 타입에는 두 가지 타입(Float, Double)이 있습니다.

타입	최솟값	최댓값	저장 용량(바이트)
Float	1.4e-45	3.4028235e38	4
Double	4.9e-324	1.7976931348623157e308	8

코틀린에서는 기본적으로 **실숫값을 Double 타입의 값으로 인식합니다**. 만약 실숫값을 Float 타입의 값으로 저장하고 싶다면 다음과 같이 **숫자 뒤에 f(혹은 대문자 F)를 붙여서 해당 값이 Float 타입의 값임을 명시**해야 합니다.

```
// PI 상수의 타입은 Float
val PI = 3.14f
```

만약 컴퓨터 내부에서 숫자를 저장하고 표현하는 방법이 궁금한 독자는 '2의 보수'와 'IEEE754 표기법'에 관련된 인터넷 자료를 참조하기 바랍니다.

> **더 알아보기 _ 과학적 표기법**
>
> 소수점 값을 다루다 보면 10의 지수 형태를 표현하기 위해 알파벳 e를 사용하는 경우를 관찰할 수 있습니다. 예를 들어, 5000이라는 값은 5에 10의 3제곱을 곱한 값이므로 과학적 표기법으로 다음과 같이 표기할 수 있습니다.
>
> 5e3
>
> 또한 0.005라는 값은 5에 10의 -3제곱을 곱한 값이므로 다음과 같이 표기할 수 있습니다.
>
> 5e-3
>
> **매우 작은 수나 큰 수를 다루기 위해 사용되는 과학적 표기법**은 일반적인 상황에서는 접하기 어려운 생소한 표기법이지만 수를 출력하는 과정에서는 과학적 표기법을 이용해 값을 표시하는 경우도 자주 발생하므로 알아 두는 것이 좋습니다.

문자 타입

컴퓨터에서는 내부적으로 문자를 저장하기 위해 숫자를 사용합니다. **문자 하나당 대응하는 숫자**가 있으며, 해당 숫자를 저장하고 출력할 때는 해당 숫자와 연관된 글자를 표시합니다. 이때 **한 개의 문자를 저장**

하기 위해 사용하는 타입은 **Char 타입**으로, 저장 용량은 2바이트이며 값의 범위는 0부터 65535까지의 양수값입니다.

문자값을 쓸 때는 문자를 **작은따옴표(')로 감싸서 해당 값이 문자 타입의 값임을 명시**합니다. 앞으로 보여줄 예제 코드는 모두 main 함수 내부에 작성할 것이므로 main 함수 작성 부분은 생략하겠습니다. 최종 완성된 코드를 확인하려면 저장소 주소에서 다운로드 받은 코드를 참고 바랍니다.

예제 2.1 Char 타입의 변수 선언 및 숫자 값으로 변환   variablestudy/CharTypeStudy.kt

```
// 작은따옴표를 이용해 Char 타입의 값 표시
var c: Char = 'C'
var ga: Char = '가'

// (1)
// var c2 = 'CA'
println(c)

// (2)
println(c.toInt())
println(ga.toInt())
```

실행 결과

```
C
67
44032
```

(1) Char 타입의 변수에는 한 개의 글자만 저장할 수 있습니다. 두 개 이상의 글자를 저장하려면 문자열 타입의 변수를 사용해야 합니다.

```
// 두 개 이상의 글자는 저장 불가('Too many characters in a character literal' 에러 출력)
var c2 = 'CA'
```

(2) toInt는 값을 숫자 타입의 값으로 변경하는 명령어로서, 여기서는 **각 문자에 대응하는 숫자로 변경**하는 작업을 수행합니다. 내부적으로 문자 'C'는 67로, '가'는 44032라는 숫자로 출력되는 것을 확인할 수 있습니다.

```
println(c.toInt())
println(ga.toInt())
```

그런데 한 문자만 저장해야 하는 상황은 무척 드물기 때문에 일반적으로 바로 뒤에 소개할 문자열 타입을 더 많이 사용합니다.

문자열 타입

프로그래밍할 때 가장 많이 사용되는 데이터 타입이라고 봐도 무방한 **문자열(String) 타입**은 여러 개의 연속된 문자를 저장하는 데 사용됩니다. 문자열 값을 만들 때는 전체 문자를 **큰따옴표("")로 감싸서 해당 값이 문자열 타입의 값임을 명시**합니다.

예제 2.2 문자열 타입의 변수 선언   variablestudy/StringTypeStudy.kt

```kotlin
// 큰따옴표를 이용해 문자열 타입의 값 표시
var str: String = "Hello!"
var greet: String = "안녕하세요."

println(str)
println(greet)
```

실행 결과
```
Hello!
안녕하세요.
```

더 알아보기 _ 이스케이프 문자

줄바꿈(개행, 엔터) 문자나 탭(tab) 문자를 문자열에 삽입하려면 다음과 같이 **이스케이프(Escape) 문자**라고 하는 특수 문자를 입력합니다.

다음은 자주 사용되는 이스케이프 문자를 정리한 표입니다.

이스케이프 문자	입력되는 문자
\t	탭 문자
\n	개행 문자
\'	작은따옴표
\"	큰따옴표
\\	백슬래시(\)
\$	달러 표시

이스케이프 문자는 모두 **백슬래시(\)로 시작**하기 때문에 백슬래시 이후에 어떤 문자가 오는지만 알아두면 됩니다. 소개한 이스케이프 문자 중 가장 자주 사용되는 문자는 개행 문자와 탭 문자이므로 당장은 이 두 개만 알아둬도 무방합니다.

다음은 이스케이프 문자를 포함한 문자열을 출력하는 코드입니다.

```
var strWithEscapes = "안녕하세요.\n반갑습니다.\t^^"
println(strWithEscapes)
```

실행 결과

```
안녕하세요.
반갑습니다.    ^^
```

실행 결과를 보면 문자열에 포함된 개행 문자와 탭 문자가 출력되는 것을 확인할 수 있습니다.

Raw String 활용

Raw String은 세 개의 큰따옴표(""")를 이용해 선언하는 문자열입니다. 이 문자열 안에서는 **따로 이스케이프 문자를 입력할 필요 없이 직접 엔터, 탭 키가 포함된 문자열을 적어주어도 무방**합니다.

이스케이프 문자를 입력할 필요가 없어서 더 편하게 문자열 내용을 입력할 수 있으므로 만약 문자열의 길이가 길고 안에 개행 문자나 탭 문자가 많이 포함돼 있다면 Raw String을 이용해 문자열 값을 만드는 방법을 권장합니다.

예제 2.3 Raw String을 활용한 문자열 변수 선언   variablestudy/RawStringAndStringTemplateStudy.kt

```
// 일반 문자열 사용
var str = "안녕하세요.\n\n문자열 안에 엔터나  스 페 이 스\t탭을 자유롭게 사용할 수\n있습니다.\n\n끝"
// Raw String 사용
var raw = """안녕하세요.

문자열 안에 엔터나  스 페 이 스    탭을 자유롭게 사용할 수
있습니다.

끝"""

println(str)
```

```
println("------")
println(raw)
println("------")
```

실행 결과

```
안녕하세요.

문자열 안에 엔터나 스 페 이 스    탭을 자유롭게 사용할 수
있습니다.

끝
------
안녕하세요.

문자열 안에 엔터나 스 페 이 스    탭을 자유롭게 사용할 수
있습니다.

끝
------
```

문자열 내부에 **이스케이프 문자가 포함되지 않았는데도 입력한 내용 그대로 출력**되는 것을 확인할 수 있습니다.

문자열 템플릿 기능 활용

문자열 템플릿(String template) 기능을 활용하면 **문자열 안에 특정 변수(혹은 상수) 값이나 계산을 한 결괏값을 그대로 삽입**할 수 있습니다.

먼저 변숫값을 표시하기 위해서는 **달러 표시($)와 출력할 변숫값의 이름**을 쓰면 되고 계산식의 결괏값이 필요하다면 **달러 기호($)와 이어지는 중괄호({, })** 안에 계산식을 쓰면 됩니다.

다음은 문자열 템플릿을 활용하여 변수와 계산식의 결괏값을 출력하는 코드입니다.

예제 2.4 문자열 템플릿 활용   variablestudy/RawStringAndStringTemplateStudy.kt

```
var num1 = 100
var num2 = 200

// (1)
```

```
val strWithNum = "Hello, $num1"
println(strWithNum)

// (2)
var greeting = "\n\t Hello \t\n"
var trimmed = "trimmed : ${greeting.trim()}"
println(trimmed)

// (3)
var sum = "sum : ${num1 + num2}"
println(sum)
```

실행 결과

```
Hello, 100
trimmed : Hello
sum : 300
```

(1) num1 변수의 값을 표시하기 위해 문자열 내부에 변숫값을 삽입합니다.

```
val strWithNum = "Hello, $num1"
```

(2) 문자열 템플릿의 내부에 수식(표현식)의 결괏값을 삽입합니다. 여기서는 trim 메서드를 호출해서 문자열 내부에 있는 공백을 제거한 결괏값을 삽입하고 있습니다.

```
var greeting = "\n\t Hello \t\n"
var trimmed = "trimmed : ${greeting.trim()}"
```

(3) 문자열 템플릿의 내부에 num1과 num2 변숫값의 합을 삽입합니다.

```
var sum = "sum : ${num1 + num2}"
```

아직 연산자나 메서드에 대해서는 설명하지 않았으므로 **(2)**, **(3)**에 대해서는 문자열 안에 **계산식뿐만 아니라 명령어를 실행한 결과**를 삽입할 수 있다고 이해하면 됩니다.

논리값 타입

논리값(참, 거짓)을 저장하는 데 사용되는 타입은 **불리언(Boolean) 타입**입니다.

불리언 타입의 변수에는 **참(true), 거짓(false)** 두 가지 값만 저장할 수 있으며, 불리언 타입의 변수는 나중에 살펴볼 비교, 논리 연산자나 if, else 같은 분기문에서 주로 사용됩니다.

예제 2.5 불리언 변수 선언   variablestudy/BooleanTypeStudy.kt

```
var b1 = true    // 참 값을 저장
var b2 = false   // 거짓 값을 저장

println(b1)
println(b2)
```

실행 결과
```
true
false
```

배열 타입

같은 타입의 값을 여러 개 저장하고 관리해야 한다면 **배열(array)**을 사용합니다. 임의 크기의 배열을 생성하며 지정한 값으로 초기화하는 문법은 다음과 같습니다.

```
var 배열이름: Array<배열에 포함될 값의 타입> = Array<배열에 포함될 값의 타입>(배열의 크기){초깃값}
```

단, 배열에 담을 값의 타입은 **초깃값을 통해 추론할 수 있으므로 생략 가능**합니다.

다음은 정수 타입(Int)의 값을 3개 저장할 수 있는 크기를 가진, **초깃값이 0**인 정수 배열을 선언하는 코드입니다.

```
var arr1: Array<Int> = Array<Int>(3){0}
```

선언된 배열의 모습을 도식화하면 다음과 같습니다. 지금은 초깃값을 0으로 지정했으므로 배열에 담긴 모든 값이 0으로 초기화됩니다.

그림 2-3 선언된 배열을 도식화

배열을 선언할 때 전달한 **초깃값을 통해 값의 타입을 추론**할 수 있으므로 다음과 같이 타입을 생략할 수 있습니다.

```
var arr1 = Array(3){0}
```

배열의 값에 접근하려면 **인덱스 접근 연산자(대괄호)를 사용**합니다. 이 연산자에 위치를 지정하는 방식으로 배열에 저장된 값에 접근합니다. 단, **인덱스(값의 위치)는 1이 아니라 0부터 시작되므로 접근 연산자에 0을 전달하면 배열의 첫 번째 값에 접근**하게 됩니다.

다음 코드에서는 3개의 정수를 저장할 크기가 3인 배열을 선언하고, 해당 배열의 값을 출력하고 있습니다. 단, 마지막 위치에 포함된 숫자는 200으로 변경하여 출력합니다.

예제 2.6 배열 선언 및 접근   variablestudy/ArrayStudy.kt

```
// 배열 초깃값을 100으로 하는 3개의 정수를 저장할 수 있는 배열 선언
var arrInitHundred = Array(3){100}

// 배열에 담긴 첫 번째 값 출력 (배열 초깃값을 100으로 지정했으므로 100을 출력)
println(arrInitHundred[0])
// 배열에 담긴 두 번째 값 출력 (배열 초깃값을 100으로 지정했으므로 100을 출력)
println(arrInitHundred[1])
arrInitHundred[2] = 200
// 배열에 담긴 세 번째 값 출력 (단, 200으로 값을 변경했으므로 200을 출력)
println(arrInitHundred[2])
```

실행 결과

```
100
100
200
```

배열에 담긴 값의 내용을 변경하려면 다음과 같이 대입문을 이용합니다. 다음 코드에서는 문자열 값을 저장할 수 있는 배열을 선언하고 마지막 배열값을 초깃값과 다르게 변경해 출력하고 있습니다.

예제 2.7 배열 선언 및 접근   variablestudy/ArrayStudy.kt

```
// 배열 초깃값을 "Hello" 문자열로 하는 2개의 문자열을 저장할 수 있는 배열 선언
var stringArr = Array(2){"Hello"}
// 마지막 배열값을 "World"로 변경
stringArr[1] = "World"
```

```
println(stringArr[0])
println(stringArr[1])
```

실행 결과

```
Hello
World
```

값이 변경된 후 배열의 모습은 다음과 같습니다.

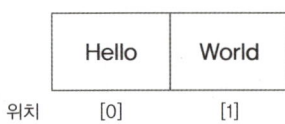

그림 2-4 변경된 배열 내용

다음과 같이 **arrayOf** 함수를 이용하면 배열에 저장할 초깃값을 미리 지정하는 형태로 간편하게 배열을 선언할 수 있습니다.

예제 2.8 arrayOf 함수를 활용한 초깃값 설정　　　　　　　　　　　　　　　variablestudy/ArrayStudy.kt

```
// 100, 200, 300을 초깃값으로 갖는 정수 배열 선언
var arr2 = arrayOf(100, 200, 300)
println(arr2[0])
println(arr2[1])
println(arr2[2])
```

실행 결과

```
100
200
300
```

더 알아보기 _ 코틀린에서 원시 타입 배열 선언하기

코틀린에서 제공하는 arrayOf 함수는 자바의 원시(Primitive) 타입의 래퍼 클래스(예: Integer, Character) 객체를 저장할 수 있는 배열을 반환합니다.

그러므로 자바로 작성된 메서드에서 원시 타입 배열을 인자값으로 요구할 경우 arrayOf 함수로 생성한 배열을 전달할 수 없습니다.

이 경우 다음 예제에서 사용된 함수들을 이용해서 원시 타입값을 저장하는 배열을 생성할 수 있습니다.

예제 2.9 원시 타입값을 저장하는 배열 생성 함수의 활용 variablestudy/PrimitiveArrayStudy.kt

```kotlin
// ("저장할 타입의 이름"ArrayOf로 명명된) intArrayOf 함수를 호출해 원시 타입(int) 배열 생성
var intArr = intArrayOf(1, 2, 3)
// 자바 언어에 대응하는 타입을 확인하기 위해서 canonicalName 속성에 접근
println(intArr.javaClass.canonicalName)
// charArrayOf 함수를 호출해 원시 타입(char) 배열 생성
var charArr = charArrayOf('a', 'b', 'c')
println(charArr.javaClass.canonicalName)
```

실행 결과

```
int[]
char[]
```

보다시피 원시 타입 배열 생성 함수로 생성한 배열의 타입은 원시 타입의 배열(int[], char[])임을 확인할 수 있습니다.

이미 생성한 래퍼 클래스 타입의 배열이 있을 경우 다음 예제에서 사용된 메서드를 호출해서 원시 타입의 배열로 변환할 수 있습니다.

예제 2.10 래퍼 타입 배열을 원시 타입 배열로 변환 variablestudy/PrimitiveArrayStudy.kt

```kotlin
// 래퍼 타입 배열을 생성
var intWrapperArr = arrayOf(1, 2, 3)
var charWrapperArr = arrayOf('a', 'b', 'c')

// 변환할 배열에 저장할 값의 타입이 Int이므로 toIntArray를 호출해서 원시 타입 객체를 저장하는
// 배열로 변환
var intPrimitiveArr = intWrapperArr.toIntArray()
// 변환할 배열에 저장할 값의 타입이 Char이므로 toCharArray를 호출해서 원시 타입 객체를 저장하는
// 배열로 변환
var charPrimitiveArr = charWrapperArr.toCharArray()
```

Any 타입

Any 타입은 **모든 타입의 값을 대입할 수 있는 최상위 타입**으로, 해당 타입으로 변수를 선언하면 어떠한 종류의 값이든 대입할 수 있습니다. 앞서 한 번 타입이 정해진 변수에는 다른 타입의 값을 대입할 수 없다고 하였으나 **Any 타입으로 지정한 변수에는 이후에도 어떤 종류의 값이든 대입이 가능합니다**.

Any 타입은 클래스 상속 개념을 배우지 않은 상태에서는 이해하기 어려운 개념이므로 나중에 클래스 상속의 개념을 살펴볼 때까지는 어떤 값이든 대입이 가능한 타입이라고 이해하면 됩니다.

예제 2.11 Any 타입 변수 선언 및 여러 타입의 값 대입   variablestudy/AnyTypeStudy.kt

```kotlin
// Any 타입 변수 선언
var anyValue: Any

// 숫자 대입
anyValue = 100
// 타입 출력
println(anyValue::class.simpleName)

// 문자열 대입
anyValue = "Hello"
println(anyValue::class.simpleName)

// 숫자(실수형 타입) 대입
anyValue = 1.234
println(anyValue::class.simpleName)

// Any 타입 배열을 선언하면 모든 종류의 값을 저장할 수 있음
var anyTypeArr: Array<Any> = arrayOf(1, 1.234, "Hello")
```

실행 결과

```
Int
String
Double
```

Any 타입의 변숫값에는 어떠한 값이든 대입 가능하며 타입을 출력할 때마다 각기 다른 타입이 출력되는 것을 확인할 수 있습니다. 보통 Any 타입은 **타입에 관계없이 모든 값을 함수나 메서드의 인자로 전달받을 때 사용**됩니다.

> 🔍 코틀린의 Any 타입은 자바의 Object 타입과 같은 역할을 하며, 디컴파일된 바이트코드를 살펴보면 자바의 Object 타입 값으로 변환되는 것을 확인할 수 있습니다.

타입 변환

특정 타입의 값을 다른 타입의 값으로 변환해야 하면 다음과 같은 메서드를 사용합니다. (참고로 메서드는 나중에 클래스를 배우는 시점에서 다시 소개할 예정이므로 지금은 일종의 명령어 정도로 이해하고 넘어가면 됩니다.)

- toByte(): Byte 타입으로 변환
- toShort(): Short 타입으로 변환
- toInt(): Int 타입으로 변환
- toLong(): Long 타입으로 변환
- toFloat(): Float 타입으로 변환
- toDouble(): Double 타입으로 변환
- toChar(): Char 타입으로 변환

다음은 앞에서 소개한 메서드를 호출해 값의 타입을 변환하는 예제입니다.

예제 2.12 다른 타입으로 변환   variablestudy/TypeCastingStudy.kt

```kotlin
// 타입을 변환할 변수 선언
var byteValue: Byte = 65
println(byteValue)

// Int, Short, Long, Float, Double 타입으로 각기 변환하는 메서드를 호출
var intValue:Int = byteValue.toInt()
println(intValue)
var shortValue:Short = byteValue.toShort()
println(shortValue)
var longValue:Long = byteValue.toLong()
println(longValue)
var floatValue:Float = byteValue.toFloat()
```

```
println(floatValue)
var doubleValue:Double = byteValue.toDouble()
println(doubleValue)

// 글자 타입인 Char 타입으로 변환. 65는 문자 'A'에 대응되는 숫자이므로 charValue 변수에는 'A' 문
자가 저장됨
var charValue:Char = byteValue.toChar()
// A 출력
println(charValue)
```

실행 결과

```
65
65
65
65
65.0
65.0
A
```

값을 변환하는 과정에서 주의해야 할 사항이 있습니다. 더 작은 범위의 값을 담을 수 있는 타입에서 더 큰 범위의 값을 담을 수 있는 타입으로 변환하는 경우(예: Byte 타입에서 Int 타입으로 변환)에는 문제가 없으나 **그 반대의 경우라면 문제가 생길 수 있습니다.** 즉, 큰 양동이에 담긴 물을 작은 양동이에 담으려고 하면 물이 넘쳐서 사라지는 것과 같이 **값을 변환하는 과정에서 잘못된 값(원본 값이 아닌 달라진 값)이 대입될 수 있다는 점에 주의해야 합니다.**

다음 코드는 범위가 더 큰 타입(**Short**)에서 범위가 더 작은 타입(**Byte**)으로 변환하는 코드입니다.

예제 2.13 비정상적으로 변환된 값　　　　　　　　　　　　　　　　　　variablestudy/TypeCastingStudy.kt

```
// Short 타입의 최댓값인 32767을 대입
var maxShortNum: Short = 32767
// Byte타입으로 변환(Byte 타입의 최댓값은 127)
var shortToByte: Byte = maxShortNum.toByte()

println(shortToByte)
```

실행 결과

```
-1
```

Byte 타입의 값의 범위(최대 127)를 넘어서는 값(32767)이 변환됐으므로 예상하지 못한 값이 대입되어 출력되는 것을 확인할 수 있습니다.

다음은 위의 코드와 마찬가지로 범위가 더 큰 타입에서 범위가 더 작은 타입으로 타입을 변환하는 예제입니다. 그러나 변환하려는 값이 **대상 타입의 값 범위를 넘지 않으므로** 문제가 발생하지 않습니다.

예제 2.14 정상적으로 변환된 값   variablestudy/TypeCastingStudy.kt

```kotlin
var shortNum: Short = 127
// 127은 Byte 타입의 범위 내에서 저장할 수 있는 값이므로 아무 이상 없이 변환 가능
var shortToByteSafe: Byte = shortNum.toByte()

println(shortToByteSafe)
```

실행 결과
```
127
```

마찬가지로 다음과 같이 **범위가 더 작은 타입(Byte)에서 범위가 더 큰 타입(Short)으로 변환하면** 아무런 문제가 발생하지 않습니다.

예제 2.15 정상적으로 변환된 값   variablestudy/TypeCastingStudy.kt

```kotlin
var maxIntNum: Int = 2147483647
var intToLong: Long = maxIntNum.toLong()

println(intToLong)
```

실행 결과
```
2147483647
```

즉, Long 타입의 값의 범위는 Int 타입이 담을 수 있는 값의 범위를 포함하면서 범위가 더 크기 때문에 값이 유실되지 않고 정상적으로 타입이 변환된 것을 확인할 수 있습니다.

> **더 알아보기 _ 명시적인 타입 변환 메서드의 필요성**
>
> 코틀린 언어에서는 다른 언어에서 일반적으로 지원하는 **자동 타입 변환을 지원하지 않습니다.** 가령 자바 언어에서는 다음 코드가 정상적으로 작동합니다.

```
int intNum = 100;
// 더 큰 범위의 타입으로 변환되는 상황이므로 자동 타입 변환이 수행됨
long longNum = intNum;
```

그러나 코틀린 언어에서는 다음 코드가 정상적으로 작동하지 않습니다.

```
var intNum: Int = 100
// 타입 불일치 에러 발생
var longNum: Long = intNum
```

따라서 다음과 같이 반드시 타입 변환 메서드를 호출해서 명시적으로 변환해야 합니다.

```
var longNum: Long = intNum.toLong()
```

이번에는 문자열을 숫자로 변환하는 사례를 살펴보겠습니다. 다음과 같이 문자열의 내용에 따라 적절하게 값을 변환할 수 있습니다. 단, 숫자가 아닌 내용을 포함한 문자열을 변환하려고 할 경우에는 **NumberFormatException** 오류가 발생합니다.

예제 2.16 숫자가 담긴 문자열을 숫자 타입의 값으로 변환   variablestudy/TypeCastingStudy.kt

```
var intString = "1234"
var doubleString = "1.234"

var stringToInt = intString.toInt()
var stringToDouble = doubleString.toDouble()

println(stringToInt)
println(stringToDouble)
```

실행 결과

```
1234
1.234
```

다음과 같이 문자열을 불리언 타입으로 변환할 수 있습니다. 단, 문자열의 내용은 "true"이거나 "false"여야 합니다.

예제 2.17 불리언 값이 담긴 문자열을 불리언 타입으로 변환   variablestudy/TypeCastingStudy.kt

```
var booleanString = "true"
var stringToBoolean = booleanString.toBoolean()
println(stringToBoolean)
```

실행 결과
```
true
```

반대로 특정 타입의 값을 문자열로 변환하려면 **toString** 메서드를 사용합니다.

예제 2.18 숫자를 문자열 타입의 값으로 변환　　　　　　　　　　　　variablestudy/TypeCastingStudy.kt

```
var num = 1234
// 숫자 1234를 문자열 "1234"로 변환
var intToString: String = num.toString()
println(intToString)
```

실행 결과
```
1234
```

Nullable 타입

> **주의**
>
> nullable 타입을 이해하려면 아직 소개하지 않은 연산자, 제어문(조건문) 및 객체의 속성, 메서드 접근과 관련된 기본 개념을 이해할 필요가 있습니다. 하지만 nullable 타입을 설명하는 시점에 함께 설명하는 것이 순서상 옳다고 생각해서 앞으로 옮겨 설명하므로 먼저 가볍게 내용을 살펴본 후 이후에 개념을 학습한 뒤에 다시 한 번 읽어보시길 권합니다.

자바를 비롯한 다양한 프로그래밍 언어에서는 **변수에 유효한 값이 없는 상황을 명시적으로 드러낼 수 있도록 변수에 특수한 값인 null 값을 대입**할 수 있게 합니다. 가령 다음과 같은 자바 코드에서는 num 변수에 null 값을 대입합니다.

```
Integer num = null;
```

이처럼 변수에 자유롭게 null 값을 대입할 수 있도록 허용했기 때문에 다음과 같이 null 값이 대입됐는지(즉, 유효한 값이 저장돼 있는지) 여부를 확인해 **유효한 값이 존재하는 경우에만 특정 코드를 실행하도록 코드를 작성**하는 경우가 많았습니다.

```
// null 여부를 확인
if(num != null) {
    // num 값을 이용한 작업을 진행
}
```

그러나 실수로 null 값 여부를 확인하는 과정을 생략하거나 변수에 null 값이 대입됐을 수도 있다는 상황을 가정하지 않고 코드를 작성하는 일도 빈번하게 일어나 null 값 접근 오류(NullPointerException)가 발생하는 상황도 많이 있습니다.

코틀린에서는 이러한 문제를 해결하기 위해 기본적으로 변수의 타입을 **null 값의 대입을 허용하지 않는 타입(non-null type)으로 선언**하도록 설계했습니다. 따라서 다음과 같은 코드에서는 null 값의 대입은 허용되지 않습니다.

예제 2.19 null 값 대입을 허용하지 않는 타입 선언   variablestudy/NullableTypeStudy.kt

```
// 기본적으로 null 값 대입을 허용하지 않는 타입(Int)으로 선언
var num = 100

// null 값 대입 불가('Null can not be a value of a non-null type Int' 오류 발생)
num = null
```

즉, 변수에 null 값을 대입하는 것이 원천적으로 허용되지 않기 때문에 변수에 접근해 어떤 작업을 수행하는 과정에서 유효한 값이 존재하지 않아 발생하는 문제를 미리 방지할 수 있습니다. 만약 null 값의 대입이 반드시 필요한 상황이라면 **타입명 뒤에 물음표(?)를 붙인 null 허용 타입(nullable type)으로 변수를 정의**합니다.

예제 2.20 null 허용 타입 선언   variablestudy/NullableTypeStudy.kt

```
// null을 대입받을 수 있는 Int? 타입의 변수를 선언
var a: Int? = 100
// null 값 대입 가능
a = null
```

예제에서는 **Int?** 타입으로 변수의 타입을 설정했으므로 변수에 숫자값이나 null 값을 대입할 수 있습니다.

다음은 문자열 타입의 변수를 선언하고 값을 대입한 후 객체의 length 속성에 접근해 문자열의 길이를 출력하는 예제입니다.

예제 2.21 null 값 대입을 허용하지 않는 타입 값 접근   variablestudy/NullableTypeStudy.kt

```
var s: String = "Hello"
// 역시 null 값 대입 불가
// s = null
// NPE의 걱정 없이 안전하게 호출 가능
println(s.length)
```

실행 결과

```
5
```

이 타입에서는 null 값 대입을 허용하지 않으므로 이후 값에 포함된 속성에 접근해도 **아무런 문제 없이 코드가 실행될 것임을 보증**할 수 있습니다.

null 값 대입을 허용하는 null 허용 타입으로 변수의 타입을 변경했을 때 어떤 변화가 일어나는지 살펴보겠습니다.

예제 2.22 null 허용 타입의 속성에 접근   variablestudy/NullableTypeStudy.kt

```
// String이 아닌 String?으로 타입 변경
var c: String? = "Hello"

// 변수의 값이 null로 변경됐다고 가정
c = null

// 이제 null 값이 대입됐으므로 속성 접근이 문제를 일으킬 수 있음
println(c.length)
```

이 코드를 실행하면 "Only safe (?.) or non-null asserted (!!.) calls are allowed on a nullable receiver of type String?"이라는 에러 메시지를 출력하며 프로그램이 실행되지 않는 것을 확인할 수 있습니다. 즉, null 값을 허용하는 타입의 속성에 접근하는 시점에 유효한 값이 존재하지 않는 상황이 발생할 수 있습니다.

이처럼 유효한 값이 없어서 오류가 발생할 여지가 있기 때문에 코틀린에서는 null 허용 타입에 접근할 때 바로 뒤에서 소개할 null 안전 연산자(null safety operator)를 써서 값에 접근하도록 강제합니다.

이제 null 값의 대입이 허용되는 **null 허용 타입의 속성에 접근하거나 메서드를 호출하기 위해 사용할 수 있는 방법**들을 살펴보겠습니다.

> 🔍 코틀린에서는 변수의 타입을 추론할 때 기본적으로 null 값 대입을 허용하지 않는 타입으로 추론하므로 만약 null 값 대입을 허용해야 한다면 명시적으로 타입을 지정해야 합니다.

조건문에서 null 값 대입 여부를 검사한 후 값에 접근

null 허용 타입 값에 접근하기 위한 첫 번째 방법은 조건문을 이용해 직접 null 값인지 검사한 후 값에 접근하는 방법입니다.

예제 2.23 조건문을 이용해 null 허용 타입의 값에 접근   variablestudy/NullableTypeStudy.kt

```kotlin
var c: String? = null

// 값이 null인지 직접 검사
if(c != null) {
    // 에러 메시지를 출력하지 않음
    println(c.length)
}
```

여기서는 null 값인지 여부를 직접 조건문을 이용해 검사했으므로 **논리적으로 if 블록 내부에서 해당 값이 null일 수는 없습니다.** 따라서 length 속성에 접근하는 데 아무런 제약이 없습니다.

더 알아보기 _ let 함수를 이용한 null 타입값 접근

엄밀하게 얘기하자면 if 블록 내부에 진입했을 때 다른 스레드에 의해 값이 null로 변경될 수 있으므로 가능하면 다음과 같이 **let 함수를 이용해 null 허용 타입의 값에 접근**하는 것이 좋습니다.

let 함수는 **범위 함수(scope function) 중 하나로서 변숫값이 null이 아닌 경우에 실행할 코드 블록을 작성할 수 있게 도와주는 함수입니다.** (이 함수는 나중에 범위 함수를 다룬 장에서 자세히 살펴보겠습니다.)

```kotlin
c?.let {
    // 변숫값이 null이 아닐 경우 실행할 코드를 중괄호 블록에 작성
    println(it.length)
}
```

혹은 다음과 같이 값을 상수에 대입한 후 null 값 대입 여부를 확인할 수도 있습니다. 이러한 작업을 대신 진행해 값이 null로 변경되지 않도록 보장하는 함수가 바로 앞에서 살펴본 let 함수입니다.

```
// 먼저 값을 상수에 대입
val c2 = c
if(c2 != null) {
    // c2는 상수이므로 값이 변경되지 않고, 따라서 c2의 값이 이후 블록에서 절대 null 값이 될 수 없음을 보장
    println(c2.length)
}
```

안전 호출 연산자를 사용해 값에 접근

두 번째 방법으로는 **안전 호출 연산자(Safe-call operator)를 이용**하는 방법이 있습니다. 안전 호출 연산자는 물음표(?)와 점(.)을 이어붙인 연산자(?.)로서 만약 이 **연산자를 통해 접근한 변수의 값이 null일 경우 변숫값에 접근하지 않고 곧바로 null 값을 반환**합니다. 따라서 객체의 속성값에 접근하거나 메서드 호출을 시도하지 않게 되므로 null 관련 오류가 발생하지 않습니다. 참고로 **안전 호출 연산자를 통해 반환받은 값을 저장할 변수의 타입은 null 허용 타입**이어야 합니다.

예제 2.24 안전 호출 연산자를 이용한 null 허용 타입의 값에 접근   variablestudy/NullableTypeStudy.kt

```
var c: String? = null

// 만약 c가 null이라면 length 속성에 접근하지 않고 곧바로 null을 반환
var len : Int? = c?.length
println(len)
```

실행 결과

```
null
```

현재 c 변수에는 null 값이 저장돼 있으므로 문자열의 길이를 반환하지 않고 null 값이 반환된 것을 확인할 수 있습니다. 또한 안전 호출 연산자에서 반환한 값은 null 값이 될 수도 있으므로 저장할 len 변수의 타입을 Int가 아닌 Int?로 지정했습니다.

엘비스 연산자를 이용해 값에 접근

세 번째 방법으로 엘비스(Elvis) 연산자(?:)를 이용하는 방법이 있습니다. 엘비스 연산자는 물음표(?)와 콜론(:)을 이어붙인 형태로, 연산자 **왼쪽의 피연산자가 null이 아닐 경우 해당 값을 반환하고 null일 경우 오른쪽 피연산자를 반환**합니다.

예제 2.25 엘비스 연산자를 활용해 null 허용 타입의 값에 접근   variablestudy/NullableTypeStudy.kt

```
// 왼쪽 피연산자의 값이 null이므로 오른쪽 피연산자(1)를 반환
var one = null ?: 1
println(one)
// 왼쪽 피연산자의 값이 null이 아니므로 왼쪽 피연산자(2)를 그대로 반환
var two = 2 ?: 1
println(two)
```

실행 결과

```
1
2
```

일반적으로 엘비스 연산자는 **null**값 대신 **대안으로 사용할 기본값을 반환**받을 때 사용합니다.

예제 2.26 엘비스 연산자를 이용한 null 허용 타입의 값에 접근   variablestudy/NullableTypeStudy.kt

```
var c: String? = null

// 만약 c가 null이 아니라면 length 속성값을 반환하고, c가 null이라면 대안으로 사용할 값인 0을 반환
var result = c?.length ?: 0

println(result)
```

실행 결과

```
0
```

현재 c 변수의 값은 null이라서 length 속성에 접근하지 못하고 결과적으로 null 값이 반환되므로 여기서는 대안으로 사용할 값인 0을 반환받게 됩니다. 따라서 result 변수에는 최종적으로 0이 대입됩니다.

null 값이 아님을 보장하는 연산자를 사용해 값에 접근

마지막으로 null 값이 아님을 보장(not-null assertion)하는 연산자를 이용할 수 있습니다. 이 연산자는 느낌표(!) 두 개를 이어붙인 형태로서 **null 대입을 허용하지 않는 타입으로 강제 변환**을 수행하는 연산자입니다. 이 연산자는 프로그래머가 값이 절대 null이 아님을 보장할 수 있을 때 사용합니다.

만약 변수의 값이 null이라면 타입 변환 과정에서 `KotlinNullPointerException` 오류(자바의 `NullPointer Exception` 오류)를 발생시킵니다.

다음 코드의 경우 null 값이 저장된 변수를 변환하려고 시도하므로 오류가 발생합니다.

예제 2.27 null 허용 타입을 null 대입을 허용하지 않는 타입으로 변환   variablestudy/NotNullAssertionOperatorStudy.kt

```kotlin
var nullableStr: String? = null

// nullableStr 변수의 값이 null이므로 !! 연산자를 이용해 타입을 String?에서 String으로 변환하는
  과정에서 오류가 발생
var str: String = nullableStr!!
```

단, 유효한 값이 대입돼 있는 경우에는 타입 변환이 성공적으로 수행되고, 이후 값에 별도의 null 타입 관련 연산자를 쓰지 않고도 접근이 가능해집니다.

예제 2.28 null 허용 타입을 null 대입을 허용하지 않는 타입으로 변환   variablestudy/NotNullAssertionOperatorStudy.kt

```kotlin
// nullableStr2 변수에 유효한 값 대입
var nullableStr2: String? = "Hello"

var str: String = nullableStr2!!
// 변환 이후 타입은 String이므로 별도의 연산자를 사용하지 않고도 속성에 접근 가능
println(str.length)
```

실행 결과

```
5
```

nullableStr2 변수의 타입은 null 값을 허용하는 String? 타입입니다. 예제에서는 이 타입을 **null 값 저장을 허용하지 않는 String 타입으로 변환**한 후 length 속성에 접근합니다.

다음 예제처럼 새로운 변수를 선언할 필요 없이 곧바로 !! 연산자와 점(.) 연산자를 이용해 축약된 형태로 속성값이나 메서드에 접근할 수도 있습니다.

```kotlin
// c가 null 값을 포함하지 않음을 보장하며 동시에 length 속성에 접근
c!!.length
```

null을 반환하는 타입 변환 메서드

앞서 숫자값의 타입을 변환하기 위해 사용할 수 있는 여러 메서드(toInt, toDouble 등)를 살펴봤습니다. 숫자 타입의 객체에서 제공하는 'to타입이름OrNull' 메서드를 사용하면 **변환한 값이나 null 값을 반환**받을 수 있습니다. 이때 null 값은 변환이 실패했을 때 반환받게 됩니다.

다음은 숫자를 포함하지 않은 문자열을 변환하는 예제로서 최종적으로는 변환에 실패해서 NumberFormatException 오류가 발생합니다.

예제 2.29 숫자가 포함되지 않은 문자열을 숫자 타입으로 변환　　　　　　　　variablestudy/NullableTypeStudy.kt

```
var wrongNumberString = "숫자아님"
var wrong = wrongNumberString.toInt()
```

실행 결과

```
Exception in thread "main" java.lang.NumberFormatException: For input string: "숫자아님"
```

다음 예제에서는 변환에 실패했을 때 null 값을 전달받기 위해 toInt 메서드가 아닌 toIntOrNull 메서드를 호출합니다.

```
var wrong2: Int? = wrongNumberString.toIntOrNull()
println(wrong2)
```

실행 결과

```
null
```

예제에서는 toIntOrNull 메서드를 호출해서 변환을 시도했으므로 변환에 실패하더라도 **오류를 발생시키지 않고 null 값을 반환**합니다.

주석

주석은 프로그램의 실행에 **어떠한 영향도 주지 않는 설명문으로, 주로 코드와 관련된 의견을 남기거나 동작 방식을 설명하는 데 사용**합니다. 코드에 주석을 적절히 작성해두면 나중에 코드를 살펴볼 때 어떤 문제를 해결하기 위해 코드를 작성했는지 한 번에 파악할 수 있습니다.

코틀린에서 한 줄 주석은 두 개의 슬래시(//)를 이용해 입력하며, 여러 줄 주석은 슬래시와 별표를 이용해 입력합니다.

예제 2.30 한 줄 주석과 여러 줄 주석 활용　　　　　　　　　　　variablestudy/CommentStudy.kt

```
// 한 줄 주석
/*
    여러
    줄
    주석
*/
```

또한 자바와 달리 코틀린에서는 다음과 같이 여러 줄 주석을 중첩해서 쓰는 것을 허용합니다.

```
/*
    여러 줄 주석을 중첩해서 작성할 수 있음
    /*
        중첩된 주석 1
        /*
            중첩된 주석 2
        */
    */
*/
```

프로그램을 작성하다 보면 특정 코드 영역을 주석으로 처리해서 동작하지 않도록 변경한 후 실행 결과가 어떻게 달라지는지 확인하는 상황도 자주 발생하므로 주석의 사용법을 잘 알아두기 바랍니다.

도전과제

Q1 _ 다양한 타입의 변수와 상수를 선언한 후 해당 변수와 상수를 출력하는 프로그램을 작성하세요.

예상 실행 결과(3개의 정수, 실수, 문자열 값을 출력)

```
2147483647
3.14
안녕하세요.
```

(해답: challenges.ch02.VariableConstantDeclarePrint.kt)

Q2 _ 하나의 정수와 실수를 선언하고 정수를 Double 타입의 실수로 변환한 후 두 값을 더해서 출력하는 프로그램을 작성하세요.

예상 실행 결과(정숫값을 1, 실숫값을 2.5로 초기화했다고 가정)

```
3.5
```

(해답: challenges.ch02.ChangeTypeAndPrint.kt)

Q3 _ 문자열 템플릿으로 연산 작업을 수행할 수 있다는 성질을 이용해 Q2와 같이 두 값을 더한 후 출력하는 프로그램을 작성하세요.

예상 실행 결과 (정숫값을 1, 실숫값을 2.5로 초기화했다고 가정)

```
3.5
```

(해답: challenges.ch02.ChangeTypeAndPrint.kt)

Q4 월요일부터 일요일까지 각 요일에 대한 문자열 값이 포함된 배열을 선언하고 배열에 포함된 모든 값을 인덱스 접근 연산자(대괄호)를 이용해 출력하는 프로그램을 작성하세요.

예상 실행 결과
```
월요일
화요일
수요일
목요일
금요일
토요일
일요일
```

(해답: challenges.ch02.WeekdayName.kt)

chapter

03

연산자

프로그래밍에서 연산자(operator)는 값을 대입하거나 변수 혹은 상숫값을 이용해 계산하거나 논리적인 판단을 수행하기 위해 사용됩니다. 코틀린에서는 산술, 대입, 비교, 논리 연산자를 포함한 다양한 연산자를 제공합니다.

산술 연산자

산술 연산자(arithmetic operator)는 수식을 계산하기 위해 사용하는 연산자입니다. 산술 연산자의 대표적인 예는 **이항 연산자(binary operator)로 연산의 대상이 될 두 개의 피연산자 값을 필요**로 합니다.

다음은 산술 연산자를 정리한 표입니다.

연산자	역할
+	덧셈
-	뺄셈
*	곱셈
/	나눗셈
%	나눗셈의 나머지

다음은 산술 연산자를 이용해 기초적인 계산 작업을 수행하는 코드입니다.

예제 3.1 산술 연산자 사용   operatorstudy/OperatorStudy1.kt

```kotlin
// 산술 연산자 (mathematical operator)
var sum = 5 + 8
var sub = 4 - 6
var mul = 3 * 5

println("sum : $sum")
println("sub : $sub")
println("mul : $mul")
```

실행 결과

```
sum : 13
sub : -2
mul : 15
```

보다시피 덧셈, 뺄셈, 곱셈 연산자를 이용해 수행한 연산 결과가 출력되는 것을 확인할 수 있습니다.

참고로 나누기 연산자(/)를 사용할 때 피연산자가 **모두 정수 타입이라면 반환되는 값의 타입 역시 정수 타입이 되어 소수점 값이 사라진다는 점**에 유의합니다. 이러한 문제를 해결하려면 두 피연산자 중 어느 한쪽을 실수 타입의 값으로 변환한 후 연산을 수행합니다.

예제 3.2 나누기 연산자 사용 시 주의점   operatorstudy/OperatorStudy1.kt

```kotlin
// 두 피연산자 값이 정수 타입일 경우 반환될 값의 타입은 정수 타입
var div = 6 / 5
// 피연산자 값이 둘 다 실수이거나 적어도 하나의 값은 실수여야 결괏값으로 실수를 반환
var divDouble1 = 6.0 / 5.0
// toDouble 메서드(혹은 toFloat 메서드)를 호출해 정숫값을 실숫값으로 변환한 후 나누기 연산을 수행
var divDouble2 = 6 / 5.toDouble()

println("div : $div")
println("divDouble1 : $divDouble1")
println("divDouble2 : $divDouble2")
```

실행 결과

```
div : 1
divDouble1 : 1.2
divDouble2 : 1.2
```

정숫값만 이용한 나누기 계산의 결과와 실숫값을 이용한 계산 결과가 다른 것을 확인할 수 있습니다.

다음은 나눗셈의 나머지 값을 구하기 위해 나머지 연산자를 사용하는 예입니다.

예제 3.3 나머지 연산자 사용   operatorstudy/OperatorStudy1.kt

```
// 6 / 5의 나머지는 1이므로 1을 반환
var mod1 = 6 % 5
// 3 / 3의 나머지는 0이므로 0을 반환
var mod2 = 3 % 3

println("mod1 : $mod1")
println("mod2 : $mod2")
```

실행 결과

```
mod1 : 1
mod2 : 0
```

어떤 수식을 먼저 계산해야 할지 **명시적으로 우선 순위를 정하기 위해서** 다음과 같이 소괄호를 적절히 이용할 수 있습니다. 또한 계산 과정에서 변수를 이용할 수 있습니다.

예제 3.4 소괄호와 변수를 이용한 연산   operatorstudy/OperatorStudy1.kt

```
// 소괄호를 이용해 복잡한 식을 연산 가능
var complex = ((5 + 3) * (4 / 2)) % 3
println("complex : $complex")

// 변수도 사용 가능
var v1 = 1
var v2 = 2
var result = (v1 + v2) + 10
println("result : $result")
```

실행 결과

```
complex : 1
result : 13
```

단, 연산을 할 때 **오버플로(overflow) 혹은 언더플로(underflow) 문제가 발생하지 않도록 주의**해야 합니다. 오버플로란 연산의 결괏값이 타입에 저장할 수 있는 값의 최대 범위를 초과할 때 발생합니다. 반대로 언더플로는 타입에 저장할 수 있는 값의 최소 범위보다 값이 작을 경우 발생합니다.

다음은 오버플로, 언더플로 문제가 발생하는 코드입니다.

예제 3.5 오버플로, 언더플로 문제 발생   operatorstudy/OperatorStudy1.kt

```kotlin
// 연산 시 오버플로 주의
var intValue1: Int = 2147483647
println("before overflow : $intValue1")
// 오버플로 발생
intValue1 = intValue1 + 1
println("after overflow : $intValue1")

// 연산 시 언더플로 주의
var intValue2: Int = -2147483648
println("before underflow : $intValue2")
// 언더플로 발생
intValue2 = intValue2 - 1
println("after underflow : $intValue2")
```

실행 결과

```
before overflow : 2147483647
after overflow : -2147483648
before underflow : -2147483648
after underflow : 2147483647
```

실행 결과를 보면 정숫값이 가질 수 있는 최댓값을 1만큼 증가시킨 결과로 원하는 결괏값이 아닌 정숫값의 최솟값으로 변경되는 오버플로 문제가 발생했습니다. 이와 마찬가지로 정숫값이 가질 수 있는 최솟값에서 1만큼 감소시킨 결과로 원하는 결괏값이 아닌 정숫값의 최댓값으로 값이 변경되는 언더플로 문제가 발생했습니다.

이처럼 연산 결과로 인해 예기치 않은 결괏값이 대입될 수 있으므로 **항상 값이 가질 수 있는 한계치에 유의해서 코드를 작성**해야 합니다. 또한 미리 사용될 값의 범위를 예측해 본 후 해당 범위의 값을 모두 대입받을 수 있도록 값의 타입을 지정해야 합니다.

대입 연산자

대입 연산자(assignment operator)는 말 그대로 대입 작업을 수행하기 위해 사용합니다. 대입 연산자로 **등호 기호(=)를 사용하며, 등호의 좌측에는 값을 대입받을 변수 혹은 상수가, 등호의 우측에는 대입할 값이나 계산식이 위치합니다.**

계산식으로 앞에서 살펴본 각종 산술 연산자를 사용할 수도 있고 함수 혹은 메서드를 호출하는 코드를 작성할 수도 있습니다.

예제 3.6 대입 연산자 사용   operatorstudy/OperatorStudy1.kt

```kotlin
// 단순 값을 대입
var value1 = 100

// 수식의 결과를 대입
var value2 = (1 + 3) * (20 / 5)

// 메서드 호출 결과를 대입
var value3 = " Hello ".trim()
```

복합 대입 연산자

복합 대입 연산자(augmented assignment operator)는 **대입 연산자의 기능과 산술 연산자의 기능을 한꺼번에 수행하기 위해 사용하는 일종의 단축 연산자**입니다. 가령 덧셈 대입 연산자(+=)는 왼쪽의 변숫값을 읽어와 해당 값에 덧셈 작업을 수행한 후 결괏값을 다시 왼쪽의 변수에 대입하는 역할을 합니다.

다음은 복합 대입 연산자를 사용하는 예제입니다.

예제 3.7 복합 대입 연산자 사용   operatorstudy/OperatorStudy1.kt

```kotlin
var w1 = 10
// w1 = w1 + 20 대입문과 같은 결과
w1 += 20
println("w1 += 20 : $w1")

// w1 = w1 - 10 대입문과 같은 결과
w1 -= 10
```

```
println("w1 -= 10 : $w1")

// w1 = w1 * 2 대입문과 같은 결과
w1 *= 2
println("w1 *= 2 : $w1")

// w1 = w1 / 2 대입문과 같은 결과
w1 /= 2
println("w1 /= 2 : $w1")

// w1 = w1 % 3 대입문과 같은 결과
w1 %= 3
// (20 / 3의 나머지는 2)
println("w1 %= 2 : $w1")
```

실행 결과

```
w1 += 20 : 30
w1 -= 10 : 20
w1 *= 2 : 40
w1 /= 2 : 20
w1 %= 2 : 2
```

단항 연산자

단항 연산자(unary operator)는 말 그대로 **피연산자가 하나인 연산자**를 의미합니다. 다음은 자주 사용되는 단항 연산자를 정리한 표입니다.

연산자	역할
++	값을 1만큼 증가
--	값을 1만큼 감소
-	값의 부호 변경(양수는 음수로, 음수는 양수로 변환)

증가 연산자(++)와 감소 연산자(--)를 합쳐서 증감 연산자라고 하며, 각각 값을 1만큼 증가시키거나 1만큼 감소시키는 역할을 합니다.

예제 3.8 증감 연산자와 부호 변경 연산자 사용 　　　　　　　　　　operatorstudy/OperatorStudy1.kt

```kotlin
var value = 100

// 값을 1증가(value += 1과 같은 결과)
value++
// 값을 1 증가시켰으므로 101을 출력
println("after value++ : " + value)

// 값을 1 감소(value -= 1과 같은 결과)
value--
// 값을 1 감소시켰으므로 100을 출력
println("after value-- : " + value)

// - 연산자를 이용한 부호 변경
println("-value : " + (-value))
// - 연산자를 두 번 적용해 값의 부호를 원래대로 변경
println("-(-(value)) : " + (-(-value)))
```

실행 결과

```
after value++ : 101
after value-- : 100
-value : -100
-(-(value)) : 100
```

비교 연산자

값을 비교하기 위해 사용하는 비교 연산자는 **결괏값으로 항상 논리값(참, 거짓)을 반환**합니다. 다음은 비교 연산자를 정리한 표입니다.

연산자	역할
==	두 값이 같은지 비교
!=	두 값이 다른지 비교
===	두 값의 참조가 같은지 비교
!==	두 값의 참조가 다른지 비교

연산자	역할
>	좌항의 값이 큰지 비교
>=	좌항의 값이 크거나 같은지 비교
<	좌항의 값이 작은지 비교
<=	좌항의 값이 작거나 같은지 비교

다음은 여러 비교 연산자를 사용하는 예제입니다.

예제 3.9 비교 연산자 사용   operatorstudy/OperatorStudy2.kt

```
// 두 값이 같은지 여부를 판단하고 있으므로 참(true)을 반환
var r1 = (1 == 1)
// 두 값이 같지 않은지 여부를 판단하고 있으므로 참(true)을 반환
var r2 = (1 != 2)
// 문자열의 값이 서로 일치하는지 여부를 판단하고 있으므로 참(true)을 반환
var r3 = ("Hello" == "Hello")
// 문자열의 길이가 일치하는지 여부를 판단하고 있으므로 참(true)을 반환
var r4 = ("Hello".length == "World".length)
// 값의 대소 비교
var r5 = 2 > 1
var r6 = 2 >= 2

println("(1 == 1) : $r1")
println("(1 != 2) : $r2")
println(""""Hello" == "Hello" : $r3""")
println(""""Hello".length == "World".length : $r4""")
println("(2 > 1) : $r5")
println("(2 >= 2) : $r6")
```

실행 결과

```
(1 == 1) : true
(1 != 2) : true
"Hello" == "Hello" : true
"Hello".length == "World".length : true
(2 > 1) : true
(2 >= 2) : true
```

참조 비교 연산자(===, !==)는 두 객체가 같은 메모리 주소를 점유하고 있는지 여부에 따라 참, 거짓 결과를 반환합니다. 참조 비교 연산자에 대해서는 이후에 클래스를 공부할 때 자세히 설명하겠습니다.

논리 연산자

논리 연산자(logical operator)는 논리값(참, 거짓)을 이용해 연산을 수행하는 연산자입니다. 일반적으로 논리 연산자는 비교 연산자와 함께 쓰이며 조건문의 조건식에 포함되어 특정 코드 블록을 수행할지 여부를 판단하는 데 사용됩니다.

다음은 논리 연산자를 정리한 표입니다.

연산자	역할
&&	AND 연산자(좌항과 우항의 값이 모두 참이어야 참을 반환)
||	OR 연산자(좌항과 우항의 값 중 하나만 참이면 참을 반환)
!	부정 연산자(단항 연산자로 참을 거짓으로, 거짓을 참으로 변환)

다음은 논리 연산자를 사용한 예제입니다.

예제 3.10 논리 연산자 사용   operatorstudy/OperatorStudy2.kt

```kotlin
// AND 연산자 사용
// 두 값이 모두 참이므로 true를 반환
var r7 = true && true
// 두 값 중 하나가 거짓이므로 false를 반환
var r8 = true && false

// OR 연산자 사용
// 두 값이 모두 거짓이므로 false를 반환
var r9 = false || false
// 두 값 중 하나가 참이므로 true를 반환
var r10 = false || true

// 부정 연산자 사용
// 참 값을 거짓 값으로 변환
var r11 = !true
// 거짓 값을 참 값으로 변환
var r12 = !false

println("true && true : $r7")
println("true && false : $r8")
println("false || false : $r9")
```

```
println("false || true : $r10")
println("!true : $r11")
println("!false : $r12")
```

실행 결과

```
true && true : true
true && false : false
false || false : false
false || true : true
!true : false
!false : true
```

다만 위 코드와 같이 true, false 값을 코드 상에서 그대로 쓰는 경우는 드물며 일반적으로 다음과 같이 **비교 연산자의 결괏값을 논리 연산자의 피연산자로 사용**합니다.

예제 3.11 복잡한 수식에 포함된 논리 연산자 사용   operatorstudy/OperatorStudy2.kt

```
// 비교 연산자와 논리 연산자가 포함된 수식
var result = ((2 > 1) && ("Hello" != "World"))
println("$result")
```

실행 결과

```
true
```

인덱스 접근 연산자

인덱스 접근 연산자는 배열 또는 나중에 살펴볼 리스트와 같이 여러 개의 값을 저장할 수 있는 객체에 값을 저장하거나 변경하고 값을 읽어올 때 사용하는 연산자입니다. **배열 혹은 리스트가 저장된 변수명의 오른쪽에 대괄호 기호([,])를 쓰고 대괄호 안에 값의 위치를 나타내는 숫자를 써서 그에 해당하는 값을 읽어오거나 변경**할 수 있습니다.

값의 위치는 0부터 시작하므로 맨 첫 번째 값은 0번째 위치에서, 그 이후의 값은 차례로 1씩 증가하는 숫자를 이용해 참조할 수 있습니다.

다음은 세 개의 숫자 값을 저장하는 배열을 선언한 후 배열에 저장된 값을 변경 및 조회하는 예제입니다.

예제 3.12 인덱스 접근 연산자를 이용해 배열 객체의 값을 변경 및 조회　　operatorstudy/OperatorStudy3.kt

```kotlin
// 인덱스 연산자 사용 (대괄호 내부에 인덱스 번호를 입력하여 값에 접근)
// 100, 200, 300 값으로 구성된 배열을 생성
var nums = arrayOf(100, 200, 300)

// 첫 번째 위치에 저장된 값을 조회
println("nums[0] : " + nums[0])
// 두 번째 위치에 저장된 값을 조회
println("nums[1] : " + nums[1])
// 세 번째 위치에 저장된 값을 조회
println("nums[2] : " + nums[2])

// 배열의 두 번째 위치에 저장된 값을 400으로 변경
nums[1] = 400
// 변경된 값 출력
println(nums[1])
```

실행 결과

```
nums[0] : 100
nums[1] : 200
nums[2] : 300
400
```

다음은 앞서 생성한 배열 객체의 내용을 조회하는 예제입니다. 그러나 배열의 범위를 벗어나는 위치의 값을 조회하려고 하므로 오류가 발생합니다.

```kotlin
// 잘못된 위치값(배열의 크기를 넘어가는 숫자)을 이용해 접근할 경우 ArrayIndexOutOfBoundsException
오류가 발생
println(nums[3])
```

실행 결과

```
Exception in thread "main" java.lang.ArrayIndexOutOfBoundsException: 3
    at operatorstudy.OperatorStudy3Kt.main(OperatorStudy3.kt:23)
```

앞서 살펴봤듯이 배열의 크기를 넘어서는 숫자를 이용해 저장된 값에 접근할 경우 **오류가 발생**합니다. 여기서는 3개의 값이 저장된 배열에 4번째에 위치한 값을 참조하려 했으므로 오류가 발생한 것입니다.

인덱스 접근을 위한 대괄호 안에 반드시 숫자만 써야 하는 것은 아닙니다. 맵(map)과 같이 키를 통해 값에 접근하는 객체에서는 **대괄호 안에 키 값을 적어 해당 키 값과 대응하는 값을 참조할 수 있습니다.**

다음은 문자열 키를 이용해 맵에 값을 저장하고 읽어오는 예제입니다.

예제 3.13 인덱스 접근 연산자를 이용해 맵 객체의 값을 저장, 변경, 조회   operatorstudy/OperatorStudy3.kt

```
var areaCodeMap = mutableMapOf("02" to "서울", "031" to "경기")
println(areaCodeMap["02"])
println(areaCodeMap["031"])
areaCodeMap["051"] = "부산"
println(areaCodeMap["051"])
```

실행 결과
```
서울
경기
부산
```

참고로 아직 리스트와 맵 객체에 대해서는 설명하지 않았으므로 후반부의 컬렉션 부분을 살펴본 이후 다시 한 번 해당 연산자를 복습하길 바랍니다.

in 연산자

in 연산자는 다음과 같은 상황에서 사용하는 연산자입니다.

1. 배열, 리스트, 집합 혹은 범위(Range) 객체와 같이 여러 값이 저장된 객체에 특정 값이 포함돼 있는지 검사
2. for 구문 내부에서 배열, 리스트, 집합 혹은 범위 객체와 같이 여러 값이 저장된 객체에 포함된 값을 하나씩 순회

참고로 in 연산자를 설명하면서 이후에 배울 반복문과 범위, 컬렉션 객체에 대한 내용이 등장하므로 지금 당장 이해하기 어렵다면 해당 내용을 살펴본 이후에 다시 한 번 복습하는 것을 추천합니다.

다음은 배열, 리스트, 집합, 범위 객체에 **특정 값이 포함돼 있는지 검사하기 위해 in 연산자를 사용**하는 예제입니다.

예제 3.14 in 연산자를 사용한 값 포함 여부 조사   operatorstudy/OperatorStudy4.kt

```kotlin
/* 배열 요소 포함 여부 검사 */
var arr = arrayOf(1, 2, 3, 4, 5)
// 3은 배열에 포함돼 있으므로 true를 반환
println("3 in arr : " + (3 in arr))
// 6은 배열에 포함돼 있지 않으므로 false를 반환
println("6 in arr : " + (6 in arr))

/* 리스트 요소 포함 여부 검사 */
var list = listOf('a', 'b', 'c', 'd', 'e')
// 'a' 글자는 리스트에 포함돼 있으므로 true를 반환
println("'a' in list : ${'a' in list}")
// 'f' 글자는 리스트에 포함돼 있지 않으므로 false를 반환
println("'f' in list : ${'f' in list}")
```

실행 결과

```
3 in arr : true
6 in arr : false
'a' in list : true
'f' in list : false
```

값의 포함 여부는 반환된 논리값을 통해 알 수 있으며, 값이 포함돼 있는 경우 true를 반환합니다.

다음은 범위에 대한 정보를 담고 있는 범위 객체에 값이 포함돼 있는지 여부를 살펴보기 위해서 in 연산자를 사용하는 예제입니다.

예제 3.15 범위 객체와 in 연산자를 사용한 값 포함 여부 조사   operatorstudy/OperatorStudy4.kt

```kotlin
// [1]
// .. 연산자를 이용하여 1부터 10까지의 범위 정보를 담고 있는 범위 객체 생성
println(1 in 1 .. 10)
var a = 10
// 1부터 9까지의 범위를 나타내는 범위 객체에 10이 포함돼 있는지 여부를 검사(false를 반환)
println(a in 1 .. 9)

// 소문자 알파벳에 'a'가 포함돼 있는지 여부를 검사(true를 반환)
println('a' in 'a' .. 'z')

// [2]
println(1 !in 1 .. 10)
```

실행 결과

```
true
false
true
false
```

(1) 점 두 개를 이어붙인 연산자(..)를 이용해서 생성한 범위(Range) 객체의 내부에 특정 값이 포함돼 있는지 여부를 검사합니다. 예제에서는 1부터 10까지의 범위를 나타내는 범위 객체에 1이 포함돼 있는지 여부를 검사하고 있으므로 true가 반환됩니다.

```
println(1 in 1 .. 10)
```

(2) 앞에 느낌표를 붙인 !in 연산자는 in 연산자의 동작 방식과 **반대로 동작하는 연산자입니다**. 즉, 값이 포함돼 있지 않을 경우 **true**를 반환합니다.

```
println(1 !in 1 .. 10)
```

여기서는 값이 범위 안에 포함돼 있으므로 false를 반환합니다.

다음은 반복문을 사용해 범위 객체에 포함된 값들을 하나씩 조회하기 위해 in 연산자를 사용하는 예제입니다.

예제 3.16 반복문과 in 연산자를 사용한 값 조회　　　　　　　　　operatorstudy/OperatorStudy4.kt

```
// (1)
for(num in 1 .. 5) {
    print("$num ")
}
println()

var items = arrayOf('a', 'b', 'c')
// (2)
for(item in items) {
    print(item)
}
println()

// (3)
```

```
for((idx, item) in items.withIndex()) {
    println("$idx : $item")
}
```

실행 결과

```
1 2 3 4 5

abc

0 : a
1 : b
2 : c
```

(1) in 연산자의 오른쪽에 위치한 Range 객체에 포함된 범위 내의 각 요소에 접근해 출력합니다.

여기서 사용된 Range 객체는 1부터 5까지의 범위 정보를 가지고 있는 객체이므로 순서대로 1부터 5까지 출력하며, 각 숫자가 매번 num 변수에 대입됩니다.

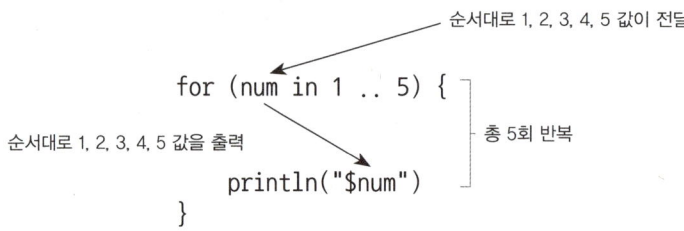

그림 3-1 in 연산자를 이용한 반복

(2) in 연산자의 오른쪽에 위치한 배열 객체에 담긴 값을 하나씩 순회하며 출력합니다. 배열뿐 아니라 리스트 혹은 순회가 가능한 어떠한 종류의 객체도 이 같은 접근 방식을 허용합니다.

(3) 배열과 컬렉션 객체에서 제공하는 withIndex 메서드를 이용해 요소가 포함된 위치 정보(인덱스 정보)를 **함께 가져와 출력**합니다. 요소의 값뿐만 아니라 요소의 위치 정보도 필요한 경우 이러한 방법을 활용할 수 있습니다.

연산자 우선순위

대부분의 언어에서는 여러 연산자가 수식에 등장할 때 **어떤 순서로 연산자를 먼저 평가하고 처리할지를 판단할 수 있도록 연산자 우선순위를 정의합니다.**

다음은 코틀린 언어에서 우선순위가 높은 연산자(즉, 먼저 평가되는 연산자)와 우선순위가 낮은 연산자를 정리한 표입니다.

우선순위	종류	심벌
높음	후위 연산자	++, --, ., ?., ?
	전위 연산자	-, +, ++, --, !, label
	타입 변환 연산자	:, as, as?
	곱셈, 나눗셈, 나머지 연산자	*, /, %
	덧셈, 뺄셈 연산자	+, -
	범위 연산자	..
	중위 함수	N/A
	엘비스 연산자	?:
	포함 관계 여부 및 타입 확인 연산자	in, !in, is, !is
	대소 비교 연산자	<, >, <=, >=
	동등 비교 연산자	==, !=
	AND 연산자	&&
	OR 연산자	||
	스프레드 연산자	*
낮음	대입, 복합 대입 연산자	=, +=, -=, *=, /=, %=

예를 들어, 다음과 같은 식이 있다고 가정하고 연산자 우선순위가 적용되어 식의 최종 결괏값이 계산되는 상황을 살펴보겠습니다.

```
true || 2 < 1
```

여기서는 오른쪽의 대소 비교 연산자(<)의 우선순위가 높으므로 먼저 평가되어 전체 식이 다음과 같이 됩니다.

```
true || false
```

이후 OR 연산자(||)가 평가되어 최종적으로 식의 반환값은 true가 됩니다.

현실적으로 우선순위 표의 내용을 모두 외우고 연산자 우선순위를 적용하는 것은 어렵기 때문에 **소괄호에 포함된 식이 먼저 평가된다는 성질을 이용해 다음과 같이 우선순위를 직접 명시**하는 것이 좋습니다.

예제 3.17 소괄호를 이용한 연산자 우선순위 명시   operatorstudy/OperatorPrecedenceStudy.kt

```kotlin
var result = ((10 * 5) in 1 .. 100) || (true && false)
println(result)
```

실행 결과
```
true
```

도전과제

Q1 _ 임의의 크기를 가진 반지름 변수(radius)를 선언하고 원의 넓이를 구해서 출력하는 프로그램을 작성하세요.

힌트 _
1. 원의 넓이는 파이 상수에 반지름의 제곱을 곱해서 구합니다.
2. 파이 값으로 Math.PI 상수를 사용하거나 3.141592를 직접 대입한 상수를 사용합니다.

예상 실행 결과(원의 반지름이 10이라고 가정)
```
314.1592653589793
```

(해답: challenges.ch03.AreaCalculate.kt)

Q2 _ 키(height)와 몸무게(weight) 변수를 이용해 BMI 지수를 구한 후 출력하는 프로그램을 작성하세요.

힌트 _ BMI 지수는 몸무게(단위는 KG)를 키(단위는 미터)의 제곱값으로 나누어 구합니다.

예상 실행 결과(키가 180cm, 몸무게가 80kg이라고 가정)

```
24.691358024691358
```

(해답: challenges.ch03.BMICalculate.kt)

Q3 _ 다음 코드의 주석 부분에 적절한 값을 대입하고 연산자를 추가해 콘솔에 모두 true 값이 출력되게 수정하세요.

```
var a = 100
var b = /* 값 */
var c = "Kotlin"
var d = /* 값 */

var true1 = (a /* 비교 연산자 */ b)
var true2 = (b >= a) && (c != d)

println(true1)
println(true2)
```

예상 실행 결과

```
true
true
```

(해답: challenges.ch03.LogicalAndComparisonOperator.kt)

chapter 04

제어문

분기문과 반복문은 **프로그램의 전체적인 논리 구조를 구성**하는 데 사용되며, 프로그래밍 언어에서 가장 중요한 역할을 수행합니다. 특히 코틀린에서는 분기문과 반복문에서 활용할 수 있는 다양한 문법적 편의성을 제공하므로 다른 언어에 비해 가독성 있고 축약된 코드를 작성할 수 있습니다.

분기문

실생활에서 **조건에 따라 다른 종류의 작업을 수행**해야 하는 경우가 빈번하게 일어납니다. 다음은 실생활에서 관찰할 수 있는 조건에 따라 작업을 수행하는 몇 가지 사례입니다.

1. 성인 등급의 영화는 성인만 발권 가능
2. 규정 속도 이상으로 속도를 낼 경우 범칙금 부여
3. 세일 기간에 VIP 고객은 할인가로 상품 구매 가능

1번 사례의 경우 나이가 조건이 되어 성인이라는 조건이 만족되면 발권 작업을 수행합니다.

2번 사례의 경우 속도가 조건이 되고 규정 속도 이상으로 운행할 경우 범칙금을 부여하는 작업을 수행합니다.

3번 사례의 경우 세일 기간인지 여부와 VIP 고객인지 여부가 조건이 되고, 두 가지 조건을 모두 만족할 경우 할인가로 상품을 제공하는 작업을 수행합니다.

위 사례와 같이 특정 조건에 따라 작업을 수행하는 일은 우리 주변에서 흔히 볼 수 있습니다. 마찬가지로 프로그램을 작성할 때도 특정 조건에 따라 다른 종류의 작업을 수행하는 경우가 자주 발생합니다.

코틀린에서는 if 표현식과 when – case 표현식을 통해 프로그래머가 조건을 조사하고 상황에 따라 분기해서 맥락에 맞는 작업을 수행할 수 있게 합니다.

if 문을 이용한 분기

if 문은 가장 기초적인 형태의 분기문을 작성하기 위해 사용합니다. if 문의 사용법은 다음과 같습니다.

```
if(표현식) {
    // 표현식이 참으로 평가될 경우 실행할 코드를 작성
}
```

다른 프로그래밍 언어를 접해본 경험이 있고 제어문을 공부했다면 사용법이 크게 다르지 않다는 것을 눈치챌 수 있습니다.

여기서 if 문의 괄호 안에 들어갈 **표현식은 반드시 참(true) 혹은 거짓(false) 값을 반환하는 표현식**이어야 합니다. 괄호 안에 참(true), 거짓(false) 값을 직접 쓸 수도 있지만 보통은 다음과 같이 비교 연산자가 포함된 식을 쓰거나 논리값을 반환하는 함수 혹은 메서드를 호출하는 식을 사용합니다.

```
// 비교식을 사용해 조건을 검사
if(a >= 100) { /* ... */ }

// 논리값을 반환하는 메서드를 호출
if(title.isEmpty()) { /* ... */ }
```

괄호 안의 표현식이 참으로 평가되면 if 블록 내부의 코드가 실행되고 거짓으로 평가되면 블록 안의 코드가 실행되지 않습니다.

다음 예제에서는 if 문의 표현식이 모두 참으로 평가되므로 중괄호 안의 코드를 실행합니다.

예제 4.1 if 문을 이용한 분기   controlstudy/IfElseStudy1.kt

```
// (1)
if(true) {
    println("true")
}

// (2)
if(100 > 1) {
```

```
        println("100은 1보다 크다")
}

// [3]
var a = 100
if(a >= 100) {
    // a 변수의 값이 100이므로 true를 반환하므로 실행(단, 변수의 값이 바뀌면 실행되지 않을 수 있음)
    println("a는 100보다 크거나 같다.")
}

// [4]
var greet = "Hello World"
if(greet.startsWith("Hello")) {
    println("문자열은 Hello로 시작합니다.")
}

// [5]
var age = 20
var gender = "남성"
if(age >= 20 && gender == "남성") {
    println("성인 남성입니다.")
}
```

실행 결과

```
true
100은 1보다 크다
a는 100보다 크거나 같다.
문자열은 Hello로 시작합니다.
성인 남성입니다.
```

[1] if 문의 조건에 직접 true를 입력했습니다. 따라서 블록 안의 코드가 무조건 실행됩니다.

```
if(true) { /* ... */ }
```

[2] 비교식은 참으로 평가되므로 블록 안의 코드를 실행합니다.

```
if(100 > 1) { /* ... */ }
```

(3) 변숫값을 검사해서 분기 작업을 진행합니다. 변수에 저장된 값이 100이므로 비교식은 참으로 평가되고 블록 안의 코드를 실행합니다.

```
if(a >= 100) { /* ... */ }
```

(4) startsWith 메서드를 호출해서 greet 변수에 저장된 문자열이 "Hello"로 시작하는지 여부를 검사합니다. 변수에 저장된 문자열의 내용이 "Hello World"이므로 메서드 호출 결과로 참이 반환되고 블록 안의 코드를 실행합니다.

```
if(greet.startsWith("Hello")) { /* ... */ }
```

(5) 논리 연산자(&&, ||, ! 연산자)를 적절히 활용하면 여러 조건(나이, 성별)을 동시에 검사할 수 있습니다. 여기서는 성인인지 여부와 성별을 동시에 검사하고 있습니다.

```
if(age >= 20 && gender == "남성") { /* ... */ }
```

그런데 때로는 거짓값이 반환되었을 때 처리해야 할 코드가 있을 수 있습니다. 즉, **참과 거짓 값이 반환되는 두 가지 상황에 따라 모두 분기해서 처리하는 작업**을 해야 할 경우에는 다음과 같이 else 키워드와 코드 블록을 추가하는 형태로 코드를 작성합니다.

```
if(표현식) {
    // 표현식이 참값으로 평가될 경우 실행할 코드 작성
} else {
    // 표현식이 거짓값으로 평가될 경우 실행할 코드 작성
}
```

다음은 변숫값을 검사해서 짝수인지 홀수인지 여부를 출력하는 예제입니다.

예제 4.2 else 블록을 사용한 분기   controlstudy/IfElseStudy1.kt

```
var num = 10
if(num % 2 == 0) {
    println("짝수입니다.")
} else {
    println("홀수입니다.")
}
```

실행 결과
```
짝수입니다.
```

num 값을 2로 나눈 나머지가 0이라면 해당 값은 짝수이므로 "짝수입니다." 문자열을 출력하고, 그렇지 않은 경우에는 "홀수입니다." 문자열을 출력합니다.

여기서는 num 변수에 10을 저장했으므로 짝수 관련 메시지가 출력되는 것을 확인할 수 있습니다. 변수의 값을 적당한 홀수값으로 변경한 후 프로그램을 실행하면 홀수임을 나타내는 메시지가 출력됩니다.

만약 **여러 조건식을 통해 세세하게 나눠지는 분기 작업을 진행해야 한다면 else if 블록을 추가**해 다음과 같이 코드를 작성합니다.

다음 코드는 점수(score)에 따라 A부터 D까지의 성적 등급(grade)을 부여하는 예제입니다.

예제 4.3 else if 블록을 사용한 분기   controlstudy/IfElseStudy1.kt
```kotlin
var score = 100
// (1)
var grade: String
if(score == 100) {
    grade = "A"
// (2)
} else if(score in 90 until 100) {
    grade = "B"
// (3)
} else if(score in 80 until 90) {
    grade = "C"
// (4)
} else {
    grade = "D"
}
println("grade : $grade")
```

실행 결과
```
grade : A
```

(1) 점수에 따라 분기한 후 값을 대입할 변수를 선언합니다. 변수를 선언하는 시점에 바로 값을 대입하지 않고 있으므로 대입할 값의 타입을 확인할 수 없어 타입 추론을 할 수 없습니다. 따라서 여기서는 명시적으로 타입을 지정합니다.

```
var grade: String
```

[2] score 변숫값을 비교하여 점수가 90점 이상 100점 미만이면 B 등급을 부여합니다. 만약 아니라면 **[3]**
으로 넘어갑니다.

[3] 점수가 80점 이상 90점 미만인지 검사해서 C 등급을 부여합니다. 만약 아니라면 **[4]**로 넘어갑니다.

```
} else if(score in 90 until 100) {
    grade = "B"
} else if(score in 80 until 90) {
    grade = "C"
}
```

여기서는 범위 객체를 생성하기 위해 .. 키워드 대신 **until** 함수를 사용합니다. 범위 객체를 생성한 후 점수가 해당 범위에 포함되는지 여부를 **in** 연산자를 이용해 검사합니다. (in 연산자와 범위 객체의 구체적인 사용법은 반복문을 설명할 때 자세히 살펴보겠습니다.)

[4] 어떠한 분기 조건도 만족하지 못할 경우 마지막 else 블록 안의 코드가 실행돼 D 등급을 부여합니다.

```
} else {
    grade = "D"
}
```

상황에 따라 마지막 else 코드 블록은 생략할 수도 있습니다.

다음은 점수에 따라 그에 해당하는 등급을 출력하는 코드입니다. 단, 점수를 80점 이상 받았을 경우에만 등급을 출력하고, 마지막 else 코드 블록은 생략했습니다.

예제 4.4 else 블록 생략   controlstudy/IfElseStudy1.kt

```
var score = 50

// 점수가 80점 이상인 경우에만 등급을 출력
if(score == 100) {
    println("A")
} else if(score in 90 until 100) {
    println("B")
} else if(score in 80 until 90) {
    println("C")
```

```
}
// else 코드 블록을 생략
```

실행 결과

출력 결과 없음

보다시피 점수가 낮아서 어떠한 조건도 만족하지 않아 조건문 안의 출력문이 실행되지 않으므로 아무것도 출력되지 않은 것을 확인할 수 있습니다.

앞서 살펴본 코드와는 다르게 맥락상 else 코드 블록을 생략한 것이 문제를 일으키는 경우도 있습니다. 가령 다음 예제에서는 위의 코드와 마찬가지로 점수가 80점 미만인 경우를 처리할 코드 블록을 생략했습니다.

```
var score = 50
var grade: String
if(score == 100) {
    grade = "A"
} else if(score in 90 until 100) {
    grade = "B"
} else if(score in 80 until 90) {
    grade = "C"
}
// 변수가 초기화되지 않을 수도 있으므로 Variable 'grade' must be initialized 오류 발생
println("grade : $grade")
```

그런데 이 코드에서는 변수를 초기화하지 않았다는 오류가 발생합니다. 만약 score 값이 80보다 작다면 grade 변수에 값이 대입되지 않을 수도 있기 때문입니다.

따라서 else 코드 블록을 생략하고 싶다면 변수에 적절한 초깃값(예: D등급)을 미리 대입하거나 null 허용 타입으로 지정한 후 미리 null 값을 대입해 두는 식으로 **값의 초기화가 이뤄지지 않는 상황을 방지**해야 합니다.

다음은 등급 변수의 타입을 null 허용 타입으로 변경하고 null 값으로 초기화하는 예제입니다.

예제 4.5 null 값 대입을 통한 초기화   controlstudy/IfElseStudy1.kt

```
var score = 50
// null 허용 타입을 선언한 후 null 값을 대입해서 초기화
```

```
var grade: String? = null
if(score == 100) {
    grade = "A"
} else if(score in 90 until 100) {
    grade = "B"
} else if(score in 80 until 90) {
    grade = "C"
}
// 어떤 조건도 만족시키지 않지만 값이 아예 존재하지 않는 상황이 발생하지 않았으므로 오류도 발생하
지 않음
println("grade : $grade")
```

실행 결과

```
null
```

위 코드에서는 만족하는 조건이 없더라도 변숫값이 미리 초기화돼 있으므로 문제가 발생하지 않습니다. 단, 점수가 낮아 등급을 부여하지 못하는 상황이 발생할 경우 처음 대입한 null 값이 그대로 출력됩니다.

if 표현식과 삼항 연산자

일반적으로 다른 언어에서는 **if 조건문을 구문으로 사용하는 반면 코틀린에서는 if 조건문을 표현식으로 사용할 수 있어 평가된 후 값을 반환**할 수 있습니다. 따라서 다른 프로그래밍 언어에서 흔히 제공하는 삼항 연산자도 존재하지 않습니다. 다음은 자바에서 제공하는 삼항 연산자를 사용하는 예제입니다.

```
int a = (2 > 1) ? 100 : 200;
```

물음표(?)를 기준으로 왼쪽의 조건식을 평가했을 때 콜론(:)의 왼쪽에는 조건식이 참으로 평가될 때 대입할 값을, 오른쪽에는 조건식이 거짓으로 평가될 때 대입할 값을 씁니다. 따라서 위의 코드에서는 조건식이 참으로 평가되므로 a 변수에 100이 대입됩니다.

코틀린에서는 삼항 연산자 같은 특별한 문법을 제공하지 않고 조건 비교와 분기에 따르는 값 대입을 **if 표현식을 이용해 처리합니다**. 즉, if 표현식을 다음과 같이 삼항 연산자와 같은 방식으로 사용할 수 있습니다.

```
// 값을 반드시 반환해야 하므로 else 블록 생략 불가
var 변수 = if(조건식) 조건식이 참으로 평가될 때 대입할 값(혹은 표현식)
          else 조건식이 거짓으로 평가될 때 대입할 값(혹은 표현식)
```

다만 이 경우 **표현식으로 사용되어 값을 반드시 반환해야 하므로 if 블록만 단독으로 사용할 수 없고 else 블록을 반드시 지정해야 한다**는 점에 유의합니다.

if 표현식을 적용한 코드는 다음과 같습니다. 다음은 두 값을 비교해 더 큰 값을 대입하는 코드입니다.

예제 4.6 if 표현식 적용 controlstudy/IfElseStudy1.kt

```kotlin
var num1 = 100
var num2 = 200

// (1)
var bigger = if(num1 > num2) num1 else num2

println(bigger)
```

실행 결과

```
200
```

(1) 두 변수(num1, num2)의 값을 비교해서 더 큰 값을 변수(bigger)에 대입합니다. 괄호 안의 표현식이 참으로 평가되면 num1 값을, 거짓으로 평가되면 num2 값을 대입합니다.

```kotlin
var bigger = if(num1 > num2) num1 else num2
```

다음과 같이 여러 분기에 따라 처리가 나뉘는 상황에서도 if 표현식으로 값을 반환받을 수 있습니다. 이 경우 각 **분기문의 중괄호 블록에 포함된 마지막 식의 값이 최종 반환값**이 됩니다.

다음은 앞에서 정의한 학점 평가 코드를 if 표현식을 사용하도록 변경한 코드입니다.

예제 4.7 if 표현식 적용 controlstudy/IfElseStudy1.kt

```kotlin
var score = 100
var grade = if(score == 100) {
    // (1)
    println("Perfect")
    "A"
} else if(score in 90 until 100) {
    println("Excellent")
    "B"
} else if(score in 80 until 90) {
    println("Good")
```

```
        // (2)
        "ABCD".get(2)
    } else {
        println("Average")
        // (2)
        "D" + "+"
    }
println("grade : $grade")
```

실행 결과
```
Perfect
grade : A
```

(1) 코드 블록의 내부에는 실행할 코드가 한 줄 이상 있지만 변수(**grade**)에 대입되는 최종 반환값은 **블록의 마지막 표현식이 평가된 값**입니다. 여기서는 문자열 값이 그대로 반환되어 변수에 대입됩니다.

```
// 수행할 명령어
println("Perfect")
// 반환할 마지막 표현식(여기서는 문자열 값을 그대로 반환)
"A"
```

(2) 코드 블록의 마지막 명령어를 식으로 지정할 수 있으므로 메서드 호출의 반환값 혹은 연산자를 이용한 계산 결과를 반환하게 할 수도 있습니다.

```
// ...
} else if(score in 80 until 90) {
    println("Good")
    // 메서드 호출 결과(문자열 "B") 반환
    "ABCD".get(2)
} else {
    println("Average")
    // 연산자 수행 결과(문자열 "D+") 반환
    "D" + "+"
}
```

> **Q** + 연산자를 문자열에 사용할 경우 왼쪽과 오른쪽의 문자열을 이어 붙인 새로운 문자열을 반환합니다.

더 알아보기 _ 구문과 표현식

구문(statement)은 특정한 작업을 수행할 수 있도록 도와주는 명령어로 자체적으로 값을 반환하지 않는다는 특징이 있습니다. 가령 자바에서 다음과 같은 if 문은 분기를 통해 특정 코드가 수행되게 하는 역할만 할 뿐 특정 값을 반환하지는 않습니다.

```
int a = 0;
// 자바 언어의 분기문은 말그대로 분기 작업을 수행하는 역할을 담당(하나의 값으로 환원되지 않음)
if(true) {
    a = 100;
} else {
    a = 200;
}
```

이러한 구문과 달리 **표현식(expression)은 하나의 값으로 환원**될 수 있습니다. 표현식이 하나의 값으로 환원되는 사례를 살펴보면 다음과 같습니다.

```
// 숫자 205로 환원
5 + (100 * 2)

// 문자열 "Hello World"로 환원
"Hello" + " World"

// 숫자 10으로 환원
"Hello".length * 2

// doSomething 메서드의 반환값으로 환원
myObject.doSomething()

// 문자열 "Hello"로 환원
if(10 > 1) "Hello" else "World"
```

표현식에 포함되는 식의 범위는 매우 넓어서 단순한 계산부터 속성 접근 및 메서드 호출이 모두 표현식에 포함됩니다.

코틀린에는 다른 언어에서는 구문으로 사용되던 명령어들을 표현식으로 활용할 수 있도록 변경해 놓은 것들이 많습니다. 물론 표현식을 구문처럼 사용해도 문제가 발생하지는 않지만 표현식이 값으로 환원될 수 있다는 특성을 잘 이용하면 가독성 있고 축약된 형태의 코드를 작성하는 데 큰 도움을 줍니다.

가령 맨 처음 보여준 자바 코드는 다음과 같은 형태로 축약해서 깔끔하게 작성할 수 있습니다.

```
var a = if(true) 100 else 200
```

when - case 표현식을 이용한 분기

특정 표현식의 평가값을 비교해서 분기 작업이 진행되는 경우 when - case 표현식을 이용하면 편리하게 분기 작업을 수행할 수 있습니다. when - case 표현식의 사용법은 다음과 같습니다.

```
when(표현식) {
    비교할 값 혹은 표현식1 -> 비굣값과 일치할 경우 실행할 명령어1
    비교할 값 혹은 표현식2 -> 비굣값과 일치할 경우 실행할 명령어2
    (...)
    비교할 값 혹은 표현식n -> 비굣값과 일치할 경우 실행할 명령어n
    else -> 어떠한 비굣값과도 일치하지 않을 경우 실행할 명령어
}
```

when 키워드 오른쪽의 괄호 안에 평가를 받을 값이나 표현식을 쓰고, 중괄호 블록 내부에서 위에서부터 차례대로 **화살표 기호(->)의 왼쪽에 있는 값과 비교해서 일치하는 값을 찾았을 경우 해당 값의 화살표 기호 오른쪽에 있는 명령어를 실행**하는 방식으로 작동합니다.

다음은 변숫값을 비교해서 when - case 표현식을 이용해 분기하는 코드입니다.

예제 4.8 when - case 표현식을 이용한 분기   controlstudy/WhenCaseStudy.kt

```kotlin
var num = 1
when(num) {
    // (1)
    1 -> println("One")
    // (2)
    (1.inc()) -> println("Two")
    (1 * 3) -> println("Three")
    // (3)
    else -> println("No Match")
}
```

(1) 화살표 기호 왼쪽에 숫자 1을 써서 num 변수의 값이 1인지 비교합니다. 현재는 num 변수의 값을 1로 설정했으므로 "One"을 출력합니다.

(2) 1만큼 증가한 값을 반환하는 inc 메서드를 호출하고 3을 곱하는 등의 식을 이용해 반환받은 값(각각 2, 3)으로 비교해서 "Two" 혹은 "Three"를 출력합니다.

(3) 위의 조건을 아무것도 만족하지 않는 경우에는 "No Match"를 출력합니다.

예제에서는 num 변수의 값을 보고 분기하고, 비교할 값을 지정하는 부분에서는 직접 값을 쓰거나 식(함수를 호출하거나 연산을 수행해)을 이용해 반환받은 값을 비교해 오른쪽 코드를 실행하는 것을 확인할 수 있습니다.

어떤 조건도 만족하지 않을 경우에 대비해서 else 키워드를 이용해 실행할 명령어를 추가했습니다. num 변수의 값을 1씩 더해서 실행해 보면 다른 곳으로 분기되어 출력 결과가 달라지는 것을 확인할 수 있습니다.

실행 결과
```
One
```

만약 **분기에 따르는 작업 코드를 여러 줄 작성해야 한다면 화살표(->) 기호 뒤에 중괄호({,}) 블록을 넣고 블록 안에 코드를 작성**하면 됩니다.

다음은 앞서 살펴본 코드와 비슷한 역할을 하면서 num 값도 출력하도록 수정한 예제입니다.

예제 4.9 when - case 표현식을 이용한 분기   controlstudy/WhenCaseStudy.kt

```kotlin
when(num) {
    // 여러 줄의 문장을 실행하도록 중괄호 블록을 사용
    1 -> {
        println("Hello")
        println(num)
    }
    2 -> {
        println("World")
        println(num)
    }
}
```

실행 결과
```
Hello
1
```

if 표현식과 마찬가지로 when - case 분기문도 표현식으로 사용될 수 있습니다. 앞에서 언급했다시피 표현식은 평가된 이후 값을 반환하므로 변수나 상수에 값을 대입하는 용도로도 사용할 수 있습니다.

다음은 연산자(op)에 따라 두 변수(a, b)의 값을 더하거나, 빼거나, 곱하거나, 나눈 결과를 상수(result)에 저장하는 예제입니다.

예제 4.10 when - case 표현식을 사용한 분기 및 값 대입　　　　　　　controlstudy/WhenCaseStudy.kt

```
var a = 10.0
var b = 20.0
var op = '+'
val result: Double? = when(op) {
    '+' -> a + b
    '-' -> a - b
    '*' -> a * b
    '/' -> a / b
    else -> null
}
println(result)
```

지금은 10과 20을 더하도록 설정했으므로 결과로 30이 result 상수에 대입됩니다. 화살표 기호의 오른쪽에 위치한 식이 평가되어 반환되는 값이 대입값이 됩니다.

실행 결과

```
30.0
```

여기서 눈여겨봐야 할 부분은 **else** 키워드를 사용해 기본값을 대입하는 부분입니다. 앞에서 분기문 역할을 하도록 사용된 when - case 표현식과 달리 여기서는 **값을 대입받는 용도로 when - case 표현식을 사용하고 있으므로 반드시 값을 반환**해야 합니다. 따라서 지원하지 않는 연산자가 입력으로 들어올 경우에 대비해 else 키워드와 기본값(null)을 대입하는 구문을 추가한 것을 확인할 수 있습니다.

만약 여러 개의 값을 그룹으로 묶어 같은 명령어를 수행하거나 결괏값을 반환하게 하고 싶다면 콤마(,)를 이용해 비교할 값을 묶으면 됩니다. 다음은 영어권 성적 등급을 한국식 성적 등급으로 변환하는 예제입니다.

예제 4.11 여러 개의 값을 그룹으로 묶어 비교　　　　　　　　　　　　controlstudy/WhenCaseStudy.kt

```
var grade = "A+"
var gradeResult = when(grade) {
    // (1)
    "A+", "a+", "A-", "a-" -> "수"
    "B+", "b+", "B-", "b-" -> "우"
    "C+", "c+", "C-", "c-" -> "미"
    "D+", "d+", "D-", "d-" -> "양"
    // (2)
```

```
        else -> "가"
    }
    println(gradeResult)
```

실행 결과
```
수
```

(1) 성적의 등급이 "A+", "a+", "A−", "a−"일 경우 모두 "수" 등급으로 변환합니다. 아래 코드도 비슷한 작업을 수행합니다.

(2) 표현식을 통해 대입할 값을 반환하고 있으므로 대입할 값이 없는 상황이 발생하지 않도록 어떤 조건과도 일치하지 않을 경우 "가" 등급을 반환합니다.

이번에는 when - case 표현식과 **타입 확인 연산자(is)를 이용해 값의 타입에 따라 분기**하는 예제를 봅시다.

예제 4.12 is 연산자를 이용한 값의 타입 비교   controlstudy/WhenCaseStudy.kt
```
var x: Any = "Hello"

when(x) {
    // 문자열일 경우 문자열의 길이를 출력
    is String -> println(x.length)
    // 숫자인 경우 2를 곱한 값을 출력
    is Int -> println(x * 2)
    // 실수인 경우 정수 형태로 변환해서 출력
    is Double -> println(x.toInt())
    else -> println("No Match")
}
```

실행 결과
```
5
```

is 연산자는 값의 타입을 검사하는 연산자로서 오른쪽에 값의 타입명을 쓰면 변수가 해당 타입인 경우 참을 반환합니다. (is 연산자는 나중에 클래스 파트를 설명할 때 자세히 살펴보겠습니다.)

여기서는 값의 타입이 문자열인지, 정수인지, 실수인지에 따라 분기해서 각 타입이 가지고 있는 고유 속성과 기능에 접근한다고 이해하면 됩니다. 변수에 다음과 같이 다른 타입의 값(정수, 실수)을 대입하는 코드로 수정한 후 달라진 결과를 확인해 보기 바랍니다.

```kotlin
// 정수 대입 코드
var x: Any = 1234
// 실수 대입 코드
var x: Any = 1.234
```

다음은 when - case 표현식과 **in** 연산자를 이용해 값이 특정 범위에 포함되는지 여부에 따라 분기하는 코드입니다. 여기서는 점수의 범위에 따라 등급을 조정하고, 앞에서 작성한 코드와 똑같은 방식으로 작동합니다.

예제 4.13 in 연산자를 이용한 범위 비교 및 분기   controlstudy/WhenCaseStudy.kt

```kotlin
var score = 100
var scoreResult = when(score) {
    in 91 .. 100 -> "A"
    in 81 .. 90 -> "B"
    in 71 .. 80 -> "C"
    else -> "D"
}
println(scoreResult)
```

실행 결과

```
A
```

더 알아보기 _ 표현식으로 사용되는 when - case 구문에서 else 블록의 생략

when - case 표현식을 사용할 경우 일반적으로 대입할 값이 존재하지 않는 상황을 방지하기 위해 **else** 블록을 생략할 수 없습니다. 그러나 다음과 같이 결괏값에 따르는 **모든 경우의 수를 처리할 수 있도록 분기문을 작성한 경우 예외적으로 else 블록을 생략**할 수 있습니다. 가령 다음과 같은 코드는 else 블록 없이도 정상적으로 작동합니다.

```kotlin
var booleanValue: Boolean = true
var bResult = when(booleanValue) {
    true -> "참"
    false -> "거짓"
}
println(bResult)
```

실행 결과

```
참
```

여기서 booleanValue 변수의 타입은 불리언 타입이므로 해당 변수가 가질 수 있는 값은 두 가지(**true**, **false**)로 한정됩니다. 그런데 when - case 표현식에서 **존재할 수 있는 모든 값에 대응하는 코드 블록을 만들어 뒀으므로 예외적으로** else **블록을 생략**할 수 있습니다.

나중에 살펴볼 **열거형(enum) 클래스**나 **sealed 클래스**의 경우도 값이 가질 수 있는 타입의 범위가 한정되므로 else 블록의 생략이 가능합니다. 하지만 이처럼 예외적인 상황을 제외하면 대체로 모든 경우의 수를 전부 처리하는 것은 불가능하므로 일반적으로 else 블록의 생략은 불가능합니다.

분기문을 대체하기 위해 when - case 표현식을 사용할 수 있습니다. 이 경우에는 **when 키워드 오른쪽의 괄호를 생략**하고 블록 내부에서 조건식을 직접 입력해서 분기합니다.

예제 4.14 분기문을 대체하기 위해 사용된 **when - case** 표현식   controlstudy/WhenCaseStudy.kt

```
var score = 100
// (1)
var gradeResult = when {
    // (2)
    (score == 100) -> "A"
    (score in 90 until 100) -> "B"
    (score in 80 until 90) -> "C"
    else -> "D"
}
println("grade : $gradeResult")
```

실행 결과

```
grade : A
```

(1) when 오른쪽의 괄호가 생략된 것을 확인할 수 있습니다.

(2) 화살표 기호의 왼쪽에 조건식을 작성했습니다. if 문과 같이 조건식의 참/거짓 반환 여부에 따라 특정 코드 블록을 실행합니다.

> 🔍 when - case 표현식을 이용해 다른 언어에서 제공하는 switch - case 문과 똑같은 역할을 수행할 수 있습니다. 따라서 코틀린에서는 switch - case 문을 별도로 제공하지 않습니다.

반복문

특정 코드를 반복해서 실행하고 싶을 때 사용하는 반복문도 조건문만큼 자주 사용되는 제어문이므로 사용법을 잘 숙지하고 있어야 합니다. 코틀린에서는 **while** 문과 **for** 문을 통해 반복적으로 코드를 실행할 수 있습니다.

특히 for 문의 경우 단순 반복 작업을 수행하는 용도로 사용할 수 있을뿐더러 리스트나 맵과 같이 여러 값을 저장하는 데 사용하는 **객체를 순회하는 기능도 제공**하는 매우 중요한 구문입니다.

while 문

먼저 while 문은 괄호 안의 **조건식이 참으로 평가되는 동안 계속해서 중괄호 블록 안에 작성한 코드를 반복 실행**하는 역할을 합니다. while 문을 정의하는 형식은 다음과 같습니다.

```
// 괄호 안의 조건식이 참으로 평가되면 중괄호 블록 안의 코드를 실행
while(조건식) {
    // 조건식이 참으로 평가될 때 실행할 코드를 작성
}
```

다음은 while 문을 이용해 1부터 10까지 순서대로 숫자를 출력하는 코드입니다.

예제 4.15 while 문을 이용한 반복   controlstudy/WhileLoopStudy.kt

```
var a = 1
// 1부터 10까지 출력
while(a <= 10) {
    println(a)
    a++
}
// 11 출력
println("after while : $a")
```

실행 결과
```
1
2
(.. 중간 출력 생략 ..)
9
10
after while : 11
```

변수(a)의 초깃값은 1이고 조건식은 a <= 10입니다. 1은 10보다 작기 때문에 조건식은 참으로 평가되어 내부 블록의 코드가 실행되고 그 과정에서 변숫값이 1만큼 증가합니다.

이후 다시 한 번 조건식이 평가됩니다. 변숫값이 10이 될 때까지는 계속해서 참이 반환되므로 코드가 10번 반복 실행되고 변숫값을 출력합니다. 변숫값이 11이 되는 순간 반복문은 종료됩니다.

만약 변숫값을 증가시키는 코드를 주석 처리하고 다음과 같은 코드를 실행한다면 결과가 어떻게 될지 상상해 보기 바랍니다.

예제 4.16 무한 반복되는 반복문   controlstudy/WhileLoopStudy.kt

```kotlin
var a = 1
while(a <= 10) {
    println(a)
    // 변숫값을 증가시키는 코드를 주석 처리
    // a++
}
```

실행 결과

```
1
1
(이후 1을 계속 출력)
```

이 경우 조건식은 **계속 참으로 평가되므로 반복문이 종료되지 않고 결국 무한 반복 상태**에 빠지게 됩니다. 이처럼 일부러 코드를 계속 반복해서 실행하도록 의도한 상황이 아닌 경우라면 다음과 같이 콘솔 화면의 왼쪽에 위치한 빨간색 정지 버튼을 눌러 무한 반복 상태에 빠진 프로그램을 강제 종료해야 합니다. (물론 무한 반복 상태에 빠지지 않았더라도 해당 버튼을 누르면 프로그램을 강제 종료할 수 있습니다).

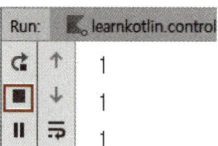

그림 4-1 프로그램 강제 종료 버튼

do – while 문

while 문의 변형된 형태인 **do – while** 문을 이용해서도 반복 작업을 할 수 있습니다. 처음 반복을 수행하는 시점에 조건식을 평가하는 while 문과는 달리 **do – while 문은 처음 한 번은 중괄호 블록 안의 코드를 실행**합니다.

```
do {
    // 처음에 한 번은 무조건 수행되고, 이후 조건식이 참으로 평가될 때 실행할 코드 작성
} while(조건식)
```

다음은 앞에서 작성한 1부터 10까지 출력하는 코드를 do – while 문을 이용하도록 재작성한 코드입니다.

예제 4.17 do – while 문을 이용한 반복   controlstudy/WhileLoopStudy.kt

```
a = 1
do {
    println(a)
    a++
} while(a <= 10)
```

실행 결과

```
1
2
( ... 중략 ... )
9
10
```

처음 한 번은 무조건 중괄호 블록 안의 코드를 실행하고, 이후 조건식을 평가해서 반복 여부를 결정한다는 것 외에 차이점은 없습니다.

for 문

for 문도 while 문과 마찬가지로 반복 작업을 수행하기 위해 사용하는 구문입니다. 다른 프로그래밍 언어에서도 대부분 for 반복문을 제공하지만 구문을 사용하는 방식에서 조금 차이가 있습니다. 가령 자바 언어에서 1부터 10까지 출력하는 for 문은 다음과 같이 작성합니다.

```
// 1부터 10까지 출력
for(int i=0;i<=10;i++) {
```

```
        System.out.println(i)
}
```

자바 언어를 비롯한 여러 프로그래밍 언어에서 제공하는 for 문의 경우 **초기화문, 조건문, 증감문을 이용해 반복 작업을 진행**합니다. 초기화문을 통해 반복에 필요한 초기 조건을 설정하고, 조건문을 통해 반복 실행 여부를 결정하며, 증감문을 실행해 종료 조건에 도달하게 만드는 조금 복잡한 방식을 사용합니다.

코틀린에서는 이 같은 복잡한 방법 대신 **범위 객체를 이용해 반복 작업을 진행**할 수 있도록 합니다. 또한 **리스트나 맵 같은 컬렉션 객체들을 순회하는 데도 for 문을 사용**할 수 있습니다.

범위 객체를 이용한 반복

코틀린에서는 단순한 반복 작업을 수행할 수 있도록 범위(Range) 객체를 제공합니다. 범위 객체라는 이름에서 유추할 수 있듯이 **특정 범위에 대한 정보를 제공하는 역할**을 합니다. (참고로 지금은 클래스라는 개념을 배우지 않아서 객체의 의미를 정확히 파악하기는 어렵습니다. 여기서는 범위에 대한 정보를 저장하고 있는 일종의 자료라고 이해하면 됩니다.)

다음은 1부터 10까지의 범위 정보를 가진 범위 객체를 생성하는 코드입니다.

예제 4.18 범위 생성 연산자를 이용한 범위 객체 생성　　　　　　　　　controlstudy/RangeStudy.kt

```
// (1)
// 범위 생성 연산자(..)를 이용해 범위 객체를 생성
var range = 1 .. 10

// 범위 정보 출력
println("range : $range")
// 범위의 시작
println("range.first : ${range.first}")
// 범위의 끝
println("range.last : ${range.last}")
```

실행 결과

```
range : 1..10
range.first : 1
range.last : 10
```

(1) 범위의 **시작 값과 범위 생성 연산자(..), 범위의 마지막 값**을 쓰면 범위 정보 객체를 생성할 수 있습니다. 여기서는 1부터 10까지의 범위 정보를 가진 객체를 생성했습니다.

객체를 그대로 출력하면 범위 정보(1..10)가 출력되며 first, last 속성값을 출력하면 각각 범위의 시작 값 (1)과 마지막 값(10)을 출력합니다. 범위 객체에는 말 그대로 범위에 대한 정보가 저장됩니다.

다음은 for 문을 이용해 1부터 10까지 출력하는 예제입니다.

예제 4.19 for 문을 이용한 범위 객체 순회   controlstudy/RangeStudy.kt

```
for(i in 1 .. 10) {
    println(i)
}
```

실행 결과

```
1
2
(... 중략 ...)
9
10
```

'연산자' 장에서 배운 **in 연산자를 이용해 범위 객체에 접근하고 i 변수에 현재 순회 중인 범위 내부의 숫자 값을 순차적으로 대입해서 출력**합니다. 처음 println 함수 호출이 시작될 때는 범위의 시작 값인 1이 변수에 대입되며 이후 반복문이 진행되는 과정에서 범위에 포함된 다음 순서의 값이 차례로 대입됩니다. 범위의 마지막인 10까지 출력한 후 반복문은 종료됩니다.

다음은 **until** 함수를 이용해 1부터 9까지의 범위를 가진 범위 객체를 생성하는 예제입니다.

예제 4.20 until 함수를 이용한 범위 객체 생성   controlstudy/RangeStudy.kt

```
// .. 키워드가 아닌 until 함수를 사용해 1부터 9까지의 범위를 가진 범위 객체를 생성
var oneToNine = 1 until 10
println("range $oneToNine")
println("range.first ${oneToNine.first}")
println("range.last ${oneToNine.last}")
```

실행 결과

```
range 1..9
range.first 1
range.last 9
```

until 함수를 사용해 범위 객체를 생성하는 경우 **until 오른쪽의 값을 제외한 범위의 객체를 생성**하는 것을 확인할 수 있습니다. 특히 until 함수는 아래 예제처럼 위치가 0부터 시작하고, 마지막 위치에 저장된 데이터에는 크기에서 1만큼 뺀 값으로 접근할 수 있는 배열과 같은 자료구조를 탐색할 때 활용할 수 있습니다.

예제 4.21 .. 연산자와 until 함수를 이용하여 생성한 범위 객체의 차이   controlstudy/RangeStudy.kt

```kotlin
var arr = arrayOf(1, 2, 3)

// .. 연산자를 이용할 경우 배열 객체의 크기에서 1만큼 뺀 범위로 범위 객체를 생성
for(idx in 0 .. (arr.size - 1)) {
    println(arr[idx])
}

// 반면 until 함수를 이용할 경우 배열 객체의 크기를 그대로 전달해서 범위 객체를 생성 가능
for(idx in 0 until arr.size) {
    println(arr[idx])
}
```

실행 결과
```
1
2
3
1
2
3
```

다음은 downTo 함수를 사용해 10부터 1까지 순서가 거꾸로 된 범위 객체를 생성하는 예제입니다.

controlstudy/RangeStudy.kt

```kotlin
var tenToOne = 10 downTo 1
```

이 같은 범위 객체를 얻기 위해서는 다음과 같이 이미 생성된 범위 객체를 대상으로 **reversed** 메서드를 호출해도 됩니다. reversed **메서드는 범위 객체의 순서를 거꾸로 뒤집은 새 범위 객체를 생성**합니다. 참고로 여기서 쓰이는 범위 객체(range)는 앞서 생성한 1부터 10까지의 범위를 가진 객체입니다.

controlstudy/RangeStudy.kt
```
var tenToOne2 = range.reversed()
```

이 객체를 순회하기 위해 다음과 같은 코드를 실행하면 10부터 1까지 출력하는 것을 확인할 수 있습니다.

controlstudy/RangeStudy.kt
```
for(i in tenToOne) {
    println(i)
}
```

실행 결과
```
10
9
(... 중략 ...)
2
1
```

지금까지는 범위가 1씩 증가하는 범위 객체를 생성했지만 다음과 같이 **step** 함수를 사용하면 매번 반복할 때마다 증가할 값의 양을 조절할 수 있습니다.

예제 4.22 step 함수를 이용한 증갓값 조절   controlstudy/RangeStudy.kt
```
// 1부터 2씩 증가하되 10보다 작은 범위 객체를 생성
var oneToTenStepTwo = 1 .. 10 step 2
for(i in oneToTenStepTwo) {
    println(i)
}
println("oneToTenStepTwo end")
```

실행 결과
```
1
3
5
7
9
oneToTenStepTwo end
```

step 함수로 2를 전달했으므로 매 반복마다 값이 2만큼 증가합니다. 실행 결과를 보면 값이 2만큼 증가하며 출력되는 것을 확인할 수 있습니다.

반드시 숫자를 이용해 범위 객체를 생성해야 하는 것은 아닙니다. 다음과 같이 문자를 이용해 범위 객체를 생성하고 순회할 수도 있습니다.

예제 4.23 문자를 이용한 범위 객체 생성   controlstudy/RangeStudy.kt

```
// (1)
// 문자 범위를 생성하는 것도 가능
var aToZ = 'a' .. 'z'
for(c in aToZ) {
    println(c)
}
println("\n'a'부터 'z'까지 출력 끝")

// (2)
// '가'부터 '깋'까지 출력
var gaToNa = '가' until '나'
for(c in gaToNa) {
    print(c)
}
println("\n'가'부터 '깋'까지 출력 끝")
```

실행 결과

```
abcdefghijklmnopqrstuvwxyz
'a'부터 'z'까지 출력 끝
가각갂갃간(...중간 출력 생략...)깋긮긯깋깋
'가'부터 '깋'까지 출력 끝
```

(1) 소문자 알파벳 a부터 z까지의 범위를 생성했습니다. 해당 범위를 순회하면 모든 소문자 알파벳을 출력할 수 있습니다.

```
var aToZ = 'a' .. 'z'
```

(2) 알파벳뿐만 아니라 한글 범위도 생성할 수 있습니다. 글자 '나' 직전까지의 모든 글자를 순회합니다.

```
var gaToNa = '가' until '나'
```

더 알아보기 _ until, downTo, step 함수

until, downTo, step 함수는 중위 표기법(infix) 함수로서 일반적인 메서드 호출에 사용하는 점 연산자(.)를 사용하지 않고 덧셈, 뺄셈 연산자를 사용하는 것과 같이 좀 더 직관적인 형태로 함수를 호출할 수 있게 도와주는 함수입니다.

중위 표기법 함수는 클래스 파트의 후반부에서 소개합니다.

중첩 반복문

중첩 반복문은 **이중, 삼중으로 반복 작업을 수행해야 할 때 사용하는 반복문**으로, 반복문 안에 반복문을 삽입하는 형태로 코드를 작성해 중첩 반복이 이뤄지게 합니다. 다음은 중첩 반복문을 설명할 때 흔히 사용되는 구구단 예제입니다.

예제 4.24 구구단 출력 controlstudy/NestedForLoopStudy.kt

```kotlin
// (1)
for(i in 2..9) {
    // (2)
    for(j in 1..9) {
        println("$i x $j = ${i * j}")
    }
}
```

실행 결과

```
구구단 출력
2 x 1 = 2
2 x 2 = 4
( .. 중략 .. )
9 x 8 = 72
9 x 9 = 81
```

(1) 보통 구구단을 출력할 때는 2단부터 9단까지 출력하므로 2부터 9까지의 범위를 가진 범위 객체를 생성합니다.

(2) 반복문 내부에서 다른 반복문을 실행합니다. 각 단마다 1부터 9까지 값을 곱해주기 위해 1부터 9까지의 범위를 가진 범위 객체를 생성해서 순회합니다. 여기서는 문자열 템플릿을 사용하여 출력 작업을 진행하고 있습니다.

```
for(j in 1..9) {
    println("$i x $j = ${i * j}")
}
```

다음으로 별 출력하기 문제는 점진적으로 증가하거나 감소하는 별표(*) 기호를 출력하는 문제로서 중첩 반복문을 설명할 때 구구단만큼이나 자주 사용되는 예제입니다. 여기서는 가장 간단한 형태의 별 출력하기 코드를 살펴보겠습니다.

예제 4.25 점진적으로 증가하는 별 출력　　　　　　　　　　　　controlstudy/NestedForLoopStudy.kt

```
// (1)
val row = 5
for(i in 1..row) {
    // (2)
    for(j in 1..i) {
        print("*")
    }
    println()
}
```

실행 결과

```
*
**
***
****
*****
```

(1) 몇 개의 행을 출력할지를 결정할 상수를 선언합니다. 여기서는 총 5줄의 별을 출력하겠습니다.

(2) 처음에는 별을 한 개, 그다음에는 두 개를 출력하는 식으로 출력할 별의 개수를 하나씩 증가시키고 최종적으로 5개의 별이 출력되도록 범위의 마지막 값을 바깥 반복문의 변숫값(i)으로 설정합니다.

이렇게 중첩 반복문을 사용하는 두 가지 예제를 살펴봤습니다. 프로그래밍 언어를 처음 공부하는 초심자의 경우 어떤 순서로 반복문이 실행되는지 코드만 봐서는 직관적으로 파악하기 어렵습니다. 따라서 내용이 쉽게 이해되지 않는다면 **결과가 출력되는 순서와 결과의 출력에 관여하는 변숫값이 변경되는 양상을 공책에 직접 적어가며 실행 흐름을 확인하고 이해**하려고 노력해 보시기 바랍니다.

for 문을 이용한 배열과 컬렉션 순회

for 문은 앞에서 살펴봤듯이 단순한 반복 작업을 진행하기 위해 사용할 수도 있고 **컬렉션 객체를 순회하는 용도로도 사용**할 수 있습니다. 먼저 배열을 순회하는 코드부터 살펴보겠습니다.

예제 4.26 배열 객체 순회   controlstudy/ForLoopStudy.kt

```
var arr = arrayOf(1, 2, 3)

// in 연산자를 사용해 배열 객체 순회(1부터 3까지 배열에 저장된 값이 차례대로 출력)
for(i in arr) {
    println(i)
}
```

실행 결과

```
1
2
3
```

in 연산자를 사용해 배열에 저장된 값을 순회합니다. **in 연산자의 오른쪽에 순회할 객체**가 위치하고, 이후 i 변수에 배열에 저장된 값이 순차적으로 대입되며 반복(순회)됩니다.

배열과 마찬가지로 대표적인 컬렉션 객체인 리스트, 맵, 집합 객체도 다음과 같이 in 연산자를 이용해 순회할 수 있습니다.

예제 4.27 리스트, 맵, 집합 객체 순회   controlstudy/ForLoopStudy.kt

```
// 리스트 객체를 순회
var list = listOf(1, 2, 3)
for(item in list) {
    println(item)
}
println("리스트 순회 완료")

// 맵 객체를 순회
var map = mapOf(1 to "a", 2 to "b", 3 to "c")
for(pair in map) {
    println(pair)
}
println("맵 순회 완료")
```

```kotlin
// 집합 객체를 순회
var set = setOf("a", "b", "c")
for(e in set) {
    println(e)
}
println("집합 순회 완료")
```

실행 결과

```
1
2
3
리스트 순회 완료
1=a
2=b
3=c
맵 순회 완료
a
b
c
집합 순회 완료
```

맵 객체의 경우 키/값 쌍을 저장하므로 키/값 쌍 정보가 모두 출력되는 것을 확인할 수 있습니다.

for 문을 이용해 문자열도 순회할 수 있습니다. 이 경우 문자열에 포함된 각 문자를 순회하게 됩니다.

예제 4.28 문자열 순회   controlstudy/ForLoopStudy.kt

```kotlin
var str = "Hello"
// 문자열에 포함된 각 문자('H', 'e', ..., 'o')를 출력
for(c in str) {
    println(c)
}
```

실행 결과

```
H
e
l
l
o
```

break와 continue 명령어

이번에는 반복문과 함께 사용되는 **break**, **continue** 명령어를 살펴보겠습니다.

먼저 반복문 내부에서 break 명령어를 만나게 되면 **가장 가까운 곳에 위치한 반복문을 즉시 탈출(종료)**합니다.

continue 명령어의 경우 **반복문을 탈출하지는 않으며 continue 명령어 뒤의 코드를 실행하지 않고 다시 가장 가까운 곳에 위치한 반복문의 반복 작업을 수행**합니다.

다음은 while문을 이용하여 10까지 값을 더하는 예제입니다. 기본적으로 while문의 조건식이 매번 참으로 평가되므로 무한 반복을 하게 되지만 여기서는 조건문을 이용하여 변숫값이 10이 되면 break 명령어를 실행하여 반복문을 탈출하게 됩니다.

예제 4.29 break 명령어를 이용한 반복문 탈출   controlstudy/BreakAndContinueStudy.kt

```kotlin
var sum = 0
var i = 0
while(true) {
    sum += i
    i++
    if(i > 10) {
        println("break 명령어 실행")
        break
    }
}
println(sum)
```

실행 결과

```
break 명령어 실행
55
```

다음 코드는 break 명령어를 이용해 반복문에 진입하는 즉시 반복문을 탈출하는 코드입니다.

예제 4.30 break 명령어를 이용한 반복문 탈출   controlstudy/BreakAndContinueStudy.kt

```kotlin
for(i in 1..10) {
    println(i)

    // (1)
```

```
    break

    // (2)
    println("after break")
}
```

실행 결과

```
1
```

(1) 총 10번의 반복 작업을 수행하기 위해 작성한 반복문이지만 **break** 명령어를 만나자마자 반복문을 탈출하게 됩니다. 결과적으로 한 번의 반복 작업만 수행되며 break 명령문을 실행하면 반복문이 즉시 종료되므로 **(2)**의 코드는 절대 실행되지 않습니다.

(2)의 코드가 실행되지 않는다는 것을 코드의 내용을 보고 논리적으로 파악할 수 있으므로 다음과 같이 실행되지 않는 코드(Unreachable code)와 관련 경고가 툴팁을 통해 표시됩니다.

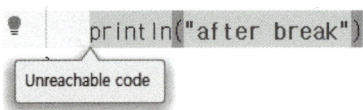

그림 4-2 Unreachable code 경고

중첩 반복문 내부에서도 break 구문을 사용할 수 있습니다. 다만 break **구문은 모든 반복문을 탈출하는 것이 아니라 해당 구문에서 가장 가까운 위치에 있는 반복문만 탈출**한다는 사실을 유념해야 합니다.

다음은 중첩 반복문 안에서 break 명령어를 사용하는 예제입니다.

예제 4.31 break 명령어를 이용한 반복문 탈출　　　　　　　　　　controlstudy/BreakAndContinueStudy.kt

```
for(i in 1..3) {
    println("outer loop : $i")
    // (1)
    for(j in 1..3) {
        println("inner loop : $j")
        // (2)
        break
    }
}
```

실행 결과
```
outer loop : 1
inner loop : 1
outer loop : 2
inner loop : 1
outer loop : 3
inner loop : 1
```

(1) 중첩된 반복문을 사용해 이중으로 반복 작업을 진행합니다. 내부 반복문에서 변숫값(j)을 출력하도록 코드를 작성했지만 실제로는 한 번만 값을 출력한 후 바로 break문을 만나 반복문이 종료됩니다.

(2) break 명령어와 가장 가까운 반복문은 중첩된 내부 반복문이므로 해당 반복문을 포함하고 있는 바깥의 반복문은 계속해서 실행됩니다.

실행 결과를 보면 'inner loop'로 시작하는 내부 반복문의 출력 내용은 break 명령어로 한 번만 수행되는 것을 확인할 수 있습니다.

다음은 문자('b')를 입력하지 않으면 해당 문자를 입력받을 때까지 계속해서 무한 반복하는 예제입니다. 문자를 입력받아 break 명령어가 실행되면 가장 가까운 곳에 위치한 while 반복문을 탈출하게 됩니다.

예제 4.32 break 명령어를 이용한 무한 반복문 탈출   controlstudy/BreakAndContinueStudy.kt

```kotlin
while(true) {
    print("b를 입력하여 브레이크 명령어를 실행 : ")
    var input = readLine()?.trim()

    if(input != null) {
        if(input == "b") {
            println("break 명령어를 이용하여 반복문을 탈출합니다.")
            // while 반복문 탈출
            break
        } else {
            println("${input}을 입력하셨습니다.")
        }
    }
}
```

실행 결과

```
'b'를 입력하여 break 명령어를 실행 : hello
hello을 입력하셨습니다.
'b'를 입력하여 break 명령어를 실행 : kotlin
kotlin을 입력하셨습니다.
'b'를 입력하여 break 명령어를 실행 : b
break 명령어를 이용하여 반복문을 탈출합니다.
```

이번에는 continue 명령어를 사용하는 코드를 살펴보겠습니다. continue는 break와는 달리 반복문을 종료하지 않으며, 해당 명령어의 뒷부분에 작성된 코드를 실행하지 않고 다시 반복을 재개합니다.

다음은 앞서 작성한 구구단 코드를 수정해서 짝수 단만 출력하도록 수정한 예제입니다. 단을 조사해서 홀수 단이라면 continue 명령어를 실행해 continue **뒤의 코드를 일절 수행하지 않고 바로 다음 반복 작업이 진행**되게 합니다.

예제 4.33 continue 명령어를 이용한 짝수 단수 출력 controlstudy/BreakAndContinueStudy.kt

```kotlin
println("짝수단만 출력")
for (i in 2..9) {
    // 만약 홀수 단이라면 뒤의 명령어는 무시하고 다시 반복문 재개
    if (i % 2 != 0) continue
    for (j in 1..9) {
        println("$i x $j = ${i * j}")
    }
}
```

실행 결과

```
짝수단만 출력
2 x 1 = 2
2 x 2 = 4
2 x 3 = 6
(.. 중략 ..)
8 x 7 = 56
8 x 8 = 64
8 x 9 = 72
```

홀수 단일 경우 continue 명령문 이후의 중첩 반복문 코드가 실행되지 않기 때문에 최종적으로 짝수 단만 출력되는 것을 확인할 수 있습니다.

도전과제

Q1_ 다음 코드를 수정해서 사용자의 입력을 받아 각 나라의 수도를 맞추는 퀴즈 프로그램을 작성하세요.

```
fun main(args : Array<String>) {
    val countries = arrayOf("한국", "미국", "일본", "중국", "러시아")
    val cities = arrayOf("서울", "워싱턴", "도쿄", "베이징", "모스크바")

    // nextInt 함수는 0부터 함수로 전달한 정수 미만 범위까지 난수를 반환 (즉, 여기서는
    0부터 4까지 범위의 난수값을 반환)
    val selectedIdx = kotlin.random.Random.nextInt(5)

    /* 여기에 코드 작성 */
}
```

예상 실행 결과 (정답 입력)

> 한국의 수도는? 서울
> 정답입니다.

예상 실행 결과 (오답 입력)

> 한국의 수도는? 도쿄
> 오답입니다. (정답 : 서울)

(해답: challenges.ch04.CapitalCityQuiz.kt)

힌트_ 사용자로부터 값을 입력받는 코드를 문제를 푸는 데 활용하세요.

사용자로부터 문자열 값을 입력받기 위해서는 다음 코드를 사용합니다.

```
var str = readLine()!!
```

사용자로부터 정숫값을 입력받기 위해서는 다음 코드를 사용합니다.

```
var num = readLine()!!.toInt()
```

Q2_ 정수 숫자를 입력받아 해당 숫자부터 1씩 감소한 값을 출력하는 프로그램을 작성하세요.

예상 실행 결과

> 숫자 입력 : 5
> 5 4 3 2 1 출발!

(해답: challenges.ch04.Count.kt)

Q3 _ 다음 코드를 수정해서 원본 배열(original)의 값을 모두 다른 배열(copy)에 복사하는 프로그램을 작성하세요.

```
fun main(args : Array<String>) {
    // 원본 배열 선언
    var original = arrayOf(1, 2, 3, 4, 5)
    // 값이 복사될 배열 선언
    var copy = Array(original.size){0}

    /* 여기에 코드 작성 */

    // 복사된 배열의 값 출력
    for(v in copy) {
        print("$v ")
    }
}
```

예상 실행 결과

```
1 2 3 4 5
```

(해답: challenges.ch04.ArrayCopy.kt)

Q4 _ 배열에 포함된 숫자 중 가장 큰 숫자를 찾는 프로그램을 작성하세요.

```
fun main(args : Array<String>) {
    val nums = arrayOf(7, 5, 7, 8, 9, 9, 1, 2, 3)
    var largest = nums[0]

    /* 여기에 코드 작성 */

    println(largest)
}
```

예상 실행 결과

```
9
```

(해답: challenges.ch04.FindLargestInArray.kt)

Q5 _ 1 ~ 100까지의 숫자를 출력하는 과정에서 3의 배수는 "Fizz", 5의 배수는 "Buzz", 3과 5의 배수는 "FizzBuzz"를 출력하고 그 외는 그냥 숫자를 출력하는 프로그램을 작성하세요.

예상 실행 결과
```
1 2 Fizz 4 Buzz Fizz 7 8 Fizz Buzz 11 Fizz 13 14 FizzBuzz 16 (... 이후 출력 결과 생략
...)
```

(해답: challenges.ch04.FizzBuzz.kt)

Q6 _ 반복문을 이용해 특정 숫자가 소수인지 여부를 검사하는 프로그램을 작성하세요.

예상 실행 결과
```
검사할 수 입력 : 7
7는 소수? true
```

(해답: challenges.ch04.FindPrime.kt)

힌트 _ 소수는 1과 자기 자신으로만 나누어 떨어지는 정수를 말합니다. 즉, 1과 자기 자신을 제외한 숫자로 나누었을 때 나누어 떨어지지 않는(나머지가 0이 아닌) 특성이 있습니다.

Q7 _ 다음과 같이 거꾸로 순차적으로 감소하는 별을 그리는 프로그램을 downTo 함수를 이용해 작성하세요. (단, 반드시 반복문을 활용해서 해결해야 함)

예상 실행 결과
```
*****
****
***
**
*
```

(해답: challenges.ch04.DrawStar.kt)

Q7 _ 다음과 같이 거꾸로 순차적으로 증가하는 홀수 개의 별을 그리는 프로그램을 step 함수를 사용해 작성하세요. 이후 똑같은 작업을 수행하는 프로그램을 continue 명령어를 사용해 재작성하세요. (단, 반드시 반복문을 활용해서 해결해야 함)

예상 실행 결과
```
*
***
*****
```

(해답: challenges.ch04.DrawStar.kt)

chapter

05

함수

함수의 개념

함수는 특정 목적을 달성하는 데 필요한 일련의 코드를 모아놓은 코드 집합이며, 수학의 함수처럼 주로 **특정 입력값에 따르는 결괏값을 반환하기 위해 사용**합니다.

수학의 함수와는 달리 프로그래밍 언어의 함수는 **반드시 결괏값을 반환하지 않아도 되기 때문에** 어떤 함수는 값을 돌려주지 않고 작성된 코드를 실행하기만 합니다. 가령, 지금까지 콘솔에 무언가를 출력하기 위해 사용한 println 함수는 입력값을 받아 출력하는 역할을 수행하며 따로 결괏값을 반환하지는 않는 대표적인 함수입니다. 이처럼 결괏값을 반환하지 않는 함수를 프로시저(Procedure)라고 부르기도 합니다.

함수를 한 번 작성하고 나면 계속 호출해서 사용할 수 있기 때문에 **재사용성이 뛰어나며 복잡한 문제를 여러 작은 문제로 나눠서 해결**할 수 있게 돕습니다. 따라서 함수는 C 언어가 같은 절차지향 프로그래밍 언어에서 프로그램을 작성할 때 기본 단위가 됩니다.

일상생활에서 흔히 볼 수 있는 음료수 자판기를 함수에 비유할 수 있는데, 자판기를 사용할 때 입력값(동전)을 제공하면 입력값에 따라 출력값(음료수)을 반환받는 것처럼 음료수 자판기도 일종의 함수라고 생각할 수 있습니다.

그림 5-1 자판기의 입력값과 출력값

사실 지금까지 함수를 배우지 않았지만 계속해서 이용해왔던 함수가 있습니다. 바로 `main` 함수입니다. main 함수는 일반적인 함수와는 다르게 프로그램이 시작될 때 자동으로 호출되는 특이한 함수입니다. **프로그램을 처음 시작할 때 실행되는 함수를 엔트리 포인트 함수**라고 하며, 엔트리 포인트 함수의 이름은 관용적으로 main으로 정합니다.

```
// 프로그램이 처음 실행될 때 자동으로 실행되는 main 함수
fun main(args : Array<String>) {
    // 프로그램 실행 시 수행할 코드를 작성
}
```

보통 특정 기능을 수행하는 함수를 직접 정의해서 사용하지만 같은 기능을 수행하는 빌트인 함수(built-in function)가 이미 있다면 해당 함수를 사용하면 됩니다. 여기서 **빌트인 함수란 어떤 유용한 기능을 수행하도록 미리 정의해 놓은 함수**를 의미합니다. 지금까지 사용한 print, println 및 readLine과 같은 입출력 함수는 모두 빌트인 함수입니다.

코틀린에서 제공하는 빌트인 함수가 매우 많아서 현실적으로 함수의 종류와 사용법을 모두 책에 기술할 수는 없기 때문에 필요한 함수가 있을 때 검색해서 해당 함수의 사용법을 찾아보고 활용하는 능력은 숙련된 프로그래머가 되기 위해 반드시 갖춰야 할 능력입니다.

함수 정의

먼저 함수를 정의하는 방법을 살펴보겠습니다. 함수를 정의하는 형식은 다음과 같습니다.

```
// (1)
fun 함수이름(이름1: 타입1, 이름2: 타입2, ..., 이름n: 타입n): 반환값 타입 {
    // (2)
    (... 함수에서 실행할 코드 ...)
```

```
    // (3)
    return 반환값
}
```

(1) 함수를 정의할 때 사용하는 fun 키워드를 쓰고 함수의 이름을 쓴 후 괄호 안에 함수의 코드를 실행하는 데 필요한 입력값의 이름과 타입을 순서대로 씁니다. 이처럼 함수로 입력받는 값들을 **매개변수**(parameter)라고 합니다. 소괄호 오른쪽의 콜론(:) 뒤에는 함수의 반환값 타입을 씁니다.

(2) 중괄호 내부에 **함수에서 수행해야 할 코드를 작성**합니다.

(3) 함수에서 반환해야 할 값이 있으면 return 명령어와 함께 반환할 값을 씁니다. 만약 반환값이 없을 경우 return 명령어만 쓰면 아무 값도 반환하지 않고 함수를 종료합니다. 반환값이 없을 경우 매개변수를 작성하는 소괄호의 오른쪽 콜론과 반환값 타입은 생략합니다.

함수에 반환값이 반드시 있을 필요가 없는 것과 마찬가지로 함수에 입력값을 반드시 전달해야 하는 것도 아닙니다. 만약 함수에 전달해야 할 입력값이 하나도 없다면 함수명 옆에 내용이 없는 빈 괄호만 쓰면 됩니다.

> **더 알아보기** _ **인자**(argument)**와 매개변수**(parameter)
>
> 엄밀히 말하면 **인자**(argument)는 함수로 전달하는 실질적인 값을 의미합니다. 가령 다음과 같은 함수 호출 구문에서 함수로 전달되는 값(1, 2)이 인자값(혹은 인자)이 됩니다.
>
> ```
> sum(1, 2)
> ```
>
> 반면 다음과 같은 함수 정의에서 함수로 전달되는 값을 받을 **상수**(a, b)는 **매개변수**(parameter)가 됩니다.
>
> ```
> fun sum(a: Int, b: Int): Int {
>     // ...
> }
> ```

함수 코드는 정의한 main 함수의 바깥 영역에 작성합니다. main 함수의 위, 아래 영역에 모두 함수를 정의할 수 있지만, 여기서는 main 함수의 윗부분에 함수를 작성하겠습니다. 또한 함수의 활용 코드는 모두 main 함수 내부에 작성하겠습니다.

```
/*
    함수 정의 영역
*/

fun main(args : Array<String>) {
    // 함수 활용 코드 작성 영역
}
```

다음은 문자열("Hello")을 출력하는 printHello 함수를 정의한 예제입니다. 이 함수는 전달받는 인자값(입력값)이 없고 반환할 값도 없으므로 return 명령어만 쓴 것을 확인할 수 있습니다. return 명령어를 실행하는 시점에 함수는 종료됩니다.

예제 5.1 "Hello" 문자열 출력 함수 정의   functionstudy/FunctionStudy1.kt

```
// 함수 정의 영역에 printHello 함수 정의
// 전달받을 입력값이 없을 경우 빈 괄호를 씀
fun printHello() {
    println("Hello")

    // return 명령어를 실행하며 함수를 종료
    return
}

fun main(args : Array<String>) {
    // ...
}
```

이 함수에서는 **return** 키워드를 생략할 수 있습니다. return 키워드가 없다면 함수는 블록 내부의 코드를 모두 실행한 후에 종료됩니다.

```
fun printHello() {
    println("Hello")
    // return 명령어가 따로 없으므로 모든 코드 실행이 끝난 시점에 함수가 종료됨
}
```

정의한 함수를 사용하려면 함수를 호출해야 합니다. 함수 호출은 다음과 같은 방식으로 이뤄집니다.

함수이름(함수에 전달할 인자값1, 인자값2, ..., 인자값n)

앞서 정의한 함수(printHello)는 전달할 인자값도 없고 반환값도 없는 함수입니다. 따라서 다음과 같이 빈 괄호를 이용해 함수를 호출합니다. 함수를 호출하는 시점에 함수 내부의 코드가 실행됩니다.

```
printHello()
```

실행 결과
```
Hello
```

함수 중에는 앞에서 정의한 함수처럼 인자값을 전달할 필요가 없는 함수도 있지만 대부분의 함수는 보통 한두 개의 인자값을 전달받습니다. 단, 인자는 모두 상숫값으로 전달받기 때문에 함수 내부에서는 값을 변경할 수 없습니다.

다음은 앞서 정의한 printHello 함수를 조금 변경하여 작성한 printHelloTo 함수로 인사를 할 대상 문자열을 전달받습니다.

예제 5.2 인자값을 전달받는 함수 정의   functionstudy/FunctionStudy1.kt
```
// 문자열 타입의 인자(to)를 받도록 정의한 printHelloTo 함수
fun printHelloTo(to: String) {
    println("Hello ${to}")
}
```

함수에서 값을 반환해야 할 경우 **매개변수 정보가 포함된 소괄호 뒤에 콜론(:)을 입력한 후 반환값 타입을 지정합니다.** 다음은 앞서 정의한 printHello 함수를 변경하여 문자열을 출력하는 대신 반환하도록 수정한 getHello 함수입니다.

예제 5.3 반환값이 있는 함수 정의   functionstudy/FunctionStudy1.kt
```
// 전달받는 인자값은 없고 문자열을 반환하도록 정의한 getHello 함수
// 함수의 반환값이 존재하므로 콜론 뒤에 문자열 타입 명시
fun getHello() : String {
    return "Hello"
}
```

보통 대부분의 함수는 인자값도 전달받고 동시에 함수 호출로 인한 결괏값도 반환합니다. 다음은 두 정숫값을 인자값으로 전달받아 두 값을 더한 결과를 반환하는 sum 함수입니다.

예제 5.4 더하기 함수 정의   functionstudy/FunctionStudy1.kt

```kotlin
// (1)
// 두 정수 타입의 인자(a, b)를 받아 두 값을 더한 정숫값을 돌려주는 sum 함수 정의
// 소괄호 뒤에 붙은 콜론 뒤에 타입(Int)을 지정해 정숫값을 반환하는 함수를 정의
fun sum(a: Int, b: Int): Int {
    // (2)
    // 인자값으로 전달받은 값은 변경 불가(값을 변경할 경우 'Val cannot be reassigned' 오류 발생)
    // a = 100
    var c = a + 1
    return a + b
}

fun main(args : Array<String>) {
    // ...
}
```

(1) 소괄호 안에 인자값의 이름(a, b)을 쓰고 해당 값의 타입(Int)을 명시합니다. 함수에서 반환해야 할 값이 있으므로 콜론 뒤에 반환값의 타입(Int)을 지정한 것도 확인할 수 있습니다.

```kotlin
fun sum(a: Int, b: Int): Int {
    // ...
}
```

(2) 인자값은 상숫값으로 전달받게 되므로 값을 변경할 수 없습니다. 가령 다음과 같은 코드를 실행할 수 없습니다.

```kotlin
// 인자로 전달받은 상수의 값은 변경 불가
a = 100
a += 1
```

전달된 인자 값을 변경하고 싶다면 다음과 같이 함수 내부에 새로운 값을 받을 변수 혹은 상수를 선언하고 변경된 값을 대입하는 식으로 처리해야 합니다.

```kotlin
// 상수(a)를 직접 변경할 수 없으므로 변경된 값을 저장할 새 변수(혹은 상수)를 선언
var c = a + 1
```

이제 값을 반환하는 함수를 호출해 보겠습니다. 만약 반환값이 있을 경우 대입문 왼쪽에 함수의 반환값을 대입받을 변수를 씁니다.

functionstudy/FunctionStudy1.kt
```kotlin
fun main(args : Array<String>) {
    // main 함수 내부에 함수 활용 코드 작성
    var result = sum(1, 2)
    println(result)
}
```

실행 결과
```
3
```

다음은 전달받은 인자값에 모두 2를 곱한 후 값을 더하는 sum2 함수입니다. 앞에서 언급했듯이 전달받은 인자값(a, b)을 변경할 수 없기 때문에 새 변수를 선언해서 2를 곱한 후 해당 변숫값을 더하는 것을 확인할 수 있습니다.

예제 5.5 전달받은 인자값을 가공해서 사용하는 함수　　　　　　　　　　functionstudy/FunctionStudy1.kt
```kotlin
fun sum2(a: Int, b: Int): Int {
    // 새로운 변수를 선언해서 전달받은 인자값에 2를 곱한 후 저장
    var c = a * 2
    var d = b * 2

    return c + d
}
```

함수에 명시적인 반환값이 없다면 반환값의 타입은 Unit 타입으로 지정합니다. 그러나 Unit 타입은 생략할 수 있기 때문에 **아무런 값도 반환하지 않는 함수는 일반적으로 반환 타입을 쓰지 않습니다.** 물론 명시적으로 Unit 타입을 써준다고 해서 문제가 발생하지는 않습니다.

> 🔍 자바에서는 메서드를 정의할 때 반환값이 없는 메서드를 정의하기 위해 반환값의 타입을 적는 부분에 void 키워드를 지정합니다. 이와 비슷한 역할을 하는 것이 코틀린의 Unit 타입입니다.

앞서 작성한 printHello 함수는 반환값이 없기 때문에 다음과 같이 Unit 타입으로 반환값의 타입을 지정해야 합니다.

```
// 반환값이 없으므로 타입을 Unit으로 지정
fun printHello(): Unit {
    println("Hello")

    return
}
```

하지만 Unit 타입은 생략 가능하므로 다음과 같이 축약해서 코드를 작성할 수 있습니다.

```
// 반환값 타입 정보 생략
fun printHello() {
    println("Hello")
}
```

함수 축약 정의

만약 함수의 내용을 **하나의 표현식(expression)을 이용해 작성할 수 있다면** 다음과 같은 형태로 대입문을 사용해 간단하게 함수를 정의할 수 있습니다.

```
fun 함수이름(매개변수 정보): 반환값 = 표현식
```

가령 앞에서 정의한 sum 함수를 다음과 같이 표현식을 이용해 축약해서 쓸 수 있습니다.

```
fun sum(a: Int, b: Int): Int = a + b
```

함수를 표현식으로 정의할 경우 (반환할 값의 타입이 Unit 타입이 아니어도) 반환 타입을 생략할 수 있습니다. 따라서 다음과 같이 반환 타입 정보를 생략해서 함수를 정의할 수 있습니다.

```
fun sum(a: Int, b: Int) = a + b
```

조건을 비교할 때 사용하는 if 문도 표현식으로 사용될 수 있으므로 함수를 축약해서 정의하는 데 사용할 수 있습니다. 다음 코드는 이러한 성질을 이용해 더 큰 값을 돌려주는 getBigger 함수를 작성한 예입니다. if 표현식을 사용해 전달받은 두 값을 비교한 후 더 큰 값을 돌려줍니다.

예제 5.6 if 표현식을 이용한 함수 정의   functionstudy/FunctionStudy1.kt

```
// if 표현식을 대입하는 형태로 더 큰 값을 반환하는 함수를 정의
fun getBigger(a: Int, b:Int) = if(a > b) a else b
```

다음은 when - case 표현식을 이용해 성적에 따른 등급을 반환하는 getGrade 함수를 작성한 예입니다.

예제 5.7 when 표현식을 이용한 함수 정의   functionstudy/FunctionStudy1.kt

```
// when 표현식을 대입하는 형태로 성적 등급을 반환하는 함수를 정의
fun getGrade(score: Int) = when(score) {
    in 91 .. 100 -> "A"
    in 81 .. 90 -> "B"
    in 71 .. 80 -> "C"
    else -> "D"
}
```

만약 함수의 내용이 단순해서 표현식을 이용해 내용을 정의할 수 있다면 코드의 가독성을 위해 함수를 축약해서 작성하는 방법을 고려해 보시기 바랍니다.

기본 인자값 정의

만약 **함수의 작동에 필요한 적절한 기본 인자값을 제공할 수 있다면 함수를 호출할 때 인자값을 생략할 경우 기본적으로 사용할 기본값을 설정**할 수 있습니다. 다음은 두 값을 더하는 함수의 인자값에 기본값을 설정한 sumWithDefault 함수입니다.

예제 5.8 모든 인자값에 기본값이 적용된 함수를 정의   functionstudy/FunctionStudy2.kt

```
fun sumWithDefault(a: Int=10, b: Int=20): Int {
    return a + b
}
```

함수의 인자값을 정의하는 괄호 안에서 대입문을 이용해 a값이 전달되지 않으면 10을, b값이 전달되지 않으면 20을 대입해 값을 초기화합니다. 단, 해당 기본값은 **인자값이 전달되지 않은 경우에만 대입**된다는 점에 유의합니다.

```
println(sumWithDefault())            // (1)
println(sumWithDefault(100))         // (2)
println(sumWithDefault(20, 30))      // (3)
println(sumWithDefault(b=50))        // (4)
println(sumWithDefault(50))          // (5)
```

functionstudy/FunctionStudy2.kt

실행 결과

```
30
120
50
60
70
```

(1) 아무런 인자도 전달하지 않았으므로 기본값(a는 10, b는 20)을 사용해 함수를 실행하고 결과로 30을 반환합니다.

(2) 첫 번째 인자값(a)만 전달했으므로 a는 100이 되고 b는 기본값을 사용해 함수를 실행하고 결과로 120을 반환합니다.

(3) 첫 번째와 두 번째 인자값을 모두 전달했으므로 기본값이 사용되지 않은 상태로 함수를 실행하고 결과로 50을 반환합니다.

(4) 첫 번째 인자(a)는 기본값을 사용하고 두 번째 인자(b)에만 값을 전달합니다. 함수를 호출할 때 인자값은 정의된 순서대로 전달되므로 첫 번째 인자값을 생략하고 두 번째 인자값만 전달하고 싶다면 매개변수의 이름(b)을 직접 명시해서 호출해야 합니다.

이 경우 a에는 기본값인 10이 대입되고, b에는 전달한 값을 사용해 함수를 실행하고 결과로 50을 반환합니다. **(5)**의 경우 a의 값이 50이 되므로 전혀 다른 결괏값인 70을 반환한다는 점에 유의합니다.

다음과 같이 **특정 인자값(a)은 필수적으로 전달받게 하고 일부 인자값(b)에만 기본값을 설정**하는 것도 가능합니다.

예제 5.9 일부 인자값에 기본값이 적용된 함수를 정의   functionstudy/FunctionStudy2.kt

```
// a에 기본값을 대입하는 내용을 삭제해서 반드시 전달해야 할 값으로 설정
fun sumWithDefault2(a: Int, b: Int=20): Int {
    return a + b
}
```

이 경우 첫 번째 인자값은 반드시 전달해야 하므로 앞에서 정의한 sumWithDefault 함수와는 다르게 빈 괄호를 이용해 호출할 수 없다는 점에 유의합니다.

```
// 다음과 같이 호출할 수 없음. 첫 번째 인자값을 반드시 전달해야 함
// println(sumWithDefault2())
//
println(sumWithDefault2(100))
```

실행 결과
```
120
```

예제에서는 a에 100을 전달하고 b에는 기본값이 대입되어 결과로 120이 출력된 것을 확인할 수 있습니다.

가변 인자 전달

함수에 전달할 인자값의 개수를 미리 알 수 없다면 **가변적인 개수의 인자를 의미하는 vararg 키워드를 이용해 원하는 개수만큼의 인자를 받아올 수 있습니다.** 이때 전달받은 인자는 내부적으로 배열에 저장됩니다.

다음은 전달받은 모든 인자값을 더하는 함수입니다.

예제 5.10 가변 인자를 사용하는 함수 functionstudy/FunctionStudy2.kt

```
// (1)
fun sumWithVargs(vararg nums: Int): Int {
    var total = 0
    // (2)
    for(num in nums) {
        total += num
    }
    return total
}
```

(1) 인자값의 이름과 값의 타입을 입력하되 앞에 vararg 키워드를 추가해서 여러 개의 인자값을 전달받을 수 있게 합니다.

```
fun sumWithVargs(vararg nums: Int): Int {
```

(2) 전달받은 nums 값은 정수 타입(**Int**)의 배열이기 때문에 **for** 구문과 **in** 연산자를 이용해 순회할 수 있습니다. 여기서는 배열 내부에 저장된 모든 값을 더합니다.

```
for(num in nums) {
    total += num
}
```

sumWithVargs 함수는 다음과 같이 호출합니다. 여기서는 5개의 정숫값을 전달하지만 인자의 개수에는 제한이 없으므로 더 적거나 많은 개수의 값을 전달해도 무방합니다.

functionstudy/FunctionStudy2.kt
```
var sum1 = sumWithVargs(1, 2, 3, 4, 5)
println(sum1)

var sum2 = sumWithVargs(1, 2, 3)
println(sum2)
```

실행 결과
```
15
6
```

이러한 가변 인자는 나중에 살펴볼 리스트 객체를 생성하는 listOf 함수나 집합 객체를 생성하는 setOf같은 함수에서 유용하게 활용됩니다. 즉, **리스트나 집합 객체를 만들 때 몇 개의 값을 저장해야 할지 미리 알 수 없으므로** 이러한 함수는 가변 인자로 선언할 수밖에 없습니다.

다음은 listOf와 setOf 함수를 사용하는 예입니다.

functionstudy/FunctionStudy2.kt
```
// 전달할 값의 개수는 변할 수 있음
var numList = listOf(1, 2, 3, 4, 5)
var charSet = setOf("a", "b", "c")
```

또한 함수를 정의한 코드를 살펴보면 인자값의 이름 앞에 vararg 키워드가 지정된 것을 확인할 수 있습니다.

listOf 함수의 선언부
public fun <T> listOf(**vararg** elements: T): List<T>

또한 다음과 같이 일반 인자와 가변 인자를 섞은 형태로도 함수를 정의할 수 있습니다.

예제 5.11 일반 인자와 가변 인자가 섞인 함수   functionstudy/FunctionStudy2.kt

```kotlin
// base는 일반적인 인자값으로 정수 하나를 전달받기 위해 사용되며, 이후의 값은 모두 가변 인자로 전달
fun sumWithVargsWithBase(base: Int, vararg nums: Int): Int {
    var total = base
    for(num in nums) {
        total += num
    }

    return total
}
```

다음은 위 함수를 호출하는 코드로서 맨 처음 전달한 인자값(100)이 base에 대입되고 나머지 값은 전부 가변 인자로 처리되어 nums 배열에 전달됩니다.

                                                                                         functionstudy/FunctionStudy2.kt

```kotlin
var sumWithBase = sumWithVargsWithBase(100, 10, 20, 30, 40, 50)
println(sumWithBase)
```

실행 결과

```
250
```

전개 연산자를 이용한 배열값 전달

가변 인자를 전달받는 함수에 배열에 포함된 모든 값을 인자값으로 전달하고 싶다면 다음과 같이 전개(Spread) 연산자(*)를 사용합니다.

예제 5.12 Spread 연산자를 이용한 함수 호출   functionstudy/FunctionStudy2.kt

```kotlin
val arr = intArrayOf(1, 2, 3)

// 배열 이름 앞에 전개 연산자(*)를 써서 함수를 호출
// 배열에 포함된 모든 값을 순서대로 인자값으로 전달하므로 sumWithVargs(1, 2, 3) 명령어를 호출한 것과 똑같이 동작
var sum3 = sumWithVargs(*arr)

println(sum3)
```

실행 결과

```
6
```

더 알아보기 _ 전개 연산자와 객체 타입 배열

다음과 같이 arrayOf 함수를 이용해 배열을 생성하면 기본적으로 객체 타입(Int)의 배열을 생성합니다.

```
val objArr = arrayOf(1, 2, 3)
```

그런데 **전개 연산자는 객체 타입의 배열이 아닌 원시(primitive) 타입의 배열을 피연산자로 활용**합니다. 따라서 다음과 같이 객체 배열에 직접 전개 연산자를 적용하면 'Type mismatch' 에러가 발생합니다.

```
val objArr = arrayOf(1, 2, 3)
var sum3 = sumWithVargs(*objArr)
// var sum3 = sum
println(sum3)
```
Type mismatch.
Required: IntArray
Found: Array<Int>

```
val primArr = intArrayOf(
```

그림 5-2 Type mismatch 에러 발생

따라서 다음과 같이 'to타입이름Array' **변환 메서드를 사용해 원시 타입 배열로 변경한 후 전개 연산자를 적용**해야 합니다.

```
val objArr = arrayOf(1, 2, 3)
// var sum3 = sumWithVargs(*objArr)
var sum3 = sumWithVargs(*(objArr.toIntArray()))
println(sum3)
```

또한 다음과 같이 다른 종류의 배열 타입 변환 메서드를 호출해서 원시 타입 배열을 구할 수 있습니다.

```
var doubleArr = arrayOf(1.0, 2.0, 3.0)
var primDoubleArr = doubleArr.toDoubleArray()

var charArr = arrayOf('a', 'b', 'c')
var primCharArr = charArr.toCharArray()
```

intArrayOf처럼 원시 타입 배열을 생성하는 함수를 통해 생성한 배열에는 곧바로 전개 연산자를 적용할 수 있습니다.

```
    val primArr = intArrayOf(1, 2, 3)
    var sum4 = sumWithVargs(*primArr)
    println(sum4)
```

단, 이러한 제약 사항은 자바에서 사용되는 **원시 타입과 대응하는 타입(Byte, Char, Short, Int, Long, Float, Double, Boolean)**의 가변 인자를 받아야 하는 경우에만 적용됩니다. 가령 전달받은 모든 문자열을 이어붙이는 다음 함수는 문자열 타입의 가변 인자값을 전달받습니다.

```
fun concatAllString(vararg strs: String): String {
    var result = ""
    for(s in strs) {
        result += s
    }
    return result
}
```

이 경우 원시 타입이 아닌 객체 타입의 값을 전달받게 되므로 arrayOf 함수를 이용해 생성한 배열에 전개 연산자를 곧바로 적용할 수 있습니다.

```
    concatAllString(*arrayOf("Hello", "Kotlin"))
```

이름을 통한 인자값 전달

함수에 전달해야 하는 인자값의 개수가 많다면 일일이 전달해야 할 인자값의 순서와 타입을 기억해야 하므로 불편함이 있습니다. 코틀린에서는 이러한 불편함을 해소하기 위해 **함수를 호출할 때 매개변수 이름과 인자값을 동시에 전달하는 형태(명명 인자, Named Arguments)로 함수를 호출**할 수 있습니다. 가령 다음과 같은 함수가 정의돼 있다면

```
fun sayHelloTo(from: String, to: String, times: Int) {
    // (.. 코드 내용 생략 ..)
}
```

다음과 같이 매개변수의 이름을 통해 인자값을 전달할 수 있습니다.

```
// (1)
sayHelloTo(from="김철수", to="이영희", times=3)
```

```
// (2)
sayHelloTo(times=3, to="이영희", from="김철수")
// (3)
sayHelloTo("김철수", times=3, to="이영희")
// (4)
// 함수 호출 불가(인자값의 전달 순서에 주의)
sayHelloTo(times=3, "김철수", "이영희")
```

(1) 대입 기호(=)의 **왼쪽에 매개변수의 이름을, 오른쪽에는 전달할 인자 값을 지정하는 형태로 함수를 호출합니다.** 즉, 여기서는 명명 인자 방식을 사용해 모든 인자값을 전달합니다.

```
sayHelloTo(from="김철수", to="이영희", times=3)
```

(2) 명명 인자 방식을 사용할 때의 장점은 **매개변수의 전달 순서를 바꿔도 함수 호출에 지장을 주지 않는다는 점**입니다. 즉, 여기서는 함수의 인자값을 거꾸로 된 순서로 전달하고 있지만 매개변수의 이름도 함께 지정했기 있기 때문에 문제없이 함수를 호출할 수 있습니다.

```
sayHelloTo(times=3, to="이영희", from="김철수")
```

(3) 첫 매개변수(from)의 값은 그대로 값을 전달하고 나머지 인자값은 매개변수 이름을 이용해 전달합니다.

```
sayHelloTo("김철수", times=3, to="이영희")
```

(4) 이런 방식으로는 함수를 호출할 수 없습니다. 여기서는 times 매개변수에 인자값을 전달할 때만 이름 정보를 전달하고 나머지 인자값을 전달할 때는 매개변수의 이름을 생략해서 호출했습니다.

```
sayHelloTo(times=3, "김철수", "이영희")
```

이 경우 함수의 from, to 매개변수의 인자값으로 어떤 문자열을 전달해야 할지 모호하므로 함수를 호출할 수 없습니다. 따라서 **(3)**과 같이 **일부 인자값은 함수에 정의된 순서대로 전달하고 그 뒤에 정의된 인자값을 전달할 때만 매개변수 이름을 함께 지정하는 식으로 호출**해야 합니다.

람다 함수와 고차 함수

람다 함수(Lambda function)를 정의하고 사용하는 방법을 살펴보기에 앞서 먼저 **고차 함수(higher-order function)**의 개념을 살펴보겠습니다. 먼저 고차 함수는 다음과 같은 특징을 하나 이상 충족하는 함수를 의미합니다.

1. 함수의 인자값으로 함수를 전달받는 함수
2. 함수의 반환값으로 함수를 반환하는 함수
3. 1, 2의 특성을 모두 가진 함수(인자값으로 함수를 전달받고 함수를 반환하는 함수)

코틀린에서는 **고차 함수를 지원하기 때문에 함수의 인자값으로 함수를 전달하거나 함수에서 함수를 반환**할 수 있습니다. 또한 **함수가 값처럼 취급되므로 변수나 상수에 저장**할 수도 있습니다.

이처럼 함수에 함수를 전달하거나, 함수를 반환하거나 혹은 변수나 상수에 저장해야 할 때 주로 사용하는 함수가 람다 함수(lambda function)입니다. 람다 함수는 앞에서 살펴본 일반적인 함수와는 정의하는 형식이 조금 다르기 때문에 람다 함수를 정의하는 문법을 숙지하는 것이 중요합니다.

람다 함수의 정의와 생성

람다 함수는 다음과 같은 형식으로 정의합니다.

```
var(또는 val) 함수를 담은 변수나 상수 이름 : 함수반환타입 = { 인자이름1: 타입1, ..., 인자이름n: 타입n -> 코드 내용 }
```

예를 들어, 어떤 수의 제곱을 구하는 square 함수를 람다 함수 형식으로 정의한 코드는 다음과 같습니다.

예제 5.13 값을 제곱하는 람다 함수   functionstudy/LambdaFunctionStudy1.kt

```
val square : (Int) -> Int = { number: Int -> number * number }
```

여기서는 이 람다 함수를 정의한 코드를 분석하기 위해 4개의 영역으로 분해한 후 살펴보겠습니다.

(1) val
(2) square
(3) : (Int) -> Int
(4) = { number : Int -> number * number }

[1] 람다 함수를 상수에 대입하고 나서 다른 람다 함수를 대입하지 않을 생각이므로 **val** 키워드를 사용해 상수로 지정했습니다. 만약 값을 변경하고 싶다면 var 키워드를 사용해도 무방합니다.

[2] square는 선언한 상수의 이름이기도 하지만 동시에 함수의 이름이기도 합니다. 따라서 상수의 이름을 이용해 함수를 호출할 수 있습니다.

[3] square 상수의 타입을 지정하는 부분입니다. 일반적인 정수나 실수 타입이라면 타입의 이름(Int, Double)을 쓰면 되지만 **람다 함수를 저장해야 할 변수나 상수의 경우는 특별히 함수 타입 형식으로 타입을 지정**합니다.

함수 타입을 지정하는 형식

함수 타입을 지정하는 형식은 다음과 같습니다.

```
(인자값 타입1, 인자값 타입2, ..., 인자값 타입n) -> 반환값 타입
```

여기서 소괄호 안에는 함수로 전달받을 인자값의 타입을 순서대로 쓴 다음 화살표(->) 기호를 쓰고 함수의 반환값 타입을 씁니다.

square 함수는 하나의 정수를 받아 정수를 반환하는 함수이므로 다음과 같이 함수의 타입을 지정합니다.

```
(Int) -> Int
```

---

[4] 대입문을 통해 함수의 내용을 작성합니다. 화살표(->) 기호를 기준으로 왼쪽에는 **전달받은 매개변수 이름과 타입**을 쓰고, 오른쪽에는 함수의 내용을 작성합니다.

람다 함수에서는 **return** 키워드를 이용해 값을 반환하지 않고 **마지막에 평가된 표현식의 결괏값을 반환값으로 사용**합니다. 여기서는 마지막 표현식이 number * number이므로 이 표현식을 계산한 결괏값이 람다 함수의 반환값이 됩니다. 동시에 이 결괏값의 타입은 정수(Int)이므로 정수가 람다 함수의 반환값 타입이 됩니다.

다음은 앞에서 정의한 "Hello" 문자열을 출력하는 printHello 함수와 동일한 기능을 가진 함수를 람다 형식으로 정의한 예입니다.

예제 5.14 "Hello" 문자열을 출력하는 람다 함수   functionstudy/LambdaFunctionStudy1.kt

```
var printHello : () -> Unit = { println("Hello") }
```

이번에도 람다 함수를 정의하는 코드를 4개의 영역으로 나눠서 살펴보겠습니다.

```
(1) var
(2) printHello
(3)  : () -> Unit
(4)  = { println("Hello") }
```

(1) 변수로 선언하기 위해서 var 키워드를 사용합니다. 이후 이 변수에 **함수 타입이 같은 다른 람다 함수를 대입**할 수 있습니다.

(2) 앞에서 살펴본 square 상수와 마찬가지로 printHello는 변수의 이름이기도 하며 동시에 함수의 이름으로도 사용됩니다.

(3) 여기서 만든 람다 함수는 **어떠한 인자값도 전달받지 않고 반환할 값도 없는 함수**이므로 다음과 같은 형식으로 타입을 정의합니다.

```
() -> Unit
```

전달받는 인자가 없으므로 빈 괄호를, 반환할 값이 없으므로 반환 타입으로 Unit 타입을 지정합니다. 앞서 함수 선언시 Unit 타입을 생략할 수 있다고 설명했지만, 여기서는 함수가 아닌 **대입받을 함수의 형태를 설명하기 위한 함수 타입**을 지정하는 상황이므로 생략이 불가능합니다.

(4) 전달받을 인자값이 없기 때문에 화살표(->) 왼쪽에 인자 이름과 인자 타입을 선언하는 구문이 모두 사라진 것을 확인할 수 있습니다. println 함수의 반환값 타입은 Unit이므로 이 함수의 마지막 표현식의 결괏값 타입은 Unit이 됩니다.

다음은 앞에서 정의한 람다 함수를 호출하는 예제입니다.

```
println(square(4))
printHello()
```

실행 결과
```
16
Hello
```

앞서 printHello 변수에는 타입이 같은 다른 람다 함수를 대입하는 것이 가능하다고 설명했습니다. 따라서 다음 코드와 같이 다른 람다 함수를 대입할 수 있습니다.

```
printHello = { println("Bye") }
printHello()
```

실행 결과
```
Bye
```

"Hello"가 아닌 "Bye"를 출력하는 람다 함수를 대입했으므로 함수를 호출하면 출력 결과가 달라지는 것을 확인할 수 있습니다. 단, 람다 함수를 대입할 때 **함수 타입이 다른 람다 함수는 대입할 수 없습니다.**

```
// 타입이 다르므로 람다 함수 대입 불가
// printHello의 타입은 () -> Unit 타입(대입하려고 하는 함수 타입은 (Int) -> Int)
printHello = { number: Int -> number * number }
```

printHello 변수는 전달받는 인자값이 없고 반환값도 없는 함수를 저장할 수 있는 변수이므로 함수 타입이 맞지 않아 대입이 이뤄지지 않습니다.

이번에는 sum 함수를 람다 함수 형식으로 정의한 예제를 보겠습니다.

예제 5.15 람다 형식으로 정의한 더하기 함수　　　　　　　　　　　functionstudy/LambdaFunctionStudy1.kt
```
val sum : (Int, Int) -> Int = { x : Int, y : Int -> x + y }
```

함수 타입을 두 정수를 받아 정숫값을 반환하는 타입((Int, Int) -> Int)으로 지정했으며, 람다 함수에서는 전달받은 인자값을 더한 결과를 반환합니다.

더 알아보기 _ 람다 함수의 이름

람다 함수는 **익명 함수(Anonymous function)**라고도 불리며 익명 함수는 말 그대로 이름이 없는 함수를 의미합니다. 지금까지 예제를 통해 이름이 없는 함수를 하나 선언한 후 해당 함수를 특정 변수나 상수에 대입했다고 표현해도 틀린 표현이 아닙니다.

람다 함수는 이름이 없는 함수이므로 호출할 때 변수나 상수의 이름을 통해 호출합니다. 따라서 람다 함수가 대입된 변수나 상수의 이름이 함수의 이름이라고 해석해도 무방합니다.

it을 이용한 람다 함수 내부에서의 인자값 접근

만약 람다 함수에서 받는 인자값의 개수가 하나라면 특별히 인자값의 이름을 지정할 필요가 없습니다. 대신 **it**이라는 대명사를 통해 전달받은 인자값에 접근할 수 있습니다.

다음은 인자로 전달받은 문자열(이름)을 출력하는 람다 함수입니다.

예제 5.16 it을 이용한 인자값 접근   functionstudy/LambdaFunctionStudy1.kt

```
val sayHelloTo : (String) -> Unit = { println("say hello to $it") }
```

이 함수를 다음과 같이 호출하면 이름을 인자값으로 받아 출력합니다.

```
sayHelloTo("김철수")
```

실행 결과
```
say hello to 김철수
```

여기서 람다 함수에 전달되는 인자의 개수가 하나이므로 **it을 통해 문자열에 접근**하는 것을 확인할 수 있습니다. 이처럼 람다 함수의 인자값이 하나라면 굳이 인자의 이름을 따로 지정할 필요 없이 **it을 통해 접근**하는 것이 좋습니다. 물론 인자값의 개수가 하나라고 해도 다음과 같이 **it이 아니라 직접 명시한 인자의 이름을 통해 접근**할 수도 있습니다.

```
// it이 아니라 직접 명시한 인자 이름(name)을 통해 인자값에 접근 가능
val sayHelloTo : (String) -> Unit = { name -> println("say hello to $name") }
```

함수 타입 추론

앞에서 변수나 상수를 정의할 때 저장할 값을 살펴보고 타입을 추론할 수 있으므로 변수의 타입 지정을 생략할 수 있다고 설명한 바 있습니다. 마찬가지로 함수의 타입도 **함수의 모양새와 함수 내용의 마지막 표현식을 보고 인자값의 개수와 타입, 반환값 타입을 모두 추론**할 수 있기 때문에 생략 가능합니다. 일반적으로 람다 함수를 정의할 때는 다음과 같이 함수 타입을 생략합니다.

```
val square = { number: Int -> number * number }
var printHello = { println("Hello") }
val sum = { x : Int, y : Int -> x + y }
// (1)
val sayHelloTo = { target: String -> println("say hello to $target") }
```

(1) 함수 타입을 추론하도록 람다 함수를 대입해서 it 값의 타입을 추론할 근거가 없어졌으므로 접근할 인자값의 이름과 타입을 직접 지정합니다.

```
// 함수 타입을 생략했으므로 직접 인자값의 이름(target)과 타입(String)을 지정
val sayHelloTo = { target: String -> println("say hello to $target") }
```

이렇게 해서 람다 함수를 변수나 상수에 대입하는 방법을 살펴봤습니다.

함수의 반환값으로 람다 함수를 반환

함수에서 **함수를 반환할 때도 람다 함수를 사용**합니다. 다음 예제에서는 특정 배수(multiplier)를 인자값으로 받고 정숫값을 입력받으면 해당 정숫값에 전달받은 배수만큼 곱하는 함수를 반환하는 함수를 정의합니다.

예제 5.17 함수를 반환하는 고차 함수 정의   functionstudy/LambdaFunctionStudy2.kt

```
// (1)
fun returnMultiplyFunc(multiplier : Int) : (Int) -> Int {
    // (2)
    // 람다 함수를 반환
    return { x -> x * multiplier }
}
```

(1) 일반적인 함수 정의 방법과 같은 방식으로 함수를 정의합니다. 단, 함수의 반환 타입으로 하나의 정수를 받아 정수를 반환하는 타입((Int) -> Int)으로 설정한 것을 확인할 수 있습니다.

(2) 람다 함수를 반환합니다. 이 함수는 하나의 정숫값을 전달받아 전달받은 배수(multiplier)만큼 곱한 값을 반환하는 함수임을 확인할 수 있습니다. 여기서 인자값(x)의 타입을 지정하지 않았는데, returnMultiplyFunc 함수의 **반환 타입((Int) -> Int)을 확인한 후 인자값의 타입 추론이 가능**하므로 지정하지 않아도 됩니다.

이제 이 함수를 호출해서 반환받은 함수를 호출해 보겠습니다.

예제 5.18 함수를 반환하는 고차 함수 호출   functionstudy/LambdaFunctionStudy2.kt

```
// (1)
val multiplyFunc1 = returnMultiplyFunc(3)
println(multiplyFunc1(2))
println(multiplyFunc1(3))
```

```kotlin
// (2)
val multiplyFunc2 = returnMultiplyFunc(10)
// 같은 인자값(2)을 전달해도 곱할 배수가 달라졌으므로 다른 결과가 출력됨
println(multiplyFunc2(2))
```

실행 결과

```
6
9
20
```

(1) 배수를 3으로 설정해서 반환받은 "전달된 인자값에 3을 곱하는 함수"를 호출한 결괏값을 출력합니다. returnMultiplyFunc 함수를 호출해서 함수를 반환받았으므로 반환된 함수를 대입한 변수(혹은 상수) 이름을 통해 함수를 호출할 수 있다는 점에 유의합니다.

(2) 여기서는 배수를 10으로 설정했으므로 "전달한 인자값에 10을 곱하는 함수"를 반환받고, 따라서 multiplyFunc1 함수와는 다른 값을 출력하는 것을 확인할 수 있습니다.

다음은 전달받은 문자열(str)과 출력 횟수(initial)를 이용해 호출할 때마다 출력 횟수만큼 문자열을 출력함과 동시에 출력 횟수를 증가시키는 람다 함수를 반환하는 함수입니다.

예제 5.19 함수를 반환하는 고차 함수　　　　　　　　　　　　　functionstudy/LambdaFunctionStudy2.kt

```kotlin
fun returnStringPrintFunc(str : String, initial : Int) : () -> String {
    // (1)
    // 새 변수를 생성해서 전달받은 출력 횟수를 저장
    var n = initial

    return {
        var result = ""
        for(i in 1 .. n) {
            result += "${str} "
        }
        // 출력 횟수 증가
        n++

        // (2)
        // 마지막 표현식이 반환값으로 사용됨. 여기서는 변수에 저장된 값을 반환
        result
    }
}
```

(1) 함수 인자로 전달받은 initial 값은 상수이므로 값을 변경할 수 없습니다. 따라서 변수(n)를 선언한 후 값을 대입하고 반환할 람다 함수 내부에서 해당 변숫값을 증가시킵니다.

(2) 앞서 람다 함수의 마지막 표현식이 반환값으로 사용된다고 배웠습니다. 표현식이라고 하면 함수 혹은 메서드를 호출하는 명령어가 있거나 연산자가 포함된 계산식이 필요하다고 오해할 수 있습니다만, 변수의 이름 자체도 표현식으로 평가되어 변수의 값 자체를 반환할 수 있으므로 해당 문장은 정상적으로 작동합니다.

예제 5.20 함수를 반환하는 고차 함수 호출　　　　　　　　functionstudy/LambdaFunctionStudy2.kt

```kotlin
// (1)
val countFunc1 = returnStringPrintFunc("Hello", 1)
// "Hello" 한 번 출력
println(countFunc1())
// "Hello" 두 번 출력
println(countFunc1())

// (2)
val countFunc2 = returnStringPrintFunc("Bye", 3)
// "Bye" 세 번 출력
println(countFunc2())
// "Bye" 네 번 출력
println(countFunc2())
```

실행 결과
```
Hello
Hello Hello
Bye Bye Bye
Bye Bye Bye Bye
```

(1) "Hello" 문자열을 출력하는 함수는 초기 출력 횟수가 1이므로 처음 함수를 호출할 때는 문자열을 한 번 출력합니다. 이후 함수를 호출할 때마다 출력 횟수가 증가해서 호출할 때마다 한 번 더 출력되는 것을 확인할 수 있습니다.

(2) "Bye" 문자열을 출력하는 함수는 초기 출력 횟수를 3으로 지정했으므로 처음 함수를 호출했을 때 문자열을 세 번 출력합니다. 마찬가지로 이후로 함수를 호출할 때마다 출력하는 횟수가 증가합니다.

함수의 인자로 람다 함수를 전달

람다 함수는 **함수의 인자로 함수를 전달할 때 특히 유용**하게 사용됩니다. 다음은 계산 방법을 정의한 함수와 계산 대상 값을 전달받아 계산한 결과를 돌려주는 함수입니다.

예제 5.21 함수를 전달받는 고차 함수   functionstudy/LambdaFunctionStudy2.kt

```kotlin
// (1)
fun calculate(calcFunc: (Int, Int) -> Int, x: Int, y: Int) : Int {
    return calcFunc(x, y)
}
```

(1) calcFunc 인자의 타입을 함수 타입으로 정의합니다. 이 인자를 통해 두 정숫값을 전달받아 정수를 반환하는 함수를 전달할 수 있습니다.

```
calcFunc: (Int, Int) -> Int
```

정의한 함수를 사용하는 코드는 다음과 같습니다.

예제 5.22 함수를 전달받는 고차 함수 호출   functionstudy/LambdaFunctionStudy2.kt

```kotlin
// (1)
val calcResult1 = calculate({ x, y -> x + y }, 2, 3)
// (2)
val calcResult2 = calculate({ x, y -> x * y }, 2, 3)
println(calcResult1)
println(calcResult2)
```

실행 결과
```
5
6
```

(1) 값을 더하는 람다 함수를 전달하고 동시에 계산할 값도 전달합니다. 결괏값으로 5를 반환합니다.

(2) 값을 곱하는 람다 함수를 전달합니다. 계산을 위해 전달한 값은 **(1)**과 같지만 여기서는 곱한 결과를 돌려주므로 결괏값은 6이 됩니다.

이제 **여러 개의 람다 함수를 전달받는 함수**를 정의하고 해당 함수를 호출하는 코드를 보면서 람다 함수와 관련된 내용을 마무리하겠습니다.

예제 5.23 여러 람다 함수를 전달받는 함수   functionstudy/LambdaFunctionStudy2.kt

```kotlin
fun multipleLambdaFunc(lambda1: () -> Unit, lambda2: (Int) -> Unit, lambda3: (String, String) -> String) {
    lambda1()
    lambda2(100)
    println(lambda3("Hello", "World"))
}
```

다음은 총 3개의 람다 함수를 전달받는 함수에 람다 함수를 전달하는 예제입니다.

```kotlin
multipleLambdaFunc(
    { println("from lambda 1") },
    { println("from lambda 2 $it") }, // (1)
    { str1, str2 -> "$str1 $str2" }   // (2)
)
```

실행 결과
```
from lambda 1
from lambda 2 100
Hello World
```

(1) 람다 함수로 전달받는 인자의 개수가 한 개이므로 대명사 it을 이용해 인자에 접근합니다.

(2) 람다 함수로 전달받는 인자의 개수가 한 개를 초과하므로 접근할 인자의 이름을 부여하고, 블록 내부에서 반환 타입으로 지정한 문자열 값을 반환합니다.

이처럼 람다 함수를 이용해 함수를 값처럼 다루는 방법을 비롯해 람다 함수의 활용법을 두루 살펴봤습니다. 이전에 함수형 프로그래밍 언어를 접하지 않은 분들에게는 람다 함수의 개념부터 활용까지 헷갈리는 부분이 많을 것이므로 여러 번에 걸쳐 코드를 살펴보며 익숙해지는 과정이 필요합니다.

람다 함수는 나중에 컬렉션에서 제공하는 확장 함수를 호출하는 과정에서도 자주 사용됩니다.

더 알아보기 _ 자바의 람다 함수 지원

자바 8 이전 버전에서는 언어 차원에서 람다 함수를 지원하지 않았습니다. 대신 익명 클래스의 객체를 생성하고 메서드를 바로 정의하는 방식으로 람다 함수와 비슷한 기능을 흉내 냈습니다. 다만 이러한 접근법을 적용할 때 익명 클래스 객체의 바깥 영역에 있는 변수를 참조할 수 없다는 제약이 있었습니다.

자바 8이 등장하고 언어 차원에서 람다 함수를 지원할 수 있게 기능이 추가됐으나 변수의 값을 변경할 수 없기 때문에 상수만 참조할 수 있다는 제약은 바뀌지 않았습니다. 하지만 코틀린에서는 기본적으로 **람다 함수를 제공하며**, **바깥 영역에 있는 변수의 값을 참조하고 변경하는 작업도 허용**합니다.

다음은 반환된 람다 함수에서 바깥에 존재하는 변수(str, counter)에 접근해서 값을 변경하는 예제입니다.

예제 5.24 반환 함수에서의 외부 변숫값 참조   functionstudy/ClosureStudy.kt

```kotlin
// 매번 호출할 때마다 값이 1만큼 증가한 정수를 반환하는 람다 함수를 반환
fun makeCounter() : () -> Int {
    var counter = 0

    return {
        counter++
        counter
    }
}


// 전달받은 문자열을 계속 이어 붙이고 그 결과로 만들어진 문자열을 반환하는 람다 함수를 반환
fun makeAppender(init: String="") : (String) -> String {
    var str = init

    return {
        str = str + it
        str
    }
}
```

위 함수는 다음과 같이 활용할 수 있습니다.

```kotlin
val counter = makeCounter()
println(counter())
println(counter())

val appender = makeAppender()
println(appender("Hello"))
println(appender(" World"))
```

실행 결과

```
1
2
Hello
Hello World
```

즉, 매번 함수가 호출될 때마다 바깥 영역에서 가져온 변수에 접근해 값을 변경하고 해당 값이 출력되는 것을 확인할 수 있습니다.

함수 내부에 정의하는 로컬 함수

코틀린에서는 함수 내부에 함수를 정의할 수 있도록 허용합니다. 이러한 함수를 로컬 함수(local function)라고 하며, 로컬 함수는 **복잡한 작업을 수행하는 함수의 기능을 분할한 후 여러 함수로 기능을 나누어 구현할 때 사용**할 수 있습니다.

단, **함수 내부에 정의한 로컬 함수는 외부에서는 사용할 수 없습니다.** 따라서 특정 함수에 종속되지 않은, 재사용이 필요한 함수라면 로컬 함수로 정의하지 않도록 합니다.

예제 5.25 로컬 함수 정의 functionstudy/LocalFunctionStudy.kt

```kotlin
fun outerFunc(target: String) : String {
    // (1)
    fun localFunc(str: String) : String {
        return "Hello from local $str"
    }

    // (2)
    return localFunc(target)
}
```

(1) outerFunc 함수 내부에 localFunc 로컬 함수를 정의했습니다. (2)에서는 해당 함수를 사용합니다. localFunc는 로컬 함수이므로 outerFunc 함수 내부에서만 사용할 수 있다는 점에 유의합니다.

다음은 outerFunc 함수를 호출하는 예제입니다.

```
var result = outerFunc("Outer")
println(result)
```

실행 결과

```
Hello from local Outer
```

패키지

컴퓨터를 사용할 때 서로 밀접하게 관련된 파일을 분류하고 관리하기 위해 폴더를 사용합니다. 이와 비슷한 편의를 제공하기 위해 코틀린에서는 패키지를 제공합니다. 즉, **패키지를 이용하면 서로 관련 있는 여러 함수와 클래스를 모아놓고 관리**할 수 있습니다.

패키지를 만들면 패키지의 이름과 동일한 폴더가 생성됩니다. 패키지 내부에 다른 패키지(폴더)를 생성하는 것도 가능하며, 이 경우 내부에 포함된 패키지를 하위 패키지라고 칭합니다.

패키지를 만드는 방법은 다음과 같습니다.

1. 프로젝트 패널의 src 폴더를 대상으로 마우스 오른쪽 버튼을 클릭한 후 [New] → [Package]를 차례로 선택합니다.

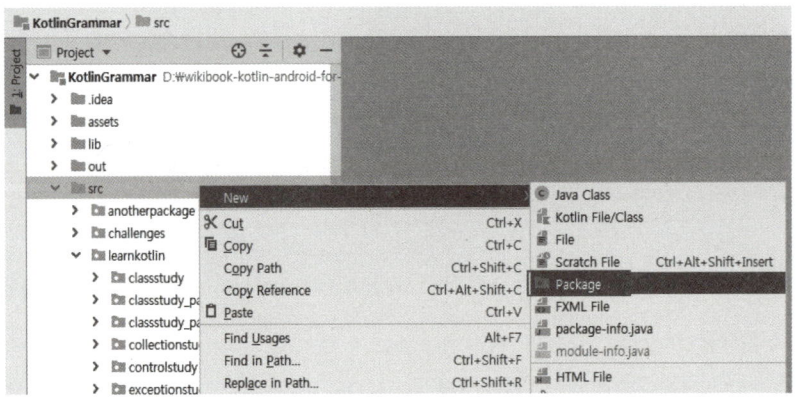

그림 5-3 새 패키지 생성

2. 적절한 패키지 이름을 입력합니다.

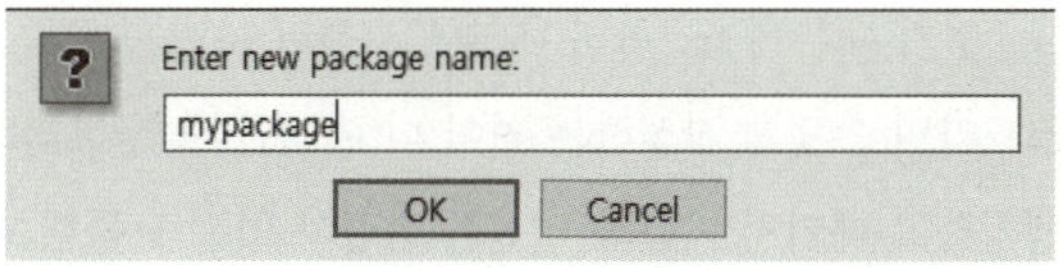

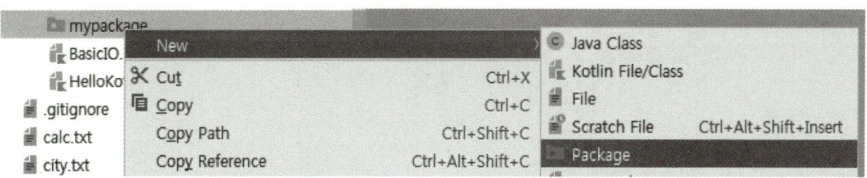

그림 5-4 패키지 이름 설정

3. 패키지 내부에 서브패키지를 만들고 싶다면 다음 화면과 같이 생성된 패키지를 대상으로 마우스 오른쪽 버튼을 클릭한 후 1, 2번 과정을 반복합니다.

그림 5-5 서브 패키지 생성

4. 패키지를 대상으로 마우스 오른쪽 버튼을 클릭한 후 메뉴에서 [Show In Explorer] 메뉴를 선택하면 탐색기에서 해당 패키지(폴더)를 확인할 수 있습니다.

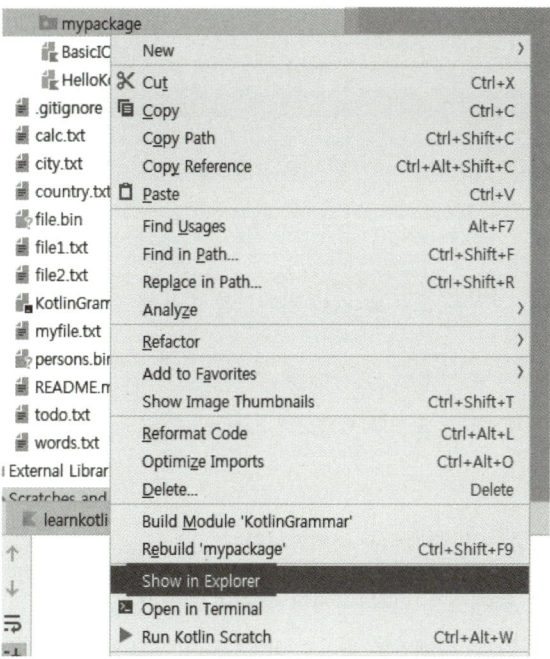

그림 5-6 패키지 저장 경로로 이동

패키지를 반드시 만들 필요는 없기 때문에 src 폴더 내부에 코틀린 파일을 만들고 프로그램을 작성하는 것도 가능하며 예제 수준의 코드라면 그렇게 작성하는 편이 더 편리합니다. 그러나 규모가 있는 프로젝트라면 **하나 이상의 패키지를 생성하고 패키지 이름과 밀접한 관련이 있는 코틀린 파일을 모아서 관리하는 방식을 권장**합니다.

이제 앞서 생성한 mypackage라는 패키지 안에 Util이라는 이름의 코틀린 파일을 생성한 후 이 파일에 필요한 상수, 함수와 이후 객체 지향 프로그래밍 관련 내용을 살펴보며 배울 클래스를 정의하겠습니다.

예제 5.26 패키지에 담을 상수, 함수, 클래스 정의   mypackage/Util.kt

```kotlin
// (1)
package mypackage

// (2)
val MY_CONSTANT = 1234

// (3)
fun sayHello(to: String) = println("Hello! ${to}")

// (4)
class MyClass {
    fun print() {
        println("print")
    }
}
```

(1) 패키지에 포함된 코틀린 파일은 모두 **package** 키워드를 이용해 소속된 패키지의 이름을 명시해야 합니다.

// 해당 파일은 mypackage 패키지에 포함돼 있으므로 package 키워드를 이용해 해당 패키지명을 명시
package mypackage

(2), (3), (4) 필요한 상수, 함수 및 클래스를 정의합니다.

이렇게 정의된 상수, 함수, 클래스는 다른 곳에서 불러와 자유롭게 사용할 수 있습니다. 외부 패키지 (mypackage)에 정의된 상수, 함수, 클래스를 불러오려면 **import** **구문을 사용**합니다. import 구문의 사용법은 다음과 같습니다.

```
import 패키지이름.서브패키지이름.[불러올 상수,함수,클래스의 이름]
```

예를 들어, mypackage에 정의된 모든 것들을 불러오려면 다음과 같이 명령어를 작성합니다.

```
import mypackage.MY_CONSTANT
import mypackage.sayHello
import mypackage.MyClass
```

혹은 다음과 같이 **별표 기호(*)를 사용해 패키지에 포함된 모든 것을 불러올 수 있습니다**만 이 경우 사용하지 않을 것들도 모두 함께 포함되어 불러오게 되므로 가급적 앞에서처럼 필요한 것만 선별적으로 불러오는 방법을 권장합니다.

```
import mypackage.*
```

이후 앞에서 패키지에 정의한 것들을 불러와 사용하기 위한 준비를 합니다. 프로젝트에 anotherpackage 패키지를 생성한 후 해당 패키지에 PackageUseStudy.kt라는 코틀린 파일을 추가합니다. 이 시점에 프로젝트에 포함된 패키지와 파일의 구조는 다음과 같습니다.

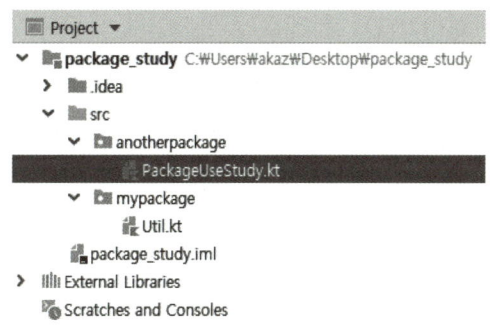

그림 5-7 패키지 생성 후 프로젝트 패널의 모습

생성한 코틀린 파일에 mypackage 내부에 정의한 함수, 클래스를 불러와 사용하는 코드를 작성합니다.

예제 5.27 외부 패키지에 포함된 내용 불러오기   anotherpackage/PackageUseStudy.kt

```
// (1)
package anotherpackage

// (2)
import mypackage.MY_CONSTANT
```

```kotlin
import mypackage.sayHello
import mypackage.MyClass

fun main(args : Array<String>) {
    // (3)
    println(MY_CONSTANT)
    sayHello("김철수")
    var c = MyClass()
    c.print()
}
```

실행 결과

```
1234
Hello! 김철수
print
```

(1) 패키지의 소속을 밝히기 위해 package 구문을 사용했습니다.

(2) import 구문을 이용해 외부 패키지(mypackage)의 상수, 함수, 클래스를 불러옵니다.

(3) 불러온 상수, 함수, 클래스에 접근해서 사용합니다.

상위 패키지 안의 특정 하위 패키지에 포함된 함수나 클래스를 불러오려면 다음과 같이 점(.)을 써서 상위 패키지와 하위 패키지의 이름을 모두 순서대로 적으면 됩니다.

```kotlin
// 실제 패키지의 경로를 쓴다고 생각하되 디렉터리 구분자(/)를 점(.)으로 치환해서 작성
package mypackage.mysubpackage
```

import 구문을 이용해 필요한 것들을 불러올 때 **as** 키워드를 이용하면 불러올 상수, 함수, 클래스의 이름에 **별칭(별명)을 부여**할 수 있습니다.

예제 5.28 as 키워드를 이용한 별칭 부여   anotherpackage/PackageUseStudy.kt

```kotlin
// (1)
import mypackage.MY_CONSTANT as M_C
import mypackage.sayHello as hello
import mypackage.MyClass as mc

fun main(args : Array<String>) {
    // 원래 이름으로 접근 불가(별칭으로 접근 가능)
```

```
    // println(MY_CONSTANT)
    // (2)
    println(M_C)
    hello("김철수")
    var c = mc()
    c.print()
}
```

(1) as 키워드를 이용해 MY_CONSTANT 상수에 M_C라는 별칭을 부여합니다. 함수와 클래스에도 별칭을 부여해 불러옵니다.

(2) 별칭을 통해 상수, 함수, 클래스에 접근합니다. 여기서는 별칭을 부여해서 불러왔기 때문에 원래 이름을 통해 접근할 수는 없습니다.

별칭은 똑같은 이름의 상수, 함수, 클래스가 정의된 상황에서 발생할 수 있는 **이름 충돌을 피하기 위해 사용**합니다. 가령 다음 코드에서는 main 함수에서 다른 패키지의 상수와 이름이 같은 상수를 정의하고 있으므로 import 구문으로 불러온 상수의 본래 이름으로는 접근할 수 없습니다. 이러한 경우 별칭을 부여해 다른 이름으로 상수에 접근할 수 있습니다.

```
import mypackage.MY_CONSTANT as M_C

fun main(args : Array<String>) {
    // 불러올 상수에 별칭을 부여하지 않았을 경우 이름 충돌이 발생
    val MY_CONSTANT = 200
    // main 함수 내부에 정의한 상수를 출력
    println(MY_CONSTANT)
    // 외부 패키지에서 불러온 상수를 별칭을 통해 출력
    println(M_C)
}
```

실행 결과

```
200
1234
```

함수 오버로딩

이름이 같은 함수를 만들고 함수의 인자값의 개수나 타입을 다르게 정의하는 것을 함수 오버로딩(Function overloading)이라고 합니다. 함수 오버로딩을 이용하면 이름과 기능이 같은 함수에 다른 타입의 인자를 전달할 수 있습니다. 예를 들어, 다음은 제곱 함수에 오버로딩을 적용한 예입니다.

예제 5.29 제곱 함수 오버로딩   functionstudy/FunctionOverloadingStudy.kt

```kotlin
// square 함수 오버로딩(인자의 타입이 모두 다름)
fun square(x: Int) = x * x
fun square(x: Long) = x * x
fun square(x: Float) = x * x
fun square(x: Double) = x * x
```

오버로딩을 통해 **이름은 같지만 다양한 타입의 숫자를 전달받아 제곱한 값을 반환하는 함수**를 정의했습니다. 만약 함수 오버로딩이 지원되지 않는다면 다음과 같이 제곱 함수의 이름을 제각각 다르게 해서 완전히 새로운 함수를 정의해야 하므로 무척 불편할 것입니다.

```kotlin
fun sqaureInt(x: Int) = x * x
fun sqaureDouble(x: Double) = x * x
```

다음과 같이 오버로딩된 함수를 호출할 때는 다른 타입의 인자를 전달하면 타입에 대응하는 함수가 호출됩니다.

```kotlin
println(square(2))
println(square(3L))
println(square(4.0F))
println(square(5.0))
```

실행 결과
```
4
9
16.0
25.0
```

앞에서 오버로딩된 제곱 함수를 살펴봤습니다. 이 함수에는 인자의 타입을 달리하는 방식으로 함수 오버로딩을 적용했습니다. 이와 달리 다음 예제처럼 **인자의 개수를 달리하는 방식으로 함수 오버로딩**을 적용할 수도 있습니다.

예제 5.30 인자의 개수와 타입이 다르도록 함수를 오버로딩   functionstudy/FunctionOverloadingStudy.kt

```
// (1)
fun overloadingTest() = println("overloading test 1")
fun overloadingTest(x: Int) = println("overloading test 2")
fun overloadingTest(x: Int, y: Int) = println("overloading test 3")

// (2)
// 첫 번째 인자의 타입은 Int, 두 번째 인자의 타입은 Double
fun overloadingTest(x: Int, y: Double) = println("overloading test 4")
// 첫 번째 인자의 타입은 Double, 두 번째 인자의 타입은 Int
fun overloadingTest(x: Double, y: Int) = println("overloading test 5")

// 3개의 정숫값을 전달받도록 함수 오버로딩
fun overloadingTest(x: Int, y: Int, z: Int) : Int = x + y + z
// (3)
// fun overloadingTest(x: Int, y: Int, z: Int) : String = "Hello"
```

(1) 함수에 전달할 인자의 개수를 다르게 해서 함수를 오버로딩합니다.

(2) 함수에 전달할 인자의 개수는 같지만 타입을 다르게 해서 함수를 오버로딩합니다.

(3) 반환값의 타입을 달리하는 것은 함수 오버로딩에 영향을 끼치지 않습니다. 바로 앞에서 3개의 정숫값을 전달받는 함수를 오버로딩했으므로 반환값의 타입만 다른 함수를 오버로딩할 수는 없습니다.

다음은 앞에서 오버로딩한 함수를 사용하는 코드입니다.

```
overloadingTest()
overloadingTest(1)
overloadingTest(2, 3)
overloadingTest(2, 3.0)
overloadingTest(2.0, 3)
println(overloadingTest(1, 2, 3))
```

실행 결과

```
overloading test 1
overloading test 2
overloading test 3
overloading test 4
overloading test 5
6
```

인자의 개수나 타입에 따라 그에 대응하는 함수가 호출된 것을 확인할 수 있습니다.

함수 참조 연산자

코틀린 언어에서는 **일반적인 함수도 마치 람다 함수처럼 변수나 상수에 대입하거나 인자로 전달**할 수 있습니다. 다음은 함수 참조를 위해 미리 정의한 몇 가지 예입니다.

functionstudy/FunctionReferenceStudy.kt

```
fun multiplyTwo(n : Int) = n * 2
fun multiplyThree(n : Int) = n * 3
fun isEven(n: Int) = (n % 2) == 0
```

정의한 함수를 참조하려면 두 개의 콜론을 이어붙인 형태(::)의 **함수 참조 연산자**(Function reference) **와 함수명을 지정**하면 됩니다. 다음은 앞에서 정의한 함수를 변수에 대입한 후 호출하는 예제입니다.

예제 5.31 함수 참조 연산자를 이용한 함수 참조 functionstudy/FunctionReferenceStudy.kt

```
// (1)
var myMultiplyFuncRef : (Int) -> Int = ::multiplyTwo
println(myMultiplyFuncRef(2))

// (2)
myMultiplyFuncRef = ::multiplyThree
println(myMultiplyFuncRef(2))

// (3)
var isEvenRef = ::isEven
println(isEvenRef(2))
```

(1) 앞에서 정의한 multiplyTwo, multiplyThree 함수를 참조할 함수 타입 변수를 선언하고 함수를 대입합니다. 함수는 모두 한 개의 정수를 받아 정수를 반환하는 함수이므로 변수 타입은 (Int) -> Int로 지정합니다.

(2) 변수의 타입(함수 타입)이 같으므로 multiplyThree 함수를 대입하는 것도 가능합니다. 단, 함수 내부에서 곱하는 값이 달라지므로 함수에 같은 값을 전달해도 반환값은 달라집니다.

(3) 함수 타입을 추론할 수 있으므로 여기서는 변수 타입 지정을 생략하고 함수를 대입합니다.

함수 참조 연산자는 나중에 소개할 컬렉션 클래스에서 제공하는 다양한 메서드에 전달하는 과정에서 자주 사용됩니다. 다음은 전달받은 문자열을 뒤집어서 출력하는 printReverse 함수를 정의한 코드입니다.

```kotlin
fun printReverse(s : String) = println(s.reversed())
```

이 함수는 함수를 인자로 받는 forEach 메서드에 다음과 같은 방식으로 전달할 수 있습니다.

```kotlin
listOf("Hello", "World").forEach(::printReverse)
```

실행 결과

```
olleH
dlroW
```

forEach 메서드는 리스트에 담긴 값을 하나씩 전달받은 함수의 인자값으로 전달하는 방식으로 작동합니다. 따라서 총 2번 printReverse 함수가 실행되며, 이 함수의 인자값으로 순서대로 "Hello", "World" 문자열이 전달됩니다.

객체의 메서드나 클래스 함수도 함수 참조 형태로 참조할 수 있습니다. 아직 클래스 파트를 배우지 않았으므로 클래스와 companion object의 개념을 살펴본 후 다시 이 부분을 복습하는 것을 권장합니다. 다음 예제에서는 클래스를 선언하며 메서드를 정의하고 클래스 함수와 내부 클래스(Inner)에 포함된 클래스 함수도 정의합니다.

functionstudy/FunctionReferenceStudy.kt

```kotlin
class StringAppender(init: String) {
    var result = init

    // (1)
    fun append(s : String) {
        result += s
    }

    // (2)
    class Inner {
        companion object {
            fun myPrintln(any: Any) = println("${any.toString()}")
```

```
        }
    }

    // (3)
    companion object {
        fun myPrintln(any: Any) = println("${any.toString()}")
    }
}
```

(1) 문자열을 이어붙이는 append 함수를 정의합니다.

(2), (3) companion object 키워드를 이용해 클래스와 내부 클래스에 클래스 함수를 정의했습니다.

다음은 생성한 StringAppender 객체의 메서드와 클래스 함수를 참조하는 코드입니다.

```
// (1)
val appender = StringAppender("")
// "객체이름::메서드"의 형태로 참조
listOf("Hello", "World").forEach(appender::append)
println(appender.result)

// (2)
var myPrintlnRef = (StringAppender)::myPrintln
myPrintlnRef("Hello World")

myPrintlnRef = (StringAppender.Inner)::myPrintln
myPrintlnRef("Hello World")
```

실행 결과

```
HelloWorld
Hello World
Hello World
```

(1) 객체를 생성하고 메서드를 함수 참조 연산자를 통해 forEach 메서드에 전달하는 것을 확인할 수 있습니다. 이 경우 전달할 메서드의 소속을 밝히기 위해 **객체를 참조하는 변수나 상수의 이름(appender)을 연산자 앞에 지정해야 합니다**.

append 함수는 문자열을 이어붙이는 함수이므로 이후 result 속성에 저장된 문자열의 내용은 "HelloWorld"가 됩니다.

(2) companion object 블록 내부에 정의한 클래스 함수도 참조할 수 있습니다. 단, 클래스의 이름을 소괄호로 감싸야 함수 참조가 가능하다는 점에 유의합니다.

더 알아보기 _ 오버로딩된 함수를 참조하는 과정에서 함수 타입 추론

다음은 콘솔 화면에 무언가를 출력하기 위해 사용한 println 함수를 참조하기 위해 변수에 대입하는 코드입니다.

```
var printlnRef : (Any) -> Unit = ::println
```

이 변수 타입의 추론을 유도하기 위해 다음과 같이 대입을 시도하면 'Overload resolution ambiguity' 에러가 발생합니다.

```
var printlnRef = ::println
```

변수 타입 추론에 실패하는 이유는 println 함수가 다양한 타입의 인자를 받을 수 있도록 오버로딩된 함수이기 때문입니다. 다양한 형태로 오버로딩된 println 함수의 정의부는 다음과 같습니다.

```
fun println(message: Any?)
fun println(message: Int)
fun println(message: Boolean)
fun println(message: Double)
fun println(message: String)
... 이하 생략..
```

이처럼 인자의 타입이 다양하게 정의돼 있기 때문에 타입을 추론하는 과정에서 **전달받을 인자의 타입을 어떤 타입으로 결정해야 할지 알 수 없어 모호함이 발생**합니다. 따라서 이러한 경우에는 다음과 같이 함수 타입을 직접 명시해야 합니다.

```
// Overload resolution ambiguity 에러 발생
// 함수 오버로딩의 결과로 여러 타입의 값을 받을 수 있는 다양한 함수가 정의돼 있으므로 임의로
타입 추론이 불가능함
// var printlnRef = ::println
// 따라서 직접 함수 타입을 명시하는 방식으로 함수 대입
var printlnRef : (Any) -> Unit = ::println
printlnRef("Hello World By Function Reference")
```

범위 함수

범위 함수(scope function)는 람다 함수를 인자로 전달받는 함수입니다. 람다 함수에 정의한 코드가 범위 함수를 호출한 객체가 포함된 일종의 **임시 환경(temporary scope) 속에서 실행되도록 도와주는 함수**입니다. 여기서 말하는 임시 환경이란 해당 코드 블록에서 생성된 변수 혹은 상수가 외부에 영향을 끼치지 않는다는 것을 의미합니다. 즉, 일종의 일회용 변수, 상수를 생성할 수 있으며 **해당 코드 블록 외부에서는 해당 변수, 상수에 접근할 수 없습니다.**

람다 함수를 전달받는 함수이므로 범위 함수는 고차 함수입니다.

범위 함수를 적절히 이용하면 좀 더 깔끔한 코드를 작성할 수 있고 동시에 코드 가독성도 높일 수 있습니다. (기본적으로 범위 함수는 클래스를 이용해서 생성한 객체를 통해 활용하는 경우가 많으므로 클래스 파트를 공부한 후 다시 한 번 복습하길 권장합니다.)

코틀린에서는 아래의 다섯 가지 범위 함수를 활용할 수 있습니다. 각 범위 함수는 조금씩 특징이 다르므로 차이점을 주의 깊게 살펴보며 공부해야 합니다.

```
let, run, with, apply, also
```

범위 함수를 본격적으로 살펴보기에 앞서 좌표 정보를 저장할 Point 데이터 클래스를 다음과 같이 main 함수의 바깥에 선언하겠습니다.

```
data class Point(var x: Int = 0, var y: Int = 0)
```

먼저 가장 자주 사용되는 범위 함수인 let 함수부터 살펴보겠습니다. let 함수는 **안전 호출 연산자(?.)와 같이 쓰여 null 허용값을 이용해 진행해야 할 코드를 작성**할 때 유용합니다. 이때 let 함수를 호출한 객체는 람다 함수의 인자로 전달된 **it**을 통해 접근할 수 있습니다. 또한 let 함수는 전달한 람다 함수의 **맨 마지막 표현식이 평가된 값을 반환값으로 사용**합니다.

예제 5.32 let 범위 함수 사용　　　　　　　　　　　　　　　functionstudy/ScopeFunctionStudy.kt

```kotlin
var nullableString : String? = "Hello"
// (1)
nullableString?.let {
    println(it.length)
}
```

```
// (2)
var upper = nullableString?.let {
    it.toUpperCase()
}
println(upper)
```

실행 결과
```
5
HELLO
```

(1) null 값 대입이 허용되는 문자열 타입 객체를 통해 let 함수를 호출합니다. let 함수를 호출하는 과정에서 안전 호출 연산자를 쓰고 있기 때문에 **해당 변수에 null값이 할당돼 있다면 let 함수에 전달한 람다 함수의 코드 블록이 실행되지 않습니다**. 또한 람다 함수의 코드 블록 내부에서 **it**을 통해 **let** 함수를 호출한 객체(**nullableString**) 값에 접근합니다.

```
// null이 아닌 경우에만 전달한 람다 함수가 실행됨
nullableString?.let {
    // 내부에서 it을 통해 문자열 객체(nullableString)에 접근
    println(it.length)
}
```

(2) 여기서는 객체의 toUpperCase 메서드를 호출해서 해당 문자열을 대문자로 변환한 값을 반환합니다. (1)과 같이 반환값을 신경 쓰지 않아도 상관없지만 람다 함수 내부의 **마지막 표현식이 반환값으로 활용될 수 있으므로** 여기서는 해당 값을 upper 변수에 대입합니다.

```
var upper = nullableString?.let {
    // 마지막 표현식의 결괏값(여기서는 대문자 문자열)이 let 함수의 반환값이 되어 upper 변수에 대입
    it.toUpperCase()
}
```

let 함수를 이용하는 다른 예제 코드를 살펴보겠습니다.

```
var p1 = Point(1, 2)

p1?.let{
    it.x *= 2
    it.y *= 2
```

```
}
println(p1)
```

실행 결과
```
Point(x=2, y=4)
```

여기서는 앞에서 선언한 Point 클래스 객체의 속성값을 변경하기 위해 let 함수를 사용합니다.

이어서 **with** 함수를 살펴보겠습니다. with 함수는 let 함수와 다르게 인자로 객체를 전달하는 방식으로 호출하고, **it**이 아닌 **this** 키워드를 통해 객체에 접근한다는 점만 제외하면 let과 동일하게 작동합니다.

예제 5.33 with 범위 함수 사용   functionstudy/ScopeFunctionStudy.kt
```
var str = "Hello, KOTLIN"
// let과 다르게 with 함수의 인자로 객체를 전달
var lower = with(str) {
    // 해당 표현식의 반환값이 최종 반환값으로 사용됨(let과 같음)
    this.toLowerCase()
}
println(lower)
```

실행 결과
```
hello, kotlin
```

this 키워드는 생략할 수 있기 때문에 다음과 같이 코드를 작성해도 무방합니다.

```
var lower = with(str) {
    // this를 생략해서 객체의 메서드 호출
    toLowerCase()
}
```

이어서 **run** 함수를 살펴보겠습니다. run 함수는 **this** 키워드를 통해 객체에 접근하고 람다 함수의 마지막 표현식을 반환값으로 사용합니다.

예제 5.34 run 범위 함수 사용   functionstudy/ScopeFunctionStudy.kt
```
var pointToPair = p1.run {
    // Pair(this.x, this.y)에서 this를 생략
    Pair(x, y)
```

```
}
println(pointToPair)
```

실행 결과
```
(2, 4)
```

여기서는 앞서 선언한 점 객체를 Pair 객체로 변환하는 데 run 함수를 사용합니다. 앞에서 살펴본 바와 같이 run 함수는 확장 함수(Extension function)처럼 사용할 수도 있고 다음과 같이 일반 함수처럼 단독으로 사용할 수도 있으며 객체 초기화 작업에 사용할 임시 변수를 활용하고 싶을 때 유용하게 사용됩니다.

예제 5.35 run 범위 함수의 단독 사용　　　　　　　　　　　　　functionstudy/ScopeFunctionStudy.kt
```
// run 함수 단독 사용
var p3 = run {
    // 람다 함수 내부에서만 유효한 임시 변수를 선언
    var x = 100
    var y = 200
    Point(x, y)
}
println(p3)
```

실행 결과
```
Point(x=100, y=200)
```

앞서 범위 함수를 통해 임시적인 환경을 제공할 수 있다고 설명했는데 여기서는 람다 함수 블록이 임시적인 변수 혹은 상수들을 선언해 둘 임시적인 환경이 됩니다.

이어서 **apply** 함수를 살펴보겠습니다. apply 함수는 this 키워드를 통해 객체에 접근할 수 있도록 허용하되 반환값으로 객체 자체를 반환한다는 특징이 있는 범위 함수입니다. apply 함수는 주로 반환값을 전달받기 위해 사용하기보다는 **객체의 내용을 초기화하거나 설정값을 적용하기 위해 사용**됩니다. 다음 예제를 봅시다.

예제 5.36 apply 범위 함수 사용　　　　　　　　　　　　　　　functionstudy/ScopeFunctionStudy.kt
```
var p2 = p1.apply {
    x = 100
    y = 200
    // 람다 함수의 마지막 표현식이 결괏값으로 사용되지 않음에 유의(apply 함수는 객체(p1)를 반환)
```

```
        "Hello"
    }
    println(p2)
    // apply 함수를 호출한 결과로 돌려받은 객체는 완전히 참조가 같은 객체임에 유의
    println(p1 === p2)
```

실행 결과
```
Point(x=100, y=200)
true
```

여기서는 포인트 객체의 x, y 정보를 변경하기 위해 apply 함수를 사용합니다. 이전에 살펴본 함수와 달리 **람다 함수의 마지막 표현식이 아닌 객체 자체가 반환된다는 점에 유의합니다.**

마지막으로 also 함수를 살펴보겠습니다. also 함수는 apply 함수와 같이 반환값으로 객체 자체를 반환하지만 it을 통해 객체에 접근한다는 차이가 있습니다. 단, 일반적으로 also 함수에 전달한 람다 함수 내부에서는 객체의 내용을 조회하는 작업만 수행하며, 객체에 포함된 값을 변경하거나 조작하는 작업을 하지 않습니다.

예제 5.37 also 범위 함수 사용   functionstudy/ScopeFunctionStudy.kt
```
var words = mutableListOf("Hello", "World")
// also 내부에서는 가능하면 객체를 변경하는 작업을 하지 않는 것을 권장
words.also {
    // 값을 변경하지 않는 조회 작업과 관련된 메서드만 실행
    println("first item : ${it.first()}")
    println("last item : ${it.last()}")
    println("list size : ${it.size}")
}.add("Kotlin")
println(words)
```

실행 결과
```
first item : Hello
last item : World
list size : 2
[Hello, World, Kotlin]
```

지금까지 살펴본 범위 함수의 특징을 정리하면 다음과 같습니다.

범위 함수	객체 참조	함수 반환값	주로 사용되는 용도
let	it	마지막 표현식	객체가 null이 아닐 경우 실행할 코드 블록 작성
with	this	마지막 표현식	임시 환경에서의 객체 조작
run	this	마지막 표현식	임시 환경에서의 객체 조작
apply	this	객체	객체 속성 초기화 및 설정 작업 진행
also	it	객체	객체 값 조회 및 필요한 조회 작업 수행

용도는 그저 지침일뿐 **다른 종류의 범위 함수로 특정 범위 함수의 기능을 대체**할 수 있기 때문에 꼭 용도에 걸맞게 범위 함수를 사용하도록 강제하지는 않습니다.

다만 범위 함수 중 let, apply는 안드로이드 공식 문서의 API 활용법을 보여주는 코드에도 자주 등장하는 함수이므로 꼭 사용법을 알아두고 적재적소에 활용할 수 있도록 합니다.

도전과제

Q1 _ 연산자 파트의 도전과제 중 하나인 원의 넓이를 구하는 프로그램을 참고해서 calculateCircleArea 함수를 정의하고, BMI 지수를 구하는 프로그램을 참고해서 calculateBMI 함수를 정의하세요.

함수 사용법

```
// 반지름을 인자값으로 전달
var area = calculateCircleArea(10.0)
println(area)

// 미터 단위의 키, kg 단위의 무게를 인자로 전달
var bmi = calculateBMI(1.8, 80.0)
println(bmi)
```

예상 실행 결과
```
314.1592653589793
24.691358024691358
```

(해답: challenges.ch05.CalculateFunctions.kt)

Q2 _ import 구문을 통해 kotlin.random 패키지의 Random 클래스를 불러온 후 nextInt 메서드를 이용해 아래의 함수 사용법을 만족시키는 rollDice 함수를 정의하세요.

```
// 1부터 6까지 정수 난수를 반환
Random.nextInt(6) + 1
```

함수 사용법
```
// rollDice 호출 시 1부터 6까지의 정수 난수를 반환
var num = rollDice()
```

예상 실행 결과
```
1~6 범위의 난수를 출력
```

(해답: challenges.ch05.RollDice.kt)

Q3 _ 앞에서 정의한 rollDice 함수를 표현식을 대입하는 형식으로 재정의하세요.

```
fun rollDice = /* 여기에 코드를 작성 */
```

(해답: challenges.ch05.RollDice.kt)

Q4 _ 제곱근을 구하는 sqrt 함수와 두 점 사이의 거리를 구하는 공식 및 함수 사용법을 참고해 두 점 사이의 거리를 구하는 calculateDistance 함수를 정의하세요.

```
// Math 클래스의 sqrt 함수를 호출해 제곱근을 반환
Math.sqrt(2.0)
```

좌표평면 위의 한 점(x1, y1)과 다른 한 점(x2, y2) 사이의 거리를 구하는 공식은 다음과 같습니다.

두 점 사이의 거리를 구하는 공식

$$\sqrt{(x2-x1)^2 + (y2-y1)^2}$$

함수 사용법

```
// (0, 0)과 (5, 5) 사이의 거리를 반환
val distance = calculateDistance(0.0, 0.0, 5.0, 5.0)
```

예상 실행 결과

```
7.0710678118654755
```

(해답: challenges.ch05.CalculatePointDistance.kt)

Q5 _ 인자로 전달한 문자열에서 배열에 포함된 글자가 제거된 문자열을 반환하는 excludeChar 함수를 정의하세요.

힌트 _

1. 반복문을 이용해 문자열에 포함된 모든 글자를 순회할 수 있습니다.
2. in 연산자를 이용해 문자열에 특정 문자가 포함돼 있는지를 확인할 수 있습니다.

함수 사용법

```
// "Hello" 문자열에서 'H', 'l'이 제거된 문자열을 반환
var str1 = excludeChar("Hello", arrayOf('H', 'l'))
println(str1)

var str2 = excludeChar("Hello World", arrayOf('H', 'W', 'o'))
println(str2)
```

예상 실행 결과

```
eo
ell rld
```

(해답: challenges.ch05.ExcludeChar.kt)

Q6 _ 다음의 함수 사용법을 참조해서 전달한 여러 개의 숫자 중 조건에 부합하는 숫자의 개수를 반환하는 filterCount 함수를 정의하세요. (단, 함수로 전달할 숫자의 개수를 미리 알 수 없다고 가정해서 가변 인자로 정숫값을 전달받고 마지막 인자로 조건에 부합하는 숫자를 판별할 람다 함수를 전달받는 형태로 함수를 정의합니다.)

함수 사용법

```
// 짝수인 숫자의 개수를 반환
var count1 = filterCount(1, 2, 3, 4, 5) {
    // 짝수일 경우 참값을 반환
    (it % 2) == 0
}
println(count1)

// 3보다 큰 숫자의 개수를 반환
var count2 = filterCount(1, 2, 3, 4, 5, 6) {
    // 3보다 클 경우 참을 반환
    it >= 3
}
println(count2)
```

예상 실행 결과

```
2
4
```

(해답: challenges.ch05.FilterCount.kt)

chapter

06

객체지향 프로그래밍 기초

객체지향 프로그래밍

객체지향 프로그래밍(Object-Oriented Programming)은 일상생활에서 흔히 접하는 **주변의 사물과 개념을 객체라는 형태로 모델링**해서 프로그래밍의 기본 단위로 활용하고 해당 **객체들의 협업 과정**을 통해 큰 단위의 최종 과업을 수행할 수 있게 하는 프로그래밍 패러다임입니다.

객체지향 프로그래밍 패러다임을 도입하면 독립적인 역할을 부여받은 클래스를 나누어 구현하는 방식으로 복잡성을 줄일 수 있고 코드의 관리가 쉬워지므로 함수를 기본 단위로 사용하는 절차지향 프로그래밍 언어에 비해 버그가 적게 발생하고 테스트하기 쉬운 프로그램을 작성할 수 있습니다.

최근에는 순수 함수를 조합하는 방식으로 프로그램을 작성하는 함수형 프로그래밍과 같은 새로운 프로그래밍 패러다임도 크게 각광받고 있으나 프로그래밍을 처음 접하는 사람에게는 실제 주위의 사물을 모델링하는 관점에서 출발한 객체지향 프로그래밍 패러다임이 상대적으로 더 이해하기 쉬워 접근성이 높기 때문에 널리 사용되고 있습니다.

대표적인 객체지향 프로그래밍 언어인 자바를 계승하는 위치에 있는 코틀린도 객체지향 프로그램을 손쉽게 작성할 수 있도록 클래스를 이용해서 필요한 속성값과 메서드를 함께 정의할 수 있도록 합니다.

객체지향 프로그래밍과 클래스

객체지향 프로그램을 작성할 때 각 객체는 **객체가 가진 정보와 해당 정보와 밀접한 관련을 가진 함수를 사용해 자신에게 주어진 역할을 수행**합니다. 따라서 객체에 **부여할 역할이 무엇이고 그 역할을 수행하는 데 어떤 정보가 필요하며 어떤 행동을 취할 수 있는지를 먼저 생각하고 정의**해야 합니다.

이러한 객체를 정의하는 과정에서 클래스가 사용됩니다. **클래스를 통해 객체와 관련된 설계도를 완성**한 후 해당 설계도를 통해 실체화된 객체를 만들어내면 객체를 사용할 수 있습니다.

실생활에서 볼 수 있는 텔레비전을 예시로 들어보겠습니다. 각 텔레비전은 제조사, 현재 볼륨 크기와 채널 번호, 전원 인가 여부와 같은 정보를 가집니다. 이러한 텔레비전을 다음과 같이 클래스로 표현할 수 있습니다. 참고로 아직 클래스 작성과 관련된 문법을 세세하게 배우지는 않았으므로 큰 그림을 본다는 관점에서 코드를 살펴보시기 바랍니다.

```kotlin
// 텔레비전 클래스를 정의
class Television(
    // 제조사 이름을 저장
    val manufacturer : String,
    // 현재 채널 번호 저장
    var currentChannel : Int,
    // 현재 볼륨 크기 저장
    var currentVolume : Int,
    // 텔레비전 작동 여부 정보를 저장 (상태는 2개(켜짐, 꺼짐)이므로 Boolean 자료형 사용)
    var turnOn : Boolean = false
)
```

클래스를 정의했다고 해서 곧바로 사용할 수 있는 것은 아닙니다. 클래스는 객체가 이러한 정보를 가지고 있고, 어떤 기능을 수행해야 한다는 것을 나타내는 일종의 설계도이며, 이 **설계도를 기반으로 실제 정보를 가지고 기능을 수행하는 객체를 생성하는 추가적인 과정**이 필요합니다.

다음은 앞에서 정의한 클래스를 토대로 개별 객체를 생성하는 코드입니다.

```kotlin
// 텔레비전 클래스를 통해 개별적인 객체를 생성
var samsungTV = Television("삼성", 30, 50)
var lgTV = Television("LG", 1, 0)
```

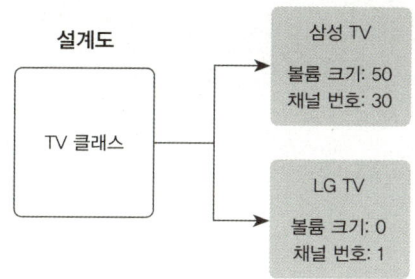

그림 6-1 클래스(설계도)와 객체

samsungTV 변수에는 삼성에서 제조한, 볼륨 크기는 50이고 현재 채널은 30인 정보를 가진 객체가 생성되어 저장되고, lgTV 변수에는 LG에서 제조한, 볼륨 크기가 0이며 채널 번호는 1인 객체가 저장됩니다. 일반적으로 **객체를 생성하는 과정에서 이처럼 객체의 초기 상태값을 설정하는 과정도 수반**됩니다.

실제로 클래스를 이용해서 만들어진 객체를 클래스의 **인스턴스(Instance)**라고 하며, 클래스를 통해 실제 객체를 생성하는 과정을 **인스턴스화(Instantiation)**라고 합니다. 즉, 앞의 코드에서는 2번의 인스턴스화를 통해 2개의 객체 인스턴스(samsungTV, lgTV)를 생성했다고 볼 수 있습니다.

이렇게만 보면 클래스는 단순히 상태를 저장할 변숫값의 집합이라고 오해할 수도 있습니다. 클래스의 유용한 점은 클래스에 객체의 정보를 변경하거나 **객체의 정보를 대상으로 밀접한 작업을 수행하는 함수도 함께 정의할 수 있다는 점**입니다.

이제 텔레비전에 필요한 기능(전원 켜기/끄기, 볼륨 및 채널 조정, 음소거)을 정의해보겠습니다.

예제 6.1 텔레비전 클래스 정의 classstudy_part1/OOPIntroduction.kt

```kotlin
class Television(
    val manufacturer : String,
    var currentChannel : Int,
    var currentVolume : Int,
    var turnOn : Boolean = false
) {
    // 전원 인가 기능
    fun turnOn() {
        turnOn = true
    }
    fun turnOff() {
        turnOn = false
```

```kotlin
    }

    // 채널 조정 기능
    fun adjustChannel(newChannel : Int) {
        if(newChannel in 1 .. 60) {
            currentChannel = newChannel
        }
    }

    // 볼륨 조정 기능
    fun increaseVolume() {
        if(currentVolume <= 100) {
            currentVolume++
        }
    }
    fun decreaseVolume() {
        if(currentVolume > 0) {
            currentVolume--
        }
    }
    fun adjustVolume(newVolume : Int) {
        currentVolume = newVolume
    }

    // 음소거
    fun mute() {
        currentVolume = 0
    }

    override fun toString(): String {
        return "Television(manufacturer='$manufacturer', currentChannel=$currentChannel, currentVolume=$currentVolume, turnOn=$turnOn)"
    }
}
```

다음은 앞에서 정의한 클래스의 함수를 사용하고 결과를 확인하는 예입니다.

```
fun main(args : Array<String>) {
    var samsungTV = Television("삼성", 1, 1)
    println(samsungTV)

    // 전원 켜기
    samsungTV.turnOn()
    println(samsungTV)

    // 볼륨 조정
    samsungTV.adjustVolume(50)
    samsungTV.increaseVolume()
    println(samsungTV)

    // 채널 조정
    samsungTV.adjustChannel(42)
    println(samsungTV)

    // 음소거
    samsungTV.mute()
    println(samsungTV)

    // 전원 끄기
    samsungTV.turnOff()
    println(samsungTV)
}
```

실행 결과

```
Television(manufacturer='삼성', currentChannel=1, currentVolume=1, turnOn=false)
Television(manufacturer='삼성', currentChannel=1, currentVolume=1, turnOn=true)
Television(manufacturer='삼성', currentChannel=1, currentVolume=51, turnOn=true)
Television(manufacturer='삼성', currentChannel=42, currentVolume=51, turnOn=true)
Television(manufacturer='삼성', currentChannel=42, currentVolume=0, turnOn=true)
Television(manufacturer='삼성', currentChannel=42, currentVolume=0, turnOn=false)
```

객체가 생성되고 난 후 함수의 호출 결과에 따라 내부의 정보(정의된 변수 값)가 변경되는 것을 확인할 수 있습니다. 이처럼 **클래스 내부에 정의된 함수는 주로 객체의 정보와 상태를 변경하는 데 사용**됩니다.

이어서 클래스의 정의 및 활용과 관련된 구체적인 문법을 살펴보겠습니다.

클래스 정의

클래스를 정의하는 문법은 다음과 같습니다.

```
class 클래스이름 {
    // 속성(property) 및 메서드(method)를 중괄호 블록 내부에 정의
}
```

class 키워드를 쓰고 클래스의 이름을 쓴 다음, 중괄호로 묶인 코드 블록 내부에 클래스에 필요한 정보를 저장할 변수 혹은 상수를 나열해서 정의한 후 클래스에 부여할 기능을 수행할 함수를 정의합니다. 여기서 **클래스 내부에 정의한 변수 혹은 상수를 속성(property)**이라고 하고 **함수는 메서드(method)**라고 합니다.

다음은 자동차 클래스를 정의한 코드입니다.

예제 6.2 자동차 클래스 정의 classstudy_part1/ClassStudy1.kt

```kotlin
class Car {
    /* 속성 정의 */
    // 현재 속도
    var speed: Int = 0
    // 차가 움직이고 있는지 여부
    var isMoving: Boolean = true

    /* 메서드 정의 */
    // 가속
    fun accelerate() {
        speed += 10
    }
    // 감속
    fun decelerate() {
        speed -= 10
        if(speed < 0) speed = 0
    }
    // 이동
    fun move() {
        isMoving = true
    }
    // 정지
```

```
    fun stop() {
        isMoving = false
    }
    // 현재 속도 출력
    fun showSpeed() {
        println("current speed : $speed")
    }
}
```

Car 클래스에 2개의 속성(speed, isMoving)과 5개의 메서드(accelerate, decelerate, move, stop, showSpeed)를 정의한 것을 볼 수 있습니다.

다음은 앞에서 정의한 Car 클래스를 통해 객체를 생성하고 활용하는 예입니다.

```
var c = Car()
// 차가 움직일 수 있게 조정
c.move()
// 현재 움직이고 있는지 여부를 출력
println(c.isMoving)

c.accelerate()
// 현재 속도를 출력
c.showSpeed()
c.decelerate()

c.stop()
// 차를 멈추도록 stop 메서드를 호출한 직후이므로 false 출력
println(c.isMoving)
```

실행 결과

```
true
current speed : 10
false
```

메서드 호출 결과에 따라 객체의 속성값이 바뀌는 것을 확인할 수 있습니다.

> 🔍 앞에서 설명한 것과 달리 클래스에 함수를 먼저 정의하고 변수를 정의하는 식으로 순서를 바꿔도 됩니다. 하지만 일반적으로 클래스에서 사용할 속성을 먼저 선언하고 메서드를 정의합니다.

클래스 생성자

생성자는 클래스에 필요한 객체를 생성하는 과정에서 필요한 작업을 수행하고, 필요한 속성의 초깃값을 설정하기 위해 사용하는 특수한 메서드입니다. 가령 사람 클래스를 정의하고 이 클래스를 통해 이름과 나이라는 속성 정보를 표현한다면 다음과 같이 클래스를 정의할 수 있습니다.

> 🔍 앞으로 살펴볼 예제 코드에서 클래스 이름 뒤에 숫자가 붙은 클래스가 자주 등장할 것입니다. 이것은 개념을 설명하기 위해 Person 클래스를 여러 번 재정의하는 과정에서 한 패키지에 같은 이름의 클래스를 정의할 수 없기 때문에 생기는 문제를 우회하기 위한 것으로 신경 쓰지 않아도 됩니다.

예제 6.3 생성자가 없는 클래스   classstudy_part1/ClassStudy2.kt

```kotlin
// 클래스 정의
class Person1 {
    // 적절한 초깃값을 대입
    var name : String = "무명씨"
    var age : Int = 0
}

fun main(args : Array<String>) {
    // (1)
    var p1 = Person1()
    // 사람 객체의 이름 속성값 출력
    println(p1.name)
    // 사람 객체의 나이 속성값 출력
    println(p1.age)

    // (2)
    p1.name = "김철수"
    p1.age = 20

    // (3) 변경된 속성값 확인
    println(p1.name)
    println(p1.age)
}
```

실행 결과
```
무명씨
0
김철수
20
```

앞에서 정의한 Person1 클래스에는 생성자를 정의하지 않았습니다. 따라서 클래스를 정의할 때 속성값에 곧바로 적절한 초깃값("무명씨", 0)을 대입한 것을 확인할 수 있습니다.

이처럼 따로 생성자가 존재하지 않을 경우 **(1)**의 코드와 같이 **클래스의 이름(Person1)을 함수를 호출하듯 호출해서 객체를 생성**하면 됩니다. 물론 이 경우에는 "무명씨"와 0이라는 초깃값이 대입되므로 바로 **(2)**처럼 대입 과정을 통해 속성값의 내용을 변경해야 합니다.

(3)에서 값이 제대로 변경됐는지 확인합니다.

반면 객체를 생성하기 위해 클래스의 이름을 호출하는 시점에 곧바로 이름과 나이 정보와 같은 속성값을 전달해서 속성의 초깃값을 지정하는 방법을 제공하려면 **주 생성자(primary constructor)를 정의**해야 합니다.

주 생성자는 다음과 같이 클래스 이름 오른쪽에 괄호를 쓰고 괄호 내부에 필요한 속성의 이름과 타입을 모두 명시해서 정의하는 방식으로 작성할 수 있습니다.

```
class 클래스이름(val(혹은 var 키워드) 속성이름 : 속성값타입, ...) { /* ... */ }
```

다음은 주 생성자에서 이름, 나이, 성별 정보를 받을 수 있게 재작성한 코드입니다. **이때 변하지 않는 상숫값을 저장할 속성이라면 속성의 이름 앞에 val 키워드를, 변경될 값을 저장하는 속성이라면 var 키워드를 지정합니다.**

예제 6.4 주 생성자가 포함된 클래스   classstudy_part1/ClassStudy2.kt
```
class Person2(val name: String, var age: Int, val gender: String) {}
```

클래스에 주 생성자를 정의했으므로 **객체를 생성할 때 초기화할 속성값을 전달**할 수 있습니다.

```
// 객체를 생성하면서 초깃값을 바로 전달
var p2 = Person2("김철수", 20, "남성")
println(p2.name)
println(p2.age)
println(p2.gender)
```

실행 결과

```
김철수
20
남성
```

주 생성자로 전달된 값으로 속성값이 초기화되고 정상적으로 출력된 것을 확인할 수 있습니다.

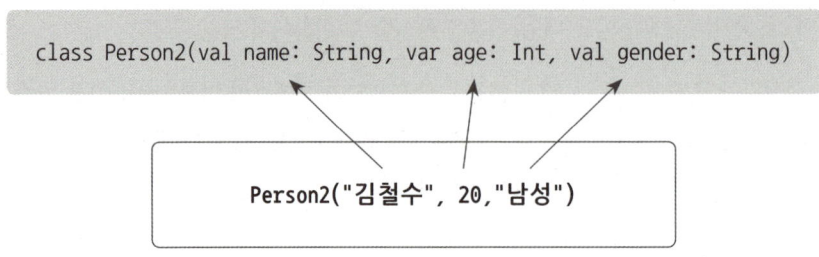

그림 6-2 주 생성자 호출

생성자에 값을 전달할 때는 생성자에 정의한 속성 순서대로 값을 전달해야 합니다. 이렇게 생성자를 정의하면 따로 속성의 초깃값을 대입해 주는 코드를 작성할 필요가 없습니다.

주 생성자를 정의할 때 한 가지 주의해야 할 점이 있습니다. 실수로 **var(혹은 val) 키워드를 생략하면 각속성이 함수에 전달되는 매개변수로 취급**되므로 속성이 생성되지 않는다는 것입니다. 가령 다음과 같이 클래스를 정의하면 객체를 생성한 이후 속성에 접근할 수 없습니다.

예제 6.5 주 생성자를 통해 인자값을 전달받는 클래스   classstudy_part1/ClassStudy2.kt

```kotlin
// val, var 키워드가 생략됨(따라서 클래스의 속성이 정의되지 않음)
class Person3(name: String, age: Int, gender: String) {}
```

다음은 이 클래스를 이용해 객체를 생성하고 속성값에 접근하는 코드입니다. 속성이 아예 정의되지 않았으므로 속성에 접근할 수 없습니다.

```kotlin
var p3 = Person3("김철수", 20, "남성")
// Unresolved reference: name 에러 발생(name 속성이 아예 존재하지 않음)
println(p3.name)
// age, gender 속성에도 같은 이유로 접근 불가
println(p3.age)
println(p3.gender)
```

주 생성자에는 코드를 작성할 수 없으므로 **만약 속성값을 초기화 할 때 필요한 복잡한 코드를 작성해야 할 경우에는 init 블록을 사용**해야 합니다. init 블록은 init 키워드와 중괄호를 이용해서 정의할 수 있으며 해당 블록은 **주 생성자를 통한 속성값 초기화 작업(대입 작업)이 끝난 직후에 실행**됩니다.

다음은 클래스 내부에 정의하는 init 블록을 사용해서 속성값을 초기화하는 예제입니다.

예제 6.6 init 블록을 이용해서 속성값을 초기화하는 클래스   classstudy_part1/InitBlockStudy.kt

```kotlin
class Spy1(var realName: String, var realAge: Int, var realGender: String) {
    var fakeName: String
    var fakeAge: Int
    var fakeGender: String

    // 주 생성자에는 코드를 작성할 수 없으므로 주 생성자 호출 이후 바로 호출되는 init 블록 내부에
    // 전달받은 진짜 이름, 나이, 성별 정보를 이용한 가짜 정보 생성 코드 작성
    init {
        // 이름을 거꾸로 바꾸어 저장
        fakeName = realName.reversed()
        fakeAge = realAge * 2
        fakeGender = if(realGender == "남성") "여성" else "남성"
    }
}
```

여기서는 자신의 정체를 숨겨야 하는 스파이 클래스에 진짜 이름, 나이, 성별 정보를 저장할 속성값을 주 생성자를 통해 전달받았습니다. 그리고 init 블록에서 정체를 숨기기 위한 가짜 정보를 저장할 속성값을 초기화합니다.

만약 진짜 정보가 저장될 속성값이 필요 없고, 가짜 정보만 저장해야 한다면 다음과 같이 주 생성자의 var 키워드를 생략해서 값으로만 전달받고 속성을 만들지 않도록 합니다.

예제 6.7 var 키워드를 생략한 클래스   classstudy_part1/InitBlockStudy.kt

```kotlin
// 주 생성자의 var 키워드를 생략해서 진짜 이름, 나이, 성별을 저장할 속성이 생성되지 않도록 수정
class Spy2(realName: String, realAge: Int, realGender: String) {
    var fakeName: String
    var fakeAge: Int
    var fakeGender: String

    init {
```

```
        fakeName = realName.reversed()
        fakeAge = realAge * 2
        fakeGender = if(realGender == "남성") "여성" else "남성"
    }
}
```

init 블록 내부에서 수행하는 개별 속성값 초기화 작업은 한 줄의 대입문으로 끝날 수 있는 비교적 간단한 작업입니다. 따라서 다음과 같이 굳이 init 블록을 사용하지 않고 직접 속성값에 대입하는 형식으로 초기화해도 됩니다. 그러나 속성값의 초기화 과정에서 여러 줄의 복잡한 초기화 코드가 필요한 경우에는 init 블록을 사용하는 방법을 고려해봐야 합니다.

예제 6.8 전달받은 값을 변형하여 바로 속성값에 대입   classstudy_part1/InitBlockStudy.kt

```
class Spy3(realName: String, realAge: Int, realGender: String) {
    // 속성값 초기화 작업에 간단한 한 줄의 코드만 필요하다면 init 블록을 사용하지 않고 바로 대입
    도 가능
    var fakeName = realName.reversed()
    var fakeAge = realAge * 2
    var fakeGender = if(realGender == "남성") "여성" else "남성"
}
```

다음은 정의한 스파이 클래스 객체를 생성하고 가짜 정보가 저장된 속성값을 출력하는 코드입니다.

```
var spy1 = Spy1("김철수", 20, "남성")
var spy2 = Spy2("이영희", 30, "여성")
println("${spy1.fakeName}, ${spy1.fakeAge}, ${spy1.fakeGender}")
println("${spy2.fakeName}, ${spy2.fakeAge}, ${spy2.fakeGender}")
```

실행 결과
```
수철김, 40, 여성
희영이, 60, 남성
```

보다시피 init 코드 블록 내부에서 가공한 값으로 속성값이 초기화된 것을 확인할 수 있습니다.

만약 **생성자로 값을 전달하지 않았을 때 대입할 적절한 기본값이 있을 경우 기본값을 설정**할 수 있습니다. 다음은 Person 클래스에서 생성자로 전달받지 못한 속성값(이름과 나이)에 대해서는 각각 기본값("무명씨", 20)으로 초기화하도록 작성한 예입니다. 단, 성별 속성의 기본값은 설정하지 않았으므로 반드시 생성자를 통해 값을 전달해야 합니다.

예제 6.9 주 생성자에 기본값이 설정된 클래스 정의　　　　　　　　　　　classstudy_part1/ClassStudy2.kt

```
class Person4(val gender: String, val name: String = "무명씨", var age: Int = 20) {}
```

다음은 Person4 객체를 생성하는 코드입니다.

```
// (1)
var p4 = Person4("남성")
println("${p4.name} ${p4.age}")

// (2)
p4 = Person4("여성", "이영희", 15)
println("${p4.name} ${p4.age}")

// (3)
p4 = Person4("남성", 30)

// (4)
p4 = Person4("남성", age=30)
println("${p4.name} ${p4.age}")
```

실행 결과

무명씨 20
이영희 15
무명씨 30

(1) 성별은 "남성"으로, 이름과 나이는 기본값을 사용해 객체를 생성합니다.

(2) 모든 속성값을 전달하며 객체를 생성합니다. 생성자로 전달한 값(성별, 이름, 나이)의 순서가 생성자에서 정의한 값의 순서와 일치하는 것을 확인할 수 있습니다.

(3) 이 경우 이름은 그대로 기본값을 쓰고, 나이만 변경해서 객체를 생성하려 합니다. 그런데 생성자에서 나이가 아닌 이름을 먼저 전달받도록 순서를 정의했으므로 이름을 숫자로 인식하게 되어 오류가 발생합니다. 따라서 이 경우에는 **(4)**와 같이 **함수를 호출할 때 이름을 통해 인자를 전달할 수 있는 것처럼 속성의 이름(age)과 속성값을 함께 전달해서 초기화**해야 합니다. 이 경우 값의 전달 순서를 지키지 않아도 정상적으로 객체를 생성하는 코드가 작동하는 것을 볼 수 있습니다.

보조 생성자의 개념과 정의

앞에서 사람 클래스를 정의하며 필수적인 정보인 이름, 나이, 성별을 초기화할 수 있도록 주 생성자를 정의했습니다. 그런데 이처럼 주 생성자를 통해 필수 정보를 초기화할 수 있게 하면서도 동시에 직업이나 연봉 같은 **추가 정보를 초기화할 수 있는 생성자도 정의**하고 싶을 수 있습니다.

주 생성자를 통해 초기화할 속성값 외에도 **추가적인 인자값을 전달받아 객체를 초기화할 방법을 제공하고 싶을 때는 보조 생성자(secondary constructor)를 정의**합니다. 보조 생성자를 정의하는 방법은 다음과 같으며, `constructor` 키워드를 지정해서 정의합니다.

```
/* 주 생성자가 존재한다고 가정 */
constructor(초기화에 필요한 인자 목록) :
this(주 생성자 혹은 다른 보조 생성자에 필요한 인자) {
    // 초기화 코드
}
```

보조 생성자를 정의할 때 유의해야 할 사항이 있습니다.

(1) 주 생성자와는 달리 **보조 생성자에서는 객체의 속성값을 정의할 수 없습니다.** 즉, 전달받을 매개변수 앞에 var나 val 같은 키워드를 붙이는 것이 불가능하며, 오직 값을 순수하게 전달받는 용도로만 사용해야 합니다. 따라서 중괄호 코드 블록 내부에서 전달받은 인자값을 대입하거나 가공하여 필요한 속성값을 초기화하는 작업을 모두 끝내야 합니다.

(2) 만약 클래스에 주 생성자가 있을 경우 보조 생성자는 반드시 **직접 주 생성자를 호출하거나 주 생성자를 호출하는 다른 보조 생성자를 호출**해서 간접적으로 주 생성자를 호출해야 합니다.

주 생성자나 다른 보조 생성자를 호출하는 과정에서 `this` 키워드를 이용합니다. 여기서 `this` 키워드는 **주 생성자 혹은 다른 보조 생성자를 나타내는 용도로 사용**됩니다.

다음은 보조 생성자를 사용하는 두 개의 클래스를 정의한 예제입니다.

예제 6.10 보조 생성자 정의   classstudy_part1/SecondaryConstructorStudy.kt

```
// (1)
class MyClass {
    // (2)
    constructor() {
        println("from constructor")
```

```kotlin
    }

    // (3)
    // 보조 생성자를 정의(this()는 앞에서 정의한 "from constructor"를 출력하는 보조 생성자를 호출)
    constructor(arg: Int) : this() {
        println("from constructor with arg($arg)")
    }
}

// (4)
class MyClassWithPrimaryConstructor() {
    // (5)
    constructor(arg: Int) : this() {
        println("from constructor with arg($arg)")
    }

    // (6)
    constructor(arg1: Int, arg2: Int) : this(arg1) {}
}
```

(1) MyClass 클래스에는 주 생성자가 없습니다. 따라서 보조 생성자를 정의할 때 따로 주 생성자를 호출할 필요가 없습니다.

```kotlin
// 주 생성자가 존재하지 않는 클래스
class MyClass { /* ... */ }
```

(2) 보조 생성자를 정의합니다. 여기서는 **아무런 값도 전달받지 않는 보조 생성자를 정의**하고 있으므로 빈 괄호를 쓴 것을 확인할 수 있습니다.

```kotlin
// 보조 생성자를 정의
constructor() {
    println("from constructor")
}
```

클래스에 주 생성자가 아예 존재하지 않기 때문에 this 키워드를 생략해서 주 생성자를 호출하지 않고 있음을 확인할 수 있습니다.

(3) 또 다른 보조 생성자를 정의합니다. 이 보조 생성자를 통해 인자를 하나 전달받아 출력합니다.

```kotlin
// 또 다른 보조 생성자를 정의하며, this 키워드를 이용해 앞서 정의한 보조 생성자를 호출
constructor(arg: Int) : this() {
    println("from constructor with arg($arg)")
}
```

여기서는 this 키워드를 이용해 **(2)**에서 정의한 보조 생성자를 호출합니다.

(4) 클래스를 정의하며 주 생성자도 함께 정의합니다. 비록 주 생성자에서 전달받는 값이 하나도 없지만 이 경우 엄연히 **주 생성자가 존재하므로 보조 생성자에서 반드시 주 생성자를 호출**해야 합니다.

```kotlin
// (생성자로 전달할 인자값이 없지만) 주 생성자가 분명히 존재하는 클래스
class MyClassWithPrimaryConstructor() { /* ... */ }
```

(5) 보조 생성자를 정의합니다. 클래스의 주 생성자가 존재하므로 this 키워드를 이용해 주 생성자를 호출합니다.

```kotlin
// 보조 생성자를 정의(클래스에 주 생성자가 존재하므로 this 키워드를 이용해 주 생성자를 호출)
constructor(arg: Int) : this() {
    println("from constructor with arg($arg)")
}
```

단, 주 생성자에 전달할 값이 없기 때문에 this 키워드의 오른쪽에 빈 괄호를 씁니다.

(6) 또 다른 보조 생성자를 정의합니다. 클래스의 주 생성자가 존재하므로 this 키워드를 이용해 **(5)**에서 정의한 보조 생성자를 호출합니다.

```kotlin
// 또 다른 보조 생성자를 정의하며 this 키워드를 이용해 앞서 정의한 보조 생성자를 호출
constructor(arg1: Int, arg2: Int) : this(arg1) {}
```

단, **(5)**에서 정의한 보조 생성자에는 정수 타입의 인자값을 하나 전달해야 하므로 전달받은 인자값 중 하나(arg1)를 해당 보조 생성자로 전달합니다.

비록 **(6)**에서 정의한 보조 생성자에서 직접적으로 주 생성자를 호출하고 있지는 않지만 **(5)에서 정의한 보조 생성자를 호출하는 과정에서 주 생성자 호출도 이뤄지므로 간접적으로 주 생성자를 호출**하게 됩니다.

어떤 식으로든 주 생성자만 호출하면 되므로 **(6)**에서 정의한 보조 생성자에서 다음과 같이 직접 주 생성자를 호출하는 형식으로 정의하는 것도 가능합니다.

```
constructor(arg1: Int, arg2: Int) : this() {}
```

다음은 두 클래스의 생성자 호출 순서를 시각화한 그림입니다.

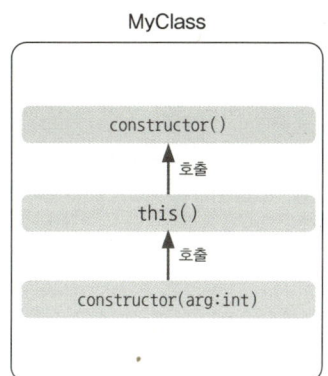
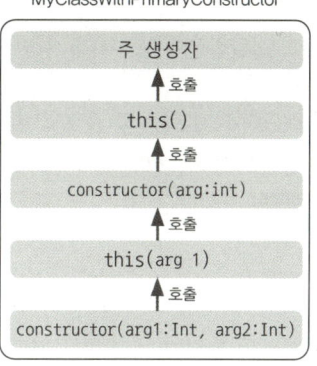

그림 6-3 생성자 호출 순서

이제 사람 클래스에 추가 보조 생성자를 정의한 코드를 살펴보겠습니다.

예제 6.11 보조 생성자 정의   classstudy_part1/ClassStudy3.kt

```kotlin
// (1)
class Person5(var name: String, var age: Int, val gender: String) {
    var job: String = "Unknown"
    var salary: Int? = null

    // (2)
    constructor(name: String, age: Int, gender: String, job: String) : this(name, age, gender) {
        println("from constructor(name: String, age: Int, gender: String, job: String)")
        this.job = job
    }

    // (3)
    constructor(name: String, age: Int, gender: String, job: String, salary: Int) : this(name, age, gender, job) {
        println("from constructor(name: String, age: Int, gender: String, job: String, salary: Int)")
        this.salary = salary
    }
}
```

(1) 이름, 나이, 성별 속성값을 전달받을 수 있도록 주 생성자를 정의합니다.

```
class Person5(var name: String, var age: Int, val gender: String) { /* ... */ }
```

(2) 보조 생성자를 통해 직업 정보를 전달받을 수 있도록 정의합니다. **this** 키워드를 이용해 주 생성자를 호출하고, 그 과정에서 전달받은 이름, 나이, 성별 정보를 전달합니다.

```
// 직업 정보를 전달받을 수 있는 보조 생성자 추가
constructor(name: String, age: Int, gender: String, job: String) :
this(name, age, gender) {
    // ...
}
```

(3) 또 다른 보조 생성자를 통해 연봉 정보를 전달받을 수 있도록 정의합니다. 이때 **this** 키워드를 이용해 **(2)**에서 정의한 보조 생성자를 호출하며, 그 과정에서 보조 생성자에서 요구하는 인자를 전달합니다.

```
// 연봉 정보를 전달받을 수 있는 보조 생성자 추가
constructor(name: String, age: Int, gender: String, job: String, salary: Int) :
this(name, age, gender, job) {
    // ...
}
```

그런데 생성자에서 전달받는 매개변수의 개수와 타입이 모두 같을 경우 **생성자를 호출할 때 어떤 생성자를 호출해야 할지 모호해지는 상황이** 발생합니다. 가령 다음 코드에 정의한 보조 생성자의 경우 생성자 내부에서 실행할 코드의 내용은 다르지만, 매개변수의 타입과 순서가 완전히 같은 생성자를 추가로 정의했으므로 에러가 발생합니다.

```
constructor(name: String, age: Int, gender: String, job: String) : this(name, age, gender) {
    println("from constructor(name: String, age: Int, gender: String, job: String)")
    this.job = job
}

// 위에서 정의한 생성자와 인자의 타입과 순서가 완전히 같은(String, Int, String, String) 생성자는 추가로 정의할 수 없음 (Conflicting overloads 에러 발생)
constructor(name: String, age: Int, gender: String, job: String) : this(name, age, gender) {
    println("from constructor(name: String, age: Int, gender: String, job: String)")
    this.age = age / 2
```

```
    this.job = "job is $job"
}
```

따라서 보조 생성자를 추가해서 정의할 때는 **인자값을 전달받는 방식을 다르게(인자값을 전달받는 순서, 매개변수의 개수, 매개변수의 타입)** 해서 생성자를 정의해야 합니다. 다음은 보조 생성자가 정의된 사람 객체를 생성하는 예제입니다.

```
// (1)
var p5 = Person5("김철수", 20, "남성")
println("${p5.name} ${p5.age} ${p5.gender} ${p5.job} ${p5.salary}")

// (2)
p5 = Person5("이영희", 30, "여성", "의사")
println("${p5.name} ${p5.age} ${p5.gender} ${p5.job} ${p5.salary}")

// (3)
p5 = Person5("이영희", 30, "여성", "의사", 20000)
println("${p5.name} ${p5.age} ${p5.gender} ${p5.job} ${p5.salary}")
```

실행 결과
```
// (1)
김철수 20 남성 Unknown null

// (2)
from constructor(name: String, age: Int, gender: String, job: String)
이영희 30 여성 의사 null

// (3)
from constructor(name: String, age: Int, gender: String, job: String)
from constructor(name: String, age: Int, gender: String, job: String, salary: Int)
이영희 30 여성 의사 20000
```

(1) 주 생성자를 통해 객체를 생성합니다. 주 생성자에서 초기화되지 않은 나머지 속성(job, salary)은 기본값("Unknown", null)으로 초기화됩니다.

(2) 직업을 전달받는 보조 생성자를 통해 객체를 생성합니다. 이 보조 생성자는 정의된 주 생성자를 먼저 호출한 후 보조 생성자에 정의된 코드를 실행하여 직업에 대한 속성값을 초기화하는 작업을 진행합니다.

(3) 직업과 연봉을 전달받는 보조 생성자를 통해 객체를 생성합니다. 이 보조 생성자는 직업을 전달받는 **보조 생성자를 호출하고 호출하는 과정에서 주 생성자도 호출**됩니다. 따라서 제일 먼저 주 생성자를 통한 대입 작업이 진행된 후, 직업을 전달받는 보조 생성자의 코드를 실행하고 그 이후 직업과 연봉을 전달받는 보조 생성자의 코드가 실행됩니다. 출력 결과를 살펴보면 직업을 전달받는 보조 생성자의 출력문이 실행된 이후 직업과 연봉을 전달받는 보조 생성자의 출력문이 실행된 것을 확인할 수 있습니다.

다음은 생성자의 호출 순서를 보여주기 위해서 작성한 클래스 코드입니다.

예제 6.12 주 생성자, init 블록, 보조 생성자가 포함된 클래스 정의   classstudy_part1/ConstrcutorCallOrderStudy.kt

```kotlin
// 주 생성자가 순서상 제일 먼저 실행됨
class ConstructorCallOrderDemo(a: Int) {
    // 주 생성자의 대입 작업이 끝난 이후 init 블록이 실행됨
    init {
        println("init")
    }

    // 보조 생성자는 init 블록의 코드가 실행된 이후 실행됨
    constructor(a: Int, b: Int) : this(a) {
        println("constructor(a: Int, b: Int)")
    }

    constructor(a: Int, b: Int, c: Int) : this(a, b) {
        println("constructor(a: Int, b: Int, c: Int)")
    }
}
```

클래스의 생성자를 호출하여 객체를 생성한 후 실행 결과를 보면 코드가 실행되는 순서를 파악할 수 있습니다.

```kotlin
ConstructorCallOrderDemo(1, 2, 3)
```

실행 결과

```
init
constructor(a: Int, b: Int)
constructor(a: Int, b: Int, c: Int)
```

먼저 3개의 인자값을 전달받는 보조 생성자를 호출하고 해당 보조 생성자는 2개의 인자값을 전달하는 보조 생성자를 호출하며, 해당 보조 생성자에서 주 생성자를 호출합니다. 결과적으로 주 생성자의 대입 작업 이후 init 블록이 실행된 후, 2개의 인자값을 전달받는 보조 생성자, 3개의 인자값을 전달받는 보조 생성자의 코드가 순서대로 실행됩니다.

더 알아보기 _ 명명 인자 방식으로 생성자 호출

다음은 **명명 인자**(Named arguments) **방식으로 생성자를 호출**하는 코드입니다.

예제 6.13 명명 인자 방식으로 생성자 호출   classstudy_part1/ClassStudy3.kt

```kotlin
// 객체 생성 가능(모든 속성값의 이름을 직접 기입)
var p51 = Person5(name="철수", age=20, gender="남성", job="프로그래머")

// 객체 생성 가능(명명 인자 방식 사용 시 원래 순서를 무시해도 무방)
var p52 = Person5(job="프로그래머", gender="남성", age=20, name="철수")

// 객체 생성 가능(앞부분은 생성자에 정의된 순서대로 값을 전달하고 뒷부분은 이름을 이용해 대입)
var p53 = Person5("철수",20, gender="남성", job="프로그래머")

// 객체 생성 가능(앞부분은 생성자에 정의된 순서대로 값을 전달하고 뒷부분은 순서에 관계없이
이름을 이용해 대입)
var p54 = Person5("철수",20, job="프로그래머", gender="남성")

// 생성자에 정의된 순서대로 값을 전달하지 않았고, 이름을 이용해서 대입하지도 않았으므로 객체
생성 불가
// var p55 = Person5(gender="남성", job="프로그래머", "철수", 20)
```

객체 생성이 가능한 코드와 불가능한 코드의 차이점을 비교해 보시기 바랍니다.

더 알아보기 _ 주 생성자의 기본값 설정

주 생성자를 정의할 때 기본값을 설정할 수 있다는 성질을 이용하면 따로 보조 생성자를 정의할 필요가 없을 수도 있습니다. 다음 클래스에는 따로 보조 생성자를 정의하지 않았지만 **주 생성자에 기본값을 설정했으므로 원하는 초깃값 정보만 전달해서 객체를 생성**할 수 있습니다.

```
class Person6(var name: String, var age: Int, val gender: String, var job: String = "Unknown",
    var salary: Int? = null) {}
```

단, 보조 생성자에는 속성값 초기화와 관련된 코드를 작성할 수 있지만 주 생성자에는 코드 작성이 불가능하다는 제약 사항이 있습니다. 하지만 속성값 초기화와 관련된 코드를 작성해야 할 경우에는 **init 코드 블록**을 이용할 수 있으므로 보조 생성자가 특별히 필요하지 않다면 주 생성자와 init 블록을 이용해 초기화하는 방법을 권장합니다.

this 키워드를 이용한 객체 접근

클래스 내부에서는 this 키워드를 이용해 자기 자신을 가리키는 객체에 접근할 수 있습니다. 다음 코드에서는 this 키워드를 이용해 객체의 속성에 접근하고 메서드를 호출합니다.

예제 6.14 this 키워드를 이용한 객체 접근   classstudy_part1/ClassStudy3.kt

```kotlin
class ThisReferenceDemoClass {
    var prop: Int

    constructor(prop: Int) {
        // (1)
        this.prop = prop
    }

    fun myFunc() {
        // (2)
        println("${this}")

        // (3)
        println("${this.prop}")

        // (4)
        println("${prop}")
    }

    // (5)
    fun anotherFunc() {
        this.myFunc()
    }
}
```

(1) 생성자에서 **전달받은 매개변수의 이름(prop)**과 **클래스의 속성명(prop)**이 같으면 다음과 같이 속성값을 초기화하는 것이 불가능합니다.

```
constructor(prop: Int) {
    // 'Val cannot be reassigned' 에러 발생
    prop = prop
}
```

생성자로 전달받은 값은 함수에서 전달받은 인자값과 마찬가지로 상수로 취급하는데, 여기서는 전달받은 상숫값을 변경하려는 것으로 인식해 에러를 발생시키기 때문입니다.

이러한 문제를 해결하려면 다음과 같이 생성자로 전달받은 매개변수의 이름을 속성의 이름과 다르게 하면 됩니다.

```
constructor(_prop: Int) {
    prop = _prop
}
```

혹은 **this** 키워드를 이용해 직접 객체에 속하는 속성값이라는 사실을 명시하는 방법도 있습니다.

```
constructor(prop: Int) {
    this.prop = prop
}
```

(2) this 객체를 출력합니다.

```
println("${this}")
```

(3) prop 속성값을 출력합니다. 여기서는 속성값에 접근하기 위해 this 키워드를 사용하는데 **(4)**와 같이 **this** 키워드를 생략해도 **this** 키워드를 붙여 접근한 것과 동일하게 처리되므로 일반적으로 **this** 키워드를 생략하고 속성값에 접근합니다.

```
// this 키워드를 생략하고 속성에 접근
println("${prop}")

// this를 통해 속성에 접근
println("${this.prop}")
```

(5) this 객체를 통해 myFunc 메서드에 접근합니다.

```kotlin
fun anotherFunc() {
    this.myFunc()
}
```

여기서도 this 키워드를 생략할 수 있기 때문에 다음과 같이 메서드를 호출해도 무방합니다.

```kotlin
fun anotherFunc() {
    myFunc()
}
```

객체를 생성하고 메서드를 호출하는 코드는 다음과 같습니다. t1 객체의 메서드를 호출하는 과정에서 this 키워드는 t1 객체를 가리키게 되며, t2 객체의 메서드를 호출하는 과정에서는 t2 객체를 가리키게 됩니다.

```kotlin
var t1 = ThisReferenceDemoClass(100)
t1.anotherFunc()

var t2 = ThisReferenceDemoClass(200)
t2.anotherFunc()
```

실행 결과

```
learnkotlin.classstudy_part1.ThisReferenceDemoClass@5e2de80c // (1)
100
100

learnkotlin.classstudy_part1.ThisReferenceDemoClass@1d44bcfa // (1)
200
200
```

(1) this 객체를 출력했을 때 출력된 문자열입니다. 클래스가 속한 패키지와 클래스의 이름이 나오고, 앳 (@) 기호 뒤에 임의의 16진수 값이 출력되는 것을 볼 수 있습니다. 여기서 @ 기호 뒤의 16진수 값은 **해당 객체를 식별할 수 있는 일종의 고윳값**이라고 이해하면 됩니다. t1, t2 객체는 서로 다른 객체이므로 값도 다른 것을 확인할 수 있습니다.

접근 제어자의 개념

접근 제어자(visibility modifier)는 클래스에 포함된 속성이나 메서드에 접근할 수 있는 자격 조건을 지정하기 위해 사용합니다. 접근 제어자를 적절히 사용하면 외부에 노출하고 싶지 않은 속성이나 메서드에 대해 접근을 차단할 수 있어 클래스의 오용을 막을 수 있습니다.

다음은 클래스에 적용할 수 있는 접근 제어자와 접근 가능한 영역을 정리한 표입니다.

접근 제어자	접근 영역
public	어떤 영역에서든 자유롭게 접근 가능 (기본값)
protected	해당 클래스를 상속받는 자식 클래스에서 접근 가능
internal	같은 모듈에 정의돼 있는 경우 접근 가능
private	해당 클래스 내부에서만 접근 가능

위에서 밑으로(public, protected, internal, private 순으로) 내려갈수록 점점 접근 가능한 범위의 제약이 늘어나는 것을 확인할 수 있습니다. 만약 **아무런 접근 제어자도 지정하지 않으면 기본적으로 public 접근 제어자를 사용**해 모든 영역에서 자유롭게 접근할 수 있게 됩니다.

> 🔍 internal 접근 제어자는 jar 파일과 같은 라이브러리 파일을 생성할 때 해당 라이브러리의 모듈 내부에서만 접근할 수 있도록 강제할 함수 및 클래스를 정의할 때 사용하는 접근 제어자입니다. 이 책에서는 라이브러리 파일 생성과 관련된 내용은 소개하지 않기 때문에 internal 접근 제어자의 사용법은 따로 살펴보지 않겠습니다.

다음은 앞에서 살펴본 접근 제어자를 사용하는 예제입니다.

예제 6.15 다양한 접근 제어자 사용 classstudy_part1/VisibilityModifierStudy1.kt

```
// (1)
open class PublicClass
// (2)
(var publicProp1 : String, private var privateProp1 : String)
{
    // (3)
    var publicProp2 = "public prop2"
    private var privateProp2 = "public prop2"
    // (4)
```

```kotlin
    protected var protectedProp = "protected"

    // (5)
    fun publicFunc() {
        // (6)
        println(publicProp1)

        // (7)
        println(privateProp1)
        privateFunc()

        // (8)
        println(protectedProp)
        protectedFunc()
    }

    private fun privateFunc() = println("from private function")
    protected fun protectedFunc() = println("from protected function")
}

// (9)
private class PrivateClass
```

(1) 접근 제어자를 생략했으므로 클래스 접근 제어자는 `public`입니다. 따라서 PublicClass 클래스는 어디서나 자유롭게 접근할 수 있습니다. 여기서 접근 제어자 앞에 붙은 `open` 키워드는 상속이 가능한 클래스를 정의하기 위해서 사용하는 키워드로 이후 클래스 상속에 대한 내용을 다룰 때 다시 살펴보도록 하겠습니다.

```kotlin
open class PublicClass
```

물론 다음과 같이 `public` 키워드를 붙여주어도 무방합니다.

```kotlin
public open class PublicClass
```

(2) 주 생성자에서 정의한 속성에 접근 제어자를 설정할 수 있습니다.

```kotlin
(var publicProp1 : String, private var privateProp1 : String)
```

privateProp1 속성에는 **private** 접근 제어자를 지정했으므로 클래스 내부(클래스 내용을 정의하는 중괄호 안)에서만 접근 가능합니다.

(3) 중괄호 내부에 정의된 속성에도 접근 제어자를 설정할 수 있습니다.

```
var publicProp2 = "public prop2"
private var privateProp2 = "public prop2"
```

(4) 클래스를 상속받는 자식 클래스에서 접근할 수 있는 protected 접근 제어자를 지정했습니다. **따라서 이 클래스를 상속받는 클래스에서는 자유롭게 이 속성에 접근할 수 있습니다.**

```
protected var protectedProp = "protected"
```

(5) 어디서나 접근할 수 있는 publicFunc 메서드를 정의했습니다. 접근 제어자를 생략했으므로 public으로 지정됩니다.

```
fun publicFunc() {
    /* ... */
}
```

(6) 메서드 내부에서 **public** 속성값에 접근합니다. 이 속성값은 클래스 내부는 물론이고 어디서든 자유롭게 접근할 수 있습니다.

(7) private 접근 제어자가 지정된 속성과 메서드에 접근합니다. 해당 속성과 메서드가 정의된 클래스의 내부에서 접근하는 것이므로 아무 문제없이 접근이 가능합니다.

(8) protected 접근 제어자가 지정된 속성과 메서드에 접근합니다. 해당 속성과 메서드는 **상속받는 클래스뿐만 아니라 해당 속성과 메서드가 정의된 클래스 내부에서도 접근할 수 있습니다.**

(9) private 접근 제어자를 사용해 **외부 파일에서는 접근할 수 없는 클래스를 정의**합니다. 이 클래스는 해당 클래스가 정의된 파일의 내부에서만 접근할 수 있습니다.

```
private class PrivateClass
```

> 🔍 public 접근 제어자를 명시적으로 지정해도 문제가 발생하지는 않습니다만 해당 키워드를 생략할 수 있다는 경고 메시지('Redundant visibility modifier')가 출력됩니다.

접근 제어자를 이용한 변수, 상수 및 함수 정의

클래스 외에 변수나 상수, 함수를 정의할 때도 접근 제어자를 지정할 수 있습니다. 단, **protected**는 상속과 관련된 접근 제어자이므로 클래스 외에는 사용할 수 없습니다.

private 접근 제어자의 의미가 조금 달라진다는 것만 제외하면 각 접근 제어자의 역할은 동일합니다.

접근 제어자	설명
public	어떤 영역에서든 자유롭게 접근 가능 (기본값)
internal	같은 모듈에 정의돼 있는 경우 접근 가능
private	같은 파일 내에서만 접근 가능

private 접근 제어자를 사용할 경우 **같은 파일 내에서만 접근 가능하다는 점에 유의**합니다. 다음은 함수와 변수, 상수를 정의하는 과정에서 접근 제어자를 사용하는 코드입니다.

예제 6.16 접근 제어자를 지정한 함수, 변수, 상수　　　　　　　　classstudy_part1/VisibilityModifierStudy1.kt

```kotlin
// (1)
fun publicFunc() = println("from public function")

// (2)
private fun privateFunc() = println("from private function")

// (3)
var publicVariable = "public variable"
private val privateConstant = "private constant"
```

(1) 어디서나 접근 가능한 publicFunc 함수를 정의합니다.

(2) private 접근 제어자를 지정한 privateFunc 함수는 같은 파일에서만 사용할 수 있습니다.

(3) 변수(혹은 상수)에 접근 제어자를 지정합니다.

다음은 앞에서 정의한 것들에 대해 같은 파일(**VisibilityModifierStudy1.kt**) 내부에서 접근하는 예제입니다.

예제 6.17 접근 제어자를 지정한 함수, 변수, 상수에 접근(같은 파일)　　　classstudy_part1/VisibilityModifierStudy1.kt

```kotlin
// (1)
val publicClass = PublicClass("Hello", "World")
```

```
val privateClass = PrivateClass()

// (2)
println(publicClass.publicProp1)
println(publicClass.publicFunc())
// (3)
// Cannot access 'privateProp1': it is private in 'PublicClass'
// println(publicClass.privateProp1)
// println(publicClass.protectedFunc())
// println(publicClass.privateFunc())

publicFunc()
// (4)
privateFunc()

println(publicVariable)
// (5)
println(privateConstant)
```

(1) public 접근 제어자가 지정된 클래스(PublicClass)의 객체는 어디서든 자유롭게 생성할 수 있습니다. 다만 private 접근 제어자가 지정된 클래스(PrivateClass)인 경우에는 **해당 클래스가 정의된 같은 파일 내부에서만 객체를 생성할 수 있습니다.**

(2) public 접근 제어자가 지정된 클래스 속성과 메서드에는 자유롭게 접근할 수 있으나 **(3)**과 같이 public이 아닌 접근 제어자가 지정된 속성과 메서드에는 접근할 수 없습니다.

(4), (5) private 접근 제어자가 지정돼 있지만 같은 파일에서 접근하기 때문에 아무 문제없이 접근할 수 있습니다.

다음은 앞에서 정의한 것들에 대해 다른 파일(`VisibilityModifierStudy2.kt`) 내부에서 접근하는 코드입니다.

예제 6.18 접근 제어자를 지정한 함수, 변수, 상수에 접근(다른 파일)　　　　　　　classstudy_part1/VisibilityModifierStudy2.kt

```
// (1)
// Cannot access 'PrivateClass': it is private in file 에러 출력
// 같은 파일에 정의된 클래스가 아니므로 접근 불가
// val privateClass = PrivateClass()
```

```
publicFunc()
// Cannot access 'privateFunc': it is private in file 에러 출력
// (2)
// 같은 파일에 정의된 함수가 아니므로 접근 불가
// privateFunc()

println(publicVariable)
// Cannot access 'privateConstant': it is private in file 에러 출력
// (3)
// 같은 파일에 정의된 변수(혹은 상수)가 아니므로 접근 불가
// println(privateConstant)
```

(1), (2), (3) 같은 파일에 정의한 클래스, 함수, 변수가 아니므로 접근이 불가능합니다.

다음은 앞에서 정의한 클래스를 상속받은 클래스에서 부모 클래스의 protected 속성과 메서드에 접근하는 코드입니다. 상속은 특정 클래스의 속성과 메서드를 물려받는 방법으로 추후 설명을 진행할 예정입니다.

예제 6.19 상속받은 클래스의 protected 속성 접근   classstudy_part1/VisibilityModifierStudy2.kt

```
class Extender(prop1 : String, prop2 : String) : PublicClass(prop1, prop2) {
    fun parentAccessDemo() {
        // (1)
        // 상속받고 있는 클래스이므로 protected 접근 제어자가 지정된 속성 및 메서드에는 접근 가능
        println(protectedProp)
        protectedFunc()

        // (2)
        // 상속 관계에 있다고 하더라도 private 접근 제어자가 지정된 속성 및 메서드에는 해당 클래스 내부에서만 접근 가능
        // println(privateProp1)
        // privateFunc()
    }
}
```

(1) 부모 클래스를 상속받은 자식 클래스에서는 protected 접근 제어자를 지정한 속성과 메서드에는 접근 가능합니다. 하지만 **자식 클래스라 하더라도 (2)와 같이 private 속성과 메서드에는 접근할 수 없습니다.**

속성과 게터, 세터 메서드

때로 객체의 속성값을 설정할 때 대입할 값이 적합한지 여부를 검토하기 위한 일종의 검증 코드를 작성하거나 속성값을 반환하기 전에 값을 가공하는 코드를 작성해야 할 수 있습니다. 이러한 경우 속성값과 관련된 게터 메서드(getter, 속성값을 조회하기 위해 호출되는 메서드)와 세터 메서드(setter, 속성값을 설정하기 위해 호출되는 메서드)를 정의할 수 있습니다.

다음은 속성값을 설정하고 조회하기 위해 사용할 세터, 게터 메서드를 정의한 예제입니다.

예제 6.20 세터, 게터 메서드 정의 classstudy_part1/GetterAndSetterStudy.kt

```
class GetterAndSetterDemo() {
    // (1)
    var num: Int = 0
        // (2)
        set(value) { field = value }
        get() = field
}
```

(1) num 속성을 선언합니다.

(2) 속성값을 설정하기 위해 값의 대입이 이뤄지는 시점에 호출될 세터 메서드(set)와 해당 속성값을 읽어오는 시점에 호출될 게터 메서드(get)를 정의합니다. (여기서는 코드의 가독성을 높이기 위해 탭을 이용해 들여쓰기해서 메서드를 정의했습니다. 들여쓰기는 필수가 아니므로 공백을 제거해도 문제가 생기지는 않습니다.)

여기서 접근하고 있는 field 값은 일종의 가상 속성값으로 곧이어 설명하겠습니다.

이번에는 게터, 세터 메서드의 호출 과정을 확인하기 위해 **(2)**의 코드를 수정해서 다음과 같이 세터, 게터 메서드에 println 함수를 호출하는 코드를 삽입하겠습니다.

```
var num: Int = 0
    set(value) {
        // 세터 메서드에 println 함수를 호출하는 코드를 삽입
        println("값을 ${value}으로 설정")
        field = value
    }
    get() {
```

```
    // 게터 메서드에 println 함수를 호출하는 코드를 삽입
    println("${field}값을 반환")
    return field
}
```

다음은 객체를 생성한 다음 속성값에 값을 대입하고 출력하는 과정을 통해 앞에서 정의한 게터와 세터가 호출되는 과정을 보여줄 코드입니다.

```
var demo = GetterAndSetterDemo()
// (1)
demo.num = 100
// (2)
println(demo.num)
```

실행 결과

```
값을 100으로 설정
100값을 반환
100
```

(1) 속성값에 새로운 값을 대입합니다. 대입이 이뤄지는 과정에서 세터 메서드를 호출하며, 대입할 값(100)을 인자로 전달합니다. 이 값은 세터 메서드 내부에서 `value` 상수를 통해 참조합니다. 여기서 value는 함수로 전달받는 매개변수와 같은 역할을 수행하되 대입값이 전달된다고 이해하면 됩니다. 물론 이름을 변경하고 싶다면 value가 아닌 다른 이름으로 참조해도 무방합니다.

(2) 속성값에 접근해서 값을 읽어옵니다. 값을 읽어오는 과정에서 게터 메서드를 호출하며, 게터 메서드에서 반환된 값을 println 함수로 전달합니다.

여기서 가장 중요한 값은 `field`값과 `value`값입니다. 세터 메서드로 전달된 `value`값은 대입 과정에서 전달된 대입될 값이며, 이 값을 이용해 필요한 검증 절차를 걸쳐 실제 속성값(field)의 변경 여부를 결정할 수 있습니다. `field`는 'backing field'라고도 불리우며, 세터나 게터 메서드 내부에서 실제 속성값에 접근하기 위해 사용하는 일종의 가상 속성입니다.

다음과 같이 `field` 속성이 아닌 실제 속성의 이름(num)을 통해 값을 대입하려고 시도하거나 게터 메서드에서 값을 반환하려 할 경우 StackOverflow 에러가 발생하므로 꼭 `field` 속성을 통해서 값을 대입하거나 반환해야 합니다.

```
    var num: Int = 0
        // StackOverflow 에러를 유발하는 세터, 게터 메서드
        set(value) { num = value }
        get() = num
```

비록 게터, 세터 메서드를 직접 정의하지 않아도 **값을 그대로 대입하는 세터 메서드와 값을 그대로 반환하는 게터 메서드는 자동으로 생성**되어 사용됩니다. 가령 다음 클래스는 앞에서 정의한 GetterAndSetterDemo 클래스와 완전히 똑같이 작동합니다.

```
class GetterAndSetterDemo() {
    var num: Int = 0
    // 따로 게터, 세터 메서드를 정의하지 않은 경우 값을 그대로 대입하는 세터와 값을 그대로 반환하는
    게터 메서드를 사용
}
```

다음의 사람 클래스에서는 나이 속성에 대입될 값의 적절성 여부를 검증하도록 구현한 세터 메서드와 미성년자인지 여부를 알려주는 속성(isMinor)에 접근했을 때 나이에 따라 판별해서 알려줄 수 있도록 게터 메서드를 정의합니다.

예제 6.21 값을 검증하는 세터와 값을 가공해서 반환하는 게터 메서드 정의   classstudy_part1/GetterAndSetterStudy.kt

```
class Person6(val name: String, pAge: Int) {
    var age: Int = 0
        // (1)
        set(value) {
            when {
                value < 0 -> throw Exception("음수 나이는 허용되지 않습니다.")
                value > 200 -> throw Exception("나이가 비정상적으로 많습니다.")
            }
            field = value
        }

    var isMinor = pAge < 20
        // (2)
        get() = this.age < 20

    // (3)
    init {
```

```
        age = pAge
    }
}
```

(1) 음수나 지나치게 많은 나이를 입력할 경우 예외를 발생시킵니다. 정상적인 값이 전달된 경우에는 대입 작업을 진행합니다. 여기서 예외를 발생시키는 부분(throw 명령어)은 이후 예외 처리 파트에서 학습하겠습니다.

```
set(value) {
    when {
        value < 0 -> throw Exception("음수 나이는 허용되지 않습니다.")
        value > 200 -> throw Exception("나이가 비정상적으로 많습니다.")
    }
    field = value
}
```

(2) 20세를 기준으로 미성년자 여부를 판단하고 참, 거짓을 반환합니다.

```
get() = this.age < 20
```

(3) 주 생성자를 통해 전달받은 pAge 값을 대입해서 나이 속성값을 초기화합니다. **init 블록 내부에서 값을 대입할 경우 앞에서 정의한 세터 메서드가 호출**됩니다. 따라서 허용되지 않는 값이 전달될 경우 예외가 발생합니다.

```
init {
    age = pAge
}
```

다음은 Person6 클래스의 객체를 생성하고 세터, 게터 메서드를 호출하는 예제입니다.

예제 6.22 값을 검증하는 세터와 값을 가공해서 반환하는 게터 메서드 사용   classstudy_part1/GetterAndSetterStudy.kt

```
var p1 = Person6("김철수", 15)
println(p1.name)
println(p1.age)
// (1)
println(p1.isMinor)
```

```
// (2)
// var p2 = Person6("이영희", -1)
// var p2 = Person6("이영희", 300)
var p2 = Person6("이영희", 100)
println(p2.name)
println(p2.age)
// (3)
println(p2.isMinor)
```

실행 결과

```
김철수
15
true
이영희
100
false
```

(1) 게터 메서드를 호출해서 나이를 비교하는 작업을 진행하고 결괏값을 반환합니다. 나이는 15세이므로 true를 출력합니다.

(2) 잘못된 나잇값을 전달해서 객체를 생성하려고 할 때 세터 메서드 내부에서 예외를 발생시키게 했으므로 객체가 정상적으로 생성되지 않습니다.

```
// 잘못된 나이를 전달할 경우 객체 생성이 불가능
var p2 = Person6("이영희", -1)
var p2 = Person6("이영희", 300)
```

(3) 성인이므로 false를 출력합니다.

더 알아보기 _ 실제 속성의 이름을 통해 세터, 게터 메서드를 호출했을 때 StackOverflow 에러가 발생하는 이유

field 속성에 접근해 값을 변경하거나 읽어오도록 구현한 코드를 디컴파일하면 다음과 같은 내용의 자바 코드를 확인할 수 있습니다.

코틀린 코드를 자바로 변환한 코드 1

```java
public final class GetterAndSetterDemo {
    private int num;
    // (1)
    public final int getNum() {
        return this.num;
    }
    // (2)
    public final void setNum(int value) {
        this.num = value;
    }
}
```

(1), (2) 게터, 세터 메서드가 생성되고 값을 반환하는 코드와 값을 대입하는 코드가 추가된 것을 확인할 수 있습니다.

반면 직접 num 속성에 접근해서 값을 변경하거나 읽어오도록 구현한 코드를 디컴파일하면 다음과 같은 내용의 자바 코드를 확인할 수 있습니다.

코틀린 코드를 자바로 변환한 코드 2

```java
public final class GetterAndSetterDemo {
    // (1)
    public final int getNum() {
        return this.getNum();
    }
    // (2)
    public final void setNum(int value) {
        this.setNum(value);
    }
}
```

(1), (2) num 속성에 접근하는 코드는 게터 메서드로, 대입하는 코드는 세터 메서드로 변환되어 게터 메서드 내부에서 또 게터 메서드를, 세터 메서드 내부에서 또 세터 메서드를 호출하는 코드가 추가된 것을 확인할 수 있습니다.

결과적으로 메서드 재귀 호출이 무한 반복되고 호출 스택의 메모리가 모두 소진되는 시점에 StackOverflow 에러가 발생합니다.

Lazy와 lateinit을 이용한 속성값 초기화

때로 속성값에 접근하는 시점에 속성값을 초기화하고 싶을 때가 있습니다. 가령 어떤 속성값을 초기화하는 데 많은 계산 작업이 필요하거나 많은 메모리 자원이 소모되고, 조건에 따라 해당 속성값이 사용되지 않을 수도 있다면 **실제로 해당 속성값을 사용하는 시점에 값을 초기화하는 편이 더 합리적**일 것입니다. 특히 분기문을 통해 속성에 접근하는 상황이라면 조건이 만족되지 않은 경우에는 속성에 접근할 필요가 없기 때문에 속성값을 바로 평가하지 않고 실제로 사용되는 시점에 가져오게 하는 것이 좋습니다.

이처럼 속성에 접근하는 시점에 값의 초기화 작업이 이뤄지게 하는 키워드가 `lazy` 키워드입니다.

예제 6.23 `lazy` 키워드를 이용한 속성값 지연 초기화 classstudy_part1/LazyAndLateinitStudy.kt

```kotlin
class LazyClass(var x: Int) {
    // (1)
    val lazyValue1 by lazy {
        // (2)
        println("lazy 람다식 내부에서 속성값 초기화 진행")
        var s = " HELLO "
        s.toLowerCase().trim()
    }

    // (3)
    val lazyValue2 by lazy {
        x * 2
    }

    // (4)
    val costHeavyProperty by lazy {
        println("시간이 오래 걸리고 메모리 사용량이 많은 속성값 초기화 진행")
        Thread.sleep(1000)
        Array<Byte>(1024 * 1024 * 100){0}
    }
}
```

(1) `lazy` 키워드를 이용해 `lazyValue1` 속성값이 늦게 초기화되게 합니다.

이 값을 최초로 읽어오는 시점에서 **(2)**부터 시작되는 블록 내부의 코드를 처리하고 마지막 줄에서 평가된 식(`toLowerCase`와 `trim` 메서드를 호출해서 구한 앞뒤 공백이 사라진 소문자 문자열)의 결괏값을 대입해서 값을 초기화합니다.

그 이후로는 **최초로 대입받은 값을 계속 반환하는 상수**가 됩니다. 따라서 lazy 키워드를 지정한 속성은 `val` 키워드를 지정해 상수로 만들어야 합니다.

(3) 클래스 내부의 속성값을 이용해 값을 초기화하는 것도 가능합니다.

(4) 앞서 선언한 lazyValue1, lazyValue2 속성의 경우 변수를 초기화하는 작업에 그리 오랜 시간이 소요되지 않으므로 늦게 초기화하더라도 큰 이점이 있다고 보기는 어렵습니다.

그러나 (4)의 속성과 같이 초기화 시간이 오래 걸리고 메모리를 많이 필요로 하는 속성이 있다면 lazy 키워드를 지정해 늦게 초기화하는 편이 더 합리적입니다.

다음은 lazy 키워드를 이용하여 정의한 속성에 접근하는 예제 코드입니다.

```
fun main(args : Array<String>) {
    var lazyClass = LazyClass(10)

    // (1)
    // 처음으로 속성에 접근하는 순간 람다식 내부의 명령어가 실행되어 속성값이 초기화됨
    println(lazyClass.lazyValue1)

    // (2)
    // 이후 속성에 여러 번 접근해도 람다식이 실행되지 않음(이미 기존에 초기화된 값에 접근)
    println(lazyClass.lazyValue1)
    println(lazyClass.lazyValue1)

    println(lazyClass.lazyValue2)

    // (3)
    //조건부로 실행되는 코드(따라서 해당 조건을 만족해서 실제로 접근할 때 값을 초기화하는 것이 더 합리적)
    if(Random().nextBoolean()) {
        println(lazyClass.costHeavyProperty)
    }
}
```

실행 결과
```
lazy 람다식 내부에서 속성값 초기화 진행 // (1)
hello // (1)
hello // (2)
```

```
hello
20
시간이 오래 걸리고 메모리 사용량이 많은 속성값 초기화 진행 // (3)
[Ljava.lang.Byte;@6433a2
```

(1) lazyValue1 속성에 처음으로 접근하는 시점에 블록 내부의 코드가 실행되어 출력되는 문자열입니다.

이후 **(2)**에서 속성값을 출력하며, 속성에 접근하지만 이 시점에서는 속성값이 이미 초기화된 상태이므로 블록 내부의 코드를 더는 실행하지 않습니다.

(3) 난수 클래스에서 제공하는 nextBoolean 메서드를 호출해서 50%의 확률로 속성값에 접근하게 했으므로 실행할 때마다 출력 여부가 달라질 수 있습니다.

이처럼 특정 조건에 따라 접근 여부가 결정되는 속성이 있다면 **미리 초기화하지 않고 실제로 접근이 일어나는 시점에 초기화**하는 것이 좋습니다.

이어서 lateinit은 null 허용 타입으로 선언하고 싶지 않은 속성이 있으나 **당장 값을 대입하기는 어려운 상황에서 나중에 해당 속성에 접근하기 전까지는 속성값이 초기화됐음을 보장하고 싶은 속성을 선언할 때** 사용하는 키워드입니다. 특히 lateinit 키워드는 안드로이드 프로그램을 작성하면서 살펴볼 액티비티 클래스 내부의 속성을 선언할 때 자주 사용됩니다.

다음은 lateinit 키워드를 지정해 선언된 속성이 포함된 클래스입니다.

예제 6.24 **lateinit** 키워드를 이용한 속성값 지연 초기화   classstudy_part1/LazyAndLateinitStudy.kt

```
class PropertyObject {
    fun func() {
        println("from PropertyObject Function")
    }
}

class LateInitClass {
    // (1)
    // lateinit은 primitive 타입을 지원하지 않음
    // lateinit var a: Int // 'lateinit' modifier is not allowed on primitive type properties
    lateinit var obj: PropertyObject

    fun initMyObject(value: PropertyObject) {
        // (2)
```

```
        obj = value
    }

    fun useMyObject() {
        // (3)
        obj.func()
    }
}
```

(1) lateinit 키워드를 이용해 속성을 정의할 때 **속성값의 타입은 원시(primitive) 타입이 될 수 없습니다**. 따라서 Byte, Short, Int, Long, Float, Double, Char, Boolean 타입값은 lateinit을 이용한 늦은 초기화가 불가능합니다.

또한 **lateinit은 lazy 키워드를 지정한 속성과 다르게 변수에만 적용**할 수 있으므로 var 키워드를 붙여 변수로 선언합니다.

(2) obj 객체를 초기화하는 메서드입니다. 이 메서드가 호출되지 않은 상황(즉, 값이 초기화되지 않은 시점)에 **(3)**의 메서드를 호출하려 한다면 객체의 메서드(func)를 호출하려는 시점에 UninitializedPropertyAccessException 예외가 발생합니다.

> Byte, Short, Int, Long, Float, Double, Char, Boolean 같은 기본 타입은 내부적으로 원시(primitive) 타입의 값으로 취급됩니다.

앞에서 정의한 클래스를 활용하는 코드는 다음과 같습니다.

```
var lateInitClass = LateInitClass()
// (1)
// lateInitClass.useMyObject()

// (2)
lateInitClass.initMyObject(PropertyObject())
// 안전하게 메서드 호출 가능
lateInitClass.useMyObject()
```

(1) 속성값이 초기화되지 않은 상황에서 객체에 접근해 메서드(useMyObject)를 호출했으므로 이 코드를 실행하면 예외(UninitializedPropertyAccessException)가 발생합니다.

(2) 값의 초기화 작업이 이뤄졌으므로 이 코드가 실행된 이후부터는 안전하게 해당 객체를 사용하는 메서드를 호출할 수 있습니다. 결과적으로 lateinit 키워드는 **값을 사용하기 이전에 속성값의 초기화가 반드시 이뤄질 것임을 프로그래머가 보장할 수 있을 때 사용**하는 키워드임을 알 수 있습니다.

다음은 자바 코드로 변환된 obj 속성에 접근하는 게터 메서드(getObj)의 내용입니다. lateinit으로 선언한 속성의 초깃값 대입이 이뤄지지 않은 상황에서 값에 접근할 때 어떻게 예외를 발생시키는지 확인할 수 있습니다.

```
@NotNull
public final PropertyObject getObj() {
    PropertyObject var10000 = this.obj;

    // 내부적으로 null 값 여부를 확인하고 예외를 발생시키는 방식으로 동작함
    if(this.obj == null) {
        Intrinsics.throwUninitializedPropertyAccessException("obj");
    }

    return var10000;
}
```

내부적으로 객체의 값이 **null**인지 여부를 확인해 **null**일 경우 예외를 발생시키는 코드가 삽입된 것을 볼 수 있습니다.

상속

때로 특정 클래스의 모든 속성과 메서드를 그대로 물려받은 상태로 새로운 속성이나 메서드를 추가해서 클래스를 정의하고 싶을 수 있습니다. 가령 사람 클래스가 이미 존재한다면 사람 클래스에 정의된 속성(이름, 나이, 성별)과 메서드(먹기, 자기)를 그대로 물려받는 사원 클래스를 정의하면서 사원 클래스에 추가 정보(소속, 연봉, 직위)와 메서드(일하기)를 정의할 수 있습니다.

이처럼 특정 클래스의 **속성과 메서드를 모두 물려받으며 새로운 클래스를 정의하는 것을 상속**(Inheritance)이라고 합니다. 이때 **상속을 해주는 클래스를 부모 클래스**(parent class), **상속을 받는 클래스를 자식 클래스**(child class)라고 합니다.

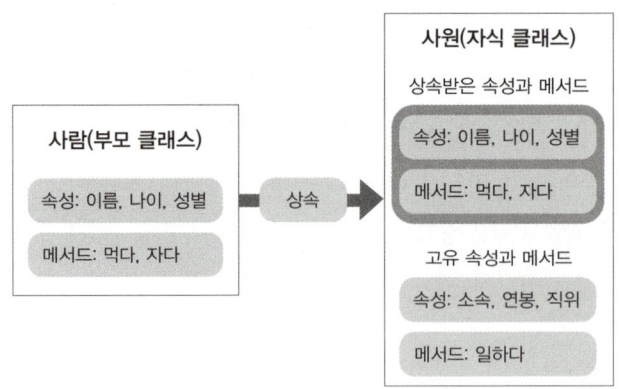

그림 6-4 부모 클래스의 자식 클래스 상속

만약 이러한 상속을 활용하지 않는다면 새로운 클래스를 만들 때마다 매번 물려받고 싶은 속성과 메서드를 다시 똑같이 정의해야 하므로 귀찮고 번거로울 것입니다.

다음은 사람 클래스와 사람 클래스를 상속받는 사원 클래스를 정의한 예입니다. 아직 구체적인 상속 관련 문법을 배우지는 않았으므로 전체적인 구조만 살펴보시기 바랍니다.

예제 6.25 사람 클래스를 상속받는 사원 클래스 정의   classstudy_part1/InheritanceStudy1.kt

```kotlin
// (1)
open class Person(var name: String, var age: Int, val gender: String) {
    fun eat(food: String) {
        println("${name}가 ${food}을 먹습니다.")
    }
    fun sleep(hour: Int) {
        println("${name}가 ${hour}시간 동안 잠을 잡니다.")
    }
}

// (2)
// 사람 클래스를 상속받는 사원 클래스 정의
class Employee(name: String, age: Int, gender: String,
               var company: String, var salary: Int, var position: String) : Person(name, age, gender) {
    // 추가 메서드 정의
    fun work(hour: Int) {
        println("${company} 회사에 소속된 ${name}가 ${hour}시간 동안 일합니다.")
    }
}
```

(1) 사람 클래스를 정의하고 이 클래스에 필요한 속성과 메서드를 정의합니다.

(2) 사원 클래스에서는 사람 클래스를 상속받아 사원 클래스에 필요한 새로운 속성(소속 회사, 연봉, 직위)을 추가하고 일하는 메서드(work)를 추가했습니다.

사원 클래스의 객체를 생성해서 활용하는 코드는 다음과 같습니다.

```
var emp1 = Employee("김철수", 25, "남성", "삼성", 10000, "사원")
var emp2 = Employee("이영희", 42, "여성", "LG", 20000, "과장")
// (1)
emp1.eat("밥")
emp1.sleep(6)

// (2)
emp2.work(8)
```

결과 화면

```
김철수가 밥을 먹습니다.
김철수가 6시간 동안 잠을 잡니다.
LG 회사에 소속된 이영희가 8시간 동안 일합니다.
```

(1) 사람 클래스에서 상속받는 메서드(eat, sleep)를 사용합니다. 사원 클래스 객체를 생성했지만 부모 클래스에 정의한 메서드를 물려받았으므로 그대로 호출할 수 있습니다.

```
emp1.eat("밥")
emp1.sleep(6)
```

(2) 사원 클래스에 추가한 고유 메서드(work)를 사용합니다.

```
emp2.work(8)
```

상속하지 않고 사원 클래스를 정의한다면 다음과 같이 사람 클래스에 있는 **속성과 메서드를 중복으로 재작성**해야 할 것입니다.

```
class EmployeeWithoutInheritance(var name: String, var age: Int, val gender: String, var company: String, var salary: Int, var position: String) {
    // 중복된 eat, sleep 메서드 정의
    fun eat(food: String) {
```

```
        println("${name}가 ${food}을 먹습니다.")
    }
    fun sleep(hour: Int) {
        println("${name}가 ${hour}시간 동안 잠을 잡니다.")
    }
    // 고유 메서드 정의
    fun work(hour: Int) {
        println("${company} 회사에 소속된 ${name}가 ${hour}시간 동안 일합니다.")
    }
}
```

만약 시간이 지난 후 사람 클래스에 **새로운 메서드를 추가하면** 이를 상속받는 클래스에서는 **따로 코드를 추가할 필요 없이 그대로 부모 클래스의 새로운 메서드를 이용**할 수 있습니다.

앞에서 클래스 상속의 예를 살펴봤으므로 본격적으로 상속과 관련된 문법을 알아보겠습니다. 먼저 상속을 하기 위해서는 다음과 같이 부모 클래스 앞에 open 키워드를 지정해야 합니다.

`open class Parent {}`

open 키워드는 해당 클래스가 상속 가능하다는 사실을 명시하는 데 사용됩니다. open **키워드**를 지정하지 않으면 해당 클래스를 상속할 수 없습니다.

앞서 정의한 클래스를 상속받는 자식 클래스는 다음과 같이 정의할 수 있습니다.

`class Child : Parent() {}`

클래스 이름 옆에 **콜론 기호(:)와 상속받을 클래스의 이름(Parent)을 지정한 것**을 볼 수 있습니다.

지금은 Parent 클래스에 주 생성자가 없기 때문에 빈 괄호를 지정했습니다. 만약 부모 클래스의 주 생성자에 전달해야 할 값이 있다면 빈 괄호로 남겨둘 수 없고 괄호 안에 전달한 값을 명시해서 부모 클래스의 주 생성자를 호출해야 합니다.

다음은 값을 전달받는 주 생성자를 가지고 있는 Parent 클래스와 해당 클래스를 상속받는 Child 클래스를 정의한 예입니다.

```
// (1)
open class Parent(var parentProp: Int) {}
// (2)
class Child(prop: Int, var childProp: Int) : Parent(prop) {}
```

(1) Parent 클래스를 정의합니다. 이 클래스의 주 생성자를 통해 parentProp 속성을 전달받습니다.

(2) Child 클래스를 정의하며, 주 생성자로 전달받은 값(prop)을 Parent 클래스명 오른쪽의 괄호 안에 지정해 **부모 클래스의 주 생성자를 호출하는 과정에서 값이 전달**되게 합니다.

```
class Child(prop: Int, var childProp: Int) : Parent(prop) {}
```

여기서 prop이라는 이름 앞에 **속성으로 정의하기 위한 키워드(var, val)가 지정돼 있지 않다는 데 주목합니다**. 해당 값은 부모의 주 생성자에 전달할 용도로 받아온 값이므로 속성으로 정의할 필요가 없습니다. 또한 Child 클래스의 고유한 속성(childProp)을 정의하기 위해 var 키워드를 지정한 것을 확인할 수 있습니다.

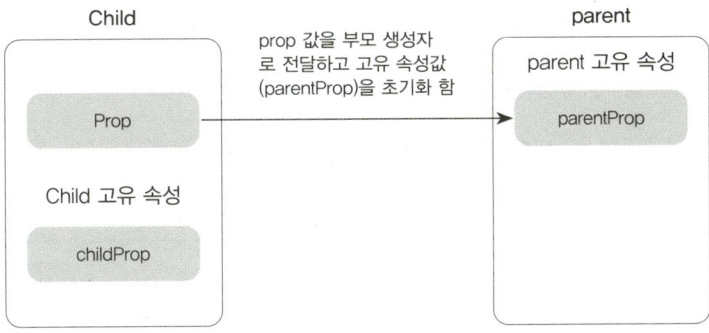

그림 6-5 상속 받은 클래스에서 부모의 생성자 호출 과정

부모 클래스의 객체와 자식 클래스의 객체를 생성하는 코드는 다음과 같습니다.

```
// (1)
var p = Parent(100)
println("${p.parentProp}")
// (2)
var c = Child(200, 300)
println("${c.parentProp} ${c.childProp}")
```

실행 결과

```
100
200 300
```

(1) Parent 클래스 객체를 생성합니다. 객체의 parentProp 속성값은 100으로 초기화됩니다.

(2) Child 클래스 객체를 생성합니다. 생성자로 전달된 첫 번째 값(200)은 부모의 주 생성자를 호출하는 과정에서 전달되어 parentProp 속성의 값을 200으로 초기화하는 역할을 합니다. 전달된 두 번째 값(300)은 Child 클래스의 고유 속성인 childProp을 초기화하는 데 사용됩니다.

속성값이 출력된 결과를 보면 예상대로 값의 초기화가 진행된 것을 확인할 수 있습니다.

더 알아보기 _ 상속과 관련된 자바와 코틀린의 차이점과 공통점

자바에서는 기본적으로 클래스의 상속을 허용합니다. 만약 상속하지 못하도록 막고 싶은 클래스가 있으면 final 키워드를 지정해 해당 클래스의 상속이 허용되지 않음을 명시하게 했습니다.

하지만 코틀린에서는 자바와는 정반대로 **화이트리스트식 접근법을 지향해서 기본적으로 모든 클래스의 상속을 허용하지 않고 open 키워드를 이용해 상속을 허용한 클래스만 상속**할 수 있게 합니다.

자바와 마찬가지로 코틀린에서도 **다중 상속은 허용되지 않습니다**. 따라서 상속받을 수 있는 클래스의 개수는 한 개로 고정됩니다. 단, 여러 개의 인터페이스를 구현하는 것은 허용합니다.

---

super 키워드를 이용한 부모 객체 접근

자식 클래스의 내부에서 **super** 키워드를 통해 부모 클래스에 정의한 속성값과 메서드에 접근할 수 있습니다. 다음은 super 키워드를 통해 부모 클래스에 정의한 속성에 접근하고 메서드를 호출하는 예제입니다.

예제 6.26 super 키워드를 사용하여 부모 클래스의 속성 및 메서드 접근   classstudy_part1/InheritanceStudy1.kt

```kotlin
open class Parent(var parentProp: Int) {
    fun parentFunc() {
        println("from parentFunc")
    }
}

class Child(prop: Int, var childProp: Int) : Parent(prop) {
    fun childFunc() {
        // (1)
        println("${super.parentProp}")
        // (2)
```

```
        println("${parentProp}")
        // (3)
        super.parentFunc()
        // (4)
        parentFunc()
    }
}
```

(1) super 키워드를 통해 부모 클래스의 parentProp 속성을 출력합니다. this 키워드를 생략해도 되는 것처럼 **(2)**와 같이 super 키워드를 생략해도 자식 클래스에 존재하지 않는 속성은 자동으로 부모 클래스에서 찾아 접근하기 때문에 문제 없이 속성값이 출력됩니다.

```
println("${super.parentProp}")
// super 키워드 생략 가능
println("${parentProp}")
```

(3) 마찬가지로 super 키워드를 통해 부모 클래스의 parentFunc 메서드를 호출합니다. 물론 **(4)**와 같이 super 키워드를 생략해도 무방합니다.

메서드 오버라이드

클래스를 상속받는 과정에서 **부모 클래스에 있는 메서드의 작동 방식**을 변경하고 싶은 경우가 있습니다. 이처럼 부모 클래스에 정의된 메서드의 작동 방식을 변경하는 행위를 **부모 클래스의 메서드를 재정의**(override)한다고 합니다.

단, 상속과 마찬가지로 먼저 부모 클래스에서 **메서드를 정의할 때 fun 키워드 앞에 open 키워드를 지정해 해당 메서드를 자식 클래스에서 재정의할 수 있게 허용**해야 합니다. 또한 자식 클래스에서는 재정의할 메서드의 fun 키워드 앞에 override 키워드를 지정해 메서드를 재정의하고 있음을 명시해야 합니다.

다음은 재정의가 불가능한 메서드와 재정의 가능한 메서드를 모두 포함한 부모 클래스와 해당 부모 클래스를 상속받아 메서드를 재정의하는 자식 클래스의 예입니다.

예제 6.27 부모 클래스의 메서드를 재정의   classstudy_part1/InheritanceStudy2.kt

```
open class Parent2() {
    // (1)
    fun parentFunc() {
        println("from parentFunc")
```

```kotlin
    }

    // (2)
    open fun overridableParentFunc() {
        println("from overridableParentFunc")
    }
    open fun overridableParentFuncWithArg(arg1: Int, arg2: String) {
        println("from overridableParentFuncWithArg(${arg1}, ${arg2})")
    }
}

class Child2 : Parent2() {
    // (3) 재정의 불가
    // 'parentFunc' in 'Parent2' is final and cannot be overridden
    /*
    override fun parentFunc() {
        println("from overrided parentFunc")
    }
    */

    // (4)
    override fun overridableParentFunc() {
        println("from overrided overridableParentFunc")
    }

    // (5)
    override fun overridableParentFuncWithArg(arg1: Int, arg2: String) {
        super.overridableParentFuncWithArg(arg1, arg2)
        println("from overrided overridableParentFuncWithArg(${arg1}, ${arg2})")
    }
}
```

(1) parentFunc 메서드를 정의합니다. open 키워드를 지정하지 않았으므로 이 메서드는 자식 클래스에 재정의할 수 없습니다.

```kotlin
// 재정의가 불가능한 parentFunc 메서드 정의
fun parentFunc() {
    println("from parentFunc")
}
```

(2) open 키워드를 지정해 자식 클래스에서 재정의할 수 있는 두 개의 메서드를 정의합니다.

```
// 재정의 가능한 메서드 정의
open fun overridableParentFunc() {
    println("from overridableParentFunc")
}
open fun overridableParentFuncWithArg(arg1: Int, arg2: String) {
    println("from overridableParentFuncWithArg(${arg1}, ${arg2})")
}
```

(3) 자식 클래스에서 override 키워드를 지정해서 메서드를 재정의하려 하지만 부모 클래스에서 해당 메서드의 재정의를 허용하지 않았으므로 에러가 발생합니다.

(4), (5) 부모 클래스의 메서드를 재정의합니다. 메서드를 재정의하기 위해 메서드의 이름과 전달받을 인자를 부모 클래스에 정의된 대로 쓰고 앞에 **override** 키워드를 지정합니다.

간혹 부모 클래스에 정의된 메서드를 실행하고 난 후에 필요한 추가 코드를 작성해야 할 경우가 있습니다. 이러한 경우에는 (5)와 같이 super 키워드를 이용해 부모 클래스에 정의된 메서드에 접근해서 호출한 후 자식 클래스에서 수행할 코드를 추가로 작성합니다.

```
override fun overridableParentFuncWithArg(arg1: Int, arg2: String) {
    // 부모 클래스에 정의된 메서드를 호출
    super.overridableParentFuncWithArg(arg1, arg2)
    // 자식 클래스에서 필요한 추가 코드를 작성
    println("from overrided overridableParentFuncWithArg(${arg1}, ${arg2})")
}
```

위 객체를 생성하고 활용하는 코드는 다음과 같습니다.

```
var p = Parent2()
p.parentFunc()
p.overridableParentFunc()
p.overridableParentFuncWithArg(100, "Hello")

var c = Child2()
c.parentFunc()
c.overridableParentFunc()
c.overridableParentFuncWithArg(200, "World")
```

실행 결과

```
from parentFunc
from overridableParentFunc
from overridableParentFuncWithArg(100, Hello)
from parentFunc
// (1)
from overrided overridableParentFunc
// (2)
from overridableParentFuncWithArg(200, World)
from overrided overridableParentFuncWithArg(200, World)
```

(1) 자식 클래스에서 재정의한 overridableParentFunc 메서드를 호출했을 때 자식 클래스의 메서드에서 작성한 코드가 실행되는 것을 확인할 수 있습니다.

(2) 자식 클래스에서 재정의한 overridableParentFuncWithArg 메서드를 호출하는 과정에서 부모 클래스의 메서드를 먼저 호출하므로 해당 메서드의 코드가 실행된 후 자식 메서드에 작성한 코드가 실행됩니다.

메서드 오버로딩

앞서 함수 파트에서 함수의 오버로딩에 관해 살펴본 바 있습니다. 이와 비슷한 맥락으로 클래스에 정의한 메서드도 **인자값의 개수나 전달 순서 혹은 타입을 달리해서 오버로딩**할 수 있습니다.

다음은 오버로딩된 메서드를 포함하고 있는 클래스의 예입니다.

예제 6.28 오버로딩된 메서드를 포함하고 있는 클래스   classstudy_part1/MethodOverloadingStudy.kt

```kotlin
class MethodOverloadingClass {
    // 오버로딩된 메서드
    fun overloadingTest() = println("overloading test 1")
    fun overloadingTest(x: Int) = println("overloading test 2")
    fun overloadingTest(x: Int, y: Int) = println("overloading test 3")
    fun overloadingTest(x: Int, y: Double) = println("overloading test 4")
    fun overloadingTest(x: Double, y: Int) = println("overloading test 5")
}
```

보다시피 함수를 오버로딩하는 것과 별반 다르지 않습니다.

다음은 안드로이드에서 제공하는 Intent 클래스에 포함된 putExtra 메서드입니다. 이 메서드는 여러 타입의 인자를 전달할 수 있게 오버로딩돼 있습니다.

```
public Intent putExtra (String name, Parcelable value) { /* ... */ }
public Intent putExtra (String name, int value) { /* ... */ }
public Intent putExtra (String name, String value) { /* ... */ }
```

위 코드는 자바로 작성됐지만 오버로딩의 개념은 똑같이 적용됩니다. 여기서는 메서드 오버로딩을 적용해 두 번째로 전달할 매개변수의 타입을 모두 다르게 정의한 것을 볼 수 있습니다.

추상 클래스

추상(Abstract) 클래스는 일부분만 구현된 클래스로 상속을 통해 나머지 부분을 완성해야 하는 클래스입니다. 자식 클래스로 전달해야 할 속성과 메서드가 존재하는데 일부 구현을 미완성인 상태로 남겨두고, 자식 클래스에서 메서드 재정의를 통해 반드시 구현하도록 강제하고 싶은 경우에 사용합니다.

추상 클래스는 일부만 구현된 클래스이므로 해당 클래스 타입의 객체를 생성하는 것은 불가능합니다. 상속을 통해 완전하게 정의한 자식 클래스를 통해서 실제 객체를 생성할 수 있습니다.

특정 클래스를 추상 클래스로 선언하려면 class 키워드 앞에 **abstract** 키워드를 지정해 해당 클래스가 추상 클래스임을 선언해야 합니다. 추상 클래스는 상속을 통해서만 완성될 수 있는 클래스이므로 open 키워드는 생략할 수 있습니다.

다음은 추상 클래스를 정의한 예입니다.

예제 6.29 추상 클래스 정의   classstudy_part1/AbstractClassStudy.kt

```
// abstract 키워드를 class 키워드 앞에 지정해 추상 클래스를 선언
abstract class AbstractClass(var a:Int, var b: Int) {
    // (1)
    fun concreteMethod() {
        println("from concrete method")
    }

    // (2)
    abstract fun abstractMethod(arg: Int): Int
}
```

(1) 일반적인 클래스를 정의할 때와 같이 메서드를 정의합니다.

(2) 추상 클래스에는 **기능이 구현되지 않은 추상 메서드(Abstract method)**를 정의할 수 있습니다. 추상 메서드를 정의하려면 fun 키워드 앞에 abstract 키워드를 지정해야 합니다.

추상 메서드는 **메서드의 이름, 매개변수, 반환 타입만 정의된, 실제 구현 내용이 없는 메서드**입니다. 이 추상 메서드를 자식 메서드에서 재정의하는 과정에서 실제 동작 방식을 구현합니다. 구현된 내용이 없기 때문에 코드가 포함된 중괄호가 없습니다. 따라서 추상 메서드는 '자식 클래스에서 이러한 기능을 꼭 제공해야 한다'라는 일종의 가이드라인을 설정하는 메서드라고 해석할 수 있습니다.

다음은 앞에서 정의한 추상 클래스를 상속받아 완성하는 자식 클래스입니다.

```kotlin
// (1)
class ConcreteClass(a: Int, b: Int, var c: Int) : AbstractClass(a, b) {
    // (2) 추상 메서드는 반드시 구현해야 함(구현하지 않을 경우 컴파일 에러가 발생)
    override fun abstractMethod(arg: Int): Int {
        println("자식 클래스에서 추상 메서드 구현")
        return (arg + a + b + c)
    }
}
```

(1) 추상 클래스를 상속받는 자식 클래스를 정의합니다. 앞서 클래스 상속에서 살펴봤듯이 상속받을 클래스의 이름을 쓰고 필요한 인자값을 전달합니다.

(2) 상속받은 추상 클래스에 **추상 메서드가 포함된 경우에는 반드시 추상 메서드를 구현**해야 합니다.

비록 구현과 관련되어 물려받은 내용(코드)이 없더라도 자식 클래스 입장에서는 부모 클래스의 메서드를 물려받아 재정의하고 있으므로 `override` 키워드를 지정합니다.

여기서는 메서드를 통해 전달받은 인자값(arg)에 자식 클래스의 속성값과 부모 클래스에서 물려받은 속성값을 모두 더한 후 반환하도록 메서드를 구현했습니다.

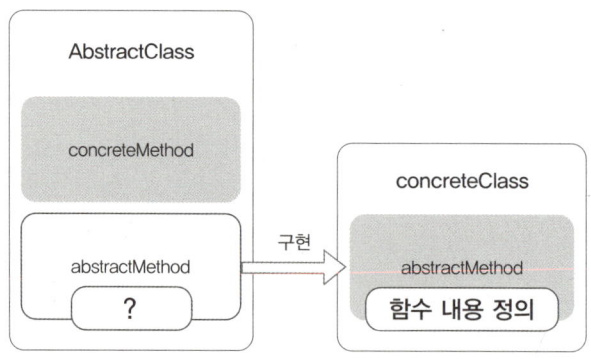

그림 6-6 상속을 통한 추상 클래스 구현

이제 클래스의 객체를 생성하고 활용하는 코드를 봅시다.

```
// (1)
// var a = AbstractClass(1, 2)

// (2)
var c = ConcreteClass(1, 2, 3)
c.concreteMethod()
// (3)
var r = c.abstractMethod(100)
println(r)
```

실행 결과
```
from concrete method
자식 클래스에서 추상 메서드 구현
106
```

(1) 추상 클래스는 미완성된 클래스이므로 객체를 생성할 수 없습니다. 따라서 객체를 생성하려고 하면 에러가 발생합니다.

```
// 'Cannot create an instance of an abstract class' 에러 발생
var a = AbstractClass(1, 2)
```

(2) 자식 클래스의 객체를 생성한 후 부모 클래스를 통해 물려받은 메서드를 호출합니다. 이미 부모 클래스에서 메서드의 구현이 완료됐으므로 아무 문제없이 호출할 수 있습니다.

(3) 부모 클래스를 통해 물려받은 추상 메서드를 호출합니다. 이 메서드는 **상속 과정에서 재정의를 통해 메서드 내용을 구현했으므로 호출할 수 있습니다.**

이제 예제 코드를 보면서 추상 클래스와 해당 추상 클래스를 상속받는 클래스의 활용 방안을 살펴보겠습니다.

예제 6.30 추상 클래스를 상속받는 클래스 정의   classstudy_part1/PhoneExample.kt

```
// (1)
abstract class Phone {
    var turnOn = false

    fun turnOn() {
```

```kotlin
            turnOn = true
            boot()
        }

        fun turnOff() {
            turnOn = false
        }

        // (2)
        fun boot() {
            checkSystem()
            checkUpdate()
            showMainUI()
        }

        // (3)
        abstract fun checkUpdate()
        abstract fun checkSystem()
        abstract fun showMainUI()
}

// (4)
class GalaxyS : Phone() {
    override fun checkSystem() {
        println("CPU, RAM, 하드, 카메라, 삼성 핸드폰 전용 기능을 체크")
    }
    override fun checkUpdate() {
        println("삼성 서버로 업데이트 가능 여부 호출하기.")
    }
    override fun showMainUI() {
        println("삼성 UI 보여주기.")
    }
}

// (5)
class V30 : Phone() {
    override fun checkSystem() {
        println("CPU, RAM, 하드, 카메라, LG 핸드폰 전용 기능을 체크")
    }
```

```
    override fun checkUpdate() {
        println("LG 서버로 업데이트 가능 여부 호출하기.")
    }
    override fun showMainUI() {
        println("LG UI 보여주기.")
    }
}
```

(1) 추상 클래스인 Phone 클래스를 선언하고 구현 내용이 포함된 몇 개의 메서드(전원 켜기, 끄기, 부팅)를 정의했습니다.

```
abstract class Phone {
    var turnOn = false

    // 구현 내용이 포함된 메서드 정의
    fun turnOn() {
        turnOn = true
        boot()
    }

    fun turnOff() {
        turnOn = false
    }

    // ...
}
```

이들 메서드는 구현 내용이 절대 변하지 않는다고 가정하고 작성했습니다. 따라서 상속을 통해 재정의할 수 없도록 open 키워드를 생략합니다.

(2) boot 메서드에서는 자식 클래스에서 구현할 추상 메서드를 호출합니다. 이런 식으로 **앞으로 자식 클래스를 통해 구현할 추상 메서드를 구현 메서드의 내부에서 호출하는 것도 가능**합니다.

```
fun boot() {
    // 자식 클래스에서 구현할 추상 메서드를 호출
    checkSystem()
    checkUpdate()
    showMainUI()
}
```

단, 메서드의 구체적인 구현 내용을 작성하는 것은 추상 클래스를 구현하는 자식 클래스를 정의하는 과정에서 이뤄집니다.

여기서는 추상 메서드의 호출 순서만 정의합니다. 이처럼 추상 클래스는 미리 정해진 일련의 동작이 존재하는 상황에서 **구체적인 구현 부분만 자식 클래스에 위임하고 싶은 경우에 유용합니다.**

(3) 자식 클래스에서 구현해야 할 업데이트 확인(checkUpdate), 시스템 점검(checkSystem), UI 보여주기(showMainUI) 추상 메서드를 추가했습니다.

```kotlin
abstract fun checkUpdate()
abstract fun checkSystem()
abstract fun showMainUI()
```

자식 클래스에서 구현해야 할 추상 메서드의 특징은 **메서드에서 수행해야 할 구체적인 내용을 일반화하기가 굉장히 어렵다는 것**입니다. 즉, 업데이트를 확인한다면 어느 서버에서 정보를 받아와서 업데이트해야 할지, 업데이트해야 할 구성 요소는 무엇인지, 시스템 점검을 진행한다면 어떤 부품이 존재하고 어느 부분을 중점적으로 점검해야 하는지, UI를 보여준다면 보여줄 UI의 스타일은 어떠한지 단말기마다 각기 다를 것이므로 추상 클래스에서는 구체적인 내용을 정의할 수 없습니다.

이처럼 **제각각 달라지는 부분은 추상 메서드로 정의하고, 구체적으로 행동 방식이 정해진 메서드만 추상 클래스에서 정의**하면 구현이 달라지는 부분만 상속을 통해 코드를 작성하면 되므로 중복 없이 효율적으로 코드를 작성할 수 있습니다.

(4), (5) Phone 클래스를 상속받아 추상 메서드를 구현해서 필요한 작업을 수행하게 합니다.

자식 클래스 객체를 생성하고 활용하는 코드는 다음과 같습니다.

```kotlin
val p1 = GalaxyS()
val p2 = V30()

p1.turnOn()
p1.turnOff()

p2.turnOn()
p2.turnOff()
```

실행 결과

```
CPU, RAM, 하드, 카메라, 삼성 핸드폰 전용 기능을 체크
삼성 서버로 업데이트 가능 여부 호출하기.
삼성 UI 보여주기.
CPU, RAM, 하드, 카메라, LG 핸드폰 전용 기능을 체크
LG 서버로 업데이트 가능 여부 호출하기.
LG UI 보여주기.
```

추상 클래스에 구현한 메서드(전원 켜기)를 호출하는 과정에서 각 자식 클래스에서 재정의해서 구현한 추상 메서드가 호출된 것을 확인할 수 있습니다.

Any 클래스

비록 아무 클래스도 상속받지 않는 클래스를 정의하더라도 클래스는 **자동으로 Any 클래스를 상속**받게 됩니다. 즉, 모든 클래스는 Any 클래스를 상속받습니다.

Any 클래스는 다음과 같이 정의돼 있습니다.

```kotlin
public open class Any {
    public open operator fun equals(other: Any?): Boolean
    public open fun hashCode(): Int
    public open fun toString(): String
}
```

일반적으로 Any 클래스에 포함된 **toString, hashCode, equals** 메서드를 자식 클래스에서 모두 재정의하는 **것이 권장**됩니다. 다음은 문자열 값을 하나 생성한 후 Any 클래스를 통해 상속받은 equals, hashCode, toString 메서드를 호출하는 코드입니다.

예제 6.31 추상 클래스를 상속받는 클래스 정의　　　　　　　　　　　classstudy_part1/AnyClassStudy.kt

```kotlin
var num = "Hello"
println(num == "Hello")
println(num.hashCode())
println(num.toString())
```

실행 결과

```
true
69609650
Hello
```

해당 메서드의 역할 및 재정의와 관련된 내용은 데이터 클래스의 사용법을 공부하면서 살펴보겠습니다.

타입과는 상관없이 모든 종류의 값을 전달받고자 하는 함수나 메서드에서는 다음과 같이 값의 타입을 Any 로 지정한 경우가 많습니다.

```
public actual inline fun println(message: Any?) {
    System.out.println(message)
}
```

보다시피 지금까지 꾸준히 사용한 println 함수는 Any 타입의 객체를 전달받도록 정의돼 있습니다. 즉, println 함수는 null 값을 포함한 모든 값을 전달받아 출력할 수 있는 기능을 제공합니다.

또한 여러 값을 저장하기 위한 컬렉션에 다양한 타입의 값을 저장할 경우에도 타입 추론 과정에서 공통 조상인 Any 타입으로 타입을 결정하게 됩니다. 예를 들어, 다음 코드에서는 정수, 실수, 문자열이 저장된 리스트와 맵을 선언합니다. 여기서 각 리스트와 맵에서 저장하는 자료의 타입은 Any로 설정됩니다.

예제 6.32 Any 타입 객체를 저장하는 리스트 생성   classstudy_part1/AnyClassStudy.kt

```
// 다양한 타입의 값을 저장하는 리스트에 저장될 타입을 Any로 추론
val list: List<Any> = listOf(1, 1.234, "Hello")
// 다양한 타입의 키와 값을 저장하는 맵의 키/값 타입을 Any로 추론
val map: Map<Any, Any> = mapOf(1 to "Hello", "Hello" to 100, 1.234 to 100L)
```

여기서는 명시적으로 제네릭 타입을 Any 타입으로 설정했지만 타입 추론이 가능하므로 다음과 같이 타입을 설정하는 부분을 생략해도 무방합니다.

```
val list = listOf(1, 1.234, "Hello")
val map = mapOf(1 to "Hello", "Hello" to 100, 1.234 to 100L)
```

인터페이스

이번에는 추상 클래스와 비슷한 부분이 많지만 구체적인 동작 방식은 조금 다른 **인터페이스**에 대해 살펴 보겠습니다.

인터페이스는 추상 클래스와 마찬가지로 **추상 메서드와 구현 메서드를 포함**할 수 있습니다. 추상 클래스 와 마찬가지로 인터페이스를 통해 객체를 생성하는 것은 불가능하며, 반드시 인터페이스를 구현(상속)하

는 클래스를 통해 객체를 생성해야 합니다. (인터페이스의 경우 상속보다는 구현한다는 표현을 더 선호합니다).

단, 직접 객체를 생성할 수 없어도 생성자는 정의할 수 있는 추상 클래스와는 다르게 인터페이스에는 생성자를 정의할 수 없습니다.

인터페이스는 다음과 같이 **interface 키워드와 인터페이스의 이름을 쓰는 형태로 정의**합니다.

```
interface 인터페이스의_이름 {
    // 인터페이스 내부의 내용
}
```

인터페이스에는 구현이 완료된 메서드와 해당 인터페이스를 구현하는 자식 클래스에서 재정의해야 할 추상 메서드를 포함할 수 있습니다.

또한 인터페이스 내부에 필요한 속성도 정의할 수 있습니다. 단, 인터페이스 내부에 정의한 속성은 **값을 가질 수 없는 추상 속성(Abstract property)**이기 때문에 인터페이스 내부에서 값을 초기화하는 것이 **불가능**하며, 반드시 해당 인터페이스를 상속받는 클래스에서 해당 속성을 구현해야 합니다.

예제 6.33 인터페이스 정의   classstudy_part1/InterfaceStudy.kt

```
interface MyInterface {
    // [1]
    var prop: Int

    // [2]
    fun concreteMethod(): Int {
        return 100
    }

    // [3]
    fun abstractMethod(): Int
}
```

[1] 인터페이스 내부에 속성을 정의했습니다. 이 속성은 **추상 속성이므로 속성의 이름과 타입만 정의할 수 있습니다.** 속성값을 대입하거나 세터, 게터 메서드를 정의하는 것은 이 인터페이스를 구현하는 과정에서 수행해야 합니다.

(2) 내용이 구현된 구현 메서드를 정의합니다.

(3) 추상 메서드를 정의합니다. 추상 클래스와 달리 여기서는 **abstract 키워드를 생략**합니다. 인터페이스 내부에서 **abstract** 키워드 없이 그냥 함수를 정의한 후 함수 몸체를 쓰지 않으면(즉, 중괄호 코드 블록을 추가하거나 표현식을 대입하지 않으면) 추상 메서드를 정의하는 것으로 인식합니다. 단, 재정의할 수 없는 메서드를 정의할 수 있는 추상 클래스와는 다르게 인터페이스에서 정의한 함수는 모두 재정의가 가능합니다.

다음은 인터페이스를 구현하는 클래스를 정의한 예입니다.

예제 6.34 인터페이스를 구현하는 구현 클래스 정의   classstudy_part1/InterfaceStudy.kt

```kotlin
class ClassImplementsMyInterface(prop: Int) : MyInterface {
    // (1)
    override var prop: Int = prop
        get() = field * -1
        set(value) {
            field = if(value <= 0) value * -1 else value
        }

    // (2)
    override fun abstractMethod(): Int {
        return 100
    }
}
```

(1) 부모 인터페이스에 정의한 추상 속성을 재정의합니다. 여기서는 주 생성자를 통해 전달받은 값을 대입하는 동시에 세터, 게터 메서드도 정의합니다. 단, 세터, 게터 메서드를 반드시 정의해야 할 필요는 없으므로 원한다면 값만 대입해도 됩니다.

(2) 부모 인터페이스에서 정의한 추상 메서드를 구현합니다. 기본적으로 인터페이스는 **해당 인터페이스를 구현하는 클래스에서 메서드 재정의를 통해 특정 동작(기능)이 수행되는 것을 보장**하기 위해 사용합니다.

일반적으로 인터페이스에는 메서드의 동작 방식을 정의한 **구현 메서드보다는 추상 메서드를 정의하는 경우가 많은데**, 추상 메서드를 구현 클래스에서 구현하지 않으면 에러가 발생하므로 반드시 메서드를 재정의해서 구현해야 합니다.

인터페이스를 활용하는 다른 코드를 살펴보겠습니다. 여기서는 도형 인터페이스(Shape)를 정의해서 도형의 면적과 둘레를 구할 용도로 사용할 추상 메서드를 선언합니다. 이후 Shape 인터페이스를 구현하는 두 개의 클래스를 통해 인터페이스에 포함된 추상 메서드를 구현합니다.

예제 6.35 도형 인터페이스를 구현하는 사각형, 원 클래스 정의   classstudy_part1/ShapeExample.kt

```kotlin
// (1)
interface Shape {
    fun calculateArea(): Double
    fun calculatePerimeter(): Double
}

// (2)
class Rectangle(var width: Double, var height: Double) : Shape {
    override fun calculateArea(): Double {
        return width * height
    }

    override fun calculatePerimeter(): Double {
        return (width * 2) + (height * 2)
    }
}

// (3)
class Circle(var radius: Double) : Shape {
    override fun calculateArea(): Double {
        return Math.PI * (radius * radius)
    }

    override fun calculatePerimeter(): Double {
        return Math.PI * (2 * radius)
    }
}
```

(1) 도형(Shape) 인터페이스를 정의하면서 넓이를 계산할 메서드와 둘레를 계산할 메서드를 추상 메서드로 선언합니다.

```kotlin
interface Shape {
    fun calculateArea(): Double
```

```
    fun calculatePerimeter(): Double
}
```

(2), (3) 사각형과 원 클래스를 정의하고 인터페이스를 구현하는 과정에서 각각 추상 메서드를 구현합니다. 이때 도형의 특징에 따라 넓이와 둘레를 구하는 공식도 달라지고 공식에 필요한 값도 달라지므로 각기 다른 방식으로 추상 메서드를 구현합니다.

앞에서 정의한 사각형, 원 객체를 생성하고 활용하는 예제는 다음과 같습니다.

```
var r = Rectangle(10.0, 20.0)
// (1)
println(r.calculateArea())
println(r.calculatePerimeter())

var c = Circle(10.0)
// (2)
println(c.calculateArea())
println(c.calculatePerimeter())
```

실행 결과

```
200.0
60.0
314.1592653589793
62.83185307179586
```

(1)에서는 사각형 클래스에서 재정의한 메서드를, **(2)**에서는 원 클래스에서 재정의한 메서드를 호출합니다. 각기 정의한 동작 방식대로 계산을 진행한 결과를 출력합니다.

인터페이스와 다중 상속

추상 클래스와 달리 인터페이스는 **다중 상속이 가능**합니다. 코틀린에서는 단 하나의 클래스(혹은 추상 클래스)만 상속받을 수 있도록 허용하지만 인터페이스를 구현할 때는 **그러한 제약이 없기 때문에 여러 인터페이스를 구현하는 것이 가능**합니다.

다음은 여러 인터페이스를 구현하는 클래스입니다.

예제 6.36 여러 인터페이스를 구현하는 클래스　　　　　　　　　　　classstudy_part1/MultipleInterfaceInheritance.kt

```kotlin
// (1)
interface MyInterface1 {
    fun methodA()
    // (2)
    fun calc(x: Int, y: Int) = x + y
}

interface MyInterface2 {
    fun methodB()
    // (2)
    fun calc(x: Int, y: Int) = x * y
}

// (3)
class MultipleInterfaceExtender : MyInterface1, MyInterface2 {
    // (4)
    override fun methodA() {
        println("methodA 구현")
    }

    override fun methodB() {
        println("methodB 구현")
    }

    // (5)
    override fun calc(x: Int, y: Int) : Int {
        // (6)
        val calc1 = super<MyInterface1>.calc(x, y)
        val calc2 = super<MyInterface2>.calc(x, y)
        return calc1 + calc2
    }
}
```

(1) 클래스에서 구현할 두 개의 인터페이스를 정의합니다. 각 인터페이스에는 고유한 추상 메서드 (methodA, methodB)가 정의돼 있으며, **(2)**와 같이 **이름이 같고 내용이 이미 구현된 메서드(calc)**도 정의돼 있습니다.

(3) 콜론 뒤에 구현할 모든 인터페이스의 이름을 콤마와 함께 쓰는 방식으로 두 개의 인터페이스를 구현합니다. 동시에 **(4)**와 같이 각 인터페이스에서 구현해야 할 추상 메서드를 모두 구현합니다.

```kotlin
class MultipleInterfaceExtender : MyInterface1, MyInterface2 {
    override fun methodA() {
        println("methodA 구현")
    }

    override fun methodB() {
        println("methodB 구현")
    }

    // ...
}
```

(5) 이름이 같은 메서드를 포함한 여러 인터페이스를 상속받은 경우 다음과 같이 **인터페이스를 구현한 클래스를 통해 해당 메서드를 호출할 때 어떤 메서드를 호출해야 할지 모호해지는 문제가 발생**합니다.

```kotlin
override fun calc(x: Int, y: Int) : Int {
    // 같은 이름의 메서드를 상속받았으므로 어떤 메서드를 호출할지 모호해서 에러가 발생
    // Many supertypes available, please specify the one you mean in angle brackets, e.g. 'super<-Foo>'
    val calc = super.calc(x, y)
    return calc
}
```

즉, 여기서는 `MyInterface1` 인터페이스에 구현된 `calc` 메서드를 호출해야 할지 아니면 `MyInterface2` 인터페이스에 구현된 `calc` 메서드를 호출해야 할지 알 수 없습니다. 따라서 이러한 경우에는 반드시 자식 클래스에서 메서드를 재정의해서 어떤 인터페이스의 메서드를 호출할지 결정하도록 구현해야 합니다.

물론 메서드를 재정의하는 과정에서 인터페이스에서 구현된 내용과 전혀 다른 완전히 독립된 기능을 수행하는 코드를 작성해도 무방하지만 필요한 경우 **(6)**과 같이 **super 키워드와 구현한 인터페이스 이름을 통해 구현 메서드를 호출해서 결괏값을 활용**할 수도 있습니다.

```kotlin
// MyInterface1에 정의한 calc 메서드 호출
val calc1 = super<MyInterface1>.calc(x, y)
// MyInterface2에 정의한 calc 메서드 호출
val calc2 = super<MyInterface2>.calc(x, y)
```

단, 이 경우 **어떤 인터페이스에 속한 메서드인지 명시하기 위해 꺾쇠 안에 인터페이스의 이름을 함께 지정해서 호출**해야 합니다.

```
var ext = MultipleInterfaceExtender()

// (1)
ext.methodA()
ext.methodB()

// (2)
val result = ext.calc(2, 3)
println(result)
```

실행 결과
```
methodA 구현
methodB 구현
11
```

(1) 재정의한 추상 메서드를 호출합니다.

(2) 재정의한 calc 메서드에서 상속받은 두 인터페이스의 계산 메서드를 모두 호출한 결과를 더해서 반환하도록 구현했으므로 결괏값으로 11이 반환됩니다.

다음은 실시간 전략 시뮬레이션 게임에서 자주 등장하는 개체(유닛)를 구현하는 인터페이스 예제입니다.

예제 6.37 게임에 등장하는 유닛을 구현하기 위한 추상 클래스와 인터페이스   classstudy_part1/UnitInterface.kt

```
// (1)
abstract class Unit(val name: String, var dead: Boolean = false, var health: Int = 100) {
    fun printAttackMessage(other: Unit) {
        println("${name}이 ${other.name}을 공격합니다.")
    }
    fun printRepairMessage(other: Unit) {
        println("${name}이 ${other.name}을 수리합니다.")
    }
}

// (2)
interface Attackable {
```

```kotlin
    fun attack(other: Unit)
}
interface Repairable {
    fun repair(other: Unit)
}

// (3)
class AttackUnit(name: String, val attackAmount: Int) : Unit(name), Attackable {
    override fun attack(other: Unit) {
        printAttackMessage(other)
        other.health -= attackAmount
        if(other.health <= 0) other.dead = true
    }
}

// (4)
class RepairUnit(name: String, val repairAmount: Int) : Unit(name), Repairable {
    override fun repair(other: Unit) {
        if(!other.dead)
            printRepairMessage(other)
            other.health += repairAmount
    }
}

// (5)
class GodLikeUnit(name: String) : Unit(name), Attackable, Repairable {
    init {
        health = 1000000
    }

    override fun attack(other: Unit) {
        printAttackMessage(other)
        other.health = 0
        other.dead = true
    }

    override fun repair(other: Unit) {
        printRepairMessage(other)
        other.dead = false
```

```
        other.health = 100
    }
}
```

(1) Unit 추상 클래스를 정의하고 객체에 필요한 정보(이름, 생사 여부, 체력)를 전달 받는 주 생성자를 정의합니다.

(2) 공격, 수리 역할을 담당하는 추상 메서드를 포함한 두 개의 인터페이스를 정의합니다.

(3) 공격을 할 수 있는 유닛을 정의합니다. 객체를 생성할 때 공격 포인트(attackAmount)를 설정하고 해당 공격 포인트만큼 상대 유닛의 체력을 감소시킬 수 있게 구현합니다.

(4) 수리를 할 수 있는 유닛을 정의합니다. 공격 유닛과 비슷하게 수리 포인트(repairAmount)를 설정하고 이미 죽은 상태가 아니라면 해당 포인트만큼 상대 유닛의 체력을 증가시킬 수 있게 구현합니다.

(5) 여기서는 다중 상속을 통해서 아주 강한 유닛을 정의합니다. 공격과 수리가 모두 가능하며 공격을 하면 바로 유닛을 제거하고, 수리를 하면 비록 죽은 상태라고 하더라도 부활시켜 체력을 회복해주는 상황을 가정해서 구현합니다.

다음은 앞에서 정의한 클래스를 사용해서 공격과 수리 작업을 진행하는 예제입니다.

```
val unit1 = AttackUnit("공격 유닛 a", 80)
val unit2 = RepairUnit("수리 유닛 b", 50)
val godUnit = GodLikeUnit("만능 유닛 c")

unit1.attack(godUnit)
unit1.attack(unit2)
unit2.repair(godUnit)
godUnit.attack(unit1)

println("godUnit.health : " + godUnit.health)
println("unit2.health : " + unit2.health)
println("unit1.health : " + unit1.health)
println("unit2.dead : " + unit2.dead)
println("unit1.dead : " + unit1.dead)
```

실행 결과

```
공격 유닛 a이 만능 유닛 c을 공격합니다.
공격 유닛 a이 수리 유닛 b을 공격합니다.
```

```
수리 유닛 b이 만능 유닛 c을 수리합니다.
만능 유닛 c이 공격 유닛 a을 공격합니다.
godUnit.health : 999970
unit2.health : 20
unit1.health : 0
unit2.dead : false
unit1.dead : true
```

이렇게 추상 클래스와 인터페이스를 함께 사용해서 게임의 일부 로직을 구현하는 상황을 살펴봤습니다. 인터페이스를 상속받을 때에는 클래스와 달리 여러 인터페이스를 동시에 상속받을 수 있으므로 여기서는 공격과 수리 작업을 모두 수행하는 유닛(GodLikeUnit)을 손쉽게 정의할 수 있었습니다.

타입 확인과 타입 변환

지금까지 클래스를 상속받고 인터페이스를 구현하는 과정을 통해 속성과 구현 메서드, 추상 메서드를 물려받아 활용하는 방법을 알아봤습니다. 이처럼 필요한 속성과 메서드를 물려받을 수 있다는 사실 외에도 **상속 과정을 통해 자식 클래스는 부모 클래스로 변환 가능한 자격을 부여받는다는** 사실도 반드시 기억해 둬야 합니다.

가령 A라는 클래스를 상속받는 B 클래스는 B 클래스이면서 동시에 상속받은 클래스인 A 클래스 타입이므로 A 타입으로 변환할 수 있습니다. 즉, **상위 타입으로 자유롭게 변환**할 수 있습니다.

이어서 타입 확인 및 변환과 관련된 키워드를 통해 이 내용을 자세히 설명하겠습니다.

is, !is 키워드를 이용한 타입 확인

is 키워드를 활용하는 코드를 살펴보기에 앞서 먼저 상속 관계에 있는 클래스를 정의하겠습니다.

예제 6.38 상속 관계에 있는 클래스 정의 classstudy_part1/IsAsOperatorStudy.kt

```
open class A {
    var a = 0
    fun aMethod() = println("A Method")
}
class B : A() {
    var b = 10
    fun bMethod() = println("B Method")
```

```
}
class C : A() {
    var c = 20
    fun cMethod() = println("C Method")
}
```

상속이 가능하도록 설정한 A 클래스를 정의했고 B, C 클래스가 해당 클래스를 상속받도록 정의했습니다.

코틀린에서는 **is 키워드를 이용해 객체의 클래스 타입을 확인**할 수 있습니다. 다음 코드에서는 is 키워드를 활용하는 방법을 보여줍니다.

예제 6.39 is 키워드를 활용한 객체의 클래스 타입 확인   classstudy_part1/IsAsOperatorStudy.kt

```
// 객체 생성
var a = A()
var b = B()
var c = C()

// (1)
// a는 A 클래스의 객체
// A 클래스의 객체이므로 당연히 true
println("a is A : " + (a is A))
// B 클래스가 A 클래스를 상속받았으나 A 클래스가 B 클래스는 아니므로 false
println("a is B : " + (a is B))
// C 클래스가 A 클래스를 상속받았으나 A 클래스가 C 클래스는 아니므로 false
println("a is C : " + (a is C))

// b는 B 클래스의 객체
// B 클래스는 A 클래스를 상속받아서 B 클래스임과 동시에 A 클래스이므로 true
println("b is A : " + (b is A))
// B 클래스의 객체이므로 당연히 true
println("b is B : " + (b is B))

// c는 C 클래스의 객체
// C 클래스는 A 클래스를 상속받아서 C 클래스임과 동시에 A 클래스이므로 true
println("c is A : " + (c is A))
// C 클래스의 객체이므로 당연히 true
println("c is C : " + (c is C))

// Any는 모든 클래스에서 상속받는 클래스이므로 결과는 모두 true
```

```
println("a is Any : " + (a is Any))
println("b is Any : " + (b is Any))
println("c is Any : " + (c is Any))

// Shape 인터페이스를 상속받은 Rectangle, Circle 클래스
var rectangle = Rectangle(10.0, 20.0)
var circle = Circle(10.0)

// (2)
// 사각형 클래스는 도형 인터페이스를 구현하므로 true
println("rectangle is Shape : ${rectangle is Shape}")
// 원 클래스는 도형 인터페이스를 구현하므로 true
println("circle is Shape : ${circle is Shape}")
```

실행 결과

```
a is A : true
a is B : false
a is C : false
b is A : true
b is B : true
c is A : true
c is C : true
a is Any : true
b is Any : true
c is Any : true
rectangle is Shape : true
circle is Shape : true
```

(1) is 키워드를 사용해 클래스의 타입을 확인합니다.

is 키워드의 왼쪽에 타입을 확인하고 싶은 변수나 상수가 오고 오른쪽에는 특정 클래스나 인터페이스의 이름을 지정해 **해당 클래스나 인터페이스를 상속하거나 구현하는지 검사**할 수 있습니다.

```
println(a is A)
```

여기서 a 객체는 A 클래스의 객체이므로 당연히 is 연산의 결과로 true를 반환합니다.

(2) Shape 인터페이스를 상속받은 Rectangle, Circle 클래스를 통해 생성한 객체를 Shape 인터페이스 타입과 비교합니다.

```
println("rectangle is Shape : ${rectangle is Shape}")
println("circle is Shape : ${circle is Shape}")
```

두 클래스는 Shape 인터페이스를 구현하므로 true가 반환됩니다.

is 키워드 앞에 느낌표(!)를 붙인 !is 키워드는 is와는 반대로 해당 타입이 아님을 검사하는 데 사용합니다. 즉, !is 연산은 타입이 같지 않을 경우 true를 반환한다는 데 유의합니다.

```
// !is 키워드는 is 키워드와 반대로 동작(타입이 같지 않아야 true를 반환)
// Any는 모든 클래스에서 상속받는 클래스이므로 결과는 false
println(a !is Any)
```

> 자바에서 제공하는 instanceof 연산자가 is 키워드와 같은 역할을 수행합니다.

as 키워드를 이용한 타입 변환

타입 변환(캐스팅)은 특정 값의 타입을 다른 타입으로 변환하는 작업을 말합니다. 타입을 변환하려면 다음과 같이 as 키워드를 사용합니다.

```
var 변수이름 = 변환할변수이름 as 변환할타입이름
```

다음은 A 타입의 객체를 Any 타입으로 변환하는 예제입니다.

```
// as 키워드를 이용해 타입 변환을 수행
var any: Any = a as Any
```

모든 클래스는 자동으로 Any 클래스를 상속받으므로 어떤 객체든 Any 타입으로 변환할 수 있습니다.

업캐스팅과 다운캐스팅

캐스팅에는 자식 클래스를 부모 클래스의 타입으로 변환하는 업캐스팅(upcasting)과 부모 클래스를 자식 클래스의 타입으로 변환하는 다운캐스팅(downcasting)이라는 두 가지 방법이 있습니다.

앞서 작성한 클래스(A, B, C 클래스)를 이용해 업캐스팅과 다운캐스팅을 설명하겠습니다. 먼저 업캐스팅을 수행하는 코드부터 살펴보겠습니다.

예제 6.40 업캐스팅 수행   classstudy_part1/UpCastingDownCastingStudy.kt

```kotlin
var b = B()
var c = C()

// (1)
var upCasted1WithAsKeyword = b as A
var upCasted2WithAsKeyword = c as A

// (2)
// 업캐스팅의 경우 as 키워드 생략 가능(단, 변수의 타입에 캐스팅할 상위 타입을 명시해야 함)
var upCasted1: A = b
var upCasted2: A = c

println(upCasted1.a)
upCasted1.aMethod()
// (3)
// 원래 객체의 타입이 B 클래스지만 현재는 A 클래스 타입의 변수에 객체가 저장돼 있으므로 B 클래스
// 에 정의된 속성(b)에 접근하거나 메서드(bMethod)를 호출할 수 없음
// println(upCasted1.b)
// upCasted1.bMethod()

upCasted2.aMethod()
// println(upCasted2.c)
// upCasted2.cMethod()
```

실행 결과

```
0
A Method
A Method
```

(1) B, C 클래스 타입의 객체를 부모 클래스인 A 타입으로 변환하는 업캐스팅을 수행합니다. 여기서 as 키워드를 이용해 업캐스팅을 명시적으로 수행할 수도 있고 **(2)**와 같이 as 키워드를 생략할 수도 있습니다. 단, as 키워드는 생략하더라도 **변수의 타입을 부모 클래스의 타입으로 명시해야 타입 변환이 수행**됩니다.

변수 타입이 생략된 경우 타입 추론에 의해 본래 타입으로 변수의 타입이 설정되므로 실질적인 변환이 이뤄지지 않게 됩니다.

(3) 업캐스팅된 객체를 통해 **자식 클래스에 정의한 속성에 접근하거나 메서드를 호출하는 것은 불가능합** 니다. 객체의 원래 타입과는 상관없이 업캐스팅된 이후에는 부모 클래스 혹은 인터페이스에 존재하는 속 성과 메서드에만 접근 가능합니다.

이제 다운캐스팅을 수행하는 코드를 살펴보겠습니다.

예제 6.41 다운캐스팅 수행   classstudy_part1/UpCastingDownCastingStudy.kt

```
// (1)
var downCasted1 = upCasted1 as B
var downCasted2 = upCasted2 as C

// (2)
println(downCasted1.b)
downCasted1.bMethod()

println(downCasted2.c)
downCasted2.cMethod()
```

(1) 앞서 업캐스팅으로 상위 타입으로 변환한 객체를 다운캐스팅을 통해 원래 타입으로 변환합니다. 다운 캐스팅의 경우 **반드시 as 키워드를 사용해 명시적으로 형변환을 수행**해야 합니다.

(2) 다운캐스팅을 통해 원래의 클래스 타입으로 형변환이 이뤄졌으므로 클래스에 정의된 고유 속성과 메 서드에 접근 가능합니다. 즉, 업캐스팅을 통해 부모 클래스 타입으로 형변환이 이뤄졌더라도 재정의한 메 서드를 호출하면 자식 클래스에서 재정의한 메서드가 호출됩니다.

다음은 앞서 Phone 추상 클래스를 상속받은 자식 클래스 객체를 생성하고 업캐스팅을 통해 부모 클래스로 변환하는 예제입니다.

예제 6.42 추상 클래스를 상속받은 클래스의 객체를 업캐스팅   classstudy_part1/UpCastingDownCastingStudy.kt

```
// (1) Phone 추상 클래스를 상속받는 클래스의 객체를 생성
var galaxyPhone = GalaxyS()
var v30Phone = V30()

// 추상 클래스 타입으로 업캐스팅
var phone1 : Phone = galaxyPhone
var phone2 : Phone = v30Phone
```

```
// 실제로 실행되는 메서드는 각자 재정의된 메서드
phone1.turnOn()
phone2.turnOn()
```

실행 결과

```
CPU, RAM, 하드, 카메라, 삼성 핸드폰 전용 기능을 체크
삼성 서버로 업데이트 가능 여부 호출하기.
삼성 UI 보여주기.
CPU, RAM, 하드, 카메라, LG 핸드폰 전용 기능을 체크
LG 서버로 업데이트 가능 여부 호출하기.
LG UI 보여주기.
```

(1) Phone 추상 클래스를 상속받는 클래스의 객체를 생성해 부모 타입인 Phone 타입의 변수에 업캐스팅하고 메서드(turnOn)를 호출합니다. turnOn 메서드의 내부에서는 자식 클래스에서 재정의한 추상 메서드를 호출하도록 정의했습니다. 따라서 객체를 Phone 타입으로 업캐스팅했지만 turnOn 메서드가 호출된 결과를 살펴보면 **자식 클래스에서 재정의된 메서드가 호출**된 것을 확인할 수 있습니다.

다음과 같이 업캐스팅을 통해 인터페이스 타입으로 형변환하더라도 똑같은 방식으로 동작하며, 구현 클래스에 재정의한 메서드가 호출됩니다.

예제 6.43 인터페이스를 구현한 클래스의 객체를 업캐스팅   classstudy_part1/UpCastingDownCastingStudy.kt

```kotlin
// Shape 인터페이스를 구현한 클래스 객체 생성
var rectangle = Rectangle(10.0, 20.0)
var circle = Circle(10.0)

// 인터페이스 타입으로 업캐스팅
var shape1 : Shape = rectangle
var shape2 : Shape = circle

// 실제로 실행되는 메서드는 각자 재정의된 메서드
println(shape1.calculateArea())
println(shape1.calculatePerimeter())

println(shape2.calculateArea())
println(shape2.calculatePerimeter())
```

실행 결과

```
200.0
60.0
314.1592653589793
62.83185307179586
```

이전에 정의한 사각형, 원 클래스를 상위 인터페이스 타입(Shape)의 변수에 업캐스팅한 후 재정의된 메서드를 호출합니다. 여기서도 마찬가지로 **구현 클래스를 통해 재정의한 메서드가 호출**된 것을 확인할 수 있습니다. 즉, 업캐스팅을 수행한 후 **부모 타입의 객체를 통해 메서드를 호출해도 구현 클래스에서 메서드를 재정의했다면 재정의된 메서드가 실행**된다는 사실에 유의합니다.

> 🔍 코틀린의 형제 언어인 자바에서도 하위 타입의 값을 상위 타입으로 형변환한 후 메서드를 호출할 때, 재정의된 메서드가 있다면 재정의된 하위 타입의 메서드가 호출됩니다. C++에서도 `virtual` 키워드를 통해 가상 함수를 정의하면 똑같이 재정의된 하위 메서드가 호출되는 방식으로 동작합니다.
> 이러한 동작 방식은 여러 객체지향 언어에서 공통적으로 관찰할 수 있기 때문에 잘 기억해 두기 바랍니다.

더 알아보기 _ 업캐스팅과 다형성

업캐스팅의 경우 문법에 대한 설명을 들어도 왜 이러한 문법이 유용하게 쓰일 수 있는지 이해하기가 어렵습니다. 오히려 쓸데없이 제약(업캐스팅 후 부모 타입에 정의된 속성 및 메서드에만 접근 가능)만 부과하는 쓸모없는 문법이라는 생각이 들 수 있습니다.

업캐스팅은 객체지향 프로그래밍의 특성 중 다형성(polymorphism)을 지원하기 위해 반드시 필요합니다. 여기서 **다형성은 부모 타입의 객체가 다양한 자식 객체의 형태로 변화해서 작동할 수 있다는 특징**입니다.

그러나 글로 작성된 설명만 읽고 다형성이 무엇인지 이해하기는 어렵기 때문에 다형성이 유용하게 활용되는 구체적인 사례를 통해 살펴보겠습니다.

예제 6.44 인터페이스를 구현한 여러 구현 클래스 정의　　　　　classstudy_part1/PolymorphismStudy.kt

```kotlin
// (1)
interface Drawable {
    fun draw(c: Canvas)
}

// (2)
```

```kotlin
class Canvas(width: Int, height: Int) {
    fun drawToCanvas(d : Drawable) {
        d.draw(this)
    }
}


// (3)
// 사각형
class DrawableRectangle(val width: Int, val height: Int) : Drawable {
    private fun drawRectangle(c: Canvas) {
        println("캔버스에 ${width} x ${height} 크기의 사각형을 그립니다.")
    }
    override fun draw(c: Canvas) = drawRectangle(c)
}


// 원
class DrawableCircle(val centerX: Int, val centerY: Int, val radius: Int) : Drawable {
    private fun drawCircle(c: Canvas) {
        println("캔버스의 (${centerX}, ${centerY}) 위치에 반지름이 ${radius}인 원을 그립니다.")
    }
    override fun draw(c: Canvas) = drawCircle(c)
}


// 선
class DrawableLine(val x1: Int, val y1: Int, val x2: Int, val y2: Int) : Drawable {
    private fun drawLine(c: Canvas) {
        println("캔버스의 (${x1}, ${y1}) 위치에서 시작하여 (${x2}, ${y2}) 위치에서 끝나는 선을 그립니다.")
    }
    override fun draw(c: Canvas) = drawLine(c)
}


// 배경색
class DrawableBackground(val red: Int, val green: Int, val blue: Int) : Drawable {
    override fun draw(c: Canvas) = println("캔버스에 배경색(${red}, ${green}, ${blue})을 칠합니다.")
}
```

(1) 무언가를 그릴 수 있는 인터페이스를 정의합니다. 인터페이스 내부에는 그림을 그릴 대상인 캔버스 객체를 전달받는 그림 그리기 추상 메서드인 draw를 선언합니다.

```
// 무언가를 그릴 수 있는 기능을 제공하는 인터페이스 정의
interface Drawable {
    // 전달받은 캔버스에 그림을 그리는 추상 메서드
    fun draw(c: Canvas)
}
```

(2) 그림을 그릴 대상인 Canvas 클래스를 정의합니다.

```
class Canvas(width: Int, height: Int) {
    // 인터페이스 타입의 객체를 전달받아서 그림 그리기 메서드를 호출
    fun drawToCanvas(d : Drawable) {
        d.draw(this)
    }
}
```

drawToCanvas 메서드를 통해 **Drawable 인터페이스를 구현하는 객체를 전달**하면 해당 객체의 draw 메서드를 호출함과 동시에 캔버스 객체(this)를 전달합니다.

(3) 인터페이스의 추상 메서드를 구현한 다양한 클래스를 정의합니다.

여기서 정의한 클래스는 **모두 무언가를 그리기 위해 사용된다는 공통의 목적이 있는 클래스**지만 구현된 방식은 조금씩 다른 것을 확인할 수 있습니다. 즉, 생성자, 속성, 내부 메서드를 각기 다르게 정의합니다.

앞에서 정의한 클래스를 활용하는 코드는 다음과 같습니다.

```
val c = Canvas(500,500)
// (1)
val drawables = mutableListOf<Drawable>();
drawables.add(DrawableRectangle(200, 200))
drawables.add(DrawableCircle(250, 250, 50))
drawables.add(DrawableLine(0, 0, 500, 500))
drawables.add(DrawableBackground(255, 0, 0))

for(d in drawables) {
    // (2)
    c.drawToCanvas(d)
}
```

실행 결과

캔버스에 200 x 200 크기의 사각형을 그립니다.
캔버스의 (250, 250) 위치에 반지름이 50인 원을 그립니다.

> 캔버스의 (0, 0) 위치에서 시작하여 (500, 500) 위치에서 끝나는 선을 그립니다.
> 캔버스에 배경색(255, 0, 0)을 칠합니다.

[1] Drawable 타입의 객체를 저장할 리스트를 생성하고 여러 객체를 추가합니다. 객체가 추가되는 시점에 Drawable 타입으로 업캐스팅이 일어납니다.

[2] 리스트를 순회하며 drawToCanvas 메서드를 호출하며, Drawable 인터페이스를 구현한 객체를 전달합니다.

캔버스의 그리기 메서드에서 관심 있는 것은 메서드에 전달된 객체가 그릴 수 있는 기능을 제공하는지 여부밖에 없습니다. 구체적으로 무엇을 어떻게 그릴지는 인터페이스를 구현한 클래스에서 담당합니다. 여기서 부모 타입(Drawable)으로 업캐스팅됐더라도 자식 타입에서 재정의한 메서드가 호출된다는 개념이 활용됩니다.

즉, 객체(d)는 부모 타입(Drawable)의 객체지만 리스트를 순회하는 **매 시점마다 해당 인터페이스를 구현하고 있는 구체적인 클래스(사각형, 원, 선, 배경)에서 재정의한 메서드를 실행**하게 됩니다. 이처럼 구체적인 동작 방식(그리는 대상과 그려지는 방식)이 달라지게 되므로 다형성이라는 개념이 성립하는 것입니다.

인터페이스를 구현하지 않는 방식으로 똑같은 기능을 수행하도록 코드를 작성해야 한다면 캔버스 객체에 다음과 같이 구체적인 클래스를 전달받는 메서드를 모두 오버로딩하는 방식으로 정의해야 할 것입니다.

```kotlin
// Drawable 인터페이스 삭제
class Canvas(width: Int, height: Int) {
    // 다양한 객체를 받는 메서드 오버로딩
    fun drawToCanvas(d : DrawableRectangle) {
        d.draw(this)
    }
    fun drawToCanvas(d : DrawableCircle) {
        d.draw(this)
    }
    fun drawToCanvas(d : DrawableLine) {
        d.draw(this)
    }
    fun drawToCanvas(d : DrawableBackground) {
        d.draw(this)
    }
}

// Drawable 인터페이스를 구현하지 않는 클래스를 정의
class DrawableRectangle(val width: Int, val height: Int) {
    private fun drawRectangle(c: Canvas) {
        println("캔버스에 ${width} x ${height} 크기의 사각형을 그립니다.")
```

```
    }
    fun draw(c: Canvas) = drawRectangle(c)
}

class DrawableCircle(val centerX: Int, val centerY: Int, val radius: Int) { /* ... */ }
class DrawableLine(val x1: Int, val y1: Int, val x2: Int, val y2: Int) { /* ... */ }
class DrawableBackground(val red: Int, val green: Int, val blue: Int) { /* ... */ }
```

또한 모든 클래스가 **Drawable** 인터페이스를 구현한다는 공통점이 사라진 상황이므로 리스트를 통해 **그룹처럼 관리할 수 없고** 다음과 같이 개별 객체를 통해 그리기 메서드를 **호출**해야 할 것입니다.

```
val c = Canvas(500,500)

// 그룹으로 관리할 수 없으므로 개별 객체를 생성
val rectangle = DrawableRectangle(200, 200)
val circle = DrawableCircle(250, 250, 50)
val line = DrawableLine(0, 0, 500, 500)
val background = DrawableBackground(255, 0, 0)

// 오버로딩된 메서드에 개별 객체를 전달
c.drawToCanvas(rectangle)
c.drawToCanvas(circle)
c.drawToCanvas(line)
c.drawToCanvas(background)
```

이처럼 다형성을 활용할 수 없다면 코드가 길어지고 중복되는 부분도 많아져서 코드를 관리하는 데 어려움이 있을 것입니다.

지금까지 인터페이스를 상속받는 클래스를 통해 다형성을 설명했습니다. 하지만 일반 클래스 혹은 추상 클래스를 상속한 클래스를 부모 타입으로 업캐스팅하더라도 부모 객체의 타입을 통해 재정의한 메서드를 호출한다는 개념은 동일하게 적용됩니다.

스마트 캐스트

스마트 캐스트(Smart cast)는 타입 확인이 끝난 시점에 자동으로 해당 타입으로 변환하는 기능입니다. 다음 예제를 봅시다.

예제 6.45 조건문과 is 키워드를 이용한 스마트 캐스트   classstudy_part1/UpCastingDownCastingStudy.kt

```kotlin
// (1)
var strToAny: Any = " Hello "
// strToAny.trim()


// (2)
if(strToAny is String) {
    // (3)
    var s = strToAny as String
    println(s.trim())


    // (4)
    println(strToAny.trim())
}
```

(1) 문자열 타입의 값을 Any 타입의 변수로 형변환하고 trim 메서드를 호출합니다.

```
// Any 타입에는 trim 메서드가 존재하지 않으므로 호출 불가
strToAny.trim()
```

앞에서 설명했듯이 부모 클래스 타입으로 **형변환(캐스팅)**하고 나면 접근 가능한 속성과 메서드가 부모 클래스 타입에 속한 속성과 메서드로 한정됩니다. 따라서 trim 메서드를 호출하려고 해도 Any 타입에는 해당 메서드가 존재하지 않으므로 호출이 불가능합니다.

(2) is 키워드를 사용해 타입을 확인한 후 문자열 타입인 경우 블록 내부로 진입합니다.

이후 **(3)**처럼 명시적인 타입 변환을 통해 문자열 타입으로 변환한 후 trim 메서드를 호출하는 것도 가능합니다. 그러나 이미 검증을 통해 strToAny에 저장된 객체가 **문자열 타입이라는 것을 확신할 수 있는 상황**이므로 내부적으로 미리 형변환을 수행합니다. 따라서 **(4)**와 같이 곧바로 문자열 메서드인 trim을 호출할 수 있게 됩니다.

스마트 캐스트는 다음과 같이 when - case 표현식에서도 활용할 수 있습니다.

예제 6.46 when - case 표현식과 is 키워드를 이용한 스마트 캐스트   classstudy_part1/UpCastingDownCastingStudy.kt

```kotlin
var data: Any = "String"
// data = 1234


var result : Any? = when(data) {
```

```kotlin
    // (1)
    // 문자열 관련 메서드 호출
    is String -> data.toLowerCase()
    // 숫자 관련 메서드 호출
    is Int -> data.inc()
    else -> null
}
println(result)
```

실행 결과

```
string
```

(1) 조건 비교 구문에서 **is** 키워드를 이용해 특정 타입인지 비교합니다. 코드 블록에서는 **스마트 캐스트를 통해 자동 형변환이 이뤄지므로 고유의 메서드를 곧바로 호출할 수 있습니다.**

더 알아보기 _ 스마트 캐스팅의 내부 동작 방식

스마트 캐스팅 과정에서 마법 같은 일이 일어나는 것은 아닙니다. **형변환 작업을 수행하는 코드를 자동으로 삽입**하는 것이 전부입니다.

다음 코드는 앞에서 설명한 코드를 자바 코드로 디컴파일한 결과입니다. 타입 검사 이후 **(1)**에 명시적인 형변환 코드가 자동으로 삽입된 것을 확인할 수 있습니다.

```java
Object str = " Hello ";
String data;
if(str instanceof String) {
    // (1)
    data = (String)str;
    data = StringsKt.trim((CharSequence)data).toString();
    System.out.println(data);
}
```

안전한 형변환을 위한 as? 키워드

좀 더 안전하게 형변환 작업을 수행하기 위해 **as?** 키워드를 사용할 수도 있습니다. as 키워드와 as? 키워드 모두 형변환 작업을 수행하는 데 사용하지만 세부적인 동작 방식에 차이점이 있습니다. 다음 코드를 봅시다.

예제 6.47 as? 키워드를 이용한 형변환   classstudy_part1/IsAsOperatorStudy.kt

```kotlin
// as 키워드와 as? 키워드(safe cast)의 차이
var value: Any = "String"

// (1)
var intValue1 = value as Int

// (2)
var intValue2 = value as? Int
println(intValue2)
```

실행 결과
```
null
```

(1) as 키워드로 타입을 변환할 경우 원래 타입과 변환할 타입이 일치하지 않아 타입 변환에 실패하면 **ClassCastException** 예외가 발생합니다.

(2) as? 키워드를 이용해 타입을 변환하는 과정에서 타입 변환에 실패하면 예외가 발생하는 대신 결괏값으로 null 값을 반환합니다. 따라서 as? 키워드를 이용할 경우 좌측 변수의 타입은 추론을 통해 null 허용 타입으로 설정됩니다. 여기서는 Int가 아닌 Int? 타입으로 변수 타입이 정해집니다.

도전과제

Q1 _ 좌표평면 위에 존재하는 한 점의 위치를 저장하는 데 사용할 Point 클래스를 정의하고 주 생성자를 통해 실수 타입의 x, y 속성값을 전달받을 수 있게 한 후 다른 Point 객체를 전달받아 해당 점과의 거리를 구하는 calculateDistanceFrom 메서드를 구현하세요.

(필요하다면 메서드를 구현하는 과정에서 함수 파트에서 작성한 calculateDistance 함수의 구현을 참조하세요.)

객체 사용법

```
val p1 = Point(0.0, 0.0)
val p2 = Point(5.0, 5.0)
println(p1.calculateDistanceFrom(p2))
```

예상 실행 결과

```
7.0710678118654755
```

(해답: challenges.ch06.PointClass.kt)

Q2 _ 앞서 정의한 Point 클래스에 move 메서드를 추가하고 다른 Point 객체를 전달받아 해당 객체의 x, y 값만큼 위치를 이동시킨 새로운 Point 객체를 생성해서 반환하도록 구현하세요.

객체 사용법

```
val p3 = Point(2.0, 1.0)
val p4 = Point(4.0, 7.0)
val p5 = p3.move(p4)
println("${p5.x},${p5.y}")
```

예상 실행 결과

```
6.0,8.0
```

(해답: challenges.ch06.PointClass.kt)

Q3 _ 분수를 표현하기 위한 Fraction 클래스를 정의하고 주 생성자로 분자(numerator)와 분모(denominator) 속성값을 전달받게 하세요.

객체 사용법
```
var f1 = Fraction(3, 4)
var f2 = Fraction(1, 10)
```

(해답: challenges.ch06.FractionClass.kt)

Q4 _ Fraction 클래스의 속성값을 Double 타입값으로 변환하는 toDouble 메서드를 정의하세요.

메서드 사용법
```
var f1 = Fraction(3, 4)

// 분수로 3/4이므로 0.75를 반환
println(f1.toDouble())
```

예상 실행 결과
```
0.75
```

(해답: challenges.ch06.FractionClass.kt)

Q5 _ 앞에서 정의한 Fraction 클래스에 다른 분모값을 가진 객체를 더할 수 있도록 다음과 같이 최소공배수를 구하는 lcm 메서드와 최대공약수를 구하는 gcd 메서드를 클래스 내부에서만 사용할 수 있도록 private 접근 제어자를 이용해 정의하세요.

lcm 메서드와 gcd 메서드 구현
```
private fun lcm(a: Int, b: Int) : Int {
    return (a * b) / gcd(a, b)
}

private fun gcd(a: Int, b: Int) : Int {
    var gcd = 1
    for(i in 2..kotlin.math.min(a, b)) {
        if(a % i == 0 && b % i == 0) {
            gcd = i
        }
    }
    return gcd
}
```

이후 분모값을 이용해 최소공배수를 계산해서 공통 분모를 구한 후 덧셈, 뺄셈 연산을 할 수 있도록 add, sub 메서드를 추가하세요.

객체 사용법

```
var f3 = f1.add(f2)
var f4 = f1.sub(f2)

println(f3)
println(f4)
```

예상 실행 결과

```
17/20
13/20
```

(해답: challenges.ch06.FractionClass.kt)

Q6 _ 두 개의 Double 타입의 실숫값을 전달받아 Double 타입의 값을 반환하는 calculate 추상 메서드를 포함한 Calculable 인터페이스를 정의하세요.

(해답: challenges.ch06.CalculableInterfaceExercise.kt)

Q7 _ Calculable 인터페이스를 구현하는 Add, Subtract 클래스를 정의하고 calculate 메서드에서 두 값을 더하고 뺀 값을 반환할 수 있도록 추상 메서드를 재정의하세요.

(해답: challenges.ch06.CalculableInterfaceExercise.kt)

Q8 _ Calculable 타입의 객체와 두 실숫값을 전달받는 doCalculation 함수를 정의하고 해당 함수에 Add, Subtract 클래스의 객체와 임의의 두 실숫값을 전달해서 반환받은 결과를 출력하세요.

함수 사용법

```
var add = Add()
var sub = Subtract()

var res1 = doCalculation(add, 3.0, 4.0)
var res2 = doCalculation(sub, 10.0, 4.0)

println(res1)
println(res2)
```

예상 실행 결과

```
7.0
6.0
```

(해답: challenges.ch06.CalculableInterfaceExercise.kt)

Q9 _ 앞에서 인터페이스 파트를 살펴보며 정의한 Shape 인터페이스를 수정해서 calculateArea, calculatePerimeter 추상 메서드 대신 area, perimeter 추상 속성을 정의하고 해당 인터페이스를 구현한 Rectangle, Circle 클래스에 각 속성의 게터를 통해 넓이와 둘레를 계산한 값을 반환받을 수 있도록 수정하세요.

사용 예

```
var r = Rectangle(10.0, 20.0)
println(r.area)
println(r.perimeter)

var c = Circle(10.0)
println(c.area)
println(c.perimeter)
```

예상 실행 결과

```
200.0
60.0
314.1592653589793
62.83185307179586
```

(해답: challenges.ch06.ModifyShapeExample.kt)

chapter

07

객체지향 프로그래밍 고급

이전 클래스 파트에서는 클래스를 정의하는 방법 및 객체 생성과 관련된 기초적인 내용을 살펴 봤습니다. 이번 파트에서는 클래스와 관련된 좀 더 심화된 문법을 설명합니다.

이번 파트에서는 먼저 익명 클래스와 코틀린 언어에서 제공하는 다양한 클래스의 특징 및 활용법을 살펴 봅니다. 이후 클래스를 확장할 수 있게 도와주는 확장 함수와 중위 표기법 메서드의 사용 방법을 살펴보고, 마지막으로 프로그램을 작성하는 과정에서 자주 사용되는 미리 정의된 클래스도 살펴봅니다.

object 키워드와 익명 클래스

익명 클래스는 말 그대로 **이름이 없는 클래스로**, 익명 클래스를 이용하면 간단하게 클래스를 상속받는 자식 클래스를 정의하는 동시에 객체를 생성할 수 있습니다.

보통 인터페이스를 구현하는 과정에서 수행하는 작업은 추상 메서드를 재정의하는 작업밖에 없기 때문에 귀찮은 클래스 정의 과정을 건너뛰고 간단하게 익명 클래스를 통해 객체를 생성할 수 있다면 더 간결한 코드를 작성할 수 있습니다. 특히 GUI 기반 프로그램을 작성하는 과정에서 **이벤트 처리와 관련된 추상 메서드를 재정의**해야 할 때가 많은데, 이러한 상황에서 익명 클래스를 자주 이용하게 됩니다.

다음은 익명 클래스를 생성하는 데 사용할 클래스와 인터페이스를 정의한 예제입니다.

예제 7.1 상속을 받기 위해 사용할 클래스와 인터페이스 정의 classstudy_part2/AnonymousClassStudy.kt

```kotlin
// 상속이 가능한 클래스
open class OpenClass {
    fun func1() {
        println("from func1")
    }
    open fun func2() {
        println("from func2")
    }
}

// 추상 클래스
abstract class MyAbstractClass {
    var x: Int = 10
    var s: String = "Hello"

    fun concreteFunction() {
        println("from concrete")
    }
    abstract fun abstractFunction()
}

// 인터페이스
interface MyInterface {
    fun abstractFunction()
}
```

익명 클래스를 만들기 위해서는 **object** 키워드를 이용합니다. object 키워드 오른쪽에 콜론 기호를 쓰고 상속받을 클래스 혹은 구현할 인터페이스의 이름을 씁니다. 이어지는 중괄호 코드 블록 안에 곧바로 재정의할 메서드의 내용을 작성하는 방식으로 **익명 클래스를 정의하는 동시에 해당 클래스의 객체를 생성**합니다.

```
object : 상속 클래스 혹은 구현 인터페이스 이름 {
    // 필요한 메서드 구현
}
```

다음은 앞에서 정의한 클래스, 추상 클래스, 인터페이스를 이용해 실제 익명 클래스의 객체를 생성하는 예제입니다.

예제 7.2 **object** 키워드를 이용한 클래스 상속 및 인터페이스 구현   classstudy_part2/AnonymousClassStudy.kt

```
// (1)
// 클래스를 상속받는 익명 클래스 선언 및 객체 생성
var o = object : OpenClass() {
    override fun func2() {
        println("from func2 (override)")
    }
}
o.func1()
o.func2()


// (2)
// 추상 클래스를 상속받는 익명 클래스 선언 및 객체 생성
var ab = object : MyAbstractClass() {
    override fun abstractFunction() {
        println("from abstract")
    }
}
println(ab.x)
println(ab.s)
ab.concreteFunction()
ab.abstractFunction()


// (3)
// 인터페이스를 구현하는 익명 클래스 선언 및 객체 생성
var i = object : MyInterface {
    override fun abstractFunction() {
        println("from abstract")
    }
}
i.abstractFunction()
```

실행 결과

```
from func1
from func2 (override)
10
Hello
from concrete
```

```
from abstract
from abstract
```

(1) 클래스를 상속받으며 재정의를 허용한 메서드를 재정의합니다.

(2) 추상 클래스를 상속받으며 추상 메서드를 재정의합니다.

(3) 인터페이스를 구현하며 추상 메서드를 재정의합니다.

클래스와 인터페이스를 상속 및 구현하는 동시에 객체를 생성했고, 메서드를 호출하면 재정의한 메서드가 호출되는 것을 확인할 수 있습니다.

이번에는 자바의 GUI 개발 라이브러리인 스윙(Swing)에서 제공하는 버튼 컴포넌트(JButton)를 설정하는 과정에서 실제로 익명 클래스가 활용되는 방식을 살펴보겠습니다. 다음은 버튼 클래스에서 버튼이 클릭된 이후의 작업을 정의하기 위해 사용되는 **ActionListener** 인터페이스를 익명 클래스 형태로 정의한 후 생성된 객체를 메서드로 전달하는 코드입니다. 단, 스윙 라이브러리의 구체적인 사용법은 이 책에서 다루지 않기 때문에 여기서는 작동이 이뤄지는 큰 맥락만 살펴보겠습니다.

예제 7.3 익명 클래스를 이용한 이벤트 리스너 인터페이스 구현   classstudy_part2/AnonymousClassStudy.kt

```
// 버튼 객체 생성
var btn = JButton("Button")

// 이벤트 리스너 인터페이스를 익명 클래스를 이용해 구현
btn.addActionListener(object : ActionListener {
    override fun actionPerformed(e: ActionEvent?) {
        println(e)
        println("Button clicked!")
    }
})
```

여기서 구현하는 ActionListener 인터페이스는 재정의해야 할 하나의 추상 메서드(actionPerformed)만 포함하는 인터페이스인 것을 확인할 수 있습니다. 이처럼 **하나의 추상 메서드(Single Abstract Method)만 포함하고 있는 인터페이스를 함수형 인터페이스(Functional Interface)**라고 합니다. 만약 **인터페이스가 함수형 인터페이스일 경우 다음과 같이 람다 함수의 형태로 축약해서 인터페이스를 구현**할 수 있습니다.

예제 7.4 람다 함수를 이용한 함수형 인터페이스 구현   classstudy_part2/AnonymousClassStudy.kt

```kotlin
btn.addActionListener {
    // 전달받는 ActionEvent 객체의 이름을 e로 정의
    e ->
    println(e)
    println("Button clicked!")
}
```

추상 메서드를 통해 전달받는 인자값이 하나라면 다음과 같이 더 축약된 코드를 작성할 수 있습니다. 이 경우 전달받는 객체에 접근할 때 it이라는 대명사를 사용해 접근합니다.

```kotlin
btn.addActionListener {
    // 매개변수의 이름을 지정하는 구문을 생략하고 it이라는 대명사로 객체에 접근
    // e ->
    println(it)
    println("Button clicked!")
}
```

만약 함수형 인터페이스를 구현하는 익명 객체를 축약된 코드로 생성하고 싶은 경우에는 다음과 같이 인터페이스의 이름을 쓴 다음, 람다 함수 블록을 정의해서 추상 메서드를 구현합니다.

```kotlin
// 이벤트 리스너 인터페이스를 익명 클래스를 활용해 람다 함수를 사용하는 축약된 코드로 구현
val listener = ActionListener {
    println(it)
    println("Button clicked!")
}
// 이후 리스너 객체 활용
btn.addActionListener(listener)
```

> 🔍 람다 함수를 인터페이스 구현 객체로 바꾸는 이러한 변환 작업을 SAM 변환(SAM Conversion)이라고 합니다. 단, 람다 함수를 전달했다고 해서 실제로 해당 함수를 그대로 사용하는 것은 아니며, 람다 함수의 내용을 바탕으로 구현된 추상 메서드를 포함한 익명 클래스가 생성됩니다.

다음은 마우스와 관련된 여러 이벤트(마우스 버튼 클릭, 누르기, 떼기 등등)를 처리하는 데 필요한 MouseListener 인터페이스를 익명 클래스를 통해 구현하는 예제입니다. MouseListener 인터페이스에는 구

현해야 할 추상 메서드가 두 개 이상 포함돼 있으므로 함수형 인터페이스가 아닙니다. 따라서 **람다 함수를 활용해 축약 코드를 작성할 수 없으므로** 다음과 같이 object 키워드를 통해 익명 클래스 객체를 생성해야 합니다.

```kotlin
btn.addMouseListener(object : MouseListener {
    override fun mouseReleased(e: MouseEvent?) {
        println("mouseReleased")
    }
    override fun mouseEntered(e: MouseEvent?) {
        println("mouseEntered")
    }
    override fun mouseClicked(e: MouseEvent?) {
        println("mouseClicked")
    }
    override fun mouseExited(e: MouseEvent?) {
        println("mouseExited")
    }
    override fun mousePressed(e: MouseEvent?) {
        println("mousePressed")
    }
})
```

데이터 클래스

단순히 값을 저장하기 위한 용도로 클래스를 활용할 것이라면 **data 키워드를 이용해 클래스를 데이터 클래스로 정의**할 수 있습니다. 클래스를 데이터 클래스로 정의하면 유용하게 활용할 수 있는 여러 메서드를 자동으로 구현해줍니다.

데이터 클래스를 정의하는 형식은 다음과 같습니다.

예제 7.5 데이터 클래스 정의   classstudy_part2/DataClassStudy.kt

```kotlin
data class Person(var name: String, var age: Int)
```

예제에서는 두 개의 속성을 가진 데이터 클래스를 정의했습니다. 여기서는 단순히 값을 저장할 용도로 클래스를 정의했고, 메서드를 하나도 정의하지 않았으므로 중괄호도 없다는 것을 확인할 수 있습니다.

이제 데이터 클래스를 정의했을 때 자동으로 구현되는 메서드를 살펴보고 각 메서드가 어떤 역할을 수행하는지 알아보겠습니다.

> 🔍 기본적으로 데이터 클래스의 주 용도는 값을 저장하는 것이지만 데이터 클래스에 필요한 메서드를 정의하는 데 특별한 제약이 있는 것은 아닙니다.

toString 메서드

toString 메서드는 **객체의 내용을 나타낼 문자열을 반환**하는 메서드입니다. 데이터 클래스에 구현된 toString 메서드에서는 다음과 같이 클래스의 이름과 속성 이름, 속성값 내용이 포함된 문자열을 반환합니다.

클래스이름(속성1=속성값1, 속성2=속성값2, ..., 속성n=속성값n)

예제 7.6 toString 메서드 사용　　　　　　　　　　　　　　　　　classstudy_part2/DataClassStudy.kt

```
var p1 = Person("김철수", 20)

var personToString = p1.toString()
println(personToString)

// (1)
println(p1)
```

실행 결과
```
Person(name=김철수, age=20)
Person(name=김철수, age=20)
```

toString 메서드를 호출해서 직접 문자열을 반환받을 수 있고 **(1)**과 같이 println 함수에 객체를 전달하면 내부적으로 toString 메서드를 호출해서 문자열로 변환한 후 출력하므로 간편하게 객체의 내용을 확인할 수 있습니다.

equals 메서드

equals 메서드는 **두 객체가 논리적으로 같은지 여부를 판단**하기 위해 사용하는 메서드입니다.

예제 7.7 ==, === 연산자 사용   classstudy_part2/DataClassStudy.kt

```
var p1 = Person("김철수", 20)
var p2 = Person("김영희", 30)
var p3 = Person("김철수", 20)

// (1)
println(p1 == p2)
println(p1 == p3)

// (2)
println(p1 === p3)
```

실행 결과
```
false
true
false
```

(1) 비교 연산자(==)를 이용해 두 객체의 내용(속성값)이 같은지 비교합니다. **비교 연산자를 사용하면 내부적으로는 equals 메서드가 호출되고 메서드의 인자값으로 비교할 대상 객체가 전달**됩니다. 가령 p1 == p2는 다음과 같은 형태로 변환되며 equals 메서드가 호출됩니다.

```
p1.equals(p2)
```

일반적으로 equals 메서드 내부에서는 먼저 두 객체의 클래스 타입이 같은지 비교한 후 내부의 속성값이 모두 같은지를 비교하는 방식으로 두 객체가 논리적으로 같은지 여부를 판별합니다.

(2) 참조 비교 연산자(===)를 이용해 두 객체의 참조가 같은지를 비교합니다.

생성자를 통해 새로운 객체를 생성할 때마다 힙(Heap)이라는 이름이 붙은 특정 메모리 영역에 객체가 생성됩니다. 따라서 **객체를 생성할 때마다 서로 다른 참조(메모리 주소)를 가진 객체가 생성**됩니다.

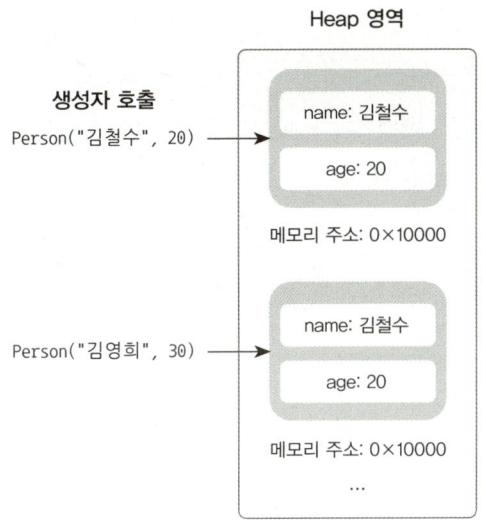

그림 7-1 매 생성자 호출 시 새로 힙 영역에 생성되는 객체

비록 p1과 p3 객체에 저장된 속성값은 모두 같더라도(즉, 서로 같은 정보를 저장하고 있는 논리적으로는 같은 객체) 두 객체는 생성자를 통해 생성된, 독립된 메모리 공간을 점유하는 참조가 다른 객체이므로 여기서는 false를 반환합니다.

일반적으로 두 값을 비교할 때는 서로 다른 힙 메모리 주소를 참조하는 객체인지 여부를 비교하기보다 논리적으로 두 객체가 같은지 비교하는 경우가 더 많습니다. 따라서 상대적으로 비교 연산자에 비해 참조 비교 연산자의 사용 빈도는 낮은 편입니다.

더 알아보기 _ 자바와 코틀린에서 동등 비교 연산자(==)의 차이점

자바를 이용해 개발하다 코틀린 언어를 접할 경우 달라진 == 연산자의 역할 때문에 당황할 수 있습니다. 즉, 자바에서는 == 연산자를 두 객체의 참조가 같은지 비교하기 위해 쓰지만 **코틀린에서는 == 연산자를 두 객체의 내용(값)이 같은지 비교하기 위해 사용**합니다.

자바에서 쓰는 참조 비교 연산자(==)와 같은 역할을 하는 코틀린의 연산자는 === 연산자로서 앞에서 살펴봤듯이 두 객체의 참조가 같은지 여부를 비교합니다.

copy 메서드

copy 메서드는 **객체를 복사**하기 위해 사용하는 메서드입니다. 메서드를 호출하면 원본 객체에 있는 모든 속성값들이 복사된 새로운 객체가 생성됩니다. 메서드에 인자값을 전달하는 방식으로 일부 속성값을 변경해서 복사 객체를 생성할 수도 있습니다.

예제 7.8 copy 메서드 사용   classstudy_part2/DataClassStudy.kt

```
// (1)
var copied1 = p1.copy()
println(copied1)

// (2)
println(p1 === copied1)

// (3)
// 나이는 그대로 두고 이름만 변경해서 복사
var copied2 = p1.copy(name="박철수")
// 이름은 그대로 두고 나이만 변경해서 복사
var copied3 = p1.copy(age=50)
println(copied2)
println(copied3)
```

실행 결과
```
Person(name=김철수, age=20)
false
Person(name=박철수, age=20)
Person(name=김철수, age=50)
```

(1) copy 메서드를 호출해서 객체(p1)의 내용을 복사한 새로운 객체를 생성한 후 객체의 내용을 출력합니다. 복사된 객체이므로 내용은 같습니다.

```
var copied1 = p1.copy()
println(copied1)
```

(2) 원래 객체와 새로 생성된 복사 객체는 속성값에 저장된 내용은 같아도 참조는 같지 않기 때문에 참조 비교 연산자의 적용 결과로 false를 반환합니다.

```
println(p1 === copied1)
```

(3) copy 메서드를 실행하면서 명명 인자를 전달하는 형식으로 속성값을 전달하면 해당 속성의 내용만 변경된 복사 객체를 만들 수 있습니다. 여기서는 원래 객체에서 이름만 변경한 복사 객체와 나이만 변경만 복사 객체를 생성합니다. 실행 결과를 살펴보면 기존 속성값은 그대로 복사되고 새로 전달한 속성값만 변경된 것을 확인할 수 있습니다.

```
var copied2 = p1.copy(name="박철수")
var copied3 = p1.copy(age=50)
```

데이터 클래스를 통해 제공되는 **copy 메서드는 얕은 복사(shallow copy)를 수행하여 속성값을 복사**합니다. 얕은 복사는 참조를 복사하기 때문에 주의해서 쓰지 않으면 뜻하지 않은 결과가 발생할 수 있습니다.

다음 예제에서는 데이터 클래스를 정의하고 좋아하는 것들에 대한 정보를 저장할 리스트 타입의 속성 (favorites)이 포함돼 있습니다.

```
data class PersonForShallowCopy(var name : String, var age: Int, var favorites: MutableList<String>)
```

다음은 앞에서 정의한 데이터 클래스 객체를 복사하는 과정에서 생기는 문제점을 보여주는 코드입니다.

예제 7.9 copy 메서드를 이용한 얕은 복사   classstudy_part2/ShallowCopyStudy.kt

```
val p = PersonForShallowCopy("김철수", 20, mutableListOf("게임", "독서", "요리"))
val copied = p.copy()

// (1)
println(p.name === copied.name)
println(p.age === copied.age)
println(p.favorites === copied.favorites)
println("p : ${p}")
println("copied : ${copied}")

// (2)
copied.name = "이영희"
copied.age = 30

// (3)
```

```
copied.favorites[0] = "수영"
copied.favorites.add("등산")

// (4)
println(p.name === copied.name)
println(p.age === copied.age)
println(p.favorites === copied.favorites)
println("p : ${p}")
println("copied : ${copied}")

// (5)
copied.favorites = mutableListOf<String>()
copied.favorites.add("수영")
copied.favorites.add("등산")

// (6)
println(p.name === copied.name)
println(p.age === copied.age)
println(p.favorites === copied.favorites)
println("p : ${p}")
println("copied : ${copied}")
```

실행 결과

```
// (1)
true
true
true
p : PersonForShallowCopy(name=김철수, age=20, favorites=[게임, 독서, 요리])
copied : PersonForShallowCopy(name=김철수, age=20, favorites=[게임, 독서, 요리])
// (4)
false
false
true
p : PersonForShallowCopy(name=김철수, age=20, favorites=[수영, 독서, 요리, 등산])
copied : PersonForShallowCopy(name=이영희, age=30, favorites=[수영, 독서, 요리, 등산])
// (6)
false
false
false
```

```
p : PersonForShallowCopy(name=김철수, age=20, favorites=[수영, 독서, 요리, 등산])
copied : PersonForShallowCopy(name=이영희, age=30, favorites=[수영, 등산])
```

(1) 기본적으로 참조 복사가 진행되어 모두 같은 참조를 가리키므로 모두 참 값을 출력합니다.

```
println(p.name === copied.name)
println(p.age === copied.age)
println(p.favorites === copied.favorites)
```

(2) 이름과 나이를 변경하며 **(3)**에서 리스트의 정보를 수정함과 동시에 새로운 취미 정보도 추가합니다. **(4)**의 출력 결과를 살펴보면 이름과 나이는 복사된 객체에서만 수정한 내용으로 변경됐습니다. 반면 취미 정보는 복사된 객체를 통해 수정한 내용과 추가한 내용이 복사된 객체는 물론 원본 객체에도 영향을 미친 것을 확인할 수 있습니다.

```
copied.name = "이영희"
copied.age = 30

// 수정된 내용이 원본에도 반영됨을 유의
copied.favorites[0] = "수영"
copied.favorites.add("등산")

println("p : ${p}")
println("copied : ${copied}")
```

기본 타입 및 문자열 타입의 값 대입은 원본(복사된 대상)에 영향을 끼치지 않지만 다른 타입(특히 리스트, 맵과 같은 컬렉션 타입)의 값은 원본에도 영향을 끼칠 수 있으므로 주의해야 합니다.

(5) 만약 리스트, 맵과 같은 객체의 내용을 변경하되, 원본에 영향을 끼치지 않도록 하려면 새로운 객체를 만들어 대입한 후 내용을 추가해야 합니다. 여기서는 새로운 리스트 객체를 만들어 새로운 내용을 추가하고 있습니다. **(6)**의 출력 결과를 확인해보면 별개의 리스트 데이터로 취급되는 것을 확인할 수 있습니다.

```
copied.favorites = mutableListOf<String>()
copied.favorites.add("수영")
copied.favorites.add("등산")

println("p : ${p}")
println("copied : ${copied}")
```

데이터 클래스에서 제공하는 copy 메서드는 앞의 코드에서 살펴본 바와 같이 원본에도 변경 내용이 적용되는 부작용을 유발할 수 있습니다. 따라서 참조 복사가 아닌 새로운 객체를 생성해서 **서로 독립적으로 데이터를 유지하려면 새 참조 객체를 생성해서 복사를 진행하는 깊은 복사(deep copy)**를 직접 수행해야 합니다.

다음은 깊은 복사를 수행하는 메서드를 직접 정의하는 방법과 복사 생성자를 제공하는 두 가지 방법으로 객체 복사를 수행하는 예제입니다.

예제 7.10 깊은 복사를 수행하는 보조 생성자 정의　　　　　　　　　　　　classstudy_part2/DeepCopyStudy.kt

```kotlin
data class PersonForDeepCopy(var name : String, var age: Int, var favorites: MutableList<String>) {
    // (1)
    fun deepCopy(name: String? = null,
                 age: Int? = null,
                 favorites: MutableList<String>? = null) : PersonForDeepCopy {
        val f = if(favorites == null) {
            // (2)
            val deepCopiedList = mutableListOf<String>()
            // (3)
            for(fav in this.favorites) {
                deepCopiedList.add(fav)
            }
            deepCopiedList
        } else {
            favorites
        }

        return PersonForDeepCopy(name ?: this.name, age ?: this.age, f)
    }

    // (4)
    constructor(other : PersonForDeepCopy) : this(other.name, other.age, other.favorites) {
        // (5)
        this.favorites = favorites.toMutableList()
    }
}
```

(1) 깊은 복사를 수행하는 메서드를 정의합니다. (2)에서 새 리스트 객체를 생성하고 (3)에서 직접 모든 내용을 복사한 후 생성한 객체를 반환합니다. 이 경우 새 객체가 생성됐으므로 참조가 달라지고, 참조가 달라졌으므로 복사된 객체의 값을 변경해도 원본 리스트에는 영향을 끼치지 않습니다.

(4) C++에서 제공하는 복사 생성자와 비슷한 역할을 수행하도록 **복사할 객체를 전달받는 보조 생성자를 정의해서 생성자 내부에서 값 복사를 수행**합니다.

(5) toMutableList 메서드를 호출하면 내부적으로 깊은 복사를 수행한 리스트를 반환합니다. 즉, (2), (3)에서 살펴본 복사 작업을 수행합니다.

```kotlin
val pd = PersonForDeepCopy("김철수", 20, mutableListOf("게임", "독서", "요리"))
// (1)
val deepCopied = pd.deepCopy()
// (2)
// val deepCopied = PersonForDeepCopy(pd)

// (3)
println(pd.favorites === deepCopied.favorites)
deepCopied.favorites[0] = "수영"
deepCopied.favorites.add("등산")

// (4)
println(pd)
println(deepCopied)
```

실행 결과
```
false
PersonForDeepCopy(name=김철수, age=20, favorites=[게임, 독서, 요리])
PersonForDeepCopy(name=김철수, age=20, favorites=[수영, 독서, 요리, 등산])
```

(1) 깊은 복사 메서드를 호출해서 복사한 객체를 반환받습니다. (2)와 같이 복사 생성자를 사용해 객체를 복사해도 결과는 같습니다.

(3) 깊은 복사를 수행했으므로 참조 비교 연산자는 거짓값을 반환합니다. 뒤이어 내용을 수정하고 데이터를 추가했지만 원본 리스트(pd.favorites)에 영향을 끼치지 않습니다.

(4)의 출력 결과를 확인해보면 서로 독립된 개별 상태를 유지하는 것을 확인할 수 있습니다.

componentN 메서드

componentN 메서드는 객체의 속성값을 반환하는 메서드입니다. 데이터 클래스를 선언하면 해당 **데이터 클래스에 포함할 속성의 개수만큼 component 메서드가 생성**됩니다.

예제 7.11 component 메서드 호출   classstudy_part2/DataClassStudy.kt

```
println(p1.component1())
println(p1.component2())
```

실행 결과

```
김철수
20
```

여기서 Person 클래스는 두 개의 속성(name, age)을 가지고 있으므로 component1, component2 메서드가 생기고 각각 name, age 속성값을 반환하는 역할을 수행합니다.

component 메서드 뒤에 붙는 숫자는 속성이 정의된 순서와 관련이 있습니다. name, age 순서대로 속성을 정의했으므로 component1 메서드는 **name** 속성값을, component2 메서드는 **age** 속성값을 반환합니다. 언뜻 보기에는 별로 쓸모없어 보이는 메서드지만 코틀린에서 제공하는 **구조 분해 할당(Destructuring Declaration)을 이용할 때 componentN 메서드가 유용하게 활용**됩니다.

구조 분해 할당은 객체의 속성값을 간편하게 여러 개의 변수에 대입하기 위해 사용하는 방법으로, 사용법은 다음과 같습니다.

```
var (p1Name, p1Age) = p1
```

이처럼 괄호 안에 변수의 이름을 쓰고 p1 객체를 대입하면 component1, component2 메서드를 호출해서 전달받은 반환값을 각 변수에 대입합니다. 순서에 따르는 componentN 메서드가 자동으로 호출되어 반환값이 대입되므로 p1Name에는 "김철수", p1Age에는 20이라는 값이 할당됩니다.

다음 코드와 똑같은 작업을 수행하지만 좀 더 간편하게 같은 동작을 수행할 수 있다고 이해하면 됩니다.

```
var p1Name = p1.component1()
var p1Age = p1.component2()
```

코틀린에서 기본적으로 제공하는 데이터 저장 클래스인 Pair나 Triple 클래스를 활용할 때도 구조 분해 할당이 유용하게 쓰입니다.

예제 7.12 구조 분해 할당 적용   classstudy_part2/DataClassStudy.kt

```kotlin
// (1)
var personPair = Pair("이영희", 30)
var (pairName, pairAge) = personPair

// (2)
var personTriple = Triple("박철수", 30, "경찰")
var (tripleName, tripleAge, tripleJob) = personTriple
```

(1) 타입에 상관없이 두 개의 값을 저장할 수 있는 Pair 객체에 포함된 값을 각 변수(pairName, pairAge)에 대입합니다.

(2) Triple 객체에는 임의의 타입을 가진 세 개의 값을 저장할 수 있으므로 값을 대입받을 변수도 세 개가 필요합니다. 만약 객체의 특정 속성값만 대입해야 한다면 다음과 같이 맨 뒤에 변수 이름을 생략하거나 앞에 오는 변수의 이름을 언더스코어(_)로 지정하면 됩니다.

예제 7.13 구조 분해 할당 적용   classstudy_part2/DataClassStudy.kt

```kotlin
// (1)
var (tripleName, tripleAge) = personTriple

// (2)
var (_, tripleAge, tripleJob) = personTriple
```

(1) 이름과 나이 정보만 변수에 대입하는 코드입니다. 직업 정보를 대입받을 변수의 이름을 지정하지 않았으므로 component1, component2 메서드만 호출되고 관련 속성값이 대입됩니다.

(2) 나이와 직업 정보만 대입하는 코드입니다. 이름값의 대입은 무시하기 위해 언더스코어(_)를 이용해 값을 대입받습니다. 하지만 언더스코어는 위치를 채우기 위한 용도로만 사용했으므로 별다른 의미가 없습니다. 따라서 최종적으로는 나이와 직업에 대한 정보만 대입됩니다.

hashCode 메서드

hashCode 메서드는 객체가 논리적으로 같은 값을 가지고 있는지 여부를 좀 더 효율적으로 검사하기 위한 용도로 사용되는 메서드로서 임의의 정숫값을 반환하는 역할을 수행합니다.

```kotlin
println(p1.hashCode())
println(p2.hashCode())
println(p3.hashCode())
```

실행 결과

```
1380798300
1379338675
1380798300
```

hashCode 메서드의 구체적인 역할과 사용 시 주의점에 대해서는 이후 equals 메서드 재정의와 관련된 내용을 설명하면서 함께 살펴보겠습니다.

지금까지 자동 구현된 메서드의 역할을 살펴봤습니다. 이러한 자동 구현된 메서드를 사용할 때 주의해야 할 점이 있습니다.

먼저 클래스의 주 생성자가 아니라 중괄호 내부에 속성을 정의할 경우 copy, equals, hashCode, toString과 같은 메서드의 자동 구현 과정에서 해당 속성을 이용하지 않습니다. 즉, **데이터 클래스에서는 주 생성자(primary constructor)에 정의된 속성만 이용해 메서드의 내용을 구현**합니다. 가령 다음과 같은 데이터 클래스의 경우 직업 속성은 주 생성자에 정의하지 않았으므로 메서드의 구현 과정에서 사용되지 않게 됩니다.

예제 7.14 주 생성자에서 초기화되지 않도록 제외한 속성 추가   classstudy_part2/DataClassStudy.kt

```kotlin
data class Person2(var name: String, var age: Int) {
    var job: String = "Unknown"
}
```

이 데이터 클래스를 활용하는 코드는 다음과 같습니다.

```kotlin
var pe1 = Person2("김철수", 30)
var pe2 = Person2("김철수", 30)

// (1)
println(pe1)

// (2)
pe1.job = "공무원"
pe2.job = "회사원"

// (2)
println(pe1 == pe2)
```

```
// (3)
var pe4 = pe1.copy()
// "Unknown" 출력(복사할 때 name, age만 복사)
println(pe4.job)

// (4)
// var pe1Job = pe1.component3()
```

실행 결과
```
Person2(name=김철수, age=30)
true
Unknown
```

(1) toString 메서드를 통해 정보를 출력할 때 직업에 대한 내용은 제외되어 출력되는 것을 확인할 수 있습니다.

(2) 이름과 나이는 같고 직업 정보는 다른 객체를 생성했지만 직업 내용을 비교하지 않기 때문에 내용이 같은 객체라고 판별하는 것을 확인할 수 있습니다.

```
pe1.job = "공무원"
pe2.job = "회사원"

println(pe1 == pe2)
```

(3) copy 메서드를 통해 객체를 복제해도 직업 정보는 복제되지 않습니다.

(4) 이름을 반환하는 component1 메서드와 나이를 반환하는 component2 메서드는 생성되지만 직업을 반환해야 할 component3 메서드는 생성되지 않고 따라서 호출도 불가능합니다.

앞서 메서드 호출 결과를 살펴봤듯이 특별한 이유가 없다면 데이터 클래스에서 **주 생성자가 아닌 곳에 속성값을 정의하는 것은 지양**하는 것이 좋습니다.

equals 메서드와 hashCode 메서드 재정의

equals 메서드는 객체가 논리적으로 동등한지를 비교할 수 있도록 재정의하는 메서드입니다. 여기서는 이 메서드가 구체적으로 어떤 역할을 수행하는지 살펴보고 equals 메서드와 hashCode 메서드와의 연관성을 알아보기 위해 다음과 같이 equals, hashCode 메서드를 재정의하지 않은 클래스와 두 메서드를 모두 재정의한 클래스를 동시에 정의해보겠습니다.

단, 데이터 클래스를 정의하면 기본적으로 equals 메서드와 hashCode 메서드를 모두 재정의하므로 여기서는 일반적인 클래스를 정의하는 코드를 작성하겠습니다.

먼저 다음과 같이 equals 메서드와 hashCode 메서드를 재정의하지 않은 클래스부터 정의하겠습니다.

예제에서 사용할 날짜 저장 클래스를 사용하기 위해서 먼저 소스 코드 상단에 다음의 import 구문을 추가합니다.

```
import java.time.LocalDate
```

이후 다음의 데이터 클래스를 정의합니다.

예제 7.15 equals, hashCode 메서드를 재정의하지 않은 클래스 정의   classstudy_part2/EqualsAndHashCodeStudy.kt

```
class PersonOverrideNothing(var name: String, var age: Int, val birthDate: LocalDate)
```

이후 다음과 같이 메서드를 재정의할 클래스를 정의합니다.

예제 7.16 equals, hashCode 메서드를 재정의할 클래스 정의   classstudy_part2/EqualsAndHashCodeStudy.kt

```
class PersonOverrideEqualsAndHashCode(var name: String, var age: Int, val birthDate: LocalDate) {

}
```

일반적으로 equals와 hashCode 메서드 재정의는 코드 자동 생성을 통해 진행합니다. 따라서 다음과 같이 클래스 내용을 정의하는 **중괄호 안에 커서를 위치시킨 후 마우스 오른쪽 버튼을 클릭해 [Generate...] 메뉴를 선택**합니다.

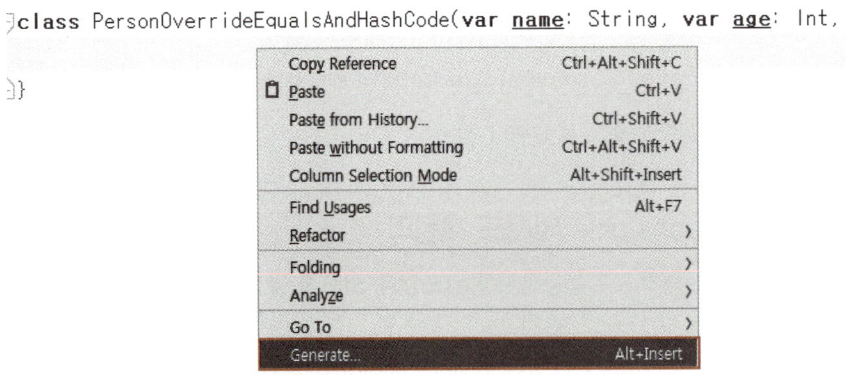

그림 7-2 코드 자동 생성을 위한 [Generate...] 메뉴 선택

이후 [equals() and hashCode()] 메뉴를 선택해 해당 메서드 재정의에 사용할 속성값을 지정하는 화면으로 넘어갑니다.

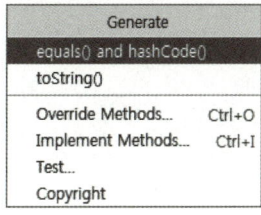

그림 7-3 equals, hashCode 메서드 자동 생성

다음 화면에서 equals 메서드를 구현하는 과정에서 **동등 비교 작업에 사용될 모든 속성을 선택**합니다. 여기서는 이름(name), 나이(age), 태어난 날짜(birthDate)가 모두 같아야 동등한 객체라고 판단하게 할 예정이므로 모든 속성이 체크돼 있는 상태에서 [Next] 버튼을 누릅니다.

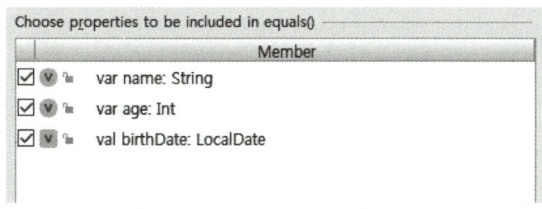

그림 7-4 equals 메서드 재정의 과정에 사용될 속성값 지정

이후 hashCode 메서드를 구현하는 과정에서 사용할 속성값을 선택합니다. 이때 **반드시 equals 메서드를 재정의하는 과정에서 선택한 모든 속성을 동일하게 선택**해야 합니다. 여기서는 모든 속성값을 선택하고 [Finish] 버튼을 누릅니다.

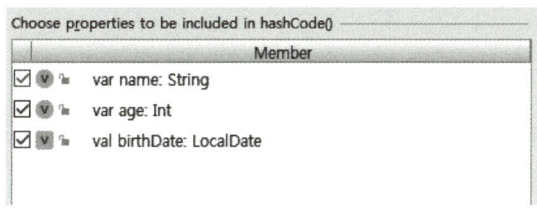

그림 7-5 hashCode 메서드 재정의 과정에 사용될 속성값 지정

자동 코드 생성 과정을 통해 재정의된 equals 메서드와 hashCode 메서드의 내용은 다음과 같습니다.

예제 7.17 equals, hashCode 메서드가 재정의된 클래스   classstudy_part2/EqualsAndHashCodeStudy.kt

```kotlin
class PersonOverrideEqualsAndHashCode(var name: String, var age: Int, val birthDate: LocalDate) {
    // (1)
    override fun equals(other: Any?): Boolean {
        // (2)
        if (this === other) return true

        // (3)
        if (javaClass != other?.javaClass) return false

        // (4)
        other as PersonOverrideEqualsAndHashCode

        // (5)
        if (name != other.name) return false
        if (age != other.age) return false
        if (birthDate != other.birthDate) return false

        // (6)
        return true
    }

    // (7)
    override fun hashCode(): Int {
        var result = name.hashCode()
        result = 31 * result + age
        result = 31 * result + birthDate.hashCode()
        return result
    }
}
```

(1) 재정의한 동등 비교 메서드로 비교할 대상값(other)을 전달받습니다. 대상값의 타입은 Any?로 null 값을 포함한 어떤 타입의 값 전달도 모두 허용하는 것을 확인할 수 있습니다.

```kotlin
override fun equals(other: Any?): Boolean {
    // ...
}
```

(2) 참조 비교 연산자(===)를 이용해 참조가 같은지 비교합니다. **참조가 같다면 같은 메모리 주소를 점유하는 완전히 똑같은 객체이므로 바로 참값을 반환**합니다.

```
if (this === other) return true
```

(3) 비교할 대상과 같은 클래스인지 여부를 비교합니다. **같은 클래스가 아니라면 같은 내용을 가진 객체일 수 없으므로 바로 거짓값을 반환**합니다.

```
if (javaClass != other?.javaClass) return false
```

(4) (3)의 비교 과정으로 클래스가 같다는 것을 확신할 수 있으므로 형 변환을 수행해 동등한 클래스로 변환합니다.

```
other as PersonOverrideEqualsAndHashCode
```

(5) 앞서 메서드를 생성하는 과정에서 추가한 **모든 속성을 비교하며 값이 같은지 여부를 확인**합니다.

```
if (name != other.name) return false
if (age != other.age) return false
if (birthDate != other.birthDate) return false
```

(6) 모든 속성값이 같다면 논리적으로 동등한 값을 가진 객체이므로 최종적으로 참값을 반환합니다.

(7) equals 메서드를 재정의할 때 함께 정의한 hashCode 메서드로, **메서드를 생성하는 과정에서 추가한 모든 속성을 이용해 하나의 정숫값을 반환**하도록 구현돼 있음을 확인할 수 있습니다.

```
override fun hashCode(): Int {
    var result = name.hashCode()
    result = 31 * result + age
    result = 31 * result + birthDate.hashCode()
    return result
}
```

다음은 재정의한 equals, hashCode 메서드를 사용하는 코드입니다.

```
val p1 = PersonOverrideNothing("김철수", 20, LocalDate.parse("2000-01-01"))
val p2 = PersonOverrideNothing("김철수", 20, LocalDate.parse("2000-01-01"))
```

```kotlin
// (1)
println(p1 == p2)

// (2)
println(p1 === p2)

// (3)
println(p1.hashCode())
println(p2.hashCode())

val p3 = PersonOverrideEqualsAndHashCode("김철수", 20, LocalDate.parse("2000-01-01"))
val p4 = PersonOverrideEqualsAndHashCode("김철수", 20, LocalDate.parse("2000-01-01"))

// (4)
println(p3 == p4)

// (5)
println(p3 === p4)

// (6)
println(p3.hashCode())
println(p4.hashCode())
```

실행 결과
```
false
false
1996181658
806353501

true
false
-140829595
-140829595
```

(1) 메서드를 재정의하지 않은 클래스의 객체를 동등 비교합니다. 이 경우 기본적으로 Any 클래스를 통해 상속받은 equals 메서드를 사용합니다.

다음은 자바의 Object 클래스(코틀린의 Any 클래스)에 정의된 **equals** 메서드를 구현한 코드입니다. equals 메서드의 기본 구현 코드에서는 **내부적으로 참조 비교 연산자를 통해 동등 여부를 판단하도록 구현돼** 있으므로 여기서는 거짓값을 출력합니다.

```
public boolean equals(Object obj) {
    // 자바에서 ==는 동등 비교가 아닌 참조 비교 연산자임에 유의
    return (this == obj);
}
```

(2) 참조 비교 연산자는 두 객체의 내용을 비교해서 논리적으로 동등한지 여부를 비교하지 않고, 서로 다른 메모리 주소를 참조하는 다른 객체인지 여부를 비교하므로 메서드 재정의 여부와는 관계 없이 거짓값을 출력합니다.

```
println(p1 === p2)
```

(3) 기본 구현된 hashCode 메서드는 객체의 참조 주소를 반환하도록 구현돼 있으므로 서로 다른 정숫값을 출력합니다.

```
println(p1.hashCode())
println(p2.hashCode())
```

(4) equals 메서드를 재정의해서 객체의 속성값을 모두 비교하도록 구현했고, 두 객체의 모든 속성값이 같기 때문에 참값을 출력합니다.

```
// PersonOverrideEqualsAndHashCode 클래스 객체의 경우 재정의한 equals 메서드를 사용
println(p3 == p4)
```

(5) (2)와 같은 이유로 equals 메서드의 재정의 여부와는 관계없이 거짓값을 출력합니다.

(6) hashCode 메서드를 재정의해서 속성값을 이용해 정숫값을 생성하게 했고 모든 속성값이 같기 때문에 같은 정숫값을 반환합니다.

이렇게 구현한 메서드는 특히 컬렉션을 사용할 때 컬렉션 객체에 포함된 값의 동등 여부를 비교해야 하는 시점에 유용하게 사용됩니다.

다음은 맵 객체를 생성하고 키와 연관된 값을 저장하는 코드입니다.

예제 7.18 equals, hashCode 메서드를 재정의하지 않은 클래스의 객체를 키로 사용하여 저장

classstudy_part2/EqualsAndHashCodeStudy.kt

```kotlin
val map1 = mutableMapOf<PersonOverrideNothing, Int>()
map1.put(p1, 1000)
map1.put(p2, 2000)
println(map1.size)
println(map1.get(p1))
println(map1.get(p2))
```

실행 결과

```
2
1000
2000
```

어떠한 메서드도 오버라이딩하지 않은 PersonOverrideNothing 타입을 키로 사용하는 맵 객체를 선언합니다. 맵의 특성상 중복된 키를 허용하지 않기 때문에 키 값이 동등한지 여부를 비교하기 위해 내부적으로 equals 메서드와 hashCode 메서드를 사용합니다.

그런데 앞에서 살펴봤듯이 서로 hashCode 메서드를 통해 반환받은 정숫값이 다르고 동등 비교도 거짓값을 반환하므로 **서로 같은 내용을 가진 객체를 키로 전달했는데도 서로 다른 키로 인식하는 문제**가 일어납니다. 결국 p1, p2 객체를 각각의 키로 인식하고 서로 다른 연관값을 저장하게 되어 최종적으로 맵 객체의 크기는 2가 됩니다.

다음은 메서드를 재정의한 클래스를 키로 사용하는 맵 객체를 활용하는 코드입니다. 코드의 내용은 앞의 예제와 동일합니다. 그러나 이 경우 클래스의 메서드를 재정의하여 같은 키로 인식하므로, 최종 맵 객체의 크기는 1이며 키를 통해 접근한 값 역시 모두 2000이 출력된다는 차이를 확인할 수 있습니다.

예제 7.19 equals, hashCode 메서드를 재정의한 클래스의 객체를 키로 사용하여 저장

classstudy_part2/EqualsAndHashCodeStudy.kt

```kotlin
val map2 = mutableMapOf<PersonOverrideEqualsAndHashCode, Int>()
map2.put(p3, 1000)
map2.put(p4, 2000)
println(map2.size)
println(map2.get(p3))
println(map2.get(p4))
```

실행 결과

```
1
2000
2000
```

컬렉션에서 제공하는 집합 객체를 사용할 때도 이 문제는 동일하게 일어납니다. 집합 객체는 기본적으로 중복된 값을 삽입하는 것을 허용하지 않습니다. 여기서 중복됐다는 의미는 동등 비교를 했을 때 참이 반환된다는 의미와 같습니다.

```kotlin
// (1)
val set1 = mutableSetOf(p1)
set1.add(p2)
// (2)
println(set1.size)


val set2 = mutableSetOf(p3)
// (3)
set2.add(p4)
println(set2.size)
```

실행 결과

```
2
1
```

(1) 같은 요소의 중복을 허용하지 않는 집합 객체를 생성하고 p1 객체를 추가했습니다. 이후 add 메서드를 호출해서 바로 p2 객체를 집합에 추가합니다.

(2) p1, p2는 동등 비교의 결과로 거짓값을 반환하므로 서로 중복인 값이 아니라고 판단하고, 결국 집합에 포함됩니다. 따라서 size 속성값을 출력하면 2가 출력됩니다.

(3) 여기서는 p3, p4가 동등 비교의 결과로 참을 반환하므로 서로 중복인 값이라고 판단해서 p4를 집합에 포함시키지 않습니다. 따라서 size 속성값을 출력하면 1이 출력됩니다.

현재까지의 코드만 살펴보면 동등 비교를 진행하는 equals 메서드의 역할이 무척 중요함을 알 수 있으며 동시에 hashCode 메서드의 역할에 대해서는 의문점이 남습니다.

만약 동등 비교를 위해 사용하는 **equals** 메서드만 재정의하고 **hashCode** 메서드를 재정의하지 않을 경우 어떤 결과가 발생하는지 살펴보기 위해 다음과 같이 equals 메서드만 재정의한 클래스를 정의하겠습니다.

예제 7.20 equals 메서드만 재정의한 클래스   classstudy_part2/EqualsAndHashCodeStudy.kt

```kotlin
class PersonOverrideEquals(var name: String, var age: Int, val birthDate: LocalDate) {
    // hashCode 재정의를 생략하고 equals 메서드만 재정의
    override fun equals(other: Any?): Boolean {
        if (this === other) return true
        if (javaClass != other?.javaClass) return false

        other as PersonOverrideEquals

        if (name != other.name) return false
        if (age != other.age) return false
        if (birthDate != other.birthDate) return false

        return true
    }
}
```

그런 다음, 객체를 생성하고 비슷한 시나리오대로 맵과 집합 객체를 활용해 객체를 비교해보겠습니다.

```kotlin
val p5 = PersonOverrideEquals("김철수", 20, LocalDate.parse("2000-01-01"))
val p6 = PersonOverrideEquals("김철수", 20, LocalDate.parse("2000-01-01"))

// (1)
println(p5 == p6)

// (2)
println(p5.hashCode())
println(p6.hashCode())

// (3)
val map3 = mutableMapOf<PersonOverrideEquals, Int>()
map3.put(p5, 1000)
map3.put(p6, 2000)
println(map3.size)
println(map3.get(p5))
```

```
println(map3.get(p6))

// (4)
val set3 = mutableSetOf(p5)
set3.add(p6)
println(set3.size)
```

실행 결과

```
true
1637070917
780237624
2
1000
2000
2
```

(1) equals 메서드를 재정의했으므로 당연히 참값을 반환합니다.

(2) hashCode 메서드를 재정의하지 않았으므로 여기서는 **서로 다른 정숫값을 반환**합니다.

(3) 이전과 마찬가지로 객체를 키로 이용해 각각 다른 값을 저장했으므로 값이 덮어 쓰이기를 기대하겠지만 어떠한 메서드도 재정의하지 않는 클래스(PersonOverrideNothing)의 객체를 가지고 실험했을 때와 동일한 결과를 보여줍니다.

(4) 집합 객체를 이용했을 때도 어떠한 메서드도 재정의하지 않는 객체를 가지고 실험했을 때와 동일한 결과를 보여줍니다.

이러한 결과가 나오는 이유는 **성능상의 이유로 두 객체의 내용이 같은지를 비교하기 위해서 내부적으로 hashCode 값을 먼저 비교하고 hashCode 값이 같을 경우에만 equals 메서드를 호출하도록 구현돼** 있기 때문입니다. 만약 **두 객체의 hashCode 값이 다르면 두 객체는 동등한 객체가 아니라고 확신할 수 있으므로** 추가적으로 계산 과정이 복잡한 equals 메서드를 호출할 필요가 없습니다.

단, hashCode의 값이 같다면 **두 객체가 동등할 확률이 무척 높지만 반드시 같은 객체라고 판단할 수 없습니다**. 따라서 hashCode 값이 같으면 equals 메서드를 호출해서 속성값을 모두 비교하는 복잡한 과정을 거쳐 최종적으로 객체의 동등성 여부를 결정하게 됩니다.

널리 통용되는 **equals와 hashCode 메서드의 구현과 관련한 다음과 같은 계약**이 있습니다.

1. (equals 메서드의 호출 반환값이 참값이므로) 만약 두 객체가 동등하다면 반드시 hashCode 메서드를 호출해서 반환받은 정 숫값은 같아야 한다.
2. 만약 hashCode 메서드를 호출해서 반환받은 정숫값이 같다고 하더라도 반드시 두 객체가 동등하다고는 할 수 없다. 즉, 두 객체가 동등하지 않음에도 불구하고 같은 정숫값이 반환될 수 있다.

1의 조건을 뒤집어 생각해보면 hashCode 메서드를 호출해서 반환받은 정숫값이 다르다면 두 객체가 동등하지 않다는 사실을 유추할 수 있습니다. 또한 2의 조건에 의해 **두 객체가 동등하지 않음에도 같은 정숫값이 반환될 수 있으므로 equals 메서드를 호출해서 반드시 추가 검증**을 해야 한다는 사실도 유추할 수 있습니다. 따라서 만약 동등 조건 비교를 위해 equals 메서드를 재정의했다면 반드시 hashCode 메서드도 재정의해야 한다는 사실에 유의합니다.

이러한 메서드는 앞에서 살펴봤듯이 개발 도구의 코드 자동 생성 기능을 통해 구현할 수도 있습니다. 단, **equals 메서드를 재정할 때 사용한 속성은 모두 hashCode 메서드를 재정의하는 과정에서 사용**돼야 합니다.

열거형 클래스

열거형(enumerate) 클래스는 밀접하게 관련된 여러 개의 상숫값을 정의하기 위해 사용하는 클래스입니다.

다음 코드에서는 색상과 관련된 열거형 클래스를 정의합니다. 열거형 클래스를 정의하기 위해서는 class 키워드 앞에 enum 키워드를 지정해야 합니다.

예제 7.21 색상 정보를 포함하고 있는 열거형 클래스　　　　　　　　　　classstudy_part2/EnumClassStudy.kt

```
// 색상과 관련된 상수를 정의한 열거형 클래스
enum class Color {
    RED, GREEN, BLUE
}
```

클래스 이름(Color)을 통해 접근할 수 있는 빨간색, 녹색, 파란색 상수를 정의했습니다.

다음 코드에서도 다양한 정보와 관련된 열거형 클래스를 정의합니다.

예제 7.22 열거형 클래스   classstudy_part2/EnumClassStudy.kt

```
// 난이도와 관련된 상수를 정의한 열거형 클래스
enum class Difficulty {
    EASY, STANDARD, HARD
}

// 방향과 관련된 상수를 정의한 열거형 클래스
enum class Direction {
    EAST, WEST, SOUTH, NORTH
}
```

열거형 클래스는 값의 범위에 제한이 있을 때만 정의할 수 있습니다. 정수나 실수와 같은 숫자에는 값의 한계가 없기 때문에 범위가 무한하고 따라서 열거형 클래스로 정의하기에는 부적합합니다.

앞서 정의한 열거형 클래스 타입의 상숫값은 다음과 같이 대입해서 사용할 수 있습니다.

예제 7.23 열거형 클래스의 상수에 접근   classstudy_part2/EnumClassStudy.kt

```
// (1)
// Color 타입의 변수 color1에 열거형 클래스 값을 대입
var color1 : Color = Color.RED
var difficulty1 : Difficulty = Difficulty.EASY
var direction = Direction.SOUTH

// (2)
// Color.GREEN와 같은 대입 결과
var color2 = Color.valueOf("GREEN")
// Difficulty.HARD와 같은 대입 결과
var difficulty2 = Difficulty.valueOf("HARD")
```

(1) 열거형 상숫값을 변수(color1, difficulty1, direction)에 대입합니다. 여기서도 변수의 타입 추론이 가능하므로 타입 정보는 생략해도 무방합니다. **열거형 클래스도 엄연히 클래스이므로 값의 타입은 값이 정의된 열거형 클래스의 타입과 같다**는 사실에 유의합니다.

(2) 문자열 값을 이용해 열거형 상수에 접근해야 하는 상황이라면 열거형 클래스에서 제공하는 `valueOf` 메서드를 이용합니다.

다음은 열거형 클래스에서 제공하는 `name`, `ordinal` 속성에 접근하는 예제입니다. `name` 속성에는 상수의 이름이 문자열 형태로 저장되며, `ordinal` 속성에는 상수가 정의된 순서가 저장됩니다. 순서는 0부터 시작되기 때문에 첫 번째로 정의한 열거형 상수의 ordinal 값은 0입니다.

예제 7.24 열거형 클래스에 정의한 상수에 접근   classstudy_part2/EnumClassStudy.kt

```
// 상수 이름인 "RED" 문자열 출력
println(color1.name)
// 상수 이름인 "SOUTH" 문자열 출력
println(direction.name)

// RED는 순서상 첫 번째로 정의된 상수이므로 0을 반환
println(color1.ordinal)
// GREEN은 순서상 두 번째로 정의된 상수이므로 1을 반환
println(color2.ordinal)
```

실행 결과

```
RED
SOUTH
0
1
```

열거형 클래스에서 제공하는 values 메서드를 호출하면 열거형 클래스에 포함된 모든 상숫값이 담긴 배열을 반환합니다. 이 배열을 순회해 모든 상숫값을 조회할 수 있습니다.

```
// 열거형 클래스의 모든 상숫값을 순회
for(color in Color.values()) {
    println("ordinal : ${color.ordinal}, name : ${color.name}")
}
```

실행 결과

```
ordinal : 0, name : RED
ordinal : 1, name : GREEN
ordinal : 2, name : BLUE
```

코틀린에서는 **열거형 클래스에 필요한 속성과 메서드를 정의할 수 있도록 허용**합니다. 따라서 상숫값과 관련된 유용한 정보를 담은 속성값을 정의하거나 메서드를 추가할 수 있습니다.

다음 예제에서는 단축키 열거형 클래스(Shortcut)에 단축키의 키보드 입력 정보(key) 및 설명(description) 속성을 정의합니다.

예제 7.25 단축키를 나타내는 열거형 클래스　　　　　　　　　　　　classstudy_part2/EnumClassStudy.kt

```kotlin
// (1)
enum class Shortcut(val key: String, val description: String) {
    // (2)
    // 중괄호 내부에서만 열거형 클래스 객체 생성 허용
    UNDO("Ctrl + Z", "가장 최근에 실행한 명령어를 취소합니다."),
    REDO("Ctrl + Y", "가장 최근에 취소된 명령어를 다시 실행합니다.")
}
```

(1) 열거형 클래스의 주 생성자로 키보드 입력 및 단축키 설명 정보를 전달받을 수 있게 하고 단축키 정보를 담은 상숫값을 정의했습니다.

(2) 열거형 클래스의 **중괄호 블록 내부에서만 열거형 타입의 객체 생성이 허용**됩니다. 따라서 다음과 같이 주 생성자를 직접 호출해서 객체를 생성할 수는 없습니다.

```kotlin
// 주 생성자를 직접 호출해 객체를 생성하는 것은 불가
var shortcut = Shortcut("Ctrl + Z", "가장 최근에 실행한 명령어를 취소합니다.")
```

다음은 앞에서 정의한 Shortcut 열거형 클래스 타입 객체의 속성값을 출력하는 예입니다.

```kotlin
var undo = Shortcut.UNDO

println(undo.key)
println(undo.description)
```

실행 결과
```
Ctrl + Z
가장 최근에 실행한 명령어를 취소합니다.
```

이번에는 열거형 클래스에 메서드를 추가해 보겠습니다.

다음은 게임의 랭크 정보와 관련된 열거형 클래스를 정의하는 예제입니다. 클래스에 각 랭크에 따라 게임에 승리했을 때 얻을 점숫값을 저장할 속성(point)과 랭크 이름과 점수를 Pair 타입의 값으로 반환하는 메서드인 getRankAndPoint 메서드를 정의합니다.

예제 7.26 메서드를 포함한 열거형 클래스　　　　　　　　　　　classstudy_part2/EnumClassStudy.kt

```kotlin
enum class GameRank(val point: Int) {
    BRONZE(10), SILVER(50), GOLD(100);

    // 랭크와 관련된 이름과 포인트 값을 반환하는 메서드
    fun getRankAndPoint() = this.name to point
}
```

열거형 클래스는 클래스를 상속받지 못하지만 인터페이스를 구현할 수는 있습니다.

다음은 앞서 구현한 GameRank 클래스와 똑같은 역할을 수행하는 열거형 클래스를 인터페이스를 구현하는 방식으로 정의한 예제입니다.

예제에서 사용할 난수 생성 클래스를 사용하기 위해서 먼저 소스 코드 상단에 다음의 import 구문을 추가합니다.

```kotlin
import kotlin.random.Random
```

이후 예제 코드를 작성합니다.

예제 7.27 인터페이스의 추상 메서드를 구현하는 열거형 클래스　　　classstudy_part2/EnumClassStudy.kt

```kotlin
interface RankAndPointInterface {
    fun getRankAndPoint(): Pair<String, Int>
}

// (1)
enum class GameRank : RankAndPointInterface {
    BRONZE {
        // (2)
        override fun getRankAndPoint() = this.name to 10
    },
    SILVER {
        override fun getRankAndPoint() = this.name to 50
    },
    GOLD {
        // (3)
        override fun getRankAndPoint() = this.name to Random.nextInt(100, 200)
    }
}
```

(1) RankAndPointInterface 인터페이스를 구현하는 과정에서 **(2)**와 같이 추상 메서드를 재정의해서 메서드를 구현합니다.

(3) 여기서는 조금 변형된 방식(100부터 200 미만 범위의 난수 반환)으로 점수를 계산하게 했습니다.

다음은 앞에서 정의한 GameRank 클래스의 메서드를 사용하는 예제입니다.

```
var bronzeRank = GameRank.BRONZE
var silverRank = GameRank.SILVER
var goldRank = GameRank.GOLD

println(bronzeRank.getRankAndPoint())
println(silverRank.getRankAndPoint())
println(goldRank.getRankAndPoint())
```

실행 결과
```
(BRONZE, 10)
(SILVER, 50)
(GOLD, 174)
```

메서드를 호출해 등급과 점수 정보를 반환받아 출력합니다. GOLD 등급의 경우 구현한 대로 무작위 점숫값을 반환하는 것을 확인할 수 있습니다.

> 🔍 열거형 클래스를 사용해 상숫값을 정의하지 않고 숫자나 문자열 타입의 상수를 사용하는 것도 가능하며, 구현상 특별히 큰 문제가 발생하지는 않습니다. 다만 코드의 가독성을 높이고 열거형 클래스의 타입 확인을 통해 대입 실수를 방지할 수 있기 때문에 상숫값을 정의해야 할 상황이 오면 열거형 클래스를 쓰는 것을 고려해보는 것을 권장합니다.
>
> 다음은 열거형 클래스 대신 임의의 숫자 상수를 정의하여 값을 대입하는 상황에서 발생하는 문제를 보여주는 예제 코드입니다.
>
> ```
> // 임의의 숫자를 부여해서 상수 생성
> val RED = 1
> val GREEN = 2
> val BLUE = 3
>
> // 올바른 대입
> var color = RED
> ```

```
// 단, color에 다음과 같이 정의되지 않은 값을 대입하는 실수를 할 수 있음
color = 4;
```

봉인 클래스

봉인(sealed) 클래스는 추상 클래스와 비슷하게 상속 과정을 통해 완성될 수 있는 클래스를 정의함과 동시에 **해당 클래스를 상속받는 클래스의 개수를 제한하고 싶을 때 사용하는 클래스**입니다.

다음은 봉인 클래스를 정의하는 예제입니다. 봉인 클래스를 정의하려면 class 키워드 앞에 **sealed** 키워드를 지정해야 합니다.

예제 7.28 sealed 클래스 정의 classstudy_part2/SealedClassStudy1.kt

```
// (1)
sealed class SealedParent {
    abstract fun abstractMethod()
}

// (2)
// SealedParent 클래스와 같은 파일에 자식 클래스를 정의
class Child1 : SealedParent() {
    override fun abstractMethod() = println("from child 1")
}
class Child2 : SealedParent() {
    override fun abstractMethod() = println("from child 2")
}
class Child3 : SealedParent() {
    override fun abstractMethod() = println("from child 3")
}
```

(1) **sealed** 키워드를 사용해 봉인 클래스를 정의합니다. 이 클래스는 추상 클래스처럼 추상 메서드를 포함할 수 있습니다.

(2) SealedParent 클래스를 상속받는 세 개의 클래스를 정의합니다. 단, 해당 **클래스를 상속받는 자식 클래스는 봉인 클래스를 정의한 파일에만 정의**할 수 있습니다. 봉인 클래스가 정의되지 않은 다른 파일에서는 상속이 불가능합니다.

다음은 정의한 클래스 객체를 생성하는 코드입니다.

예제 7.29 봉인 클래스를 상속받은 클래스의 객체를 생성 classstudy_part2/SealedClassStudy1.kt

```kotlin
// (1)
// sealed 클래스 객체 생성 불가
val parent = SealedParent()

// (2)
val child1 = Child1()
val child2 = Child2()
val child3 = Child3()
```

(1) 추상 클래스와 마찬가지로 봉인 클래스 객체를 생성할 수 없습니다. 클래스 상속에 제약을 두기 때문에 익명 클래스의 형태의 객체로 생성할 수도 없습니다. 오직 **해당 봉인 클래스를 상속받은 자식 클래스를 통해서만 객체를 생성**할 수 있습니다.

(2) 앞에서 배운 열거형 클래스의 객체는 모두 상숫값처럼 취급되므로 개별적으로 객체를 생성할 수 없고 생성할 필요도 없습니다. 하지만 봉인 클래스를 상속받은 클래스를 통해서는 객체를 원하는 만큼 생성할 수 있습니다.

봉인 클래스는 특히 when - case 표현식과 함께 사용할 때 진가를 발휘합니다. 다음은 자식 클래스 타입의 객체를 봉인 클래스인 부모 클래스로 형변환한 후 when - case 표현식을 통해 자식 타입의 종류에 따라 분기하는 예제입니다.

예제 7.30 when - case 표현식과 sealed 클래스를 상속하는 객체의 활용 classstudy_part2/SealedClassStudy1.kt

```kotlin
// (1)
val parent : SealedParent = child1

// (2)
val childType1 = when(parent) {
    // 클래스 타입에 따른 분기 진행
    is Child1 -> 1
    is Child2 -> 2
    is Child3 -> 3
    // (3)
    // 모든 클래스 타입에 대한 분기문을 제공했으므로 else 분기문은 불필요
}
```

```kotlin
// (4)
val childType2 = when(parent) {
    is Child1 -> 1
    else -> 2
}
```

(1) 업캐스팅을 통해 자식 타입의 객체를 부모 타입의 객체로 변환하며 대입합니다.

(2) is 연산자로 변환한 객체의 클래스 타입을 비교합니다.

(3) 값을 대입받기 위해 when - case 표현식을 사용했음에도 불구하고 else 키워드를 통한 기본 값을 대입하는 작업이 필요하지 않습니다. 봉인 클래스를 상속받는 클래스는 **세 개의 타입(Child1, Child2, Child3) 으로 한정되고 여기서 발생할 수 있는 모든 경우의 수에 대한 조건 분기가 이뤄지고 있기 때문입니다.**

(4) 여기서는 Child1 타입인 경우에 대한 분기만 지원합니다. 즉, 모든 경우의 수에 대한 조건 분기가 이뤄지지 않으므로 else 키워드를 통해 기본 값을 대입하는 코드를 작성해야 합니다.

문법에 대한 전반적인 설명이 끝났으므로 이번에는 퀴즈 정보를 담고 있는 여러 클래스를 정의하는 과정에서 봉인 클래스를 활용하는 방안을 살펴보겠습니다.

예제 7.31 퀴즈 정보를 저장할 봉인 클래스 정의   classstudy_part2/SealedClassStudy2.kt

```kotlin
sealed class Quiz(val question: String)
```

퀴즈 정보를 저장할 클래스를 정의했습니다. 모든 퀴즈에는 공통적으로 질문(question)이 있으므로 질문 속성을 추가했습니다. 퀴즈를 상속받는 다양한 퀴즈 클래스는 각기 특성에 따라 다음과 같이 다양한 속성을 포함하게 됩니다.

예제 7.32 sealed 클래스를 상속받는 퀴즈 클래스   classstudy_part2/SealedClassStudy2.kt

```kotlin
enum class AnswerType { O, X }

// (1)
// OX 퀴즈
class OXQuiz(question : String,
    val answer: AnswerType) : Quiz(question)

// (2)
// N지선다 퀴즈
class MultiChoiceQuiz(question : String,
```

```kotlin
    val answer: String,
    val choices: List<String>) : Quiz(question)

// (3)
// 단답식 퀴즈
class ShortAnswerQuiz(question : String,
    val answer: String,
    val alternatives : List<String>?,
    val sanitize : (String) -> String = { it.trim() }) : Quiz(question)
```

OX 퀴즈, N지선다 퀴즈, 단답식 퀴즈 클래스를 정의하고 있으며, 모두 Quiz 클래스를 상속받습니다. 일반적인 클래스 상속 과정과 별반 다르지 않아 보이지만 앞서 Quiz 클래스를 봉인 클래스로 선언했으므로 **Quiz 클래스를 상속받는 클래스는 이 시점에서는 세 개로 한정**됩니다.

(1) OX퀴즈의 선택지는 O, X로 제한되므로 열거형 클래스(`AnswerType`)를 정의하고 해당 타입의 상숫값을 주 생성자로 전달받게 합니다.

```kotlin
// 두 가지 선택지 상숫값을 포함한 열거형 클래스
enum class AnswerType { O, X }

class OXQuiz(question : String,
    val answer: AnswerType) : Quiz(question)
```

(2) N지선다 퀴즈에서는 답과 고를 수 있는 선택지 리스트(choices)를 전달받게 합니다.

```kotlin
class MultiChoiceQuiz(question : String,
    val answer: String,
    val choices: List<String>) : Quiz(question)
```

(3) 단답식 퀴즈에서는 답과 유사 정답이 포함된 리스트(alternatives), 제출한 정답을 일부 변형해서 답과 대조할 수 있도록 도와줄 람다 함수(sanitize)를 전달받게 합니다.

```kotlin
class ShortAnswerQuiz(question : String,
    val answer: String,
    val alternatives : List<String>?,
    val sanitize : (String) -> String = { it.trim() }) : Quiz(question)
```

앞에서 정의한 퀴즈 클래스 객체를 생성해서 활용하는 예제는 다음과 같습니다.

예제 7.33 퀴즈 클래스 객체의 생성과 활용   classstudy_part2/SealedClassStudy2.kt

```kotlin
// (1)
val quizzes = mutableListOf<Quiz>()

// (2)
quizzes.add(OXQuiz("대한민국의 수도는 서울이다.", AnswerType.O))
quizzes.add(OXQuiz("미국의 수도는 뉴욕이다.", AnswerType.X))
quizzes.add(MultiChoiceQuiz("대한민국의 수도는?", "서울", listOf("서울", "대전", "대구", "부산")))
quizzes.add(ShortAnswerQuiz("사과를 뜻하는 영단어는?", "apple", null) { it.trim().toLowerCase() })
quizzes.add(ShortAnswerQuiz("JetBrains사에서 만든 JVM 기반 프로그래밍 언어는?", "Kotlin", listOf("코틀린", "kotlin")))

// (3)
for(q in quizzes) {
    var question : String
    var answer : String
    question = q.question

    var type = when(q) {
        // (4)
        is OXQuiz -> {
            // (5)
            answer = when(q.answer) {
                // enum 상수는 선택지 개수에 제약이 있고 모든 조건에 대한 분기문을 제공하므로 역시 else 분기문 불필요
                AnswerType.O -> "O"
                AnswerType.X -> "X"
            }
            "OX 퀴즈"
        }
        is MultiChoiceQuiz -> {
            answer = q.answer
            "N지선다 퀴즈"
        }
        is ShortAnswerQuiz -> {
            answer = q.answer
            "단답식 퀴즈"
        }
```

```
        }
        println("유형 : ${type}\n질문 : ${q.question}\n답 : ${answer}")
    }
```

실행 결과

```
유형 : OX 퀴즈
질문 : 대한민국의 수도는 서울이다.
답 : O
( ... 중략 ... )
유형 : 단답식 퀴즈
질문 : JetBrains사에서 만든 JVM 기반 프로그래밍 언어는?
답 : Kotlin
```

(1) 퀴즈 타입의 리스트를 생성하고 **(2)**에서 여러 종류의 퀴즈 객체를 생성해서 추가합니다. 리스트에 퀴즈 객체가 저장되며, `Quiz` 타입으로 업캐스팅됩니다.

```
val quizzes = mutableListOf<Quiz>()

quizzes.add(OXQuiz("대한민국의 수도는 서울이다.", AnswerType.O))
// ...
```

(3) 퀴즈 객체가 저장된 리스트를 순회합니다.

(4) when - case 표현식을 사용해 퀴즈의 타입을 문자열로 반환받습니다.

```
var type = when(q) {
    is OXQuiz -> {
        // ...
    }
    is MultiChoiceQuiz -> {
        // ...
    }
    is ShortAnswerQuiz -> {
        // ...
    }
    // 모든 자식 클래스 타입에 대한 분기문을 제공하므로 else 분기문은 불필요
}
```

여기서는 세 개의 모든 자식 클래스 타입에 대한 분기문을 제공하므로 else 키워드를 생략합니다.

(5) 열거형 클래스에 포함된 상숫값의 개수는 정해져 있고 여기서는 모든 선택지(O, X)에 대한 분기문을 제공하므로 else 키워드가 불필요합니다.

```
answer = when(q.answer) {
    AnswerType.O -> "O"
    AnswerType.X -> "X"
    // 모든 상숫값에 대한 분기문을 제공하므로 else 분기문은 불필요
}
```

내부 클래스

코틀린에서는 클래스 내부에 또 다른 클래스를 정의할 수 있도록 허용합니다. 이처럼 **클래스 안에 정의된 클래스를 내부 클래스(inner class) 혹은 중첩 클래스(nested class)**라고 합니다. 다음은 내부 클래스를 정의한 예제입니다.

예제 7.34 내부 클래스 정의   classstudy_part2/NestedClassStudy.kt

```
class Outer(var x: Int) {
    fun outerFunction() {
        println("x : $x")
    }

    // (1)
    // Outer 클래스에 포함된 내부 클래스 Inner 정의
    class Inner(var y: Int) {
        fun innerFunction() {
            // outerFunction() // 불가
            // println("x : $x") // 불가
            println("y : $y")
        }
    }
}
```

(1) Outer 클래스의 내부에 Inner 클래스를 정의합니다.

내부 클래스는 외부 클래스의 이름을 통해 접근해야 한다는 점을 제외하면 기본적으로 별개의 독립된 클래스와 똑같이 동작합니다. 따라서 내부 클래스(Inner)에서 외부 클래스(Outer)의 속성 혹은 메서드에 접근하는 것도 불가능합니다.

따라서 일반적인 클래스를 정의하는 것과 다른 점이 없다고 생각할 수 있습니다만 내부 클래스로 정의할 경우 **외부 클래스의 이름을 통해 내부 클래스에 접근해야 하기 때문에 내부 클래스가 외부 클래스에 종속되거나 외부 클래스와 관련성이 높다는 것을 코드를 통해 유추**할 수 있게 해준다는 장점이 있습니다.

다음은 앞에서 정의한 Outer 클래스와 Inner 클래스의 사용 예입니다.

예제 7.35 내부 클래스 객체 활용　　　　　　　　　　　　　　classstudy_part2/NestedClassStudy.kt

```
var outer1 = Outer(10)
// (1)
var inner1 = Outer.Inner(20)

println(outer1.x)
outer1.outerFunction()
// (2)
// 접근 불가
println(outer1.y)
outer1.innerFunction()

println(inner1.y)
inner1.innerFunction()
// (3)
// 접근 불가
println(inner1.x)
inner1.outerFunction()
```

(1) Outer 클래스 내부에 정의한 Inner 클래스 객체를 생성합니다.

```
var inner1 = Outer.Inner(20)
```

비록 내부 클래스 객체는 Outer 클래스의 이름을 경유(Outer.Inner)해서 생성되지만 Outer 객체와는 완전히 독립적으로 존재하는 객체라는 점에 유의합니다.

(2) 서로 독립적으로 존재하는 객체이므로 Outer 객체를 통해 Inner 객체의 속성과 메서드에는 접근할 수 없습니다.

```
// 접근 불가
println(outer1.y)
outer1.innerFunction()
```

(3) 마찬가지로 Inner 객체를 통해 Outer 객체의 속성과 메서드에 접근할 수 없습니다.

```
// 접근 불가
println(inner1.x)
inner1.outerFunction()
```

만약 **내부 클래스에서 외부 클래스의 속성과 메서드에 접근해야 한다면** inner 키워드를 사용해 내부 클래스를 정의해야 합니다. 다음은 inner 키워드를 이용해 내부 클래스를 정의하는 예입니다.

예제 7.36 inner 키워드를 이용한 내부 클래스 정의   classstudy_part2/NestedClassStudy.kt

```kotlin
class Outer2(var x: Int, var z: Int) {
    fun outerFunction() {
        println("x : $x")
    }

    // (1)
    inner class Inner(var x: Int, var y: Int) {
        fun innerFunction() {
            // (2)
            this@Outer2.outerFunction()
            // this@Outer2를 통해 접근하지 않고 직접 호출도 가능
            // outerFunction()

            // (3)
            println("x : ${this.x}, x : ${this@Inner.x}")
            println("x : ${this@Outer2.x}, y : $y")
            println("z : ${z}")
        }

        // (4)
        fun getOuter(): Outer2 {
```

```
            return this@Outer2
        }
    }
}
```

(1) inner 키워드를 사용해 내부 클래스를 정의합니다.

```
inner class Inner(var x: Int, var y: Int) {
    // ...
}
```

(2) 외부 클래스의 객체가 가진 속성과 메서드에 접근합니다. 외부 클래스의 객체에 접근하려면 **this** 키워드와 앳 기호(@), 외부 클래스의 이름을 함께 지정하면 됩니다.

```
// 외부 클래스의 속성 및 메서드 접근
// this@[외부 클래스 이름].[외부클래스에 정의한 속성 혹은 메서드]
this@Outer2.outerFunction()
```

이처럼 앳 기호를 이용해 어떤 this인지(스스로를 가리키는 this인지, 아니면 외부 클래스의 객체인 **this**인지) **명확하게 명시한** this를 **자격 있는 this(Qualified this)**라고 합니다. 만약 외부 클래스에 정의된 것과 이름이 같은 속성이나 메서드가 없다면 자격 있는 this를 이용해 외부 객체에 명시적으로 접근하지 않고도 직접 속성에 접근하거나 메서드를 호출할 수 있습니다.

(3) Outer, Inner 클래스 모두 **x**라는 같은 이름의 속성을 가지고 있으므로 소속이 불분명한 x라는 이름을 통해서는 접근할 수는 없습니다. 이 경우 this 혹은 this@Inner를 통해 Inner 클래스 내부에 포함된 x 속성을 명시하거나 this@Outer2를 통해 Outer2에 포함된 x 속성임을 명시해야 합니다.

```
// this.x(혹은 this@Inner.x)를 이용해 내부 클래스의 x 속성에 접근
println("x : ${this.x}, x : ${this@Inner.x}")
// this@Outer2.x를 이용해 외부 클래스의 x 속성에 접근하고, y라는 이름은 겹치지 않으므로 this 키워드
없이 그대로 사용 가능
println("x : ${this@Outer2.x}, y : $y")
// 외부 클래스에 정의한 z 속성에도 따로 자격 있는 this를 사용하지 않고 속성 이름을 통해 바로 접근
가능
println("z : ${z}")
```

단, 외부, 내부 클래스에 같은 이름의 속성이 정의되어 자격 있는 this를 통해 접근해야 하는 경우는 사실상 거의 일어나지 않기 때문에 해당 내용은 가볍게 참고만 하고 넘어가시기 바랍니다.

(4) Inner 클래스의 객체는 내부적으로는 Outer 객체의 참조를 가지고 있습니다. 따라서 자격 있는 this를 통해 해당 외부 객체를 통째로 반환할 수도 있습니다.

```kotlin
// 외부 클래스의 객체를 반환하는 메서드
fun getOuter(): Outer2 {
    return this@Outer2
}
```

다음은 앞에서 정의한 클래스 객체를 생성하고 활용하는 예제입니다.

```kotlin
// (1)
var outer2 = Outer2(10, 100)
var inner2 = outer2.Inner(20, 200)
var inner3 = outer2.Inner(30, 300)

// (2)
println("inner2 === inner3 : ${inner2 === inner3}")

// (3)
println("inner2.getOuter() === inner3.getOuter() : ${inner2.getOuter() === inner3.getOuter()}")

println("inner2.innerFunction()")
inner2.innerFunction()
println("inner3.innerFunction()")
inner3.innerFunction()

// (4)
inner2.getOuter().x = 100
println("inner2.innerFunction() (x에 100 대입 후)")
inner2.innerFunction()
println("inner3.innerFunction() (x에 100 대입 후)")
inner2.innerFunction()
inner3.innerFunction()
```

실행 결과

```
// (2)
inner2 === inner3 : false
// (3)
inner2.getOuter() === inner3.getOuter() : true
inner2.innerFunction()
x : 10
x : 20, x : 20
x : 10, y : 200
z : 100
inner3.innerFunction()
x : 10
x : 30, x : 30
x : 10, y : 300
z : 100
// (4)
inner2.innerFunction() (x에 100 대입 후)
x : 100
x : 20, x : 20
x : 100, y : 200
z : 100
inner3.innerFunction() (x에 100 대입 후)
x : 100
x : 20, x : 20
x : 100, y : 200
z : 100
x : 100
x : 30, x : 30
x : 100, y : 300
z : 100
```

(1) Outer2 클래스의 객체를 생성하고 해당 객체(outer2)를 통해 두 개의 Inner 객체를 생성했습니다. 두 객체(inner2, inner3) 는 서로 다른 객체이지만 같은 **Outer2** 객체를 통해 생성됐으므로 같은 외부 클래스 객체(outer2)를 참조합니다.

(2) inner2와 inner3의 참조를 비교합니다. 서로 다른 참조를 가진 객체이므로 거짓값을 반환합니다.

(3) 내부에서 참조하는 Outer2 객체를 반환해 참조를 비교합니다. 둘 다 같은 Outer2 객체에서 생성된 내부 클래스 객체이기 때문에 참값을 반환합니다.

(4) inner2 객체를 통해 Outer2 객체를 반환받고 해당 객체의 x값을 조정합니다. inner2, inner3 객체는 서로 같은 Outer2 객체를 참조하므로 innerFunction 메서드를 통해 출력한 결과에서 둘 다 변화된 x 값을 확인할 수 있습니다.

만약 내부 클래스를 오직 **외부 클래스 안에서만 사용한다면** 내부 클래스의 접근 제어자를 private으로 설정해 내부에서만 사용하도록 강제할 수 있습니다. 이 경우 내부 클래스는 외부 클래스의 역할을 보조할 일종의 도우미 클래스처럼 사용됩니다.

다음은 접근 제어자를 private으로 설정한 내부 클래스를 정의한 예제입니다.

예제 7.37 외부에 노출하지 않을 내부 클래스 정의 및 활용　　　　　classstudy_part2/NestedClassStudy.kt

```kotlin
class Outer3(var x: Int) {
    // (2)
    private var inner: Inner

    init {
        inner = Inner(100)
    }

    fun outerFunction() {
        println("x : $x")
        // (3)
        inner.innerFunction()
    }

    // (4)
    /*
    fun getInner() : Inner {
        return inner
    }
    */

    // (1)
    private class Inner(var y: Int) {
        fun innerFunction() {
```

```
            println("y : $y")
        }
    }
}
```

(1) Outer3 클래스 내부에 Inner 클래스를 정의하며, 접근 제어자를 **private**으로 설정해 내부 클래스의 존재를 숨깁니다.

(2) Inner 클래스 객체를 저장할 속성을 정의하고 init 블록 내부에서 해당 속성값을 초기화합니다. 이후 **(3)**과 같이 내부 클래스의 객체를 사용할 수 있습니다.

```
private var inner: Inner

init {
    inner = Inner(100)
}
```

(4) Inner 클래스의 객체가 외부로 노출되지 않도록 private 접근 제어자를 설정했기 때문에 특정 메서드에서 해당 객체를 반환하는 것도 허용되지 않습니다.

```
// private으로 선언된 내부 객체의 반환을 허용하지 않음
// 'public' function exposes its 'private' return type Inner 에러 발생
fun getInner() : Inner {
    return inner
}
```

만약 어떤 식으로든 내부 클래스의 객체에 직접 접근할 수 있도록 반환할 필요가 있다면 내부 클래스의 접근 제어자를 public으로 설정해야 합니다.

내부 클래스와 마찬가지로 원한다면 내부 인터페이스도 정의할 수 있습니다. 다음은 클래스에 내부 인터페이스를 정의하는 예제입니다.

예제 7.38 내부 인터페이스 및 구현 클래스 정의   classstudy_part2/NestedClassStudy.kt

```
class Outer4 {
    // (1)
    interface InnerInterface {
        fun innerFunction()
    }
```

```kotlin
    }

// (2)
class MyClass : Outer4.InnerInterface {
    override fun innerFunction() {
        println("my implemented inner function")
    }
}
```

(1) 내부 인터페이스를 정의합니다. 내부 클래스와 마찬가지로 해당 인터페이스에 접근하려면 외부 클래스의 이름을 경유해야 합니다.

(2) 내부 인터페이스를 구현하는 클래스를 정의합니다. 일반적인 인터페이스와 마찬가지로 추상 메서드를 구현합니다.

확장 함수

만약 상속이 금지된 클래스에 새로운 함수를 추가해서 기능을 확장하고 싶다면 확장 함수(Extension function)를 사용합니다.

다음은 상속이 금지된 문자열 클래스(String)에 새로운 함수를 추가하는 예제입니다.

예제 7.39 String 클래스에 확장 함수를 추가   classstudy_part2/ExtensionFunctionStudy.kt

```kotlin
// (1)
fun String.removeAllSpace(): String {
    return this.replace(" ", "")
}

// (2)
fun String.sayHelloTo(to: String, times: Int) {
    for(i in 1 .. times) {
        println("${this}가 ${to}에게 인사합니다!")
    }
}
```

(1) 문자열 내부에 포함된 공백을 모두 제거하는 removeAllSpace 함수를 문자열 클래스에 추가합니다. 일반적인 함수를 정의하는 구문과 크게 다른 점은 없지만 **함수명 앞에 해당 함수를 추가할 클래스의 이름을 점과 함께 지정한다는 차이점**이 있습니다.

또한 클래스에 정의된 메서드와 마찬가지로 **함수 내부에서 this 객체를 통해 문자열 객체에 접근하는 것**도 확인할 수 있습니다.

(2) 전달받을 매개변수도 자유롭게 추가할 수 있습니다. 이 함수에서는 인사말을 전달할 대상을 나타내는 문자열과 함께 인사말을 출력할 횟수(times)를 받습니다.

다음은 앞에서 추가한 확장 함수를 호출하는 코드입니다.

예제 7.40 **String** 클래스에 추가한 확장 함수 호출　　　　　classstudy_part2/ExtensionFunctionStudy.kt

```
var spaceRemoved = " H e l l o ".removeAllSpace()
println(spaceRemoved)
"김철수".sayHelloTo("이영희", 2)
```

실행 결과

```
Hello
김철수가 이영희에게 인사합니다.
김철수가 이영희에게 인사합니다.
```

일반적인 메서드를 사용하는 것과 별반 다르지 않게 확장 함수를 호출합니다.

이번에는 직접 정의한 상속이 불가능한 클래스에 확장 함수를 추가하는 예제를 살펴보겠습니다.

예제 7.41 직접 정의한 클래스에 확장 함수를 추가　　　　　classstudy_part2/ExtensionFunctionStudy.kt

```
// (1)
class ExtendedFunctionClass(var x: Int, private var y: String) {
    fun func() {
        println("function inside class")
    }

    private fun privateFunc() {
        println("private function inside class")
    }

    // (4)
```

```
    // 확장 함수와 똑같은 이름을 가진 메서드를 정의
    /*
    fun myFunction() {
        println("from original method")
    }
    */
}

fun ExtendedFunctionClass.myFunction() {
    println("from extended function")

    // (2)
    // 접근 허용
    func()
    println(x)
    // (3)
    // 접근 불가
    // privateFunc()
    // println(y)
}
```

(1) open 키워드 없이 클래스를 정의했으므로 해당 클래스는 상속할 수 없습니다. 여기서는 접근 제어자가 public인 자유롭게 접근 가능한 속성(x)과 메서드(func)와 접근 제어자가 **private**으로 선언되어 외부에서는 접근할 수 없는 속성(y)과 메서드(privateFunc)를 정의했습니다.

(2) 확장 함수에서는 내부 속성과 메서드에 자유롭게 접근할 수 있습니다만 **(3)**과 같이 접근 제어자가 **private**으로 선언된 속성과 메서드에는 접근이 불가능합니다.

(4) 클래스 내부에 정의된 **메서드의 호출 우선순위가 더 높기 때문에 확장 함수와 이름과 매개변수의 개수 및 타입이 같은 메서드가 이미 클래스에 정의돼 있다면 확장 함수를 호출**할 수 없게 됩니다.

만약 **(4)**의 주석을 제거하고 다음과 같이 확장 함수를 호출하는 코드를 실행하면 확장 함수가 아닌 클래스의 메서드가 호출됩니다.

```
var extended = ExtendedFunctionClass(10, "Hello")
extended.myFunction()
```

실행 결과

```
from extended function
function inside class
10
```

실행 결과(주석 제거 후)

```
from original method
```

확장 함수 내부에서 private 속성과 메서드에 접근이 불가능한 이유를 알아보려면 코틀린 코드를 디컴파일한 자바 코드를 살펴봐야 합니다.

```java
// (1)
public static final void myFunction(@NotNull ExtendedFunctionClass $this$myFunction) {
    Intrinsics.checkParameterIsNotNull($this$myFunction, "$this$myFunction");
    String var1 = "from extended function";
    boolean var2 = false;
    System.out.println(var1);

    // (2)
    $this$myFunction.func();
    int var3 = $this$myFunction.getX();
    var2 = false;
    System.out.println(var3);
}
```

(1) 클래스에 확장 함수를 정의했다고 해서 실제로 클래스에 메서드가 추가되는 것은 아닙니다. 내부적으로는 확장 함수와 같은 이름을 가진 정적 메서드가 정의되고 이 메서드에 객체를 인자값으로 전달하여 **(2)** 와 같이 객체의 속성이나 메서드에 접근하는 것을 확인할 수 있습니다.

즉, 실제로는 클래스 내부에서 접근하지 않고 **정적 메서드로 전달된 객체를 통해 속성과 메서드에 접근**하기 때문에 접근 제어자가 **private**로 선언된, 외부로 노출하지 않은 속성과 메서드에는 접근이 불가능한 것입니다.

중위 표기법을 이용한 메서드 및 함수 호출

중위 표기법(infix notation)은 연산자를 두 피연산자의 사이에 위치하도록 표기하는 방법입니다. 가장 친숙한 연산자 표기법이기 때문에 많은 프로그래밍 언어에서 중위 표기법을 이용합니다. 다음은 중위 표기법을 이용한 연산자를 사용하는 예입니다.

```
1 + 2
3 * 6
true && false
```

코틀린에서는 `infix` 키워드를 지정해서 정의한 메서드를 중위 표기법 방식으로 호출할 수 있도록 허용합니다. 다만 중위 표기법으로 호출할 수 있는 메서드나 확장 함수를 정의할 때 다음과 같은 제약 조건이 적용됩니다.

1. 클래스 내부에 정의된 메서드 혹은 확장 함수(Extension function)만 중위 표기법을 적용해 호출할 수 있습니다.
2. 메서드(확장 함수)는 오직 하나의 인자값만 전달받을 수 있습니다.
3. 매개변수의 기본값을 지정할 수 없습니다.

다음은 중위 표기법을 이용해 호출할 메서드를 정의한 예제입니다.

예제 7.42 중위 표기법을 지원하는 메서드와 확장 함수 classstudy_part2/InfixFunctionStudy.kt

```kotlin
class InfixDemoPerson(var name: String) {
    // (1)
    infix fun sayHelloTo(target: InfixDemoPerson) {
        println("${this.name}가 ${target.name}에게 인사합니다.")
    }
}

class InfixDemoNumber(var num: Int) {
    // (2)
    infix fun add(target: InfixDemoNumber) : InfixDemoNumber {
        return InfixDemoNumber(num + target.num)
    }
    infix fun add(target: Int) : Int {
        return num + target
    }
}
```

```kotlin
        override fun toString(): String {
            return num.toString()
        }
    }

    // (3)
    infix fun String.sayHelloTo(to: String) {
        println("${this}가 ${to}에게 인사합니다.")
    }
```

(1) 중위 표기법 호출을 지원하는 sayHelloTo 메서드를 정의합니다.

```kotlin
    infix fun sayHelloTo(target: InfixDemoPerson) {
        println("${this.name}가 ${target.name}에게 인사합니다.")
    }
```

하나의 인자를 전달받는 메서드로 기본값을 따로 지정하지 않았고 클래스 내부에 정의한 메서드이므로 제약조건을 모두 통과하는 것을 확인할 수 있습니다.

(2) 마찬가지로 중위 표기법 호출을 지원하는 메서드를 정의합니다.

```kotlin
    infix fun add(target: InfixDemoNumber) : InfixDemoNumber {
        return InfixDemoNumber(num + target.num)
    }
    infix fun add(target: Int) : Int {
        return num + target
    }
```

여기서는 메서드를 오버로딩해서 두 가지 종류의 타입(**InfixDemoNumber, Int**)에 대해 더하기 작업을 수행할 수 있게 합니다.

(3) 확장 함수를 정의할 때도 infix 키워드를 지정하면 중위 표기법 호출을 지원하게 됩니다.

```kotlin
    infix fun String.sayHelloTo(to: String) {
        println("${this}가 ${to}에게 인사합니다.")
    }
```

다음은 위 메서드와 확장 함수를 중위 표기법을 통해 호출하는 예제입니다.

예제 7.43 중위 표기법을 지원하는 메서드와 확장 함수 호출　　　　　classstudy_part2/InfixFunctionStudy.kt

```kotlin
var p1 = InfixDemoPerson("김철수")
var p2 = InfixDemoPerson("이영희")

// (1)
p1 sayHelloTo p2

var n1 = InfixDemoNumber(100)
var n2 = InfixDemoNumber(200)

// (2)
var sum1 = n1 add n2
println(sum1)
var sum2 = n1 add 10
println(sum2)

// (3)
"김철수" sayHelloTo "이영희"

// (4)
p1.sayHelloTo(p2)
n1.add(n2)
n1.add(10)
"김철수".sayHelloTo("이영희")
```

실행 결과

```
김철수가 이영희에게 인사합니다.
300
110
김철수가 이영희에게 인사합니다.
김철수가 이영희에게 인사합니다.
김철수가 이영희에게 인사합니다.
```

(1), (2), (3) 중위 표기법을 통해 메서드와 확장 함수를 호출합니다.

(4) infix 키워드를 이용해서 정의한 메서드와 확장 함수는 기존의 함수 호출 방식으로도 호출할 수 있습니다.

코틀린에서 기본적으로 제공하는 함수 중에 중위 표기법 호출을 지원하는 함수를 종종 발견할 수 있습니다. 가령 다음과 같이 범위 객체를 생성하는 데 사용되는 여러 함수(until, downTo, step)는 모두 **infix** 키워드를 사용해서 정의한 확장 함수입니다.

```
public infix fun Int.until(to: Int): IntRange { /* ... */ }
public infix fun Int.downTo(to: Int): IntProgression { /* ... */ }
public infix fun IntProgression.step(step: Int): IntProgression { /* ... */ }
```

두 개의 값을 저장할 Pair 타입의 값을 생성하는 데 사용하는 **to** 함수도 **infix** 키워드를 사용해서 정의된 확장 함수입니다.

```
public infix fun <A, B> A.to(that: B): Pair<A, B> = Pair(this, that)
```

따라서 앞에서 살펴본 함수들은 다음과 같이 중위 표기법 방식으로 호출할 수 있습니다.

```
var range1 = 1 until 10
var range2 = 10 downTo 1
var range3 = range1 step 2
var pair = 1 to "Hello"
```

object 키워드와 싱글턴 클래스

싱글턴 패턴(singleton pattern)은 가장 빈번하게 사용되는 디자인 패턴 중 하나로 클래스의 객체가 오직 하나만 생성되는 것을 보장하기 위해 사용하는 디자인 패턴입니다. 코틀린에서는 object 키워드를 이용해 손쉽게 싱글턴 클래스를 정의할 수 있습니다. 싱글턴 패턴은 프로그램에서 객체가 전역적으로 사용되고, 그 과정에서 하나 이상의 객체를 생성할 필요가 없다고 판단될 때 활용할 수 있습니다.

다음은 싱글턴 패턴을 적용한 클래스입니다.

예제 7.44 싱글턴 패턴을 적용한 클래스   classstudy_part2/SingletonObjectStudy.kt

```
// (1)
object SingletonClass {
    var x: Int = 0
```

```
    fun increaseX() = x++
    fun printX() = println(x)
}
```

(1) object 키워드와 함께 클래스의 이름을 쓰면 싱글턴 클래스의 정의가 끝납니다. 중괄호 내부에는 기존 클래스와 같이 필요한 속성과 메서드를 정의합니다.

단, 싱글턴 클래스에서는 주 생성자를 포함해서 어떠한 생성자도 정의할 수 없습니다. 생성자가 존재하는 이유는 개별적으로 존재할 여러 객체를 생성하기 위해서인데, **싱글턴 클래스의 객체는 오직 하나만 존재해야 하므로 생성자가 필요하지 않고 정의하는 것도 불가능**합니다.

다음은 싱글턴 클래스의 객체를 활용하는 예제입니다.

```
SingletonClass.x = 100
SingletonClass.increaseX()
SingletonClass.increaseX()
SingletonClass.printX()
```

실행 결과
```
102
```

싱글턴 클래스의 경우 프로그램의 시작과 함께 객체가 생성되므로 따로 객체를 생성하는 과정 없이 클래스의 이름을 통해 속성과 메서드에 접근하는 것을 확인할 수 있습니다. 앞의 코틀린 코드를 자바 코드로 디컴파일한 결과를 살펴보겠습니다.

```java
public final class SingletonClass {
    private static int x;

    // (1)
    public static final SingletonClass INSTANCE;

    public final int getX() {
        return x;
    }

    public final void setX(int var1) {
        x = var1;
    }
```

```
    public final int increaseX() {
        int var1;
        x = (var1 = x) + 1;
        return var1;
    }

    public final void printX() {
        int var1 = x;
        System.out.println(var1);
    }

    // (2)
    private SingletonClass() {}

    // (3)
    static {
        SingletonClass var0 = new SingletonClass();
        INSTANCE = var0;
    }
}
```

(1) 싱글턴 클래스를 통해 생성한 유일한 객체를 보관할 상수인 INSTANCE가 정의돼 있습니다. 객체에 대한 모든 접근은 INSTANCE 객체를 통해 이뤄집니다.

```
public static final SingletonClass INSTANCE;
```

(2) 클래스의 생성자입니다. 생성자의 접근 제어자가 private이므로 외부에서 생성자를 호출할 수 없고 따라서 객체도 만들 수 없습니다.

```
private SingletonClass() {}
```

보조 생성자와 같이 추가로 제공한 생성자도 없기 때문에 외부에서는 객체를 생성할 수 없습니다.

(3) static 블록 내부에서 생성자를 호출해서 객체를 생성합니다.

```
static {
    SingletonClass var0 = new SingletonClass();
    INSTANCE = var0;
}
```

static 블록은 프로그램이 시작되어 필요한 클래스가 로딩되는 시점에 단 한 번만 실행되므로 이 블록에서 생성한 INSTANCE 객체가 클래스를 통해 생성한 유일한 객체가 됩니다.

코틀린에서 작성한 객체 접근 코드는 다음과 같은 자바 코드로 변환됩니다.

```
// SingletonClass.x = 100
SingletonClass.INSTANCE.setX(100);

// SingletonClass.increaseX()
SingletonClass.INSTANCE.increaseX();
SingletonClass.INSTANCE.increaseX();

// SingletonClass.printX()
SingletonClass.INSTANCE.printX();
```

속성에 접근하거나 메서드를 호출하는 시점에 INSTANCE 객체를 통해 필요한 작업을 수행하는 것을 확인할 수 있습니다.

더 알아보기 _ 디자인 패턴

디자인 패턴(design pattern)은 프로그램을 작성하는 과정에서 생기는 비슷한 문제들을 효율적으로 풀어내는 방법을 모아놓은 사례를 말합니다.

문맥에 따라 여러 디자인 패턴이 있으며, 해결해야 할 문제, 해당 디자인 패턴이 생긴 이유를 공부하는 것 자체가 고급 개발자로 나아가기 위해서는 반드시 필요한 과정이며 면접 과정에서도 자주 언급되는 주제입니다. 따라서 어느 정도 프로그램을 작성할 수 있는 기초 능력이 배양된 이후에는 시중에 나와있는 디자인 패턴 책을 읽어보는 것을 권장합니다.

---

companion object 키워드를 이용한 클래스 변수, 상수, 함수 정의

앞서 object 키워드를 이용한 싱글턴 클래스의 정의 방법 및 객체 활용법을 살펴봤습니다. object 키워드는 클래스를 통해 생성한 객체가 아닌, 클래스 자체에 포함될 클래스 변수(혹은 상수)나 함수를 정의하기 위해 사용할 수도 있습니다.

다음은 클래스 변수, 상수 및 함수를 정의한 클래스입니다.

예제 7.45 클래스 변수, 상수 및 함수 정의   classstudy_part2/CompanionObjectStudy.kt

```kotlin
// (1)
class CompanionObjectClass(var x: Int) {
    fun instanceFunction() {
        println("from instance function ${x}")
    }

    companion object {
        // (2)
        var classVariable: Int = 100
        const val CLASS_CONSTANT: Int = 200

        fun classFunc() {
            classVariable++
            println("class variable value : $classVariable")
            println("class constant value : $CLASS_CONSTANT")
        }
    }
}
```

(1) 클래스를 선언하며 객체를 통해 참조할 속성과 메서드를 정의합니다. 해당 속성과 메서드는 객체를 생성한 이후에 개별적인 객체를 통해 접근할 수 있습니다.

(2) 클래스 내부에 companion object 키워드를 쓴 다음, 중괄호 블록 내부에 클래스 변수(혹은 상수)와 함수를 정의합니다.

companion object 중괄호 블록 내부에 정의한 변수, 상수, 함수는 클래스의 이름을 통해 접근할 수 있습니다. 즉, 접근하는 데 객체를 필요로 하지 않습니다. 객체를 필요로 하지 않으므로 당연히 함수 내부에서 this 키워드를 통해 객체에 접근할 수 없습니다. 단, 함수로 전달받은 객체를 조작할 수는 있습니다.

해당 변수, 상수, 함수는 싱글턴 클래스와 같은 방식으로 작동하므로 다음과 같이 프로그램의 모든 영역에서 클래스의 이름을 통해 변수와 상수에 접근할 수 있고 함수를 호출할 수 있습니다.

예제 7.46 클래스 변수, 상수 및 함수 접근   classstudy_part2/CompanionObjectStudy.kt

```kotlin
// (1)
var c = CompanionObjectClass(100)
```

```kotlin
// 객체를 생성한 이후 속성과 메서드에 접근
c.instanceFunction()
println(c.x)

// (2)
// 객체 생성과 무관하게 클래스 함수 및 변수, 상수에 접근 가능
CompanionObjectClass.classFunc()
println(CompanionObjectClass.classVariable)
println(CompanionObjectClass.CLASS_CONSTANT)
```

실행 결과

```
from instance function 100
100
class variable value : 101
class constant value : 200
101
200
```

(1) CompanionObjectClass는 일반적인 클래스이므로 객체를 생성할 수 있고 객체와 관련된 속성과 메서드에 접근할 수 있습니다.

(2) 싱글턴 클래스와 마찬가지로 클래스 이름을 통해 정의한 변수, 상수에 접근하고 함수를 호출합니다. `companion object` 블록 내부에는 보통 클래스와 밀접하게 관련이 있는 유용한 함수를 정의합니다.

다음 코드에서는 상품 정보(이름, 가격, 할인율)를 저장할 클래스와 가격을 계산하는 데 사용될 클래스 함수를 정의합니다.

예제 7.47 클래스 함수 정의   classstudy_part2/CompanionObjectStudy.kt

```kotlin
class Product(val name: String, val price: Double, var discountRate: Double) {
    companion object {
        // (1)
        fun calculatePrice(product : Product) : Double {
            return product.price - (product.price * product.discountRate)
        }

        // (2)
        fun calculateTotal(products : List<Product>) : Double {
            var total = 0.0
```

```
            for(p in products) total += Product.calculatePrice(p)
            return total
        }
    }
}
```

(1) 한 상품의 가격을 계산할 클래스 함수를 정의합니다.

(2) 여러 상품의 가격을 계산할 클래스 함수를 정의합니다. **(1)**에서 정의한 함수와 마찬가지로 상품 클래스와 밀접한 연관이 있는 유용한 기능을 제공하는 함수로 활용됩니다.

다음은 앞에서 정의한 클래스 함수를 활용하는 코드입니다.

```
val p1 = Product("장난감", 1000.0, 0.1)
val p2 = Product("책", 5000.0, 0.0)
println(Product.calculatePrice(p1))
println(Product.calculateTotal(listOf(p1, p2)))
```

실행 결과

```
900.0
5900.0
```

const 키워드와 @JvmField 애너테이션의 활용

companion object 블록 내부에 상수를 정의할 때 **const** 키워드와 **@JvmField** 애너테이션을 이용하면 내부적으로 상수에 접근하는 방식을 바꿀 수 있습니다.

다음은 companion object 블록 내부에 정의한 상수에 const 키워드와 @JvmField 애너테이션을 적용한 예입니다.

예제 7.48 const 키워드와 **@JvmField** 애너테이션을 이용한 상수 정의   classstudy_part2/ConstKeywordStudy.kt

```
class ConstDemo {
    companion object {
        // (1)
        // 세 상수 선언
        val CONSTANT_VAL1 = "constant value 1"
        const val CONSTANT_VAL2 = "constant value 2"
        @JvmField val CONSTANT_VAL3 = "constant value 3"
```

```
        // (2)
        val CONSTANT_PERSON1 = Person("김철수1", 10)
        @JvmField val CONSTANT_PERSON2 = Person("김철수2", 20)
        // const val로 정의한 상수의 경우 기본 타입과 문자열만 대입을 허용
        // const val CONSTANT_PERSON = Person("김철수", 20)
    }
}
```

(1) 기존 방식대로 val 키워드를 이용해서 정의한 상수와 const 키워드 및 @JvmField 애너테이션을 지정해서 생성한 상수를 모두 정의합니다.

세 방법 모두 상수를 정의하기 위해 사용되지만 내부적인 접근 방식은 조금씩 달라집니다.

(2) const 키워드를 이용해 상수를 정의할 때는 제약이 있습니다. 상수의 값이 **기본 타입에 속하는 타입 (Boolean, Byte, Char, Short, Int, Long, Float, Double)의 값이거나 문자열**이어야 합니다. 여기서는 기본 타입과 문자열에 해당하지 않는 값을 상수로 정의하고 있으므로 const 키워드를 쓸 수 없습니다.

상수에 접근하는 코드는 다음과 같습니다.

```
println(ConstDemo.CONSTANT_VAL1)
println(ConstDemo.CONSTANT_VAL2)
println(ConstDemo.CONSTANT_VAL3)

println(ConstDemo.CONSTANT_PERSON1)
println(ConstDemo.CONSTANT_PERSON2)
```

코틀린에서 상수에 접근하는 코드를 살펴보면 접근 방식에 특별한 차이가 있는 것처럼 보이지 않습니다. 하지만 자바 코드로 디컴파일된 코드를 살펴보면 다음과 같이 각 상수에 대한 접근 방식이 다른 것을 확인할 수 있습니다.

```
// (1)
String var1 = ConstDemo.Companion.getCONSTANT_VAL1();
System.out.println(var1);

// (2)
var1 = "constant value 2";
System.out.println(var1);
```

```
// (3)
var1 = ConstDemo.CONSTANT_VAL3;
System.out.println(var1);

// (4)
Person var3 = ConstDemo.Companion.getCONSTANT_PERSON1();
System.out.println(var3);
var3 = ConstDemo.CONSTANT_PERSON2;
System.out.println(var3);
```

(1) val 키워드를 통해 정의한 상수의 경우 값을 불러오기 위해 사용될 게터를 통해 값에 접근하는 것을 확인할 수 있습니다.

(2) const 키워드를 통해 정의한 상수의 경우 실제로 상수에 접근하지 않고 값 자체를 그대로 치환하는 방식으로 대입하는 것을 확인할 수 있습니다.

(3) @JvmField 애너테이션을 이용해 정의한 상수의 경우 클래스에 정의된 상수에 직접 접근하는 것을 확인할 수 있습니다.

(4) (1), (2)에서 살펴본 바와 같이 각각 게터를 호출하거나 클래스에 정의된 상수에 접근해 상숫값을 반환받습니다.

어떤 것이 더 나은 상수 정의 방법인지에 대해서는 분명한 답은 없지만 게터를 생성하고 게터를 호출하는데 따르는 오버헤드를 줄이기 위해 직접 상수에 접근하도록 유도하려면 @JvmField 애너테이션을 사용하는 것을 고려해 보시기 바랍니다. 기본적으로 @JvmField **애너테이션은 게터나 세터를 통해 값에 접근하지 않고 직접 접근하도록 유도**하기 위해 사용되는 애너테이션입니다.

다음은 속성에 @JvmField 애너테이션을 적용한 클래스입니다.

예제 7.49 @JvmField 애너테이션을 이용한 속성 정의 classstudy_part2/JvmFieldAnnotationStudy.kt

```
class JvmFieldAnnotationDemo {
    // JvmField 애너테이션이 붙은 속성의 경우 게터, 세터를 통하지 않고 값에 직접 접근
    @JvmField var value1 = "Hello!"
    // JvmField 애너테이션이 없는 경우 게터와 세터 메서드를 통해 값에 접근
    var value2 = "Hello!"
}
```

코틀린에서 이 객체의 속성값에 접근하는 코드는 다음과 같습니다. 여기서는 두 속성에 접근하는 방법에 차이가 없어 보입니다.

```kotlin
val demo = JvmFieldAnnotationDemo()
println(demo.value1)
println(demo.value2)
```

그러나 자바 코드로 디컴파일한 결과를 보면 @JvmField 애너테이션을 이용해 정의한 속성에 대해서는 게터를 통하지 않고 직접 접근하는 것을 확인할 수 있습니다.

```java
JvmFieldAnnotationDemo demo = new JvmFieldAnnotationDemo();
// 값에 직접 접근
String var2 = demo.value1;
System.out.println(var2);
// 게터를 통해 값에 접근
var2 = demo.getValue2();
System.out.println(var2);
```

유용한 패키지와 클래스

코틀린에서는 유용하게 활용할 수 있는 여러 기본 패키지를 제공합니다. 이러한 패키지에는 각 패키지의 기능에 따라 그와 밀접하게 관련된 **상수, 함수, 클래스가 포함돼** 있습니다. 여기서는 필수적으로 알아야 할 패키지 및 클래스의 활용법을 살펴보겠습니다.

문자열 클래스

문자열은 가장 빈번하게 쓰이는 객체이므로 다양한 상황에 활용할 수 있는 여러 유용한 메서드를 제공합니다.

문자열의 length 속성을 통해 문자열의 길이를 구할 수 있습니다.

예제 7.50 문자열 클래스의 속성 및 메서드 활용   classsstudy_part2/UsefulClassStudy_String.kt

```kotlin
var str1 = "Hello"

println(str1.length)
```

실행 결과
```
5
```

인덱스 연산자를 통해 특정 위치의 글자에 접근할 수 있고 indexOf 메서드를 통해 인자로 전달한 글자나 문자열이 시작되는 위치를 반환받을 수 있습니다. 만약 해당 글자나 문자열이 포함되어 있지 않다면 -1을 반환합니다.

```kotlin
println(str1[0])

val idx1 = str1.indexOf('H')
val idx2 = str1.indexOf('l')
val idx3 = str1.indexOf('a')
val idx4 = str1.indexOf("el")
println(idx1)
println(idx2)
// 'a' 글자가 포함되어 있지 않으므로 -1 출력
println(idx3)
println(idx4)
```

실행 결과
```
H
0
2
-1
1
```

contains 메서드를 통해 특정 글자나 문자열이 포함되어 있는지 여부를 반환받을 수 있습니다.

```kotlin
println(str1.contains('a'))   // false 출력
println(str1.contains("el"))  // true 출력
```

실행 결과
```
false
true
```

startsWith, endsWith 메서드를 통해 특정 접두어로 시작하거나 접미어로 끝나는지 여부를 확인할 수 있습니다.

```
// "He" 문자열로 시작하므로 true 출력
println(str1.startsWith("He"))
// "lo" 문자열로 끝나므로 true 출력
println(str1.endsWith("lo"))
```

실행 결과
```
true
true
```

replace 메서드를 통해 문자열 내용의 일부를 치환할 수 있습니다.

```
// "He" 문자열을 "Je"로 치환
var replaced = str1.replace("He", "Je")
println(replaced)
```

실행 결과
```
Jello
```

substring 메서드를 통해 문자열의 일부 내용을 추출한 새 문자열을 반환받을 수 있습니다.

```
// 첫 글자부터 네 번째 글자까지 추출하기 위해 .. 키워드를 이용해 생성한 범위 객체를 전달
var sub = str1.substring(0..3)
println(sub)
```

실행 결과
```
Hell
```

split 메서드를 통해 특정 구분자(delimiter)를 기준으로 문자열을 자른 뒤 문자열 리스트를 반환받을 수 있습니다. 예제에서는 쉼표 글자(,)를 기준으로 문자열을 자르고 있습니다.

```
// 쉼표를 기준으로 문자열을 쪼개서 리스트에 저장
var splitted : List<String> = "Hello,World,Kotlin".split(",")
for(s in splitted) {
    // 순서대로 "Hello", "World", "Kotlin" 출력
    println(s)
}
```

실행 결과

```
Hello
World
Kotlin
```

joinToString 메서드를 통해 특정 구분자를 이용하여 리스트에 포함된 모든 문자열을 이어붙인 문자열을 반환받을 수 있습니다. 예제에서는 쉼표 글자(,)를 이용하여 문자열을 이어붙이고 있습니다.

```
// 배열 혹은 리스트에 포함된 문자열을 대상으로 인자로 전달한 구분자를 이용해 문자열 연결
var joined = listOf("Hello", "World", "Kotlin").joinToString(",")
println(joined)
```

실행 결과

```
Hello,World,Kotlin
```

문자열 양쪽에 포함된 공백을 제거하기 위해서는 이름이 trim으로 시작하는 메서드를 사용합니다.

```
// 공백 제거
val target1 = " \t\nHello\n\t "
// 문자열 양쪽의 공백을 제거한 문자열("Hello") 반환
val result1 = target1.trim()
// 문자열 왼쪽의 공백을 제거한 문자열("Hello\n\t ") 반환
val result2 = target1.trimStart()
// 문자열 오른쪽의 공백을 제거한 문자열(" \t\nHello") 반환
val result3 = target1.trimEnd()

println("${result1.length}")
println("${result2.length}")
println("${result3.length}")
```

실행 결과

```
5
8
8
```

만약 문자열 양쪽이 아닌 중간에 포함된 공백을 제거하고 싶다면 다음과 같이 replace 메서드를 활용합니다.

```kotlin
// 문자열에 포함된 일부 문자열을 치환하는 메서드
// 중간에 있는 공백을 replace를 통해 치환
val spaceRemoved = "H e l l o".replace(" ", "")
println("${spaceRemoved}") // "Hello" 출력
```

실행 결과
```
Hello
```

또한, 문자열의 길이가 0인, 내용이 없는 문자열인지 여부를 조사하는 isEmpty 메서드와 공백 문자열(스페이스, 탭, 엔터)만 포함된 문자열인지 여부를 조사하는 isBlank 메서드가 제공됩니다.

```kotlin
// 비어 있거나 내용이 없는 문자열인지 여부를 확인하는 메서드
val empty = ""
println(empty.isEmpty())
println(empty.isBlank())


val blank = " \t\n"
// (문자열의 길이가 0은 아니므로) false 출력
println(blank.isEmpty())
// (문자열에 포함된 글자가 모두 공백 글자이므로) true 출력
println(blank.isBlank())
```

실행 결과
```
true
true
false
true
```

만약 문자열의 내용이 없거나 빈 문자열로만 구성되어 있을 경우 특정 코드를 실행해야 한다면 ifEmpty, ifBlank 같은 함수를 전달받는 메서드를 호출합니다.

```kotlin
// ifEmpty, ifBlank 메서드로 내용이 비어있거나 없을 경우 실행할 람다 함수를 전달 가능
blank.ifEmpty { println("비어있는 문자열입니다.") }
blank.ifBlank { println("내용이 없는 문자열입니다.") }
```

실행 결과
```
내용이 없는 문자열입니다.
```

trimMargin 메서드는 기본적으로는 trim 메서드와 같이 앞뒤 공백을 제거하며 특정 기호 글자(|)를 기준으로 해당 기호 앞에 있는 공백 문자를 제거하는 메서드입니다. 인자를 전달하여 기준이 될 기호 글자를 변경할 수도 있습니다.

```kotlin
var text = """Hello
    |Kotlin
    |Language
""".trimMargin()
println(text)

// 해시 기호(#)를 기준으로 공백 문자 제거
var textWithSharp = """Hello
    #Kotlin
    #Language
""".trimMargin("#")
println(textWithSharp)
```

실행 결과
```
Hello
Kotlin
Language
Hello
Kotlin
Language
```

lines 메서드를 호출하면 개행 문자(엔터)를 기준으로 잘려진 문자열이 포함된 리스트를 반환합니다.

```kotlin
var textWithLines = "first\nsecond\nthird\n"

val lines = textWithLines.lines()
// 리스트 순회 및 출력
for(line in lines) {
    println(line)
}
```

실행 결과
```
first
second
third
```

문자열에 내용을 추가하거나 수정하는 작업을 빈번하게 진행할 경우에는 다음과 같이 StringBuffer 객체를 **활용**합니다. 내부적으로 중간 결과를 저장하기 위한 메모리 공간(버퍼)을 이용해서 문자열 수정 작업을 진행하므로 더 빠르고 효율적으로 작업을 진행할 수 있습니다.

예제 7.51 StringBuffer 객체 활용　　　　　　　　　　　　classsstudy_part2/UsefulClassStudy_StringBuffer.kt

```kotlin
val sb = StringBuffer()

// 내용 추가
sb.append("Hello")
sb.append(" World")
println(sb)

// 특정 위치에 내용을 삽입
sb.insert(0, "Kotlin ")
println(sb)

// 특정 범위에 포함된 내용을 삭제
sb.delete(0, 7)
println(sb)

println(sb.length)

// 문자열(String)로 변환
val bufferToStr = sb.toString()
```

실행 결과

```
Hello World
Kotlin Hello World
Hello World
11
```

문자열을 추가, 수정, 삭제하는 메서드가 제공되며, 모든 조작이 끝난 후 toString 메서드를 호출해 문자열 타입으로 변환하는 것을 확인할 수 있습니다.

수학 패키지

kotlin.math 패키지에는 수학 계산에 사용되는 여러 상수와 함수가 정의돼 있습니다. math 패키지에 포함된 여러 상수 및 함수에 접근하려면 import 구문을 사용합니다.

```kotlin
import kotlin.math.*
```

다음은 math 패키지에 포함된 두 상수(자연대수, 파이)를 출력하는 코드입니다.

예제 7.52 math 패키지 활용   classstudy_part2/UsefulClassStudy_Math.ktZ

```kotlin
// kotlin.math 패키지 사용
// 상수
println(e) // 2.718281828459045
println(PI) // 141592653589793
```

실행 결과
```
2.718281828459045
3.141592653589793
```

수학 패키지는 유용하게 활용할 수 있는 다양한 함수를 제공합니다. 예를 들어 절댓값 함수를 통해 절댓값을 구할 수 있습니다.

```kotlin
// 절댓값 함수(abs)
val minusTen = -10
println(abs(minusTen)) // 10 출력
println(minusTen.absoluteValue) // 10 출력
```

실행 결과
```
10
10
```

round 함수를 통해 소수점을 반올림한 값을, ceil, floor 함수를 통해 각각 올리거나 내린 값을 반환받을 수 있습니다.

```kotlin
// 반올림 함수
println(round(0.5))
println(round(0.51))
```

```kotlin
// 올림 함수
println(ceil(0.1))

// 내림 함수
println(floor(0.9))
```

실행 결과
```
0.0
1.0
1.0
0.0
```

pow, sqrt 함수를 통해 각각 제곱값과 제곱근 값을 구할 수 있습니다.

```kotlin
// 제곱 함수
val base = 2.0
println(base.pow(3))

// 제곱근 함수
println(sqrt(4.0))
println(sqrt(2.0))
```

실행 결과
```
8.0
2.0
1.4142135623730951
```

수학 패키지에서 제공하는 삼각 함수(ex: sin, cos, tan)의 경우 라디안 단위의 값을 전달받기 때문에 각도(degree)를 전달하고 싶다면 Math 클래스에서 제공하는 **toRadians** 함수를 사용해 각도를 라디안으로 변환한 후 전달해야 합니다.

```kotlin
// 삼각 함수 호출
println(sin(Math.toRadians(90.0)))
// 0에 가까운 아주 작은 값을 출력
println(cos(Math.toRadians(90.0)))
// 1이 아니라 0.999...(약간의 오차가 발생)
println(tan(Math.toRadians(45.0)))
```

실행 결과

```
1.0
6.123233995736766E-17
0.9999999999999999
```

타입 변환 메서드(toString, toInt)에 진수와 관련된 인자(16)를 전달해서 10진수를 16진수 문자열로 변환하거나 역으로 16진수 문자열을 10진수로 변환할 수 있습니다.

```
// 정수를 16진수 문자열로 변환
var intToHex = 16711680.toString(16)
// 16진수 문자열을 정수로 변환
val hexToInt = intToHex.toInt(16)
println(intToHex)
println(hexToInt)
```

실행 결과

```
ff0000
16711680
```

특정 함수나 메서드의 경우 16진수 형태로 표현된 인자값을 전달받는 경우가 많기 때문에 이러한 변환 방법을 잘 알아두면 좋습니다.

큰 정수를 다루기 위해 사용할 BigInteger 클래스와 정밀한 실수를 다루기 위해 사용할 BigDecimal 클래스를 사용하려면 import 구문을 이용해 java.math 패키지에 포함된 클래스를 불러옵니다.

```
import java.math.BigDecimal
import java.math.BigInteger
```

굉장히 큰 정수를 이용해서 연산해야 할 상황이 발생한다면 다음과 같이 **BigInteger** 클래스를 사용합니다. 다음은 BigInteger 객체를 이용해 연산을 수행하는 코드입니다.

예제 7.53 BigInteger 클래스 활용   classstudy_part2/UsefulClassStudy_Math.kt

```
// 큰 정수를 다룰 수 있는 BigInteger 클래스
val bi1 = BigInteger("10000000000000000000") // 1000경
val bi2 = BigInteger("10000000000000000000")
```

```
val bi3 = bi1 + bi2
val bi4 = bi1 * bi2

println(bi3)
println(bi4)
```

실행 결과

```
20000000000000000000
100000000000000000000000000000000000000
```

코틀린에서 기본적으로 제공하는 정수 타입(Int, Long)의 최댓값 범위를 넘어서는 결괏값이 문제 없이 출력된 것을 확인할 수 있습니다.

다음과 같이 계산된 결과를 변환 메서드를 호출해 정수 타입으로 변환할 수도 있습니다. 하지만 **변환 과정에서 뜻하지 않은 값의 유실이 일어날 수 있음에 주의**해야 합니다.

```
// 데이터 소실 발생 유의
println(bi4.toLong())
```

실행 결과

```
687399551400673280
```

Long 타입의 최대 범위는 922경 정도인데 계산 후의 결괏값이 Long 타입의 최댓값을 초과하므로 정상적인 변환이 이뤄지지 않은 것을 확인할 수 있습니다. 이러한 경우 '타입이름ValueExact' 메서드를 호출해서 **해당 타입의 값으로 변환하는 과정에서 데이터 유실이 발생할 경우 예외가 발생하도록 유도할 수 있습니다**.

다음 코드를 실행하면 값의 유실이 일어나게 되므로 예외가 발생합니다.

```
// 값의 유실이 발생하는 경우 예외가 발생하도록 유도
println(bi4.longValueExact())
```

물론 변환할 타입의 범위에 포함되는 값으로 변환하는 것은 아무런 문제없이 수행됩니다.

```
val bi5 = bi1 - bi2
// 결괏값은 0이므로 Long의 범위 안에 포함되고 따라서 아무런 문제없이 변환 가능
println(bi5.longValueExact())
```

실행 결과

```
0
```

BigInteger와 같이 제공되는 **BigDecimal** 클래스는 무한한 소수점 정밀도가 요구되거나 실수형 타입의 계산 과정에서 발생할 수 있는 미세한 오차를 허용하지 않는 정밀한 결괏값이 필요할 때 사용하는 클래스입니다.

예제 7.54 **BigDecimal** 클래스 활용　　　　　　　　　　　　　classstudy_part2/UsefulClassStudy_Math.kt

```kotlin
// 미세한 값의 오차가 발생 가능
println(0.03 - 0.02)
// BigDecimal의 경우 오차 없이 정확하게 계산을 수행
println(BigDecimal("0.03") - BigDecimal("0.02"))

// 계산 과정에서 미세한 값의 오차가 발생 가능
var sum = 0.0
for(i in 0..9999) {
    sum += 0.0001
}
println(sum)

var sumBd = BigDecimal("0.0")
for(i in 0..9999) {
    sumBd += BigDecimal("0.0001")
}
println(sumBd)
```

실행 결과

```
0.009999999999999998
0.01

0.9999999999999062
1.0000
```

BigDecimal 객체를 통해 더하기 연산을 수행했을 때 Double 타입의 실수형 값을 계산하는 과정에서 생긴 미세한 오차값이 사라진 것을 확인할 수 있습니다. 단, **BigInteger, BigDecimal** 객체를 이용해 연산할 경우 일반적인 정수 또는 실수 연산보다 더 많은 계산량을 필요로 하므로 큰 수 혹은 정확한 정밀도가 반드시 필요한 상황에서만 사용합니다.

난수 클래스

Random 클래스는 **난수를 생성하기 위해 사용하는 클래스**로서 특정 숫자 범위 내에서 난수를 생성해서 반환하는 역할을 합니다. 이 클래스를 사용하려면 import 구문을 이용해 kotlin.random 패키지에 포함된 Random 클래스를 불러옵니다.

```
import kotlin.random.Random
```

다음은 Random 객체를 활용하는 예제입니다.

예제 7.55 Random 클래스 활용 classstudy_part2/UsefulClassStudy_Random.kt

```kotlin
// 정수 범위 내에서 난수를 생성(-2147483648 ~ 2147483647)
val randomInt = Random.nextInt()
// 0.0부터 1.0을 제외한 실수 범위 내에서 난수를 생성 (0.0 ~ 0.9999...)
val randomDouble = Random.nextDouble()
// 참 혹은 거짓을 반환
val randomBoolean = Random.nextBoolean()

println(randomInt)
println(randomDouble)
println(randomBoolean)
```

실행 결과

```
1303961808
0.3043989164722616
true
```

난수를 출력하는 코드이므로 실행 결과는 매번 프로그램을 실행할 때마다 달라집니다.

다음과 같이 nextInt 메서드를 호출할 때 추가 인자를 전달해서 **특정 범위에 포함된 정수만 반환**받을 수도 있습니다.

예제 7.56 nextInt 메서드 활용 classstudy_part2/UsefulClassStudy_Random.kt

```kotlin
// 범위를 이용해 정수 난수를 생성
// 0부터 100까지의 범위 내에서 정수를 반환
val randomBetweenZeroToHundred = Random.nextInt(101)
// 1부터 6까지의 범위 내에서 정수를 반환
val randomDiceNum = Random.nextInt(1, 7)
```

인자를 하나만 전달할 경우 0부터 해당 값을 포함하지 않은 범위 내에서 값을 반환하며, 인자를 두 개 전달할 경우 첫 번째 인자값을 포함하되 두 번째 인자값을 포함하지 않은 범위 내에서 값을 반환합니다.

랜덤 객체에서는 난수를 생성하기 위해 내부적으로 시드(seed)라고 하는 Long 타입의 정수를 사용합니다. **따라서 같은 시드 값을 사용하여 생성된 랜덤 객체는 난수를 반환받는 메서드를 같은 순서로 호출할 경우 모두 같은 값을 반환하게 됩니다.** 가령 다음과 같이 1000개의 난수를 생성하는 코드에서 반환받은 난수의 값이 다를 경우 호출하도록 작성한 출력 함수는 호출되지 않습니다.

예제 7.57 같은 시드 값을 사용하는 랜덤 객체를 이용한 난수 생성　　classstudy_part2/UsefulClassStudy_Random.kt

```kotlin
// 같은 시드 값을 사용하는 Random 객체를 생성
val seed = 0
val randomFromSeed1 = Random(seed)
val randomFromSeed2 = Random(seed)

// 같은 시드 값을 통해 생성한 후 같은 순서로 난수값을 반환받을 경우 모두 같은 난수를 반환
for(i in 1..1000) {
    if(randomFromSeed1.nextInt() != randomFromSeed2.nextInt()) {
        println("서로 다른 난수가 생성됨")
    }
}
```

실행 결과

출력 결과 없음

같은 시드 값을 사용하고 난수를 반환하는 메서드(nextInt)를 동일한 순서로 호출하고 있으므로 매번 같은 난수값이 반환되어 아무것도 출력되지 않는 것을 확인할 수 있습니다. 만약 서로 다른 환경에 있는 컴퓨터에서 난수값을 동기화해야 할 필요가 있는 경우 앞에서 살펴본 바와 같이 같은 시드 값을 이용해 생성한 **Random 객체를 활용**할 수 있습니다.

날짜 클래스

날짜와 관련된 작업을 진행하기 위해 **날짜 정보가 필요할 때 사용하는 LocalDate 클래스와 날짜와 시간 정보가 모두 포함된 LocalDateTime 클래스**가 제공됩니다. 이 클래스를 사용하려면 import 구문을 이용해 java.time 패키지에 포함된 클래스를 불러옵니다.

```
import java.time.LocalDate
import java.time.LocalDateTime
// 날짜 조작과 관련된 추가 클래스
import java.time.ZoneId
import java.time.format.DateTimeFormatter
import java.util.TimeZone
```

여기서는 날짜 정보를 다루는 과정에서 필요한 `ZoneId`, `DateTimeFormatter`, `TimeZone` 클래스도 추가로 불러옵니다.

각 클래스에서 제공하는 `now` 메서드를 호출하면 현재 시간에 대한 날짜, 시간 정보를 담은 객체를 반환합니다.

예제 7.58 now 메서드 활용   classstudy_part2/UsefulClassStudy_Date.kt

```
// LocalDate는 날짜 정보만 필요할 때 사용
var now: LocalDate = LocalDate.now()
println(now)
// 연, 월, 일 정보에 접근
println(now.year)
println(now.month)
println(now.dayOfMonth)

// LocalDateTime은 날짜와 시간 정보가 동시에 필요할 때 사용
var nowWithTime = LocalDateTime.now()
// 연, 월, 일 정보뿐만 아니라 시, 분, 초 정보에도 접근 가능
println(nowWithTime.hour)
println(nowWithTime.minute)
println(nowWithTime.second)
```

실행 결과

```
2019-12-12
2019
DECEMBER
12

10
26
31
```

now 함수를 호출할 때 기본 시간대(TimeZone)를 기준으로 작동하는 객체를 반환하므로 만약 다른 시간대를 이용해 객체를 반환받고 싶다면 now 함수를 호출할 때 **시간대 정보를 포함한 ZoneId 객체를 전달**합니다.

예제 7.59 기본 시간대 확인 및 ZoneId 객체 활용   classstudy_part2/UsefulClassStudy_Date.kt

```
// 기본 시간대 확인
println(TimeZone.getDefault().toZoneId())
// 협정 세계표준시(UTC)를 시간대로 사용해 객체를 반환
var nowInUTC = LocalDateTime.now(ZoneId.of("UTC"))
// 한국 시간에서 9시간 전의 시간 출력
println("nowUTC : ${nowInUTC}")
```

실행 결과

```
Asia/Seoul
nowUTC : 2019-12-12T01:26:31.878
```

여기서는 기본 시간대가 서울을 기준으로 한 아시아 시간대(Asia/Seoul)로 설정된 것을 확인할 수 있습니다. 해당 시간대는 세계 협정시를 기준으로 9시간이 더해진 시간대이므로 세계 협정시를 기준으로 한 날짜 객체를 출력하면 출력 시점에서 9시간 전의 시간이 출력되는 것을 확인할 수 있습니다.

날짜 클래스에서 제공하는 parse **함수를 사용하면 날짜 형식의 문자열을 날짜 객체로 변환**할 수 있습니다.

```
// 날짜 정보를 포함한 문자열을 날짜 객체로 변환
var date = LocalDate.parse("2019-01-01")
println(date)

// 시간 정보까지 포함한 문자열을 날짜/시간 객체로 변환
var dateTime = LocalDateTime.parse("2019-01-01T13:14:15")
println(dateTime)
```

실행 결과

```
2019-01-01
2019-01-01T13:14:15
```

날짜를 원하는 양식으로 출력하기 위해 DateTimeFormatter **객체를 사용**할 수 있습니다.

```
// 4자리로 연, 2자리로 월, 2자리로 일, 시간 정보는 콜론(:)을 사용해 표기하도록 설정
```

```
val formatter = DateTimeFormatter.ofPattern("yyyy-MM-dd HH:mm:ss")
// 반환값은 문자열
val formatted : String = nowWithTime.format(formatter)
println(formatted)
```

DateTimeFormatter 객체를 parse 메서드에 전달하면 해당 날짜 양식에 맞게 표기된 문자열을 날짜 객체로 변환할 수 있습니다.

```
// 양식 객체를 두 번째 인자로 전달하면서 parse 메서드를 호출
var dateTime2 = LocalDateTime.parse("2019-01-01 13:14:15", formatter)
println(dateTime2)
```

실행 결과
```
2019-12-12 11:08:16
2019-01-01T13:14:15
```

패턴에 포함된 문자열의 의미에 대해서는 DateTimeFormatter 클래스의 API 문서[1]를 참조하기 바랍니다.

시스템 클래스

시스템 클래스에서는 프로그램이 실행되는 환경에 대한 정보를 제공하는 메서드 및 유용하게 사용될 여러 메서드를 제공합니다. 그중 currentTimeMillis 메서드는 **현재 시간을 에포크 시간(epoch time)으로 반환하는 메서드**입니다. 큰 정수를 저장해야 하므로 값의 타입은 Long입니다. 많은 함수 및 메서드에서 인자로 에포크 시간을 요구하는 경우가 있으며, 이때 현재 시각을 나타내기 위해 currentTimeMillis 메서드를 사용합니다.

> 🔍 에포크 시간(epoch time)은 협정 세계시(UTC)를 기준으로 1970년 1월 1일 0시부터 경과된 시간을 초 단위로 나타낸 값입니다. 단, currentTimeMillis 메서드를 통해 반환된 값은 밀리초 단위의 값이며, 일반적으로 초 단위 값보다는 밀리초 단위의 값을 사용하는 경우가 많습니다.

예제에서 사용할 날짜 관련 클래스와 프로그램 종료 함수를 불러오기 위해서 먼저 소스 코드 상단에 다음의 import 구문을 추가합니다.

---

[1] https://docs.oracle.com/javase/8/docs/api/java/time/format/DateTimeFormatter.html

```
import java.time.Instant
import java.time.LocalDateTime
import java.time.ZoneId
import kotlin.system.exitProcess
```

이후 예제 코드를 작성합니다.

예제 7.60 에포크 시간 활용   classstudy_part2/UsefulClassStudy_System.kt

```
// 에포크 시간 반환
val millis = System.currentTimeMillis()
println(millis)

// (1)
val dateTimeFromMillis = LocalDateTime.ofInstant(Instant.ofEpochMilli(millis), ZoneId.of("Asia/Seoul"))
println(dateTimeFromMillis)
```

실행 결과

```
1590067744822
2020-05-21T22:29:04.822
```

(1) LocalDateTime 클래스의 ofInstant 함수에 세계 표준시 기준 시간 정보를 담은 Instant 객체와 시간대에 대한 정보를 담은 ZoneId 객체를 전달해서 시간을 반환받을 수 있습니다. currentTimeMillis 메서드를 호출해서 전달받은 에포크 시간을 ofEpochMilli 함수에 전달하여 해당 에포크 시간과 관련된 Instant 객체를 반환받고, ZoneId 클래스의 of 함수를 호출하며 시간대 정보("Asia/Seoul")를 전달해서 서울로 기준으로 한 시간을 반환받고 있습니다.

getProperties 메서드를 호출해서 프로그램이 실행되고 있는 환경에 대한 정보(JVM 버전, CPU, 운영체제 정보)를 파악할 수 있습니다. 정보는 키와 값으로 구분되어 제공되며, getProperties 메서드에 키 문자열을 전달하면 해당 키에 대응하는 값이 반환됩니다.

```
println("System properties")
val props = System.getProperties()
for(prop in props) {
    println("key : ${prop.key}\nvalue : ${prop.value}\n")
}
```

```
// 직접 키를 전달해서 값을 반환
println(System.getProperty("os.name"))
```

실행 결과

```
key : java.runtime.name
value : Java(TM) SE Runtime Environment

key : java.vm.version
value : 25.201-b09

(... 이하 생략 ...)
```

getenv 메서드를 호출해서 운영체제에서 사용하는 환경변수를 파악할 수 있습니다. 정보는 키와 값으로 구분되어 제공됩니다.

```
println("System environments")
val envs = System.getenv()
for(env in envs) {
    println("key : ${env.key}\nvalue : ${env.value}\n")
}
```

실행 결과

```
key : JAVA_HOME
value : C:\Program Files\Java\jdk1.8.0_201

key : SESSIONNAME
value : Console

(... 이하 생략 ...)
```

윈도우 운영체제를 기준으로 환경변수를 확인하거나 추가하려면 다음과 같이 시스템 환경 변수 편집 프로그램을 이용합니다.

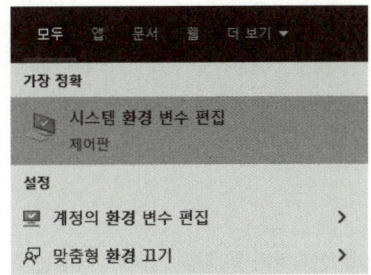
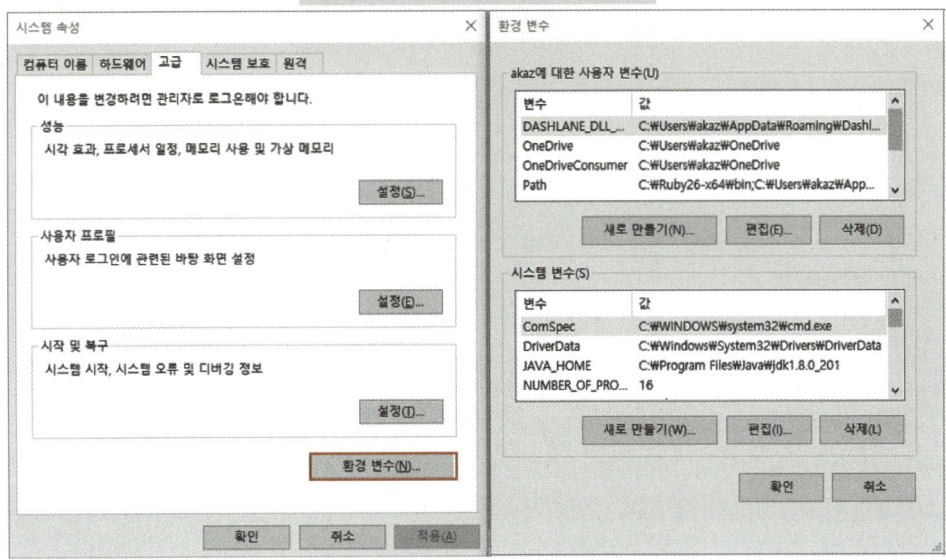

그림 7-6 환경 변수 확인 및 편집

마지막으로 exitProcess 함수의 사용법에 대해서 살펴보겠습니다. 기본적으로 프로그램은 main 함수가 종료되는 시점에 종료됩니다. 만약 **프로그램을 중간에 명시적으로 종료해야 할 경우** exitProcess 함수를 호출합니다. 이 함수에서는 내부적으로 System 클래스의 exit 메서드를 호출합니다.

exitProcess 함수에 전달하는 인자는 에러 코드를 나타내며, 아래 예제에서는 **0을 전달해서 정상적으로 프로그램이 종료**됐음을 알립니다.

```
// 프로그램 종료
exitProcess(0)
```

프로그램의 실행 도중 문제가 생겼을 경우에는 1부터 255 범위의 임의의 숫자를 전달해서 어떤 종류의 문제가 발생했는지 알릴 수 있습니다.

도전과제

Q1 _ 다음의 Calculable 인터페이스를 상속받아 두 값을 곱하고, 나누는 작업을 수행하도록 calculate 메서드를 구현한 익명 클래스 객체를 생성합니다.

```
interface Calculable {
    fun calculate(x: Double, y: Double) : Double
}
```

이후 doCalculation 함수로 생성한 익명 객체를 전달해서 정상적으로 계산이 이뤄진 후 값이 반환되는지 여부를 확인하세요.

객체 사용법

```
var mul = /* 여기에 익명 객체를 생성하는 코드를 작성 */
var div = /* 여기에 익명 객체를 생성하는 코드를 작성 */

var res3 = doCalculation(mul, 3.0, 4.0)
var res4 = doCalculation(div, 10.0, 4.0)
```

예상 실행 결과

```
12.0
2.5
```

(해답: challenges.ch06.CalculableInterfaceExercise.kt)

Q2 _ 영화 이름, 장르, 평점 정보를 저장하는 데 사용할 Movie 데이터 클래스를 정의하세요.

객체 사용법

```
var movie = Movie("겨울왕국", "Animation", 9.0)
println(movie)
```

예상 실행 결과

```
Movie(title=겨울왕국, genre=Animation, rating=9.0)
```

(해답: challenges.ch07.DataClasses.kt)

Q3 _ 다음 트위터(Twitter) 메시지와 관련된 모든 데이터를 저장하는 데 필요한 속성값을 생각해 본 후 TwitterMessage 데이터 클래스를 정의하세요. (단, 트위터 메시지가 생성된 날짜와 시간을 저장할 LocalDateTime 타입의 속성을 포함하도록 정의하세요.)

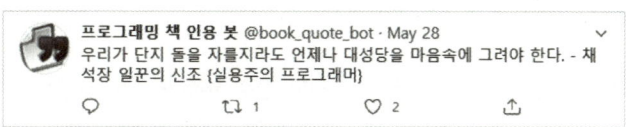

(해답: challenges.ch07.DataClasses.kt)

Q4 _ 다음 Fraction 클래스의 toString 메서드를 재정의해서 다음과 같은 형식으로 객체의 내용이 출력되도록 구현하세요.

```
class Fraction(var numerator: Int, var denominator: Int)
```

객체 사용법

```
var f1 = Fraction(3, 4)
var f2 = Fraction(1, 10)
// 객체 출력
println(f1)
println(f2)
```

예상 실행 결과

```
3/4
1/10
```

(해답: challenges.ch06.FractionClass.kt)

Q5 _ 문자열(String) 클래스에 countSpace 확장 함수를 정의하고 이 함수를 호출하면 문자열에 포함된 공백의 개수를 반환하도록 구현하세요.

함수 사용법

```
// 한 개의 공백이 포함된 문자열
println("Hello World".countSpace())
// 여섯 개의 공백이 포함된 문자열
println("Hello W o r l d Kotlin".countSpace())
```

예상 실행 결과

```
1
6
```

(해답: challenges.ch07.ExtensionFunctionExercise.kt)

Q6 _ Double 클래스에 toPair 확장 함수를 정의하고 정수 부분과 소수 부분의 값이 저장된 쌍 타입 (Pair<Int, Double>)의 객체를 반환하도록 구현하세요. 임의의 두 값을 저장하는 쌍 타입 객체를 생성하는 방법은 다음과 같습니다.

쌍 타입 객체 생성 방법

```
// 정수 1과 실수 0.5 값을 저장한 쌍 객체 생성
var pair1 = 1 to 0.5
// 문자열 "Hello"와 정수 1234 값을 저장한 쌍 객체 생성
var pair2 = "Hello" to 1234
```

함수 사용법

```
var d1 = 1.5
var d2 = 3.14159
println(d1.toPair())
println(d2.toPair())
```

예상 실행 결과

```
(1, 0.5)
(3, 0.14158999999999988)
```

(해답: challenges.ch07.ExtensionFunctionExercise.kt)

Q7 _ 클래스 파트1의 도전 과제 풀이에서 정의한 Fraction 클래스의 add, sub 메서드를 중위 표기법 방식을 통해 호출할 수 있도록 수정하고, 일반 메서드 호출 방식을 사용해 호출해보고 중위 표기법 방식으로도 호출해본 후 결과를 확인하세요.

메서드 사용법

```
var f1 = Fraction(3, 10)
var f2 = Fraction(1, 10)
// 일반적인 메서드 호출 방식으로 호출
var f3 = f1.add(f2)
// 중위 표기법 방식으로 호출
```

```
var f4 = f1 sub f2

println(f3)
println(f4)
```

예상 실행 결과
```
4/10
2/10
```

(해답: challenges.ch06.FractionClass.kt)

Q8 _ 다음과 같이 상숫값에 접근할 수 있도록 SPADE, DIAMOND, HEART, CLUB 상숫값을 포함한 카드 무늬 열거형 클래스(CardSuit)를 정의하세요.

```
var spade = CardSuit.SPADE
var diamond = CardSuit.DIAMOND
var heart = CardSuit.HEART
var club = CardSuit.CLUB
```

(해답: challenges.ch07.CardClassese.kt)

Q9 _ 주 생성자를 통해 카드 무늬와 카드 숫자를 전달받는 Card 클래스를 정의하세요. (단, Card 클래스는 데이터 클래스가 아닌 일반 클래스로 정의하세요. 또한 앞서 정의한 카드 무늬 열거형 상숫값을 이용해 카드 무늬 값을 정할 수 있도록 작성하세요.)

객체 사용법
```
var card1 = Card(CardSuit.SPADE, 1)
var card2 = Card(CardSuit.DIAMOND, 2)
var card3 = Card(CardSuit.HEART, 3)
var card4 = Card(CardSuit.CLUB, 4)
```

(해답: challenges.ch07.CardClassese.kt)

Q10 _ Card 클래스의 toString 메서드를 재정의해서 객체를 출력할 때 카드 무늬와 숫자를 그대로 출력하되, 숫자 중 1은 "Ace", 11은 "Jack", 12는 "Queen", 13은 "King"으로 변환해서 다음과 같은 형식으로 출력되도록 재정의하세요.

```
var card1 = Card(CardSuit.SPADE, 1)
var card2 = Card(CardSuit.DIAMOND, 2)
var card3 = Card(CardSuit.HEART, 3)
```

```
var card4 = Card(CardSuit.CLUB, 4)
var card11 = Card(CardSuit.DIAMOND, 11)
var card12 = Card(CardSuit.HEART, 12)
var card13 = Card(CardSuit.CLUB, 13)

// 숫자를 그대로 출력
println(card2)
println(card3)
println(card4)
println(card1)
// 숫자에 대응하는 문자열로 변환해서 출력
println(card11)
println(card12)
println(card13)
```

예상 실행 결과

```
DIAMOND 2
HEART 3
CLUB 4
SPADE ACE
DIAMOND Jack
HEART Queen
CLUB King
```

(해답: challenges.ch07.CardClassese.kt)

Q11 _ 다음의 퀴즈 클래스를 사용해서 예상 실행 결과에서 보이는 것과 같이 답을 입력하면 피드백을 주고 최종적으로 문제의 총 개수와 문제를 맞힌 개수를 출력할 수 있도록 퀴즈 풀이 프로그램을 작성하세요.

사용 클래스

```
sealed class Quiz(val question: String)

enum class AnswerType { O, X }

// OX 퀴즈
class OXQuiz(question : String, val answer: AnswerType) : Quiz(question)
```

```kotlin
// N지선다 퀴즈
class MultiChoiceQuiz(question : String, val answer: String, val choices: List<String>)
  : Quiz(question)

// 단답식 퀴즈
class ShortAnswerQuiz(question : String, val answer: String, val alternatives :
List<String>?, val sanitize : (String) -> String = { it.trim() }) : Quiz(question)
```

예상 실행 결과

```
1. 대한민국의 수도는 서울이다.
> o
정답입니다.

2. 미국의 수도는 뉴욕이다.
> x
정답입니다.

3. 대한민국의 수도는?
1. 서울
2. 대전
3. 대구
4. 부산
> 1
정답입니다.

4. 사과를 뜻하는 영단어는?
> apple
정답입니다.

5. JetBrains사에서 만든 JVM 기반 프로그래밍 언어는?
> 코틀린
정답입니다.

맞은 개수 : 5 / 총 문제 개수 : 5
```

(해답: challenges.ch07.QuizProgram.kt)

chapter 08

예외 처리

예외 처리의 개념

프로그램을 작성하다 보면 **예상치 못한 문제를 예측해서 적절하게 처리**해야 할 상황을 자주 마주하게 됩니다. 가령 사용자로부터 숫자 형태의 문자열을 입력받기를 예상했으나 숫자가 포함되지 않은 문자열이 입력된다거나 존재하지 않는 파일을 열어서 내용을 확인하려고 하는 예상치 못한 상황이 발생한다면 이후 정상적으로 코드를 실행할 수 없게 됩니다. 따라서 완성도 높은 프로그램을 만들려면 이러한 **예외 상황을 방치하지 않고 프로그램이 비정상적으로 종료되지 않도록 예외 상황을 적절하게 처리**해야 합니다.

가장 손쉽게 예외 상황을 해결하는 방법은 경고 메시지를 보여주는 것이겠지만 상황에 따라 적절한 방식으로 예외 상황을 해결하는 코드를 작성하는 것은 프로그래머의 몫입니다.

먼저 예외 상황이 발생하는 코드를 살펴보겠습니다.

예제 8.1 숫자 변환 과정에서 예외 발생   exceptionstudy/ExceptionStudy1.kt

```
// NumberFormatException 예외 발생
var toInt = "Hello".toInt()
println(toInt)
```

숫자로 변환할 수 없는 문자열을 숫자로 변환하는 과정에서 잘못된 숫자 형식 변환 예외 (`NumberFormatException`)가 발생하고 프로그램이 비정상적으로 종료됩니다. 프로그램이 비정상 종료될 때

콘솔 화면을 살펴보면 빨간 글씨로 예외가 발생한 시점에서 수행 중이던 함수(혹은 메서드)의 이름(main)과 코드의 위치(10번 라인)가 출력된 것을 확인할 수 있습니다.

```
Exception in thread "main" java.lang.NumberFormatException: For input string: "Hello"
    at java.lang.NumberFormatException.forInputString(NumberFormatException.java:65)
    at java.lang.Integer.parseInt(Integer.java:580)
    at java.lang.Integer.parseInt(Integer.java:615)
    at learnkotlin.exceptionstudy.ExceptionStudy1Kt.main(ExceptionStudy1.kt:10)
```

그림 8-1 예외 상황 발생 시 콘솔 화면

위 코드에서 살펴본 예외 상황은 프로그래머가 주의 깊게 코드를 살펴본다면 충분히 예방할 수 있는 종류의 예외 상황입니다. 하지만 다음과 같이 사용자로부터 입력을 받아 숫자 변환 작업을 처리해야 한다면 외부에서 어떤 입력이 전달될지 예측할 수 없으므로 문제를 미리 예방할 수 없습니다.

예제 8.2 사용자로부터 입력받은 내용을 숫자로 변환   exceptionstudy/ExceptionStudy1.kt

```kotlin
print("숫자 입력 : ")
var input = readLine()
var toNum = input?.toInt()
println(toNum)
```

실행 결과 (정상 입력)
```
숫자 입력 : 1234
1234
```

실행 결과 (예외 발생)
```
숫자 입력 : kotlin
Exception in thread "main" java.lang.NumberFormatException: For input string: "kotlin"
(.. 생략 ..)
```

실행 결과를 보면 정상적으로 숫자를 입력하지 않았을 경우 예외가 발생하며, 관련 에러 메시지가 콘솔에 출력되고 프로그램이 비정상적으로 종료되는 것을 확인할 수 있습니다. 이때 에러 메시지에 등장하는 NumberFormatException은 예외를 발생시키고 예외에 대한 정보를 저장할 용도로 정의된 예외 클래스 중 하나입니다.

코틀린에서는 이러한 **예외 클래스 객체를 예외가 발생했다는 사실을 알리는 데 사용**합니다. NumberFormatException 외에도 **다양한 예외 상황에 따라 사용하기 위해 미리 정의된 여러 예외 클래스가 존재**합니다.

다음은 null 값이 저장된 변수에 접근해 메서드를 호출하려고 하는 코드로서 **KotlinNullPointerException 예외**가 발생합니다.

```
var nullValue: String? = null
nullValue!!.toInt()
```

다음은 존재하지 않는 파일에 접근하려는 코드로서 hello.txt 파일이 존재하지 않으면 **FileNotFoundException 예외**가 발생합니다.

```
var s = File("hello.txt").inputStream()
```

다음은 잘못된 타입 변환을 진행하는 코드로서 **ClassCastException 예외**가 발생합니다.

```
var anyValue: Any = "Hello"
var intValue = anyValue as Int
```

이러한 **예외 클래스는 모두 공통 조상 예외 클래스인 Exception 클래스를 상속**받습니다. 다음은 대략적인 예외 클래스의 상속 관계를 보여주는 그림입니다.

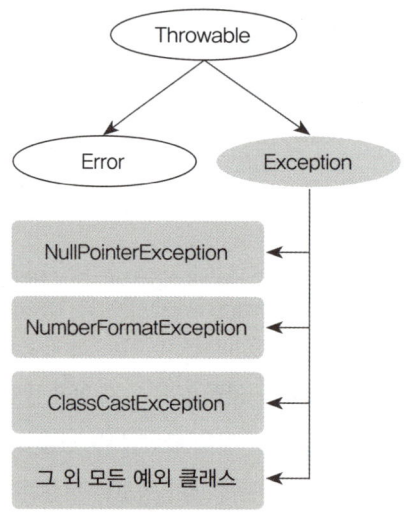

그림 8-2 예외 클래스의 상속 관계

예외 상황이 발생하는 즉시 프로그램은 비정상적으로 종료되지만 **try - catch 표현식**을 통해 예외 상황에 **필요한 적절한 처리 코드를 작성해 예외를 처리**할 수 있습니다.

try – catch 표현식 활용

앞에서 예외 상황이 발생하는 코드를 살펴봤습니다만 **예외가 발생한 상황을 해결하기 위한 조치를 어떻게 해야 할지**에 대해서는 살펴보지 않았습니다. 이제 **try – catch** 표현식을 활용해 예외 상황을 처리하는 방법을 살펴보겠습니다.

try – catch 표현식은 다음과 같은 형식으로 작성합니다.

```
try {
    // 모든 상황이 정상적이라고 가정할 경우 실행할 코드
} catch (e: Exception) {
    // 예외 상황이 발생했을 때 실행할 코드
}
```

try 키워드 다음에 오는 중괄호 블록 안에 **모든 상황이 정상적이라고 가정할 경우 실행할 코드를 작성합니다**. catch 키워드 다음에 오는 중괄호 블록에는 **try 블록의 코드를 실행하다가 예외 상황이 발생했을 때 실행할 코드를 작성**합니다.

이렇게 작성된 try – catch 표현식을 만나게 되면 **try** 블록에 작성한 코드를 실행하고, 그 과정에서 예외가 발생할 경우 **catch** 블록으로 진입해서 해당 블록의 코드를 실행합니다.

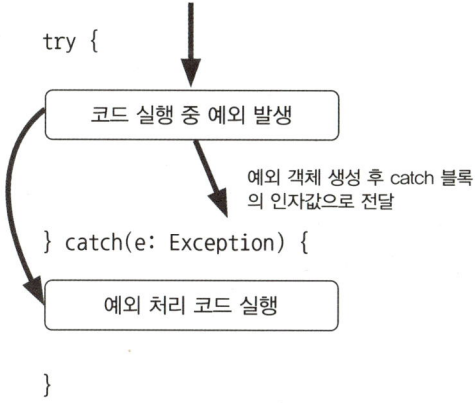

그림 8-3 try – catch 블록의 실행 흐름

다음은 앞에서 작성한 숫자를 입력받는 코드를 try – catch 표현식을 이용해 제대로 된 숫자 형식의 입력 값이 입력될 때까지 반복하도록 수정한 코드입니다.

예제 8.3 정상적인 숫자가 입력될 때까지 반복 입력   exceptionstudy/ExceptionStudy1.kt

```kotlin
while(true) {
    try {
        print("숫자 입력 : ")
        var input = readLine()
        // (1)
        var toNum = input?.toInt()
        println(toNum)
        // (2)
        break
    } catch(e: Exception) {
        // (3)
        println("예외 발생! 숫자를 다시 입력해주세요.")
    }
}
```

실행 결과

```
숫자 입력 : hello
예외 발생! 숫자를 다시 입력해주세요.
숫자 입력 : world
예외 발생! 숫자를 다시 입력해주세요.
숫자 입력 : 1234
1234
```

(1) readLine 함수를 호출해 입력받은 문자열을 숫자로 변환합니다.

(2) 숫자 변환에 성공하면 변환한 숫자를 출력한 후 반복문을 종료합니다.

(3) 숫자 변환에 실패할 경우 예외가 발생하고 catch 블록 내부로 진입합니다. 블록 내부에서 경고문을 출력한 후 반복문을 만나 다시 숫자를 입력받게 됩니다.

실행 결과를 보면 정상적인 숫자를 입력받을 때까지 반복해서 try 블록의 코드가 실행되고 정상적인 숫자가 입력되면 프로그램이 종료되는 것을 확인할 수 있습니다.

이 시점에서 catch 키워드의 오른쪽 괄호에 적힌 내용을 살펴보겠습니다.

```kotlin
catch(e: Exception)
```

여기서 e는 예외 객체를 전달받기 위해 사용할 이름으로, **예외 객체의 속성과 메서드를 통해 발생한 예외의 정보를 파악**할 수 있습니다. 물론 원한다면 e가 아닌 다른 이름을 지정해도 됩니다.

예제에서는 예외 객체의 타입이 Exception 타입으로 지정돼 있습니다. 실제로 발생한 예외는 NumberFormatException 타입의 예외이므로 이 타입의 객체가 전달되지만 **모든 예외 클래스는 Exception 클래스를 상속받기 때문에 여기서는 상위 클래스인 Exception 타입으로 업캐스팅**이 일어납니다.

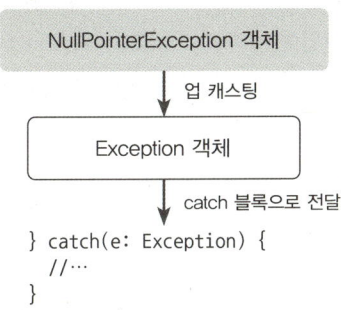

그림 8-4 예외 객체 전달 과정

다음은 전달될 예외 객체의 타입을 NumberFormatException으로 지정하고 예외 객체의 정보를 출력하도록 수정한 코드입니다.

```
while(true) {
    try {
        print("숫자 입력 : ")
        var input = readLine()
        var toNum = input?.toInt()
        println(toNum)
        break;
    // (1)
    // 예외 객체의 타입을 Exception에서 NumberFormatException으로 변경
    } catch(e: NumberFormatException) {
        // (2)
        println("예외 메시지 : ${e.message}")
        e.printStackTrace()
    }
}
```

실행 결과

```
예외 메시지 : For input string: "asd"
java.lang.NumberFormatException: For input string: "asd"
    at java.lang.NumberFormatException.forInputString(NumberFormatException.java:65)
    at java.lang.Integer.parseInt(Integer.java:580)
    at java.lang.Integer.parseInt(Integer.java:615)
    at learnkotlin.exceptionstudy.ExceptionStudy1Kt.main(ExceptionStudy1.kt:30)
```

(1) 예외 객체의 타입을 Exception 타입에서 NumberFormatException 타입으로 변경했습니다. 타입을 변경해도 딱히 실행 결과에 차이가 생기지는 않습니다. 여기서는 단순히 전달된 예외 객체의 타입 그대로 객체를 전달받고 있을 뿐입니다.

(2) 예외 객체에서 제공되는, 예외가 발생한 이유가 저장된 message 속성의 값을 출력하고 예외 객체에서 제공하는 printStackTrace 메서드를 호출해 문제가 발생한 시점의 스택 트레이스 정보를 콘솔에 출력합니다.

문제가 발생했을 때 참조할 수 있는 **스택 트레이스(Stack trace) 정보는 예외 처리 작업을 수행하지 않아 프로그램이 비정상적으로 종료되는 시점에 자동으로 출력**됩니다. 혹은 앞의 코드와 같이 예외 객체에서 제공하는 **printStackTrace** 메서드를 호출해 스택 트레이스 정보를 명시적으로 확인할 수 있습니다.

스택 트레이스와 예외 발생 이유 찾기

코드를 실행하던 중 발생한 문제를 추적하고 해결할 때 활용하는 스택 트레이스는 다음과 같은 정보를 제공합니다.

1. 문제가 발생한 소스 코드 상의 줄 번호
2. 해당 줄 번호의 명령어를 실행하는 과정에서 호출된 함수와 메서드의 호출 순서

가령 다음과 같은 코드에서는 main 함수에서 myFunction 함수를 호출하고, 함수 내부에서 MyClass 객체를 만든 후 myMethod 메서드를 호출합니다. myMethod 메서드 내부에서 0으로 나누는 연산을 수행하기 때문에 ArithmeticException 예외가 발생합니다.

예제 8.4 잘못된 연산 수행을 통한 스택 트레이스 정보 확인 exceptionstudy/StackTraceStudy.kt

```
class MyClass {
    fun myMethod() {
        // 0으로 나누는 연산을 수행(예외 발생)
```

```kotlin
        val a = 1 / 0
    }
}

fun myFunction() {
    val c = MyClass()
    c.myMethod()
}

fun main(args : Array<String>) {
    myFunction()
}
```

따로 예외 처리 코드를 작성하기 않았으므로 val a = 1 / 0 코드를 실행하는 도중 프로그램이 비정상적으로 종료되고 스택 트레이스 정보가 콘솔창에 출력됩니다. 출력된 스택 트레이스의 내용은 다음과 같습니다.

```
Exception in thread "main" java.lang.ArithmeticException: / by zero
    at learnkotlin.exceptionstudy.MyClass.myMethod(StackTraceStudy.kt:5)
    at learnkotlin.exceptionstudy.StackTraceStudyKt.myFunction(StackTraceStudy.kt:11)
    at learnkotlin.exceptionstudy.StackTraceStudyKt.main(StackTraceStudy.kt:15)
```

예외 클래스의 이름과 예외 메시지가 출력되고, 이후 함수와 메서드에 대한 정보가 호출 순서의 역순으로 표시됩니다. 따라서 가장 위에 위치한 줄에 표시된 내용을 보고 실제 예외가 발생한 메서드(혹은 함수)의 이름을 확인할 수 있으며, 내용을 살펴보면 예외는 소스 코드 상의 5번째 라인 명령어(0으로 나누는 계산식)에서 발생한 것임을 알 수 있습니다.

```
    at learnkotlin.exceptionstudy.MyClass.myMethod(StackTraceStudy.kt:5)
```

이 메서드(myMethod)는 11번째 줄의 c.myMethod를 통해 호출됐고 myFunction 함수는 15번째 줄의 myFunction() 명령어를 통해 호출됐다는 사실도 알 수 있습니다.

```
    at learnkotlin.exceptionstudy.StackTraceStudyKt.myFunction(StackTraceStudy.kt:11)
    at learnkotlin.exceptionstudy.StackTraceStudyKt.main(StackTraceStudy.kt:15)
```

이 문제를 해결하려면 호출된 함수와 메서드를 역순으로 추적해서 문제가 발생한 줄 번호의 명령어를 확인하고 이상이 없는지 따져봐야 합니다. 일반적으로 예외가 발생한 시점에 호출된 함수, 메서드에서 문제가 발생했을 확률이 높지만 반드시 그런 것은 아닙니다. 왜냐하면 **함수나 메서드를 호출한 환경에서 정상적인 인자값을 전달하지 않았다거나 함수나 메서드를 잘못된 방법으로 호출하는 실수를** 저질렀을 수도 있기 때문입니다. 따라서 예외가 발생한 시점에 수행된 코드에서 특별한 문제를 발견하지 못했다면 **해당 함수나 메서드를 호출한 상위 함수나 메서드에서 문제가 있는지 검사하는 식으로 순차적으로 명령어를 검사**해야 합니다.

다음은 myMethod에서 나눌 값을 전달받고 해당 메서드를 호출하는 측에서 문제를 일으킬 숫자를 인자로 전달하도록 수정한 코드입니다. myFunction에서 값으로 0을 전달하고 있기 때문에 예외가 발생할 것임을 예상할 수 있습니다.

예제 8.5 잘못된 인자값 전달을 통한 스택 트레이스 정보 확인 exceptionstudy/StackTraceStudyModified.kt

```kotlin
class MyClass {
    fun myMethod(div : Int) {
        val a = 1 / div
    }
}

fun myFunction() {
    val c = MyClass()
    c.myMethod(0)
}

fun main(args : Array<String>) {
    myFunction()
}
```

출력된 스택 트레이스의 내용은 다음과 같습니다.

```
Exception in thread "main" java.lang.ArithmeticException: / by zero
    at learnkotlin.exceptionstudy.MyClass.myMethod(StackTraceStudyModified.kt:5)
    at learnkotlin.exceptionstudy.StackTraceStudyModifiedKt.myFunction(StackTraceStudyModified.kt:11)
    at learnkotlin.exceptionstudy.StackTraceStudyModifiedKt.main(StackTraceStudyModified.kt:15)
```

앞에서 살펴본 스택 트레이스와 차이가 없습니다. 그러나 여기서 예외 발생의 원인은 myMethod가 아닙니다. myMethod 메서드를 호출한 myFunction에서 잘못된 인자값을 전달했기 때문에 문제가 생긴 것입니다.

즉, 문제의 원인이 반드시 예외 발생을 초래한 줄의 명령어 때문만은 아니라는 점에 유의합니다. 예외 상황을 해결하려면 스택 트레이스에 표시된 함수나 메서드를 모두 역순으로 찾아 검사하면서 문제가 발생할 만한 모든 상황을 고려해야 합니다.

더 알아보기 _ 함수 호출 스택

스택(stack) 영역은 함수(혹은 메서드)를 호출할 때 임시로 사용할 메모리를 할당하는 공간입니다.

호출이 이뤄지는 시점에 스택 프레임(stack frame)이라고 부르는 정보를 스택 영역에 추가하며, 스택 프레임에는 함수 내부에서 선언한 변수, 전달받은 인자값, 호출이 끝난 시점에 돌아가야 할 주소와 같은 함수의 호출, 실행, 종료에 필요한 정보가 저장됩니다.

스택 트레이스 정보에는 코드가 실행되는 시점에 스택 영역에 저장된 함수 호출 정보가 모두 포함되므로 어느 시점에 문제가 생겼는지 순차적으로 분석할 수 있습니다.

여러 catch 블록의 중첩

try 블록 내부의 코드를 실행할 때 발생할 수 있는 **예외의 종류가 여러 개인 경우 그에 대응하는 catch 블록을 여러 개 추가해서** 특정 예외 클래스에 따라 예외 처리 코드를 작성할 수도 있습니다.

다음 예제에서는 숫자 변환 예외(NumberFormatException)와 산술 연산 예외(ArithmeticException)를 처리하는 catch 블록을 정의하고, 마지막으로 Exception 타입의 예외를 처리하는 catch 블록을 정의해서 발생할 수 있는 다른 모든 종류의 예외를 이 블록에서 처리하게 했습니다.

예제 8.6 여러 catch 블록 정의   exceptionstudy/ExceptionStudy2.kt

```
try {
    print("숫자 입력 : ")
    var arr = arrayOf(1, 2, 3, 4, 5)
    // (1)
    var num = readLine()!!.toInt()
    // (2)
    var div = (10 / num)
```

```
    // [3]
    var arrVal = arr[num]
    println("10 / $num = $div")
    println("arr[$num] : $arrVal")
} catch(e: NumberFormatException) {
    // [4]
    print("비정상적인 숫자 입력")
} catch(e: ArithmeticException) {
    // [5]
    print("비정상적인 산술 연산 수행")
} catch(e: Exception) {
    // [6]
    // 나머지 예외 처리
    print("문제 발생 : ${e.message}")
}
```

실행 결과

```
숫자 입력 : 2
10 / 2 = 5
arr[2] : 3
```

실행 결과(비정상적인 숫자 입력)

```
숫자 입력 : asdf
비정상적인 숫자 입력
```

실행 결과(0 입력)

```
숫자 입력 : 0
비정상적인 산술 연산 수행
```

실행 결과(5이상의 숫자를 입력)

```
숫자 입력 : 5
문제 발생 : 5
```

[1] 문자열을 숫자로 변환합니다. 변환 과정에서 문제가 발생할 경우 NumberFormatException 예외가 발생하고 이 유형의 예외 객체를 처리하는 [4]의 catch 블록으로 진입합니다.

```
try {
    // ...
    var num = readLine()!!.toInt()
    // ...
} catch(e: NumberFormatException) {
    // 숫자 변환 과정에서 문제가 발생할 경우 그에 대응하는 예외 클래스 객체를 전달받는 catch 블록으
로 진입
} ...
```

(2) 변환한 숫자로 나눗셈 연산을 수행합니다.

만약 입력받은 값이 0이라면 0으로 나눌 수는 없으므로 ArithmeticException 예외가 발생하고 이 타입의 예외 클래스를 처리하는 **(5)**의 catch 블록으로 진입합니다.

(3) 입력받은 num 값이 5 이상이면 배열의 범위를 초과하고, 결과적으로 배열의 잘못된 위치를 참조하게 되어 ArrayIndexOutOfBoundsException 예외가 발생합니다. 그러나 **이 타입의 예외 클래스를 처리하는 catch 블록이 없으므로 그 대신 Exception 타입의 예외 클래스를 처리하는 (6)의 catch 블록으로 진입합니다.**

이 코드에서 Exception 타입 예외를 처리하는 catch 블록이 없다면 이 예외를 처리할 예외 처리 블록이 존재하지 않기 때문에 프로그램이 비정상적으로 종료하게 됩니다. 또는 다음과 같이 **Exception 타입 클래스를 처리하는 catch 블록만 존재하는 경우 try 블록 내부에서 어떤 예외가 발생하든 상관없이 해당 catch 블록으로 진입하게 됩니다.**

예제 8.7 Exception 타입의 예외 객체를 전달받는 catch 블록   exceptionstudy/ExceptionStudy2.kt

```
try {
    print("숫자 입력 : ")
    var num = readLine()!!.toInt()
    var div = (10 / num)
    println("10 / $num = $div")
} catch(e: Exception) {
    print("문제 발생 : ${e.message}")
}
```

이렇게 되는 이유는 모든 예외 클래스의 최상위 부모 클래스는 Exception 클래스이므로 업캐스팅을 통해 해당 catch 블록에 접근할 수 있는 자격을 얻을 수 있기 때문입니다. 다만 이러한 접근법을 사용할 경우 예외 타입에 따라 섬세하게 에러 처리를 진행할 수 없으므로 가능하면 발생할 수 있는 **예외 타입에 따르는 catch 블록을 정의해서 상황에 맞는 예외 처리 코드를 작성**하는 것이 좋습니다.

여러 catch 블록이 존재할 경우 위에서 정의한 catch 블록부터 순서대로 검사하며, 블록 진입 여부를 판단하기 때문에 catch 블록이 정의된 순서가 **중요**합니다. 가령 다음과 같이 Exception 타입의 클래스를 처리하는 catch 블록을 맨 위에 위치하도록 정의할 경우 (Exception 예외 클래스는 모든 종류의 예외 클래스를 처리할 수 있기 때문에) 모든 예외를 해당 예외 처리 블록에서 처리하게 됩니다. 따라서 아래에 정의한 catch 블록은 무용지물이 되어버립니다.

exceptionstudy/ExceptionStudy2.kt

```kotlin
try {
    print("숫자 입력 : ")
    var arr = arrayOf(1, 2, 3, 4, 5)
    var num = readLine()!!.toInt()
    var div = (10 / num)
    var arrVal = arr[num]
    println("10 / $num = $div")
    println("arr[$num] : $arrVal")
// Exception 예외를 처리하는 catch 블록의 위치 변경
} catch(e: Exception) {
    // 모든 예외가 발생할 때마다 이 catch 블록으로 진입
    print("문제 발생 : ${e.message}")
// 아래에 정의한 catch 블록으로는 진입하지 않음
} catch(e: NumberFormatException) {
    print("비정상적인 숫자 입력")
} catch(e: ArithmeticException) {
    print("비정상적인 연산 작업 진행")
}
```

실행 결과(비정상적인 숫자 입력)

숫자 입력 : hello
문제 발생 : For input string: "hello"

실행 결과(0 입력)

숫자 입력 : 0
문제 발생 : / by zero

실행 결과(5이상의 숫자 입력)

숫자 입력 : 10
문제 발생 : 10

각각 `NumberFormatException`, `ArithmeticException`, `ArrayIndexOutOfBoundsException` 예외가 발생했을 때의 실행 결과를 보여줍니다.

실행 결과를 보면 예외가 발생했을 때 모두 `Exception` 예외를 처리하는 `catch` 블록으로 진입하는 것을 확인할 수 있습니다. 이처럼 `catch` 블록이 정의된 순서에 따라 결과가 달라질 수 있으므로 `Exception` 타입의 예외를 처리하는 `catch` 블록은 맨 아래에 둬야 합니다.

더 알아보기 _ 예외 블랙홀

예외 블랙홀이란 다음 코드와 같이 모든 예외를 처리할 수 있는 catch 블록 하나만 정의하고 실제로는 아무런 작업도 수행하지 않는 현상을 일컫는 말입니다.

```
try {
    // 문제가 발생할 여지가 있는 여러 코드를 작성
} catch(e: Exception) {
    // 빈 중괄호만 있고 예외 처리 블록에서 아무것도 하지 않음
}
```

이처럼 모든 예외 처리를 회피해버리는 무책임한 코드를 작성하면 실제로 예외가 일어나도 아무런 처리나 경고도 하지 않을뿐더러 예외가 발생했는지조차 알 수 없는 상황에 처하게 되므로 반드시 피해야 합니다.

---

finally 블록

앞에서 try 블록에 정상적인 프로그램 실행을 위한 코드를 작성하고 catch 블록에는 문제 상황이 발생했을 때 이를 수습할 코드를 작성했습니다. 만약 **정상, 비정상 실행 여부와 상관없이 무조건 실행해야 하는 코드가 있다면 finally 블록에 정의**할 수 있습니다. 참고로 finally 블록은 필수가 아니므로 정상, 비정상 실행 여부와 상관없이 무조건 실행해야 할 코드가 없다면 정의할 필요가 없습니다.

예제 8.8 finally 블록 정의   exceptionstudy/FinallyStudy.kt

```
try {
    var d = 0
    var result = 10 / d
    println(result)
} catch(e: Exception) {
    println("catch")
```

```
} finally {
    println("finally")
}
```

실행 결과(변숫값(d)이 0)
```
catch
finally
```

실행 결과(변숫값(d)이 0 이외의 값)
```
2
finally
```

프로그램이 정상적으로 실행될 경우에는 catch 블록에 진입하는 일 없이 try, finally 블록의 코드를 실행하고, 예외가 발생할 경우 try, catch, finally 블록의 코드를 차례로 실행한다는 점에 유의합니다. **finally 블록은 이름 그대로 맨 마지막에 수행**됩니다.

finally 블록은 주로 작업이 마무리된 후 더 이상 사용하지 않을 리소스를 해제할 필요가 있는 상황에 사용됩니다. 정상적으로 작업이 수행됐든, 작업 수행에 실패했든 사용하지 않을 리소스는 반드시 해제해야 하기 때문입니다. 예를 들어, 파일에 값을 쓰거나 읽기 위해 사용하는 스트림 객체 혹은 데이터베이스 연동 시 활용하는 커넥션 객체가 해제 작업이 필요한 리소스에 해당됩니다.

다음은 FileOutputStream 객체를 통해 파일에 내용을 쓰고 finally 블록에서 사용할 스트림 객체 리소스를 닫는(해제하는) 예제입니다. (파일 입출력에 관한 내용은 나중에 파일 입출력 파트에서 설명할 예정이므로 여기서는 finally 블록의 활용법만 확인하고 넘어가겠습니다.)

FileOutputStream 객체를 사용하기 위해서 먼저 소스 코드 상단에 다음의 import 구문을 추가합니다.

```
import java.io.FileOutputStream
```

이후 예제 코드를 작성합니다.

예제 8.9 finally 블록을 이용한 리소스 해제   exceptionstudy/FinallyStudy.kt
```
var f : FileOutputStream? = null
try {
    // (1)
    f = FileOutputStream("hello.txt")
    // (3)
```

```
    // f = FileOutputStream("hello?.txt")
    // "Hello" 문자열 출력
    f.write(byteArrayOf(72, 101, 108, 108, 111))
    f?.flush()
    f?.close()
} catch(e: Exception) {
    println(e.message)
} finally {
    // (2)
    f?.close()
}
```

(1) try 블록에서 파일 출력 스트림 객체를 생성해서 내용을 씁니다.

(2) finally 블록에서 파일 출력 스트림 객체를 닫아 리소스를 해제합니다. **(1)**의 코드를 주석으로 처리하고 대신 **(3)**의 코드를 실행하도록 수정하면 파일 이름에 쓰이도록 허용하지 않은 물음표 문자 때문에 예외가 발생하고 catch 블록에 진입합니다.

예외 상황이 발생하든 발생하지 않든 **(2)**에 정의한 finally 블록의 리소스 해제 코드는 무조건 실행됩니다.

더 알아보기 _ use 확장 함수

코틀린에서 제공하는 use 확장 함수를 사용하면 앞에서 살펴본 코드보다 깔끔한 형태로 리소스 객체를 사용하는 코드를 작성할 수 있습니다.

```
// use 함수를 이용해 더 가독성 있는 단축 코드를 작성
FileOutputStream("hello.txt").use {
    // 출력 작업을 진행
    it.write(byteArrayOf(72, 101, 108, 108, 111))
    it.flush()
    // close 메서드 호출 불필요
}
```

use 확장 함수를 사용하면 **중괄호 코드 블록을 벗어나는 시점에 close 메서드를 자동으로 호출하기 때문에** close 메서드를 따로 호출할 필요가 없습니다. 또한 중괄호 블록의 코드를 실행하던 도중 예외가 발생하더라도 마치 finally 블록처럼 close 메서드를 호출하는 것을 보장해줍니다. 단, use 확장 함수는 AutoCloseable 인터페이스를 구현하는 리소스 객체에 대해서만 호출할 수 있습니다.

throw 키워드를 이용한 예외 발생

지금까지 예외를 처리하는 방법을 살펴봤습니다. 지금부터는 **프로그래머가 원하는 시점에 직접 예외를 발생시키는 방법**을 알아보겠습니다.

직접 작성한 함수 혹은 클래스의 메서드 내부에서 **작업을 수행하는 도중 정상적으로 작업을 수행할 수 없는 상황이 되면 직접 예외를 발생**시켜 문제가 일어났음을 호출자에게 알려야 합니다. 이때 예외를 발생시키려면 throw 키워드를 사용합니다. throw 키워드의 사용법은 다음과 같습니다.

```
throw 예외객체
```

> 🔍 예외를 발생시키는 throw 키워드가 '던지다'라는 의미를 가지고 있으므로 종종 "예외를 발생시킨다"라는 표현 대신 "예외를 던지다"라는 표현을 쓰기도 합니다.

다음은 Exception 객체를 생성하면서 동시에 예외를 발생시키는 코드입니다. 이때 생성자를 통해 전달한 문자열은 예외 객체의 message 속성값에 저장됩니다. 또한 여기서 생성한 예외 객체가 나중에 catch 블록으로 전달될 예외 객체가 됩니다.

```
throw Exception("예외 발생!")
```

이 코드가 실행되면 즉시 예외가 발생하고, 예외를 처리할 try – catch 표현식이 없다면 에러 메시지를 출력한 뒤 프로그램이 비정상적으로 종료됩니다. 이때 콘솔에 표시될 에러 메시지의 내용은 다음과 같습니다. 앞서 생성자를 통해 전달할 문자열이 출력되는 것을 확인할 수 있습니다.

```
Exception in thread "main" java.lang.Exception: 예외 발생!
```

다음은 제곱근을 구하는 함수를 정의한 코드입니다. 음수의 제곱근은 구할 수 없으므로 음수를 전달받으면 예외를 발생시키게 했습니다.

코틀린 언어의 수학 관련 패키지에 포함된 제곱근 함수를 사용하기 위해서 먼저 소스 코드 상단에 다음의 import 구문을 추가합니다.

```
import kotlin.math.sqrt
```

이후 예제 코드를 작성합니다.

예제 8.10 잘못된 인자를 전달하면 예외를 발생시키는 제곱근 함수 exceptionstudy/ExceptionStudy3.kt

```kotlin
fun mySqrt(v: Double) : Double {
    if(v < 0) {
        // 음수를 전달받으면 예외 객체를 생성해 호출자에 전달
        throw Exception("음수(${v})의 제곱근을 구할 수 없습니다.")
    }
    return sqrt(v)
}
```

함수를 호출한 쪽에서는 try - catch 표현식을 이용해 적절한 방식으로 예외를 처리할 수 있습니다. 여기서는 전달된 예외 객체의 message 속성값을 출력합니다.

exceptionstudy/ExceptionStudy3.kt

```kotlin
try {
    // 정상 작동
    println(mySqrt(4.0))
    // 음수 값을 전달했으므로 예외가 발생
    println(mySqrt(-1.0))
} catch(e: Exception) {
    println("예외 발생 : ${e.message}")
}
```

실행 결과

```
2.0
예외 발생 : 음수(-1.0)의 제곱근을 구할 수 없습니다.
```

표현식으로 사용되는 try - catch

try - catch는 표현식으로 사용될 수 있으므로 값을 반환할 수 있습니다. 제어문 파트에서 살펴본 if, when - case 표현식과 마찬가지로 **중괄호 블록의 마지막 표현식이 반환값**이 됩니다.

예제 8.11 값을 반환하는 try - catch 표현식 exceptionstudy/ExceptionStudy4.kt

```kotlin
var value = try {
    // (1)
    throw Exception("exception")
```

```kotlin
        1
    } catch(e: Exception) {
        // [2]
        println("catch")
        2
    } finally {
        // [3]
        3
    }
    println(value)
```

실행 결과

```
catch
2
```

[1] throw 키워드를 사용해 예외를 발생시켰으므로 [2]의 catch 블록으로 진입하고 **블록의 마지막 표현식이 평가된 값인 숫자 2가 변수(value)에 대입**됩니다. 만약 throw 명령어를 주석으로 처리해서 예외를 발생시키지 않으면 try 블록의 마지막 표현식이 평가되어 숫자 1이 변수에 대입됩니다.

[3] finally 블록이 있을 경우 이 블록이 무조건 실행되기 때문에 숫자 3이 대입될 것이라고 오해할 수 있습니다. 그러나 finally 블록은 대입값에 아무런 영향을 끼치지 않습니다.

다음은 이름을 입력받아 변수에 대입하되 이름이 너무 긴 경우에는 예외를 발생시켜 null 값을 대입하는 예제입니다.

예제 8.12 값을 반환하는 try - catch 표현식의 활용   exceptionstudy/ExceptionStudy4.kt

```kotlin
val name = try {
    print("이름 입력 : ")
    var name = readLine()!!
    if(name.length >= 10) {
        throw Exception("이름이 너무 깁니다.")
    }
    // 예외가 발생하지 않을 경우 입력받은 이름을 대입
    name
} catch(e: Exception) {
    println(e.message)
    // 예외가 발생할 경우 null을 대입
    null
```

```
}
println(name)
```

실행 결과(10자 미만의 이름 입력)

이름 입력 : 김철수
김철수

실행 결과(10자 이상의 이름 입력)

이름 입력 : 김수한무거북이와두루미
이름이 너무 깁니다.
null

10자 미만의 이름을 입력하면 이름이 정상적으로 출력되고, 그렇지 않은 경우 null 값이 출력되는 것을 확인할 수 있습니다.

예외 클래스 정의

코틀린에서는 미리 정의된 여러 예외 클래스가 제공되지만 프로그램의 성격과 100% 일치하는 예외 클래스가 존재하지 않을 수도 있습니다. 이러한 경우 **직접 예외 클래스를 정의**할 수 있습니다.

다음은 클래스 상속을 통해 직접 예외 클래스를 정의하는 코드입니다.

예제 8.13 사용자 정의 예외 클래스   exceptionstudy/UserDefinedExceptionStudy.kt

```
class MyException(message: String="My Exception") : Exception(message)
```

`Exception` 클래스를 상속해서 예외 클래스를 정의하며 부모 클래스의 생성자로 message 속성값을 초기화하기 위한 문자열을 전달합니다. message **속성에는 예외가 발생한 이유를 설명하기 위한 문자열 값이 저장**됩니다.

Exception 클래스를 상속받는 예외 클래스를 상속받아 예외 클래스를 정의할 수도 있습니다. 다음은 잘못된 인자를 전달했을 때 사용되는 예외인 `IllegalArgumentException` 클래스를 상속받아 짝수 값의 전달을 허용하지 않는 상황에 발생시킬 예외 클래스를 정의한 예제입니다.

예제 8.14 짝수 값을 허용하지 않는 예외 클래스
exceptionstudy/UserDefinedExceptionStudy.kt

```
class OnlyOddNumberAllowedException(message:String="짝수는 허용하지 않습니다.") : IllegalArgumentException(message)
```

직접 정의한 예외 클래스도 일반적인 예외 클래스와 마찬가지로 throw 키워드를 사용해 발생시킬 수 있습니다.

예제 8.15 사용자 예외 객체 발생
exceptionstudy/UserDefinedExceptionStudy.kt

```
print("홀수 입력 : ")
var num = readLine()!!.toInt()
if(num % 2 == 0) {
    throw OnlyOddNumberAllowedException()
} else {
    println(num)
}
```

실행 결과(홀수 입력 시)

```
홀수 입력 : 3
3
```

실행 결과(짝수 입력 시)

```
홀수 입력 : 2
Exception in thread "main" exceptionstudy.OnlyOddNumberAllowedException: 짝수는 허용하지 않습니다.
(.. 이하 호출 내역 생략 ..)
```

예외가 발생했을 때 출력할 message 속성값에 기본 메시지 값인 "짝수는 허용하지 않습니다"를 지정해 예외가 발생한 이유를 설명하게 했으므로 문자열 값을 전달하지 않고 생성자를 호출합니다.

만약 message 속성값을 변경하여 기존 예외 메시지를 재지정하고 싶으면 다음과 같이 생성자를 통해 새 문자열 값을 전달합니다.

```
// 기존의 예외 상황을 설명하는 문자열 대신 사용할 문자열 값을 설정
OnlyOddNumberAllowedException("새로운 예외 메시지로 변경")
```

더 알아보기 _ 코틀린의 체크 예외와 언체크 예외

자바에서는 Exception 클래스를 상속받는 체크 예외(Checked Exception)와 RuntimeException 클래스를 상속받는 언체크 예외(Unchecked Exception)가 있습니다.

체크 예외는 try - catch 블록을 사용해 반드시 예외를 처리해야 한다는 특징이 있습니다. 만약 예외 처리를 하지 않으면 컴파일 에러가 발생해서 프로그램을 실행하는 것 자체가 불가능했습니다. 이와 달리 언체크 예외는 try - catch 구문을 이용해 예외 처리를 할 수 있으나 예외 처리를 강제하지는 않습니다.

코틀린에서 예외는 모두 언체크 예외와 같은 방식으로 처리합니다. 따라서 특정 예외 타입에 대해 무조건 try - catch 표현식을 이용해 처리해야 하는 상황은 존재하지 않습니다.

도전과제

Q1 _ 클래스 파트2의 도전 과제 풀이 도중 정의한 Card 클래스의 객체를 생성할 때 카드 숫자로 잘못된 범위의 값(1 이상 13 이하 범위 안에 포함되지 않은 숫자)을 전달할 경우 발생시킬 InvalidCardNumber 예외 클래스를 정의하세요. (단, 예외 클래스는 Exception 클래스를 상속받게 하고 해당 예외의 기본 예외 메시지는 다음과 같이 설정해야 함.)

```
잘못된 카드 숫자입니다.(카드 숫자의 범위는 1이상 13이하)
```

(해답: challenges.ch06.CardClassese.kt)

Q2 _ 클래스 파트2의 도전 과제 풀이 도중 정의한 Card 클래스를 수정해서 init 블록 내부에서 num 속성값이 적정한 숫자 범위에 포함돼 있는지 확인합니다. 만약 적절한 범위의 값이 전달되지 않을 경우 InvalidCardNumber 예외 객체를 생성하고 throw 키워드를 사용해 예외를 발생시키도록 수정한 CardWithException 클래스를 정의하세요.

객체 생성 코드

```kotlin
// 범위를 초과한 숫자를 전달하며 객체를 생성
var invalid = CardWithException(CardSuit.SPADE, 100)
```

예상 실행 결과

```
Exception in thread "main" challenges.ch06.InvalidCardNumber: 잘못된 카드 숫자입니다.(카드 숫자의 범위는 1이상 13이하)
    at challenges.ch06.CardWithException.<init>(CardClassese.kt:28)
    ...
```

(해답: challenges.ch06.CardClassese.kt)

chapter 09

제네릭

제네릭의 개념과 활용

제네릭(Generic)은 타입 정보를 매개변수화하고 싶을 때 유용하게 사용할 수 있는 기법으로, 앞으로 배울 컬렉션 클래스를 사용하기 위해 반드시 알아둬야 할 개념입니다. 여기서 **타입 정보를 매개변수화한다** 는 뜻은 타입에 대한 정보를 마치 함수에 인자값을 전달하는 것처럼 전달할 수 있다는 의미로 이해하면 됩니다. 다음은 정수 타입의 값을 하나 저장하고 교체할 수 있는 클래스를 정의한 예입니다.

예제 9.1 정숫값을 저장하고 교체할 수 있는 클래스   genericstudy/GenericStudy1.kt

```kotlin
class BoxForInt(var content: Int) {
    // 값 교체용 메서드
    fun replace(content: Int) {
        this.content = content
    }
    fun get(): Int {
        return content
    }
}
```

만약 이 클래스에 정수 대신 문자열 타입의 값을 저장하고 싶다면 다음과 같이 클래스를 타입 정보만 변경해서 다시 작성해야 할 것입니다.

예제 9.2 문자열 값을 저장하고 교체할 수 있는 클래스 정의   genericstudy/GenericStudy1.kt

```kotlin
class BoxForString(var content: String) {
    fun replace(content: String) {
        this.content = content
    }
    fun get(): String {
        return content
    }
}
```

앞서 작성한 코드와 **완전히 같은 역할을 수행하는 클래스이지만 content 값의 타입만 다른 것**을 확인할 수 있습니다.

앞에서 정의한 클래스는 다음과 같이 활용할 수 있습니다.

genericstudy/GenericStudy1.kt

```kotlin
// 정수를 저장하기 위한 객체를 생성
val boxInt = BoxForInt(4)
// 문자열을 저장하기 위한 객체를 생성
val boxString = BoxForString("Hello")

println(boxInt.get())
println(boxString.get())
boxInt.replace(100)
println(boxInt.get())
```

실행 결과

```
4
Hello
100
```

보다시피 저장해야 할 타입이 추가될 때마다 계속해서 각 타입의 값을 저장할 Box 클래스를 새로 작성해야 할 것입니다. 다시 말해, 사실상 **타입만 다르고 코드의 동작 방식은 똑같은데도 코드를 중복으로 작성하는 문제**가 발생합니다.

이때 제네릭을 활용하면 타입 정보를 전달받아 활용할 수 있습니다. 다음은 제네릭 타입을 사용해 **어떤 타입의 자료도 저장할 수 있도록** 정의한 클래스입니다.

예제 9.3 제네릭 타입을 사용하도록 수정   genericstudy/GenericStudy1.kt

```
// (1)
class Box<T>(var content: T) {
    // (2)
    fun replace(content: T) {
        this.content = content
    }
    // (3)
    fun get(): T {
        return content
    }
}
```

(1) 부등호 기호(<, >)와 T라는 타입의 이름을 지정합니다.

```
// T 타입의 값을 저장할 수 있는 Box 클래스 정의
class Box<T>(var content: T) {
    // ...
}
```

여기서 T는 실제 T라는 이름을 가진 클래스를 가리키는 게 아니고 전달될 타입 정보를 참조할 일종의 별명입니다. 마치 함수에 전달하는 인자값을 매개변수 이름으로 참조하는 것과 같은 맥락으로 이해하면 됩니다. 따라서 이름을 바꿀 수도 있지만 보통 **Type**의 약자를 따서 T라고 지정합니다.

주 생성자로 전달받을 content 값의 타입도 T 타입으로 정의돼 있습니다. **T의 구체적인 타입 정보는 클래스를 정의하는 시점에서 정해지지 않고 나중에 객체를 생성하는 시점에 정해집니다.**

(2) 값을 변경하는 메서드에서 받을 인자값의 타입도 T 타입으로 설정했고, **(3)** 메서드의 반환 타입도 T 타입으로 설정한 것을 확인할 수 있습니다.

```
// 값을 교체하는 메서드의 타입도 T로 설정
fun replace(content: T) {
    this.content = content
}

// 값을 반환하는 메서드의 타입도 T로 설정
fun get(): T {
    return content
}
```

이제 앞에서 정의한 제네릭 클래스를 활용하는 코드를 보겠습니다.

예제 9.4 제네릭 타입을 사용하는 클래스의 객체를 생성   genericstudy/GenericStudy1.kt

```kotlin
// (1)
val boxGenericInt = Box<Int>(4)
// (2)
val boxGenericString = Box("Hello")

println(boxGenericInt.get())
println(boxGenericString.get())
boxGenericInt.replace(100)
println(boxGenericInt.get())
```

실행 결과

```
4
Hello
100
```

(1) 저장할 값을 정수 타입으로 설정한 제네릭 클래스 객체를 생성합니다. 이 코드를 통해 다음과 같이 정의된 클래스의 객체를 생성하게 됩니다.

```kotlin
// T 타입이 Int로 정해진 Box 클래스
class Box(var content: Int) {
    fun replace(content: Int) {
        this.content = content
    }
    fun get(): Int {
        return content
    }
}
```

(2) 저장할 값을 문자열 타입으로 설정한 제네릭 클래스 객체를 생성합니다. **객체에 저장할 값을 생성자로 전달하는 과정에서 제네릭 타입의 추론이 가능**하므로 부등호 기호와 타입 이름을 명시하지 않고 생략한 것을 확인할 수 있습니다.

```kotlin
// 생성자로 전달된 값을 통해 타입 정보 추론 가능
val boxGenericString = Box("Hello")
```

이번에는 임의의 타입을 가진 두 값을 저장하기 위해 사용하는 Pair 클래스와 같은 역할을 수행하는 MyPair 클래스를 정의해보겠습니다.

예제 9.5 임의의 두 타입의 값을 저장하는 **MyPair** 클래스   genericstudy/GenericStudy1.kt

```
data class MyPair<FirstType, SecondType>(var first: FirstType, var second: SecondType)
```

여기서는 단순히 값을 저장하기 위해 사용할 클래스를 정의하고 있으므로 데이터 클래스로 정의합니다. 이후 객체를 생성하는 과정에서 첫 번째 값의 제네릭 타입(FirstType)과 두 번째 값의 제네릭 타입(SecondType) 정보를 전달해서 사용합니다.

genericstudy/GenericStudy1.kt

```
// (1)
val pair1 = MyPair<Int, String>(100, "Hello")
println(pair1.first)
println(pair1.second)

// (2)
val pair2 = MyPair("World", 3.5)
println(pair2.first)
println(pair2.second)
```

실행 결과

```
100
Hello
World
3.5
```

(1) 첫 번째 값의 타입은 정수로, 두 번째 값의 타입은 문자열로 설정하고 객체를 생성합니다.

(2) 첫 번째 값의 타입을 문자열로, 두 번째 값의 타입은 실수로 설정합니다. 주 생성자로 값을 전달하는 과정에서 타입을 유추할 수 있으므로 타입을 생략합니다.

다음은 코틀린 언어에서 세 개의 임의 타입 값을 저장하기 위해 사용하는 Triple 클래스의 객체를 생성하는 예입니다. 여기서는 세 개의 제네릭 타입을 지정하고 객체를 생성하는 것을 확인할 수 있습니다.

```
// 타입과 관계 없이 세 개의 값을 저장할 수 있는 Triple
var triple = Triple<Int, String, Double>(1, "Hello", 3.0)
```

제네릭을 적용한 제네릭 함수

함수를 정의할 때도 제네릭을 활용할 수 있습니다. 제네릭 클래스를 정의하는 것과 비슷하게 fun 키워드 오른쪽에 부등호 기호와 전달받을 타입명을 지정하면 됩니다.

다음은 접두어로 사용할 문자열(prefix)과 제네릭 타입으로 정의한 target 값을 전달받는 myPrint 함수를 정의한 예입니다.

예제 9.6 제네릭 타입을 전달받는 함수　　　　　　　　　　　　　　　　genericstudy/GenericStudy2.kt

```
fun<T> myPrint(prefix: String, target: T) = println("$prefix$target")
```

이 함수는 다음과 같이 사용합니다.

```
// (1)
myPrint<String>("prefix : ", "Hello")

// (2)
myPrint(">> ", 1234)
```

실행 결과

```
prefix : Hello
>> 1234
```

(1) 함수를 호출하는 과정에서 타입 이름을 직접 명시합니다. 전달하는 인자값을 보고 타입 추론이 가능하므로 **(2)**와 같이 타입을 생략하고 일반적인 함수처럼 호출할 수 있습니다.

만약 전달받을 타입의 상한(upper bound)을 지정하고 싶다면 다음과 같이 콜론 옆에 부모 타입의 클래스명을 지정하면 됩니다. 타입의 상한을 지정하면 **타입으로 전달할 수 있는 값은 해당 클래스 타입의 객체 혹은 해당 클래스를 상속받는 타입의 객체로 제한**됩니다.

다음은 Number 클래스를 상속받는 숫자 타입의 값만 함수의 인자로 전달할 수 있도록 제한한 numberToDouble 함수를 정의한 예입니다.

예제 9.7 특정 클래스를 상속받는 제네릭 타입을 전달받는 함수　　　　　genericstudy/GenericStudy2.kt

```
fun <T: Number> numberToDouble(num: T) = num.toDouble()
```

이 함수는 다음과 같이 사용합니다.

```
println(numberToDouble(1))
println(numberToDouble(1.5f))
println(numberToDouble(2L))
// 숫자 클래스만 전달 가능하므로 호출 불가
// println(numberToDouble("Hello"))
```

여러 종류의 숫자값을 전달받아 Double 타입의 실수형으로 변환하는 것을 확인할 수 있습니다.

실행 결과
```
1.0
1.5
2.0
```

> 🔍 만약 상한이 없다면 전달할 수 있는 값의 타입은 내부적으로 Any? 타입으로 결정되며 null 값을 포함한 모든 종류의 값을 전달할 수 있게 됩니다.

다음은 코틀린에서 기본적으로 제공하는 제네릭 함수인 listOf, mapOf 함수를 사용하는 예입니다.

예제 9.8 listOf와 mapOf 함수 사용   genericstudy/GenericStudy2.kt

```kotlin
// 정수를 저장할 수 있는 리스트 객체를 반환하는 listOf 함수
var list = listOf<Int>(1, 2, 3)

// 문자열을 키로 사용하며 정숫값을 저장하는 맵 객체를 반환하는 mapOf 함수
var map = mapOf<String, Int>("one" to 1, "two" to 2, "three" to 3)
```

이 두 함수가 정의된 형식은 다음과 같습니다. 보다시피 제네릭 타입을 전달 받는 함수로 정의된 것을 확인할 수 있습니다.

```kotlin
// 제네릭 타입(T)을 사용하는 listOf 함수
public fun <T> listOf(vararg elements: T): List<T>

// 두 개의 제네릭 타입(K, V)을 사용하는 mapOf 함수
public fun <K, V> mapOf(vararg pairs: Pair<K, V>): Map<K, V>
```

이렇게 해서 제네릭 함수의 실제 활용 사례를 살펴봤습니다.

도전과제

Q1_ 다음과 같이 세 개의 임의 타입의 값을 저장할 수 있는 `MyTriple` 클래스를 정의한 후 객체를 생성하세요.

```
val triple = MyTriple(1, 2.0, "Hello")
```

chapter

10

컬렉션

컬렉션의 개념

컬렉션은 여러 자료(객체)를 담기 위해 사용하는 일종의 용기(컨테이너)입니다. 프로그램을 작성하다 보면 여러 개의 자료를 저장하고 읽어오고 삭제하는 작업을 많이 수행합니다. 따라서 사용할 수 있는 컬렉션의 종류는 무엇이고, 각 컬렉션은 어떤 특징이 있는지, 그리고 컬렉션에서 제공하는 메서드는 무엇이 있는지 잘 알고 있는 것이 매우 중요합니다.

mutable과 immutable

코틀린에서 제공하는 컬렉션은 크게 **값을 변경할 수 있는 가변 컬렉션(mutable collection)과 값을 변경할 수 없고 오직 읽기 전용으로만 사용할 수 있는 불변 컬렉션(immutable collection)으로 구분**할 수 있습니다.

가변 컬렉션은 내용을 변경하는 것을 허용하므로 원소를 삽입, 수정하거나 삭제하는 데 아무런 제약이 없지만 불변 컬렉션은 오직 값을 읽어오는 작업만 수행할 수 있습니다. 이번 파트에서 소개할 리스트(List), 맵(Map), 집합(Set) 객체는 기본적으로 읽기 전용으로만 사용할 수 있는 불변 컬렉션이므로, 해당 객체를 통해 자료를 저장, 삭제하는 변경 작업이 필요하다면 가변 컬렉션에 포함된 불변 리스트(MutableList), 불변 맵(MutableMap), 불변 집합(MutableSet) 객체를 사용해야 합니다.

리스트

리스트(List)는 값이 저장된 순서가 중요한 경우 사용할 수 있는 컬렉션으로서 배열과 비슷하지만 크기가 **유동적으로 변할 수 있다는 특징**을 가지고 있습니다.

먼저 리스트에 저장된 자료에는 대괄호 연산자와 자료의 위치(인덱스)를 이용해 접근합니다. 다음은 리스트 객체를 생성하는 코드입니다.

예제 10.1 리스트 객체 생성   collectionstudy/ListStudy.kt

```
// (1)
// 처음에 포함될 몇 개의 값과 함께 변경 가능한 리스트를 생성
var mutableList = mutableListOf('a', 'b', 'c')

// (2)
// 빈 리스트를 생성할 때는 포함될 값을 통해 타입 정보를 유추할 수 없으므로 타입을 명시
var emptyMutableList = mutableListOf<Char>()
```

(1) mutableListOf 함수는 변경이 가능한 리스트 객체를 생성하는 함수입니다. 여기서는 mutableListOf 함수를 호출해서 변경 가능한 리스트 객체를 생성합니다. 동시에 리스트에 포함할 값을 전달합니다. 이때 전달한 자료의 타입을 보고 리스트에 포함될 타입도 유추할 수 있으므로 따로 타입 정보를 기재하지 않습니다.

(2) 여기서는 **빈 리스트를 생성하고 있어 자료의 타입을 유추할 수 없기 때문에 타입 정보(Char)를 명시**해야 합니다.

앞에서 만든 리스트는 내용을 변경할 수 있는 가변 리스트이므로 요소를 삽입하거나 삭제할 수 있습니다.

예제 10.2 리스트에 값 삽입   collectionstudy/ListStudy.kt

```
// 리스트의 맨 뒤에 값을 삽입
mutableList.add('d')
println(mutableList)
```

실행 결과

```
[a, b, c, d]
```

리스트의 맨 뒤에 새롭게 추가한 글자가 삽입된 것을 확인할 수 있습니다.

기본적으로 add 메서드는 맨 뒤에 자료를 삽입하지만 특정 위치에 자료를 넣고 싶다면 다음과 같이 첫 번째 인자로 요소의 위치를 전달하면 됩니다.

예제 10.3 리스트의 특정 위치에 값을 삽입   collectionstudy/ListStudy.kt

```
// 특정 위치에 원소 삽입 가능
mutableList.add(3, 'e')
```

실행 결과

```
[a, b, c, e, d]
```

지정한 위치값이 3이므로 4번째 위치에 자료가 추가된 것을 확인할 수 있습니다.

리스트에 포함된 값을 제거할 때는 `remove` 메서드나 `removeAt` 메서드를 사용합니다.

```
// 포함된 글자(a)를 삭제, 이후 리스트의 내용은 [b, c, e, d]
mutableList.remove('a')
// 첫 번째 위치의 원소 삭제, 이후 리스트의 내용은 [c, e, d]
mutableList.removeAt(0)
println(mutableList)
```

실행 결과

```
[c, e, d]
```

`remove` 메서드를 이용해 리스트에 포함된 글자(a)를 삭제합니다. `remove` 메서드는 인자로 전달한 값과 같은 값 중 가장 처음 발견한 값을 리스트에서 삭제합니다. 이때 같은 값인지 비교하기 위해 내부적으로 `equals` 메서드를 활용합니다.

`removeAt` 메서드는 위치값을 전달받아 해당 위치에 저장된 값을 삭제하는 데 사용됩니다. 예제에서는 첫 번째 위치에 저장된 글자를 삭제합니다.

특정 위치에 저장된 값에 접근하려면 get 메서드나 연산자 파트에서 살펴본 인덱스 접근 연산자(대괄호)를 사용합니다.

예제 10.4 리스트에 저장된 값에 접근   collectionstudy/ListStudy.kt

```
// get 메서드를 이용해 접근
var valueAt0 = mutableList.get(0)
// 인덱스 접근 연산자를 이용해 접근
```

```kotlin
var valueAt0_ = mutableList[0]

println(valueAt0)
println(valueAt0_)
```

실행 결과

```
c
c
```

예제에서는 get 메서드를 호출하거나 인덱스 접근 연산자를 활용해 첫 번째 위치에 저장된 값을 가져옵니다. get 메서드를 호출해서 자료를 가져오는 방식보다 인덱스 접근 연산자를 사용하는 편이 코드 가독성이 높기 때문에 이 방법을 쓰는 것을 권장합니다.

리스트에 저장된 값을 모두 순회해야 하는 경우에는 **for** 반복문과 **in** 연산자를 이용합니다.

예제 10.5 리스트에 저장된 값을 순회 collectionstudy/ListStudy.kt

```kotlin
for(item in mutableList) {
    print("$item ")
}
println()
```

실행 결과

```
c e d
```

특정 원소가 포함돼 있는지 여부를 확인하고 싶다면 **contains** 메서드를 이용합니다.

예제 10.6 값 포함 여부 확인 collectionstudy/ListStudy.kt

```kotlin
// 현재 mutableList에 포함된 글자는 c, e, d
// 'c'가 포함돼 있으므로 true
println(mutableList.contains('c'))

// 'a'가 포함돼 있지 않으므로 false
println(mutableList.contains('a'))
```

실행 결과

```
true
false
```

리스트의 현재 크기를 확인하기 위해 **size** 속성을 조회합니다.

예제 10.7 리스트 크기 확인   collectionstudy/ListStudy.kt

```
// 원소의 개수 확인
println(mutableList.size)
```

실행 결과
```
3
```

코틀린에서는 리스트에 적용할 수 있는 덧셈(+) 연산자와 뺄셈(-) 연산자를 구현해 놓았습니다. 덧셈 연산자는 두 리스트를 합친 리스트를 생성하는 데 사용하며 뺄셈 연산자는 중복되어 포함된 값이 제거된 리스트를 생성하는 데 사용합니다.

다음은 덧셈 연산자를 사용해 두 리스트를 합치는 예입니다.

예제 10.8 리스트에 덧셈 연산자 적용   collectionstudy/ListStudy.kt

```
// 덧셈 연산자로 두 리스트를 합칠 수 있음
var merged = listOf(1, 2, 3) + listOf(4, 5, 6)
println(merged)
```

실행 결과
```
[1, 2, 3, 4, 5, 6]
```

다음은 뺄셈 연산자를 사용해 앞에 있는 리스트에서 뒤에 있는 리스트에 중복으로 포함된 데이터를 제거하는 예입니다.

예제 10.9 리스트에 뺄셈 연산자 적용   collectionstudy/ListStudy.kt

```
// 뺄셈 연산자로 앞의 리스트에서 뒤의 리스트의 내용을 제거한 리스트를 얻을 수 있음
var subtracted = listOf(1, 2, 3, 4, 5, 6, 2, 4, 6) - listOf(2, 4, 6, 8)
println(subtracted)
```

실행 결과
```
[1, 3, 5]
```

앞의 리스트에서 뒤의 리스트에 포함된 중복 자료를 제거한 리스트가 반환된 것을 확인할 수 있습니다.

slice 메서드를 이용하면 리스트에 포함된 일부 자료를 추출해서 새 리스트를 생성할 수 있습니다.

예제 10.10 리스트에 포함된 일부 자료를 추출   collectionstudy/ListStudy.kt

```
// slice 메서드를 통해 리스트에 포함된 일부 값들을 추출
var sliced = listOf('a', 'b', 'c', 'd', 'e', 'f').slice(2..4)
println(sliced)
```

실행 결과

```
[c, d, e]
```

slice 메서드에 **범위 객체를 전달해 추출할 값의 범위를 지정**합니다. 여기서는 3번째 위치에서 시작해서 5번째 위치까지의 값이 포함된 리스트가 반환됩니다.

이번에는 **값의 변경이 불가능한 불변 리스트** 객체를 생성해보겠습니다.

예제 10.11 변경 불가능한 리스트 생성   collectionstudy/ListStudy.kt

```
// listOf 함수로 변경 불가능한 리스트 선언
// 원소 삽입, 삭제, 수정 불가!(읽기 전용 리스트)
var immutableList = listOf(1, 2, 3)
```

리스트의 내용을 변경할 수 없으므로 **add** 혹은 **remove**와 같은 내용 변경과 관련된 메서드는 호출할 수 없습니다.

예제 10.12 변경 불가능한 리스트 내용 조회   collectionstudy/ListStudy.kt

```
// 불가
// immutableList.add(4)
// 불가
// immutableList.remove(5)
// 값을 읽어 오는 것은 가능!
println(immutableList[0])
```

변경 불가능한 리스트의 내용을 변경하고 싶다면 **toMutableList** 메서드를 호출해서 수정이 가능한 리스트로 **변환**하면 됩니다.

다음은 toMutableList 메서드를 호출해서 수정 가능한 리스트로 변환하고, 변환한 리스트에 값을 추가하는 예입니다.

예제 10.13 변경 가능한 리스트로 변환　　　　　　　　　　　　　collectionstudy/ListStudy.kt

```
// toMutableList 메서드를 호출해서 변경 가능한 리스트로 변환
var immutableToMutableList = immutableList.toMutableList()
immutableToMutableList.add(4)
immutableToMutableList.add(5)
println(immutableToMutableList)
```

실행 결과

```
[1, 2, 3, 4, 5]
```

앞서 살펴본 상황과 반대로 **변경 가능한 리스트를 변경 불가능한 읽기 전용 리스트로 변환하고 싶은 경우에는 toList 메서드를 호출**합니다.

예제 10.14 변경 불가능한 리스트로 변환　　　　　　　　　　　　collectionstudy/ListStudy.kt

```
var mutableToImmutableList = mutableList.toList()
```

일반적으로 리스트를 배열로 변환하는 경우는 자주 일어나지 않지만 배열 타입의 값을 인자로 받는 함수나 메서드를 호출하기 위해 필요한 경우가 있습니다. 리스트를 배열로 변환하려면 'to타입이름Array' 메서드를 호출합니다. 이때 타입 이름에는 리스트에 포함된 자료형의 이름을 지정합니다.

예제 10.15 리스트를 배열로 변환　　　　　　　　　　　　　　　　collectionstudy/ListStudy.kt

```
// 배열로 변환 가능
var charArr : CharArray = mutableList.toCharArray()
// 내부 값의 타입이 Int이므로 toIntArray 메서드 호출
var intArr : IntArray = mutableListOf(1, 2, 3, 4, 5).toIntArray()
```

마지막으로 빈 리스트를 대입하려면 다음과 같이 **emptyList** 함수를 사용합니다. 이 함수는 어떠한 값도 포함되어 있지 않은 빈 리스트를 반환받기 위해 사용하는 함수이므로 값의 타입을 반드시 명시해야 합니다. 빈 리스트 객체는 **리스트에 값이 하나도 없음을 알리기 위한 목적으로 사용되는 특수한 리스트**이므로 값을 추가하거나 수정할 수 없는 읽기 전용 리스트입니다. 빈 리스트는 리스트가 비어있는지 여부를 검사하는 용도로 주로 사용됩니다.

예제 10.16 변경 불가능한 빈 리스트를 반환　　　　　　　　　　　collectionstudy/ListStudy.kt

```
// 비어있는 리스트 대입
var empty = emptyList<Int>()
```

```
val li = listOf<Char>()
// 비어있는 리스트인지 여부 검사
if(li == emptyList<Char>()) {
    print("비어있는 리스트")
} else {
    print("비어있지 않은 리스트")
}
```

실행 결과

```
비어있는 리스트
```

리스트의 정렬

리스트를 정렬하려면 sorted 함수나 sortedDescending 함수를 이용합니다. sorted 함수는 오름차순으로 정렬하기 위해, sortedDescending 함수는 내림차순으로 정렬하기 위해 사용합니다.

예제 10.17 리스트 정렬 collectionstudy/ListSortStudy.kt

```
val nums = listOf(1, 5, 7, 6, 9, 10, 2, 8, 4, 3)
println("기존 리스트 : $nums")
// (1)
val numsSorted = nums.sorted()
println("오름차순 정렬된 리스트 : $numsSorted")
// (2)
val numsDescSorted = nums.sortedDescending()
println("내림차순 정렬된 리스트 : $numsDescSorted")

val fruits = listOf("Durian", "Carrot", "Apple", "Banana")
// (3)
val fruitsSorted = fruits.sorted()
println("정렬된 과일 리스트 : $fruitsSorted")
```

실행 결과

```
기존 리스트 : [1, 5, 7, 6, 9, 10, 2, 8, 4, 3]
오름차순 정렬된 리스트 : [1, 2, 3, 4, 5, 6, 7, 8, 9, 10]
내림차순 정렬된 리스트 : [10, 9, 8, 7, 6, 5, 4, 3, 2, 1]
정렬된 과일 리스트 : [Apple, Banana, Carrot, Durian]
```

(1) 기본적으로 sorted 함수를 호출하면 오름차순으로 정렬됩니다. 호출 결과로 순서가 정렬된 리스트가 반환되며 이 리스트는 새롭게 생성된 리스트 객체라서 **기존 리스트에 영향을 주지 않습니다.**

(2) 내림차순으로 정렬하기 위해 sortedDescending 함수를 호출합니다. 여기서는 10부터 1까지 내림차순으로 정렬됩니다.

(3) 문자열의 경우 오름차순으로 정렬하면 기본적으로 알파벳 순서대로 정렬됩니다.

객체의 특정 속성값을 기준으로 정렬하고 싶다면 sortedBy, sortedByDescending 함수를 사용합니다. 이 함수에 정렬하고 싶은 객체의 속성값을 돌려주는 람다 함수를 전달하면 그 속성값을 기준으로 정렬이 이루어진 리스트를 반환받을 수 있습니다.

속성값을 이용한 정렬 코드를 작성하기에 앞서 먼저 영화의 제목과 평점을 저장할 데이터 클래스를 정의하겠습니다.

```kotlin
data class Movie(val name: String, val rating: Int)
```

이제 리스트에 영화 데이터를 추가하고 속성값을 통해 정렬하는 코드를 살펴보겠습니다.

예제 10.18 속성값을 이용한 정렬 수행   collectionstudy/ListSortStudy.kt

```kotlin
// 영화 데이터 추가
var movies = listOf(
    Movie("카사블랑카", 90),
    Movie("시민케인", 100),
    Movie("바람과 함께 사라지다", 95),
    Movie("대부", 89)
)

// (1)
var sorted1 = movies.sortedBy {
    it.rating
}
println("평점(오름차순) 정렬 : $sorted1")

// (2)
var sorted2 = movies.sortedByDescending {
    it.rating
}
```

```
println("평점(내림차순) 정렬 : $sorted2")

// (3)
var sorted3 = movies.sortedByDescending {
    it.name.length
}
println("영화 이름 길이(내림차순) 정렬 : $sorted3")
```

실행 결과

평점(오름차순) 정렬 : [Movie(name=대부, rating=89), Movie(name=카사블랑카, rating=90), Movie(name=바람과 함께 사라지다, rating=95), Movie(name=시민케인, rating=100)]

평점(내림차순) 정렬 : [Movie(name=시민케인, rating=100), Movie(name=바람과 함께 사라지다, rating=95), Movie(name=카사블랑카, rating=90), Movie(name=대부, rating=89)]

영화 이름 길이(내림차순) 정렬 : [Movie(name=바람과 함께 사라지다, rating=95), Movie(name=카사블랑카, rating=90), Movie(name=시민케인, rating=100), Movie(name=대부, rating=89)]

(1) sortedBy 함수에 정렬 기준이 될 속성을 반환하는 람다 함수를 전달합니다. 여기서는 평점을 이용해 오름차순으로 정렬합니다.

(2) (1)과 같이 평점을 이용해 정렬을 수행하되 **sortedByDescending** 함수를 사용해 내림차순으로 정렬합니다.

(3) 영화 제목의 길이를 이용해 내림차순으로 정렬하고 있으므로 이름이 긴 영화부터 짧은 영화 순으로 정렬됩니다.

마지막으로 sortedWith 메서드를 호출해 직접 정렬 방식을 지정하는 방법을 살펴보겠습니다. Comparator **인터페이스를 구현하는 익명 객체를 전달하는 식으로 sortedWith 메서드를 호출하면 직접 논리적인 대소 관계를 지정해 정렬을 수행**할 수 있습니다.

여기서는 앞에서 살펴본 영화 제목의 길이를 이용해 정렬을 수행하는 코드를 sortedWith와 직접 구현한 Comparator 객체를 통해 수행하도록 코드를 작성하겠습니다.

예제 10.19 Comparator 인터페이스를 구현한 객체를 통해 정렬   collectionstudy/ListSortStudy.kt

```
val comparator = Comparator<Movie> {
    // (1)
    obj1, obj2 ->
```

```
    when {
        obj1.name.length == obj2.name.length -> 0
        obj1.name.length < obj2.name.length -> -1
        else -> 1
    }
}
// (2)
var sorted4 = movies.sortedWith(comparator)
println("영화 이름 길이(오름차순) 정렬 : $sorted4")
```

실행 결과

```
영화 이름 길이(오름차순) 정렬 : [Movie(name=대부, rating=89), Movie(name=시민케인, rating=100), Movie(name=카사블랑카, rating=90), Movie(name=바람과 함께 사라지다, rating=95)]
```

(1) Comparator 인터페이스는 구현해야 할 추상 메서드가 하나만 존재하는 함수형 인터페이스입니다. 이 메서드에는 비교를 위해 사용할 두 개의 인자가 전달됩니다.

이 메서드에서는 첫 번째로 전달된 값과 두 번째로 전달된 값이 논리적으로 같다면 0을 반환하고, 첫 번째로 전달된 값이 두 번째로 전달된 값보다 논리적으로 작으면 음수를 반환하고, 첫 번째로 전달된 값이 두 번째로 전달된 값보다 논리적으로 크다면 양수를 반환하도록 구현해야 합니다.

```
obj1, obj2 ->
when {
    // 첫 번째로 전달된 값과 두 번째로 전달된 값이 같으면 0을 반환
    obj1.name.length == obj2.name.length -> 0
    // 첫 번째로 전달된 값이 두 번째로 전달된 값보다 작으면 음수를 반환
    obj1.name.length < obj2.name.length -> -1
    // 첫 번째로 전달된 값이 두 번째로 전달된 값보다 크면 양수를 반환
    else -> 1
}
```

(2) sortedWith 메서드를 호출하며 **(1)**의 Comparator 인터페이스를 구현한 객체를 전달합니다. 만약 거꾸로 정렬하고 싶다면 다음과 같이 **reversed** 메서드를 추가로 호출합니다.

```
var sorted4 = movies.sortedWith(comparator).reversed()
```

맵

맵(Map)은 키와 해당 키에 대응하는 값을 저장하는 **컬렉션**입니다. 여기서 키는 값을 찾기 위한 용도로 사용되며, 주로 문자열 값을 사용해 표현합니다. 값은 키를 통해 접근할 수 있는 데이터로서 다양한 타입으로 저장할 수 있습니다.

맵 컬렉션의 사용법을 본격적으로 살펴보기에 앞서 먼저 **키, 값 쌍 정보를 저장할 때 사용되는 Pair 클래스**를 살펴보겠습니다. Pair 클래스는 어떤 타입이든 상관없이 2개의 값을 저장하기 위해 사용하는 데이터 클래스로서 사용법은 다음과 같습니다.

```kotlin
var pair : Pair<String, Int> = "key1" to 1
```

제네릭을 통해 문자열과 숫자 값의 쌍을 저장할 수 있도록 타입을 설정하고 값을 대입합니다. **맵은 내부적으로 키와 값을 저장하기 위해 Pair 타입의 객체를 활용**합니다. 여기서 사용되는 중위 표현식 함수인 to 함수는 왼쪽, 오른쪽 피연산자를 이용해 두 값이 포함된 Pair 객체를 생성하는 데 사용됩니다.

다음은 `mutableMapOf` 메서드를 이용해 변경 가능한 맵 객체를 생성하는 예입니다.

예제 10.20 맵 객체 생성   collectionstudy/MapStudy.kt

```kotlin
// (1)
var mutableMap = mutableMapOf("key1" to 1, "key2" to 2)
println(mutableMap)

// (2)
var emptyMutableMap = mutableMapOf<String, Int>()
println(emptyMutableMap)
```

실행 결과

```
{key1=1, key2=2}
{}
```

(1) 문자열 키와 숫자 값을 저장하는 맵 객체를 만들며, 초깃값으로 두 개의 키("key1", "key2")와 그에 상응하는 데이터 숫자값(1, 2)을 저장합니다.

괄호 안에서 to 함수를 호출해 **Pair** 객체를 생성하며, 곧바로 인자로 전달하는 것을 확인할 수 있습니다.

(2) 빈 맵 객체를 생성하고 키와 값의 타입을 직접 명시합니다.

이후 put 메서드를 이용해 키에 대응하는 값을 저장하거나 이미 존재하는 키에 포함된 값을 변경할 수 있습니다.

예제 10.21 키와 값의 추가 및 수정   collectionstudy/MapStudy.kt

```
var mutableMap2 = mutableMapOf("key1" to 1, "key2" to 2)
// (1)
mutableMap2.put("key3", 3)
println(mutableMap2)

// (2)
// 이미 존재하는 키에 값을 쓰면 값을 덮어쓰고(overwrite) 결과적으로 값이 수정됨
mutableMap2.put("key1", 100)
println(mutableMap2)
```

실행 결과

```
{key1=1, key2=2, key3=3}
{key1=100, key2=2, key3=3}
```

(1) 새로운 키를 만들고 값을 저장합니다.

(2) 이미 존재하는 키를 대상으로 새로운 값을 저장합니다. 결과적으로 값이 덮어 쓰여 기존 값이 수정됩니다.

리스트와 마찬가지로 remove 메서드를 이용해 데이터를 제거할 수 있습니다. **데이터를 제거할 때는 키를 이용**하며, 해당 키와 대응되는 값이 모두 삭제됩니다.

예제 10.22 키, 값 삭제   collectionstudy/MapStudy.kt

```
var mutableMap3 = mutableMapOf("key1" to 1, "key2" to 2)

mutableMap3.remove("key2")
println(mutableMap3)
```

실행 결과

```
{key1=1}
```

맵 객체도 리스트와 마찬가지로 get 메서드를 호출하거나 인덱스 접근 연산자에 키를 전달하는 방식으로 값에 접근할 수 있습니다.

예제 10.23 키를 이용한 값 접근
collectionstudy/MapStudy.kt

```
var mutableMap4 = mutableMapOf("key1" to 1, "key2" to 2, "key3" to 3)

// get 메서드를 호출해 값에 접근
var valueFromKey3 = mutableMap4.get("key3")
// 인덱스 접근 연산자를 사용해 값에 접근
var valueFromKey3_ = mutableMap4["key3"]

println(valueFromKey3)
println(valueFromKey3_)
```

실행 결과
```
3
3
```

변경 불가능한 맵 객체를 생성하려면 `mapOf` 메서드를 사용합니다.

예제 10.24 변경 불가능한 맵 객체 생성
collectionstudy/MapStudy.kt

```
var immutableMap = mapOf("key1" to 1, "key2" to 2)
// 새 값 추가는 불가
// immutableMap.put("key3", 3)
// 값 읽어오기는 가능
var valueFromKey1 = immutableMap["key1"]
```

리스트와 마찬가지로 맵 객체의 `toMutableMap`, `toMap` 메서드를 호출해서 각각 변경 가능한 맵, 변경 불가능한 맵 객체로 변환할 수 있습니다.

빈 맵 객체를 대입하려면 `emptyMap` 함수를 사용하되 키와 값의 타입을 모두 명시해야 합니다.

예제 10.25 변경 불가능한 빈 맵 객체 반환
collectionstudy/MapStudy.kt

```
// 빈 맵을 선언. 이때 키와 값의 타입을 모두 지정해야 함
var empty = emptyMap<String, Int>()
println(empty)
```

실행 결과
```
{}
```

집합

집합(Set)은 중복된 값을 포함하지 않는 컬렉션으로, 값이 추가된 순서를 기억하지 않는 컬렉션이기 때문에 위치를 통해 접근할 수 없다는 특징이 있습니다.

예제 10.26 집합 객체 생성과 활용   collectionstudy/SetStudy.kt

```kotlin
// 변경 가능한 집합 생성
var mutableSet = mutableSetOf("one", "two", "three")

// 값 추가
mutableSet.add("four")
println(mutableSet)

// 중복된 값은 추가할 수 없음
mutableSet.add("one")
mutableSet.add("two")
mutableSet.add("three")
println(mutableSet)

mutableSet.remove("one")
println(mutableSet)
```

실행 결과

```
[one, two, three, four]
[one, two, three, four]
[two, three, four]
```

집합에는 저장된 순서가 없으므로 리스트와 같이 **위치를 통해 접근하는 것은 불가능**합니다. 실행 결과를 살펴보면 값을 추가한 순서대로 순서가 유지되는 것처럼 보이지만 순서가 유지되는 것을 보장하지는 않기 때문에 순서가 없다고 가정하고 사용해야 합니다.

```kotlin
// get 메서드나 인덱스 접근 연산자는 사용할 수 없음
mutableSet.get(0)
mutableSet[0]
```

그러나 다음과 같이 iterator 메서드를 호출해서 반환받은 순회용 Iterator 인터페이스의 객체를 통해 내부의 원소값을 순회할 수는 있습니다.

```kotlin
for(s in mutableSet.iterator()) {
    print("$s ")
}
println()
```

컬렉션에서 제공하는 유용한 확장 함수

컬렉션에는 기본적으로 제공되는 여러 확장 함수가 있습니다. 이러한 함수는 **람다 함수를 전달받아 컬렉션에 포함된 내용을 변경하거나 필터링하는 등 각기 다양한 역할을 수행**합니다.

확장 함수의 구체적인 용례를 살펴보기에 앞서 먼저 실습에 필요한 클래스를 정의하고 해당 클래스를 통해 생성한 객체를 포함한 리스트를 생성하겠습니다. 다음은 사람, 계정, 물품에 대한 정보를 저장할 데이터 클래스를 정의한 예입니다.

예제 10.27 컬렉션 확장 함수를 사용할 때 필요한 클래스   collectionstudy/CollectionAPIStudy1.kt

```kotlin
data class Person(var name: String, var gender: String, var age: Int)
data class Account(val id: String, var person: Person)
data class Product(var name: String, var price: Double, var discountRate: Double)
```

앞에서 정의한 클래스를 이용해 다음과 같이 리스트를 생성합니다.

예제 10.28 컬렉션 확장 함수를 사용할 때 활용할 객체 생성   collectionstudy/CollectionAPIStudy1.kt

```kotlin
var personList = listOf(
    Person("김철수", "남성", 25),
    Person("이영희", "여성", 30),
    Person("박철호", "남성", 35),
    Person("윤수영", "여성", 28),
    Person("김하나", "여성", 18)
)

var accountList = listOf(
    Account("chulsoo", Person("김철수", "남성", 25)),
    Account("hee0", Person("이영희", "여성", 30)),
    Account("ho_park", Person("박철호", "남성", 35)),
    Account("suyong1004", Person("윤수영", "여성", 28)),
```

```
        Account("khana", Person("김하나", "여성", 18))
)

var productList = listOf(
    Product("라면", 500.0, 0.3),
    Product("빵", 800.0, 0.0),
    Product("음료수", 1300.0, 0.1),
    Product("고급 음료수", 1900.0, 0.2),
    Product("계란", 3500.0, 0.0)
)
```

이제 자주 사용되는 컬렉션 함수의 사용법을 살펴보겠습니다.

forEach, forEachIndexed

forEach와 forEachIndexed 메서드는 컬렉션에 포함된 **자료를 순회하며 지정한 작업을 수행하는 데 사용**됩니다. 여기서 forEachIndexed 함수는 자료를 순회할 때 자료의 위치 정보도 필요한 경우에 사용합니다. 두 함수는 가장 빈번하게 사용되는 컬렉션 함수이므로 사용법을 잘 알아둬야 합니다.

예제 10.29 forEach, forEachIndexed 함수 활용   collectionstudy/CollectionAPIStudy1.kt

```
// (1)
personList.forEach { println(it.name) }

// (2)
productList.forEachIndexed {
    idx, product ->
    println("$idx : $product")
}
```

실행 결과

```
김철수
이영희
박철호
윤수영
김하나

0 : Product(name=라면, price=500.0, discountRate=0.3)
1 : Product(name=빵, price=800.0, discountRate=0.0)
```

```
2 : Product(name=음료수, price=1300.0, discountRate=0.1)
3 : Product(name=고급 음료수, price=1900.0, discountRate=0.2)
4 : Product(name=계란, price=3500.0, discountRate=0.0)
```

(1) forEach 함수를 호출하며 전달한 람다 함수에서 자료(`it`)에 접근해 이름을 출력합니다.

(2) forEachIndexed 함수를 호출하며 위치 정보(`idx`)와 자료(`product`)에 접근해 각 값을 모두 출력합니다.

map

map 함수는 컬렉션에 포함된 자료를 람다 함수를 통해 **변환해서 변환된 값이 포함된 새로운 리스트를 생성**하는 데 사용합니다.

예제 10.30 map 함수 활용   collectionstudy/CollectionAPIStudy1.kt

```
// (1)
var discountProducts = productList.map { it.name }
println(discountProducts)

// (2)
var discountPrices = productList.map { it.price - (it.discountRate * it.price) }
println(discountPrices)

// (3)
var discountProductNameAndPrices = productList.map { Pair(it.name, it.price - (it.discountRate *
it.price)) }
println(discountProductNameAndPrices)
```

실행 결과

```
[라면, 빵, 음료수, 고급 음료수, 계란]
[350.0, 800.0, 1170.0, 1520.0, 3500.0]
[(라면, 350.0), (빵, 800.0), (음료수, 1170.0), (고급 음료수, 1520.0), (계란, 3500.0)]
```

(1) map 함수를 이용해 상품 리스트의 이름만 담은 리스트를 생성합니다.

(2) 마찬가지로 상품 리스트의 할인 가격만 담은 리스트를 생성합니다.

(3) 상품의 이름과 할인 가격 정보를 저장한 쌍(`Pair`) 객체를 담은 리스트를 생성합니다.

리스트에 map 함수를 적용하는 경우가 더 많긴 하지만 다음과 같이 맵 객체에도 map 함수를 적용할 수 있습니다.

다음은 맵 객체에서 키 값만 추출한 리스트를 생성하는 예입니다.

예제 10.31 map 함수 활용 collectionstudy/CollectionAPIStudy1.kt

```
var keys = mapOf("key1" to 1, "key2" to 2).map { it.key }
println(keys)
```

실행 결과

```
[key1, key2]
```

filter

filter 함수는 컬렉션 내부에 포함된 자료들을 순회하며 **람다 함수에서 반환한 값이 참일 때의 자료만 포함된 리스트를 생성**합니다. 따라서 **람다 함수에서 어떠한 방식으로든 참 또는 거짓 값을 반환**하도록 코드를 작성해야 합니다.

예제 10.32 filter 함수 활용 collectionstudy/CollectionAPIStudy1.kt

```
// (1)
var filtered1 = personList.filter {
    it.age in 20 .. 29
}
println(filtered1)

// (2)
var filtered2 = personList.filter {
    it.name.startsWith("김")
}
println(filtered2)

// (3)
var filtered3 = personList.filter {
    it.gender == "여성"
}
println(filtered3)
```

```
// (4)
var noDiscountProducts = productList.filter {
    it.discountRate == 0.0
}
println(noDiscountProducts)
```

실행 결과

```
// filtered1
[Person(name=김철수, gender=남성, age=25), Person(name=윤수영, gender=여성, age=28)]
// filtered2
[Person(name=김철수, gender=남성, age=25), Person(name=김하나, gender=여성, age=18)]
// filtered3
[Person(name=이영희, gender=여성, age=30), Person(name=윤수영, gender=여성, age=28), Person(name=김하나, gender=여성, age=18)]
// noDiscountProducts
[Product(name=빵, price=800.0, discountRate=0.0), Product(name=계란, price=3500.0, discountRate=0.0)]
```

(1) filter 함수를 이용해 나이가 20대인 사람만 필터링한 리스트를 생성합니다. 람다 함수 내부에서 나이가 20 ~ 29 범위에 포함돼 있는지 조사해서 참/거짓 값을 반환하는 것을 확인할 수 있습니다. 여기서 **참 값을 반환하는 자료만 추려서 반환받을 새로운 리스트에 포함**하게 됩니다.

(2) 성이 김씨인 사람만 필터링합니다.

(3) 성별이 여성인 사람만 필터링합니다.

(4) 제품 중 할인하지 않는 상품(할인률이 0인 제품)만 필터링합니다.

partition

partition 함수는 컬렉션의 값을 조건을 만족하는 그룹과 만족하지 않는 두 개의 그룹으로 나누기 위해 사용하는 함수입니다.

예제 10.33 partition 함수 활용 collectionstudy/CollectionAPIStudy1.kt

```
var oneToTen = listOf(1, 2, 3, 4, 5, 6, 7, 8, 9, 10)

// (1)
var partitioned = oneToTen.partition { (it % 2) == 0 }
```

```
// (2)
println("partitioned.first : ${partitioned.first}")
println("partitioned.second : ${partitioned.second}")
```

실행 결과

```
partitioned.first : [2, 4, 6, 8, 10]
partitioned.second : [1, 3, 5, 7, 9]
```

(1) 짝수인지 여부를 검사하는 람다 함수를 전달합니다.

조건을 만족하는 값은 나중에 반환될 첫 번째 리스트에 추가되며, 조건을 만족하지 않는 값은 두 번째 리스트에 추가되어 총 두 개의 리스트를 포함하는 쌍(Pair) 객체를 반환받습니다.

(2) 반환받은 쌍 객체에 포함된 첫 번째 리스트와 두 번째 리스트의 내용을 출력합니다.

reduce

reduce 함수는 컬렉션에 포함된 **값을 누적시키는 과정에서 연산을 적용하고 하나의 최종값을 얻어낼 수 있게** 도와주는 함수입니다.

다음은 1부터 10까지 더한 결과를 reduce 함수를 이용해 구하는 예제입니다.

예제 10.34 reduce 함수 활용 collectionstudy/CollectionAPIStudy1.kt

```
var oneToTen = listOf(1, 2, 3, 4, 5, 6, 7, 8, 9, 10)
var reduced1 = oneToTen.reduce {
    acc, num ->
    // (1)
    println("acc : $acc, num: $num")
    // (2)
    acc + num
}
println("reduced1 : $reduced1")
```

실행 결과

```
acc : 1, num: 2
acc : 3, num: 3
acc : 6, num: 4
acc : 10, num: 5
```

```
acc : 15, num: 6
acc : 21, num: 7
acc : 28, num: 8
acc : 36, num: 9
acc : 45, num: 10
reduced1 : 55
```

(1) reduce 함수로 전달한 람다 함수에는 두 가지 인자를 전달합니다. 하나는 **현재까지 누적한 값(acc)**이고 다른 하나는 컬렉션에서 **전달받은 값(num)**입니다. 단, 맨 처음 함수가 실행되는 시점에는 누적값이 없으므로 컬렉션의 첫 번째 위치에 있는 값이 누적값으로 사용되고 두 번째 위치에 있는 값이 전달됩니다.

(2) reduce 함수로 전달한 람다 함수의 반환값은 다음 번 람다 함수가 호출될 때 누적값으로 전달됩니다. 여기서는 컬렉션에 포함된 값을 모두 더하도록 처리합니다. 결과적으로 1부터 10까지의 숫자를 모두 더한 55가 반환된 것을 확인할 수 있습니다.

다음은 reduce 함수를 이용해 리스트에 포함된 모든 문자열이 콤마로 결합된 문자열을 생성하는 코드입니다. String 클래스에서 제공하는 joinToString 메서드를 사용한 것과 같은 결과를 얻을 수 있습니다.

예제 10.35 reduce 함수 활용   collectionstudy/CollectionAPIStudy1.kt

```kotlin
var strings = listOf("Hello", "World", "Kotlin")
// (1)
var reduced2 = strings.reduce { acc, str -> "$acc,$str" }
println("reduced2 : $reduced2")

// (2)
println("${strings.joinToString(",")}")
```

실행 결과

```
reduced2 : Hello,World,Kotlin
Hello,World,Kotlin
```

(1) 앞에서 설명했듯이 람다 함수가 첫 번째로 실행되는 시점에 첫 번째 문자열("Hello")이 누적값으로 전달됩니다. 이후 콤마를 이용해 문자열을 계속해서 이어붙이는 식으로 누적값을 만들어갑니다.

(2) joinToString 메서드에 각 문자열의 구분자로 콤마를 써서 생성한 문자열을 출력합니다. 문자열의 내용은 **(1)**을 통해 생성한 문자열의 내용과 같습니다.

reduceRight 함수를 사용하면 순서를 거꾸로 해서 컬렉션의 마지막 자료값을 이용해 누적값을 생성하는 작업을 진행할 수 있습니다. 단, 이 경우 다음과 같이 람다 함수에서 누적값과 전달값의 순서가 바뀝니다.

예제 10.36 reduce 함수 활용   collectionstudy/CollectionAPIStudy1.kt

```
var reduced3 = strings.reduceRight { str, acc -> "$acc,$str" }
println("reduced3 : $reduced3")
```

실행 결과
```
reduced3 : Kotlin,World,Hello
```

순서가 거꾸로 적용되어 문자열이 이어붙여진 것을 확인할 수 있습니다.

count

count 함수는 **특정 조건을 만족하는 원소의 개수를 구할 때 사용하는 함수입니다**.

다음은 사람 리스트에 나이가 30살 이상인 사람이 몇 명 포함돼 있는지 확인하는 코드입니다.

예제 10.37 count 함수 활용   collectionstudy/CollectionAPIStudy1.kt

```
var personAgeOver30 = personList.count { it.age >= 30 }
println("personAgeOver30 : $personAgeOver30")
```

실행 결과
```
personAgeOver30 : 2
```

두 명의 나이가 30살 이상이므로 2가 반환된 것을 확인할 수 있습니다.

zip

zip 함수는 **두 컬렉션에 포함된 값에 접근해 새로운 리스트를 생성**하는 데 사용하는 함수입니다.

다음은 이전에 map 함수를 사용해서 생성한 리스트(할인 제품의 이름을 보여주는 discountProducts, 할인 가격을 보여주는 discountPrices)의 내용을 쌍 객체로 합친 리스트를 생성하는 코드입니다.

예제 10.38 zip 함수 활용   collectionstudy/CollectionAPIStudy1.kt

```
var discountProductsWithPrice = discountProducts.zip(discountPrices)
println(discountProductsWithPrice)
```

실행 결과

```
[(라면, 350.0), (빵, 800.0), (음료수, 1170.0), (고급 음료수, 1520.0), (계란, 3500.0)]
```

제품의 이름과 가격이 포함된 쌍 객체 리스트가 반환된 것을 확인할 수 있습니다.

쌍 객체로 이뤄진 리스트를 반환받지 않고 내부적으로 값을 조정해서 자료의 타입을 바꾸고 싶다면 람다 함수를 전달해야 합니다. 다음은 맵 객체로 이뤄진 리스트를 구성하기 위해 zip 함수에 람다 함수를 전달하는 예제입니다.

예제 10.39 zip 함수 활용 collectionstudy/CollectionAPIStudy1.kt

```kotlin
var discountProductsWithPrice2 = discountProducts.zip(discountPrices) {
    prod, price ->
    mapOf("name" to prod, "price" to price)
}
println(discountProductsWithPrice2)
```

실행 결과

```
[{name=라면, price=350.0}, {name=빵, price=800.0}, {name=음료수, price=1170.0}, {name=고급 음료수, price=1520.0}, {name=계란, price=3500.0}]
```

associate

associate 함수는 **리스트를 맵으로 변환**하기 위해 사용합니다.

예제 10.40 associate 함수 활용 collectionstudy/CollectionAPIStudy2.kt

```kotlin
// (1)
var mapByIdKey = accountList.associate { it.id to it.person }
println(mapByIdKey)

// (2)
var mapByGenderKey = accountList.associate { it.person.gender to it.person }
println(mapByGenderKey)
```

실행 결과

```
{chulsoo=Person(name=김철수, gender=남성, age=25), hee0=Person(name=이영희, gender=여성, age=30),
ho_park=Person(name=박철호, gender=남성, age=35), suyong1004=Person(name=윤수영, gender=여성,
age=28), khana=Person(name=김하나, gender=여성, age=18)}
```

```
{남성=Person(name=박철호, gender=남성, age=35), 여성=Person(name=김하나, gender=여성, age=18)}
```

(1) 계정의 id를 키로, 사람 객체를 값으로 사용하는 맵 객체를 생성합니다.

(2) 계정의 성별 정보를 키로, 사람 객체를 값으로 사용하는 맵 객체를 생성합니다. 이 경우 성별 정보는 유일하지 않기 때문에 중복된 키로 인해 값이 덮어 쓰일 수 있다는 점에 유의합니다.

여기서는 계정 성별 정보를 키로 사용했으므로 맨 마지막에 리스트에 포함된 남성, 여성의 정보를 기반으로 맵 객체가 구성된 것을 확인할 수 있습니다.

groupBy

groupBy 함수는 컬렉션에 포함된 **값을 특정 기준을 통해 여러 그룹으로 분할**하기 위해 사용합니다. 다른 함수와는 다르게 groupBy 함수는 기준값을 키로 활용하는 맵 객체를 반환합니다.

다음은 리스트에 포함된 물품을 가격대별로 그룹 짓기 위해 groupBy 함수를 사용하는 예제입니다.

코틀린 언어의 수학 관련 패키지에 포함된 내림(floor) 함수를 사용하기 위해서 먼저 소스 코드 상단에 다음의 import 구문을 추가합니다.

```
import kotlin.math.floor
```

이후 예제 코드를 작성합니다.

예제 10.41 groupBy 함수 활용   collectionstudy/CollectionAPIStudy2.kt

```kotlin
var grouped = productList.groupBy {
    floor(it.price / 1000)
}
println(grouped)
```

실행 결과

```
{0.0=[Product(name=라면, price=500.0, discountRate=0.3), Product(name=빵, price=800.0, discountRate=0.0)],
1.0=[Product(name=음료수, price=1300.0, discountRate=0.1), Product(name=고급 음료수, price=1900.0, discountRate=0.2)],
3.0=[Product(name=계란, price=3500.0, discountRate=0.0)]}
```

가격을 1000으로 나누고 floor 함수를 사용해 소수점 영역의 값을 제거했으므로 숫자 0.0 그룹에는 1000원 이하의 물건이, 1.0 그룹에는 1000원대 물건이 저장되는 맵 객체가 만들어집니다.

distinct

distinct 함수는 컬렉션에서 **중복된 자료를 제거한 리스트를 반환**합니다.

예제 10.42 distinct 함수 활용   collectionstudy/CollectionAPIStudy2.kt

```
var distinct1 = listOf(1, 2, 1, 2, 3, 3).distinct()
var distinct2 = listOf('a', 'b', 'c', 'a', 'b', 'c').distinct()
println(distinct1)
println(distinct2)
```

실행 결과

```
[1, 2, 3]
[a, b, c]
```

distinct 함수에서 반환한 리스트에는 중복 자료가 포함되지 않은 것을 확인할 수 있습니다.

min, max, sum, average, count

만약 컬렉션에 저장된 자료가 모두 숫자라면 집계 함수를 사용할 수 있습니다. 집계 함수는 컬렉션에 포함된 **자료의 값을 살펴본 후 하나의 결괏값을 반환**하는 용도로 사용됩니다.

min, max, sum, average, count는 대표적인 집계 함수로서 각각 **최솟값**, **최댓값**, **합계**, **평균값**, **개수**를 구하는 데 사용됩니다.

예제 10.43 min, max, sum, average, count 함수 활용   collectionstudy/CollectionAPIStudy2.kt

```
var nums = listOf(1, 2, 3, 4, 5, 6, 7, 8, 9, 10)
println("min : ${nums.min()}")
println("max : ${nums.max()}")
println("sum : ${nums.sum()}")
println("average : ${nums.average()}")
println("count : ${nums.count()}")
```

실행 결과
```
min : 1
max : 10
sum : 55
average : 5.5
count : 10
```

any, all, none

any, all, none 함수는 모두 **특정 조건을 만족하는 자료가 포함되는지 여부를 검사**하기 위해 사용하는 함수입니다. 각 함수의 차이점은 코드를 통해 살펴보겠습니다.

예제 10.44 any, all, none 함수 활용   collectionstudy/CollectionAPIStudy3.kt

```kotlin
var evens = listOf(2, 4, 6, 8, 10)
var odds = listOf(1, 3, 5, 7, 9)
// (재사용을 위해) 미리 람다 함수를 상수로 선언
val isEven = { n : Int -> (n % 2) == 0 }

// 다음과 같이 괄호 없이 람다 함수를 전달하는 형태로 사용해도 무방
// var result1 = evens.any { (it % 2) == 0 }
// (1)
var result1 = evens.any(isEven)
// (2)
var result2 = evens.all(isEven)
// (3)
var result3 = evens.none(isEven)

// (1)
var result4 = odds.any(isEven)
// (2)
var result5 = odds.all(isEven)
// (3)
var result6 = odds.none(isEven)

println("$result1 $result2 $result3")
println("$result4 $result5 $result6")
```

실행 결과

```
true true false
false false true
```

(1) any 함수는 컬렉션에 포함된 요소 중 조건을 만족하는 요소가 하나라도 있는지 여부를 반환하는 함수입니다.

여기서는 짝수인지 여부를 검사하는 람다 함수를 전달했으므로 evens 리스트에 함수를 적용하면 참값을 반환합니다. 하지만 odds 리스트에 포함된 요소는 모두 홀수이기 때문에 조건을 만족하는 요소가 하나도 없으므로 거짓값을 반환하게 됩니다.

(2) all 함수는 컬렉션에 포함된 모든 요소가 전달한 조건을 만족하는지 여부를 반환하는 함수입니다. 모든 요소가 짝수인 evens 리스트에 이 함수를 적용하면 참값을, odds 리스트에 대해 이 함수를 적용하면 거짓값을 반환합니다.

(3) none 함수는 all 함수와 반대로 컬렉션에 포함된 모든 요소가 전달한 조건을 만족하지 않는지 여부를 반환하는 함수입니다.

지금까지 여러 컬렉션 함수를 소개하고 사용법을 살펴봤습니다. 자주 사용되는 `forEach`, `map`, `filter` 함수를 제외하고는 여기서 소개한 모든 함수를 지금 당장 모두 이해할 필요는 없습니다.

나중에 해당 함수가 필요한 시점에 다시 사용법을 공부해도 되므로 부담을 느끼지 않는 선에서 이해하고 넘어가는 것을 권장합니다. 또한 지금까지 소개한 함수 외에도 다양한 컬렉션 관련 함수가 있으므로 컬렉션 API 문서[2]를 둘러보는 것을 권장합니다.

Iterable 인터페이스

모든 컬렉션은 각 원소를 순회할 수 있다는 공통점이 있습니다. 이러한 순회가 가능하게끔 컬렉션 클래스는 모두 `Iterable` 인터페이스를 상속받습니다. 그래서 이번 절에서는 **`Iterable` 인터페이스를 직접 구현해서 클래스를 순회 가능한 클래스로 만드는 방법**을 살펴보겠습니다.

여기서 다루는 내용은 직접 컬렉션 클래스를 구현해야 하는 경우가 아니라면 크게 도움이 되는 내용은 아닙니다. 하지만 컬렉션 클래스의 구동 방식을 이해한다는 측면에서 가볍게 살펴보고 넘어가도록 합시다.

---

2 https://kotlinlang.org/api/latest/jvm/stdlib/kotlin.collections/index.html

다음은 과일 이름을 순회할 수 있는 FruitsIterable 클래스를 정의한 예입니다.

예제 10.45 Iterable 인터페이스 구현 collectionstudy/IterableStudy.kt

```kotlin
// (1)
class FruitsIterable : Iterable<String> {
    val fruits = listOf("Apple", "Banana", "Grape")

    // (2)
    override fun iterator(): Iterator<String> {
        // (3)
        return object : Iterator<String> {
            var idx = 0
            // (4)
            override fun hasNext() = idx < 3
            // (5)
            override fun next() = fruits[idx++]
        }
    }
}
```

(1) 순회할 수 있는 기능을 부여하기 위해 **Iterable** 인터페이스를 상속받습니다.

```kotlin
class FruitsIterable : Iterable<String> { /* ... */ }
```

Iterable 인터페이스의 제네릭 타입은 순회할 값의 타입으로 지정합니다. 여기서는 문자열을 순회하기 위해 String 타입으로 지정합니다.

(2) Iterable 인터페이스를 구현하는 클래스에서는 **iterator 메서드를 재정의해서 Iterator 인터페이스를 구현하는 객체**를 반환해야 합니다.

```kotlin
override fun iterator(): Iterator<String> { /* ... */ }
```

(3) Iterator 인터페이스를 구현하는 익명 객체를 생성해서 반환합니다.

(4), (5) Iterator 인터페이스를 구현하려면 **다음 자료가 존재하는지 여부를 알려주는 불리언 값을 반환하는 hasNext 메서드와 다음 자료를 반환하는 next 메서드를 구현**해야 합니다.

```
return object : Iterator<String> {
    var idx = 0
    // 다음 자료가 존재하는지 여부를 알려주는 hasNext 메서드 구현
    override fun hasNext() = idx < 3
    // 다음 자료를 반환하는 next 메서드 구현
    override fun next() = fruits[idx++]
}
```

next 메서드에서는 fruits 리스트에 접근해 값을 반환하며, 동시에 위치값(idx)을 증가시키도록 구현했습니다.

```
override fun next() = fruits[idx++]
```

동시에 hasNext 메서드에서는 현재 위치값을 비교해서 위치값이 리스트의 개수보다 커지면 거짓값을 반환해서 더는 자료가 없음을 알려주도록 구현합니다.

```
override fun hasNext() = idx < 3
```

다음은 FruitsIterable 클래스 객체를 생성해서 사용하는 예입니다.

예제 10.46 Iterable 인터페이스를 구현한 객체 활용   collectionstudy/IterableStudy.kt

```
val fruitsIterable = FruitsIterable()

println("iterator 객체를 이용해 직접 순회")
// (1)
var iterator = fruitsIterable.iterator()
while(true) {
    // (2)
    if(iterator.hasNext()) {
        val next = iterator.next()
        print("$next ")
    } else {
        break
    }
}
println()

// (3)
```

```
println("for 구문을 활용한 순회")
for(fruit in fruitsIterable) {
    print("$fruit ")
}
println()

// (3)
println("컬렉션에서 제공하는 forEach 함수를 사용한 순회")
fruitsIterable.forEach { fruit -> print("$fruit ") }
println()
```

실행 결과

```
// iterator 객체를 이용해 직접 순회
Apple Banana Grape
// for 구문을 활용한 순회
Apple Banana Grape
// 컬렉션에서 제공하는 forEach 함수를 사용한 순회
Apple Banana Grape
```

(1) 재정의한 iterator 메서드를 호출해서 Iterator 객체를 전달받습니다.

```
var iterator = fruitsIterable.iterator()
```

(2) 전달받은 객체의 hasNext 메서드를 호출해서 다음 자료가 존재하는지 여부를 살펴보고, 다음 자료가 존재하면 next 메서드로 자료(문자열)를 반환받아 출력합니다.

만약 다음 자료가 없으면 break 명령어를 이용해 반복문을 빠져나옵니다.

```
// 다음 자료가 존재하는지 여부 확인
if(iterator.hasNext()) {
    // 자료가 존재하므로 자료를 반환받아 출력
    val next = iterator.next()
    print("$next ")
} else {
    // 더는 자료가 존재하지 않으므로 반복문에서 탈출
    break
}
```

(3) (1)에서는 직접 iterator 객체를 반환받아 객체의 재정의된 메서드를 호출하며 순회 작업을 수행했습니다. 하지만 이 방법보다는 **for 구문과 in** 연산자를 이용해 순회하는 편이 가독성 높은 코드를 작성할 수 있어 선호됩니다.

```
for(fruit in fruitsIterable) {
    print("$fruit ")
}
```

또한 Iterable 클래스에 정의된 확장 함수인 **forEach** 메서드를 이용해 순회할 수도 있습니다.

```
fruitsIterable.forEach { fruit -> print("$fruit ") }
```

다음은 리스트를 흉내 낸 MyList 클래스를 정의한 예제입니다. 코드를 간소화하기 위해 리스트에서 제공하는 모든 기능을 구현하지는 않았으며, 리스트의 값을 초기화한 후 값을 순회하는 기능만 구현했습니다.

예제 10.47 **Iterable** 인터페이스를 구현한 리스트 클래스   collectionstudy/IterableStudy.kt

```
// (1)
class MyList<T>(vararg val args: T): Iterable<T> {
    // (3)
    private class MyListIterator<T2>(val args: Array<T2>) : Iterator<T2> {
        var currentIdx = 0
        // (4)
        override fun hasNext(): Boolean {
            return currentIdx < args.size
        }
        override fun next(): T2 {
            val r = args[currentIdx]
            currentIdx++
            return r
        }
    }

    override fun iterator(): Iterator<T> {
        // (2)
        return MyListIterator(args)
    }
}
```

(1) 위의 예제와 마찬가지로 Iterable 인터페이스를 구현해서 타입을 직접 지정할 수 있게 제네릭을 활용합니다. 생성자를 통해 리스트에 포함될 자료의 타입을 가변 인자로 전달받습니다.

(2) iterator 메서드에서는 (3)에서 정의한 iterator 구현 객체를 생성해서 반환합니다.

(3) 여기서는 익명 클래스를 사용하지 않고 직접 클래스를 정의해서 Iterator 인터페이스를 구현합니다. 부모의 가변값(args)을 전달받아 (4)에서 정의할 메서드에서 접근하게 합니다.

(4) hasNext와 next 메서드를 재정의해서 각각 다음 자료의 존재 여부와 현재 반환해야 하는 자료를 반환하는 동시에 위치값을 증가시키는 일련의 작업을 수행하도록 코드를 작성했습니다.

다음은 앞에서 직접 구현한 리스트 클래스를 활용하는 예제입니다.

예제 10.48 직접 구현한 리스트 클래스 활용   collectionstudy/IterableStudy.kt

```
var myList1 = MyList(1, 2, 3, 4, 5)
for(item in myList1) {
    print("$item ")
}
println()

var myList2 = MyList("Hello", "World", "Kotlin")
for(item in myList2) {
    print("$item ")
}
println()
```

실행 결과

```
1 2 3 4 5
Hello World Kotlin
```

> 🔍 MyListIterator 클래스를 정의하며 내부적으로 참조할 제네릭 타입의 이름을 T2로 지정했습니다. 외부 클래스와 내부 클래스에서 사용할 제네릭 타입의 이름이 같아서 헷갈릴 수 있기 때문에 여기서는 타입명을 조금 다르게 지정했습니다만 MyListIterator의 제네릭 타입명을 T로 해도 아무 문제는 없으며, 외부 클래스인 MyList의 제네릭 타입으로 전달받은 T 타입과는 별개의 타입으로 인식합니다.

도전과제

Q1 _ 다음의 이름 리스트와 앞에서 소개한 컬렉션 확장 함수를 이용해 아래의 문제를 해결하세요.

```
val names = listOf("이황", "김철수", "신사임당", "이영희", "길동", "김영수")
```

문제

1. 각 이름의 길이를 담은 리스트를 생성하세요.
2. 성이 김씨인 사람만 담은 리스트를 생성하세요.
3. 이름이 두 글자인 사람만 담은 리스트를 생성하세요.
4. 이름이 세 글자인 사람의 수를 구하세요.

예상 실행 결과

1. [2, 3, 4, 3, 2, 3]
2. [김철수, 김영수]
3. [이황, 길동]
4. 4

(해답: challenges.ch10.UsingCollectionFunctions.kt)

Q2 _ filter와 같은 역할을 수행하는 myFilter 함수를 리스트 클래스의 확장 함수 형태로 정의하세요. (단, 확장 함수를 정의하는 과정에서 제네릭을 활용해 람다 함수에 어떤 타입의 값이든 상관없이 값을 전달할 수 있게 구현해야 함.)

함수 사용법

```
// "H"로 시작하는 문자열만 필터링
val result1 = listOf("Hello", "Banana", "World", "Hole").myFilter {
    it.length == 5 || it.startsWith("H")
}
println(result1)
```

```kotlin
// 짝수 숫자만 필터링
val result2 = listOf(1, 2, 3, 4, 5, 6).myFilter {
    it % 2 == 0
}
println(result2)
```

예상 실행 결과

```
[Hello, World, Hole]
[2, 4, 6]
```

(해답: challenges.ch10.FilterImplement.kt)

chapter 11

파일 입출력

파일 입출력이란?

프로그램에서 정보를 저장하기 위해 선언한 변수나 생성한 객체에 저장된 내용은 모두 임시로 정보를 저장하기 위한 메모리에 저장되므로 프로그램이 종료되면 사라집니다. 따라서 이러한 정보를 **프로그램이 종료된 후에도 다시 읽어와야 할 필요가 있다면 파일이나 데이터베이스를 이용해 내용을 영구적으로 저장**해야 합니다.

이번 장에서는 파일을 생성해서 필요한 정보를 저장하고 다시 읽어오는 방법을 알아보겠습니다.

파일 생성

본격적으로 파일에 정보를 저장하기에 앞서 먼저 파일을 생성하는 방법을 알아보겠습니다. 파일을 생성하려면 입출력 패키지(java.io 패키지)에 포함된 **File** 클래스의 생성자를 호출하고, 생성자의 인자값으로 파일의 경로와 이름을 전달해야 합니다.

다음은 텍스트 정보를 저장할 파일 객체를 생성하는 예제입니다. 이후 이 파일 객체를 통해 파일에 내용을 추가하거나 파일에 기록된 내용을 읽어올 수 있습니다.

파일 객체와 뒤에서 등장할 날짜 객체를 사용하기 위해서 먼저 소스 코드 상단에 다음의 import 구문을 추가합니다.

```
import java.io.File
import java.util.Date
```

이후 파일 객체를 생성하는 다음 코드를 작성합니다.

```
val f1 = File("file1.txt")
```

파일 클래스의 생성자를 호출했다고 해서 자동으로 파일이 생성되는 것은 아닙니다. 실제로 파일을 생성하려면 **createNewFile** 메서드를 호출해야 합니다. createNewFile **메서드는 파일을 생성하는 데 성공하면 참값을, 생성에 실패했거나 이미 파일이 존재하면 거짓값을 반환**합니다.

다음은 앞에서 선언한 파일 객체를 통해 파일을 생성하고 **writeText** 메서드를 이용해 "Hello" 문자열과 "World" 문자열을 저장하는 예제입니다.

예제 11.1 파일 생성 및 텍스트 저장   iostudy/TextIOStudy1.kt

```
if(f1.createNewFile()) {
    // (1)
    f1.writeText("Hello")
} else {
    // (2)
    f1.writeText("World")
}
```

(1) createNewFile 메서드를 호출한 결과로 참값이 반환됐으므로 파일이 무사히 생성됐음을 알 수 있으며, 여기서는 해당 파일에 "Hello" 문자열을 저장합니다.

(2) 내용을 쓸 파일이 이미 존재하므로 "World" 문자열을 저장합니다.

writeText 메서드는 기존 내용을 덮어 쓰는 방식으로 동작하기 때문에 **(1)**에서 기록한 "Hello" 내용은 사라집니다.

처음 프로그램을 실행하면 프로젝트의 최상위 디렉터리에 file1.txt 파일이 생성됩니다.

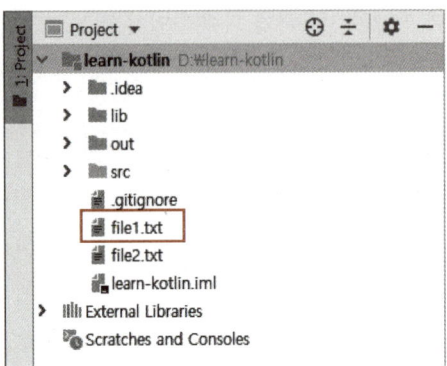

그림 11-1 프로젝트 폴더 내부에 생성된 파일

실행 결과 (첫 번째 실행 이후 file1.txt의 내용)
```
Hello
```

실행 결과 (두 번째 실행 이후 file1.txt의 내용)
```
World
```

파일을 열어보면 "Hello" 문자열이 기록된 것을 확인할 수 있습니다. 이어서 두 번 혹은 그 이상 프로그램을 실행하면 "World" 문자열이 기록된 것을 확인할 수 있습니다.

파일을 생성하는 메서드 외에도 파일 클래스에서는 다양한 메서드를 제공합니다. 다음 예제에서는 파일 객체에서 제공하는 다양한 메서드를 사용해 **파일과 관련된 정보**를 출력합니다.

예제 11.2 파일과 관련된 정보를 출력   iostudy/TextIOStudy1.kt

```kotlin
// 파일 크기(단위는 바이트) 반환
println("f1.length : ${f1.length()}")

// 파일의 확장자 반환
println("f1.extension : ${f1.extension}")

// 파일이 위치한 상대 경로를 반환
println("f1.path : ${f1.path}")

// 파일이 위치한 절대 경로를 반환
println("f1.absolutePath : ${f1.absolutePath}")
```

```
// 파일인지 디렉터리인지 여부를 반환
println("f1.isFile : ${f1.isFile}")
println("f1.isDirectory : ${f1.isDirectory}")

// 파일의 최종 수정 날짜를 반환
var lastModified : Long = f1.lastModified()
println("f1.lastModified : $lastModified")
println("f1.lastModified (Date) : ${Date(lastModified)}")

// 파일이 존재하는지 여부를 반환
println("f1.exists() : ${f1.exists()}")
```

실행 결과

```
f1.length : 5
f1.extension : txt
f1.path : file1.txt
f1.absolutePath : C:\wikibook-kotlin-android-for-beginner\KotlinGrammar\file1.txt
f1.isFile : true
f1.isDirectory : false
f1.lastModified : 1564323476909
f1.lastModified (Date) : Sun Jul 28 23:17:56 KST 2019
dir.isDirectory : true
```

파일을 삭제하려면 **delete** 메서드를 호출합니다. 파일이 성공적으로 삭제되면 메서드의 반환값으로 참값이 반환됩니다.

```
f1.delete()
```

텍스트 파일 입출력

프로그램을 작성하는 과정에서 가장 자주 저장되는 정보는 아마도 문자열일 것입니다. 여기서는 파일에 문자열을 저장하고 읽어오는 방법을 살펴보겠습니다.

파일에 텍스트를 저장하려면 앞에서 살펴본 **writeText**와 **appendText** 메서드를 사용합니다. **appendText** 메서드는 이미 쓰여진 내용 뒤에 텍스트를 추가하는 데 사용하는 메서드입니다.

다음 예제에서는 writeText와 appendText 메서드를 사용하는 방법을 보여줍니다.

예제 11.3 writeText, appendText 메서드를 호출해서 텍스트 쓰기　　　　　　iostudy/TextIOStudy1.kt

```kotlin
val f2 = File("file2.txt")
if(f2.createNewFile()) {
    f2.writeText("Hello")
} else {
    // 파일이 이미 존재하면 계속해서 내용을 이어붙임(append)
    f2.appendText("\nWorld")
}
```

실행 결과 (첫 번째 실행 이후 file2.txt의 내용)

```
Hello
```

실행 결과 (두 번째 실행 이후 file2.txt의 내용)

```
Hello
World
```

처음 프로그램을 실행하면 파일이 생성되고 "Hello" 문자열이 저장됩니다. 이후에는 프로그램을 실행한 횟수만큼 계속해서 "World" 문자열이 기존 내용에 이어붙여 추가됩니다.

앞서 텍스트를 저장하는 방법을 살펴봤으므로 이번에는 **저장된 파일의 내용을 읽어오는 방법**을 살펴보겠습니다.

예제 11.4 텍스트 파일의 내용을 조회　　　　　　　　　　　　　　　　　　　iostudy/TextIOStudy2.kt

```kotlin
// (1)
val f2 = File("file2.txt")
// exists 메서드로 파일이 존재하는지 확인 가능
if(f2.exists()) {
    println("파일의 readText 메서드 활용")
    // (2)
    // 전체 파일(텍스트)의 내용 읽어오기
    var fileText = f2.readText()
    println(fileText)

    println("파일의 forEachLine 메서드 활용")
    // (3)
```

```kotlin
    // 개행 문자를 기준으로 줄별로 읽어오기
    var lineNum = 1
    f2.forEachLine {
        println("line $lineNum : $it")
        lineNum++
    }

    println("readLines 메서드 활용")
    // (4)
    // readLines 메서드: 각 줄의 내용을 List 형태로 받아옴
    lineNum = 1
    var lines : List<String> = f2.readLines()
    lines.forEach {
        println("line $lineNum : $it")
        lineNum++
    }
} else {
    println("${f2.name} 파일이 존재하지 않습니다.")
}
```

파일의 내용

```
Hello
World
```

실행 결과

```
파일의 readText 메서드 활용
Hello
World

파일의 forEachLine 메서드 활용
line 1 : Hello
line 2 : World

readLines 메서드 활용
line 1 : Hello
line 2 : World
```

(1) file2.txt 파일의 내용을 읽어옵니다. 다양한 방법으로 파일의 내용을 읽어올 수 있는데 여기서는 세 가지 방법을 이용해 문자열을 읽어옵니다.

(2) readText 메서드를 호출하면 파일에 포함된 모든 내용을 읽어옵니다.

(3) forEachLine 메서드를 호출하며 람다 함수를 전달합니다. 텍스트 파일에 포함된 개행 문자를 기준으로 **한 줄의 문자열을 읽어오는 시점에 전달한 람다 함수가 호출**되고, it에 접근해 내용에 접근할 수 있습니다.

(4) readLines 메서드를 호출하면 각 줄의 문자열 정보가 담긴 리스트를 반환받습니다. 여기서는 해당 리스트를 순회하며 내용을 읽어옵니다.

이진 파일 입출력

텍스트 파일은 내부적으로는 **글자와 대응하는 숫자를 나열하는 방식으로 저장**됩니다. 예를 들어, "Hello"라는 문자열이 저장된 텍스트 파일의 내용을 10진수 형태로 나타내면 다음과 같은 내용이 저장된 것을 확인할 수 있습니다.

```
72 101 108 108 111
```

이와 달리 이진 데이터 형식의 파일은 기계가 이해할 수 있는 비트(0, 1)를 최대한 효율적으로 배열해서 정보를 저장합니다. 이 경우 저장할 정보의 유형에 따라 달라지는 저장 및 해석 방식을 모두 이해해야 하므로 일반적으로 텍스트 파일보다 복잡한 구조를 띱니다.

다행히도 ObjectOutputStream 클래스를 이용해 코틀린 언어에서 기본적으로 제공하는 여러 **데이터 타입(Int, Double, Boolean 등)의 값이나 객체 자체를 손쉽게 이진 데이터 형식으로 저장**할 수 있습니다.

먼저 객체를 저장하기 위한 용도로 사용할 Person 데이터 클래스를 정의하겠습니다.

```
data class Person(var name: String, var age: Int) : Serializable
```

객체를 파일에 저장하려면 객체를 파일에 저장할 수 있는 **바이트 배열의 형태로 변환하는 직렬화(Serialization) 작업을 수행**해야 합니다. 이때 앞에서 언급한 ObjectOutputStream 클래스를 통해 직렬화 작업을 수행할 수 있습니다. 다만 직렬화할 클래스는 Serializable 인터페이스를 반드시 상속받아야 합니다.

예제 실행에 필요한 입출력 클래스를 사용하기 위해서 먼저 소스 코드 상단에 다음의 import 구문을 추가하여 입출력 패키지에 포함된 모든 클래스를 불러옵니다.

```
import java.io.*
```

이후 예제 코드를 작성합니다.

예제 11.5 객체 및 기본 데이터 타입의 값을 저장   iostudy/BinaryIOStudy1.kt

```kotlin
// 직렬화된 사람 정보를 저장하기 위해 파일을 생성
val personFile = File("persons.bin")
personFile.createNewFile()

val p1 = Person("김철수", 20)
val p2 = Person("이영희", 25)

// (1)
val oos = ObjectOutputStream(FileOutputStream(personFile))

// (2)
oos.writeObject(p1)
oos.writeObject(p2)

// (3)
oos.writeInt(100)
oos.writeDouble(1.234)
oos.writeBoolean(true)
oos.writeUTF("Hello")

// (4)
oos.flush()
// (5)
oos.close()
```

(1) FileOutputStream 클래스의 생성자에 파일 객체를 전달해서 객체를 생성하고 이를 ObjectOutputStream 클래스의 생성자에 전달합니다.

최종적으로 생성된 ObjectOutputStream 객체를 통해 이진 데이터의 형식으로 객체를 포함한 여러 데이터를 파일에 저장합니다.

```kotlin
val oos = ObjectOutputStream(FileOutputStream(personFile))
```

(2) `writeObject` 메서드를 호출해 객체를 파일에 저장합니다. 만약 저장할 객체의 클래스에서 `Serializable` 인터페이스를 구현하고 있지 않다면 메서드를 호출하는 과정에서 `NotSerializableException` 예외가 발생합니다.

```kotlin
oos.writeObject(p1)
oos.writeObject(p2)
```

(3) `writeInt`, `writeDouble`, `writeBoolean` 같은 'write타입명' 형식의 메서드를 호출해 기본 타입 데이터를 저장합니다. 단, 문자열 값을 저장하려면 `writeUTF` 메서드를 호출해야 합니다.

```kotlin
oos.writeInt(100)
oos.writeDouble(1.234)
oos.writeBoolean(true)
oos.writeUTF("Hello")
```

(4) 더는 저장할 자료가 없다면 `flush` 메서드를 이용해 모든 쓰기 작업을 마무리합니다. `flush` 메서드를 호출하지 않으면 일부 데이터가 누락되어 저장되는 불상사가 일어날 수 있으므로 데이터 쓰기 작업이 모두 끝난 이후에는 반드시 `flush` 메서드를 호출해야 합니다.

(5) 쓰기 작업이 모두 끝났으므로 `close` 메서드를 호출해 쓰기 작업을 최종적으로 마무리합니다.

이제 이진 데이터 형태로 데이터를 저장하는 방법을 알아봤으니 앞에서 생성한 파일로부터 파일에 저장된 이진 데이터를 읽어오는 방법을 알아보겠습니다.

예제 11.6 객체 및 기본 데이터 타입의 값을 조회   iostudy/BinaryIOStudy1.kt

```kotlin
// (1)
val ois = ObjectInputStream(FileInputStream(personFile))

// (2)
// 앞서 파일에 저장한 순서대로 값을 읽어와야 함
val p1FromFile = ois.readObject() as Person
val p2FromFile = ois.readObject() as Person

// (3)
val intFromFile = ois.readInt()
```

```
val doubleFromFile = ois.readDouble()
val booleanFromFile = ois.readBoolean()
val stringFromFile = ois.readUTF()

// (4)
ois.close()

// 파일로부터 읽어온 내용을 출력
println(p1FromFile)
println(p2FromFile)
println(intFromFile)
println(doubleFromFile)
println(booleanFromFile)
println(stringFromFile)
```

실행 결과

```
Person(name=김철수, age=20)
Person(name=이영희, age=25)
100
1.234
true
Hello
```

(1) 앞에서 파일에 데이터를 저장하기 위해 ObjectOutputStream, FileOutputStream 객체를 사용한 것과 같이 파일의 내용을 읽어오려면 ObjectInputStream 객체와 FileInputStream 객체가 필요합니다. 앞에서 데이터를 저장할 때와 마찬가지로 FileInputStream 객체를 생성할 때 생성자에 파일 객체를 전달합니다.

```
val ois = ObjectInputStream(FileInputStream(personFile))
```

(2) readObject 메서드를 호출해 파일에 저장한 객체를 읽어옵니다. readObject 메서드는 Any 타입의 객체를 반환하므로 as 키워드를 이용해 저장한 객체의 타입으로 형변환해야 합니다.

ObjectInputStream 객체를 통해 데이터를 읽어올 때는 **데이터를 읽어오는 순서에 주의**해야 합니다. 앞에서 Person 객체 2개를 먼저 저장하고 그 이후에 여러 종류의 데이터 타입값을 저장했으므로 먼저 Person 타입의 자료를 2번 읽어옵니다.

```
val p1FromFile = ois.readObject() as Person
val p2FromFile = ois.readObject() as Person
```

만약 저장한 순서대로 읽어오지 않으면 원하지 않는 이상한 데이터 값이 조회될 수 있으므로 반드시 저장한 순서대로 값을 읽어옵니다.

(3) writeInt, writeDouble과 같은 메서드를 호출해서 데이터를 저장했듯이 readInt, readDouble과 같이 'read타입명' 메서드를 호출해 저장한 정보를 읽어옵니다. 앞에서 Person 객체를 먼저 저장했으므로 객체를 읽어오고 난 후 순서대로 저장한 기본 타입의 값에 접근합니다.

```kotlin
val intFromFile = ois.readInt()
val doubleFromFile = ois.readDouble()
val booleanFromFile = ois.readBoolean()
val stringFromFile = ois.readUTF()
```

(4) 쓰기 스트림과 마찬가지로 읽기 스트림도 읽기 작업이 모두 끝났으면 close 메서드를 호출해 닫아야 합니다.

ObjectOutputStream, ObjectInputStream 클래스 모두 **Closeable** 인터페이스를 구현하는 클래스이므로 Closeable 인터페이스의 확장 함수로 정의된 **use** 함수를 사용하면 다음과 같이 코드를 간결하게 작성할 수 있습니다.

예제 11.7 use 함수를 이용한 데이터 저장과 조회 　　　　　　　　　　　　　　iostudy/BinaryIOStudy2.kt

```kotlin
// use 함수를 사용해 내용 쓰기
ObjectOutputStream(FileOutputStream(personFile)).use {
    it.writeObject(p1)
    it.writeObject(p2)
    it.writeInt(100)
    it.writeDouble(1.234)
    it.writeBoolean(true)
    it.writeUTF("Hello")
}

// use 함수를 사용해 내용 조회
ObjectInputStream(FileInputStream(personFile)).use {
    val p1FromFile = it.readObject() as Person
    val p2FromFile = it.readObject() as Person
    val intFromFile = it.readInt()
    val doubleFromFile = it.readDouble()
    val booleanFromFile = it.readBoolean()
```

```
    val stringFromFile = it.readUTF()

    println(p1FromFile)
    println(p2FromFile)
    println(intFromFile)
    println(doubleFromFile)
    println(booleanFromFile)
    println(stringFromFile)
}
```

use 함수를 사용하면 중괄호 블록을 빠져나올 때 자동으로 close 메서드가 호출되므로 명시적으로 close 메서드를 호출할 필요가 없습니다. 또한 대부분의 데이터 출력 클래스에서 close 메서드를 실행하는 과정에서 다음과 같이 flush 메서드를 호출하므로 flush 메서드를 호출하는 코드도 생략할 수 있습니다.

```
// ObjectOutputStream의 close 메서드 구현 코드
public void close() throws IOException {
    // close 메서드의 실행 과정에서 내부적으로 flush 메서드 호출
    flush();
    clear();
    bout.close();
}
```

더 알아보기 _ 마커 인터페이스

Serializable 인터페이스는 마커(Marker) 인터페이스입니다. 마커 인터페이스는 **구현해야 할 추상 메서드가 없는, 내용이 빈 인터페이스를 의미**하는 용어입니다.

자바로 구현된 Serializable 인터페이스는 다음과 같습니다.

```
public interface Serializable {}
```

보다시피 아무런 추상 메서드도 포함하고 있지 않음을 확인할 수 있습니다. 마커 인터페이스는 클래스가 해당 인터페이스를 구현하고 있는지를 확인하는 용도로만 사용됩니다.

디렉터리 관련 작업 수행

파일과 마찬가지로 필요한 경우 디렉터리를 만들거나 삭제할 수 있으며, 디렉터리와 관련된 정보에도 접근할 수 있습니다.

다음 코드에서는 디렉터리 정보 조회 및 조작과 관련된 여러 메서드의 용례를 보여줍니다.

파일 객체를 사용하기 위해서 먼저 소스 코드 상단에 다음의 import 구문을 추가합니다.

```
import java.io.File
```

이후 예제 코드를 작성합니다.

예제 11.8 디렉터리 관련 메서드   iostudy/DirectoryManipulationStudy.kt

```kotlin
// 디렉터리 다루기
val dir = File("mydir")

// 디렉터리 생성
dir.mkdir()

// isDirectory 메서드를 호출해 디렉터리인지 여부를 확인
println("dir.isDirectory : ${dir.isDirectory}")
println(dir.isDirectory)

// 디렉터리 삭제
dir.delete()

// 디렉터리 구분자(/)를 포함한 하위 디렉터리 경로를 설정
val subdir = File("mydir2/subdir")

// 여러 디렉터리 생성(최종적으로 생성할 하위 디렉터리에 필요한 디렉터리가 없으면 모두 생성)
subdir.mkdirs()

val parentDir = subdir.parentFile
println(parentDir.name)

// 디렉터리를 삭제하며 내부에 포함된 하위 디렉터리도 모두 삭제
parentDir.deleteRecursively()
```

실행 결과

```
dir.isDirectory : true
true
mydir2
```

기본적으로는 디렉터리도 파일 객체를 이용해 생성한다는 점에 유의합니다. 단, 디렉터리를 생성할 때는 `createNewFile` 메서드가 아닌 `mkdir` 메서드를 호출해야 합니다.

디렉터리를 삭제하려면 `delete` 메서드를 호출하면 되지만 디렉터리가 비어 있어야만 삭제 가능하므로 **비어 있지 않은 디렉터리라면 `deleteRecursively` 메서드를 호출**해야 합니다. `deleteRecursively` 메서드를 호출하면 디렉터리 내부에 포함된 하위 디렉터리도 모두 삭제합니다.

만약 `subdir` 상수에 저장된 파일 객체와 같이 디렉터리 구분자(/)를 이용해 하위 디렉터리의 경로가 모두 포함되는 형태로 경로 문자열을 설정할 경우 `mkdirs` 메서드를 호출했을 때 상위 디렉터리가 존재하지 않으면 상위 디렉터리를 모두 생성한 후 하위 디렉터리를 생성합니다. 가령 다음 코드를 실행하면 d 디렉터리를 생성하는 데 필요한 상위 디렉터리인 a, b, c 디렉터리를 (존재하지 않는다면) 모두 생성합니다.

```
val subdir = File("a/b/c/d")
subdir.mkdirs()
```

지금까지 파일에 텍스트 데이터와 이진 데이터를 저장하는 방법을 알아봤습니다. 지금까지 소개한 클래스는 입출력과 관련된 클래스 중 일부에 불과하지만 지금까지 배운 내용으로도 필요한 데이터를 파일에 저장하고 읽어오는 데 큰 무리는 없을 것입니다.

예제 코드에서 활용한 입출력 관련 클래스는 모두 자바 언어의 `java.io` 패키지에서 빌려온 입출력 클래스이므로 입출력에 대해 좀 더 공부하고 싶다면 시중에 나와 있는 자바 책의 입출력 파트를 읽어보길 권장합니다.

도전과제

Q1 _ 다음과 같은 형식으로 작성된 파일(calc.txt)을 읽어와 계산한 후 출력하는 프로그램을 작성하세요.
(단, 연산자는 사칙연산자(+, -, *, /)를 지원할 수 있도록 작성해야 함.)

calc.txt
```
+
1.0
2.0
```

예상 실행 결과
```
3.0
```

(해답: challenges.ch11.CalcFromFile.kt)

Q2 _ 다음의 제약 사항과 콘솔 입력을 참고해서 일기를 텍스트 파일에 기록할 수 있는 프로그램을 작성하세요.

제약 사항

1. "/clear" 문자열을 입력받을 경우 기존에 작성한 내용이 모두 지워지고 새로운 내용을 작성할 수 있어야 함.
2. "/quit" 문자열을 입력받을 경우 일기 작성이 끝나고 프로그램이 종료돼야 함.
3. 파일명 형식은 'diary_년-월-일.txt'와 같은 형식이어야 함.

콘솔 입력 예시1
```
> 안녕하세요.
"안녕하세요." 입력 완료.
> 좋은 하루입니다.
"좋은 하루입니다." 입력 완료.
> /quit
```

콘솔 입력 예시2

```
> 지워질 내용 입력 1
"지워질 내용 입력 1" 입력 완료.
> 지워질 내용 입력 2
"지워질 내용 입력 2" 입력 완료.
> /clear
> 안녕하세요.
"안녕하세요." 입력 완료.
> 좋은 하루입니다.
"좋은 하루입니다." 입력 완료.
> /quit
```

예상 실행 결과(다음 내용이 담긴 diary_2020-5-31.txt 파일 생성)

```
안녕하세요.
좋은 하루입니다.
```

(해답: challenges.ch11.Diary.kt)

Q3 _ Q2의 프로그램을 작성하는 과정에서 제시한 요구사항을 모두 만족하는 동시에 `ObjectOutputStream`를 이용해 다음과 같은 객체를 저장하는 일기 쓰기 프로그램을 작성하세요. (단, 이진 파일을 저장해야 하므로 확장자는 `txt`가 아닌 `bin` 확장자를 사용해 저장해야 함.)

```kotlin
// 일기 내용을 저장할 Diary 데이터 클래스
data class Diary(var content: String) : Serializable
```

(해답: challenges.ch11.DiaryWithObject.kt)

Q4 _ Q2에서 작성한 프로그램을 통해 생성한 파일 내용(텍스트로 저장된 일기)을 읽어 들여 출력하는 프로그램을 작성하세요.

(해답: challenges.ch11.ReadDiary.kt)

Q5 _ Q3에서 작성한 프로그램을 통해 생성한 파일의 내용(직렬화된 객체에 저장된 일기)을 읽어 들여 출력하는 프로그램을 작성하세요.

(해답: challenges.ch11.ReadDiaryWithObject.kt)

02부

실전 안드로이드 프로젝트

이 책의 2부에서는 코틀린 기반 안드로이드 앱을 제작하는 방법을 배우며, 프로젝트를 통해 간단한 안드로이드 앱을 제작하는 과정에서 안드로이드에서 제공하는 여러 기능을 배우겠습니다.

프로젝트 01 _ Hello Android
안드로이드 앱 개발을 위한 개발 환경을 설정하고 앱 개발에 두루 활용되는 필수 개념 및 뷰, 뷰그룹 활용법을 배웁니다.

프로젝트 02 _ 오늘의 명언
무작위로 선택된 명언을 보여주는 앱을 만들며 액티비티, SharedPreferences, RecyclerView의 활용 방법을 배웁니다.

프로젝트 03 _ 날씨와 미세먼지
날씨와 미세먼지 농도를 보여주는 앱을 만들며 프래그먼트, LocationManager의 활용법과 비동기 네트워크 통신 방법을 배웁니다.

프로젝트 04 _ 뽀모도로
정해진 시간이 지나면 진동, 소리를 통해서 알려주는 타이머 앱을 만들며 서비스, 브로드캐스트 리시버, 상태바 활용 방법을 배웁니다.

프로젝트 05 _ 퀴즈퀴즈
퀴즈 문제를 푸는 앱을 만들며 네비게이션 드로워를 이용하여 화면을 구성하고 데이터베이스를 활용하는 방법을 배웁니다.

프로젝트

01

Hello Android

안드로이드 스튜디오를 설치하고 첫 번째 프로젝트를 진행해 보면서 안드로이드 스튜디오의 사용법을 배우고 안드로이드 앱 개발과 관련된 핵심 개념을 살펴보겠습니다.

안드로이드 스튜디오 설치와 가상 단말기 생성

안드로이드 스튜디오는 구글에서 공식적으로 제공하는 안드로이드 앱 개발 도구입니다. 앞서 코틀린 언어를 공부하며 사용했었던 IntelliJ 개발 도구를 기반으로 개발된 도구이므로 사용자 인터페이스가 비슷하지만 안드로이드 개발에 특화된 기능인 레이아웃 편집, 에뮬레이터 관리, 성능 분석 도구 등이 추가되어 있습니다. 여기서는 윈도우 운영체제에서 동작하는 4.0.1 버전의 안드로이드 스튜디오를 사용합니다.

안드로이드 스튜디오 설치

먼저 안드로이드 스튜디오 홈페이지(https://developer.android.com/studio/?hl=ko)에 접속해 화면 상단의 [DOWNLOAD ANDROID STUDIO] 버튼을 눌러 다운로드 화면으로 이동합니다.

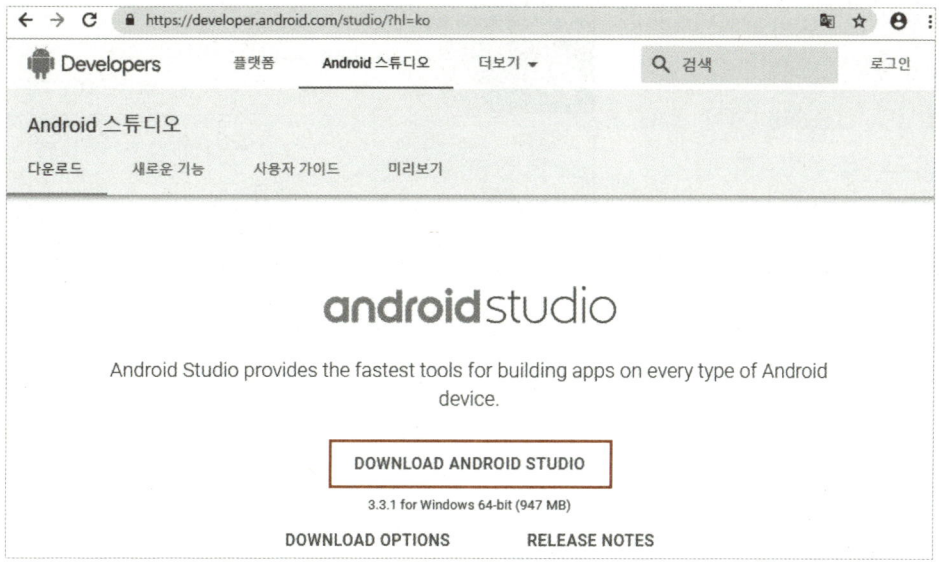

그림 1-1 안드로이드 스튜디오 공식 홈페이지의 다운로드 페이지

다음 화면에서 약관에 동의하고 다운로드 버튼을 클릭하면 안드로이드 스튜디오 프로그램을 다운로드하기 시작합니다.

그림 1-2 안드로이드 스튜디오의 약관 동의

다음 화면에서 [Next] 버튼을 클릭해 계속 설치를 진행합니다.

그림 1-3 안드로이드 설치 시작

다음 화면에서 [Android Virtual Device] 항목이 체크된 것을 확인할 수 있습니다. 이 항목을 체크하지 않으면 안드로이드 에뮬레이터를 실행할 수 없으므로 체크된 상태로 [Next] 버튼을 눌러 다음 화면으로 이동합니다.

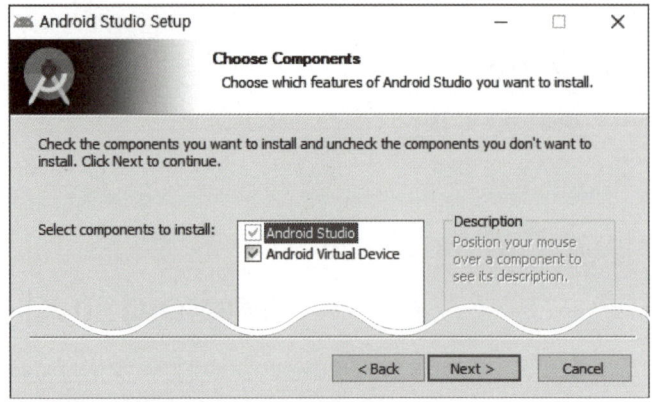

그림 1-4 Android Virtual Device 설치 여부 확인

설치 경로를 지정하고 [Next] 버튼을 누릅니다. 이 책에서는 기본 경로를 그대로 사용합니다.

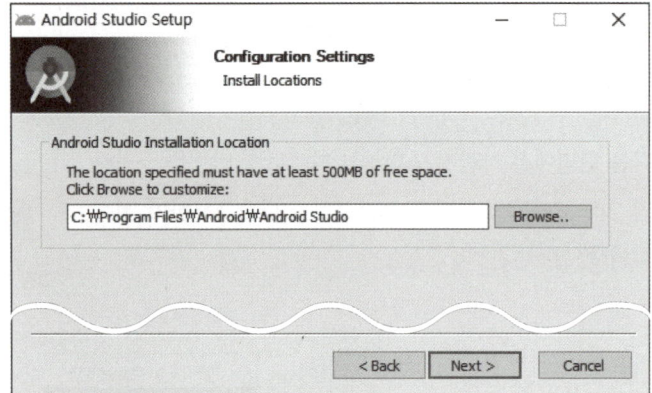

그림 1-5 안드로이드 스튜디오 설치 경로 지정

[Install] 버튼을 눌러 설치를 시작합니다.

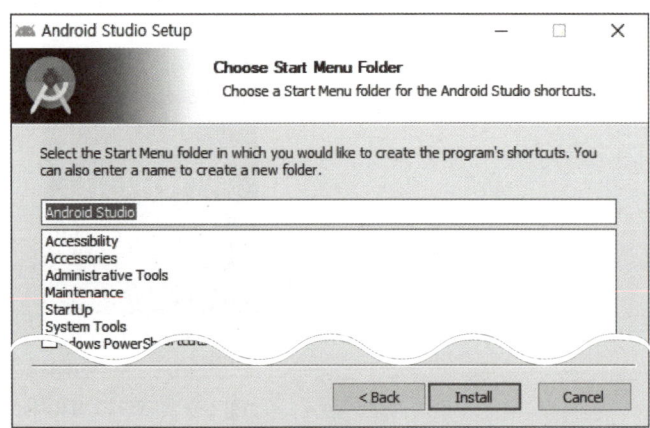

그림 1-6 안드로이드 스튜디오 프로그램 이름 설정

설치 완료 화면이 나타나면 [Next] 버튼을 클릭해 설치를 마무리합니다.

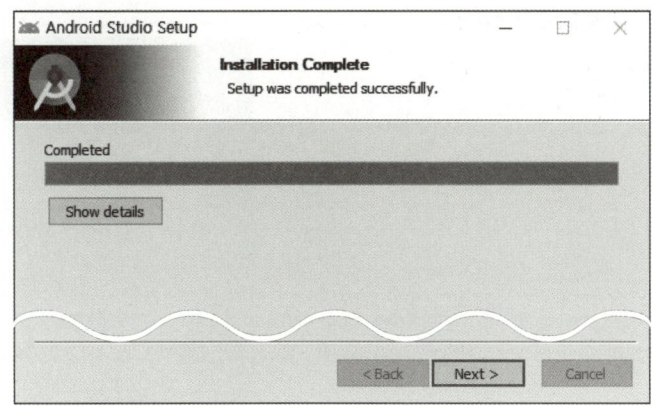

그림 1-7 안드로이드 스튜디오 설치 진행

이후 설치된 안드로이드 스튜디오 프로그램을 실행합니다.

그림 1-8 안드로이드 스튜디오 설치 완료

프로그램을 실행하면 다음과 같이 안드로이드 스튜디오 설정 파일이 이미 존재할 경우 불러오기를 진행할지 묻는 대화상자가 표시됩니다.

처음으로 안드로이드 스튜디오를 사용하는 상황이므로 기본값으로 선택

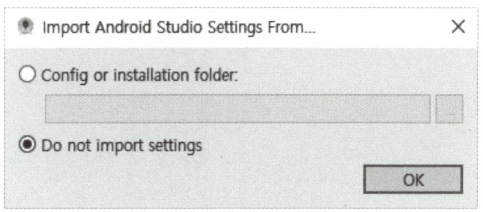

그림 1-9 안드로이드 스튜디오 설정 불러오기

된 [Do not import settings] 옵션을 그대로 두고 [OK] 버튼을 클릭합니다.

다음 화면에서 [Next]를 클릭합니다.

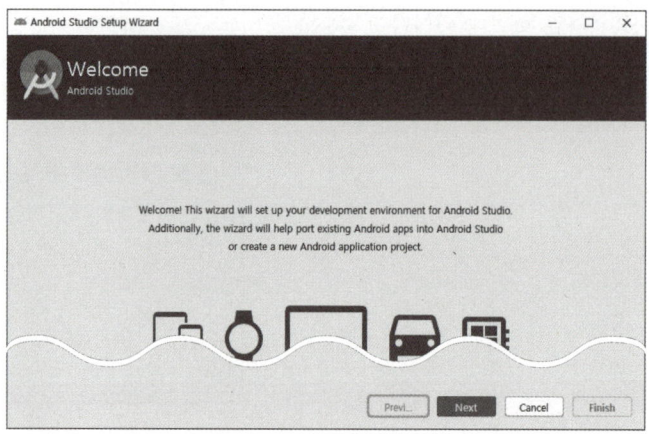

그림 1-10 안드로이드 스튜디오 설정 마법사 시작

다음 화면에서는 표준 설정을 이용해 설치를 진행하기 위해 [Next] 버튼을 누릅니다.

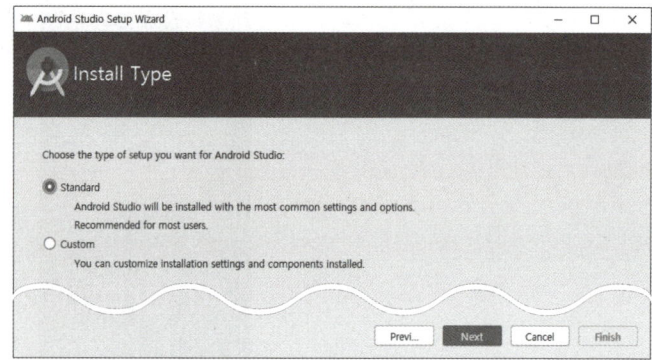

그림 1-11 기본 설정 사용

이후 코드를 입력할 텍스트 편집기 화면의 테마 설정과 관련된 설정이 나옵니다. 취향에 따라 테마를 선택한 후 [Next] 버튼을 누릅니다.

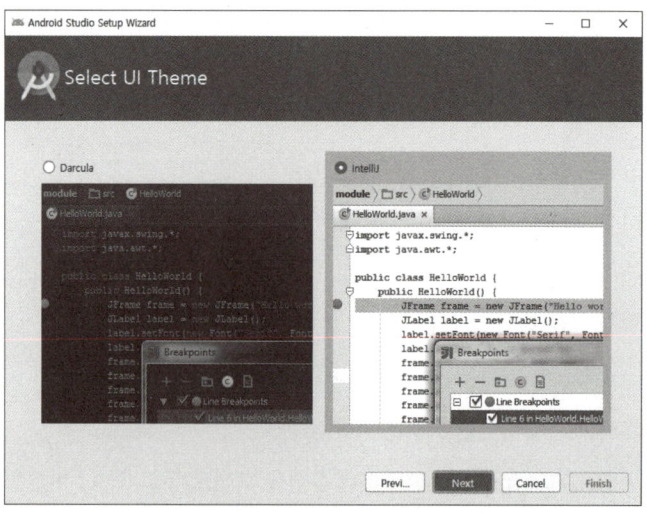

그림 1-12 안드로이드 스튜디오 UI 테마 설정

[Finish] 버튼을 눌러 세팅을 마무리
합니다.

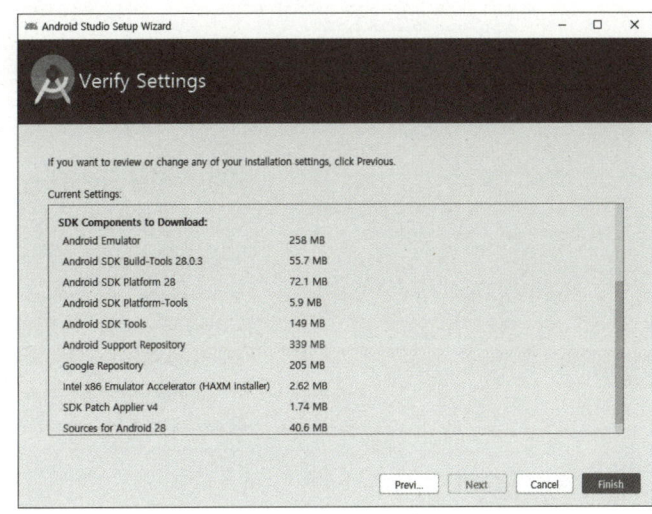

그림 1-13 개발 관련 SDK 및 유틸리티 다운로드

마무리 과정에서 필요한 파일을 내려
받는 작업이 진행되므로 기다립니다.
필요한 파일의 내려받기가 모두 완료
되면 [Finish] 버튼을 클릭해 마무리
합니다.

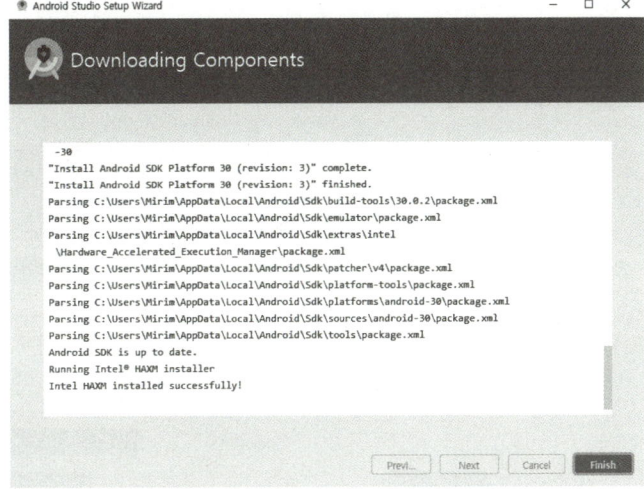

그림 1-14 안드로이드 스튜디오 설치 완료

이렇게 해서 안드로이드 스튜디오 프로그램의 설치를 완료합니다.

프로젝트 생성 및 실행

이제 첫 번째 프로젝트를 생성한 후 앱을 실행해보겠습니다. 안드로이드 스튜디오를 실행하면 나타나는 첫 화면에서 [Start a new Android Studio project] 메뉴를 클릭합니다.

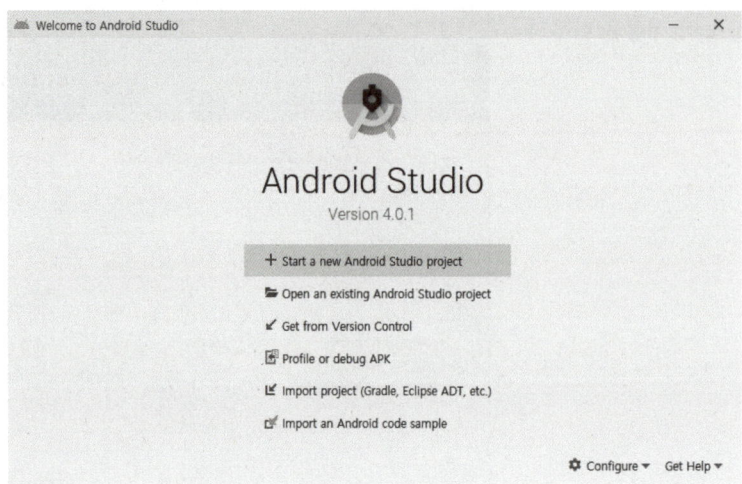

그림 1-15 새 프로젝트 생성

다음 화면에서 프로젝트의 시작 액티비티의 타입을 선택합니다. 어떠한 자동 완성 코드도 포함되지 않도록 [**Empty Activity**]**를 선택**한 후 [Next] 버튼을 클릭합니다.

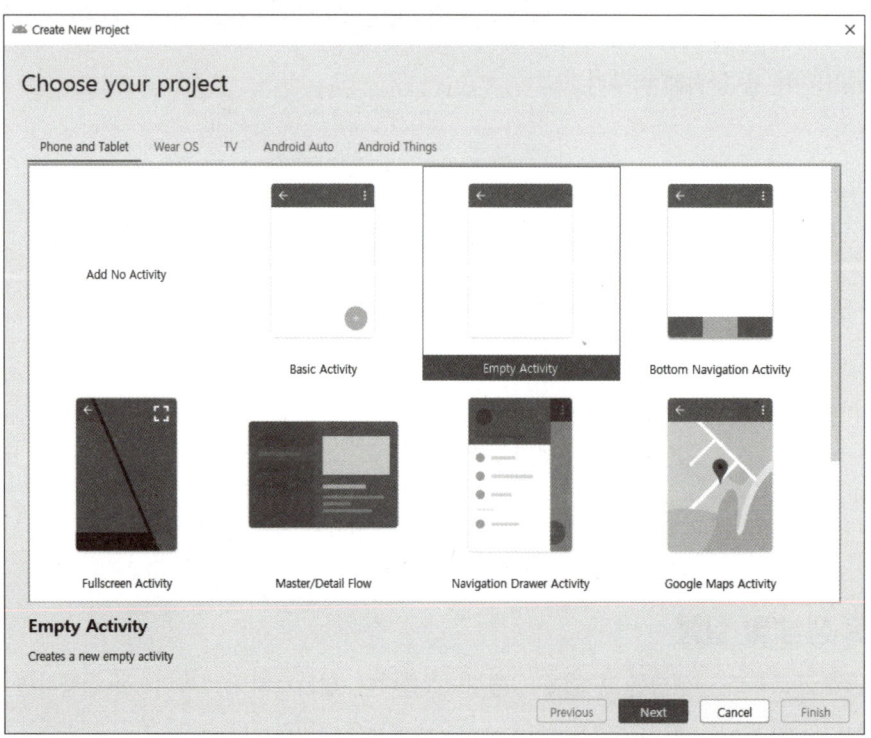

그림 1-16 메인 액티비티 종류 설정

이후 생성할 프로젝트와 관련된 정보를 입력하는 화면이 나타납니다.

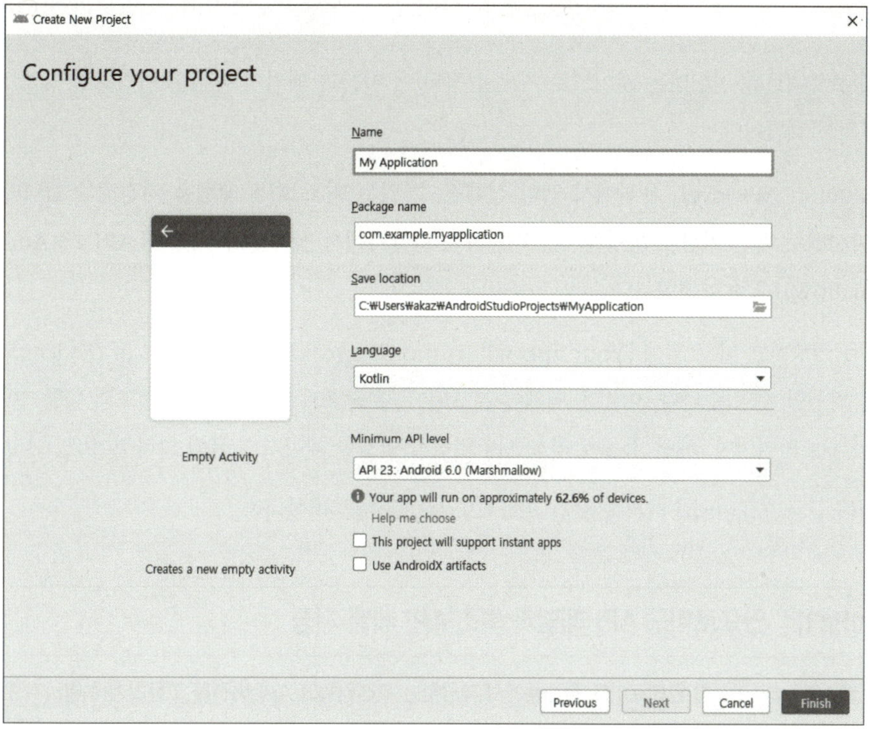

그림 1-17 프로젝트 정보 설정

이 화면에서 프로젝트를 생성할 때 필요한 정보를 입력합니다. 프로젝트를 생성할 때 입력해야 할 정보는 다음과 같습니다.

프로젝트 생성 시 필요한 정보

내용	입력 정보
Name	앱의 이름
Package name	역순으로 쓴 회사의 홈페이지 도메인 정보(예: com.google)
Save location	프로젝트가 저장될 폴더
Language	프로젝트를 작성할 때 사용할 프로그래밍 언어

패키지 이름(Package name)과 앱의 이름(Name)을 합쳐서 프로젝트에서 사용할 **기본 패키지 이름을 완성하게 됩니다. 기본 패키지 이름은 나중에 앱을 마켓에 배포할 때 앱의 식별자로도 사용**되므로 식별자가 중복되지 않도록 고유한 패키지명과 앱 이름을 사용해 프로젝트를 생성합니다.

> 🔍 일반적으로 'Package name'에는 앱을 제공하는 회사 홈페이지의 도메인 정보를 입력합니다. 하지만 해당 도메인 주소가 실제로 존재할 필요는 없으며, 반드시 도메인 형식으로 입력할 필요도 없습니다.

지금은 첫 프로젝트를 진행하는 것이므로 기본 설정된 앱 이름과 패키지 이름은 변경하지 않고 그대로 설정을 마무리 하겠습니다.

이후 [Minimum API level] 옵션에서 **앱이 실행될 수 있는 최소 API 레벨을 지정**해야 합니다. 여기서는 앱이 마시멜로 버전 이상의 운영체제를 지원하는 단말기에서 작동할 수 있도록 **API 23(Android 6.0 (Marshmallow))으로 설정**합니다.

API 레벨을 설정하면 바로 밑에 [Your app will run on approximately 84.9% of devices]라고 출력된 문구를 확인할 수 있습니다. 이것은 세계에 분포된 전체 단말기 중 약 84.9% 정도의 단말기에 앱이 설치될 수 있다는 의미이며, 해당 비율은 최소 API 버전을 변경할 때마다 조금씩 달라질 수 있습니다.

모든 설정이 끝나면 [Finish] 버튼을 눌러 프로젝트 생성을 마무리합니다.

더 알아보기 _ 안드로이드 API 레벨과 최소 API 레벨 지정

API 레벨(API Level)은 **각 안드로이드 플랫폼에서 제공하는 프레임워크 API 버전을 고유하게 식별하기 위해 사용되는 정숫값**입니다. 안드로이드 운영체제가 업데이트되면 새로운 프레임워크 API 레벨을 지원하므로 더 많은 추가 기능을 이용할 수 있게 됩니다.

다음은 현재까지 발표된 API 레벨과 해당 레벨에 해당하는 운영체제 플랫폼 버전 및 코드 이름을 정리한 표입니다. 일반 사용자에게 친근하게 다가가기 위해 최근까지 발표된 모든 안드로이드 운영체제의 버전별 코드명마다 디저트 이름을 부여하고 있습니다.

운영체제 플랫폼 버전	API 레벨	코드 이름
10.0	29	Android 10
9.0	28	Pie
8.0 – 8.1	26 – 27	Oreo
7.0 – 7.1.2	24 – 25	Nougat
6.0 – 6.0.1	23	Marshmallow
5.0 – 5.1.1	21 – 22	Lollipop
4.4 – 4.4.4	19 – 20	KitKat

운영체제 플랫폼 버전	API 레벨	코드 이름
4.1 – 4.3.1	16 – 18	Jelly Bean
4.0 – 4.0.4	14 – 15	Ice Cream Sandwich
3.0 – 3.2.6	11 – 13	Honeycomb
2.3 – 2.3.7	9 – 10	Gingerbread
2.2 – 2.3.7	8	Froyo
2.0 – 2.1	5 – 7	Eclair
1.6	4	Donut
1.5	3	Cupcake

앞서 [Minimum API Level]을 통해 앱이 설치될 수 있는 최소 API 레벨을 설정했습니다. 이 레벨 값을 낮출수록 더 많은 안드로이드 단말기에 앱을 설치할 수 있지만, 하위 호환성을 고려해서 개발해야 한다는 부담감도 함께 상승한다는 단점도 있습니다.

따라서 시중에서 사용되는 **안드로이드 단말기의 분포 현황을 보여주는 도움말 화면에서 API 레벨에 따른 단말기 점유율 통계를 확인한 후 적절한 API 레벨을 선택**하는 것이 중요합니다. 도움말 화면은 최소 SDK 버전을 설정하는 화면의 Help me choose 버튼을 누르면 확인할 수 있습니다.

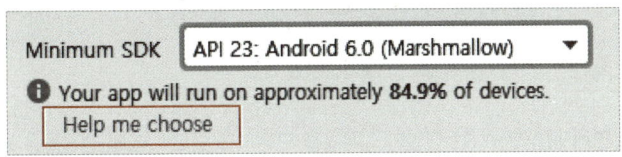

그림 1-18 도움말 화면 이동 메뉴

다음은 안드로이드 도움말 화면에서 제공하는 단말기 점유율 통계입니다.

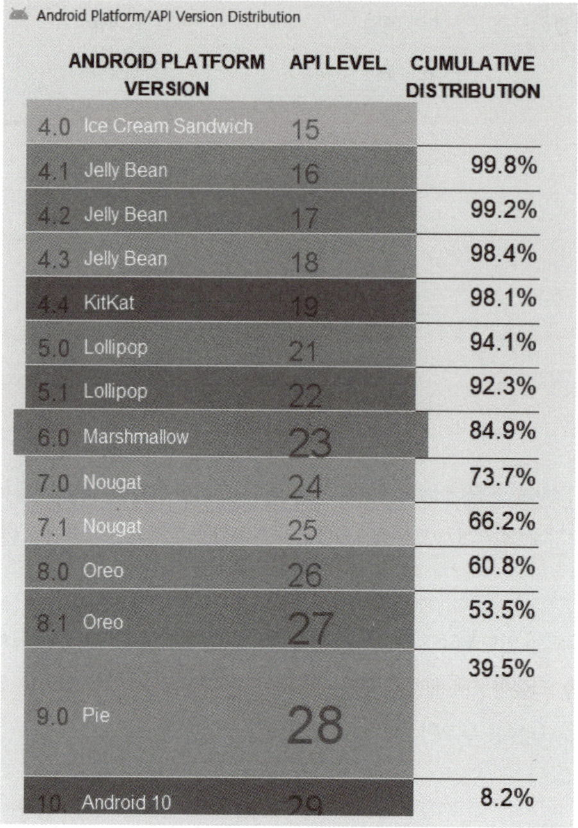

ANDROID PLATFORM VERSION	API LEVEL	CUMULATIVE DISTRIBUTION
4.0 Ice Cream Sandwich	15	
4.1 Jelly Bean	16	99.8%
4.2 Jelly Bean	17	99.2%
4.3 Jelly Bean	18	98.4%
4.4 KitKat	19	98.1%
5.0 Lollipop	21	94.1%
5.1 Lollipop	22	92.3%
6.0 Marshmallow	23	84.9%
7.0 Nougat	24	73.7%
7.1 Nougat	25	66.2%
8.0 Oreo	26	60.8%
8.1 Oreo	27	53.5%
9.0 Pie	28	39.5%
10. Android 10	29	8.2%

그림 1-19 도움말 화면을 통한 API 버전에 따르는 단말기 점유율 확인

마시멜로 이상의 운영체제를 지원하는 단말기 점유율을 모두 더하면 84.9%의 점유율을 보여주는 것을 확인할 수 있습니다. 일반적으로 한국의 단말기 교체주기가 빠르다는 사실을 감안하면 서비스 지역을 한국으로 제한한다고 가정할 경우 좀 더 높은 버전의 API 레벨을 최소 기준으로 삼는 것도 고려해 볼 수 있습니다.

완성된 프로젝트 불러오기

책에서 소개할 모든 안드로이드 프로젝트 코드를 내려받을 수 있는 주소는 다음과 같습니다.

- https://github.com/akaz00/wikibook-learn-android

브라우저에서 프로젝트 저장소 주소로 접속한 후 코틀린 예제 코드를 내려받았을 때와 마찬가지로 [Download ZIP] 메뉴를 선택해 모든 프로젝트가 포함된 압축 파일을 내려받습니다.

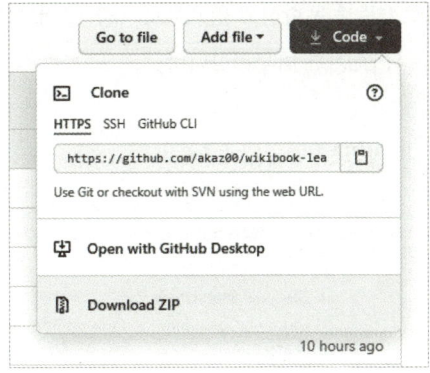

그림 1-20 저장소 파일 내려받기

적절한 위치에 압축을 해제합니다. 이후 프로젝트를 불러오기 위해 상단 메뉴에서 [File] → [Open]을 선택하거나 첫 시작화면의 [Open an existing Android Studio project]를 선택합니다.

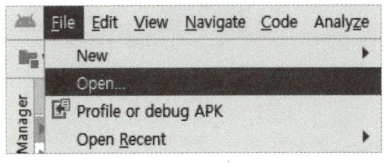

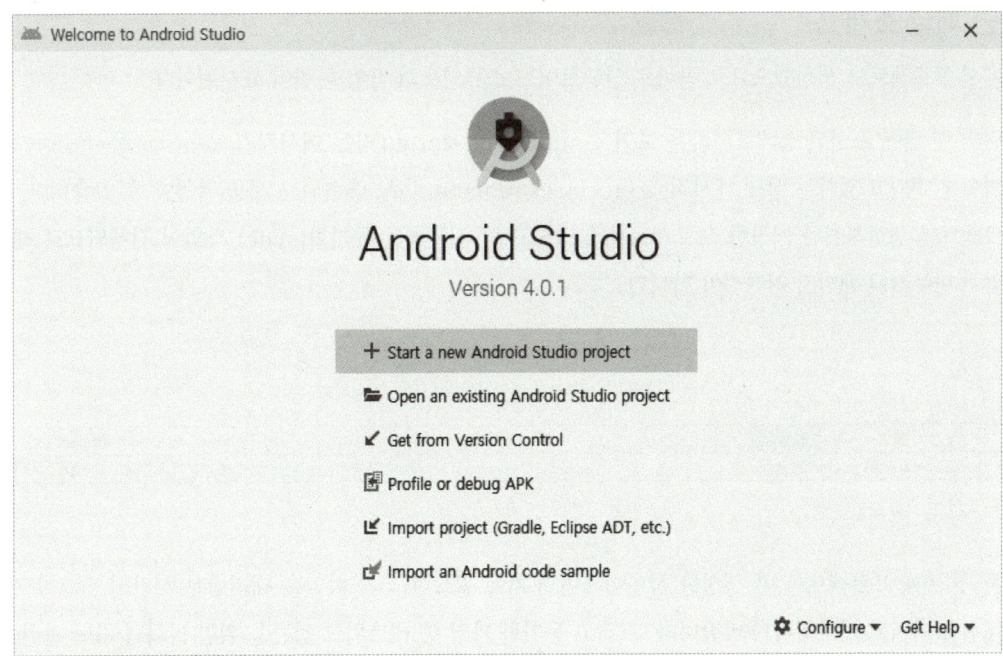

그림 1-21 프로젝트 불러오기 메뉴

각각의 폴더가 하나의 완성된 프로젝트를 포함하고 있으므로 이후 불러오고자 하는 프로젝트 폴더를 선택한 후 OK 버튼을 눌러 프로젝트 불러오기를 마무리합니다.

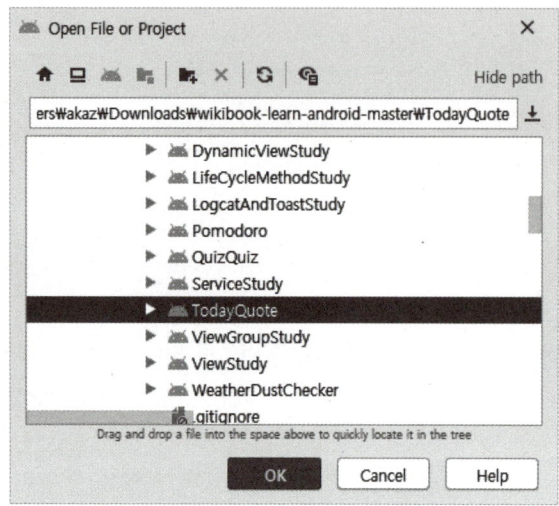

그림 1-22 불러올 프로젝트 폴더 지정

화면 패널 소개

앞에서 프로젝트를 생성했으므로 곧바로 안드로이드 스튜디오의 작업 화면이 표시됩니다.

화면의 맨 밑에 표시된 상태표시줄을 보면 'Gradle sync started'라는 메시지가 출력되고 동시에 동기화 작업이 진행되고 있다는 상태 메시지('2 processes running...')도 출력되는 것을 확인할 수 있습니다. 첫 프로젝트를 생성하거나 저장한 프로젝트를 불러오고 난 직후에는 **동기화(sync) 작업이 진행되므로 해당 작업이 마무리**될 때까지 기다려야 합니다.

그림 1-23 동기화 작업 진행

특히 첫 번째 프로젝트를 막 생성한 상황이라면 초기에 필요한 추가 파일을 내려받는 시간이 필요하므로 인내심을 가지고 기다리시기 바랍니다. 그리고 **동기화 과정 중 네트워크 접근을 위한 방화벽 차단 관련 메시지가 나오면 액세스를 허용하도록 설정**하기 바랍니다.

모든 동기화 작업이 마무리되면 다음과 같이 'Gradle build finished in'으로 시작하는 동기화 완료 메시지가 상태표시줄에 표시됩니다.

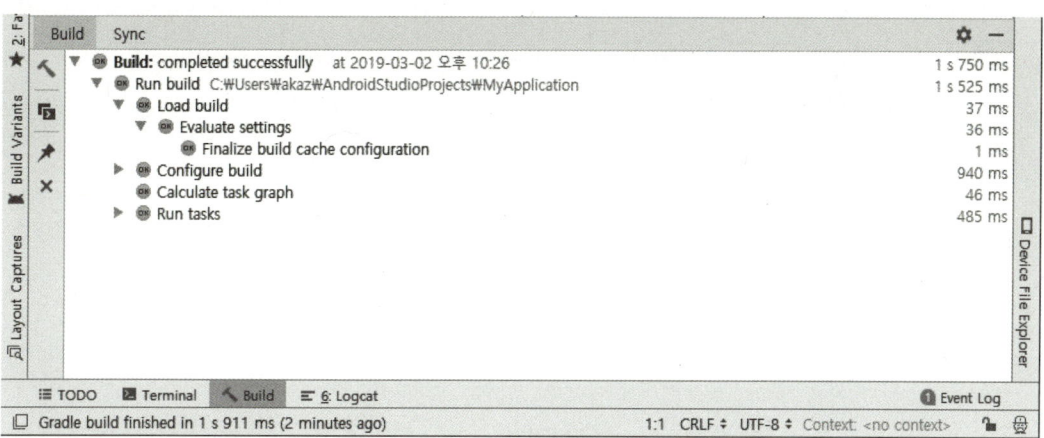

그림 1-24 앱 빌드 화면

먼저 앞으로 프로젝트를 진행하는 과정에서 빈번하게 사용할 패널과 메뉴를 살펴보겠습니다.

화면 왼쪽에는 **프로젝트(Project) 패널**이 위치하며, 이 패널을 통해 소스 코드와 리소스 파일, 앱과 관련된 설정 파일에 접근할 수 있습니다.

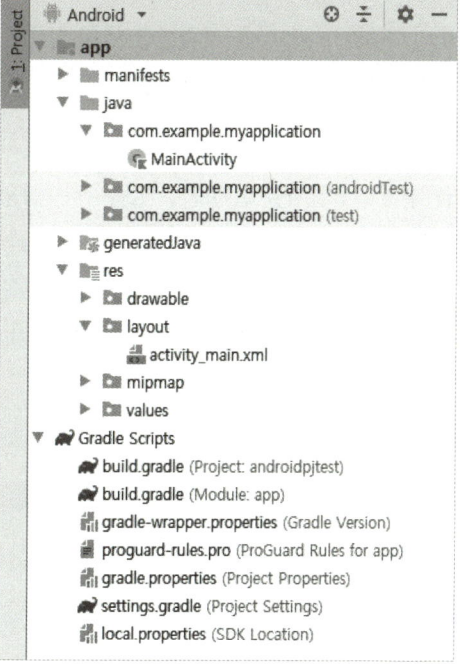

그림 1-25 프로젝트 패널

화면 하단의 **로그캣(Logcat) 탭**을 통해 앱에서 출력된 로그 메시지를 확인할 수 있습니다. 로그 메시지를 출력하고 필터링하는 방법에 대해서는 나중에 로그캣을 이용한 메시지 출력 파트에서 살펴보겠습니다.

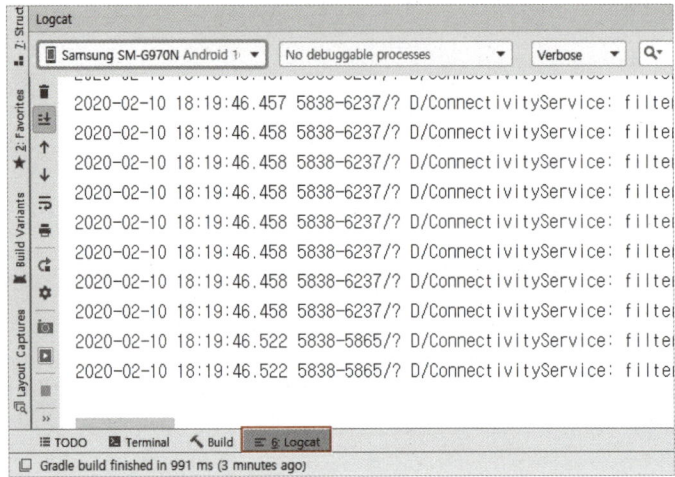

그림 1-26 로그캣 화면

메인 메뉴의 [Run] 메뉴에 있는 [Run 'app'](단축키: Shift + F10)을 클릭하면 앱을 실행할 수 있습니다.

이 메뉴를 선택한 직후 표시되는 대화상자에서 **앱을 실행할 단말기를 선택**할 수 있습니다. 앱을 실행할 수 있는 모든 연결된 단말기가 Connected Devices 목록에 표시되며 곧이어 살펴볼 에뮬레이터를 사용한 가상 단말기(Available Virtual Devices)를 통해서도 앱을 설치하고 실행할 수 있습니다.

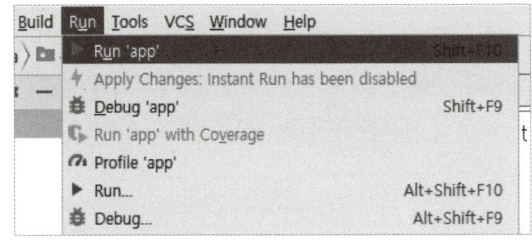

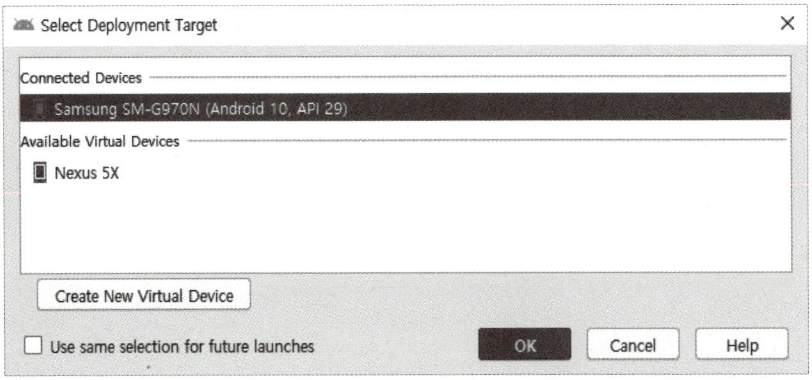

그림 1-27 앱을 실행시키기 위한 Run 메뉴

그림 1-28 앱을 실행시킬 단말기 선택

실제 단말기를 USB를 통해 PC에 연결하기 전 먼저 **각 단말기 제조사에서 제공하는 USB 드라이버를 설치해야 합니다.** 제조사별 USB 드라이버를 설치하는 방법은 드라이버 설치 관련 공식 문서[1]나 단말기 제조사에서 제공하는 드라이버 설치 관련 문서를 참고하기 바랍니다.

드라이버 설치가 모두 완료되면 단말기 설정에서 [휴대전화 정보] → [소프트웨어 정보]로 이동합니다. **중간의 빌드 번호 항목을 여러 번 터치하면 개발자 모드를 활성화**할 수 있습니다.

이후 다시 설정에서 [**개발자 옵션**] 메뉴를 선택하고 [**USB 디버깅을 활성화**]해서 USB를 통한 단말기 연결 준비를 마칩니다.

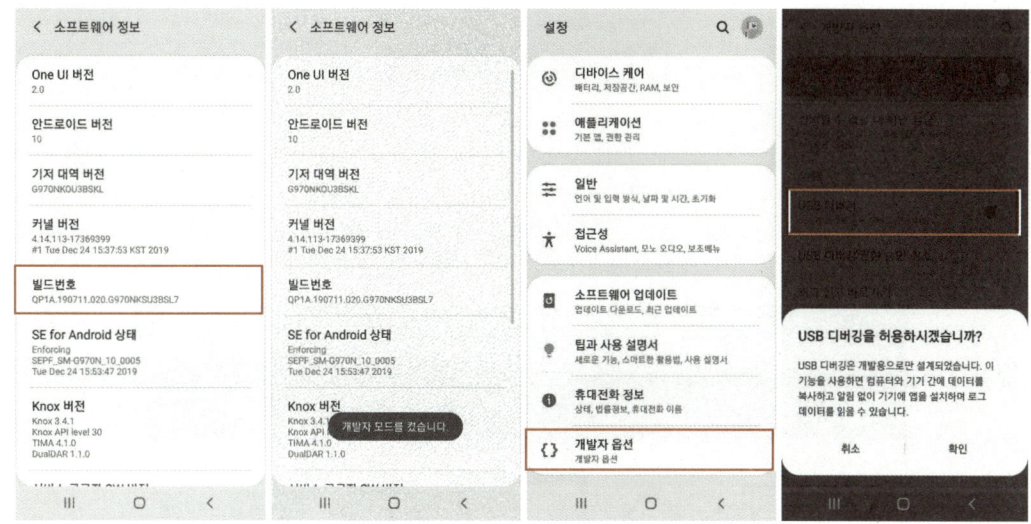

그림 1-29 개발자 옵션 활성화 및 USB 디버깅 허용

AVD Manager를 이용한 안드로이드 에뮬레이터 사용

실제 안드로이드 단말기가 없어도 AVD Manager(Android Virtual Device)를 이용하면 가상 단말기를 통해 작성한 앱을 테스트할 수 있습니다. 안드로이드 에뮬레이터를 실행하기 위해 먼저 상단 메뉴에서 [Tools] → [AVD Manager]를 차례로 선택합니다.

---

1 https://developer.android.com/studio/run/oem-usb

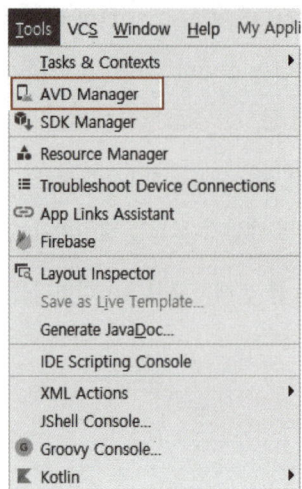

그림 1-30 AVD Manager 메뉴 선택

아래 화면에서 새 가상 안드로이드 단말기를 생성하기 위해 [Create Virutal Devices...] 버튼을 누릅니다.

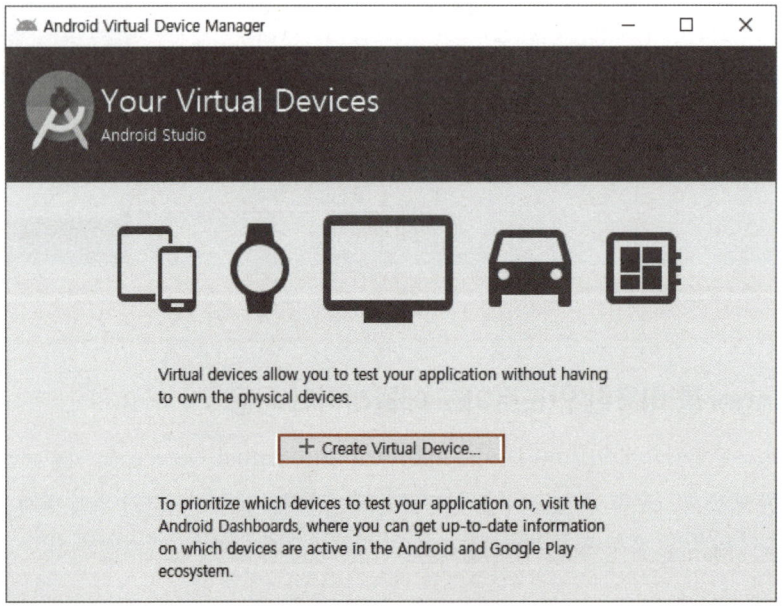

그림 1-31 가상 단말기 생성

다음 화면에서는 가상 안드로이드 단말기의 기기 스펙을 설정할 수 있습니다.

[New Hardware Profile] 버튼을 클릭해 자신의 기호에 맞는 기기 스펙에 따른 가상 안드로이드 단말기를 생성할 수도 있지만 여기서는 미리 제공되는 기기의 스펙을 그대로 이용해 단말기를 생성해보겠습니다.

기기의 이름을 보면 모두 구글 레퍼런스 폰임을 확인할 수 있는데 여기서는 'Pixel 2' 단말기를 선택해 가상 단말기를 생성하겠습니다. [Pixel 2]를 선택한 후 [Next] 버튼을 클릭합니다.

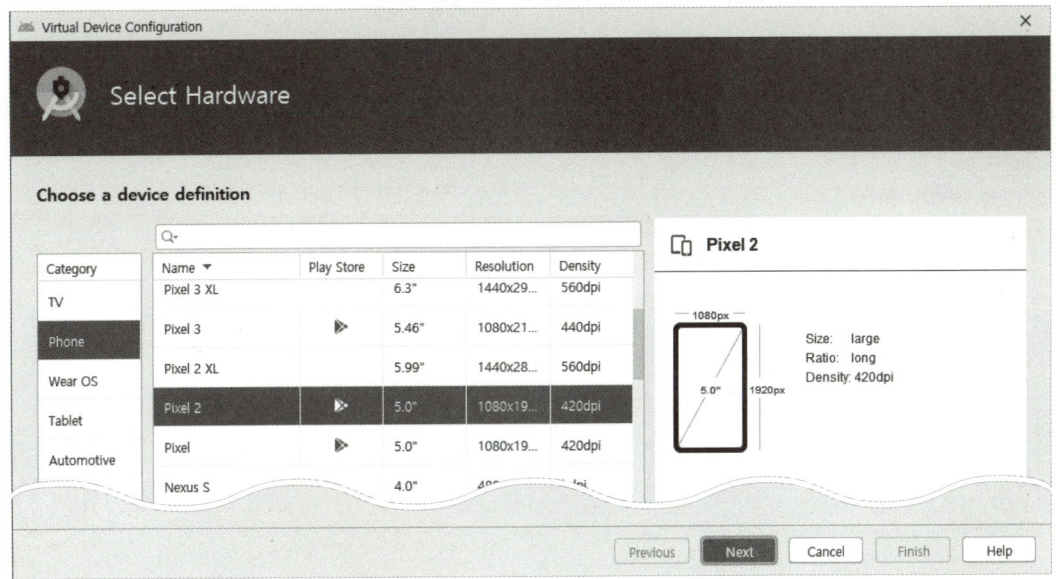

그림 1-32 단말기 스펙 설정

다음 화면에서 사용할 시스템 이미지를 선택합니다. 여기서는 API 레벨 29인 안드로이드 Q를 선택하기 위해 시스템 이미지를 다운로드한 후 Q 시스템 이미지를 선택하고 [Next] 버튼을 클릭합니다.

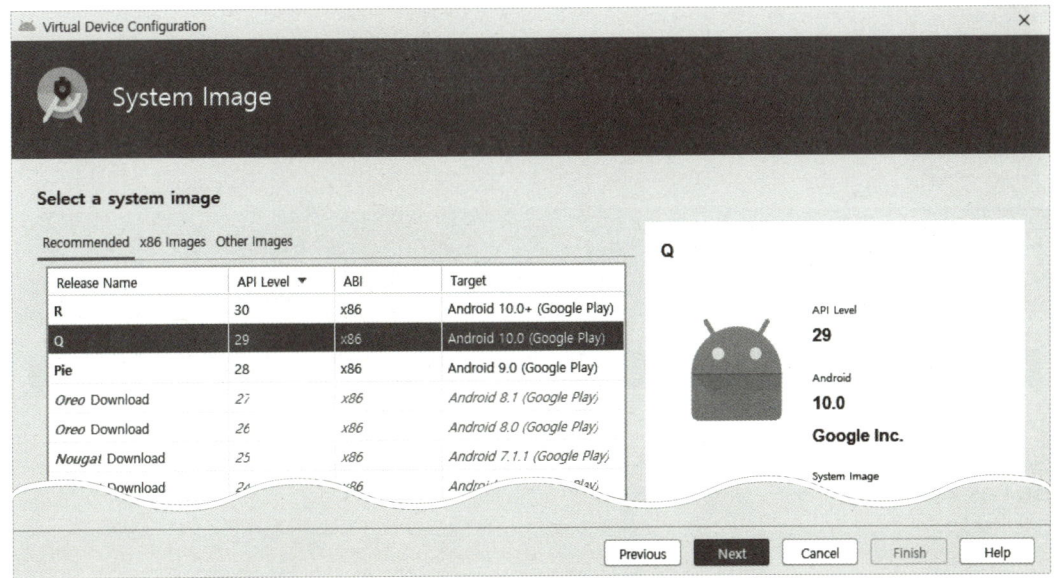

그림 1-33 단말기 시스템 이미지 설정

다음은 안드로이드 기기의 이름을 지정하는 화면입니다. 여기서는 따로 이름을 바꾸지 않고 기본값(Pixel 2 API 29)을 그대로 사용하겠습니다. [Finish] 버튼을 클릭해 가상 기기 생성을 마무리합니다.

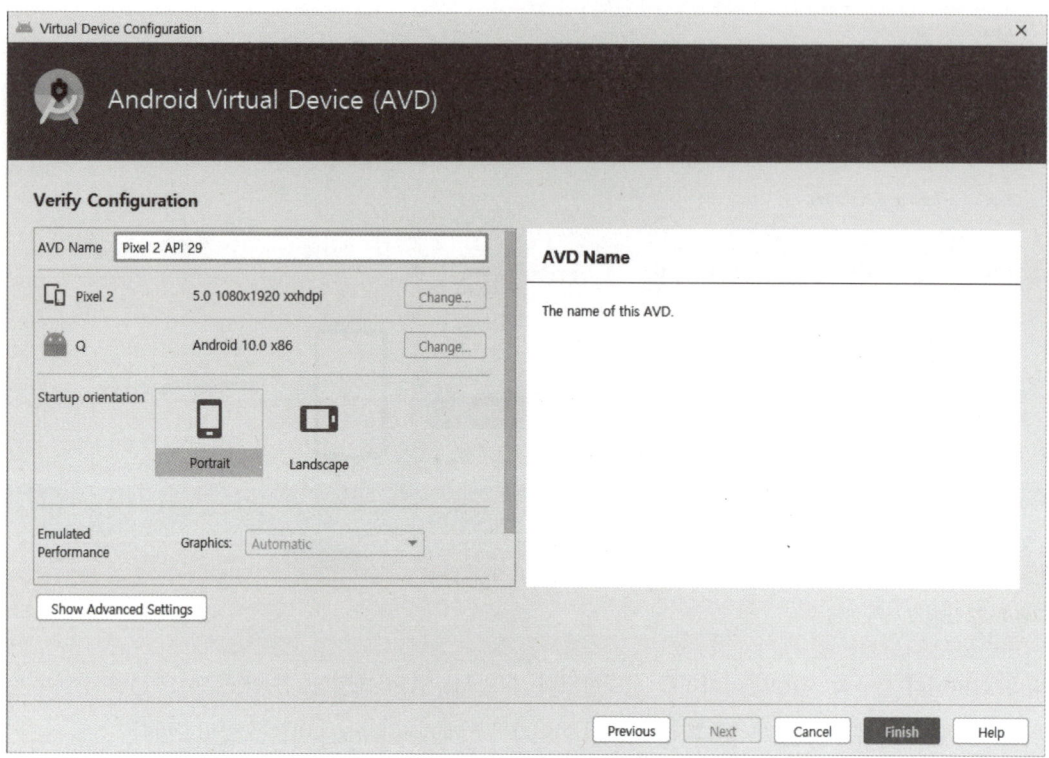

그림 1-34 기타 설정

이후 새로운 가상 단말기가 생성된 것을 확인할 수 있습니다. 오른쪽의 [Actions] 탭에서 녹색 화살표 버튼을 눌러 가상 단말기를 실행할 수 있습니다.

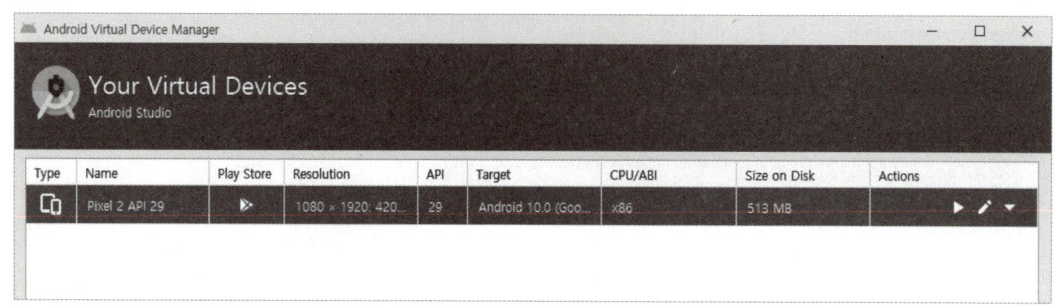

그림 1-35 생성된 가상 단말기 확인

단말기를 실행하는 즉시 부팅 과정이 진행됩니다. 부팅이 끝나면 다음과 같이 가상 단말기에서 실행되는 안드로이드 운영체제의 모습을 확인할 수 있습니다.

그림 1-36 가상 단말기 실행

에뮬레이터를 통해 기본적인 앱의 실행 양상을 확인해 볼 수 있다고 하더라도 직접 센서에 전달할 값이나 단말기의 위치값을 입력하고 웹캠을 이용해 카메라를 대체해야 하는 등 불편함이 많고 완벽히 실제 기기와 같은 동작을 기대하기에는 어려운 점이 많습니다. 따라서 가능하다면 중고 안드로이드 단말기를 구해서라도 실제 단말기를 통해 개발을 진행하기를 권장합니다.

지금까지 안드로이드 가상 단말기를 생성하고 앱을 실행하는 방법을 살펴봤습니다. 이어서 안드로이드 앱을 만드는 데 필요한 필수 개념(XML, 리소스, 뷰 등)을 학습하고 앞서 생성한 프로젝트의 구성 요소를 살펴본 다음 간단한 수정 작업을 진행하겠습니다.

XML 기초 개념

안드로이드에서는 사용자 인터페이스를 구성하는 데 필요한 레이아웃 파일을 비롯해 **대부분의 리소스 파일을 XML 파일을 이용해 정의**합니다. 따라서 XML 파일 형식에 익숙하지 않거나 처음 접하는 분들은 다음에 소개할 기초적인 내용은 알고 있어야 합니다.

XML(Extensible Markup Language)은 HTML과 같은 마크업 언어입니다. 프로그램에 필요한 정보를 작성하기 위해 사용되며 **확장 가능(Extensible)**한 마크업 언어이므로 정보의 형식과 정보를 저장하는 데 **필요한 태그와 속성을 직접 정의**할 수 있습니다. 일반적인 XML 문서의 형태는 다음과 같습니다.

```
<?xml version="1.0" encoding="utf-8"?> 【1】
<books>
    <book id="1">
        <!-- <title>은 여는 태그, </title>은 닫는 태그이며, Book name 1은 내용(Content) -->
        <title>Book name 1</title> 【2】
        <author>Author name 1</author>
        <!-- <price>는 빈 태그로서 닫힌 태그와 내용이 존재하지 않음. 단, 속성은 존재. -->
        <price value="10000" /> 【3】
    </book>
    <book id="2"> 【4】
        <title>Book name 2</title>
        <author>Author name 2</author>
        <price value="15000" />
    </book>
</books>
```

XML 문서를 설명할 때 자주 사용하는 용어를 정리해보겠습니다.

용어	의미
태그 (Tag)	태그는 보통 여는 태그(Opening Tag)와 닫는 태그(Closing Tag)의 쌍으로 구성되며, 여는 태그와 닫는 태그 사이에 해당 태그와 관련된 내용(Content)을 입력할 수 있습니다. 가령 【2】에서는 `title` 태그를 사용하며, "Book name 1"이라는 내용을 입력했습니다. 【3】에서 확인할 수 있듯이 여는 태그와 닫는 태그가 합쳐진 태그도 있습니다. 이러한 태그를 빈 태그(Empty Tag)라고 부르며, 안드로이드에서는 뷰를 정의할 때 빈 태그를 자주 사용합니다.
속성 (Attribute)	속성은 여는 태그에 지정하며, 태그에 추가 정보를 제공하기 위해 사용합니다. 【3】에서는 `price` 태그에 **`value`** 속성을 부여하고, 【4】에서는 `book` 태그에 **`id`** 속성을 부여했습니다. 큰따옴표 내부에 속성값을 지정하며, 필요하다면 속성을 여러 개 정의할 수도 있습니다.
요소 (Element)	여는 태그와 닫는 태그, 태그 안에 포함된 내용을 모두 포함해서 요소라고 합니다.

【1】 해당 문서가 XML 문서임을 알려주는 **XML 선언부**로, XML 문서의 버전과 사용된 문자열 인코딩을 나타냅니다.

```
<?xml version="1.0" encoding="utf-8"?>
```

레이아웃 XML 파일과 다양한 리소스

안드로이드 앱에서 보여줄 **화면의 사용자 인터페이스(UI)를 구성하려면 화면의 레이아웃을 정의할 XML 파일이 필요**합니다. 이러한 레이아웃 XML 파일에 화면에서 사용할 여러 뷰 컴포넌트(텍스트, 이미지, 입력창, 버튼 등)와 관련된 요소를 추가해 최종적으로 화면을 구성합니다.

레이아웃 파일을 생성하기 위해 왼쪽의 프로젝트 패널에서 마우스 오른쪽 버튼을 클릭한 후 [New] → [XML] → [Layout XML File]을 차례로 선택합니다.

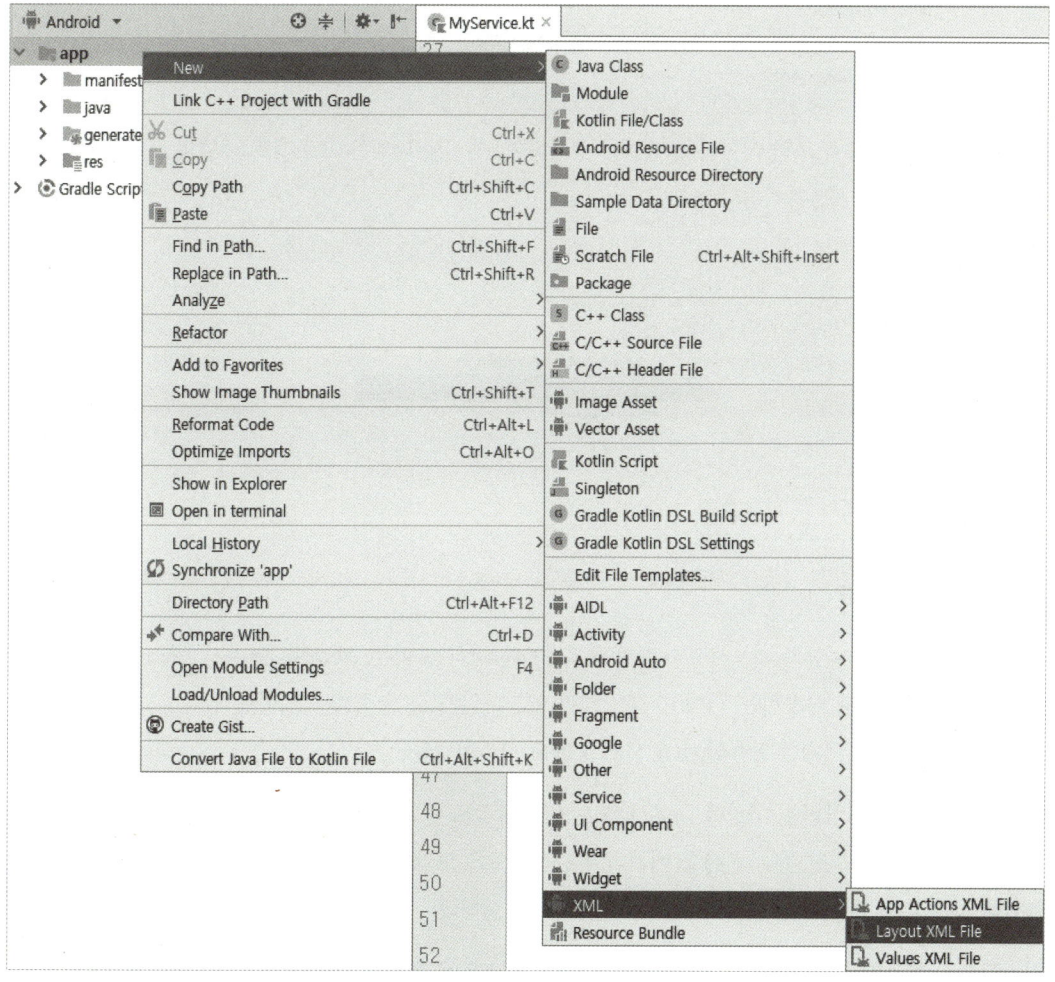

그림 1-37 레이아웃 XML 파일 생성 메뉴

다음 화면에서 레이아웃 파일의 이름(Layout File Name)을 지정하고, **[Root Tag] 항목에 최상위 뷰로 사용될 뷰(일반적으로 뷰그룹)를 설정**합니다. 기본적으로는 'LinearLayout'을 사용하도록 지정돼 있지만 다른 뷰로 바꿔도 무방합니다.

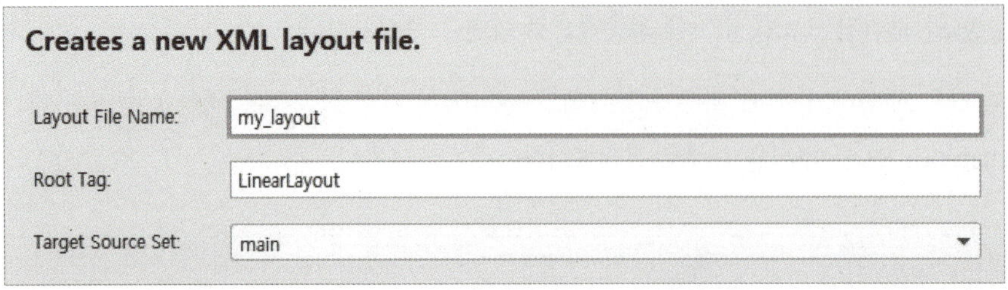

그림 1-38 레이아웃 XML 파일 생성

이후 [Finish] 버튼을 누르면 레이아웃 파일이 생성되며, 생성된 파일은 **프로젝트 패널의 res 폴더 내부의 layout 폴더**에서 확인할 수 있습니다.

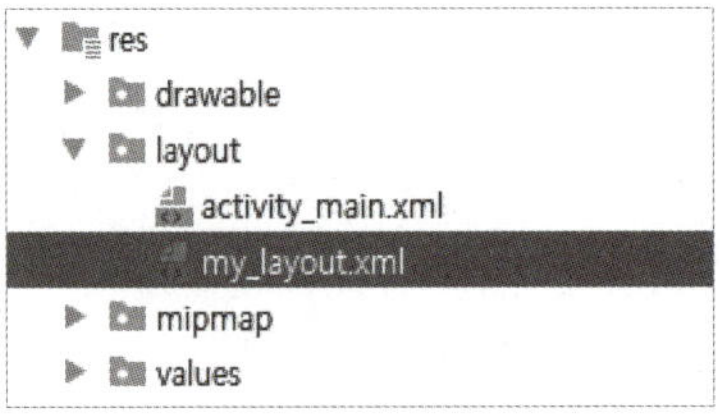

그림 1-39 생성된 레이아웃 XML 파일

뷰와 뷰그룹 개념

뷰(View)는 우리가 일상적으로 사용하는 프로그램에 등장하는 **버튼, 텍스트, 이미지, 체크박스 같은 UI 컴포넌트를 정의할 때 사용하는 객체**입니다. 레이아웃 파일에 뷰 요소를 정의하면 별다른 코드를 작성하지 않고도 곧바로 뷰 객체를 활용할 수 있으므로 매우 편리합니다.

하지만 뷰만 가지고 화면을 구성할 경우 원하는 위치에 컴포넌트를 배치하기가 어렵고 뷰를 관리하기도 힘듭니다. 따라서 뷰뿐만 아니라 **뷰를 배치하고 관리하도록 도와줄 용기(컨테이너)**가 필요합니다. 이러한 역할을 하는 뷰를 특별히 **뷰그룹(View Group)**이라고 합니다.

일반적으로 **최상위 뷰를 뷰그룹으로 설정하고, 해당 뷰그룹에 필요한 뷰를 포함**시키는 형태로 화면을 구성합니다. 뷰그룹도 결국은 뷰이기 때문에 뷰그룹에 다른 뷰그룹을 포함시키는 방식으로 계층 관계가 생기도록 구성할 수도 있습니다.

뷰그룹에 포함된 뷰와 뷰그룹의 관계를 도식화하면 다음과 같습니다.

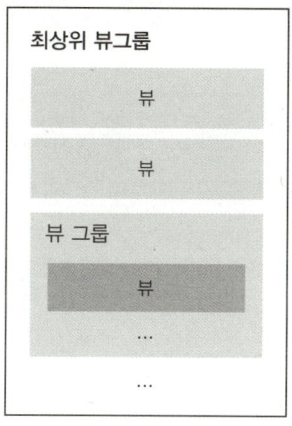

그림 1-40 뷰그룹과 뷰를 이용한 레이아웃 구성

보통 구조가 복잡한 레이아웃을 구성할 때는 여러 뷰그룹을 이용한 계층화를 고려해서 레이아웃을 작성하게 됩니다. 계층화를 통해 복잡한 형태의 레이아웃을 구성하는 사례는 나중에 자주 쓰이는 뷰그룹을 소개하며 살펴보겠습니다.

지금까지 설명한 내용을 정리하면 다음과 같습니다.

개념	설명
뷰(View)	안드로이드 프로그램 내부에서 사용되는 UI 컴포넌트 (TextView, EditText, ImageView, Button, CheckBox 등)
뷰그룹(ViewGroup)	뷰를 배치하는 방식을 설정하도록 돕고 포함된 뷰 혹은 뷰그룹을 관리(새 뷰 추가, 수정, 삭제 등)하는 역할을 담당하는 뷰 (LinearLayout, RelativeLayout, ConstraintLayout 등)

다음은 LinearLayout 뷰그룹에 세 개의 뷰(TextView, EditText, Button)를 포함하도록 설정한 레이아웃 파일의 내용입니다. Design 탭을 이용하여 마치 포토샵을 이용하듯이 레이아웃을 구성할 수도 있지만, 책에서는 모두 코드를 통해서 UI 화면을 구성하도록 하겠습니다.

그림 1-41 Design 탭과 Code 탭

따라서 왼쪽에 위치한 Code 탭을 클릭하여 코드 작성 화면으로 이동한 후 다음과 같이 레이아웃 파일의 내용을 작성합니다.

예제 1.1 첫 레이아웃 파일 작성   res/layout/example_layout.xml

```xml
<?xml version="1.0" encoding="utf-8"?>
<LinearLayout
    xmlns:android="http://schemas.android.com/apk/res/android" (1)
    android:layout_width="match_parent"
    android:layout_height="match_parent"
    android:orientation="vertical">

    <TextView (2)
        android:text="Hello Android"
        android:textSize="24sp"
        android:layout_width="wrap_content"
        android:layout_height="wrap_content" />

    <EditText (3)
        android:hint="입력 힌트"
        android:layout_width="match_parent"
        android:layout_height="wrap_content" />

    <Button (4)
        android:text="Click"
        android:layout_width="wrap_content"
        android:layout_height="wrap_content" />

</LinearLayout>
```

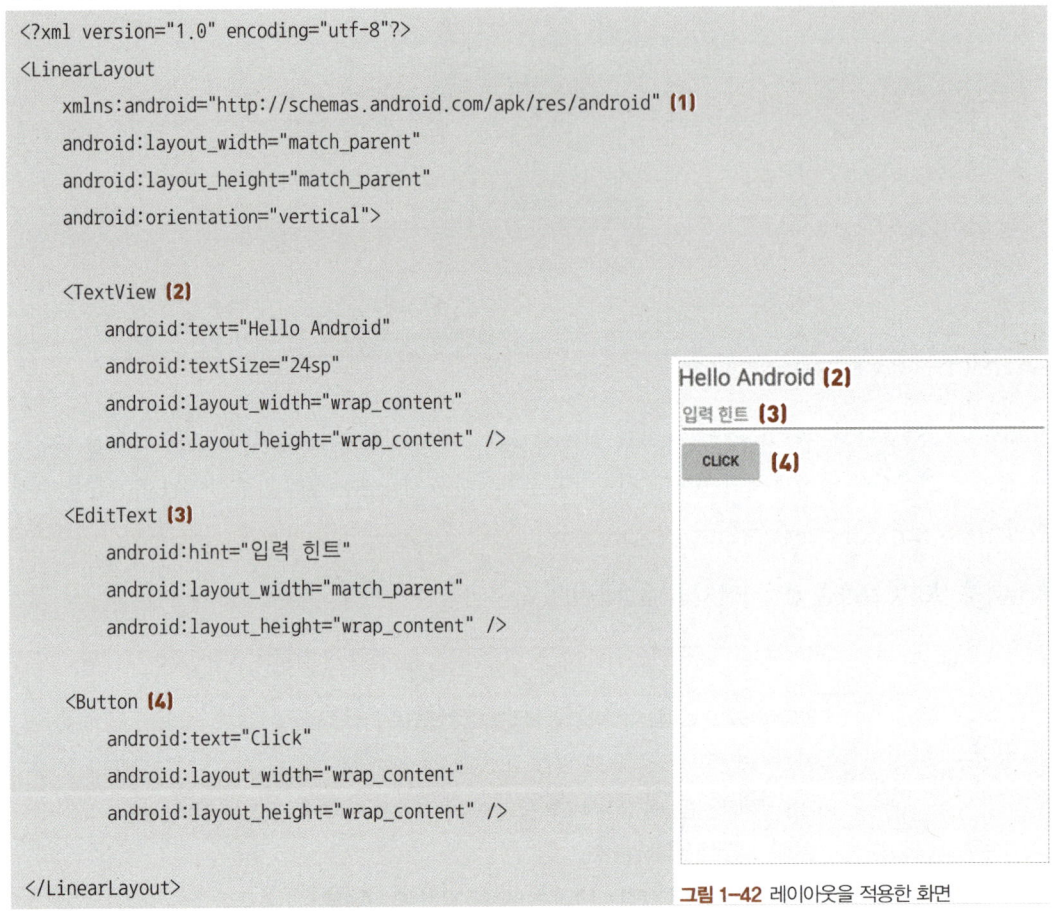

그림 1-42 레이아웃을 적용한 화면

앞에서 잠깐 살펴본 바와 같이 XML은 여러 요소(Element)로 구성돼 있으며, 요소는 자식을 포함하는 요소(여는 태그와 닫는 태그가 존재)와 자식을 포함하지 않는 요소(빈 태그만 존재)로 구분됩니다.

예제에서는 뷰그룹 내부에 자식 뷰를 포함해야 하므로 여는 태그와 닫는 태그를 함께 이용해 정의합니다. 여기 사용한 뷰그룹 내부에는 세 개의 뷰 요소를 추가했습니다.

최상위 뷰(여기서는 LinearLayout)에는 해당 XML 파일에서 사용할 네임스페이스를 정의해야 합니다. **(1)** 에서 살펴볼 수 있듯이 여기서는 안드로이드 네임스페이스를 정의하고 있습니다. **네임스페이스를 정의하지 않는 경우 android:로 시작하는 안드로이드 관련 속성**을 사용할 수 없으므로 반드시 다음과 같이 속성을 한 줄 추가하는 형태로 정의해야 합니다.

```
xmlns:android="http://schemas.android.com/apk/res/android"
```

(2), (3), (4) 각각 `TextView`, `EditText`, `Button` 뷰를 정의합니다.

뷰는 뷰그룹과 달리 자식을 포함하지 않는 순수한 UI 컴포넌트이므로 빈 태그를 사용해 정의합니다. 태그에 포함된 속성을 살펴보면 **속성의 이름이 모두 `android:`** 접두사로 시작하는 것을 확인할 수 있으며, 해당 속성들을 정의해서 뷰의 크기나 뷰와 관련된 여러 옵션을 설정할 수 있습니다. 가령 `TextView`에 사용된 `text`, `textSize`는 각각 텍스트의 내용과 텍스트의 크기를 정의하는 데 사용됩니다.

자주 사용되는 뷰의 종류와 뷰와 관련된 속성의 역할을 지금 모두 설명하기에는 양이 많기 때문에 이후 각 뷰의 특징을 정리한 파트에서 알아보겠습니다. 여기서는 먼저 모든 뷰를 정의할 때 반드시 정의해야 하는 `layout_width`, `layout_height` 속성에 대해서만 살펴보겠습니다.

두 속성은 속성의 이름에서 유추할 수 있듯이 각각 **뷰의 가로, 세로 크기를 지정하는 데 사용**됩니다. 일반적으로 `match_parent`, `wrap_content`라는 두 개의 상수를 사용해 뷰의 크기를 지정합니다. `match_parent` 상수를 사용할 경우 부모 뷰의 크기를 모두 차지하며, `wrap_content` 상수를 사용할 경우 뷰에 포함된 내용을 빠짐없이 보여줄 수 있는 만큼의 크기를 차지하게 됩니다.

물론 앞에서 살펴본 두 개의 상수를 쓰지 않고 숫자와 단위를 써서 뷰의 크기를 직접 지정할 수도 있습니다. 다만 우리에게 가장 익숙한 픽셀 단위(px)를 사용해 뷰의 크기를 지정하지 않고 **단말기의 해상도와 무관하게 사용할 수 있는 가상의 단위인 DP 단위를 사용해 뷰의 크기를 지정합니다.** (가상 단위인 DP 단위의 필요성과 의미에 대해서는 나중에 설명하겠습니다.)

`LinearLayout` 뷰그룹 내부에서 사용되는 속성인 `orientation` 속성은 내부의 뷰 컴포넌트를 가로, 세로 방향 중 어떤 방향으로 배치할지를 결정하는 데 사용됩니다. 여기서는 속성값을 `vertical`로 설정했으므로 자식 뷰를 순서대로 세로 방향으로 배치합니다. 만약 뷰를 가로 방향으로 배치하고 싶다면 속성값을 `horizontal`로 설정합니다.

뷰와 식별자 할당

안드로이드의 속성 중 **식별자(id) 속성은 레이아웃 내부에서 특정 뷰를 유일하게 식별할 수 있도록 도와줄 식별자(Identifier)를 지정하는 데 사용**하는 속성입니다. 나중에 코드를 작성하는 과정에서 **뷰에 부여한 식별자를 통해 해당 뷰를 참조할 객체를 반환**받을 수 있습니다. 뷰 객체를 반환받은 후 뷰와 관련된 이벤트를 설정하거나 뷰의 내용을 조회 및 수정할 수 있기 때문에 식별자는 매우 중요한 역할을 합니다. 따라서 레이아웃에 정의된 모든 뷰 요소에는 코드를 통해 객체로 참조해야 할 필요가 전혀 없는 뷰가 아닌 이상 식별자 속성값을 지정해야 합니다.

다음은 버튼 뷰 요소에 식별자 속성을 설정하는 코드입니다.

예제 1.2 뷰의 식별자 정의   res/layout/example_layout.xml

```
<Button
    android:id="@+id/my_btn"
    android:text="Click"
    android:layout_width="wrap_content"
    android:layout_height="wrap_content" />
```

@+id/ 접두사 뒤에 뷰에 부여할 **식별자**를 지정하는데, 여기서는 my_btn이라는 식별자를 부여했습니다.

> 🔍 새 식별자를 부여하려면 앳(@) 기호와 플러스(+) 기호를 이용합니다. 이후 레이아웃 파일 내부에서 특정 식별자를 가진 뷰를 참조해야 하는 경우도 있는데, 그런 경우에는 플러스 기호를 생략한 형태(@id/my_btn)로 해당 식별자를 가진 뷰를 참조합니다.

더 알아보기 _ 리소스 파일의 명명 규칙

리소스 파일(예: 레이아웃 리소스 파일)의 이름을 짓는 과정에서 다음의 명명 규칙을 지켜야 합니다.

1. 리소스 파일의 이름에 대문자 및 한글을 포함할 수 없음(예: Hello.jpg, 안녕.jpg와 같은 이름을 가진 파일 리소스는 추가할 수 없음)
2. 리소스 파일의 이름은 숫자로 시작할 수 없음(예: 2hello.jpg 같은 이름을 가진 파일 리소스는 추가할 수 없음)

이러한 규칙을 지키지 않으면 파일 리소스를 불러오는 과정에서 컴파일 에러가 발생합니다. 특히 **2번 규칙은 뷰의 식별자를 부여하는 과정에서도 지켜야 할 규칙**이므로 유의하기 바랍니다.

---

res 폴더와 리소스 파일

안드로이드 앱을 제작하는 과정에서는 앞에서 살펴본 레이아웃 리소스 파일뿐만 아니라 **이미지, 음악, 동영상 파일과 같은 다양한 종류의 리소스 파일**이 필요합니다. 이러한 리소스 파일은 모두 리소스 폴더(res 폴더) 내부에 존재하는 하위 리소스 디렉터리에 추가되며, 리소스 유형에 따라 리소스 디렉터리의 이름이 정해집니다.

프로젝트 패널에 보이는 res 폴더 왼쪽에 있는 화살표를 클릭하면 하부 리소스 디렉터리를 확인할 수 있습니다.

그림 1-43 리소스 저장을 위한 res 폴더와 하부 리소스 폴더

자주 사용되는 리소스 디렉터리의 이름과 리소스 유형을 정리하면 다음과 같습니다.

리소스 폴더	리소스 유형
layout	화면 레이아웃과 관련된 XML 리소스
drawable	이미지 파일 혹은 화면에 표시할 요소를 정의한 XML 리소스
values	앱에 사용될 문자열, 색상, 크기와 같은 다양한 정보가 담긴 XML 리소스
menu	메뉴와 관련된 XML 리소스
raw	바이너리 파일(주로 동영상이나 음악과 같은 미디어 파일) 리소스

표에서 정리한 리소스 폴더 외에도 다양한 리소스 폴더가 있지만 이후 프로젝트를 진행하면서 필요한 시점에 자세히 살펴보기로 하고, 여기서는 프로젝트를 생성하는 과정에서 자동 생성된 문자열 리소스(strings.xml) 파일과 색상 리소스(colors.xml) 파일을 살펴보겠습니다. 이 리소스 파일들은 values 폴더에서 확인할 수 있습니다.

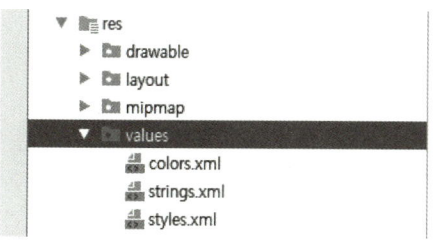

그림 1-44 values 폴더 내부의 리소스 파일

예제 1.3 문자열 리소스 정의
res/values/strings.xml

```xml
<resources>
    <string name="app_name">My Application</string>
</resources>
```

strings.xml 파일에 앱의 이름을 설정하는 문자열이 저장된 것을 확인할 수 있습니다. 부연하자면 app_name 이라는 식별자를 가진 문자열 리소스를 정의하고 있으며, 문자열의 내용은 "My Application"으로 설정된 것을 확인할 수 있습니다.

또한 strings.xml 파일에 포함된 최상단 요소인 resources 요소의 내부에 사용할 리소스 요소를 정의하고 있는 것도 확인할 수 있습니다.

예제 1.4 색상 리소스 정의
res/values/colors.xml

```xml
<?xml version="1.0" encoding="utf-8"?>
<resources>
    <color name="colorPrimary">#008577</color>
    <color name="colorPrimaryDark">#00574B</color>
    <color name="colorAccent">#D81B60</color>
</resources>
```

colors.xml 파일에는 앱에서 사용할 색상 리소스를 저장합니다. 여기서도 name 속성을 통해 식별자를 부여하고 있으며, 16진수 형태로 색상값을 지정한 것을 확인할 수 있습니다.

더 알아보기 _ 색상값 지정 형식

6자리 16진수값을 이용해 색상값을 설정할 수 있습니다. 앞에서부터 두 자리씩 16진수 값을 사용해 각각 빨간색, 녹색, 파란색 값의 범위를 지정합니다.

```
// 두 자리의 16진수 값을 이용해 각 색상값의 범위를 지정
#RRGGBB
```

각 색상값의 범위는 00(십진수로 0)부터 FF(십진수로 255)까지입니다. 가령 순수한 빨간색을 표현하는 색상값은 다음과 같습니다.

```
#FF0000
```

투명도가 있는 색상을 지정하는 경우 다음과 같이 앞에 **알파값 정보를 포함하도록 8자리의 16진수값을** 이용해 색상 정보를 지정합니다.

#AARRGGBB

투명도 값의 범위는 00부터 FF까지이며, 00은 완전 투명한 색상을, FF는 완전 불투명한 색상을 나타냅니다. 다음은 반투명한 빨간색을 나타내는 색상값입니다.

#7FFF0000

색상값을 다음과 같이 축약해서 쓸 수도 있습니다. 가령 #FF0000으로 표현되는 빨간색은 다음과 같이 세 자리로 축약해서 쓸 수 있습니다.

#F00

단, **첫 번째 자릿수로 두 번째 자릿수 값을 대체하는 방식으로 축약**하기 때문에 두 자릿수의 16진수 값이 같을 경우에만 쓸 수 있습니다.

이와 마찬가지로 알파값이 있는 색상의 경우 네 자리로 축약해서 쓸 수 있습니다. 가령 #77FF0000으로 표현되는 반투명한 빨간색 색상값은 다음과 같이 축약할 수 있습니다.

#7F00

문자열 리소스 및 색상 리소스 파일에 정의된 리소스 사용

이번에는 문자열 리소스와 색상 리소스 파일에 각각 새로운 문자열과 색상 리소스를 추가한 후 레이아웃 파일에서 해당 리소스를 적용하는 방법을 살펴보겠습니다.

먼저 greeting이라는 식별자를 가진 문자열 리소스를 추가하고 내용을 정의합니다.

예제 1.5 문자열 리소스 추가   res/values/strings.xml

```xml
<?xml version="1.0" encoding="utf-8"?>
<resources>
    <string name="app_name">HelloAndroid</string>

    <!-- 추가 문자열 리소스 -->
    <string name="greeting">안녕하세요!</string>
</resources>
```

색상 파일에는 빨간색, 파란색, 녹색에 대한 색상 리소스를 추가하고, 각 리소스에 식별자를 부여합니다.

예제 1.6 색상 리소스 추가   res/values/colors.xml

```xml
<?xml version="1.0" encoding="utf-8"?>
<resources>
    <color name="colorPrimary">#008577</color>
    <color name="colorPrimaryDark">#00574B</color>
    <color name="colorAccent">#D81B60</color>

    <!-- 추가 색상 리소스 -->
    <color name="red">#FF0000</color>
    <color name="blue">#0000FF</color>
    <color name="green">#00FF00</color>
</resources>
```

앞서 추가한 문자열, 색상 리소스를 레이아웃 파일에 적용한 모습은 다음과 같습니다.

예제 1.7 추가한 리소스 적용   res/layout/my_layout.xml

```xml
<TextView
    android:id="@+id/my_textview"
    android:text="@string/greeting" (1)
    android:textSize="24sp"
    android:background="@color/red" (2)
    android:layout_width="wrap_content"
    android:layout_height="wrap_content" />

<EditText
    android:hint="입력 힌트"
    android:background="@color/green" (2)
    android:layout_width="match_parent"
    android:layout_height="wrap_content" />

<Button
    android:id="@+id/my_btn"
    android:text="Click"
    android:onClick="onClickFunc"
    android:background="@color/blue" (2)
    android:layout_width="wrap_content"
    android:layout_height="wrap_content" />
```

(1) text 속성을 통해 텍스트뷰에 표시할 문자열을 지정합니다. 문자열 리소스임을 나타내는 "**@string/**" 접두사 오른쪽에 식별자(greeting)를 써서 앞에서 정의한 문자열 리소스에 접근합니다.

(2) background 속성을 통해 배경 색상으로 사용할 색상을 지정합니다. 색상 리소스임을 나타내는 "**@color/**" 접두사 오른쪽에 식별자를 쓰고 있으며, 각 뷰에 빨간색, 녹색, 파란색 색상으로 배경색을 지정합니다.

다음 화면을 보면 리소스가 성공적으로 적용되어 문자열 내용과 색상이 적용된 것을 확인할 수 있습니다.

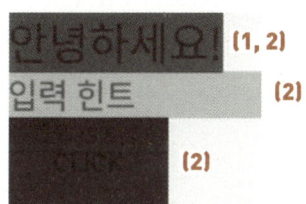

그림 1-45 정의한 리소스가 적용된 화면

R.java 파일과 리소스 식별자

정의된 리소스에 접근하려면 해당 리소스의 식별자와 관련된 상수가 필요합니다. **식별자 상수는 정수 타입의 값이며, 리소스마다 고유한 숫자를 부여해서 각 리소스를 구별**합니다. 이러한 리소스 식별자는 앱 내에서 사용할 **모든 리소스 식별자 상수를 한데 모아서 관리하는 데 사용되는 R.java 파일**에 저장됩니다.

R.java 파일은 자동으로 생성되는 파일이기 때문에 직접 프로그래머가 내용을 수정할 필요가 없고 그렇게 해서도 안 됩니다. 프로그래머는 뷰 혹은 리소스에 식별자를 할당하면 **R.java** 파일에 해당 뷰 또는 리소스와 관련된 식별자(숫자) 상수가 자동으로 추가되므로 XML 파일이나 코드 내부에서 이용할 수 있다는 사실만 기억하면 됩니다.

다음은 R.java 파일의 내용을 일부 발췌한 것입니다.

R.java 파일 내부

```
public final class R {
    // (.. 다른 리소스 클래스 관련 내용은 생략 ..)
    public static final class id {
        // (.. 다른 id 관련 내용은 생략 ..)
        public static final int my_btn=0x7f070051;
    }
}
```

R.java 파일에 정의된 R 클래스에는 리소스와 관련된 여러 내부 클래스가 포함돼 있습니다.

위 코드에서는 식별자를 저장하는 데 사용되는 id라는 내부 클래스에 포함된 my_btn 상수를 초기화하는 부분을 보여줍니다. 실제 파일 내용을 살펴보면 이 식별자 외에도 미리 정의된 다양한 식별자가 포함된 것을 확인할 수 있습니다.

my_btn 식별자 상수는 16진수 형식의 값(0x7f070051)으로 정의돼 있으며, 해당 정숫값을 통해 뷰에 접근할 수 있고 동시에 뷰를 유일하게 구분할 수 있습니다. 식별자 값은 자동으로 생성되기 때문에 임의 시점에 변경될 수 있습니다. 따라서 절대로 해당 상수를 상수 이름이 아닌 숫자 값을 통해 접근하지 않도록 주의해야 합니다. 즉, 코드를 작성할 때 다음과 같이 R 클래스 내부에 정의된 상수명을 통해 식별자에 접근해야 합니다.

```
val id = R.id.my_btn
```

이러한 식별자 상숫값은 특정 뷰 혹은 리소스를 구분하기 위해 사용되거나 findViewById 메서드를 통해 뷰 객체를 반환받을 때 사용됩니다. 위 예제에서는 R 클래스에 정의된 상수를 통해 식별자에 접근하지만 XML 파일 내부에서 뷰나 리소스에 접근할 때는 조금 다른 형식을 사용합니다.

코드를 통해 식별자에 접근하는 방식과 XML 파일 내부에서 식별자에 접근하는 방식을 정리하면 다음과 같습니다.

접근 리소스	코틀린 코드	XML
식별자(id)	R.id.**식별자** (예: R.id.my_id)	@id/**식별자** (예: @id/my_id)
색상	R.color.**색상이름** (예: R.color.myredcolor)	@color/**색상이름** (예: @color/myredcolor)
문자열	R.string.**문자열이름** (예: R.string.app_title)	@string/**문자열이름** (예: @string/app_title)
이미지(그림)	R.drawable.**그림이름** (예: R.drawable.background_img)	@drawable/**그림이름** (예: @drawable/background_img)

다음은 앞에서 정의한 리소스 식별자에 접근하는 예로서, 문자열 리소스 파일(strings.xml)에 추가한 문자열 리소스에 접근하는 코드입니다. 아직 배우지 않은 내용이 있지만 리소스 접근 형식만 대략적으로 확인해 보겠습니다.

```kotlin
override fun onCreate(savedInstanceState: Bundle?) {
    super.onCreate(savedInstanceState)
    setContentView(R.layout.my_layout)

    // (1)
    var myTextView : TextView = findViewById(R.id.my_textview)

    // (2)
    val greetingMsg = resources.getText(R.string.greeting).toString()
}
```

(1) 뷰 객체를 반환받기 위해 사용하는 findViewById 메서드를 호출하며, TextView의 식별자 값을 전달하고 해당 뷰 객체를 반환받습니다.

(2) greeting 문자열 리소스에 접근합니다. 액티비티에 포함된 resources 속성에 접근해 getText 메서드를 호출하고 문자열 리소스의 식별자 값을 전달해서 해당 문자열 값을 반환받습니다.

다음은 색상 리소스 파일(colors.xml)에 추가한 색상 리소스에 접근하는 예입니다.

```kotlin
val redColor = ContextCompat.getColor(applicationContext, R.color.red)
```

ContextCompat 클래스에서 제공하는 getColor 메서드를 호출하며, 색상 리소스의 식별자 값을 전달해서 색상과 관련된 정숫값을 가져옵니다. 리소스의 타입에 따라 접근하는 데 사용하는 클래스나 메서드는 조금씩 달라도 **공통적으로 리소스에 부여된 식별자 값을 이용해 리소스에 접근하는 것**을 확인할 수 있습니다.

> 🔍 서로 다른 레이아웃 파일에서는 뷰에 같은 식별자를 써도 문제가 발생하지 않습니다. 하지만 다른 레이아웃 파일에 정의한 뷰에도 가급적 겹치지 않는 완전히 고유한 식별자를 부여하는 것을 권장합니다.

안드로이드에서 사용되는 가상 단위 DP

일반적으로 디지털 화면에 무언가를 표시할 때 크기를 지정하는 단위로 자주 사용하는 단위는 px(픽셀)일 것입니다. **픽셀은 화면을 구성하는 최소 단위로 화면에 표시될 하나의 화소를 기준으로 삼는 단위입니다.** 안드로이드에서도 px 단위로 뷰 또는 뷰그룹의 크기를 지정할 수 있지만 앞으로 설명할 문제점 때문에 px 단위는 거의 사용되지 않습니다.

px 단위를 사용하면 생기는 문제점을 설명하기 위해 가로, 세로 10px 크기의 정사각형 화면에 5px 크기의 사각형을 그리는 상황을 가정해보겠습니다. 화면에 그려진 사각형은 다음과 같이 표시될 것입니다.

그림 1-46 가로, 세로 10px 크기의 사각형에 그려진 5px 사각형

화면의 가로, 세로 크기가 20px로 두 배가 됐다고 가정하고 똑같은 5px 크기의 사각형을 그린다면 사각형은 다음과 같이 표시될 것입니다.

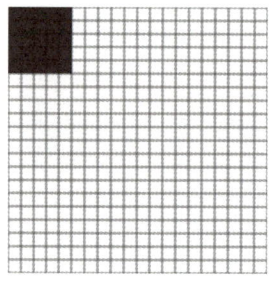

그림 1-47 두 배 크기의 사각형에 그려진 5px 사각형

문제는 해상도(화면의 크기)가 높아질 때 발생합니다. 해상도가 높은 화면에 **같은 px 단위의 크기를 가진 대상을 그렸을 때 화면에 보이는 상대적 크기가 더 작아 보이는 현상**이 발생합니다. 만약 파란색 사각형이 버튼이었다면 높아진 해상도로 인해 상대적으로 크기가 줄어드는 바람에 버튼을 클릭하기가 무척 불편해지는 상황이 발생할 것입니다.

화면의 해상도를 높여서 더 많은 화소를 표시할 수 있다면 상대적으로 더 선명한 화질을 보장할 수 있으므로 단말기 제조사에서는 계속해서 단말기의 해상도를 높일 수 있는 방안을 연구하고 있습니다. 이러한 상황에서 px 단위를 사용해 화면에 대상을 표시할 경우 **상대적으로 비슷한 크기로 표시해야 할 대상이 고해상도 단말기에서는 매우 작게 보이는 문제**를 야기할 수 있습니다.

다음은 최초로 출시된 안드로이드 단말기인 HTC Dream 및 갤럭시 S1과 비교적 최근에 출시된 S10의 해상도를 정리한 표입니다. HTC Dream의 가로 해상도(320)와 갤럭시 S10의 가로 해상도(1440)를 비교하면 크기가 거의 4배 넘게 차이 나는 것을 확인할 수 있습니다.

모델	해상도
HTC Dream (최초의 안드로이드 폰)	320 × 480
갤럭시S1	480 × 800
갤럭시S10	1440 × 3040

앞에서 살펴본 문제를 해결하기 위해 안드로이드에서는 **dp(density-independent pixel)라고 하는 가상의 단위를 제공**합니다. 이름에서 유추할 수 있듯이 **화면의 해상도에 영향을 받지 않는 픽셀**이라는 의미를 가지고 있습니다.

다시 가로, 세로의 크기가 10px인 정사각형 화면에 5dp 크기의 사각형을 그리는 상황을 가정하면 사각형은 다음과 같이 표시될 것입니다.

그림 1-48 가로, 세로 10px 크기의 사각형에 그려진 5dp 사각형

화면 크기가 두 배가 됐다고 가정하고 똑같은 **5dp 크기**의 사각형을 그리면 사각형은 다음과 같이 표시될 것입니다.

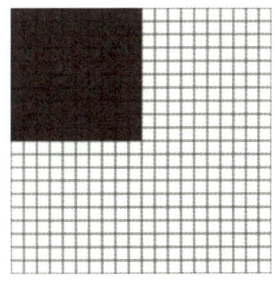

그림 1-49 두 배 크기의 사각형에 그려진 5dp 사각형

상대적인 크기가 같아 보일 수 있도록 실제로는 10px 크기의 사각형이 그려진 것을 확인할 수 있습니다. 화면의 해상도가 두 배가 됐으므로 px 단위로 그려지는 사각형의 크기에 **두 배의 확대 비율을 적용해 사각형을 그리면** 화면에서의 상대적인 크기에서 차이가 생기지 않는다는 것을 알 수 있습니다.

정리하면 화면의 해상도가 높아질 경우 화면의 해상도(화면 밀도)에 비례해 **특정 확대 비율을 곱해서 대상을 그리면** 화면에서의 상대적 크기에는 차이가 나지 않을 것이라는 결론을 내릴 수 있습니다. 단, 화면의 해상도에 따라 **어느 정도의 확대 비율을 곱해야 하는지에 대해서는 기준이 필요**합니다.

화면의 해상도에 따라 어느 정도의 확대 비율을 적용해야 하는가에 대한 기준을 부여하기 위해 안드로이드에서는 다음과 같이 **화면 밀도에 따른 구분 단위(density bucket)를 제공**합니다.

화면 밀도에 따른 구분 단위	화면 밀도	확대 비율(mdpi 대비)
mdpi	~160dpi	1.0
hdpi	~240dpi	1.5
xhdpi	~360dpi	2.0
xxhdpi	~480dpi	3.0
xxxhdpi	~640dpi	4.0

여기서 등장하는 dpi 단위는 dots per inch의 약어로, 1인치(2.54cm) 크기의 사각형에서 가로, 세로로 몇 개의 픽셀(화소)이 존재하는지를 표시하는 단위입니다.

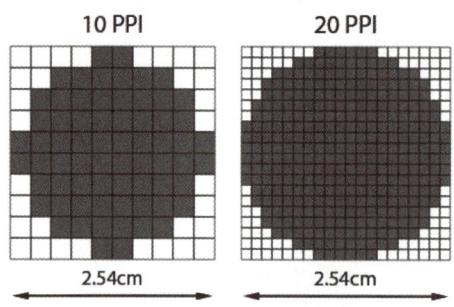

그림 1-50 서로 다른 DPI를 가진 화면에 그려진 원

가령 화면 밀도가 mdpi인 단말기에서는 물리적인 화면의 2.54cm 크기의 사각형 내부에 최대 25600(160x160)개의 픽셀이 표시됩니다. dpi가 높다면 물리적으로 같은 크기의 화면에 더 많은 화소를 표시할 수 있기 때문에 더 선명한 화면을 제공할 수 있습니다.

여기서 눈여겨봐야 할 구분 단위는 mdpi입니다. 이 구분 단위에서는 **1px**이 **1dp**의 **크기로 변환**되므로 따로 확대 비율을 적용하지 않아도 됩니다. 이러한 특성 때문에 **mdpi는 기준이 되는 구분 단위(baseline density)로 사용**됩니다. 만약 화면 밀도가 세 배인 xxhdpi 구분 단위의 단말기에서 mdpi에서 표시하던 이미지를 표시해야 한다면 세 배의 확대 비율을 적용해야 합니다.

하지만 **dp 단위를 사용해도** 이는 어디까지나 가상의 단위이기 때문에 실제 화면에는 모든 대상이 픽셀 단위로 **표시**됩니다. 따라서 다음과 같이 **단말기의 화면 밀도에 따라 확대 비율이 적용된 여러 벌의 이미지를 준비**해야 합니다.

그림 1-51 화면 밀도에 따라 크기가 다르게 적용된 아이콘 이미지들

가령 mdpi 해상도에서 **32dp** 크기로 표시하기 위해 준비한 **32px** 크기의 아이콘 이미지를 xxhdpi 해상도에서 똑같은 **32dp** 크기로 표시하려면 해당 이미지를 세 배 확대한 **96px** 크기의 이미지를 제공해서 표시해야 단말기 해상도에 걸맞은 화질로 보여질 것입니다.

> 🔍 단말기의 해상도에 따르는 여러 벌의 이미지를 준비해야 하므로 보통 큰 사이즈의 이미지 리소스를 먼저 만든 후 해당 이미지를 축소해서 더 낮은 화면 밀도에 사용할 이미지 리소스를 만듭니다.

> 🔍 이 책을 집필하고 있는 현재 시점에는 대부분의 최신 단말기가 xxhdpi 해상도를 지원합니다.

앞에서 리소스 파일을 저장할 폴더의 특징을 살펴보면서 **drawable** 폴더에 화면에 표시할 이미지 파일을 저장한다고 설명한 바 있습니다. 다양한 화면 밀도를 지원하기 위한 여러 해상도의 이미지를 제공하려면 다음과 같이 **drawable** 폴더명 뒤에 하이픈(-)과 구분 단위를 지정한 폴더를 생성하고 해당 폴더에 대응하는 **확대 비율을 적용한 이미지를 저장**하면 됩니다.

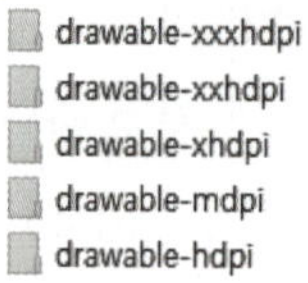

```
drawable-xxxhdpi
drawable-xxhdpi
drawable-xhdpi
drawable-mdpi
drawable-hdpi
```

그림 1-52 화면 밀도에 따라 크기가 조정된 이미지를 저장할 폴더

이후 안드로이드 앱이 설치되고 실행되는 과정에서 단말기의 화면 밀도에 대응하는 리소스가 자동으로 선택되어 적용됩니다.

폴더 이름	저장 이미지
drawable-mdpi	확대 비율을 적용하지 않은 이미지를 저장
drawable-hdpi	1.5배의 확대 비율을 적용한 이미지를 저장
drawable-xhdpi	2배의 확대 비율을 적용한 이미지를 저장
drawable-xxhdpi	3배의 확대 비율을 적용한 이미지를 저장
drawable-xxxhdpi	4배의 확대 비율을 적용한 이미지를 저장

가령 drawable-mdpi 폴더에는 확대 비율이 적용되지 않은 이미지를, drawable-xxhdpi 폴더에는 세 배의 크기로 확대된 고해상도 이미지를 저장해두면 앱이 실행될 단말기의 화면 밀도에 대응하는 폴더에 포함된 이미지가 자동으로 적용됩니다.

> 🔍 특정 화면 밀도를 지원하기 위한 drawable 폴더(예: drawable-xxhdpi)에만 리소스 이미지가 존재하는 경우 기계적인 리사이즈 과정을 거쳐 자동으로 상위, 하위 화면 밀도의 단말기에 필요한 이미지를 적용하게 됩니다. 하지만 가능하다면 화면 밀도에 따르는 여벌의 리소스를 모두 직접 리사이즈하는 방식으로 제작하는 것을 권장합니다.

이처럼 화면 밀도에 따른 여러 벌의 이미지를 준비하는 과정이 번거롭다면 **해상도에 구애받지 않고 적용할 수 있는 벡터 형식의 이미지를 활용**할 수도 있습니다. 벡터 이미지의 활용법은 이후 프로젝트를 진행하면서 살펴보겠습니다.

주로 글자 크기를 정할 때 사용하는 sp 단위를 설명하는 것으로 자주 쓰이는 단위에 대한 설명을 마무리하겠습니다.

sp는 scale-independent pixel의 약어로서 기본적으로는 dp 단위와 크게 다르지 않지만 **단말기의 기본 글자 크기 설정에 영향**을 받는다는 차이가 있습니다. 다음은 위에서부터 각각 **16dp, 16sp 단위**로 글자의 크기를 설정한 두 개의 TextView를 표시한 모습입니다.

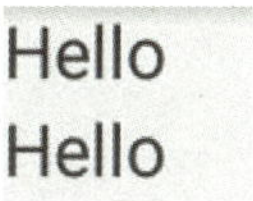

Hello
Hello

그림 1-53 단말기 글자 크기 조절 전 화면

글자 크기에 아무런 차이가 없고 똑같은 크기로 표시되는 것을 확인할 수 있습니다. 글자 크기에 차이를 주려면 **단말기의 디스플레이 설정에서 기본 글자 크기를 더 크게 표시하도록 조정**해야 합니다.

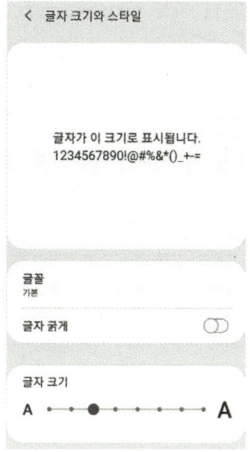

그림 1-54 단말기의 글자 크기 조절 화면

이후 다시 화면을 살펴보면 다음과 같이 단말기의 기본 글자 크기 설정에 영향을 받아 sp 단위를 적용한 TextView의 글자 크기가 상대적으로 더 커진 것을 확인할 수 있습니다.

그림 1-55 단말기 글자 크기 조절 후 화면

일반적으로 글자 크기를 지정할 때는 단말기의 기본 글자 크기 설정을 존중해서 적절히 글자 크기가 조정될 수 있도록 sp 단위를 사용하는 것이 좋습니다. 그러나 만약 **글자 크기가 기본 글자 크기 설정과 상관없이 균일한 크기로 보여지길 원한다면** sp 단위가 아닌 dp 단위를 사용해야 합니다.

첫 액티비티 코드 분석과 수정

이제 첫 번째로 생성한 프로젝트의 구조를 살펴본 후 코드를 수정해 안드로이드 앱의 기초적인 동작 방식을 본격적으로 살펴보겠습니다.

안드로이드의 소스 코드는 **java** 폴더 안의 기본 패키지에 저장됩니다. 프로젝트를 생성하면 해당 패키지 내부에 MainActivity 파일이 자동으로 생성된 것을 확인할 수 있습니다. 이 액티비티는 앱이 실행될 때 첫 화면을 보여줄 **시작 액티비티로 등록**됩니다.

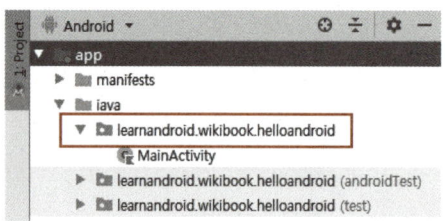

그림 1-56 코틀린 소스 저장 위치

자동 생성된 MainActivity 클래스의 내용은 다음과 같습니다.

/MainActivity.kt

```kotlin
// (1)
class MainActivity : AppCompatActivity() {
    // (3)
    override fun onCreate(savedInstanceState: Bundle?) {
        super.onCreate(savedInstanceState)
        // (2)
        setContentView(R.layout.activity_main)
    }
}
```

(1) 액티비티(AppCompatActivity) 클래스를 상속받는 MainActivity 클래스가 정의돼 있습니다. 액티비티는 앱을 구성하는 기본 요소 중 하나로 화면에 보여줄 하나의 화면을 구성하는 용도로 사용됩니다.

```
class MainActivity : AppCompatActivity() {
    // ...
}
```

(2) `setContentView` 메서드를 호출하며, 레이아웃 리소스의 식별자(레이아웃 파일의 이름인 `activity_main`)를 전달합니다. 이 메서드가 호출된 시점 이후에 액티비티의 화면 구성이 완료되고 뷰에 접근할 수 있습니다.

```
setContentView(R.layout.activity_main)
```

(3) 액티비티의 `onCreate` 메서드를 재정의합니다. `onCreate` 메서드는 액티비티의 생명주기 메서드 중 하나입니다. 아직 액티비티 생명주기의 개념을 살펴보지 않았으므로 지금 당장은 `onCreate` 메서드가 **처음 액티비티가 생성되는 시점에 단 한 번 호출되는 메서드**라고 이해하면 됩니다. `onCreate` 메서드는 콜백 메서드이므로 직접 사용자가 호출하지 않으며, 액티비티가 생성되는 시점에 안드로이드 운영체제에 의해 자동으로 호출됩니다.

일반적으로 `onCreate` 메서드에서 진행하는 작업은 다음과 같습니다.

- XML 레이아웃 파일을 이용해 화면 레이아웃을 구성
- 화면에서 사용할 데이터를 초기화
- 레이아웃 파일을 통해 생성된 뷰 객체를 반환받아 이벤트 리스너를 등록

이제 자동 생성된 `MainActivity` 클래스의 코드를 수정해서 새로운 레이아웃을 적용하고 뷰 객체를 참조해 해당 뷰가 클릭 이벤트에 반응하도록 구현하겠습니다.

더 알아보기 _ AppCompatActivity 클래스와 Activity 클래스

`AppCompatActivity` 클래스는 안드로이드 API 버전이 올라가는 과정에서 액티비티에 추가로 구현된 여러 기능(예: 액션바, 프래그먼트)들을 낮은 버전의 API에서도 문제 없이 쓸 수 있도록 하위 호환성(backward compatibility)을 **보장**하기 위해 제공되는 클래스입니다.

이 클래스는 `Activity` 클래스를 상속받기 때문에 아무 문제없이 액티비티 관련 기능들을 모두 사용할 수 있습니다. 안드로이드 스튜디오에서 새 액티비티를 생성하면 모두 `AppCompatActivity` 클래스를 상속받는 액티비티 클래스를 생성합니다.

레이아웃 파일 생성 및 새 레이아웃 적용

이제 자동 생성된 MainActivity 액티비티에 적용할 새로운 레이아웃 파일을 생성한 후 해당 레이아웃 파일을 이용해 액티비티 화면을 구성하겠습니다.

새 레이아웃 파일(new_layout.xml)을 생성한 후 레이아웃 파일의 내용을 다음과 같이 수정합니다.

예제 1.8 새 레이아웃 파일 생성 및 내용 작성   res/layout/new_layout.xml

```xml
<?xml version="1.0" encoding="utf-8"?>
<LinearLayout
    xmlns:android="http://schemas.android.com/apk/res/android"
    android:layout_width="match_parent"
    android:layout_height="match_parent"
    android:orientation="vertical">

    <TextView (1)
        android:id="@+id/my_textview"
        android:text="Hello Android"
        android:textSize="24sp"
        android:layout_width="wrap_content"
        android:layout_height="wrap_content" />

    <EditText (2)
        android:id="@+id/my_edittext"
        android:hint="입력 힌트"
        android:layout_width="match_parent"
        android:layout_height="wrap_content" />

    <Button (3)
        android:id="@+id/my_btn"
        android:text="Click"
        android:layout_width="wrap_content"
        android:layout_height="wrap_content" />

</LinearLayout>
```

(1), (2), (3)에서 각각 TextView, EditText, Button 뷰를 추가했습니다. 동시에 모든 뷰에 식별자를 부여했습니다.

이제 이 레이아웃 파일을 이용해 액티비티의 레이아웃을 구성하도록 onCreate 메서드 내부에서 **setContentView 메서드를 호출하며 앞에서 생성한 레이아웃 리소스 파일의 식별자를 전달**합니다.

/MainActivity.kt

```
override fun onCreate(savedInstanceState: Bundle?) {
    super.onCreate(savedInstanceState)
    // setContentView 메서드를 호출하며 레이아웃 식별자를 전달
    setContentView(R.layout.new_layout)
}
```

방금 생성한 레이아웃 파일의 이름은 new_layout이므로 R.layout.new_layout 상수를 통해 레이아웃 리소스의 식별자 값에 접근합니다. onCreate 메서드의 내용을 수정한 후의 액티비티의 모습은 다음과 같습니다.

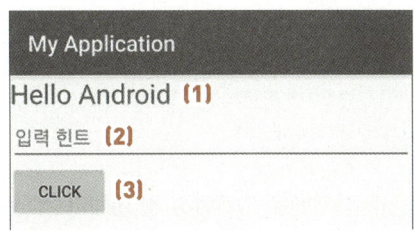

그림 1-57 레이아웃이 적용된 액티비티 화면

레이아웃 파일에 추가한 모든 뷰가 정상적으로 출력된 것을 확인할 수 있습니다.

식별자를 이용한 뷰 객체 접근

레이아웃 파일을 이용해 전체 뷰를 구성한 후 일반적으로 수행하는 작업은 코드를 통해 접근할 필요가 있는 뷰의 객체를 얻어오는 것입니다. **이를 위해 액티비티 클래스에서 제공하는 findViewById 메서드에 뷰의 식별자를 전달하면** 뷰 객체를 반환받을 수 있습니다.

만약 부여한 식별자가 없다면 findViewById 메서드를 통해 해당 뷰 객체에 접근할 수 없으므로 **코드에서 접근할 필요가 있는 뷰에는 반드시 식별자를 부여**해야 합니다. 다음은 setContentView 메서드를 호출한 후 뷰 객체의 참조를 반환받는 코드입니다.

/MainActivity.kt

```
override fun onCreate(savedInstanceState: Bundle?) {
    super.onCreate(savedInstanceState)
```

```
    setContentView(R.layout.new_layout)

    // findViewById 메서드를 호출해 TextView, Button 뷰 객체를 반환받음
    // (1)
    var myTextView : TextView = findViewById(R.id.my_textview)

    // (2)
    var myEditText = findViewById<EditText>(R.id.my_edittext)
    var myButton = findViewById<Button>(R.id.my_btn)
}
```

(1) 변수 타입을 직접 TextView로 지정한 후 뷰 객체를 반환받습니다.

```
var myTextView : TextView = findViewById(R.id.my_textview)
```

(2) findViewById 메서드명 오른쪽의 꺾쇠 안에 뷰 타입을 지정해 뷰 객체를 반환받습니다.

```
var myEditText = findViewById<EditText>(R.id.my_edittext)
var myButton = findViewById<Button>(R.id.my_btn)
```

두 방법 중 어떤 방법을 써도 똑같이 뷰 객체를 반환받을 수 있지만 가능하면 일관성 있게 코드를 작성하는 것이 중요하므로 앞으로 작성할 코드에서는 **(2)**번 접근법을 사용해 뷰 객체를 반환받겠습니다.

더 알아보기 _ 사용할 클래스를 자동으로 임포트하는 방법

코드에서 사용할 클래스를 불러올 수 없다면 다음과 같이 **클래스 이름이 빨갛게 표시되고 해당 클래스를 `import` 구문을 이용해 불러올 것을 요구**합니다. 하지만 각 클래스가 속한 패키지의 경로를 매번 기억하고 있기는 어렵기 때문에 안드로이드 스튜디오에서는 자동으로 `import` 구문을 삽입하는 기능을 제공합니다.

빨간색으로 표시된 클래스 이름을 클릭한 상태에서 화면에 보이는 파란색 툴팁이 나타나면 **단축키(Alt + Enter)를 입력해 해당 클래스를 불러오는 `import` 구문을 자동으로 삽입**할 수 있습니다.

```
                ? android.widget.TextView? Alt+Enter

        var myTextView : TextView = findViewById(R.id.my_textview)
        var myButton = findViewById<Button>(R.id.my_btn)
```

그림 1-58 클래스 import 구문 자동 삽입

경우에 따라서는 **이름이 같은 클래스가 여러 개라서 다음과 같이 불러올 클래스를 직접 선택**해야 하는 경우도 있습니다. 이 경우에는 사용할 클래스가 속한 패키지를 확인한 후 직접 항목을 선택합니다.

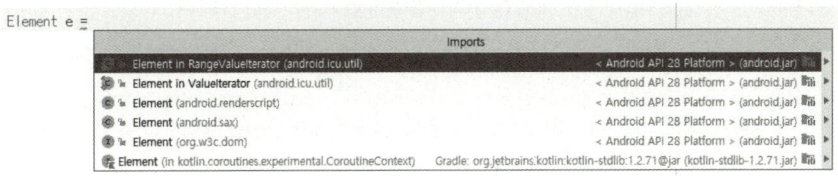

그림 1-59 이름이 같은 여러 클래스 중 불러올 클래스 선택

혹은 다음과 같이 클래스 이름을 입력하는 과정에서 **코드 자동 완성 기능을 사용하면 import 구문을 자동으로 삽입**합니다.

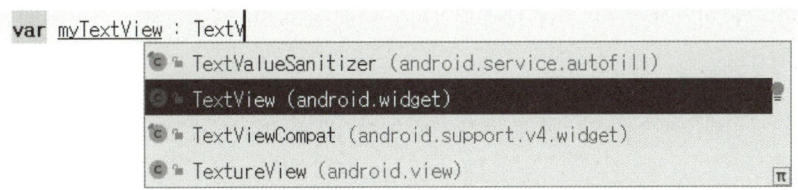

그림 1-60 코드 자동 완성을 통한 import

클릭 이벤트 리스너 등록

이제 앞에서 추가한 버튼에 클릭 이벤트 리스너를 등록해 클릭 이벤트에 반응하도록 코드를 작성해보겠습니다. 그 전에 먼저 **이벤트와 이벤트 소스, 이벤트 리스너**의 개념을 설명하겠습니다.

이벤트는 프로그램을 사용하며 일어나는 모든 사건들을 총칭하는 용어입니다. 안드로이드 앱을 사용할 때 가장 자주 일어나는 이벤트인 클릭(터치) 이벤트를 비롯해 화면을 스크롤하거나 체크박스의 체크 상태를 변경하거나 목록에 포함된 특정 항목을 선택하는 사건들도 모두 이벤트에 포함됩니다.

이벤트 소스는 이벤트가 발생한 근원지를 의미합니다. 가령 특정 버튼을 클릭해서 클릭 이벤트가 발생했다면 이벤트 소스는 바로 이벤트가 발생한 버튼이 됩니다.

이벤트 리스너는 특정 이벤트가 발생했는지 여부를 관찰(listen)하는 주체로서 이벤트가 발생하는지 관찰하다가 이벤트가 발생할 경우 처리할 코드를 실행하는 역할을 수행합니다.

안드로이드에서는 **이벤트 리스너 인터페이스에 정의된 이벤트 처리 메서드를 구현**하는 방식으로 발생한 이벤트를 처리하는 코드를 작성합니다.

이벤트, 이벤트 소스, 이벤트 리스너의 개념을 표로 정리하면 다음과 같습니다.

개념	설명
이벤트	프로그램을 사용하며 일어나는 모든 사건들(예: 터치, 화면 스크롤, 목록의 항목 클릭, 체크박스 설정/해제 등)
이벤트 소스	이벤트가 발생한 뷰 객체
이벤트 리스너	이벤트가 발생했을 때 해당 이벤트에 대응할 메서드를 정의한 인터페이스 구현 객체

안드로이드에서 제공하는 뷰마다 각자 부여받은 역할이 다르기 때문에 뷰에서 발생할 수 있는 이벤트의 종류도 다양합니다. 여기서는 클릭 이벤트에 대응하는 이벤트 리스너를 설정하는 과정을 살펴보면서 이벤트 리스너의 사용법을 알아보겠습니다.

다음은 버튼을 클릭했을 때 버튼의 레이블을 토스트 메시지로 출력하는 예입니다.

/MainActivity.kt

```kotlin
myButton.setOnClickListener(object : View.OnClickListener {
    // 추상 메서드인 onClick 메서드를 재정의해서 클릭 이벤트가 발생했을 때 실행할 코드
    // (1)
    override fun onClick(v: View?) {
        // (2)
        var btnLabel = (v as Button).text
        Toast.makeText(applicationContext, "Button Label : $btnLabel", Toast.LENGTH_LONG).show()
    }
})
```

뷰 객체에서 제공하는 **setOnClickListener** 메서드를 호출해서 클릭 이벤트 리스너 객체를 전달하는 과정에서 리스너 인터페이스에 정의된 **onClick 메서드를 구현**합니다. 즉, onClick 메서드를 구현하는 과정에서 해당 뷰가 클릭된 시점에 실행해야 할 코드를 작성합니다.

(1) setOnClickListener의 인자로 View의 내부 클래스인 OnClickListener 인터페이스를 구현한 클래스의 객체가 필요합니다. 이 인터페이스에는 클릭 이벤트가 발생했을 때 실행되는 onClick 추상 메서드가 정의돼 있습니다.

새 클래스를 정의해서 OnClickListener 인터페이스를 상속받도록 한 후 추상 메서드를 구현해도 되지만 이러한 방식은 무척 번거롭기 때문에 일반적으로 **이벤트 리스너의 경우 다음과 같이 익명 객체를 생성해서 메서드를 정의**하는 경우가 많습니다.

```kotlin
// object 키워드를 사용해 익명 객체를 생성
object : View.OnClickListener {
    override fun onClick(v: View?) {
        // 클릭 이벤트가 발생할 때 실행할 코드
    }
}
```

onClick 메서드로 전달되는 객체(v)는 이벤트가 발생한 이벤트 소스(View 객체)이며 여기에서는 버튼 객체를 전달받게 됩니다. 대부분의 뷰 관련 이벤트 리스너 인터페이스의 추상 메서드로는 이벤트가 발생한 뷰 객체가 전달됩니다.

(2) 버튼을 클릭하면 곧바로 onClick 메서드가 호출되며, 동시에 View 타입의 객체가 메서드의 인자로 전달됩니다. 해당 **뷰 객체는 클릭 이벤트가 발생한 이벤트 소스**이므로 여기서는 버튼 객체가 전달됩니다. 따라서 Button 클래스로 캐스팅이 가능합니다.

여기서는 버튼의 레이블 문자열을 저장하기 위해 text 속성값을 대입하며, 동시에 토스트 메시지를 통해 출력합니다.

```kotlin
var btnLabel = (v as Button).text
Toast.makeText(applicationContext, "Button Label : $btnLabel", Toast.LENGTH_LONG).show()
```

한 가지 주목해야 할 부분은 **OnClickListener 인터페이스에는 정의해야 할 추상 메서드가 하나뿐이라는** 사실입니다. 앞서 코틀린을 배우는 과정에서 이러한 인터페이스를 **함수형 인터페이스**라고 하며, 함수형 인터페이스는 람다식 형태로 다음과 같이 간략하게 정의할 수 있다고 설명했습니다. 따라서 이 코드는 다음과 같이 축약할 수 있습니다.

```kotlin
myButton.setOnClickListener { v -> // 여기서 v는 전달된 View 객체의 이름
    // 이하 코드는 동일
    var btnLabel = (v as Button).text
    Toast.makeText(applicationContext, "Button Label : $btnLabel", Toast.LENGTH_LONG).show()
}
```

또한 추상 메서드로 전달받는 **인자의 개수도 하나밖에** 없기 때문에 다음과 같이 전달되는 **인자 이름과 관련된 코드를 생략하는 것도 가능합니다.** 이때 전달받은 인자에는 **대명사(it)를 통해 접근**합니다.

```
// 전달받을 View 객체의 이름과 관련된 코드를 삭제
myButton.setOnClickListener {
    // it으로 전달받은 View 객체에 접근
    var btnLabel = (it as Button).text
    Toast.makeText(applicationContext, "Button Label : $btnLabel", Toast.LENGTH_LONG).show()
}
```

OnClickListener 인터페이스 외에도 안드로이드에서 제공하는 대부분의 **이벤트 리스너 인터페이스는 하나의 인자를 전달받는 하나의 추상 메서드를 정의하게 돼** 있어서 코드를 축약해서 작성하는 경우가 많습니다. 그리고 가능하면 이벤트 리스너를 생성하는 코드를 직접 작성하기보다 안드로이드 스튜디오에서 지원하는 코드 자동 완성을 적극 활용하는 편이 좋습니다.

set으로 시작하는 리스너 설정 메서드의 이름을 쓰는 과정에서 다음과 같이 코드 자동 완성을 위한 여러 항목이 출력됩니다. 여기서 필요한 항목을 클릭하거나 해당 항목이 선택된 상태에서 엔터키를 누르면 코드가 자동 완성되어 삽입되는 것을 확인할 수 있습니다.

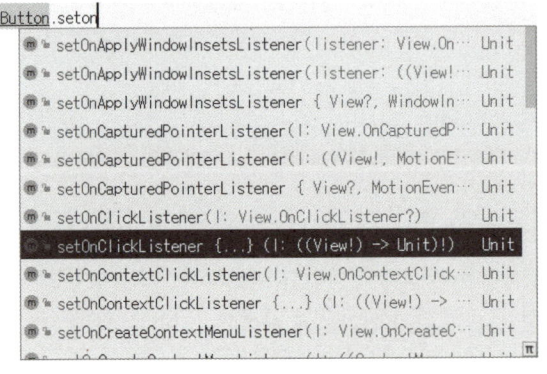

그림 1-61 람다 함수를 정의하는 형태로 setOnClickListener 메서드 호출 코드 자동 생성

로그캣과 토스트를 이용한 메시지 출력

안드로이드 앱을 개발하다 보면 어떤 방식으로든 변숫값이나 객체의 속성값을 출력할 일이 발생합니다. 값이 제대로 전달됐는지 혹은 정확하게 값이 변경되거나 설정됐는지 확인해 봐야 하기 때문입니다.

일반적으로 값이나 메시지를 출력할 때 사용하는 방법은 다음과 같습니다.

1. 뷰를 이용한 메시지 출력
2. 로그캣(Logcat)을 이용해 콘솔창에 메시지를 출력
3. 토스트(Toast)를 이용해 화면에 메시지를 출력

1번은 뷰(예: TextView)를 통해 메시지 내용을 출력하는 방법으로, 사용자가 화면을 통해 정보를 확인할 수 있는 가장 일반적인 메시지 출력 방법입니다. 이 방법은 프로젝트를 진행하는 과정에서 여러 번 반복될 것이므로 여기서는 세 가지 방법 중 **로그캣과 토스트를 이용해 메시지를 출력**하는 방법을 알아보겠습니다.

새로운 프로젝트를 생성한 후 로그캣과 토스트를 이용하는 예제 코드를 작성해보겠습니다.

메뉴에서 [File] → [New] → [New Project…]를 차례로 선택한 후 [Empty Activity]를 선택해 아무 내용이 없는 시작 액티비티를 생성하고 프로젝트와 관련된 설정 사항은 다음과 같이 지정합니다.

내용	값
Name	LogcatAndToastStudy
Package name	wikibook.learnandroid.logcatandtoaststudy
Language	Kotlin
Minimum API level	API 23

로그캣을 이용한 로그 메시지 출력

로그캣(Logcat)은 안드로이드에서 제공하는 로깅 도구로서 로그 메시지를 출력하고 확인하는 데 사용됩니다.

안드로이드 스튜디오에서는 로그캣 창을 통해 출력된 로그 메시지를 확인할 수 있습니다. 로그캣 창은 안드로이드 스튜디오 하단의 [Logcat] 탭을 클릭해 열 수 있습니다.

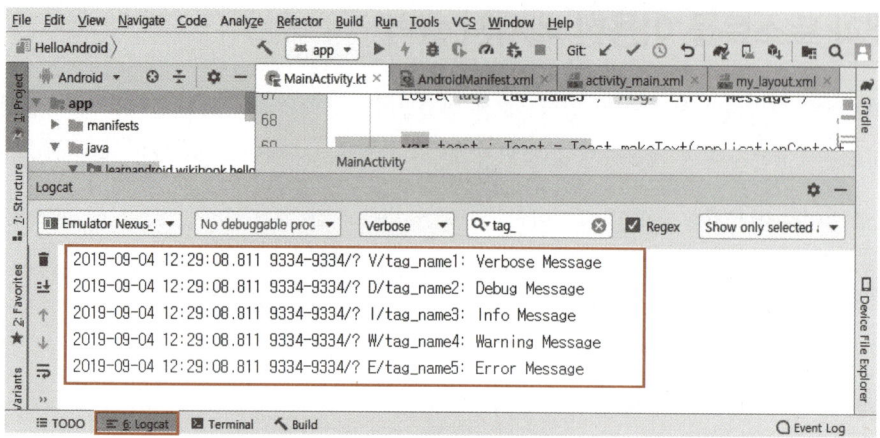

그림 1-62 로그캣 창

다음은 MainActivity의 onCreate 메서드에서 **Log** 클래스에서 제공하는 다양한 클래스 함수를 이용해 로그 **메시지를 출력**하도록 작성한 코드입니다.

예제 1.9 로그 메시지 출력　　　　　　　　　　　　wikibook/learnandroid/logcatandtoaststudy/MainActivity.kt

```kotlin
package wikibook.learnandroid.logcatandtoaststudy

import androidx.appcompat.app.AppCompatActivity
import android.os.Bundle
import android.util.Log

class MainActivity : AppCompatActivity() {
    override fun onCreate(savedInstanceState: Bundle?) {
        super.onCreate(savedInstanceState)
        setContentView(R.layout.activity_main)

        Log.v("tag_name1", "Verbose Message") // 일반적인 메시지를 출력
        Log.d("tag_name2", "Debug Message") // 디버깅용 메시지를 출력
        Log.i("tag_name3", "Info Message") // 정보 표기용 메시지를 출력
        Log.w("tag_name4", "Warning Message") // 경고 메시지를 출력
        Log.e("tag_name5", "Error Message") // 에러 발생 메시지를 출력
    }
}
```

함수의 첫 번째 인자로는 메시지의 종류를 구분하기 위해 사용할 태그 이름을, 두 번째 인자로는 실제로 출력할 메시지를 전달합니다. 이를 통해 로그캣으로 출력된 메시지는 다음과 같이 표시됩니다.

```
2020-10-08 11:54:10.574 7530-7530/wikibook.learnandroid.logcatandtoaststudy V/tag_name1: Verbose Message
2020-10-08 11:54:10.574 7530-7530/wikibook.learnandroid.logcatandtoaststudy D/tag_name2: Debug Message
2020-10-08 11:54:10.574 7530-7530/wikibook.learnandroid.logcatandtoaststudy I/tag_name3: Info Message
2020-10-08 11:54:10.574 7530-7530/wikibook.learnandroid.logcatandtoaststudy W/tag_name4: Warning Message
2020-10-08 11:54:10.574 7530-7530/wikibook.learnandroid.logcatandtoaststudy E/tag_name5: Error Message
```

보다시피 태그 이름과 메시지가 모두 출력되며, 동시에 메시지가 출력된 시각 및 앱의 기본 패키지와 같은 부가적인 정보도 출력되는 것을 확인할 수 있습니다. 이때 에러 메시지와 경고 메시지는 색을 다르게 해서 강조해서 출력됩니다.

하지만 로그캣 화면에는 개발 중인 앱에서 출력한 로그 메시지뿐 아니라 단말기에 설치된 모든 앱에서 출력하는 메시지를 모두 보여주기 때문에 무척 혼잡합니다. 따라서 로그 메시지를 필터링해서 원하는 메시지만 걸러서 출력될 수 있게 해야 합니다.

일반적으로 현재 실행 중인 앱의 로그 메시지만 확인하려는 경우가 대부분이므로 로그캣 화면의 오른쪽 드롭다운 메뉴에서 [Show only selected application] 옵션을 선택해 현재 활성화된 앱의 로그만 출력하도록 필터링합니다.

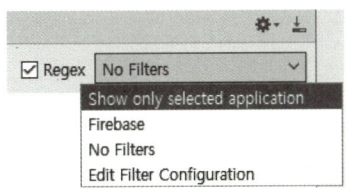

그림 1-63 현재 프로젝트로 진행 중인 앱의 메시지만 출력하기 위한 필터링

필요하다면 메시지 종류를 설정하거나 태그명을 이용해 필터링할 수도 있습니다.

로그 메시지에는 우선순위가 있는데 Verbose 메시지가 가장 우선순위가 낮고 Error 메시지가 가장 우선순위가 높습니다. 기본적으로 가장 우선순위가 낮은 Verbose가 선택돼 있으므로 Verbose 메시지를 포함한 모든 종류의 로그 메시지를 출력합니다만 다른 메시지 종류를 선택해 로그캣 창에 출력할 메시지의 종류를 제한할 수 있습니다.

가령 Error 메시지만 출력하기 위해서는 다음과 같이 메시지 종류를 [Error]로 변경하면 Error 메시지의 우선순위가 가장 높기 때문에 Error 메시지 외의 다른 종류의 메시지는 출력되지 않습니다.

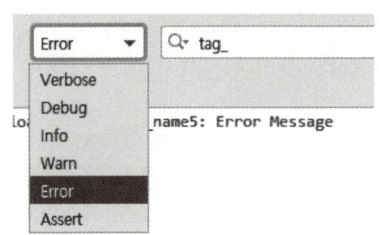

그림 1-64 특정 메시지 종류만 표시하기 위한 필터링

> 우선순위는 Verbose, Debug, Info, Warning, Error 순으로 점점 높아집니다. 즉, Verbose가 가장 낮고 Error가 가장 높은 우선순위를 갖게 됩니다.

다음으로 **태그 이름을 직접 지정해서 해당 태그 이름을 이용해 출력한 로그 메시지만 필터링해서 출력**할 수도 있습니다. 이 방법이 가장 일반적으로 사용되는 필터링 방법으로, 다음 화면에서는 태그 이름을 "tag_name4"로 지정했으므로 이 태그 이름을 지정해서 출력한 로그 메시지만 출력되는 것을 확인할 수 있습니다.

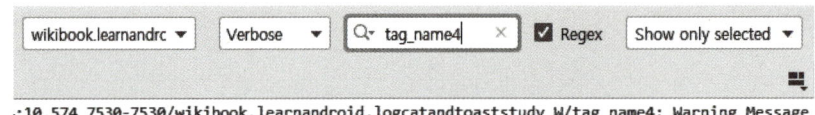

그림 1-65 태그 이름을 통한 필터링

특정 태그 이름이 포함된 메시지만 필터링하려면 태그 이름의 일부분만 입력하면 됩니다. 가령 "tag_"로 태그 이름을 필터링해서 출력하면 다음과 같이 tag_name1부터 tag_name5까지 "tag_" 문자열이 포함된 모든 메시지가 출력되는 것을 볼 수 있습니다.

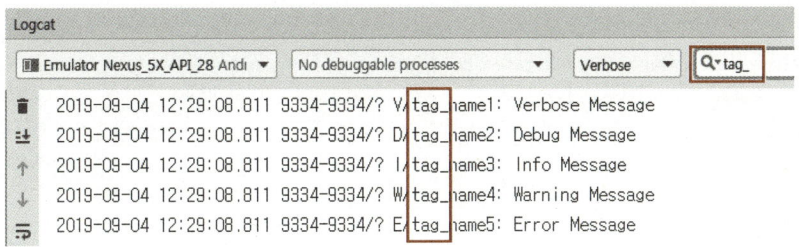

그림 1-66 "tag_"로 시작하는 태그를 사용한 메시지 필터링

로그 메시지는 사용자에게는 보이지 않고 로그캣 창을 통해서만 출력되는 메시지이므로 디버깅 용도로 변숫값을 출력할 때 특히 유용하게 활용할 수 있으니 사용법을 잘 알아두기 바랍니다.

토스트를 이용한 메시지 출력

안드로이드의 Toast 클래스를 이용하면 사용자에게 보여줄 팝업 메시지를 출력할 수 있습니다. 일반적으로 **토스트 메시지는 중요도가 떨어지는 단순 공지용 메시지를 짧은 시간 동안 보여주는 데 사용**됩니다.

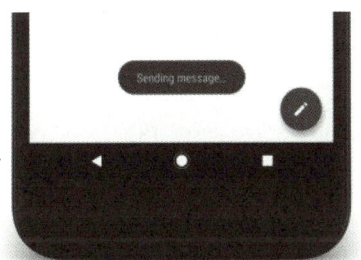

그림 1-67 토스트 메시지 출력 화면

토스트 메시지를 출력하려면 Toast 클래스에서 제공하는 makeText 함수를 이용합니다.

토스트 메시지를 출력하기 위해서 다음의 import 구문을 추가합니다.

```
package wikibook.learnandroid.logcatandtoaststudy

import android.widget.Toast
import android.view.Gravity
// (.. 이후 import 구문 생략 ..)
```

이후 앞서 작성한 onCreate 메서드에 토스트 메시지를 출력한 코드를 추가합니다.

예제 1.10 토스트 메시지 출력 wikibook/learnandroid/logcatandtoaststudy/MainActivity.kt

```kotlin
override fun onCreate(savedInstanceState: Bundle?) {
    super.onCreate(savedInstanceState)
    setContentView(R.layout.activity_main)

    Log.v("tag_name1", "Verbose Message")
    // ... 코드 생략 ...
    Log.e("tag_name5", "Error Message")

    // 토스트 객체 생성
    var toast : Toast = Toast.makeText(this, "Toast Message (Short)", Toast.LENGTH_SHORT)
    // setGravity 메서드를 호출해서 토스트의 출력 위치를 지정
    toast.setGravity(Gravity.CENTER or Gravity.LEFT, 0, 0)
    toast.show()
}
```

makeText 함수에는 세 개의 인자를 전달합니다. 첫 번째 인자로 Context 객체를 전달하고 두 번째 인자로 화면에 표시할 문자열을 전달합니다. 세 번째 인자로 **화면에 메시지를 표시할 시간을 지정하기 위한 상수(LENGTH_SHORT, LENGTH_LONG)를 전달**합니다.

여기서 첫 번째 인자로 전달하는 Context 객체는 앱에 대한 전반적인 정보를 담고 있는 객체로서 앱에서 제공하는 여러 리소스 데이터에 접근하는 메서드나 설정 정보를 저장할 프리퍼런스 객체를 반환받는 메서드를 제공합니다.

안드로이드 API에서 제공하는 여러 메서드에서 해당 객체를 인자로 전달하도록 요구하는 경우가 많으므로 앞으로 자주 활용하게 될 객체입니다. 화면을 정의하는 데 사용되는 액티비티 클래스가 Context 클래스를 상속받기 때문에 여기서는 액티비티 객체(this)를 전달하여 Context 객체를 제공하고 있습니다.

makeText 함수를 호출한 결과로 토스트 객체를 반환받고 **show 메서드를 호출해 최종적으로 토스트 메시지를 출력**합니다.

> 🔍 LENGTH_SHORT을 지정하면 2초, LENGTH_LONG을 지정하면 3초 가량 메시지를 표시합니다.

토스트 메시지의 출력 위치를 바꾸는 경우는 드물지만 토스트 메시지의 출력 위치를 조정해야 한다면 setGravity 메서드를 호출합니다. 이 메서드의 첫 번째 인자로 메시지 표시 위치를 지정할 상수를 전달하며, 표시 위치에서 상대적으로 떨어진 정도를 지정할 x 오프셋, y 오프셋 값을 전달합니다.

```
toast.setGravity(Gravity.CENTER or Gravity.LEFT, 0, 0)
```

여기서는 두 상수에 비트 연산자인 **or**를 적용해 화면의 왼쪽 중앙에 토스트 메시지를 나타나게 했으며 오프셋은 따로 전달하지 않았습니다. 만약 CENTER 상수만 전달했다면 화면 중앙에 토스트 메시지가 표시됩니다.

> 🔍 앞서 위치 상숫값을 전달했을 때와 같이 종종 여러 상숫값을 동시에 적용해야 할 때가 있습니다. 이처럼 동시에 적용할 상수가 있다면 or 비트 연산자를 이용해 지정하면 됩니다.

토스트 메시지를 출력할 때 위치를 직접 지정하는 경우는 드물며, 보통 다음과 같이 **makeText** 함수를 호출한 직후 반환받은 객체의 **show** 메서드를 곧바로 호출하는 식으로 사용합니다.

```
// 토스트 객체를 반환받고 곧바로 show 메서드를 호출
Toast.makeText(this, "Toast Message (Long)", Toast.LENGTH_LONG).show()
```

이 경우에는 따로 출력 위치를 지정하지 않았으므로 앞에서 살펴본 토스트 출력 예시 화면과 같이 **기본 위치인 화면의 중앙 하단에 메시지가 표시됩니다**.

액티비티의 개념과 액티비티 생명주기

앞에서 MainActivity 코드를 설명하는 과정에서 액티비티를 한 화면을 정의하기 위해 사용하는 도구라고 비유했습니다. 액티비티는 **안드로이드 앱을 구성하는 기본 컴포넌트 중 하나로서 일반적으로 앱은 하나 이상의 액티비티를 조합**해서 만들어집니다.

액티비티는 우리가 늘상 사용하는 데스크톱 애플리케이션의 창(Window)이나 웹 브라우저를 통해 접근할 수 있는 하나의 웹 페이지에 대응하는 개념이라고 이해하면 됩니다. 화면에 아무런 컴포넌트도 존재하지 않는 빈 액티비티를 만드는 것이 아니라면 일반적으로 **레이아웃을 정의한 XML 파일을 사용해 액티비티 화면을 구성합니다**.

액티비티의 목적에 부합하도록 화면을 구성하고, 화면에 포함된 정보를 초기화하고, 뷰와의 상호작용 방식을 조정하고, 필요한 이벤트 리스너를 등록해서 이벤트에 반응하게 하는 등 **한 화면에 필요한 모든 기능들을 구현하는 것은 모두 액티비티에서 담당해야 할 작업**입니다.

액티비티 중 **시작 액티비티는** 앱을 실행했을 때 가장 먼저 실행되는 **특수한 액티비티**입니다. 앞에서 살펴본 MainAcitivity는 시작 액티비티로 지정됐기 때문에 앱을 실행할 때 맨 처음 나타나게 됩니다.

또한 액티비티에는 **생명주기(Lifecycle)**라는 개념이 있어서 액티비티가 **생성되고 소멸되는** 과정에서 일련의 콜백 메서드를 호출합니다. 이러한 생명주기 메서드는 모두 **콜백 메서드이므로 직접 프로그래머가 호출하지 않으며 안드로이드 운영체제 측에서 호출**합니다. 개발자는 액티비티가 생성되고 소멸되는 과정에서 호출되는 **생명주기 메서드를 재정의**하는 방식으로 각 생명주기에 필요한 코드를 작성할 수 있습니다.

생명주기 메서드를 호출하는 순서는 다음 화면과 같습니다.

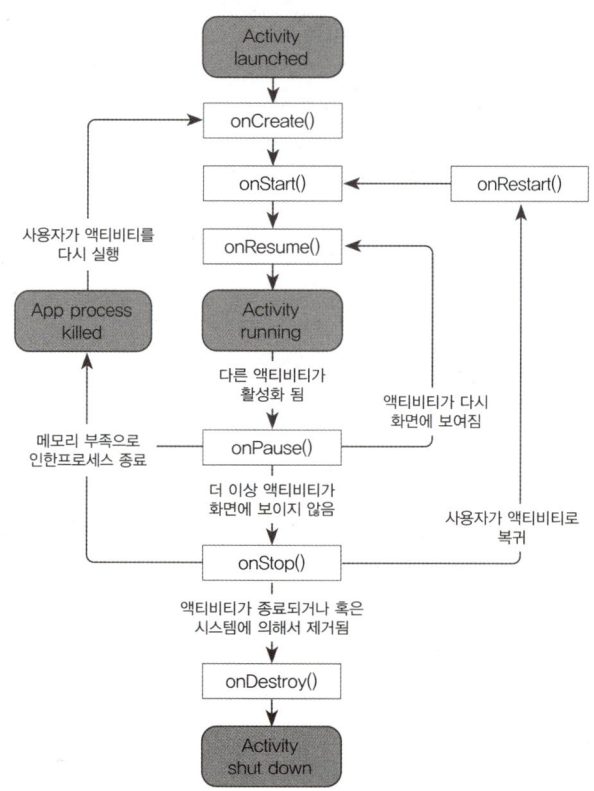

그림 1-68 액티비티 라이프사이클

각 **생명주기 메서드의 호출 시점**은 다음과 같습니다.

메서드	메서드 호출 시점
onCreate	액티비티가 처음 생성되는 시점
onDestroy	액티비티가 종료되는 시점
onResume	액티비티가 전면에 표시되어 활성화되고 사용자와 상호 작용이 가능해지는 시점
onPause	액티비티가 화면에서 사라지고 더는 사용자와의 상호 작용이 불가능해지는 비활성화 시점(즉, 다른 액티비티가 전면에 표시되어 이전 액티비티와 상호 작용이 불가능해지는 시점에서도 호출됨)
onStart	액티비티가 화면에 표시되기 시작하는 시점(본격적으로 상호 작용이 가능해지는 시점은 더 이후이므로 onResume 메서드가 뒤이어 호출됨)
onStop	액티비티가 화면에서 완전히 사라진 시점(화면에서 사라지고 상호 작용이 불가능해지는 시점이 더 이전이므로 onPause 메서드가 이전에 호출됨)
onRestart	액티비티가 재시작되는 시점에 호출되며, 이후 바로 onStart 메서드가 호출됨

이처럼 생명주기 메서드가 여럿 있지만 **반드시 모두 재정의할 필요는 없습니다. 반드시 재정의해야 하는 생명주기 메서드는 onCreate 메서드**뿐이며 액티비티를 사용하는 중에 할당한 중요 자원을 해제해야 할 때 **onDestory 메서드를 재정의해서 할당한 자원을 해제**합니다.

그 밖에도 앱이 비활성화되는 시점(즉, 화면에서 보이지 않게 되는 시점)에 처리할 코드를 작성하기 위해 onPause 메서드를, 다시 앱이 활성화되는 시점(즉, 다시 화면에 액티비티가 보여지는 시점)에 필요한 코드를 작성하기 onResume 메서드를 재정의할 수 있습니다.

새로운 프로젝트를 생성한 후 소개한 생명주기 메서드를 재정의한 예제 코드를 작성해보겠습니다.

메뉴에서 [File] → [New] → [New Project...]를 차례로 선택한 후 [Empty Activity]를 선택해 아무 내용이 없는 시작 액티비티를 생성합니다.

프로젝트와 관련된 설정 사항은 다음과 같이 지정합니다.

내용	값
Name	LifeCycleMethodStudy
Package name	wikibook.learnandroid.lifecyclemethodstudy
Language	Kotlin
Minimum API level	API 23

이후 MainActivity 클래스의 내용을 다음과 같이 수정합니다. 여기서는 모든 생명주기 콜백 메서드를 재정의해서 생명주기 메서드의 이름을 로그 메시지로 출력하도록 했습니다.

예제 1.11 생명주기 메서드를 재정의한 액티비티　　　　wikibook/learnandroid/lifecyclemethodstudy/MainActivity.kt

```kotlin
package wikibook.learnandroid.lifecyclemethodstudy

import androidx.appcompat.app.AppCompatActivity
import android.os.Bundle
import android.util.Log

class MainActivity : AppCompatActivity() {
    override fun onCreate(savedInstanceState: Bundle?) {
        // 부모 객체(super)에 접근해서 각 생명주기에 대응하는 메서드를 호출
        super.onCreate(savedInstanceState)
        Log.d("mytag", "onCreate")
    }

    override fun onStart() {
        super.onStart()
        Log.d("mytag", "onStart")
    }

    override fun onResume() {
        super.onResume()
        Log.d("mytag", "onResume")
    }

    override fun onPause() {
        super.onPause()
        Log.d("mytag", "onPause")
    }

    override fun onStop() {
        super.onStop()
        Log.d("mytag", "onStop")
    }

    override fun onDestroy() {
```

```
        super.onDestroy()
        Log.d("mytag", "onDestroy")
    }

    override fun onRestart() {
        super.onRestart()
        Log.d("mytag", "onRestart")
    }
}
```

이 액티비티를 실행하면 다음과 같은 로그 메시지를 확인할 수 있습니다.

```
D/mytag: onCreate
D/mytag: onStart
D/mytag: onResume
```

액티비티가 최초로 생성되는 시점에 onCreate 메서드가 호출되고 화면에 보이기 시작하는 시점에 onStart 메서드가 호출된 후 완전히 화면의 전면에 표시되는 시점에 onResume 메서드가 호출되는 것을 확인할 수 있습니다.

액티비티가 실행된 후 **백 버튼(◁)을 눌러 액티비티를 종료**하면 다음과 같은 로그 메시지가 출력됩니다.

```
D/mytag: onPause
D/mytag: onStop
D/mytag: onDestroy
```

액티비티가 화면에서 사라지기 시작하는 시점에 onPause 메서드가 호출되고, 화면에서 완전히 사라진 시점에 onStop 메서드가 호출된 다음, 마지막으로 액티비티가 제거되기 전 onDestroy 메서드가 호출되는 것을 확인할 수 있습니다.

만약 액티비티가 실행된 이후 **홈 버튼(○)을 눌러 액티비티를 빠져나가면** 다음과 같은 로그 메시지가 출력됩니다.

```
D/mytag: onPause
D/mytag: onStop
```

백 버튼을 누른 상황과 비슷한 순서로 콜백 메서드가 호출되지만 **액티비티가 종료된 것은 아니므로 onDestroy 메서드는 호출되지 않는 것**을 확인할 수 있습니다.

이후 빠져나온 액티비티를 다시 실행하면 다음과 같은 로그 메시지를 확인할 수 있습니다.

```
D/mytag: onRestart
D/mytag: onStart
D/mytag: onResume
```

액티비티가 재시작되는 시점에 onRestart 메서드가 호출되고, 이어서 onStart, onResume 메서드가 연달아 호출되는 것을 확인할 수 있습니다.

> 🔍 액티비티 생명주기 메서드를 재정의할 때 반드시 부모 객체(super)에 접근해 각각 대응하는 부모 액티비티 클래스의 생명주기 메서드를 실행해야 합니다.

모바일 환경의 특성상 빈번하게 다른 앱으로 맥락이 전환되는 과정에서 액티비티가 교체됩니다. 그런데 데스크톱 환경에 비해 모바일 환경에서는 리소스가 한정적이므로 안드로이드 운영체제는 **필요한 경우 리소스 확보를 위해 실행 중인 앱(프로세스)을 종료**할 수 있습니다. 따라서 액티비티가 화면에서 사라지는 시점에 **해당 액티비티와 관련된 작업 상황을 저장**해 놓을 수 있다면 더 나은 사용자 경험을 제공할 수 있습니다.

가령 브라우저 앱을 제작하고 있다고 가정하면 현재 보여주고 있는 웹 페이지의 주소를 onPause 메서드가 호출되는 시점에 임시로 저장한 후 다시 액티비티가 실행되는 시점에 저장된 웹 페이지의 주소를 불러오는 식으로 사용자가 보고 있던 웹 페이지를 계속해서 확인할 수 있게 구현할 수도 있습니다.

단말기 상태 변경과 관련된 UI 상태 저장

앞서 액티비티의 생명 주기와 관련된 메서드를 여럿 살펴봤습니다. 이번에는 **액티비티 화면에 표시된 정보를 저장하고 복구해야 할 때 재정의하는** onSaveInstanceState, onRestoreInstanceState 메서드의 사용법을 살펴보겠습니다.

이 두 메서드는 단말기의 상태가 변경되는 사건(예: 화면 회전)이 발생했을 때 **뷰와 관련된 상태 정보를 저장하고 복구하는 데 사용**됩니다. 화면 상의 데이터가 유실되는 상황을 재현해보기 위해 다음과 같은 상황을 가정하고 액티비티 코드를 작성해보겠습니다.

- 화면에 숫자를 표시하기 위한 TextView가 있으며, 숫자를 증가시키는 버튼을 누를 때마다 숫자가 1씩 증가
- 숫자를 직접 지정하기 위한 EditText가 있고 설정 버튼을 누르면 EditText에 입력한 숫자로 TextView의 숫자를 갱신

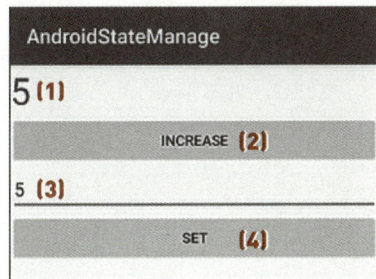

그림 1-69 데이터 유실 상황을 재현할 화면의 모습

먼저 뷰와 관련된 상태 저장 및 복구 예제에 사용할 레이아웃 파일(saving_ui_state_demo.xml)을 생성하고 내용을 다음과 같이 작성합니다.

예제 1.12 상태 복구에 활용될 여러 뷰들이 포함된 레이아웃　　　　　　　res/layout/saving_ui_state_demo.xml

```xml
<?xml version="1.0" encoding="utf-8"?>
<LinearLayout
    xmlns:android="http://schemas.android.com/apk/res/android"
    android:layout_width="match_parent"
    android:layout_height="match_parent"
    android:orientation="vertical">

    <TextView (1)
        android:id="@+id/number"
        android:text="0"
        android:textSize="36sp"
        android:layout_width="wrap_content"
        android:layout_height="wrap_content" />

    <Button (2)
        android:id="@+id/increase"
        android:text="Increase"
        android:layout_width="match_parent"
        android:layout_height="wrap_content" />

    <EditText (3)
        android:id="@+id/number_edit"
        android:inputType="number"
        android:text="0"
```

```xml
        android:layout_width="match_parent"
        android:layout_height="wrap_content" />

    <Button (4)
        android:id="@+id/set_number"
        android:text="Set"
        android:layout_width="match_parent"
        android:layout_height="wrap_content" />

</LinearLayout>
```

(1), (2), (3), (4)에서 저장할 숫자를 보여줄 TextView, 숫자를 1씩 증가시킬 버튼, 숫자를 직접 입력할 EditText, 그리고 EditText에 입력한 숫자로 TextView의 값을 바꿀 때 사용할 버튼을 추가했습니다.

이후 데이터 유실 상황을 재현하기 위해서 이전에 정의해 둔 생명주기 메서드를 삭제하거나 주석 처리한 후 MainActivity의 onCreate 메서드 내용을 다음과 같이 수정합니다.

예제 1.13 화면 회전 이후 데이터를 유실하는 액티비티 wikibook/learnandroid/lifecyclemethodstudy/MainActivity.kt

```kotlin
// 뷰 관련 import 구문 추가
import android.widget.Button
import android.widget.EditText
import android.widget.TextView

class MainActivity : AppCompatActivity() {
    // (1)
    private var num = 0

    override fun onCreate(savedInstanceState: Bundle?) {
        super.onCreate(savedInstanceState)

        setContentView(R.layout.saving_ui_state_demo)

        var numberText = findViewById<TextView>(R.id.number)
        var numberEdit = findViewById<EditText>(R.id.number_edit)
        var increaseButton = findViewById<Button>(R.id.increase)
        var setButton = findViewById<Button>(R.id.set_number)

        // (2)
```

```
            numberText.text = num.toString()


        // (3)
        increaseButton.setOnClickListener {
            num = numberText.text.toString().toInt() + 1
            numberText.text = num.toString()
        }
        setButton.setOnClickListener {
            num = numberEdit.text.toString().toInt()
            numberText.text = num.toString()
        }
    }
    // 나머지 생명 주기 메서드 삭제
}
```

(1) 현재 저장된 숫자를 저장하기 위한 속성을 선언합니다.

```
private var num = 0
```

(2) 숫자를 보여줄 TextView의 초기 텍스트를 설정합니다.

```
numberText.text = num.toString()
```

(3) 숫자를 1씩 증가시키는 버튼과 직접 숫자를 지정하는 버튼을 클릭했을 때 작업을 수행할 리스너 코드를 작성합니다.

```
increaseButton.setOnClickListener {
    num = numberText.text.toString().toInt() + 1
    numberText.text = num.toString()
}
setButton.setOnClickListener {
    // EditText에 입력된 숫자로 num 값 변경
    num = numberEdit.text.toString().toInt()
    numberText.text = num.toString()
}
```

이후 앱을 실행하고 직접 숫자를 입력하거나 숫자를 1씩 증가시키는 버튼을 클릭하면 num 속성값이 변경되고 동시에 TextView의 내용도 변경되는 것을 확인할 수 있습니다.

이후 화면을 회전해서(가로 화면이면 세로 화면으로, 세로 화면이면 가로 화면으로) 화면 표시 방향을 바꾸면 다음과 같이 TextView의 내용이 초기화되는 것을 확인할 수 있습니다.

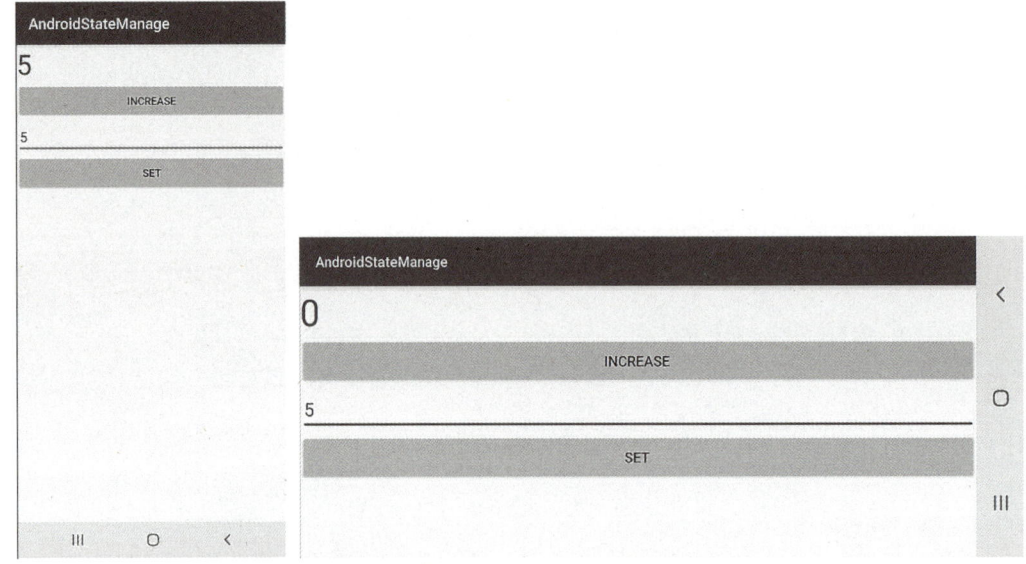

그림 1-70 화면 회전으로 인한 데이터 유실의 발생

이러한 데이터 유실 상황이 왜 일어나는지 확인하기 위해 로그 메시지를 출력해보겠습니다. 기존 액티비티 코드를 수정해서 onCreate 메서드에 로그 메시지를 출력하는 코드를 추가하고, onDestroy 메서드를 재정의한 후 마찬가지로 로그 메시지 출력 코드를 추가합니다.

예제 1.14 로그 메시지를 출력하는 코드를 추가   wikibook/learnandroid/lifecyclemethodstudy/MainActivity.kt

```
override fun onCreate(savedInstanceState: Bundle?) {
    // (.. 이전 코드 생략 ..)
    setButton.setOnClickListener {
        num = numberEdit.text.toString().toInt()
        numberText.text = num.toString()
    }

    // onCreate 메서드에서 로그 메시지를 출력하는 코드
    Log.d("mytag", "onCreate")
}

// onDestroy 재정의 및 로그 메시지를 출력하는 코드를 추가
```

```kotlin
override fun onDestroy() {
    super.onDestroy()
    Log.d("mytag", "onDestroy")
}
```

로그 메시지를 출력하는 코드를 추가한 후 앱을 실행하고 화면을 회전시키면 다음과 같이 로그 메시지가 출력되는 것을 확인할 수 있습니다.

```
D/mytag: onCreate
// 화면 회전으로 인한 액티비티 제거 및 생성 관련 로그 메시지
D/mytag: onDestroy
D/mytag: onCreate
```

단말기의 상태 변경(화면 회전)이 이뤄지는 과정에서 onDestroy 메서드가 호출되고 곧바로 onCreate 메서드가 호출되는 것을 확인할 수 있습니다. 즉, **화면 회전이 발생하는 시점에 액티비티가 재생성**되는 것을 확인할 수 있습니다.

만약 액티비티를 통해 회원 가입과 관련된 양식을 작성하고 있는 상황이었다면 화면 회전에 따라 발생한 데이터 유실 때문에 양식을 재작성해야 하는 문제점이 발생할 것입니다. 따라서 **화면 회전으로 인한 액티비티 재생성이 이뤄지더라도 입력한 내용이 계속해서 유지**될 수 있게 조치를 취해야 합니다.

액티비티가 재생성되기 때문에 뷰 역시 재생성되지만 여기서 **해결해야 할 문제는 뷰를 보전하는 것이 아니고 뷰에 표시될 데이터를 보존하는 것**입니다. 만약 액티비티가 제거되는 시점에 뷰와 관련된 데이터를 모두 저장할 수 있는 방법과 다시 생성되는 시점에 해당 데이터를 복구할 수 있는 방법이 있다면 화면 회전에 따르는 뷰 상태 초기화 문제를 해결할 수 있습니다.

액티비티 클래스의 **onSaveInstanceState**, **onRestoreInstanceState** 콜백 메서드를 재정의해서 적절한 데이터 저장 및 복구와 관련된 코드를 작성하면 이러한 데이터 유실 문제를 해결할 수 있습니다.

먼저 두 메서드의 메서드 호출 시점을 살펴보겠습니다.

메서드	메서드 호출 시점
onSaveInstanceState	안드로이드 파이 버전 이후에는 onStop 메서드를 호출한 이후에 호출되며, 이전 버전에서는 onStop 메서드가 호출되기 이전에 호출됨(즉, 액티비티가 비활성화되는 시점에 호출)
onRestoreInstanceState	onStart 메서드가 호출된 이후 호출됨(즉, 액티비티가 활성화되는 시점에 호출)

표에서 살펴본 바와 같이 onSaveInstanceState 메서드는 액티비티가 비활성화되는 시점에 호출되므로 상태를 저장하는 코드를 작성해 재정의합니다. onRestoreInstanceState 메서드는 액티비티가 활성화되는 시점에 호출되므로 상태를 복구하기 위한 코드를 작성해 재정의합니다.

이제 액티비티 클래스에 두 콜백 메서드를 재정의해서 화면 회전에 따른 데이터 유실이 일어나지 않도록 수정하겠습니다.

예제 1.15 데이터 유실에 따른 뷰 초기화 문제를 방지하기 위한 메서드 재정의

wikibook/learnandroid/lifecyclemethodstudy/MainActivity.kt

```kotlin
// (.. 이전 코드 생략 ..)

override fun onDestroy() {
    super.onDestroy()
    Log.d("mytag", "onDestroy")
}

// 두 콜백 메서드를 onDestroy 메서드 이후에 추가
// (1)
override fun onSaveInstanceState(outState: Bundle) {
    super.onSaveInstanceState(outState)
    Log.d("mytag", "onSaveInstanceState")
    outState.putInt("num", num)
}

// (2)
override fun onRestoreInstanceState(savedInstanceState: Bundle) {
    super.onRestoreInstanceState(savedInstanceState)
    Log.d("mytag", "onRestoreInstanceState")
    num = savedInstanceState.getInt("num") ?: 0

    var numberText = findViewById<TextView>(R.id.number)
    numberText.text = num.toString()
}
```

(1) onSaveInstanceState 메서드를 재정의하고 메서드를 통해 전달받은 Bundle 타입의 outState 객체에 복원할 때 사용할 정보를 저장합니다.

이때 Bundle 객체에서 제공하는 'put타입명' 형식의 메서드를 호출해 값을 저장할 수 있습니다. 여기서는 putInt 메서드를 통해 정숫값을 저장하며, 맵과 비슷하게 키를 사용해 값을 저장합니다.

```
override fun onSaveInstanceState(outState: Bundle) {
    super.onSaveInstanceState(outState)
    Log.d("mytag", "onSaveInstanceState")
    // 전달받은 Bundle 객체에 상태를 보존하기 위해 저장해야 할 데이터(num)를 추가
    outState?.putInt("num", num)
}
```

(2) onRestoreInstanceState 메서드를 재정의하고 **전달받은 Bundle 객체를 통해 앞서 저장한 값을 추출해서 복원**합니다.

onRestoreInstanceState 메서드는 화면에 필요한 모든 뷰가 생성된 이후(**onStart** 메서드가 호출된 시점 이후)에 호출되므로 값을 찾아온 이후 바로 뷰 객체를 찾아 뷰의 내용도 복원하는 것을 확인할 수 있습니다. 여기서는 화면 회전을 통해 다시 생명주기 메서드가 실행되는 과정에서 onStart 메서드가 호출된 시점 이후 복원이 진행됩니다.

```
override fun onRestoreInstanceState(savedInstanceState: Bundle) {
    super.onRestoreInstanceState(savedInstanceState)
    Log.d("mytag", "onRestoreInstanceState")
    // 전달받은 Bundle 객체에서 데이터를 반환받아 상태 복구를 위해 속성값을 초기화
    num = savedInstanceState.getInt("num") ?: 0

    var numberText = findViewById<TextView>(R.id.number)
    numberText.text = num.toString()
}
```

이후 앱을 실행하고 숫자 값을 조절한 후 화면 회전을 통해 단말기의 화면 방향을 바꿔도 문제없이 TextView의 상태가 복원되는 것을 확인할 수 있습니다.

onCreate 메서드에도 onSaveInstanceState 메서드에서 저장한 Bundle 객체가 전달되므로 **onRestoreInstanceState 메서드 재정의를 생략하고 뷰와 관련된 데이터 복원을 onCreate 메서드 내에서 진행해도 무방**합니다. 다음은 위의 코드를 수정해서 재정의한 onRestoreInstanceState 메서드 코드를 삭제하고 **onCreate** 메서드에서 뷰의 데이터를 복원하도록 수정한 코드입니다.

예제 1.16 onCreate 메서드로 전달된 Bundle 객체를 이용한 뷰 내용 복원

wikibook/learnandroid/lifecyclemethodstudy/MainActivity.kt

```kotlin
class MainActivity : AppCompatActivity() {
    private var num = 0

    override fun onCreate(savedInstanceState: Bundle?) {
        super.onCreate(savedInstanceState)

        setContentView(R.layout.saving_ui_state_demo)

        // (1)
        // onCreate 메서드 내부에서 Bundle 객체를 이용하여 데이터 복원
        if(savedInstanceState != null) {
            num = savedInstanceState.getInt("num")
        }

        var numberText = findViewById<TextView>(R.id.number)
        var numberEdit = findViewById<EditText>(R.id.number_edit)
        var increaseButton = findViewById<Button>(R.id.increase)
        var setButton = findViewById<Button>(R.id.set_number)

        numberText.text = num.toString()

        // (.. 이후 코드 생략 ..)
```

(1) 번들 객체에 접근해 num 값을 추출하고 대입하는 코드를 onCreate 메서드에 추가합니다.

처음 액티비티가 생성되는 시점에는 onSaveInstanceState 메서드를 통해 저장한 **Bundle 객체가 존재하지 않으므로 null 값이 전달**됩니다. 따라서 조건문을 통해 이전에 저장된 **Bundle** 객체가 존재하는 경우에만 뷰의 상태를 복원할 수 있도록 num 값을 초기화합니다.

```kotlin
// 번들 객체가 존재하는 경우에만 num 값을 초기화
if(savedInstanceState != null) {
    num = savedInstanceState.getInt("num")
}
```

> 🔍 화면이 회전되는 상황 외에도 단말기의 주 언어 설정이나 단말기의 기본 글자 크기를 변경하는 상황이 발생하면 앞에서 살펴본 액티비티를 재생성하는 작업이 진행됩니다.

> **더 알아보기 _ 상태가 자체적으로 보존되는 뷰**
>
> 액티비티를 재생성한 이후에도 특정 뷰 컴포넌트의 경우 내부 상태를 유지합니다. 가령 EditText 뷰는 입력된 텍스트 값을, CheckBox 뷰는 체크박스의 체크 여부를 자체적으로 보존해서 뷰의 상태를 유지합니다. (단, **뷰에 식별자를 부여했을 때만 값을 유지합니다.**)
>
> 하지만 가능하면 뷰의 자체적인 상태 보존 기능에 의존하기보다 앞에서 살펴본 방식대로 필요한 데이터를 모두 저장하고 적절한 콜백 메서드(onCreate 혹은 onRestoreInstanceState 메서드)가 호출되는 시점에 뷰의 상태를 직접 복원하는 방법을 쓰는 것을 권장합니다.

자주 쓰이는 뷰그룹

안드로이드에서 제공하는 뷰그룹은 종류가 다양하고 각기 특색을 가지고 있습니다. 여기서는 가장 자주 쓰이면서도 직관적으로 사용할 수 있는 뷰그룹인 LinearLayout, RelativeLayout 뷰그룹의 특징을 살펴보겠습니다.

메뉴에서 [File] → [New] → [New Project…]를 차례로 선택한 후 [Empty Activity]를 선택해 아무 내용이 없는 시작 액티비티를 생성합니다.

프로젝트와 관련된 설정 사항은 다음과 같이 지정합니다.

내용	값
Name	ViewGroupStudy
Package name	wikibook.learnandroid.viewgroupstudy
Language	Kotlin
Minimum API level	API 23

LinearLayout 뷰그룹

선형 레이아웃(LinearLayout)은 가장 직관적인 방식으로 자식 뷰를 배치할 수 있는 뷰그룹으로 자주 쓰이는 뷰그룹 중 하나입니다.

선형이라는 단어에서 유추할 수 있듯이 **자식 뷰를 연속적으로 이어서 배치하기 위해 사용하며 수직 (vertical), 수평(horizontal) 방향 중 하나를 선택**할 수 있습니다. 즉, 다음과 같이 **orientation** 속성을 이용해 배치 방향을 지정할 수 있습니다.

뷰그룹의 배치 방식을 보여줄 레이아웃 파일(linear_layout_demo1.xml)을 생성하고 내용을 다음과 같이 작성합니다.

예제 1.17 선형 레이아웃과 orientation 속성을 이용한 뷰 배치   res/layout/linear_layout_demo1.xml

```xml
<?xml version="1.0" encoding="utf-8"?>
<LinearLayout xmlns:android="http://schemas.android.com/apk/res/android"
    android:layout_width="match_parent"
    android:layout_height="match_parent"
    android:orientation="vertical">

    <Button android:layout_width="100dp" android:layout_height="50dp" android:text="Button 1"
android:layout_gravity="right" />
    <Button android:layout_width="200dp" android:layout_height="100dp" android:text="Button 2"
android:layout_gravity="center" />

</LinearLayout>
```

여기서는 배치 방향을 수직으로 지정했으므로 자식 뷰는 **추가된 순서대로 위에서 아래로 배치**됩니다.

MainActivity의 onCreate 메서드 내부 내용을 수정해 setContentView 메서드로 전달할 식별자를 앞서 생성한 레이아웃 리소스의 식별자로 변경합니다. (이후 새로운 뷰그룹 예제 레이아웃 리소스를 생성할 때마다 해당 식별자를 변경한 후 실행해서 결과를 확인합니다.)

wikibook/learnandroid/viewgroupstudy/MainActivity.kt

```kotlin
class MainActivity : AppCompatActivity() {
    override fun onCreate(savedInstanceState: Bundle?) {
        super.onCreate(savedInstanceState)
        // 리소스 식별자 변경
        setContentView(R.layout.linear_layout_demo1)
    }
}
```

앞서 서로 다른 크기를 가진 두 개의 버튼을 배치했습니다. layout_gravity 속성을 설정해 자식뷰의 위치를 각각 오른쪽, 중앙으로 지정한 것도 확인할 수 있습니다.

그림 1-71 버튼을 배치한 결과 화면

선형 레이아웃의 가장 큰 특징은 비율을 통해 뷰의 크기를 지정할 수 있다는 점입니다. **layout_weight 속성을 이용해 해당 뷰가 차지하는 비율을 지정**할 수 있습니다. 단, layout_weight 속성을 설정할 경우 선형 레이아웃의 방향이 수직 방향이면 layout_height에 0px 값을 부여하고, 수평 방향이면 layout_width에 0px 값을 부여해서 뷰의 높이와 크기 값을 제거해야 한다는 점에 유의합니다.

layout_weight 속성 적용 방식을 보여줄 레이아웃 파일(linear_layout_demo2.xml)을 생성하고 내용을 다음과 같이 작성합니다.

예제 1.18 선형 레이아웃과 layout_weight 속성을 이용한 뷰 배치　　　　　　res/layout/linear_layout_demo2.xml

```xml
<?xml version="1.0" encoding="utf-8"?>
<LinearLayout xmlns:android="http://schemas.android.com/apk/res/android"
    android:layout_width="match_parent"
    android:layout_height="wrap_content"
    android:orientation="horizontal">

    <Button android:layout_width="0px" android:layout_height="wrap_content" android:layout_weight="1" android:text="1/5" />
    <Button android:layout_width="0px" android:layout_height="wrap_content" android:layout_weight="3" android:text="3/5" />
    <Button android:layout_width="0px" android:layout_height="wrap_content" android:layout_weight="1" android:text="1/5" />

</LinearLayout>
```

추가한 세 버튼의 비율을 각각 1, 3, 1로 설정했습니다. 따라서 비율의 합은 5가 되고 버튼은 각각 전체 가로 크기의 20%, 60%, 20%에 해당하는 크기를 차지하게 됩니다.

그림 1-72 버튼의 비율을 서로 다르게 설정한 결과 화면

선형 레이아웃 뷰그룹에 `weightSum` 속성을 조정해서 최대 비율의 합을 직접 설정할 수 있습니다.

weightSum 속성 적용 방식을 보여줄 레이아웃 파일(linear_layout_demo3.xml)을 생성하고 내용을 다음과 같이 작성합니다.

예제 1.19 선형 레이아웃과 weightSum 속성을 이용한 뷰 배치   res/layout/linear_layout_demo3.xml

```xml
<?xml version="1.0" encoding="utf-8"?>
<LinearLayout xmlns:android="http://schemas.android.com/apk/res/android"
    android:layout_width="match_parent"
    android:layout_height="wrap_content"
    android:orientation="horizontal"
    android:weightSum="10">

    <Button android:layout_width="0px" android:layout_height="wrap_content" android:layout_weight="2" android:text="2/10" />
    <Button android:layout_width="0px" android:layout_height="wrap_content" android:layout_weight="3" android:text="3/10" />

</LinearLayout>
```

weightSum을 10으로 설정했으므로 전체 비율의 합은 10이 됩니다. 그런데 버튼의 비율을 각각 2, 3으로 설정했으므로 버튼 두 개는 전체 가로 크기의 50%를 차지하게 됩니다. 즉, 전체 공간에서 첫 번째 버튼은 20%, 두 번째 버튼은 30%의 크기를 차지하며 배치됩니다. 이 경우 전체 크기의 50% 만큼 공백을 남길 수 있으므로 **의도적으로 일정 비율의 공백을 남기고 싶은 경우 유용하게 활용**할 수 있습니다.

그림 1-73 공백을 제외한 공간을 사용하도록 한 결과 화면

방향을 수평 방향으로 설정했어도 똑같은 방식으로 뷰의 비율을 정할 수 있습니다.

다음 레이아웃 파일에서는 자식 뷰의 `layout_height` 속성은 모두 `0px`로 지정한 후 `layout_weight` 속성값을 부여합니다.

새 레이아웃 파일(linear_layout_demo4.xml)을 생성하고 내용을 다음과 같이 작성합니다.

예제 1.20 선형 레이아웃과 layout_weight 속성을 이용한 뷰 배치　　　　　　　　res/layout/linear_layout_demo4.xml

```xml
<?xml version="1.0" encoding="utf-8"?>
<LinearLayout xmlns:android="http://schemas.android.com/apk/res/android"
    android:layout_width="match_parent"
    android:layout_height="210dp"
    android:orientation="vertical">

    <Button android:layout_width="match_parent" android:layout_height="0px" android:layout_weight="1" android:text="1/3" />
    <Button android:layout_width="match_parent" android:layout_height="0px" android:layout_weight="1" android:text="1/3" />
    <Button android:layout_width="match_parent" android:layout_height="0px" android:layout_weight="1" android:text="1/3" />

</LinearLayout>
```

세 개의 버튼이 모두 균등하게 1/3의 크기를 차지하도록 설정했습니다. 부모 뷰의 높이가 210dp이므로 각 버튼의 높이는 70dp로 설정됩니다.

그림 1-74 수직 방향으로 배치된 버튼의 비율을 서로 다르게 설정한 결과 화면

이렇게 해서 선형 레이아웃의 특징과 주요 속성을 살펴봤습니다.

RelativeLayout 뷰그룹

상대 레이아웃(RelativeLayout)은 부모 뷰그룹이나 다른 뷰에 상대적인 위치를 지정해 뷰를 배치할 수 있는 뷰그룹으로, 선형 레이아웃만큼이나 자주 사용되는 뷰그룹입니다.

다음 레이아웃에서는 상대 레이아웃 뷰그룹에 자식뷰로 세 개의 버튼을 추가하고 모두 부모를 기준으로 위치를 지정하도록 배치합니다.

새 레이아웃 파일(relative_layout_demo1.xml)을 생성하고 내용을 다음과 같이 작성합니다.

예제 1.21 상대 레이아웃을 이용하여 부모 뷰그룹을 기준으로 버튼 뷰 배치   res/layout/relative_layout_demo1.xml

```xml
<?xml version="1.0" encoding="utf-8"?>
<RelativeLayout xmlns:android="http://schemas.android.com/apk/res/android"
    android:layout_width="match_parent"
    android:layout_height="match_parent">

    <Button android:text="1" android:layout_width="50dp" android:layout_height="50dp"
        android:layout_centerVertical="true"
        android:layout_alignParentLeft="true" />
    <Button android:text="2" android:layout_width="50dp" android:layout_height="50dp"
        android:layout_centerInParent="true" />
    <Button android:text="3" android:layout_width="50dp" android:layout_height="50dp"
        android:layout_centerVertical="true"
        android:layout_alignParentRight="true" />

</RelativeLayout>
```

`layout_centerVertical`, `layout_centerHorizontal` 속성을 통해 부모 뷰그룹을 기준으로 수직, 수평 정렬을 합니다. 이때 true 혹은 false를 설정해 수직, 수평 정렬 여부를 결정합니다.

만약 부모 뷰그룹의 정중앙에 뷰를 위치하게 하고 싶다면 두 속성값을 모두 true로 지정하거나 `layout_centerInParent` 속성을 true 값으로 설정해 수직, 수평 정렬이 한 번에 적용되게 할 수 있습니다.

그림 1-75 부모 뷰그룹에 상대적으로 위치하도록 버튼을 배치한 화면

여기서는 1번, 3번 버튼의 layout_centerVertical 속성을 true로 지정해 수직 방향으로 중앙에 위치하도록 배치했으며, 동시에 1번 버튼은 layout_alignParentLeft 속성을 설정해 부모 뷰의 왼쪽 끝에 정렬하고, 3번 버튼은 layout_alignParentRight 속성을 설정해 부모 뷰의 오른쪽 끝에 정렬합니다. 2번 버튼은 layout_centerInParent 속성을 설정해 뷰그룹의 정중앙에 위치하도록 설정합니다.

상대 레이아웃의 큰 장점은 부모 뷰그룹뿐만 아니라 **뷰의 식별자를 통해 특정 뷰에 상대적인 위치를 지정**할 수 있다는 점입니다. 다음 레이아웃에서는 정중앙에 위치한 C 버튼에 식별자를 부여하고 나머지 네 개의 버튼(1, 2, 3, 4)에는 해당 버튼에 상대적인 위치를 부여해서 버튼을 둘러싸도록 배치하고 있습니다.

새 레이아웃 파일(relative_layout_demo2.xml)을 생성하고 내용을 다음과 같이 작성합니다.

예제 1.22 상대 레이아웃을 이용하여 특정 뷰를 기준으로 버튼 뷰 배치   res/layout/relative_layout_demo2.xml

```xml
<?xml version="1.0" encoding="utf-8"?>
<RelativeLayout xmlns:android="http://schemas.android.com/apk/res/android"
    android:layout_width="match_parent"
    android:layout_height="match_parent">

    <Button android:id="@+id/center" android:text="C" android:layout_width="50dp"
android:layout_height="50dp"
        android:layout_centerInParent="true" />
    <Button android:text="1" android:layout_width="100dp" android:layout_height="50dp"
        android:layout_above="@id/center" android:layout_alignLeft="@id/center" />
    <Button android:text="2" android:layout_width="100dp" android:layout_height="50dp"
        android:layout_below="@id/center" android:layout_alignRight="@id/center" />
    <Button android:text="3" android:layout_width="50dp" android:layout_height="100dp"
        android:layout_alignBottom="@id/center" android:layout_toLeftOf="@id/center" />
    <Button android:text="4" android:layout_width="50dp" android:layout_height="100dp"
        android:layout_alignTop="@id/center" android:layout_toRightOf="@id/center" />

</RelativeLayout>
```

1번 버튼은 layout_above, layout_alignLeft 속성을 통해 중앙에 위치한 버튼의 위에 위치하면서도 중앙 버튼의 맨 왼쪽 위치에서 뷰가 시작할 수 있게 조정했습니다.

3번 버튼은 layout_toLeftOf, layout_alignBottom 속성을 통해 중앙에 위치한 버튼의 왼쪽에 위치하면서도 중앙 버튼의 수직의 끝부분에서 뷰의 위치도 함께 끝날 수 있도록 조정했습니다.

2, 4번 버튼도 비슷한 방식으로 상대 위치를 지정한 것을 확인할 수 있습니다.

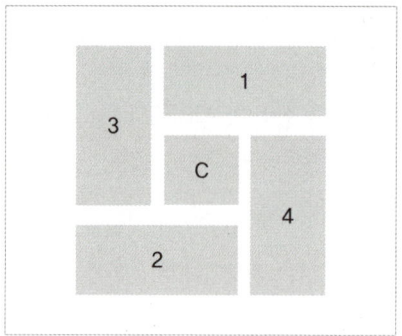

그림 1-76 특정 뷰에 상대적으로 위치하도록 버튼을 배치한 화면

여기서는 속성값으로 **특정 뷰의 식별자를 전달해야 하는 속성**을 사용하고 있습니다. 이러한 속성의 특징을 정리하면 다음과 같습니다.

속성	특징
layout_above	상대 뷰의 위에 배치합니다.
layout_below	상대 뷰의 아래에 배치합니다.
layout_alignLeft	상대 뷰의 왼쪽에 맞춰 뷰를 배치합니다(상대 뷰의 왼쪽 면에 뷰의 왼쪽 면이 위치하도록 배치).
layout_alignRight	상대 뷰의 오른쪽에 맞춰 뷰를 배치합니다(상대 뷰의 오른쪽 면에 뷰의 오른쪽 면이 위치하도록 배치)
layout_alignTop	상대 뷰의 상단 부분에 맞춰 뷰를 배치합니다(상대 뷰의 상단 면에 뷰의 상단 면이 위치하도록 배치).
layout_alignBottom	상대 뷰의 하단 부분에 맞춰 뷰를 배치합니다(상대 뷰의 하단 면에 뷰의 하단 면이 위치하도록 배치).
layout_toLeftOf	상대 뷰의 왼쪽에 뷰를 배치합니다(상대 뷰의 왼쪽 면에 뷰의 오른쪽 면이 위치하도록 배치).
layout_toRightOf	상대 뷰의 오른쪽에 뷰를 배치합니다(상대 뷰의 오른쪽 면에 뷰의 왼쪽 면이 위치하도록 배치).

이 밖에도 다양한 상대 위치 속성이 있으며, 각 속성의 특징은 공식 문서[2]를 참고해서 직접 적용해보기를 권장합니다.

---

[2] https://developer.android.com/reference/android/widget/RelativeLayout.LayoutParams#xml-attributes_1

중첩 뷰그룹의 활용

앞에서 살펴본 두 개의 뷰그룹을 중첩해서 배치하면 더 복잡한 형태의 레이아웃을 구성할 수 있습니다. 다음 예제에서는 뷰그룹을 중첩해서 레이아웃을 구성합니다.

뷰그룹의 중첩 배치를 보여줄 레이아웃 파일(nested_view_group_demo.xml)을 생성하고 내용을 다음과 같이 작성합니다.

예제 1.23 중첩된 뷰그룹을 이용한 레이아웃 구성　　　　　　　　　　res/layout/nested_view_group_demo.xml

```xml
<?xml version="1.0" encoding="utf-8"?>
<LinearLayout xmlns:android="http://schemas.android.com/apk/res/android" (1)
    android:layout_width="match_parent"
    android:layout_height="match_parent"
    android:orientation="vertical">

    <LinearLayout (2)
        android:layout_width="match_parent"
        android:layout_height="0px"
        android:layout_weight="2"
        android:orientation="horizontal">
        <Button android:text="1" android:layout_width="0px" android:layout_height="wrap_content" android:layout_weight="2" android:layout_gravity="top" />
        <Button android:text="2" android:layout_width="0px" android:layout_height="wrap_content" android:layout_weight="3" android:layout_gravity="center" />
        <Button android:text="3" android:layout_width="0px" android:layout_height="wrap_content" android:layout_weight="2" android:layout_gravity="bottom" />
    </LinearLayout>

    <RelativeLayout (3)
        android:layout_width="match_parent"
        android:layout_height="0px"
        android:background="#000000"
        android:layout_weight="8">
        <Button android:text="4" android:layout_width="100dp" android:layout_height="100dp"
            android:layout_centerInParent="true" />
    </RelativeLayout>

    <LinearLayout (4)
        android:layout_width="match_parent"
```

```
            android:layout_height="0px"
            android:layout_weight="2"
            android:gravity="center">
            <Button android:text="5" android:layout_width="250dp" android:layout_height="wrap_content"
android:layout_gravity="center" />
    </LinearLayout>

</LinearLayout>
```

(1) 가장 상위 뷰그룹으로 선형 레이아웃을 사용해 자식 뷰를 수직 방향으로 배치하도록 설정했습니다.

(2) 첫 번째 중첩 뷰그룹으로 선형 레이아웃을 사용해 자식뷰를 수평 방향으로 배치하되 비율을 지정해 각 비율에 따라 뷰의 가로 크기를 조정하며, layout_gravity 속성을 통해 부모 뷰그룹 내부의 수직 방향 위치를 지정합니다.

(3) 두 번째 중첩 뷰그룹으로 상대 레이아웃을 사용합니다. 중앙에 버튼을 배치해서 주변 여백 공간을 많이 확보하고 있습니다.

(4) 마지막 중첩 뷰그룹으로 선형 레이아웃을 사용합니다. 버튼 하나를 화면 중앙에 배치합니다.

그림 1-77 중첩된 뷰그룹을 이용해 배치한 화면

이렇게 상대 레이아웃의 특징과 주요 속성을 살펴보고 중첩된 뷰그룹을 활용해 레이아웃을 구성하는 사례도 살펴봤습니다.

자주 쓰이는 뷰

안드로이드 앱을 작성할 때 사용할 다양한 뷰 중에서 빈번하게 사용되는 뷰를 살펴보고 해당 뷰와 관련된 리스너 인터페이스 및 인터페이스 구현 코드도 함께 살펴보겠습니다.

메뉴에서 [File] → [New] → [New Project...]를 차례로 선택한 후 [Empty Activity]를 선택해 아무 내용이 없는 시작 액티비티를 생성합니다.

프로젝트와 관련된 설정 사항은 다음과 같이 지정합니다.

내용	값
Name	ViewStudy
Package name	wikibook.learnandroid.viewstudy
Language	Kotlin
Minimum API level	API 23

프로젝트를 진행하며 여러 뷰를 살펴보는 과정에서 계속해서 뷰를 추가해야 하므로 기본 생성된 레이아웃 파일(activity_main.xml)의 내용을 다음과 같이 작성하고 LinearLayout 뷰그룹 내부에 설명할 뷰를 하나씩 추가하는 식으로 설명을 진행하겠습니다.

여기서 ScrollView가 처음 등장하는데 ScrollView는 **여러가지 뷰를 추가했을 때 화면이 넘어갈 경우 스크롤을 할 수 있도록 돕는 뷰**로 추후 프로젝트를 진행하며 다시 한 번 설명하겠습니다.

예제 1.24 화면 스크롤 기능을 제공할 ScrollView 뷰그룹이 포함된 레이아웃   res/layout/activity_main.xml

```xml
<?xml version="1.0" encoding="utf-8"?>
<ScrollView xmlns:android="http://schemas.android.com/apk/res/android"
    android:layout_width="match_parent"
    android:layout_height="match_parent">

    <LinearLayout
        android:layout_width="match_parent"
```

```
        android:layout_height="match_parent"
        android:orientation="vertical">

        <!-- 예제로 살펴볼 뷰를 추가할 영역 -->

    </LinearLayout>

</ScrollView>
```

또한 리스너 인터페이스 객체를 생성하고 설정하는 코드 부분은 모두 MainActivity의 onCreate 내부에 계속해서 이어서 작성하겠습니다.

TextView, ImageView 뷰

TextView는 화면에 텍스트를 출력할 때 사용하는 뷰입니다. 이 뷰에서 주로 사용하는 속성은 다음과 같습니다.

```
<TextView android:layout_width="wrap_content" android:layout_height="wrap_content"
    android:text="Hello"                    (1)
    android:textColor="#FF0000"             (2)
    android:textSize="16sp"                 (3)
    android:textStyle="bold"                (4)
/>
```

(1) text 속성을 이용해 표시할 텍스트를 설정합니다.

(2) textColor 속성을 이용해 표시할 텍스트의 색상을 설정합니다. 여기서는 16진수 형태의 색상값을 직접 입력해서 색상을 지정하지만 다음과 같이 색상 리소스의 식별자를 이용해 색상을 설정하는 것도 가능합니다.

```
android:textColor="@color/colorAccent"
```

(3) textSize 속성을 이용해 텍스트의 크기를 설정합니다.

(4) textStyle 속성을 이용해 텍스트의 스타일을 설정합니다. **normal, bold, italic 속성값을 부여**할 수 있으며, 각각 일반적인 서식, 볼드체, 이탤릭체로 텍스트를 보여줄 수 있습니다.

만약 볼드와 이탤릭체를 동시에 적용하고 싶다면 다음과 같이 바 기호(|)를 이용하여 두 값을 모두 적어줍니다.

```
android:textStyle="bold|italic"
```

두 스타일이 모두 적용된 텍스트뷰의 모습은 다음과 같습니다.

그림 1-78 볼드, 이탤릭체가 적용된 텍스트뷰

ImageView는 화면에 이미지를 출력할 때 사용하는 뷰입니다. 다음은 ImageView의 이미지 소스로 사용할 안드로이드 마스코트 이미지입니다. 해당 이미지(android_robot.png)를 drawable 폴더 내부에 추가합니다.

그림 1-79 이미지 스케일링을 적용할 원본 이미지

ImageView에서 주로 사용되는 속성은 다음과 같습니다.

```
<ImageView android:layout_width="100dp" android:layout_height="100dp"
    android:src="@drawable/android_robot"            (1)
    android:scaleType="fitCenter"                    (2)
/>
```

(1) 이미지뷰를 통해 표시할 이미지를 src 속성에 지정합니다. 이때 대상 이미지는 이미지 리소스의 식별자로 지정합니다.

(2) scaleType 속성을 이용해 **이미지뷰 내부에 이미지가 표시될 스케일링 방식을 지정**할 수 있습니다. 이미지 스케일링은 이미지의 가로, 세로 길이를 일정 비율만큼 늘이거나 줄여서 사이즈를 조절하는 기법으로 지정할 수 있는 속성값과 그 특징은 다음과 같습니다.

scaleType 속성값	특징
center	이미지의 원본 크기대로 중앙 정렬해서 보여주되 이미지 스케일링을 적용하지 않습니다. 따라서 원본 이미지의 크기가 큰 경우 이미지뷰의 사이즈를 벗어나는 부분은 보이지 않게 잘라냅니다.
centerCrop	이미지의 원본 비율을 유지하면서 이미지 스케일링을 적용하되 이미지뷰를 벗어나는 부분은 잘라냅니다.
centerInside	이미지의 원본 비율을 유지하면서 이미지뷰를 벗어나는 부분이 잘리지 않도록 이미지 스케일링을 적용합니다.
matrix	해당 이미지뷰에 프래그래머가 직접 이미지의 이동, 회전, 크기 변환 행렬을 적용할 수 있게 합니다.
fitCenter	이미지가 원본 비율을 유지하면서 이미지뷰의 중앙에 위치하도록 채웁니다. **scaleType의 속성을 지정하지 않은 경우 적용될 기본 속성값**입니다.
fitEnd	fitCenter와 비슷하게 이미지의 원본 비율을 유지하면서 이미지뷰의 오른쪽 하단에서부터 보여지도록 이미지뷰를 채웁니다.
fitStart	fitCenter와 비슷하게 이미지의 원본 비율을 유지하면서 이미지뷰의 왼쪽 상단에서부터 보여지도록 이미지뷰를 채웁니다.
fitXY	원래 이미지의 원본 비율을 고려하지 않고 이미지 스케일링을 적용해 이미지뷰를 가득 채웁니다.

소개한 각 속성값을 적용해 이미지뷰에 표시된 모습은 다음과 같습니다.

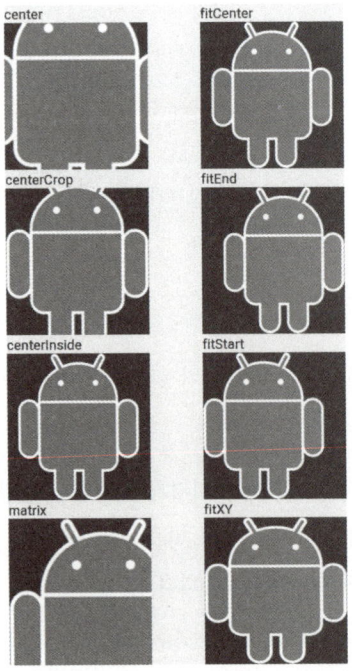

그림 1-80 scaleType 속성에 따른 이미지 표시 방식

Button, ImageButton, ToggleButton 뷰

Button은 **버튼을 통해 사용자와 상호 작용**하기 위해 사용하는 뷰입니다. 주로 사용되는 속성은 다음과 같습니다.

```
<Button android:id="@+id/button"
    android:layout_width="match_parent"
    android:layout_height="wrap_content"
    android:text="Hello"                (1)
    android:textAllCaps="false" />      (2)
```

(1) text 속성을 이용해 버튼의 레이블을 설정합니다.

(2) textAllCaps 속성을 이용해 버튼에 표시될 레이블의 **소문자를 대문자로 변환해서 보여줄지 여부를 결정**합니다. 기본 속성값은 true이므로 영어 단어가 포함된 경우 모두 대문자로 표시됩니다.

```
<Button android:layout_width="wrap_content" android:layout_height="wrap_content"
    android:text="World"
    android:drawableLeft="@android:drawable/ic_menu_add" />
```

drawableLeft 속성을 이용해 버튼 레이블의 왼쪽에 표시할 아이콘 이미지를 설정할 수 있습니다. 여기서는 안드로이드에서 기본적으로 제공하는 아이콘 이미지를 사용합니다. 만약 오른쪽에 이미지를 표시해야 한다면 drawableRight 속성값을 지정합니다.

그림 1-81 왼쪽에 아이콘을 표시한 버튼

> 🔍 안드로이드에서 기본으로 제공하는 리소스에 접근하려면 리소스 디렉터리의 이름 앞에 android: 접두사를 붙입니다.

버튼은 상호 작용이 필요하므로 일반적으로 클릭 이벤트 리스너를 구현해서 버튼 클릭 이후 필요한 코드를 작성합니다. 앞서 클릭 이벤트 리스너를 구현하는 방법은 살펴봤으므로 여기서는 롱 클릭 리스너 인터페이스를 구현해보겠습니다.

롱 클릭 이벤트는 오랫동안 특정 뷰를 터치하고 있을 경우 발생하는 이벤트로서 다음과 같이 OnLongClick
Listener 인터페이스를 구현해서 필요한 코드를 설정할 수 있습니다.

```kotlin
// wikibook/learnandroid/viewstudy/MainActivity.kt
val button = findViewById<Button>(R.id.button)
button.setOnLongClickListener {
    Toast.makeText(this, "롱 클릭 이벤트 발생", Toast.LENGTH_SHORT).show()

    true
}
```

클릭 이벤트 리스너 인터페이스를 설정하는 코드와 크게 다르지는 않습니다. 마지막에 true를 반환하는 이유는 롱 클릭 이벤트에 대한 처리가 모두 무사히 처리됐음을 안드로이드 시스템에 알리기 위해서입니다.

ImageButton은 **이미지를 이용한 버튼을 표시**하기 위해 사용하는 뷰입니다. 주로 사용되는 속성은 다음과 같습니다.

```xml
<ImageButton android:layout_width="wrap_content" android:layout_height="wrap_content"
    android:src="@android:drawable/ic_menu_add"              (1)
    android:background="@android:color/transparent"         (2)
/>
```

(1) src 속성에 이미지의 식별자를 전달해서 해당 이미지 버튼에서 사용할 이미지 리소스를 설정합니다.

(2) 이미지 리소스만 보여주고 배경은 제거하기 위해 투명색으로 배경 속성값을 설정합니다.

다음은 화면에 표시될 이미지 버튼의 모습입니다.

그림 1-82 이미지 버튼

내부적으로는 ImageButton 클래스가 ImageView 클래스를 상속하는 형태로 정의돼 있으므로 이미지를 그냥 표시하는 것과 큰 차이는 없다고 생각해도 무방합니다.

ToggleButton은 스위치와 같은 역할을 하는 뷰로서 주로 두 상태 중 하나의 상태로 설정하기 위해 사용하는 뷰입니다. 뷰에서 주로 사용되는 속성은 다음과 같습니다.

```
<ToggleButton
    android:id="@+id/toggle_button"
    android:layout_width="wrap_content"
    android:layout_height="wrap_content"
    android:textOff="Toggle Off"    (1)
    android:textOn="Toggle On"      (2)
/>
```

(1), (2) textOff, textOn 속성은 각각 토글 버튼의 활성화/비활성화 여부에 따라 표시할 레이블을 설정하는 데 사용합니다.

다음은 화면에 표시될 토글 버튼의 모습입니다. 활성화 상태에 따라 설정한 레이블로 변경되며, 버튼 하단에 위치한 선의 색상도 변경되는 것을 확인할 수 있습니다.

그림 1-83 활성화 상태에 따른 토글 버튼

토글 버튼의 **활성화 상태가 변경되는 시점**에 필요한 코드를 작성하기 위해 다음과 같이 OnCheckedChangeListener 인터페이스를 구현할 수 있습니다. 또한 필요하다면 뷰 객체의 **isChecked 속성값을 확인해 해당 토글 버튼이 활성화돼 있는지 여부**도 확인할 수 있습니다.

wikibook/learnandroid/viewstudy/MainActivity.kt

```
val toggleButton = findViewById<ToggleButton>(R.id.toggle_button)

// (1)
toggleButton.setOnCheckedChangeListener { view, isChecked ->
    Toast.makeText(this, "isChecked : ${isChecked}, view.isChecked : ${view.isChecked}", Toast.LENGTH_SHORT).show()
}
```

(1) OnCheckedChangeListener 인터페이스의 onCheckedChanged 메서드를 구현하며 동시에 두 개의 인자(토글 버튼 뷰(view)와 활성화 여부(isChecked))가 전달되는 것을 확인할 수 있습니다.

EditText 뷰

EditText는 **사용자로부터 필요한 내용을 입력받기 위해 사용**하는 뷰입니다. 주로 사용되는 속성은 다음과 같습니다.

```
<EditText android:id="@+id/edit_text" android:layout_width="match_parent" android:layout_height="wrap_content"
    android:inputType="textPassword"            (1)
    android:maxLength="6"                       (2)
    android:hint="패스워드 입력 (최대 6자)"       (3)
/>
```

(1) inputType 속성은 EditText에서 지원하는 다양한 **입력 방식을 설정**하기 위해 사용하는 속성입니다. 자주 사용되는 대표적인 속성값을 정리하면 다음과 같습니다.

속성값	특징
text	일반적인 텍스트를 입력받기 위한 속성값
textPassword	사용자가 입력한 내용이 보이지 않는 패스워드를 입력받기 위한 속성값
number	정수를 입력받기 위한 속성값
numberDecimal	소수점이 있는 숫자를 입력받기 위한 속성값
phone	전화번호를 입력받기 위한 속성값

속성값을 변경하면 다음과 같이 입력값의 특성에 따라 보여줄 **가상 키보드의 내용이나 배열이 달라지기 때문에** 입력받을 내용에 따라 inputType 속성을 적절히 지정하는 것을 권장합니다.

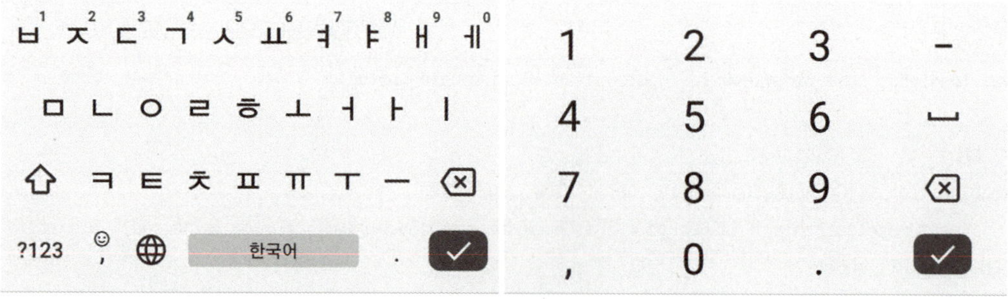

그림 1-84 inputType 속성값에 따른 가상 키보드(왼쪽 : text, 오른쪽 : number)

(2) maxLength 속성은 EditText에 입력할 내용의 최대 길이를 지정하기 위해 사용하는 속성입니다.

(3) hint 속성은 EditText에 입력해야 할 내용에 대한 힌트를 제공하기 위해 사용하는 속성입니다.

EditText 뷰의 경우 입력된 텍스트의 내용이 변경되는 이벤트를 감지할 수 있습니다. 이벤트 감지를 위해 TextWatcher 인터페이스를 구현한 객체를 addTextChangedListener 메서드에 전달합니다.

wikibook/learnandroid/viewstudy/MainActivity.kt

```kotlin
val editText = findViewById<EditText>(R.id.edit_text)
editText.addTextChangedListener(object : TextWatcher {
    // (1)
    override fun afterTextChanged(s: Editable?) {}
    // (2)
    override fun beforeTextChanged(s: CharSequence?, start: Int, count: Int, after: Int) {}
    // (3)
    override fun onTextChanged(s: CharSequence?, start: Int, before: Int, count: Int) {
        Toast.makeText(this@MainActivity, "${s.toString()}", Toast.LENGTH_SHORT).show()
    }
})
```

(1) afterTextChanged 메서드는 텍스트가 변경된 직후 호출되는 메서드입니다. 하지만 변경된 텍스트 내용이 메서드로 전달되지는 않으므로 일반적으로 onTextChanged 메서드를 구현해 필요한 작업을 수행합니다.

(2) beforeTextChanged 메서드는 텍스트가 변경되기 바로 직전 호출되는 메서드입니다. 이 메서드에서는 변경되기 직전의 문자열(s)을 참조할 수 있습니다.

(3) onTextChanged 메서드는 텍스트 변경이 완료되는 시점에 호출되는 메서드입니다. 여기서는 변경된 문자열(s)을 토스트 메시지로 출력합니다.

EditText 뷰에 내용을 입력하려면 먼저 해당 뷰를 클릭해 입력 포커스를 줘야 합니다. 다른 EditText 뷰를 선택하면 포커스가 이동하며 이러한 포커스 발생 및 해제 이벤트에 따라 필요한 코드를 작성해야 한다면 OnFocusChangeListener 인터페이스를 구현할 수 있습니다.

wikibook/learnandroid/viewstudy/MainActivity.kt

```kotlin
// (1)
editText.setOnFocusChangeListener { view, hasFocus ->
    Toast.makeText(this, "포커스 변경 : ${hasFocus}", Toast.LENGTH_SHORT).show()
}
```

(1) 전달되는 인자 중 hasFocus 값을 통해 EditText에 포커스가 지정됐는지 여부를 알 수 있습니다.

EditText 뷰의 입력 포커스 상태는 코드를 통해 조정할 수 있으며, 다음과 같은 메서드를 호출해서 각각 포커스를 주거나 해제할 수 있습니다.

```
// 포커스 할당 메서드
editText.requestFocus()

// 포커스 해제 메서드
editText.clearFocus()
```

CheckBox, RadioButton 뷰

CheckBox는 체크박스를 표시하는 뷰입니다. 주로 사용되는 속성은 다음과 같습니다.

```xml
<CheckBox android:id="@+id/checkbox1" android:layout_width="wrap_content" android:layout_height="wrap_content"
    android:text="CheckBox 1" (1)
/>
<CheckBox android:id="@+id/checkbox2" android:layout_width="wrap_content" android:layout_height="wrap_content"
    android:text="CheckBox 2" (1)
/>
```

(1) text 속성값을 지정해 체크박스와 관련된 레이블을 설정합니다. 토글 버튼과 마찬가지로 OnCheckedChangeListener 인터페이스를 구현해서 체크박스의 체크 상태가 변경되는 시점에 필요한 코드를 작성할 수 있습니다.

wikibook/learnandroid/viewstudy/MainActivity.kt
```kotlin
val checkBox1 = findViewById<CheckBox>(R.id.checkbox1)

checkBox1.setOnCheckedChangeListener { view, isChecked ->
    Toast.makeText(this, "${isChecked} ${view.isChecked}", Toast.LENGTH_SHORT).show()
}
```

전달되는 인자 중 isChecked를 통해 체크박스가 선택됐는지 여부를 확인할 수 있습니다.

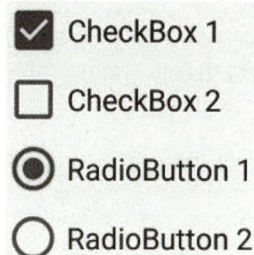

그림 1-85 체크 박스와 라디오 버튼

RadioButton은 라디오 버튼을 표시하는 뷰입니다. **체크박스와는 다르게 라디오 버튼은 여러 선택지 중 하나의 선택지만 선택**할 수 있습니다.

라디오 버튼은 단독으로 정의하지 않고 다음과 같이 **RadioGroup 요소의 자식 요소로 추가해서 여러 선택지가 포함된 특정 그룹에 속할 수 있게 정의**해야 합니다.

```xml
<RadioGroup android:id="@+id/radio_group" android:layout_width="match_parent" android:layout_height="wrap_content">
    <RadioButton android:id="@+id/radio_button1" android:layout_width="wrap_content" android:layout_height="wrap_content" android:text="RadioButton 1"/>
    <RadioButton android:id="@+id/radio_button2" android:layout_width="wrap_content" android:layout_height="wrap_content" android:text="RadioButton 2"/>
</RadioGroup>
```

이후 다음과 같이 OnCheckedChangeListener 인터페이스를 구현하며, 어떤 라디오 버튼이 선택됐는지를 파악하기 위해 사용할 이벤트 리스너를 설정합니다. 단, 이벤트 리스너를 설정하는 객체는 라디오 버튼 객체가 아니라 라디오 그룹 객체임에 유의합니다.

wikibook/learnandroid/viewstudy/MainActivity.kt

```kotlin
val radioGroup = findViewById<RadioGroup>(R.id.radio_group)
radioGroup.setOnCheckedChangeListener { group, checkedId ->
    when(checkedId) {
        R.id.radio_button1 -> Toast.makeText(this, "라디오 버튼 1 선택", Toast.LENGTH_SHORT).show()
        R.id.radio_button2 -> Toast.makeText(this, "라디오 버튼 2 선택", Toast.LENGTH_SHORT).show()
    }
}
```

인자 중 checkedId는 선택된 라디오 버튼의 식별자 값으로서 여기서는 해당 값에 따라 분기해서 적절한 토스트 메시지를 출력합니다.

Spinner 뷰

스피너는 다음과 같이 **드롭다운 메뉴를 통해 필요한 선택지를 선택**할 때 사용하는 뷰입니다.

그림 1-86 스피너 뷰의 모습

스피너의 경우 다음과 같이 단순히 레이아웃 파일에 Spinner 요소를 추가하는 것만으로는 뷰를 사용할 수 없습니다.

```
<Spinner android:id="@+id/spinner" android:layout_width="match_parent" android:layout_height="wrap_content" />
```

뷰를 추가한 이후 목록에 표시할 선택지 내용이 포함된 배열 리소스도 같이 생성해야 합니다. 배열 리소스와 관련된 내용은 values 폴더 내부의 array.xml 파일에 작성합니다. 단, 해당 파일은 프로젝트 생성 시 자동으로 생성되는 리소스 파일이 아니므로 폴더에 직접 파일을 생성한 후 내용을 작성해야 합니다.

예제 1.25 선택지 정보가 포함될 배열 리소스 정의   res/values/array.xml

```xml
<?xml version="1.0" encoding="utf-8"?>
<resources>
    <string-array name="string_array">
        <item>선택지 1</item>
        <item>선택지 2</item>
        <item>선택지 3</item>
    </string-array>
</resources>
```

이후 액티비티 내부의 onCreate 메서드를 재정의하는 과정에서 코드를 작성하여 **스피너에 표시할 선택지 정보가 포함될 어댑터 객체를 생성하고 스피너에서 사용할 수 있도록 어댑터 속성을 초기화**하는 과정이 필요합니다.

wikibook/learnandroid/viewstudy/MainActivity.kt

```kotlin
override fun onCreate(savedInstanceState: Bundle?) {
    super.onCreate(savedInstanceState)
    setContentView(R.layout.activity_main)

    val spinner = findViewById<Spinner>(R.id.spinner)
    // (1)
    val adapter = ArrayAdapter.createFromResource(this, R.array.string_array, android.R.layout.simple_spinner_item)
    // (2)
    adapter.setDropDownViewResource(android.R.layout.simple_spinner_dropdown_item)
    // (3)
    spinner.adapter = adapter
}
```

(1) 드롭다운 메뉴의 각 선택지를 나타내는 문자열 데이터를 제공하기 위한 ArrayAdapter 객체를 생성합니다.

```kotlin
val adapter = ArrayAdapter.createFromResource(context, R.array.string_array, android.R.layout.simple_spinner_item)
```

첫 번째 인자로는 Context 객체를, 두 번째 인자로는 앞서 생성한, 표시할 선택지 배열 데이터가 포함된 리소스의 식별자를 전달합니다.

세 번째 인자로는 선택지를 표시할 레이아웃 파일의 리소스 식별자를 전달합니다. 여기서는 스피너의 선택지를 표시하기 위해 안드로이드에서 기본적으로 제공하는 레이아웃 파일의 식별자를 전달합니다.

레이아웃 파일의 내용은 다음과 같습니다. 선택지를 출력하기 위해 TextView 뷰가 추가돼 있습니다.

```xml
<?xml version="1.0" encoding="utf-8"?>
<TextView xmlns:android="http://schemas.android.com/apk/res/android"
    android:id="@android:id/text1"
    style="?android:attr/spinnerItemStyle"
    android:singleLine="true"
    android:layout_width="match_parent"
    android:layout_height="wrap_content"
    android:ellipsize="marquee"
    android:textAlignment="inherit"/>
```

(2) 드롭다운 메뉴를 표시하기 위한 레이아웃 식별자를 전달합니다. 여기서도 기본적으로 안드로이드에서 제공하는 스피너의 레이아웃 리소스 식별자를 전달합니다.

```
adapter.setDropDownViewResource(android.R.layout.simple_spinner_dropdown_item)
```

(3) 앞에서 생성한 어댑터 객체를 두 스피너 뷰의 adapter 속성에 대입해서 초기화합니다.

```
spinner.adapter = adapter
```

이후 OnItemSelectedListener 인터페이스를 구현한 객체를 통해 선택지가 선택될 때 실행할 코드를 작성합니다.

wikibook/learnandroid/viewstudy/MainActivity.kt

```kotlin
spinner.onItemSelectedListener = object : AdapterView.OnItemSelectedListener {
    // (1)
    override fun onNothingSelected(parent: AdapterView<*>?) {}
    // (2)
    override fun onItemSelected(parent: AdapterView<*>?, view: View?, position: Int, id: Long) {
        val item = parent?.getItemAtPosition(position).toString()
        Toast.makeText(this@MainActivity, "${position} ${item} ${spinner.selectedItem.toString()}", Toast.LENGTH_SHORT).show()
    }
}
```

(1) onNothingSelected 메서드는 스피너에서 선택된 선택지가 아무것도 없을 때 호출되는 메서드입니다. 선택한 선택지가 아무것도 없는 상황을 상상하기는 어렵지만 이미 선택한 선택지를 코드를 통해 삭제하거나 모든 선택지 내용을 삭제할 때 실행할 코드가 있다면 이 메서드를 재정의합니다.

(2) onItemSelected 메서드는 특정 선택지가 선택된 직후에 호출되는 메서드입니다. 인자 중 position은 선택된 선택지의 위치를 알아내는 데 사용됩니다. 단, 선택지의 위치는 0부터 시작하므로 첫 번째 선택지를 선택하면 0을 반환합니다.

메서드를 통해 전달받은 어댑터 객체(parent)의 **getItemAtPosition** 메서드를 호출하며 선택지의 위치값을 전달하면 선택지 객체에 접근할 수 있으며 toString 메서드를 호출해 선택지의 문자열을 구할 수 있습니다.

스피너 객체의 **selectedItem** 속성을 통해 선택된 선택지 객체에 접근할 수 있으므로 해당 객체를 문자열로 변환해도 마찬가지로 선택된 선택지의 문자열을 구할 수 있습니다.

```
// 선택된 선택지 객체를 문자열로 변환
spinner.selectedItem.toString()
```

이렇게 해서 자주 사용되는 뷰의 특징과 뷰와 밀접하게 관련된 이벤트 리스너 인터페이스를 구현하는 방법을 살펴봤습니다. 결국 뷰를 공부한다는 것은 **뷰의 특징과 뷰에 사용되는 리스너 인터페이스를 구현하는 방법**을 배우는 것과 같다고 생각해도 무방합니다.

여기서 살펴본 뷰 외에도 안드로이드에서 제공하는 뷰는 매우 다양하며, API 버전이 올라가는 시점에 추가되는 새로운 뷰도 있으므로 공식 문서나 블로그 문서를 통해 각종 뷰의 사용법을 틈틈이 익혀두는 것을 권장합니다.

동적 생성된 뷰를 이용한 레이아웃 구성

레이아웃 XML 파일을 이용해 화면에 보여줄 뷰를 정의하는 것이 손쉽고 일반적으로 사용되는 방법이지만 때에 따라서는 **코드를 작성해서 뷰를 동적으로 생성해야 할 상황이 발생**합니다.

메뉴에서 [File] → [New] → [New Project...]를 차례로 선택한 후 [Empty Activity]를 선택해 아무 내용이 없는 시작 액티비티를 생성합니다.

프로젝트와 관련된 설정 사항은 다음과 같이 지정합니다.

내용	값
Name	DynamicViewStudy
Package name	wikibook.learnandroid.dynamicviewstudy
Language	Kotlin
Minimum API level	API 23

이후 MainActivity의 onCreate 메서드에 다음과 같이 동적으로 생성한 뷰를 이용해 레이아웃을 구성하는 코드를 작성합니다.

예제 1.26 코드를 이용한 동적 뷰 생성　　　　　　　　　wikibook/learnandroid/dynamicviewstudy/MainActivity.kt

```
package wikibook.learnandroid.dynamicviewstudy

import android.graphics.Color
```

```kotlin
import androidx.appcompat.app.AppCompatActivity
import android.os.Bundle
import android.util.TypedValue
import android.view.Gravity
import android.view.ViewGroup
import android.widget.Button
import android.widget.EditText
import android.widget.ImageView
import android.widget.LinearLayout

class MainActivity : AppCompatActivity() {

    override fun onCreate(savedInstanceState: Bundle?) {
        super.onCreate(savedInstanceState)
        // (1)
        val rootViewGroup = LinearLayout(this)
        rootViewGroup.orientation = LinearLayout.VERTICAL
        rootViewGroup.layoutParams = LinearLayout.LayoutParams(LinearLayout.LayoutParams.MATCH_PARENT, LinearLayout.LayoutParams.MATCH_PARENT)

        // (2)
        val DPToPX = TypedValue.applyDimension(TypedValue.COMPLEX_UNIT_DIP, 10f, resources.displayMetrics).toInt()

        // (3)
        val btn = Button(this)
        val params = LinearLayout.LayoutParams(LinearLayout.LayoutParams.MATCH_PARENT, LinearLayout.LayoutParams.WRAP_CONTENT)
        params.setMargins(DPToPX, DPToPX, DPToPX, DPToPX)
        btn.setPadding(DPToPX, DPToPX, DPToPX, DPToPX)
        btn.layoutParams = params
        // (4)
        btn.text = "Hello"
        btn.setTextSize(TypedValue.COMPLEX_UNIT_SP, 26F)
        btn.setTextColor(Color.RED)

        // (5)
        val editText = EditText(this)
        val height = TypedValue.applyDimension(TypedValue.COMPLEX_UNIT_DIP, 100f, resources.getDisplayMetrics()).toInt()
```

```
            editText.layoutParams = LinearLayout.LayoutParams(ViewGroup.LayoutParams.MATCH_PARENT,
height)
            editText.setBackgroundColor(Color.parseColor("#FFFF00"))
            editText.gravity = Gravity.CENTER or Gravity.RIGHT

            // (6)
            val imageView = ImageView(this)
            imageView.setImageResource(android.R.drawable.ic_menu_zoom)
            val imageViewParams = LinearLayout.LayoutParams(height, height)
            imageViewParams.gravity = Gravity.CENTER
            imageView.layoutParams = imageViewParams

            // (7)
            rootViewGroup.addView(btn)
            rootViewGroup.addView(editText)
            rootViewGroup.addView(imageView)

            // (8)
            setContentView(rootViewGroup)
    }
}
```

(1) 뷰 객체를 생성하기 위해 생성자를 호출하는 과정에서 Context 객체를 전달합니다. **동적으로 뷰를 생성하려면 항상 인자로 Context 객체를 전달**해야 합니다. 여기서는 Context 클래스를 상속받는 액티비티 객체(this)를 전달합니다. 객체를 생성한 후 **코드를 통해 뷰의 속성을 설정**합니다.

layoutParams 속성은 뷰의 크기를 설정하거나 부모 뷰와 연관된 설정(예: 마진)을 지정하는 데 사용하는 속성입니다. 여기서는 뷰그룹 객체가 단말기의 화면 영역을 모두 차지할 수 있도록 LayoutParams 생성자를 호출하며 **MATCH_PARENT 상수를 전달**합니다.

LayoutParams 클래스 생성자의 첫 번째 인자는 가로 크기를, 두 번째 인자는 세로 크기를 지정하는 데 사용됩니다.

```
val rootViewGroup = LinearLayout(this)
rootViewGroup.orientation = LinearLayout.VERTICAL
// LayoutParams 객체를 생성하며 크기 상수를 전달
rootViewGroup.layoutParams = LinearLayout.LayoutParams(LinearLayout.LayoutParams.MATCH_PARENT,
LinearLayout.LayoutParams.MATCH_PARENT)
```

(2) TypedValue 클래스에서 제공하는 **applyDimension** 함수는 특정 단위의 값을 픽셀 단위값으로 변환하는 데 사용하는 함수입니다.

```
val DPToPX = TypedValue.applyDimension(TypedValue.COMPLEX_UNIT_DIP, 10f,
resources.displayMetrics).toInt()
```

이 함수의 사용법과 인자는 다음과 같습니다.

TypedValue.applyDimension(**(a)**, **(b)**, **(c)**)

(a) 변환할 단위를 설정하기 위한 상수를 전달합니다. 여기서는 DP 단위의 값을 픽셀 단위 값으로 변환하기 위해서 사용하는 **COMPLEX_UNIT_DIP** 상수를 전달해서 변환할 값의 단위를 DP로 설정합니다. 만약 COMPLEX_UNIT_SP 상수를 전달하면 변환할 값의 단위를 SP로 설정할 수 있습니다.

(b) **(a)**에서 설정한 단위의 변환값을 전달합니다. 여기서는 10을 전달했으므로 10DP 크기의 픽셀 단위값을 반환받게 됩니다.

(c) 변환 작업을 수행할 때 필요한 확대 비율 정보를 담고 있는 **DisplayMetrics** 객체를 전달합니다.

(3) 버튼 뷰 객체를 생성합니다. 여기서는 부모 뷰의 가로 크기와 같게 가로 크기를 설정(MATCH_PARENT)하고 버튼의 내용을 모두 표시할 수 있도록 세로 크기를 설정(WRAP_CONTENT)합니다.

이후 마진값과 패딩값을 설정합니다. 단, **메서드에 전달할 인자의 단위는 픽셀**이므로 앞서 변환 작업을 통해 반환받은 픽셀 단위 값을 전달합니다.

```
val btn = Button(this)
val params = LinearLayout.LayoutParams(LinearLayout.LayoutParams.MATCH_PARENT,
LinearLayout.LayoutParams.WRAP_CONTENT)
// 마진(10DP) 설정
params.setMargins(DPToPX, DPToPX, DPToPX, DPToPX)
// 패딩(10DP) 설정
btn.setPadding(DPToPX, DPToPX, DPToPX, DPToPX)
btn.layoutParams = params
```

(4) 이후 버튼 레이블과 텍스트 크기 및 색상을 지정합니다.

```
btn.text = "Hello"
btn.setTextSize(TypedValue.COMPLEX_UNIT_SP, 26F)
btn.setTextColor(Color.RED)
```

(5) EditText 객체를 생성하고 applyDimension 함수를 통해 100DP 크기를 픽셀 단위 값으로 변환합니다. 이후 픽셀 단위 값을 이용해 LayoutParams 객체의 세로 크기를 설정해 EditText 뷰의 크기를 지정합니다.

이후 배경색을 지정하고 gravity 속성을 설정해 입력된 텍스트가 뷰의 중앙 오른쪽에 정렬되게 합니다.

```
val editText = EditText(this)
val height = TypedValue.applyDimension(TypedValue.COMPLEX_UNIT_DIP, 100f,
resources.getDisplayMetrics()).toInt()
// 세로 크기를 100DP로 지정(단, 전달할 값은 픽셀 단위로 변환된 값)
editText.layoutParams = LinearLayout.LayoutParams(ViewGroup.LayoutParams.MATCH_PARENT, height)
// 배경색 지정
editText.setBackgroundColor(Color.parseColor("#FFFF00"))
// 정렬 방식 지정(중앙 오른쪽으로 정렬)
editText.gravity = Gravity.CENTER or Gravity.RIGHT
```

(6) ImageView 객체를 생성하고 이미지 리소스를 설정한 후 gravity 속성을 설정해 부모 뷰그룹의 중앙에 위치하도록 설정합니다.

```
val imageView = ImageView(this)
// 이미지뷰를 통해 보여줄 이미지 리소스 식별자를 지정
imageView.setImageResource(android.R.drawable.ic_menu_zoom)
val imageViewParams = LinearLayout.LayoutParams(height, height)
imageViewParams.gravity = Gravity.CENTER
imageView.layoutParams = imageViewParams
```

(7) 뷰그룹 객체의 **addView** 메서드를 호출해 앞에서 생성한 모든 뷰 객체를 뷰그룹에 포함합니다.

```
rootViewGroup.addView(btn)
rootViewGroup.addView(editText)
rootViewGroup.addView(imageView)
```

(8) 마지막으로 setContentView 메서드를 호출해서 액티비티에서 사용할 레이아웃 구성을 완료합니다.

여기서는 이전처럼 레이아웃 리소스의 식별자를 전달하지 않고 앞에서 동적으로 생성한 뷰그룹 객체(**rootViewGroup**)를 전달합니다.

```
setContentView(rootViewGroup)
```

> 🔍 뷰의 layoutParams 속성값을 초기화할 때는 해당 뷰가 포함될 부모 뷰그룹 클래스 내부에 정의된 LayoutParams 클래스를 사용해야 합니다. 가령 앞에서 생성한 모든 뷰는 LinearLayout 뷰그룹에 포함되므로 LinearLayout.LayoutParams 클래스 객체를 통해 속성값을 초기화합니다.

코드를 통해 구성한 레이아웃이 적용된 액티비티 화면의 모습은 다음과 같습니다.

그림 1-87 코드를 통해 구성된 화면

일반적으로 **코드를 작성해서 뷰 객체를 생성하는 것보다 XML 파일에 뷰 요소를 정의하는 편이 더 간편하**므로 뷰 객체를 코드로 생성하는 일은 드뭅니다.

또한 뷰마다 정의된 속성과 제공하는 메서드가 모두 다르기 때문에 코드를 통해 뷰를 구성하거나 조작하려면 각 뷰 객체에 대한 정보가 담긴 API 문서(https://developer.android.com/reference/android/view/View)를 참고합니다.

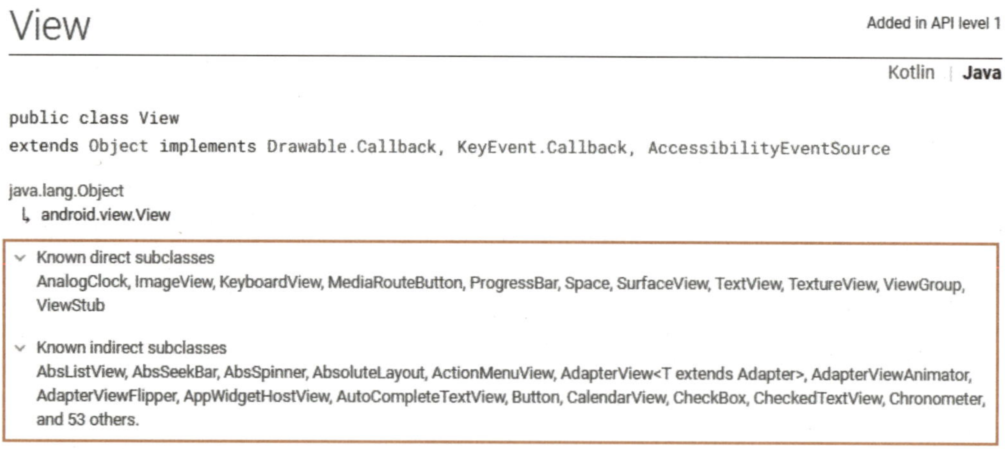

View

Added in API level 1

Kotlin | **Java**

```
public class View
extends Object implements Drawable.Callback, KeyEvent.Callback, AccessibilityEventSource
```

java.lang.Object
  ↳ android.view.View

∨ Known direct subclasses
  AnalogClock, ImageView, KeyboardView, MediaRouteButton, ProgressBar, Space, SurfaceView, TextView, TextureView, ViewGroup, ViewStub

∨ Known indirect subclasses
  AbsListView, AbsSeekBar, AbsSpinner, AbsoluteLayout, ActionMenuView, AdapterView<T extends Adapter>, AdapterViewAnimator, AdapterViewFlipper, AppWidgetHostView, AutoCompleteTextView, Button, CalendarView, CheckBox, CheckedTextView, Chronometer, and 53 others.

그림 1-88 View API 문서에서 확인할 수 있는 다양한 뷰 클래스

앞에서 applyDimension 함수를 호출하며 세 번째 인자로 displayMetrics 속성을 전달했습니다. displayMetrics 속성의 타입은 **DisplayMetrics로, 단말기의 화면과 관련된 여러 정보를 제공하는 역할을 담당**합니다.

DisplayMetrics 객체의 **density** 속성을 통해 단말기의 **화면 밀도에 따른 확대 비율 정보**를 구할 수 있습니다. 가령 다음 코드를 실행하는 단말기의 화면 밀도가 xxhdpi라면 3배의 확대 비율을 적용해야 하므로 density 속성값에는 3.0이 저장됩니다. 당연히 이 값은 코드를 실행하는 단말기의 화면 밀도에 따라 달라집니다.

wikibook/learnandroid/viewstudy/MainActivity.kt

```
val metrics = resources.displayMetrics
val density = metrics.density
Log.d("mytag", "${density}")
```

특정 DP의 값을 픽셀 단위의 값으로 변환하고, 다시 해당 픽셀 단위 값을 DP 단위 값으로 변환하기 위해 다음과 같이 density 속성값을 사용할 수도 있습니다.

wikibook/learnandroid/viewstudy/MainActivity.kt

```
val sizeInDP = 100
// 100 DP 값을 PX 단위 값으로 변환
val DPToPX = (sizeInDP * density).toInt()
// 역변환
val PXToDP = (DPToPX / density).toInt()
```

또한 객체를 통해 단말기의 해상도 정보를 반환받을 수 있습니다. 단, 해상도는 픽셀 단위 값으로 제공되므로 DP 단위로 변환된 값이 필요하다면 다음과 같이 해상도 값을 density 값으로 나눠야 합니다.

wikibook/learnandroid/viewstudy/MainActivity.kt

```
// widthPixels 속성을 통해 단말기의 가로 해상도 크기에 접근 가능
val widthInDP = metrics.widthPixels / density
// heightPixels 속성을 통해 단말기의 세로 해상도 크기에 접근 가능
val heightInDP = metrics.heightPixels / density
Log.d("mytag", "${widthInDP} x ${heightInDP}")
```

이처럼 코드를 작성해서 뷰를 동적으로 생성하는 방법과 DisplayMetrics 타입의 객체에 포함된 유용한 속성의 의미와 활용법을 살펴봤습니다.

AndroidManifest.xml 설정 파일

AndroidManifest.xml 파일은 **앱과 앱을 구성하는 요소와 관련된 개괄적인 정보를 담고 있는** 파일로서 일반적으로 다음과 같은 역할을 담당합니다.

1. 앱과 관련된 메타 정보(앱 이름, 런처 아이콘 등) 설정
2. 앱 구성 요소(액티비티, 서비스 등) 설정
3. 앱에 필요한 권한 및 하드웨어 기능 설정

실제 매니페스트 파일에서 설정할 수 있는 사항은 앞에서 소개한 것보다 더 많습니다만 그러한 내용은 프로젝트를 진행하면서 필요한 시점에 살펴보겠습니다.

왼쪽 프로젝트 창의 `manifests` 폴더에서 매니페스트 파일을 확인할 수 있습니다. (실제 파일은 프로젝트 내부의 `app/src/main` 폴더에 존재합니다.)

그림 1-89 AndroidManifest.xml 파일의 위치

기본 생성된 매니페스트 파일의 내용은 다음과 같습니다.

AndroidManifest.xml

```xml
<?xml version="1.0" encoding="utf-8"?>
<manifest xmlns:android="http://schemas.android.com/apk/res/android" (1)
    package="com.example.myapplication">

    <application
        android:allowBackup="false" (2)
        android:icon="@mipmap/ic_launcher"
        android:label="@string/app_name" (3)
        android:roundIcon="@mipmap/ic_launcher_round"
        android:supportsRtl="true"
        android:theme="@style/AppTheme">
        <activity android:name=".MainActivity"> (4)
```

```
            <intent-filter>
                <action android:name="android.intent.action.MAIN"/>
                <category android:name="android.intent.category.LAUNCHER"/>
            </intent-filter>
        </activity>
    </application>

</manifest>
```

(1) 최상위 요소인 manifest 요소를 선언합니다. 레이아웃 XML 파일과 마찬가지로 안드로이드 네임스페이스가 선언돼 있으며 **package** 속성이 프로젝트를 생성할 때 설정한 앱의 기본 패키지 이름으로 설정된 것을 확인할 수 있습니다.

(2) SharedPreferences에 저장된 정보나 앱의 내부 파일을 구글 계정과 연동된 구글 드라이브에 **백업할지 여부를 나타내는** 속성입니다. 앞으로 프로젝트를 진행하는 과정에서는 항상 해당 속성값을 **false**로 설정해 자동으로 백업되지 않게 하겠습니다.

(3) 런처 화면에 표시할 **앱의 이름을 설정하기 위해 label** 속성을 설정합니다.

(4) 앱을 구성하는 데 필요한 모든 **activity** 요소를 선언합니다. 현재는 앱을 구성하는 액티비티가 하나밖에 없으므로 하나의 액티비티 요소만 추가돼 있지만 **추후 액티비티 클래스를 추가함에 따라 application 요소 내부에 대응하는 액티비티 요소가 추가**될 것입니다.

액티비티 요소는 다음과 같은 방식으로 선언합니다.

```
<activity android:name=".MainActivity"> (a)
    <intent-filter>
        <action android:name="android.intent.action.MAIN" /> (b)
        <category android:name="android.intent.category.LAUNCHER" /> (c)
    </intent-filter>
</activity>
```

(a) activity 요소를 정의하며, **name** 속성에 액티비티 클래스의 이름을 지정합니다. 여기에는 점(.)과 클래스 이름을 지정했습니다. 점 앞에는 프로젝트를 생성할 때 설정한 기본 패키지명이 따라붙습니다.

현재 MainActivity는 com.example.myapplication 패키지에 포함돼 있으므로 점만 쓰고 패키지 이름은 생략해도 무방합니다. 물론 패키지명과 클래스 이름을 모두 명시해도 상관은 없습니다. 즉, 다음의 두 activity 요소의 선언은 동일합니다.

```
<!-- 점(.) 앞에 패키지명(com.example.myapplication)이 생략됨 -->
<activity android:name=".MainActivity">

<!-- 다음과 같이 액티비티 클래스 이름 앞에 액티비티 클래스가 포함된 패키지 이름을 모두 지정해도
무방함 -->
<activity android:name="com.example.myapplication.MainActivity">
```

(b) action 요소를 선언하며 name 속성을 `android.intent.action.MAIN`으로 설정합니다. 이 속성은 액티비티가 마치 main 함수처럼 앱을 실행했을 때 처음 시작할 시작 액티비티임을 명시하는 데 사용됩니다.

(c) category 요소를 선언하며 name 속성을 `android.intent.category.LAUNCHER`로 설정합니다. 이 속성은 액티비티가 런처 화면을 통해 앱에 접근할 때 시작할 액티비티임을 명시하는 데 사용됩니다.

일반적으로 **(b)**, **(c)** 요소는 함께 정의하며, 액티비티를 맨 처음 시작될 시작 액티비티로 설정하는 데 사용됩니다. 단순히 앱을 구성하는 액티비티 요소를 추가하는 상황이라면 `intent-filter` 요소를 포함하지 않도록 정의합니다.

앱을 제작하는 과정에서 **액티비티 클래스가 추가됐다면 반드시 매니페스트 파일의 application 내부에 activity 요소도 추가**해야 합니다. 만약 액티비티 요소를 선언하지 않으면 해당 액티비티를 사용할 시점에 다음과 같은 에러 메시지가 출력되며 앱이 강제 종료됩니다.

```
Caused by: android.content.ActivityNotFoundException:
Unable to find explicit activity class {com.example.myapplication/com.example.myapplication.
MainActivity};
have you declared this activity in your AndroidManifest.xml?
```

> 🔍 안드로이드 스튜디오의 메뉴에서 [File] → [New] → [Activity]를 차례로 선택해 액티비티 클래스를 추가할 경우 액티비티 클래스와 관련된 요소를 자동으로 매니페스트에 추가하므로 가능하면 메뉴를 통해 액티비티 클래스를 생성하는 것이 좋습니다.

런처 아이콘 설정

이번에는 앱에서 사용할 런처 아이콘(Launcher Icon)을 변경해보겠습니다. 런처 아이콘은 런처 화면에서 각 앱을 구분할 수 있게 해주는 아이콘입니다.

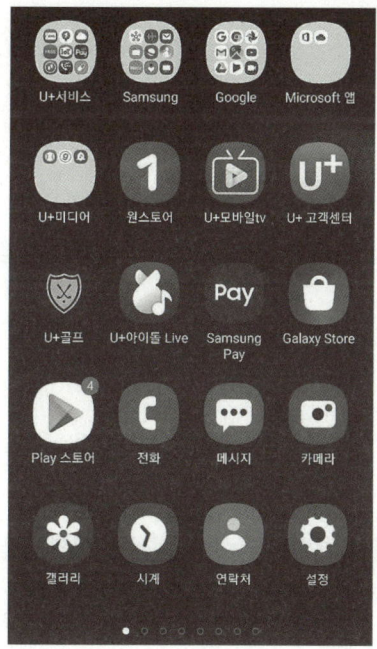

그림 1-90 런처 화면에 표시되는 다양한 앱의 런처 아이콘

다음은 런처 아이콘을 따로 설정하지 않았을 때 사용되는 기본 런처 아이콘의 모습입니다.

그림 1-91 기본 런처 아이콘

새 런처 아이콘 이미지를 생성하기 위해 메뉴에서 [File] → [New] → [Image Asset]을 차례로 선택합니다.

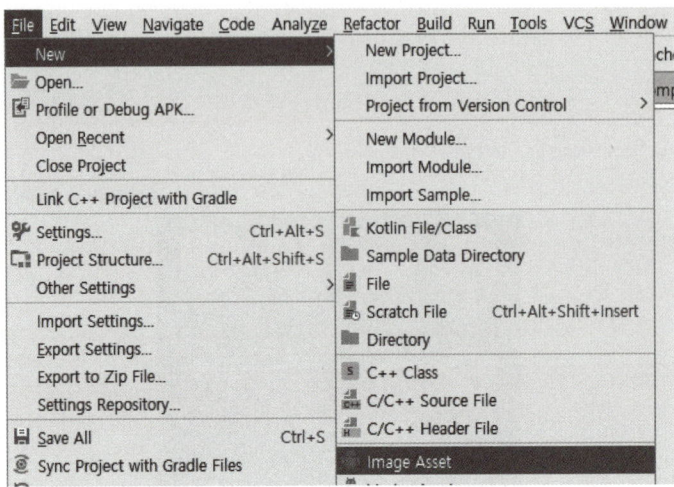

그림 1-92 Image Asset 메뉴

다음 화면에서 [Icon Type]을 [Launcher Icons (Adaptive and Legacy)]로 변경한 후 [Foreground Layer] 메뉴에서 [Asset Type]을 [Image]로 설정합니다.

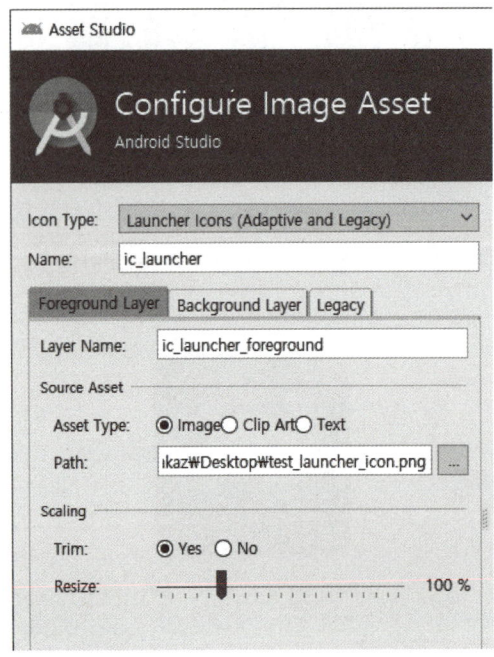

그림 1-93 런처 아이콘 옵션 설정

구글 스토어에 앱을 출시할 때 필요한 **런처 아이콘 이미지의 크기는 가로, 세로 512px**입니다. 이 크기의 아이콘 이미지를 준비한 이후 [Path] 입력창에 이미지 파일의 경로를 지정합니다.

[Foreground Layer]의 [Scaling] 옵션에서 [Trim]을 [Yes]로 선택해 불필요한 불투명 부분이 사라질 수 있도록 조절하고 [Resize]의 조절바를 움직여 적당히 보기 좋은 크기가 될 때까지 슬라이더 바를 조정합니다.

다음 화면에서 자동으로 생성될 런처 아이콘 이미지 파일을 미리보기 형태로 확인할 수 있습니다. 하나의 고화질 이미지를 제공하면 저해상도 단말기에서 사용할 이미지를 리사이즈 작업을 통해 생성하므로 [Finish] 버튼만 누르면 모든 화면의 해상도에 대응할 런처 아이콘 이미지가 생성됩니다.

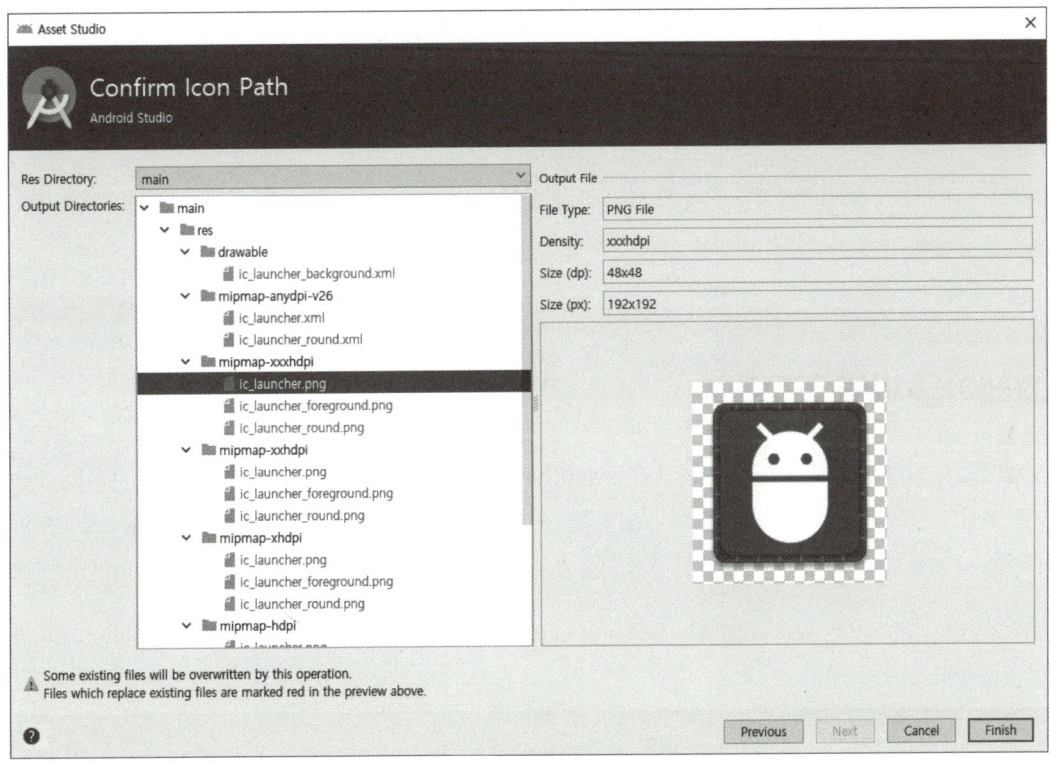

그림 1-94 기본 런처 아이콘

런처 아이콘 이미지를 저장할 용도로 사용되는 `mipmap` 리소스 폴더에 `ic_launcher`로 시작하는 런처 아이콘과 파일이 자동으로 생성되는 것을 확인할 수 있습니다.

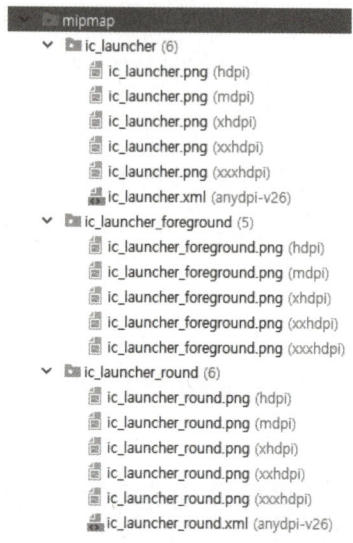

그림 1-95 생성된 런처 아이콘 리소스

여기서는 PNG 형식의 이미지를 이용해 런처 아이콘 이미지를 생성했으나 SVG 같은 벡터 형식의 이미지 파일을 이용해 런처 아이콘 이미지를 생성할 수도 있습니다.

그레이들 파일 설정

그레이들(Gradle)은 안드로이드 프로그램 파일인 APK 파일을 생성하는 과정을 자동화하는 데 사용하는 **안드로이드 빌드 툴**입니다. 프로젝트에 포함된 그레이들 빌드 스크립트 파일의 내용을 수정해 프로젝트와 관련된 SDK 버전과 앱 버전, **프로젝트에서 사용할 외부 라이브러리 의존성을 설정**할 수 있습니다.

안드로이드 스튜디오의 왼쪽 프로젝트 패널의 [Gradle Scripts] 부분을 살펴보면 두 개의 build.gradle 파일을 확인할 수 있습니다.

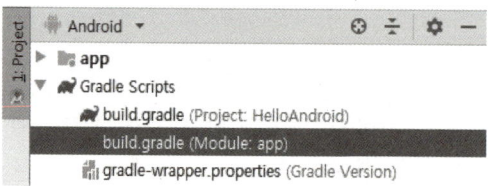

그림 1-96 build.gradle 파일의 위치

프로젝트를 진행하며 주로 수정할 빌드 스크립트는 오른쪽 괄호 안에 'Module: app'이라고 표시돼 있는 **모듈 레벨 `build.gradle` 파일**입니다. 자동으로 생성된 모듈 레벨 build.gradle 파일의 내용은 다음과 같습니다.

Gradle Script/build.gradle (Module: app)

```
// (... 생략 ...)
android {
    // (1)
    compileSdkVersion 29
    buildToolsVersion "30.0.2"

    defaultConfig {
        // (2)
        applicationId "wikibook.learnandroid.helloandroid"
        // (3)
        minSdkVersion 23
        // (4)
        targetSdkVersion 29
        // (5)
        versionCode 1
        // (6)
        versionName "1.0"
        testInstrumentationRunner "androidx.test.runner.AndroidJUnitRunner"
    }

    // (... 생략 ...)
}

dependencies {
    implementation fileTree(dir: "libs", include: ["*.jar"])
    implementation "org.jetbrains.kotlin:kotlin-stdlib:$kotlin_version"
    implementation 'androidx.core:core-ktx:1.3.2'
    implementation 'androidx.appcompat:appcompat:1.2.0'
    implementation 'androidx.constraintlayout:constraintlayout:2.0.4'

    // (7)

    testImplementation 'junit:junit:4.12'
```

```
        androidTestImplementation 'androidx.test.ext:junit:1.1.2'
        androidTestImplementation 'androidx.test.espresso:espresso-core:3.3.0'
}
```

(1) 앱을 컴파일하는 용도로 사용할 안드로이드 소프트웨어 개발 키트(SDK) 버전을 지정합니다. SDK의 버전이 낮을 경우 **새로운 안드로이드 운영체제 버전에 따라 추가된 기능을 사용할 수 없고, 더는 지원하지 않는**(deprecated) 기능도 파악할 수 없게 되므로 일반적으로 현재 설치돼 있는 SDK 중 **최신 SDK를 사용할 수 있도록 설정**합니다.

여기서는 해당 값을 29로 설정했으므로 **안드로이드 Q 버전에 추가된 모든 기능을 지원할 수 있는 SDK를 이용해 앱을 컴파일**하게 됩니다. 이후 안드로이드 스튜디오에서 기본적으로 지원하는 SDK 버전이 올라가면 해당 값은 더 큰 숫자값으로 설정될 것입니다.

상단 메뉴의 [Tools] → [SDK Manager]를 차례로 선택하면 다음과 같이 설치된 모든 SDK 목록을 확인할 수 있습니다.

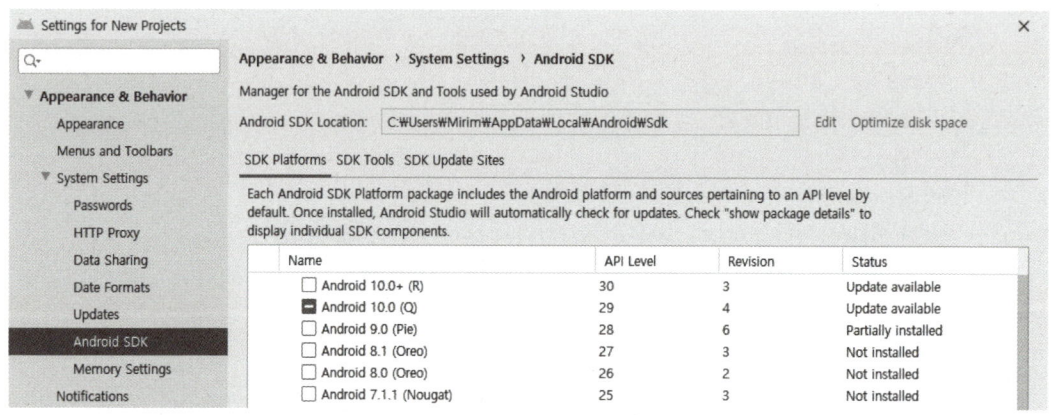

그림 1-97 설치된 안드로이드 SDK 확인

(2) applicationId 값은 나중에 구글의 플레이 스토어 같은 마켓에 앱을 올릴 때 **해당 앱을 유일하게 구분할 식별자**입니다. 기본적으로 **프로젝트를 생성할 때 지정한 기본 패키지명으로 설정**됩니다.

이 식별자 값이 달라지면 완전히 다른 별개의 앱으로 취급되기 때문에 일단 **한 번 마켓에 앱을 게시한 이후에는 applicationId 값을 바꾸지 않도록 주의**해야 합니다.

(3) 앱을 사용할 수 있는 **가장 낮은 운영체제 API 버전을 지정**합니다. 여기서는 이 값을 23으로 설정했으므로 안드로이드 마시멜로보다 낮은 버전의 안드로이드 운영체제에서 작동하는 단말기에서는 앱을 사용할 수 없습니다.

(4) 앱이 동작하길 기대하는 운영체제 API 버전을 지정합니다. 일반적으로 이 값은 `compileSdkVersion` 값과 똑같이 설정해서 최신 SDK 버전에서 지원하는 동작 방식을 따르게 합니다.

(5) 내부적으로 앱의 현재 버전을 파악하기 위해 사용할 양수값을 지정합니다. **반드시 새로운 앱이 더 큰 양수값을 갖도록 설정**해야 하며, 같은 양수값을 가진 앱을 마켓에 올리는 것은 허용되지 않습니다.

(6) 실제 **사용자에게 노출될 앱의 버전 이름을 문자열 형태로 지정**합니다. 문자열로 버전 이름을 설정할 수 있으므로 자유로운 양식으로 버전 이름을 지정할 수 있습니다. 이 값은 사용자에게도 노출되며, 현재 버전을 알려주는 것 이외의 기능을 수행하지는 않습니다.

(7) `dependencies` 블록에는 **외부 라이브러리와 관련된 의존성을 설정**할 수 있습니다. 프로젝트를 진행할 때 필요한 모든 외부 라이브러리와 관련된 의존성 설정 코드가 이곳에 위치하게 됩니다. 의존성을 추가하고 동기화를 시작하면 라이브러리 다운로드가 시작되고 동기화가 완료되면 해당 라이브러리에서 제공하는 클래스나 함수를 사용할 수 있게 됩니다.

다음 경로에서 다운로드 받은 외부 라이브러리 패키지 및 파일을 확인할 수 있습니다.

- 경로 : C:/Users/사용자명/.gradle/caches/modules-2/files-2.1

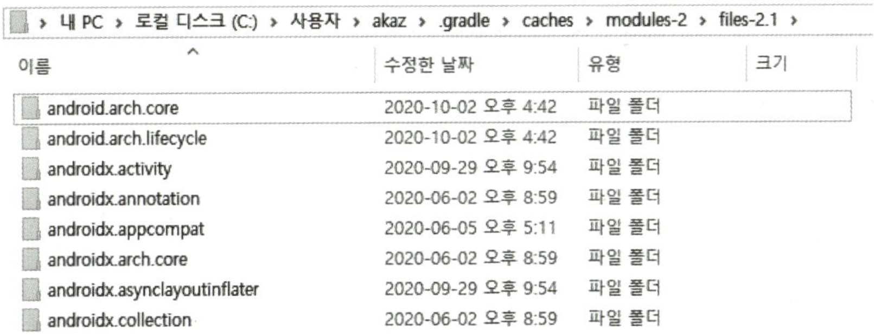

그림 1-98 다운로드된 라이브러리 확인

> Q targetSdkVersion에서 지정한 API 버전보다 더 높은 API로 개선되는 과정에서 운영체제 혹은 특정 클래스나 함수의 동작 방식이 바뀔 수 있습니다. 그러나 targetSdkVersion이 바뀌지 않았다면 이전 API 버전에서의 동작 방식을 그대로 유지해서 프로그램의 오작동을 방지합니다.

프로젝트

02

오늘의 명언

이번 프로젝트를 통해 제작할 앱은 앱을 실행하면 무작위로 선택된 명언을 보여주는 앱입니다. 사용자가 명언을 추가, 수정, 삭제하는 기능과 저장된 명언을 확인하고 공유하는 기능을 제공합니다.

다음은 완성된 앱의 실행 화면입니다.

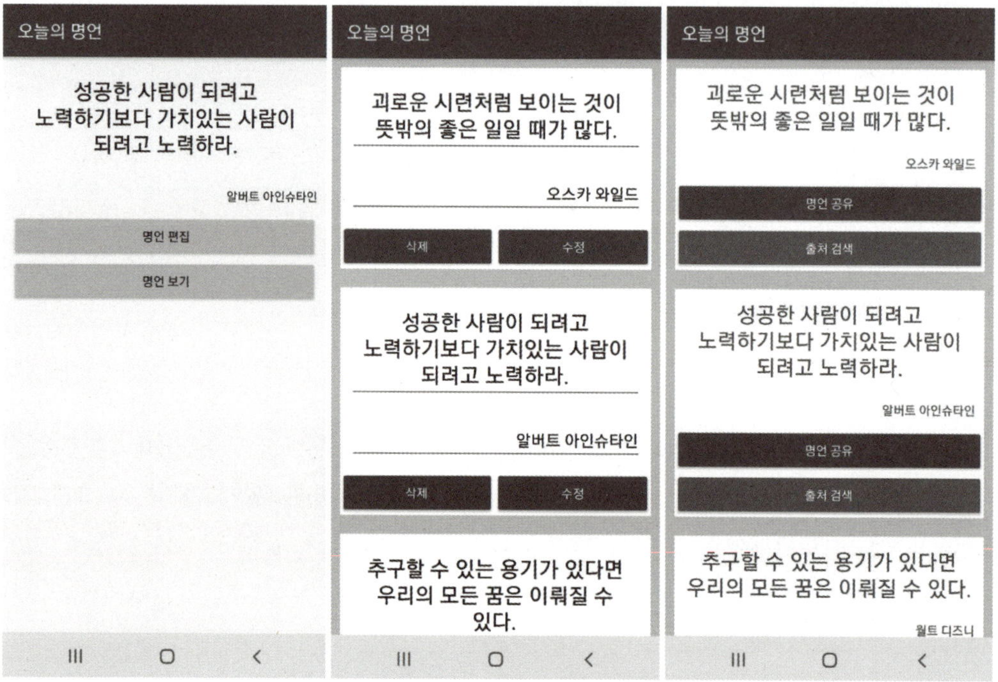

그림 2-1 완성된 앱 화면

이번 앱을 제작하면서 배울 핵심 주제는 다음과 같습니다.

- SharedPreferences를 이용한 정보 저장
- 명시적 액티비티와 암시적 액티비티 활용
- RecyclerView 활용
- LayoutInflater 활용

프로젝트 생성

메뉴에서 [File] → [New] → [New Project...]를 차례로 선택해 새 프로젝트를 생성합니다.

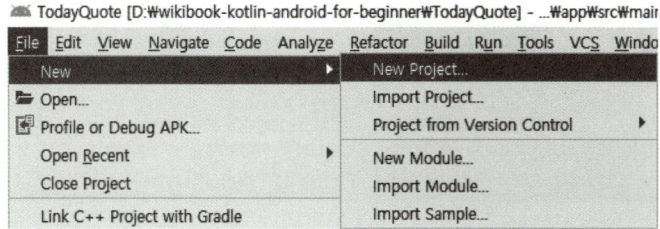

그림 2-2 새 프로젝트 생성

다음과 같이 [Empty Activity]를 선택해 아무 내용이 없는 시작 액티비티를 생성합니다.

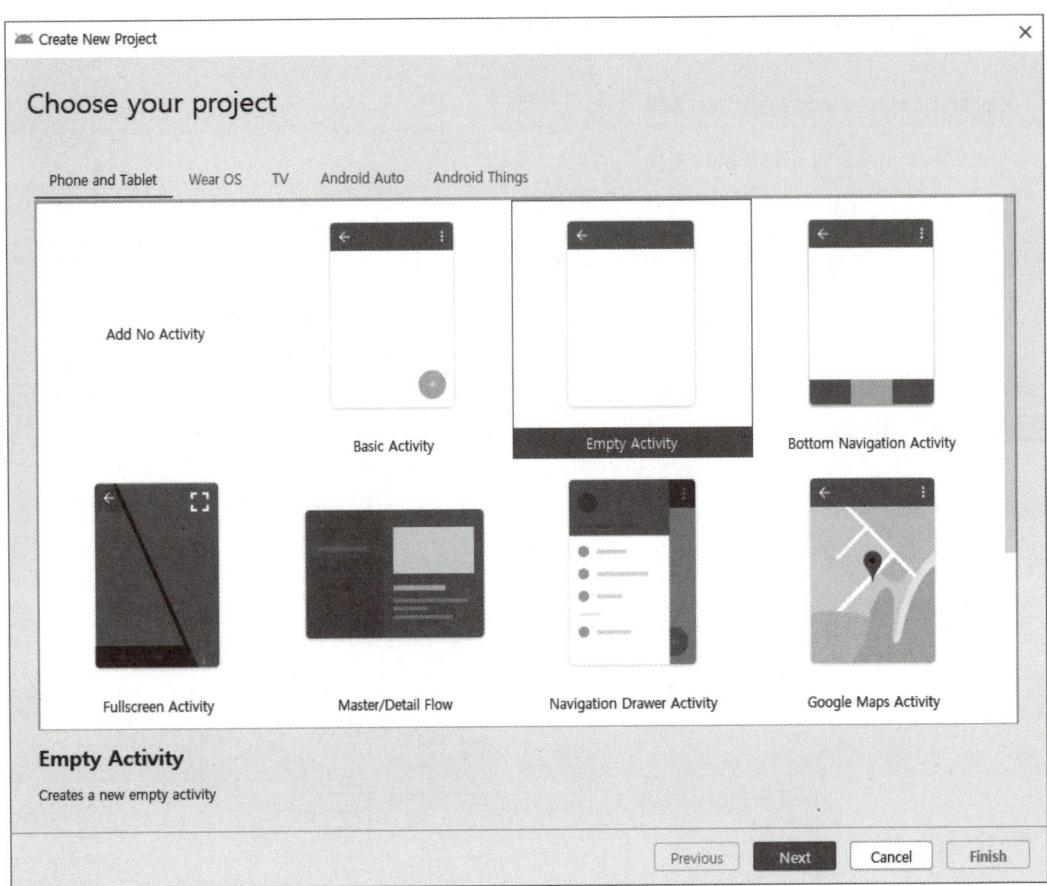

그림 2-3 빈 액티비티 추가

그런 다음 [Next] 버튼을 눌러 다음과 같이 프로젝트와 관련된 설정 사항을 다음과 같이 입력합니다.

내용	값
Name	TodayQuote
Package name	wikibook.learnandroid.todayquote
Language	Kotlin
Minimum API level	API 23

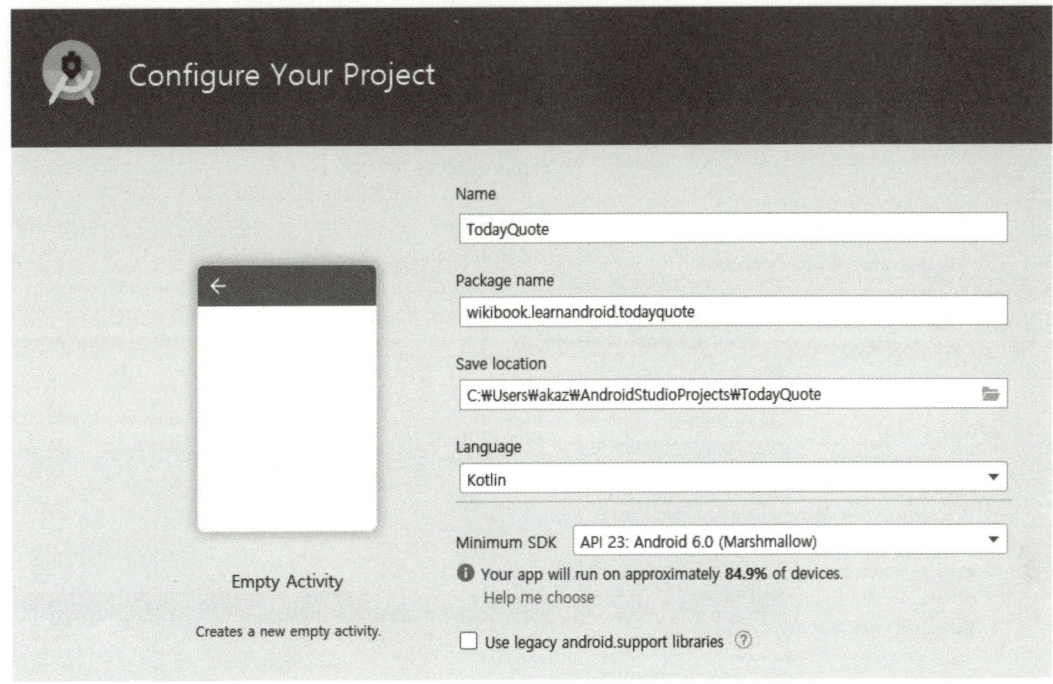

그림 2-4 프로젝트 설정 사항 입력

[Finish] 버튼을 눌러 프로젝트 생성을 마무리합니다.

액티비티 생성과 레이아웃 구성, 명언 출력 기능 구현

명언을 보여줄 시작 액티비티의 구현부터 진행하겠습니다. 먼저 액티비티의 레이아웃을 구성한 다음 리스트에 포함된 명언을 무작위로 골라 출력하는 기능을 구현하겠습니다.

액티비티 정보 수정

프로젝트를 생성함과 동시에 자동으로 생성된 **시작 액티비티(MainActivity)의 이름을 변경**하겠습니다. 이름을 변경하지 않아도 기능에 문제가 생기는 것은 아니지만 나중에 작성할 액티비티의 이름에 일관성을 부여하기 위해 "Quote"를 접두어로 붙여줄 예정이므로 이름을 QuoteMainActivity로 수정하겠습니다.

왼쪽의 프로젝트 패널에서 패키지명 옆에 화살표를 눌러 MainActivity를 찾고 마우스 오른쪽 버튼을 클릭한 후 [Refactor] → [Rename...]을 선택합니다.

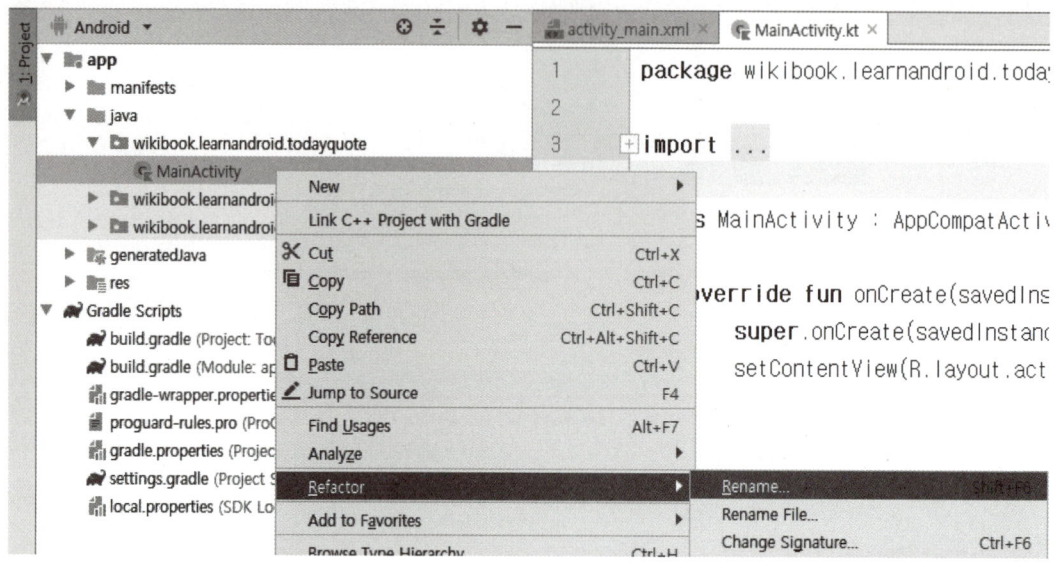

그림 2-5 재작명(Rename) 메뉴 선택

액티비티의 이름을 QuoteMainActivity로 변경한 후 [Refactor] 버튼을 눌러 작업을 완료합니다.

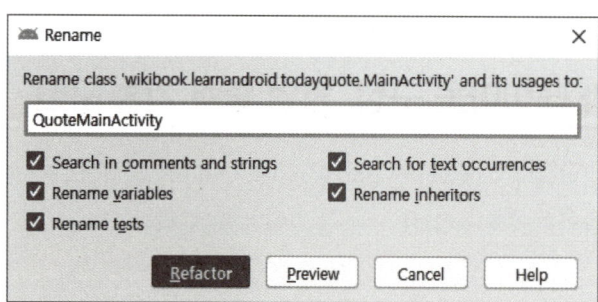

그림 2-6 액티비티 이름 변경

파일명은 윈도우에서 제공하는 파일 탐색기에서도 변경할 수 있지만 가능하면 [Refactor] 메뉴의 [Rename]을 통해 변경하는 것이 좋습니다. Refactor 작업을 통해 변경할 경우에는 안드로이드 스튜디오에서 **변경 사항에 따라 영향받을 수 있는 코드나 설정을 찾아 자동으로 수정**해주기 때문입니다. 가령 액티비티의 이름을 변경한 후 매니페스트 파일의 내용을 확인해 보면 다음과 같이 activity 요소의 name 속성값에 지정된 액티비티의 이름이 자동으로 MainActivity에서 QuoteMainActivity로 변경된 것을 확인할 수 있습니다.

AndroidManifest.xml
```xml
<activity android:name=".QuoteMainActivity">
    <intent-filter>
        <action android:name="android.intent.action.MAIN"/>
        <category android:name="android.intent.category.LAUNCHER"/>
    </intent-filter>
</activity>
```

액티비티 파일의 이름뿐 아니라 레이아웃 파일의 이름도 같은 방식으로 변경할 수 있습니다. res 폴더의 layout 폴더에 자동으로 생성된 main_activity.xml 파일의 이름을 [Rename] 메뉴를 통해 quote_main_activity.xml로 변경합니다.

```
▼ ■ res
    ▶ ■ drawable
    ▼ ■ layout
        quote_main_activity.xml
```

그림 2-7 이름이 변경된 레이아웃 파일

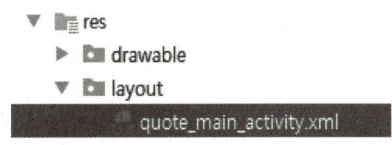

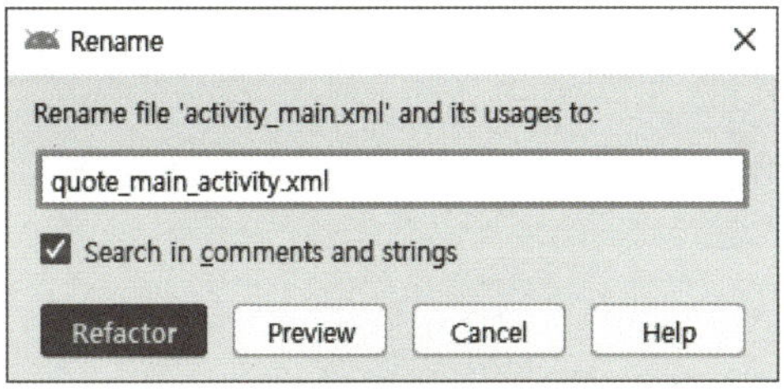

그림 2-8 레이아웃 파일의 이름 변경

마찬가지로 변경 작업 후에 QuoteMainActivity 코드에 나오는 레이아웃 식별자 값을 참조하는 부분이 자동으로 변경된 것을 확인할 수 있습니다.

```
// 원래는 R.layout.main_activity 식별자를 참조하고 있었으나 Rename 작업 이후 변경된 식별자를
// 사용하도록 자동으로 변경된 것을 확인 가능
setContentView(R.layout.quote_main_activity)
```

이제 다음과 같은 화면을 보여줄 수 있도록 레이아웃 파일의 내용을 작성하겠습니다.

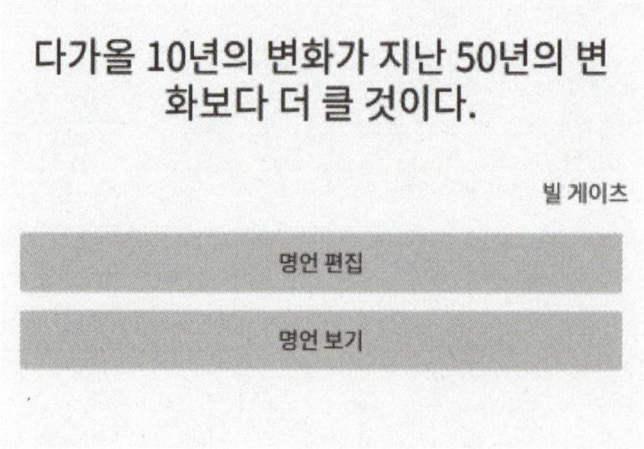

그림 2-9 명언 출력 레이아웃 화면

명언의 내용과 출처를 보여줄 TextView, 저장된 명언의 내용을 편집할 수 있는 액티비티로 이동하는 버튼, 명언을 목록 형식으로 보여줄 액티비티로 이동하는 버튼이 포함돼 있음을 확인할 수 있습니다.

완성된 레이아웃 파일의 내용은 다음과 같습니다.

예제 2.1 명언 출력 레이아웃　　　　　　　　　　　　　　　　res/layout/quote_main_activity.xml

```xml
<?xml version="1.0" encoding="utf-8"?>
<LinearLayout
    xmlns:android="http://schemas.android.com/apk/res/android"
    android:layout_width="match_parent"
    android:layout_height="match_parent"
    android:orientation="vertical"> (1)

    <TextView
        android:id="@+id/quote_text" (2)
        android:layout_width="match_parent"
        android:layout_height="wrap_content"
        android:layout_marginLeft="20dp" (5)
        android:layout_marginRight="20dp"
        android:layout_marginTop="20dp"
        android:layout_marginBottom="20dp"
        android:textSize="24sp"
        android:textColor="#000000"
        android:layout_gravity="center" (3)
        android:gravity="center" (4)
        android:text="다가올 10년의 변화가 지난 50년의 변화보다 더 클 것이다." />
```

```
    <TextView
        android:id="@+id/quote_from" (2)
        android:layout_width="match_parent"
        android:layout_height="wrap_content"
        android:layout_marginLeft="10dp"
        android:layout_marginRight="10dp"
        android:layout_marginTop="10dp"
        android:layout_marginBottom="10dp"
        android:layout_gravity="center"
        android:gravity="right"
        android:text="빌 게이츠"
        android:textColor="#444444" />

    <Button
        android:id="@+id/quote_edit_btn" (2)
        android:layout_width="match_parent"
        android:layout_height="wrap_content"
        android:layout_marginLeft="10dp"
        android:layout_marginRight="10dp"
        android:text="명언 편집"
        android:layout_gravity="center" />

    <Button
        android:id="@+id/quote_list_btn" (2)
        android:layout_width="match_parent"
        android:layout_height="wrap_content"
        android:layout_marginLeft="10dp"
        android:layout_marginRight="10dp"
        android:text="명언 보기"
        android:layout_gravity="center" />

</LinearLayout>
```

(1) 부모 뷰그룹(LinearLayout)에 포함될 뷰들은 모두 수직 방향으로 배치하기 위해 배치 방향 속성(orientation)을 수직(vertical)으로 변경했습니다.

(2) 코드를 통해 뷰를 참조하기 위해 모든 뷰에 식별자를 부여합니다.

(3)에서는 layout_gravity 속성을 설정하고 (4)에서는 gravity 속성을 설정하며 모두 center 값을 할당합니다.

layout_gravity와 gravity는 **뷰의 정렬과 관련된 속성이라는 공통점**이 있지만 **정렬 기준**은 다릅니다. `layout_gravity` 속성은 부모 뷰에 포함될 뷰를 정렬할 기준을 설정하기 위해 사용합니다. 반면 `gravity`는 뷰 내부에 표시할 내용을 정렬할 기준을 설정하기 위해 사용합니다. 따라서 **(3)**의 의미는 `TextView`를 부모 뷰(`LinearLayout`)의 중앙에 위치하게 하겠다는 의미로 해석할 수 있습니다. 반면 **(4)**의 의미는 **내부에 포함된 내용(텍스트)을 중앙에 정렬**하겠다는 의미로 해석할 수 있습니다.

다음 화면은 layout_gravity와 gravity 속성을 조금씩 달리해서 정의한 버튼들을 보여줍니다. layout_gravity와 gravity 속성의 차이점을 생각해보기 바랍니다.

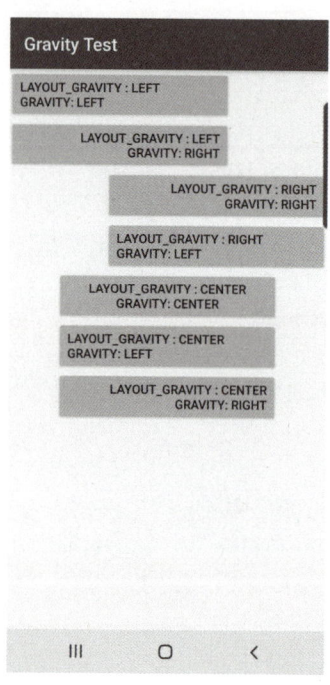

그림 2-10 layout_gravity와 gravity의 차이

(5) 속성의 이름이 layout_margin으로 시작하는 속성을 설정해 바깥 여백(`margin`) 값을 조정합니다. 이 속성은 뷰의 바깥 여백 공간의 크기를 지정하는 데 사용됩니다.

Left, Right, Top, Bottom은 각각 왼쪽, 오른쪽, 위, 아래 부분의 여백 크기를 지정하는 데 사용됩니다. 여기서는 뷰의 바깥쪽에 20DP 크기만큼 여백을 두도록 설정합니다. 이때 속성의 이름이 layout_padding으로 시작하는 속성값을 설정하며, 내부 여백(`padding`) 값을 지정할 수 있습니다.

다음 화면은 margin과 padding 값을 서로 다르게 부여한 버튼 두 개를 보여줍니다. **margin은 뷰의 바깥 영역의 여백 크기를, padding은 뷰의 내부 영역의 여백 크기를 지정하는 데 사용됨**을 확인할 수 있습니다.

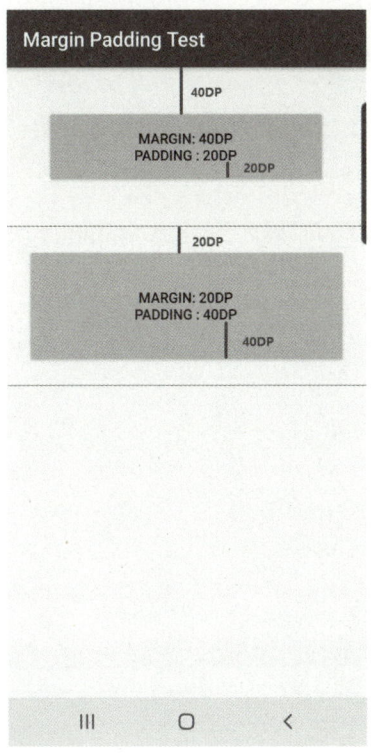

그림 2-11 layout_margin과 layout_padding의 차이

TextView, Button 뷰에도 여백 크기를 설정하고 색상을 변경합니다.

먼저 명언을 저장할 데이터 클래스를 정의할 코틀린 파일을 생성하기 위해 기본 패키지 항목에 마우스 오른쪽 버튼을 클릭한 후 [New] → [Kotlin File/Class]를 선택해 Quote.kt 파일을 생성합니다.

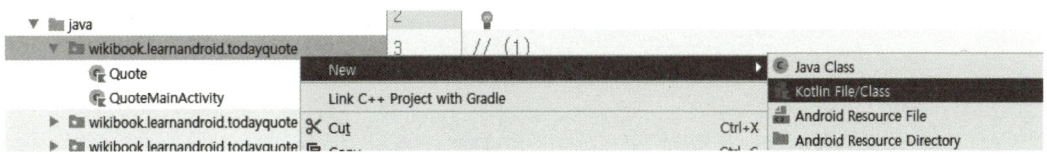

그림 2-12 새 코틀린 파일 생성

이후 데이터 클래스의 내용을 다음과 같이 정의합니다.

예제 2.2 명언 정보를 저장할 데이터 클래스   wikibook/learnandroid/todayquote/Quote.kt

```kotlin
package wikibook.learnandroid.todayquote
import android.content.SharedPreferences

data class Quote(var idx: Int, var text: String, var from: String = "")
```

명언 데이터를 저장할 데이터 클래스를 선언했습니다. 이 클래스에는 idx, text, from 속성을 추가했습니다. 각 속성은 명언의 순서, 명언의 내용, 명언의 출처를 저장하는 용도로 사용합니다.

이후 명언 데이터를 추가하고 무작위로 출력할 수 있도록 액티비티 코드를 작성합니다.

예제 2.3 무작위로 명언 내용을 출력할 액티비티   wikibook/learnandroid/todayquote/QuoteMainActivity.kt

```kotlin
package wikibook.learnandroid.todayquote

import android.content.Context
import android.content.Intent
import android.content.SharedPreferences
import androidx.appcompat.app.AppCompatActivity
import android.os.Bundle
import android.widget.Button
import android.widget.TextView
import java.util.*

class QuoteMainActivity : AppCompatActivity() {
    // (1)
    private lateinit var quotes: MutableList<Quote>

    override fun onCreate(savedInstanceState: Bundle?) {
        super.onCreate(savedInstanceState)
        // (2)
        setContentView(R.layout.quote_main_activity)

        // (3)
        val quoteText = findViewById<TextView>(R.id.quote_text)
        val quoteFrom = findViewById<TextView>(R.id.quote_from)

        // (4)
        quotes = mutableListOf()
```

```kotlin
    // (5)
    quotes.add(Quote(1, "명언 1", "출처 1"))
    quotes.add(Quote(2, "명언 2", "출처 2"))
    quotes.add(Quote(3, "명언 3", "출처 3"))

    // (6)
    val randomIndex = Random().nextInt(quotes.size)
    val randomQuote = quotes[randomIndex]

    // (7)
    quoteText.text = randomQuote.text
    quoteFrom.text = randomQuote.from
  }
}
```

(1) 명언 데이터를 저장할 리스트를 선언합니다. 액티비티의 경우 생성자가 아니라 onCreate 메서드 내부에서 변수를 초기화하는 작업을 수행하는 것이 일반적이므로 lateinit 키워드를 사용해 나중에 초기화될 변수로 선언합니다.

```kotlin
private lateinit var quotes: MutableList<Quote>
```

(2) setContentView 메서드를 호출해 액티비티에서 사용할 레이아웃을 구성합니다.

```kotlin
setContentView(R.layout.quote_main_activity)
```

(3) findViewById 메서드를 호출해 필요한 뷰 객체를 반환받습니다.

```kotlin
val quoteText = findViewById<TextView>(R.id.quote_text)
val quoteFrom = findViewById<TextView>(R.id.quote_from)
```

(4) lateinit으로 설정된 변수를 초기화합니다. lateinit은 사용하기 전에 반드시 값 대입이 이뤄지는 것을 보장하기로 약속한 변수이므로 잊지 말고 값을 대입해야 합니다.

```kotlin
quotes = mutableListOf()
```

(5) 명언 데이터를 추가합니다.

```
quotes.add(Quote(1, "명언 1", "출처 1"))
quotes.add(Quote(2, "명언 2", "출처 2"))
quotes.add(Quote(3, "명언 3", "출처 3"))
```

(6) 리스트의 인덱스 범위(0부터 2)를 넘지 않는 난수값을 반환받아 리스트에 포함된 명언 중 하나를 선택합니다.

```
val randomIndex = Random().nextInt(quotes.size)
val randomQuote = quotes[randomIndex]
```

(7) 무작위로 선택된 명언의 내용과 출처를 화면에 표시하기 위해 **뷰 객체의 text 속성에 대입**합니다.

```
quoteText.text = randomQuote.text
quoteFrom.text = randomQuote.from
```

이제 앱을 실행(단축키 Shift+F10)하면 리스트에 포함된 명언 중 하나의 명언이 무작위로 선택되어 표시되는 것을 확인할 수 있습니다.

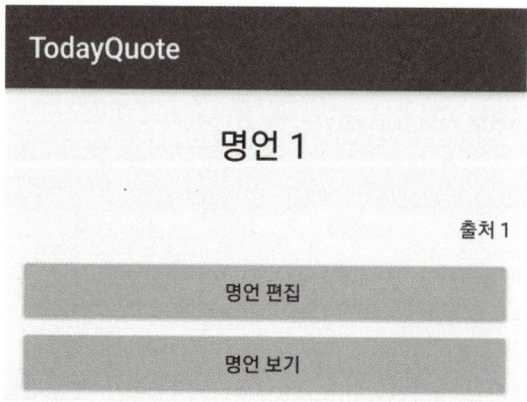

그림 2-13 무작위로 선택된 명언 출력 화면

더 알아보기 _ 속성을 통한 게터, 세터 메서드 접근

앞서 TextView의 text 속성에 접근해서 문자열 값을 읽어오거나 대입을 통해 출력할 문자열을 설정했습니다.

```
// quoteText(TextView 객체)의 text 속성에 문자열 값을 대입
quoteText.text = randomQuote.text
```

코드에서는 마치 속성에 접근해 값을 읽어오고 대입하는 것처럼 보이지만 **실제로는 `getText` 메서드를 호출해서 값을 읽어오고 `setText` 메서드를 호출해 값을 설정**합니다. 앞의 코드에서는 대입문을 이용해 새 값을 설정하고 있으므로 내부적으로는 다음과 같이 setText 메서드가 호출됩니다.

```
quoteText.setText(randomQuote.text)
```

코틀린에서는 클래스에 게터와 세터 메서드가 존재할 경우 해당 메서드를 호출하는 대신 속성처럼 접근할 수 있도록 자동 변환을 수행하므로 실제로 게터, 세터 메서드를 호출할 일은 많지 않습니다.

```
myTextView.text
    v  text (from getText()/setText())        CharSequence!
```

그림 2-14 text 속성을 통한 게터, 세터 메서드 호출

가령 다음의 onCreate 메서드에서는 resources라는 속성에 접근합니다만 내부적으로는 게터 메서드(getResources)를 호출한 반환값을 사용하게 됩니다.

```
// 실제로는 getResources() 메서드를 호출해 리소스 객체를 반환
val greetingMsg = resources.getText(R.string.greeting).toString()
```

단, 예외적으로 게터와 세터 메서드를 호출해야 하는 경우가 있습니다. 가령 EditText의 경우 다음과 같이 세터 메서드를 직접 호출해서 입력창의 값을 변경해야 합니다.

```
// 실제로는 TextView에 정의된 setText 메서드를 호출
editText.setText("text")
```

SharedPreferences 인터페이스의 개념

앱을 만들다 보면 정말 간단한 앱이 아닌 이상 **데이터를 영구적으로 저장해야 할 상황**이 발생합니다. 지금 제작하고 있는 앱에서도 앱을 종료한 후 다시 앱을 실행했을 때 기존에 저장된 명언을 보여줘야 하므로 명언 정보를 어딘가에 저장해야 합니다.

안드로이드 운영체제에는 내장된 데이터베이스 프로그램(SQLite)이 있으므로 이 데이터베이스를 통해 데이터를 효율적으로 저장, 관리할 수 있습니다. 하지만 지금은 데이터베이스를 사용하지 않고 **특별한 권한 설정이나 추가 작업 없이 간단하게 데이터를 저장, 수정, 삭제할 수 있는 방법을 제공하는 SharedPreferences 인터페이스**의 사용법을 살펴보겠습니다.

인터페이스의 이름에서 유추할 수 있듯이 SharedPreferences 인터페이스를 통해 **사용자가 앱을 사용할 때 필요한 설정값을 저장**합니다. 가령 음악 재생 앱이라면 재생할 음악의 기본 볼륨값 정보를 저장할 수 있습니다.

SharedPreferences 객체 접근

값을 실제로 저장하거나 읽어오기 전에 먼저 SharedPreferences 객체를 받아와야 합니다. **SharedPreferences 객체를 받아오려면 Context 객체가 필요**합니다.

액티비티 클래스는 Context 클래스를 상속받는 클래스이므로 액티비티 객체를 전달해서 SharedPreferences 객체를 반환받을 수 있습니다. 다음은 onCreate 메서드에서 SharedPreferences 객체에 접근하는 코드입니다.

```kotlin
override fun onCreate(savedInstanceState: Bundle?) {
    super.onCreate(savedInstanceState)

    // (1)
    val sp1 : SharedPreferences = this.getSharedPreferences("file_name", Context.MODE_PRIVATE)
    // (2)
    val sp2 = this.getPreferences(Context.MODE_PRIVATE)
    // (3)
    val sp3 = PreferenceManager.getDefaultSharedPreferences(this)
}
```

(1) Context 클래스에서 제공하는 **getSharedPreferences** 메서드를 통해 SharedPreferences 객체를 받아옵니다. 이때 getSharedPreferences 메서드에는 두 개의 인자를 전달해야 합니다.

첫 번째 인자는 정보가 저장될 파일의 이름으로, 저장할 데이터의 내용과 관련된 적절한 이름을 전달합니다. 나중에 저장된 데이터에 접근할 때 같은 파일명을 전달해서 가져온 프리퍼런스 객체를 통해 저장된 데이터에 접근할 수 있습니다.

두 번째 인자는 프리퍼런스의 작동 방식을 설정하는 값으로서 프리퍼런스에 접근할 수 있는 자격 정보를 전달하는 데 쓰입니다. 여기서는 **MODE_PRIVATE** 상수를 전달해서 해당 프리퍼런스를 생성한 앱 내에서만 데이터에 접근할 수 있게 조정합니다.

다른 앱에서도 해당 프리퍼런스에 접근해서 데이터를 읽고 쓸 수 있도록 MODE_WORLD_READABLE이나 MODE_WORLD_WRITEABLE 같은 상수를 전달할 수도 있지만 보안상의 문제로 사용하길 권장하지 않습니다.

```
val sp1 : SharedPreferences = this.getSharedPreferences("file_name", Context.MODE_PRIVATE)
```

(2) getPreferences 메서드를 통해 객체를 받아오는데, 이 경우 메서드를 호출한 액티비티의 이름을 이용해 파일을 생성하고 가져오게 됩니다. 따라서 파일명을 나타내는 문자열을 전달하지 않아도 됩니다. 만약 프리퍼런스에 저장한 정보가 특정 액티비티 내부에서만 사용된다면 이 방법으로 객체를 얻어와도 무방합니다.

```
val sp2 = this.getPreferences(Context.MODE_PRIVATE)
```

(3) PreferenceManager 클래스의 getDefaultSharedPreferences 함수를 호출해서 프리퍼런스 객체를 반환받을 수 있습니다. 이 경우 **앱의 기본 패키지 이름을 사용해 파일을 생성**합니다. 이때 getDefaultSharedPreferences 함수의 첫 번째 인자로 Context 객체를 전달합니다.

```
val sp3 = PreferenceManager.getDefaultSharedPreferences(this)
```

이렇게 해서 SharedPreferences 객체를 반환받기 위해 사용하는 메서드를 살펴봤습니다. 일반적으로 **(1)** 의 방법이 자주 사용되므로 앞으로 프로젝트를 진행하면서 이 방법으로 프리퍼런스 객체를 반환받겠습니다.

Editor 객체를 이용한 데이터 저장, 수정, 삭제

이제 반환받은 **프리퍼런스** 객체를 통해 데이터를 저장, 수정, 삭제하는 **방법**을 알아보겠습니다.

데이터를 읽어오는 작업은 SharedPreferences 객체를 통해 진행할 수 있지만 **데이터를 저장, 수정, 삭제하려면 Editor 객체의 도움이 필요**합니다. 먼저 Editor 객체에 접근하기 위해 다음과 같이 프리퍼런스 객체의 **edit** 메서드를 호출합니다.

```
// 여기서 sp1은 프리퍼런스 객체
val editor = sp1.edit()
```

데이터를 저장하고 수정하는 코드는 다음과 같습니다.

```
// 정숫값 저장
editor.putInt("key1", 1)
// 실숫값 저장
editor.putFloat("key2", 3.14f)
// 문자열값 저장
editor.putString("key3", "Hello")
// 문자열값의 집합 저장
editor.putStringSet("key4", setOf("Apple", "Orange", "Banana"))

// 내용을 변경한 후 반드시 호출해야 함
editor.apply()
```

맵과 비슷하게 키와 키에 대응하는 값을 저장하는 방식으로 작동하므로 키와 값을 전달해야 합니다. 문자열 타입의 키 값만 허용하므로 키에는 문자열 값을 전달해야 합니다. Editor 인터페이스는 'put타입이름' 형식으로 제공되는 여러 메서드를 이용해 Boolean, Int, Long, Float, String 및 String 타입의 집합(Set)을 저장할 수 있습니다.

이미 **저장된 값을 수정해야 한다면 값을 저장할 때 사용한 키를 이용해 값을 다시 저장**하면 됩니다. 맵과 마찬가지로 같은 키를 이용해 값을 저장하면 이전 값이 대체되기 때문입니다. 이때 원래 저장했던 값과 반드시 같은 타입의 값을 저장할 필요는 없으며 다른 타입의 값을 저장해도 무방합니다.

```
// key2에 연결된 값을 수정(원래 저장된 값의 타입은 Float 타입이었고 값은 3.14였으나 이제는 문자열
   타입의 "World"로 대체됨)
editor.putString("key2", "World")
```

```
// 변화된 내용을 최종적으로 적용하기 위해 반드시 apply 메서드를 호출해야 함
editor.apply()
```

값을 저장하거나 수정하고 나면 **반드시 apply 메서드를 호출해 실제로 변화된 내용을 반영**해야 합니다. 이 메서드를 호출하지 않으면 변경된 사항이 반영되지 않습니다.

이제 SharedPreferences 객체를 통해 저장된 값을 조회하는 코드를 살펴보겠습니다.

```
// key1에 연결돼 있는 정숫값을 가져오며, 만약 해당 키로 가져올 수 있는 정숫값이 존재하지 않으면
-1을 반환
val key1Value = sp1.getInt("key1", -1)
val key2Value = sp1.getFloat("key2", 0.0f)
val key3Value = sp1.getString("key3", "default")
val key4Value = sp1.getStringSet("key4", null)
```

'get타입이름' 형식으로 제공되는 메서드에 키를 전달해서 키에 대응하는 값을 가져올 수 있습니다. 두 번째 인자로 **키에 대응하는 값이 존재하지 않을 경우 반환받을 기본값**을 지정합니다.

미리 특정 키가 존재하는지 확인하고 싶다면 다음과 같이 **contains** 메서드를 사용합니다.

```
// 프리퍼런스에 키(key4)가 존재한다면 true를 반환
val keyExist : Boolean = sp1.contains("key4")
```

데이터를 삭제하려면 **remove** 메서드에 키를 전달해서 해당 키와 관련된 키와 값을 모두 삭제합니다.

```
// 키(key1)와 키에 대응하는 값을 삭제
editor.remove("key1")
```

clear 메서드를 호출해 저장된 모든 키와 값을 삭제할 수도 있습니다.

```
// 프리퍼런스에 저장된 키와 값을 모두 삭제
editor.clear()
```

이전과 마찬가지로 삭제한 내역을 반영하려면 apply 메서드를 호출합니다.

```
// 변경 사항 반영
editor.apply()
```

이렇게 SharedPreferences 객체를 통해 데이터를 읽어오고 Editor 객체를 통해 데이터를 저장, 수정, 삭제하는 방법을 살펴봤습니다.

더 알아보기 _ 프리퍼런스 데이터와 XML

SharedPreferences를 통해 저장되는 값은 내부적으로 XML 파일에 저장됩니다. XML 파일의 특성상 대용량 데이터를 저장하기에는 적합하지 않으므로 프리퍼런스는 **앱에 필요한 설정과 같이 비교적 적은 양의 데이터를 저장하는 용도로 사용**해야 합니다.

저장된 데이터가 많아질수록 데이터를 읽어오는 속도가 느려진다는 점에 유의합니다.

더 알아보기 _ apply 메서드와 commit 메서드

지금까지 apply 메서드를 호출해 변경 사항을 최종 반영하도록 코드를 작성했습니다. 프리퍼런스는 이와 똑같은 역할을 수행하는 commit 메서드도 제공하는데, 두 메서드에는 동작 방식의 차이가 있습니다.

apply 메서드는 내부적으로 임시 맵 객체를 생성하며, 내용을 저장하고 **비동기적으로 디스크 출력 작업을 진행해 파일에 기록하는 반면,** commit 메서드는 동기적으로 디스크 출력 작업을 진행하고 저장 성공 여부 결과를 반환하는 구현상의 차이점이 있습니다.

공식 문서에서는 **apply 메서드를 사용하길 권장**하므로 특별히 저장에 성공했는지 여부를 파악할 필요가 없다면 apply 메서드를 사용합니다.

SharedPreferences 객체를 사용한 명언 데이터 저장

이번에는 이전에 작성한 Quote 데이터 클래스를 수정해서 **SharedPreferences 객체를 사용해 명언 데이터를 저장, 수정, 삭제하고 읽어올 수 있도록 도와줄 클래스 함수를 추가**하겠습니다.

프리퍼런스는 대용량 데이터를 저장하기에는 적합하지 않기 때문에 여기서는 최대 20개의 명언을 저장할 수 있다는 가정하에 구현을 진행하겠습니다.

예제 2.4 프리퍼런스 관련 작업을 수행할 클래스 함수 추가   wikibook/learnandroid/todayquote/Quote.kt

```
data class Quote(var idx: Int, var text: String, var from: String = "") {
    companion object {
```

```kotlin
// 명언을 저장하고 수정하는 함수
fun saveToPreference(pref: SharedPreferences, idx: Int, text: String, from: String = "")
: Quote {
    val editor = pref.edit()

    // (1)
    editor.putString("$idx.text", text)
    editor.putString("$idx.from", from.trim())

    editor.apply()

    return Quote(idx, text, from)
}

// 저장된 모든 명언을 담은 리스트를 반환하는 함수
fun getQuotesFromPreference(pref: SharedPreferences): MutableList<Quote> {
    // (2)
    val quotes = mutableListOf<Quote>()

    for (i in 0 until 20) {
        val quoteText = pref.getString("$i.text", "")!!
        val quoteFrom = pref.getString("$i.from", "")!!

        if(quoteText.isNotBlank()) {
            quotes.add(Quote(i, quoteText, quoteFrom))
        }
    }

    return quotes
}

// 특정 위치의 명언을 삭제하는 함수
fun removeQuoteFromPreference(pref: SharedPreferences, idx: Int) {
    val editor = pref.edit()

    // (3)
    editor.remove("$idx.text")
    editor.remove("$idx.from")
```

```
            editor.apply()
        }
    }
}
```

Quote 데이터 클래스에 `companion object`를 추가하고 세 개의 클래스 함수(`saveToPreference`, `getQuotesFromPreference`, `removeQuoteFromPreference`)를 정의했습니다. 이 함수들은 모두 클래스 함수이므로 클래스 이름을 통해 접근할 수 있으며, 프리퍼런스 객체를 통해 데이터에 접근하는 용도로 사용됩니다.

(1) saveToPreference 함수는 명언과 관련된 정보(순서, 명언 내용, 출처)를 전달받아 프리퍼런스에 저장합니다. 단, 출처가 불분명해서 출처 정보를 생략할 경우에 대비하기 위해 기본값으로 빈 문자열을 대입합니다.

여기서는 editor 객체를 통해 '순서 숫자.text', '순서 숫자.from' 형태의 키를 이용해 각각 **명언의 내용과 출처를 저장**합니다. (단, 편의상 순서는 1이 아닌 0부터 시작한다고 가정합니다.) 가령 첫 번째로 저장될 명언의 내용은 "0.text" 키를 통해, 출처는 "0.from" 키를 통해 저장합니다.

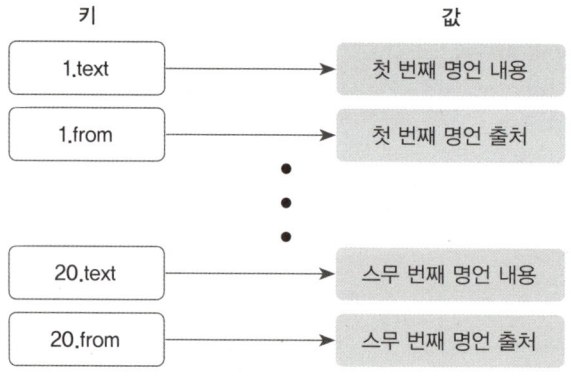

그림 2-15 프리퍼런스에 저장되는 키와 값

```
editor.putString("$idx.text", text)
editor.putString("$idx.from", from.trim())
```

(2) getQuotesFromPreference 함수는 프리퍼런스 내부에 저장된 명언을 리스트로 반환합니다. 여기서는 총 20개의 명언 데이터를 가져오며, 문자열이 비어 있는지 확인하는 `isBlank` 메서드를 호출해서 유의미한 내용이 있는 경우에만 반환할 리스트에 명언 객체를 포함합니다.

```
val quotes = mutableListOf<Quote>()

for (i in 0 until 20) {
    val quoteText = pref.getString("$i.text", "")!!
    val quoteFrom = pref.getString("$i.from", "")!!

    // 실제 명언과 관련된 텍스트 내용이 있는 있는 경우에만 리스트에 포함
    if(quoteText.isNotBlank()) {
        quotes.add(Quote(i, quoteText, quoteFrom))
    }
}
```

(3) removeQuoteFromPreference 함수는 명언의 순서를 입력받아 해당 순서에 저장된 명언을 삭제하는 역할을 합니다.

```
editor.remove("$idx.text")
editor.remove("$idx.from")
```

프리퍼런스 접근과 관련된 함수를 구현했으므로 이제 프리퍼런스를 통해 명언 데이터를 저장하고 불러올 수 있도록 액티비티 내용을 수정하겠습니다.

예제 2.5 프리퍼런스를 통해 명언 내용을 저장하고 반환받도록 수정   wikibook/learnandroid/todayquote/QuoteMainActivity.kt

```
class QuoteMainActivity : AppCompatActivity() {
    // (1)
    private lateinit var quotes: MutableList<Quote>
    private lateinit var pref: SharedPreferences

    // 초기 명언 데이터를 저장하는 역할을 수행하는 initializeQuotes 메서드
    fun initializeQuotes() {
        // (3)
        val initialized = pref.getBoolean("initialized", false)
        if(!initialized) {
            // (4)
            Quote.saveToPreference(pref, 0, "괴로운 시련처럼 보이는 것이 뜻밖의 좋은 일일 때가 많다.", "오스카 와일드")
            Quote.saveToPreference(pref, 1, "성공한 사람이 되려고 노력하기보다 가치있는 사람이 되려고 노력하라.", "알버트 아인슈타인")
            Quote.saveToPreference(pref, 2, "추구할 수 있는 용기가 있다면 우리의 모든 꿈은 이뤄질
```

수 있다.", "월트 디즈니")
        Quote.saveToPreference(pref, 3, "실패에서부터 성공을 만들어 내라. 좌절과 실패는 성공으로 가는 가장 확실한 디딤돌이다.", "데일 카네기")
        Quote.saveToPreference(pref, 4, "창조적인 삶을 살려면 내가 틀릴지도 모른다는 공포를 버려야 한다.")

```kotlin
        // (5)
        val editor = pref.edit()
        editor.putBoolean("initialized", true)
        editor.apply()
    }
}

override fun onCreate(savedInstanceState: Bundle?) {
    super.onCreate(savedInstanceState)
    setContentView(R.layout.quote_main_activity)

    // (2)
    pref = getSharedPreferences("quotes", Context.MODE_PRIVATE)
    initializeQuotes()

    val quoteText = findViewById<TextView>(R.id.quote_text)
    val quoteFrom = findViewById<TextView>(R.id.quote_from)

    // (6)
    quotes = Quote.getQuotesFromPreference(pref)

    if(quotes.isNotEmpty()) {
        val randomIndex = Random().nextInt(quotes.size)
        val randomQuote = quotes[randomIndex]
        quoteText.text = randomQuote.text
        quoteFrom.text = randomQuote.from
    } else {
        quoteText.text = "저장된 명언이 없습니다."
        quoteFrom.text = ""
    }
}
}
```

(1) getQuotesFromPreference 함수를 통해 반환받을 명언 리스트를 저장할 quotes 속성을 선언합니다.

```
private lateinit var quotes: MutableList<Quote>
```

(2) 프리퍼런스 객체를 가져와 속성값을 초기화하고 initializeQuotes 메서드를 호출합니다. 이 메서드는 기본적으로 제공할 명언 데이터를 저장하는 역할을 수행합니다.

```
pref = getSharedPreferences("quotes", Context.MODE_PRIVATE)
initializeQuotes()
```

(3) 초기 명언 데이터는 앱을 처음 실행할 때 한 번만 초기화하면 되므로 프리퍼런스에 저장한 **초기화 키 (initialized)**의 값을 살펴보고 초기화되지 않은 상태인 경우에만 명언 데이터를 추가합니다.

```
val initialized = pref.getBoolean("initialized", false)
if(!initialized) {
    // (.. 초기 데이터 저장 작업 진행 ..)
}
```

(4) 앞에서 정의한 saveToPreference 함수를 호출해서 명언과 출처 데이터를 저장합니다. 마지막에 추가한 명언은 출처가 없는 명언으로 가정하고 출처를 입력하지 않았습니다.

```
Quote.saveToPreference(pref, 0, "괴로운 시련처럼 보이는 것이 뜻밖의 좋은 일일 때가 많다.", "오스카 와일드")
Quote.saveToPreference(pref, 1, "성공한 사람이 되려고 노력하기보다 가치있는 사람이 되려고 노력하라.", "알버트 아인슈타인")
Quote.saveToPreference(pref, 2, "추구할 수 있는 용기가 있다면 우리의 모든 꿈은 이뤄질 수 있다.", "월트 디즈니")
Quote.saveToPreference(pref, 3, "실패에서부터 성공을 만들어 내라. 좌절과 실패는 성공으로 가는 가장 확실한 디딤돌이다.", "데일 카네기")
Quote.saveToPreference(pref, 4, "창조적인 삶을 살려면 내가 틀릴지도 모른다는 공포를 버려야 한다.")
```

(5) 초기화 키의 값(initialized)을 true로 변경해서 이후에는 명언 데이터가 중복해서 저장되지 않게 합니다.

```
val editor = pref.edit()

editor.putBoolean("initialized", true)
editor.apply()
```

(6) 기존 코드를 삭제하고 getQuotesFromPreference 함수를 이용해 명언 리스트를 반환받도록 수정합니다. 또한 보여줄 명언 데이터가 존재하는 경우에만 내용을 출력하도록 수정합니다.

```
quotes = Quote.getQuotesFromPreference(pref)

if(quotes.isNotEmpty()) {
    // (.. 명언 데이터 출력 ..)
} else {
    quoteText.text = "저장된 명언이 없습니다."
    quoteFrom.text = ""
}
```

명언 목록 액티비티 생성

시작 액티비티 화면에서 명언 출력 기능을 구현했으므로 **지금까지 저장된 명언 데이터를 목록 형식으로 보여줄 명언 목록 액티비티를 추가**하겠습니다.

상단 메뉴바에서 [File] → [New] → [Activity] → [Emtpy Activity]를 선택해 새 액티비티 생성 창을 띄우고 액티비티 이름은 QuoteListActivity로, 레이아웃 파일의 이름은 quote_list_activity로 설정합니다. 그런 다음 [Finish] 버튼을 눌러 액티비티와 레이아웃 파일 생성을 완료합니다.

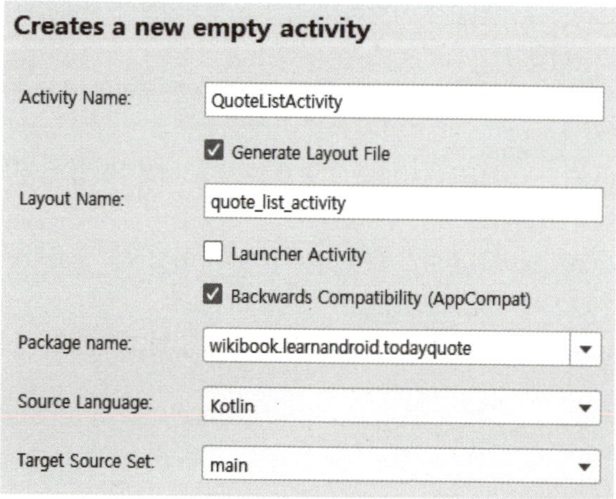

그림 2-16 새 액티비티(QuoteListActivity) 추가

생성된 레이아웃 파일의 내용을 다음과 같이 작성합니다.

예제 2.6 목록을 출력하기 위해서 사용할 RecyclerView 뷰그룹 추가   res/layout/quote_list_activity.xml

```xml
<?xml version="1.0" encoding="utf-8"?>
<androidx.recyclerview.widget.RecyclerView (1)
    xmlns:android="http://schemas.android.com/apk/res/android"
    android:id="@+id/quote_list"
    android:scrollbars="vertical" (2)
    android:layout_width="match_parent"
    android:layout_height="match_parent" />
```

(1) 가장 최상위 뷰그룹으로 `RecyclerView`를 사용합니다. `RecyclerView`는 기본적으로 제공되는 뷰가 아니고 `androidx` 라이브러리에 포함된 뷰이므로 뷰 이름 앞에 해당 뷰 클래스가 포함된 패키지의 이름도 추가합니다.

> 🔍 `RecyclerView`는 기존의 지원 라이브러리(Support Library)를 개선하는 과정에서 탄생한 AndroidX 라이브러리에 포함된 뷰입니다. 이 뷰는 여러 데이터를 목록 형식으로 보여줄 때 사용합니다.
> 기존의 `ScrollView`와 같이 화면 스크롤 기능을 제공하는 뷰와 `ListView`, `GridView` 같은 목록 혹은 격자 형식으로 데이터를 보여주는 뷰가 제공됐습니다만 현재는 내부 최적화 작업을 통해 더 나은 성능을 보여주는 `RecyclerView`를 사용하길 권장합니다.

(2) 수직 방향으로 스크롤해서 목록을 확인하도록 구현할 예정이므로 `scrollbars` 속성을 `vertical`로 설정합니다.

`RecyclerView`는 기본적으로 제공되는 뷰가 아니므로 이를 사용하려면 **모듈 레벨 그레이들 파일에 의존성 관련 설정**을 해야 합니다. 왼쪽 프로젝트 패널에서 오른쪽 괄호 안에 'Module: app'이라고 적힌 모듈 레벨 build.gradle 파일을 열고 내용을 수정합니다.

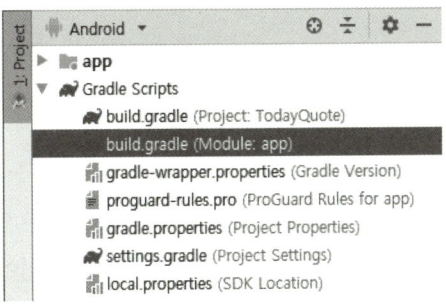

그림 2-17 모듈 레벨 build.gradle 파일의 위치

RecyclerView 관련 의존성을 추가하기 위해서 다음 한 줄의 명령어를 **dependencies 블록에 삽입**합니다.

Gradle Script/build.gradle (Module: app)

```
dependencies {
    // dependencies 블록 내부에 의존성 추가 코드를 삽입
    implementation 'androidx.recyclerview:recyclerview:1.0.0'

    implementation fileTree(dir: "libs", include: ["*.jar"])
    implementation "org.jetbrains.kotlin:kotlin-stdlib:$kotlin_version"
    // ...
}
```

그런 다음, 화면 상단의 메시지바에 표시된 [Sync Now] 버튼을 눌러 프로젝트에 해당 라이브러리가 추가되게 합니다.

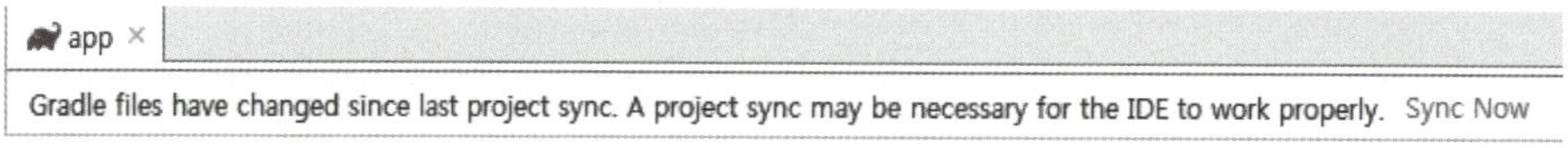

그림 2-18 Sync Now 버튼을 클릭하여 라이브러리 추가를 위한 동기화 작업 진행

앞으로 프로젝트를 진행하면서 필요한 의존성 명령어가 있는 경우 모두 위에서 소개한 방법으로 **모듈 레벨 build.gradle 파일 내부 dependencies 블록의 맨 윗줄에 삽입**해주도록 하겠습니다.

액티비티와 레이아웃 파일을 생성했지만 시작 액티비티인 QuoteMainActivity에서 명언 목록을 보여줄 QuoteListActivity로 이동할 수 있게 **액티비티를 전환하는 코드를 작성**하지 않았으므로 먼저 액티비티 전환과 관련된 코드를 작성해야 합니다.

그에 앞서 **명시적 인텐트를 이용한 액티비티 이동**에 대해 설명한 후 액티비티 전환 코드를 추가하겠습니다.

명시적 인텐트를 이용한 액티비티 이동

정말 단순한 기능을 가진 앱이라 한 개의 화면만 필요하지 않은 이상 앱은 일반적으로 **여러 개의 액티비티(화면)로 이뤄져 있으며, 한 액티비티에서 다른 액티비티로 이동하는 작업이 빈번하게 발생**합니다.

또한 한 액티비티에서 다른 액티비티로 이동하며 필요한 데이터를 전달해야 하는 상황도 종종 발생하는데, 이러한 액티비티 이동이나 데이터 전달 작업을 진행하려면 다음과 같은 준비 과정이 필요합니다.

1. 새 액티비티로 이동하는 것과 관련된 인텐트(Intent) 객체를 생성
2. (필요한 경우) 인텐트 객체에 새 액티비티에서 전달할 데이터를 추가
3. startActivity 메서드를 호출하며 인텐트 객체를 전달해서 액티비티로 이동

여기서 **인텐트(Intent)**는 메시지를 전달하기 위해 쓰는 편지와 같은 역할을 하며, 특정 행동을 유발하는 데 사용됩니다.

명시적(Explicit) 인텐트는 이동해야 할 목적지(일반적으로 다른 액티비티)가 명확한 상황에서 사용합니다. 반대로 나중에 설명할 **암시적(Implicit) 인텐트**는 명확한 목적지가 없고 추상적인 목적(예: 특정 인터넷 주소로 이동)만 전달하고 싶을 때 사용합니다.

다음은 인텐트 객체를 생성하고 새 액티비티로 이동하면서 동시에 해당 액티비티로 데이터를 전달하는 코드입니다.

```kotlin
class FirstActivity : AppCompatActivity() {
    override fun onCreate(savedInstanceState: Bundle?) {
        super.onCreate(savedInstanceState)
        setContentView(R.layout.first)

        // (1)
        val intent = Intent(this, SecondActivity::class.java)
        // (2)
        intent.putExtra("data1", 100)
        // (3)
        intent.putExtra("data2", "Hello")
        // (4)
        startActivity(intent)
    }
}
```

(1) 인텐트 객체를 생성합니다. 인텐트 객체를 생성하려면 `Context` 객체와 이동할 액티비티 클래스 (`SecondActivity`)의 클래스 정보가 필요합니다. 이때 첫 번째 인자로 Context 클래스를 상속받는 액티비티 객체(this)를 전달하고, 두 번째 인자로 액티비티 클래스의 정보(SecondActivity::class.java)를 전달합니다.

```kotlin
val intent = Intent(this, SecondActivity::class.java)
```

(2), (3) 이동할 액티비티에서 필요한 데이터를 `putExtra` 메서드를 이용해 추가합니다. 맵과 비슷하게 키와 값을 전달해서 데이터를 추가합니다.

```
// data1키에 연관된 값 100을 저장
intent.putExtra("data1", 100)
// data2키에 연관된 문자열 "Hello"를 저장
intent.putExtra("data2", "Hello")
```

데이터의 타입에 따라 오버로딩된 형태의 `putExtra` 메서드가 여러 개 정의돼 있습니다. `Int`, `Long`, `Float`, `Double`, `String`과 같은 기본 자료형 외에도 `Parcelable` 타입을 통해 임의의 객체도 전달할 수 있습니다. (Parcelable 인터페이스의 구현과 임의 객체를 전달하는 방법은 이후 퀴즈 앱을 작성하는 프로젝트를 진행하며 설명하겠습니다.)

특별히 액티비티에 전달할 데이터가 없다면 위 코드는 생략해도 무방합니다.

(4) `startActivity` 메서드를 호출하며 생성한 인텐트 객체를 전달해서 해당 액티비티로 이동합니다.

```
startActivity(intent)
```

다음은 앞서 설명한 개념을 도식화한 그림입니다. `startActivity` 메서드를 호출해서 새로운 액티비티로 이동하며, 인텐트 객체를 전달하되 전달할 데이터가 있다면 인텐트 객체에 포함합니다.

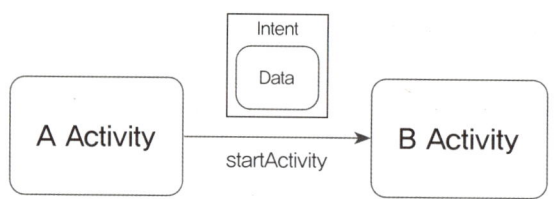

그림 2-19 액티비티 간 인텐트를 이용한 데이터 전달

다음은 이동한 액티비티에서 전달받은 인텐트 객체에 접근하는 코드입니다.

```kotlin
class SecondActivity : AppCompatActivity() {
    override fun onCreate(savedInstanceState: Bundle?) {
        super.onCreate(savedInstanceState)
        setContentView(R.layout.second)

        // data1값을 인텐트 객체에서 반환받고 만약 값이 존재하지 않는 경우 0을 반환
```

```
        val data1 = intent.getIntExtra("data1", 0)
        // data2값을 인텐트 객체에서 반환받고 만약 값이 존재하지 않는 경우 null을 반환(값의 타입이
String?임에 주목)
        val data2 : String? = intent.getStringExtra("data2")
    }
}
```

인텐트 객체에서 데이터를 가져오려면 'get타입이름Extra' 메서드를 호출합니다. 단, putExtra를 이용해서 전달한 값의 타입과 일치하는 get 메서드를 쓰지 않으면 정상적으로 값을 전달받을 수 없습니다. 가령 putExtra 메서드로 Int 타입의 값을 전달했는데 getDoubleExtra 메서드로는 해당 데이터에 접근할 수 없습니다. Int 타입의 값을 전달한 경우에는 getIntExtra 메서드를 사용해 값에 접근해야 합니다.

또한 데이터를 가져오는 일부 메서드(예: getIntExtra)는 호출할 때 다음과 같이 **값이 존재하지 않을 경우에 사용할 기본값을 함께 전달**해야 합니다.

```
// 만약 mydata라는 키에 대응하는 값이 없다면 -1을 반환
intent.getIntExtra("mydata", -1)
```

객체를 전달받는 메서드(예: getStringExtra)는 기본값을 전달하지 않아도 되지만 **값이 존재하지 않는 경우에는 null을 반환**합니다.

다른 액티비티로 이동하는 방법을 살펴봤으니 QuoteMainActivity에서 QuoteListActivity 액티비티로 이동하는 코드를 추가하겠습니다. QuoteMainActivity의 onCreate 메서드를 다음과 같이 수정합니다.

예제 2.7 목록 화면으로 이동할 수 있도록 액티비티 코드를 수정   wikibook/learnandroid/todayquote/QuoteMainActivity.kt

```kotlin
override fun onCreate(savedInstanceState: Bundle?) {
    // (.. 이전 코드 생략 ..)

    val quoteText = findViewById<TextView>(R.id.quote_text)
    val quoteFrom = findViewById<TextView>(R.id.quote_from)

    // (1)
    val toQuoteListButton = findViewById<Button>(R.id.quote_list_btn)
    toQuoteListButton.setOnClickListener {
        // (2)
        val intent = Intent(this, QuoteListActivity::class.java)
        // (3)
        intent.putExtra("quote_size", quotes.size)
```

```
        // (4)
        startActivity(intent)
    }

    quotes = Quote.getQuotesFromPreference(pref)

    // (.. 이후 코드 생략 ..)
}
```

(1) 레이아웃 파일에 정의한 Button 뷰의 객체를 반환받습니다.

```
val toQuoteListButton = findViewById<Button>(R.id.quote_list_btn)
```

(2) 인텐트 객체를 생성하며 Context 객체(this)와 QuoteListActivity 클래스의 정보를 전달합니다.

```
// QuoteListActivity로 이동할 수 있도록 도와줄 인텐트 객체 생성
val intent = Intent(this, QuoteListActivity::class.java)
```

(3) 현재 저장된 명언의 총 개수를 키(quote_size)를 통해 전달합니다. 이 데이터는 목록 액티비티 화면으로 이동한 후 토스트 메시지를 통해 출력하겠습니다.

```
intent.putExtra("quote_size", quotes.size)
```

(4) 마지막으로 startActivity 메서드를 호출하며 인텐트 객체를 전달해서 이 코드가 실행되는 시점에 액티비티로 이동하게 합니다.

```
startActivity(intent)
```

이후 QuoteListActivity 클래스를 다음과 같이 작성합니다.

예제 2.8 명언 목록을 보여줄 액티비티 정의　　　　　wikibook/learnandroid/todayquote/QuoteListActivity.kt

```
package wikibook.learnandroid.todayquote

import android.content.Context
import androidx.appcompat.app.AppCompatActivity
import android.os.Bundle
import android.widget.Toast
import androidx.recyclerview.widget.LinearLayoutManager
```

```
import androidx.recyclerview.widget.RecyclerView

class QuoteListActivity : AppCompatActivity() {
    override fun onCreate(savedInstanceState: Bundle?) {
        super.onCreate(savedInstanceState)
        setContentView(R.layout.quote_list_activity)

        // (1)
        val currentQuoteSize = intent.getIntExtra("quote_size", 0)
        // (2)
        Toast.makeText(this, "현재 ${currentQuoteSize}개의 명언이 저장되어 있습니다.", Toast.LENGTH_SHORT).show()
    }
}
```

(1) QuoteMainActivity 액티비티에서 전달받은 인텐트 객체를 intent 속성을 통해 접근합니다. 인텐트 객체의 getIntExtra 메서드를 호출하며 앞서 QuoteMainActivity에서 전달한 정수 타입 데이터에 접근합니다.

```
val currentQuoteSize = intent.getIntExtra("quote_size", 0)
```

(2) 전달받은 현재 저장된 명언의 총 개수를 토스트 메시지를 이용해 출력합니다.

```
Toast.makeText(this, "현재 ${currentQuoteSize}개의 명언이 저장되어 있습니다.",
Toast.LENGTH_SHORT).show()
```

이제 앱을 실행하고 명언 보기 버튼을 눌렀을 때 목록 액티비티로 이동하는지 여부와 명언의 총 개수가 토스트 메시지를 통해 출력되는지 여부를 확인합니다.

명언 목록 액티비티 구성

액티비티 이동과 관련된 코드를 작성했으므로 본격적으로 **RecyclerView**를 통해 명언 데이터를 목록 형식으로 표시할 수 있도록 구현하겠습니다. RecyclerView를 통해 항목을 표시하려면 다음과 같은 준비물이 필요합니다.

1. 리스트에 포함될 데이터
2. 리스트에 포함될 개별 데이터를 표시할 XML 레이아웃 파일
3. 리스트에 포함될 각 항목이 표시될 방식을 관리할 레이아웃 매니저
4. 리스트에 포함될 각 데이터를 보여줄 뷰 객체를 보관할 뷰 홀더 클래스
5. 리스트에 포함될 리스트 데이터와 레이아웃 파일을 연결하는 등 총체적인 관리 기능을 제공할 어댑터 클래스

1번 준비물인 리스트 데이터는 Quote 클래스의 getQuotesFromPreference 함수를 호출해서 반환받을 수 있으므로 2, 3, 4, 5번 준비물을 준비해보겠습니다.

먼저 2번 준비물인 **개별 항목을 표시할 레이아웃 파일**을 작성해보겠습니다. 메뉴에서 [File] → [New] → [XML] → [Layout XML File]을 차례로 선택해 레이아웃 파일(quote_list_item.xml)을 생성합니다.

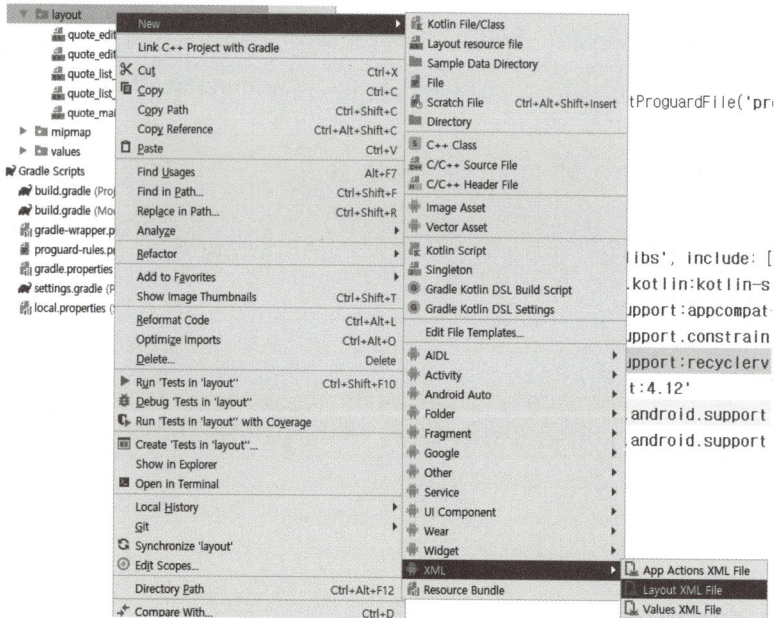

[Root Tag]는 LinearLayout으로 설정합니다.

그림 2-20 quote_list_item 레이아웃 파일 생성

이후 다음과 같이 레이아웃 파일의 내용을 작성합니다.

예제 2.9 목록에 표시될 각각의 항목을 출력할 레이아웃　　　　　　　　　　　res/layout/quote_list_item.xml

```xml
<?xml version="1.0" encoding="utf-8"?>
<LinearLayout
    xmlns:android="http://schemas.android.com/apk/res/android"
    android:layout_width="match_parent"
    android:layout_height="wrap_content"
    android:orientation="vertical">

    <TextView
        android:id="@+id/quote_text"
        android:layout_width="match_parent"
        android:layout_height="wrap_content"
        android:textSize="24sp"
        android:gravity="center" />

    <TextView
        android:id="@+id/quote_from"
        android:layout_width="match_parent"
        android:layout_height="wrap_content"
        android:textSize="18sp"
        android:gravity="right" />

</LinearLayout>
```

명언의 내용과 출처를 보여줄 TextView를 추가했습니다. 해당 레이아웃 파일은 다음 화면에서 볼 수 있는 바와 같이 **목록에서 개별적인 하나의 항목을 표시하는 데 사용**됩니다.

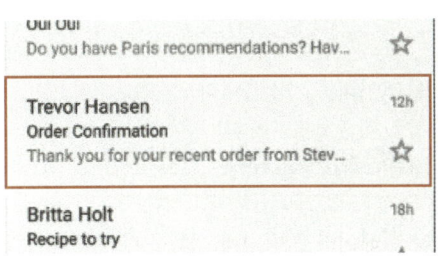

그림 2-21 목록 중 개별 데이터를 표시하기 위해서 사용되는 레이아웃

3번 준비물(레이아웃 매니저)은 QuoteListActivity 클래스를 작성하는 과정에서 준비합니다.

예제 2.10 명언 목록 액티비티에서 **RecyclerView**를 사용하도록 수정   wikibook/learnandroid/todayquote/QuoteListActivity.kt

```kotlin
class QuoteListActivity : AppCompatActivity() {
    override fun onCreate(savedInstanceState: Bundle?) {
        super.onCreate(savedInstanceState)
        setContentView(R.layout.quote_list_activity)

        val currentQuoteSize = intent.getIntExtra("quote_size", 0)
        Toast.makeText(applicationContext, "현재 ${currentQuoteSize}개의 명언이 저장되어 있습니다.", Toast.LENGTH_SHORT).show()

        val pref = getSharedPreferences("quotes", Context.MODE_PRIVATE)

        // (1)
        val quotes = Quote.getQuotesFromPreference(pref)

        // (2)
        val layoutManager = LinearLayoutManager(this)

        // (3)
        val adapter = QuoteAdapter(quotes)

        // (4)
        val recyclerView = findViewById<RecyclerView>(R.id.quote_list)
        recyclerView.setHasFixedSize(false)
        recyclerView.layoutManager = layoutManager
        recyclerView.adapter = adapter
    }
}
```

(1) 가장 중요한 준비물인 리스트 데이터를 가져옵니다.

```kotlin
val quotes = Quote.getQuotesFromPreference(pref)
```

(2) 데이터를 보여줄 방식을 관리할 레이아웃 매니저 객체를 생성합니다. 생성자에는 Context 객체를 전달합니다. 여기서는 목록 형태로 항목을 표시할 예정이므로 **LinearLayoutManager** 객체를 생성합니다.

```kotlin
val layoutManager = LinearLayoutManager(this)
```

LinearLayoutManager 객체를 사용해 데이터를 표시하면 왼쪽 그림과 같이 목록 형태로 데이터를 표시하며 GridLayoutManager 객체를 사용해 데이터를 표시하면 오른쪽 그림과 같이 격자 형태로 데이터를 표시합니다.

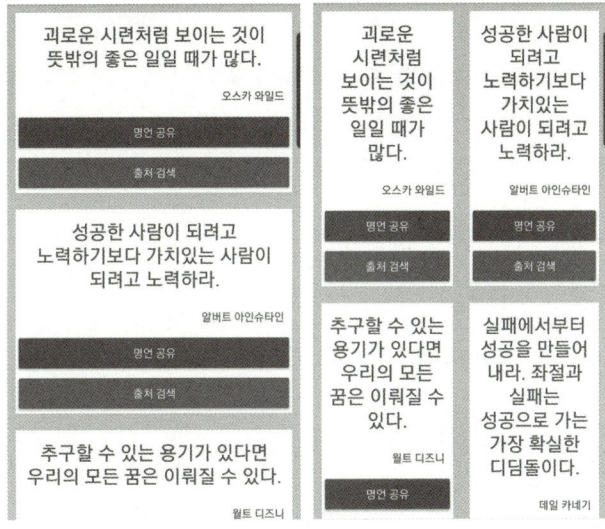

그림 2-22 LinearLayoutManager와 GridLayoutManager를 사용해서 표시한 목록 화면

[3] QuoteAdapter 어댑터 객체를 생성합니다. 이 객체는 **전달받은 데이터를 이용해 리스트 뷰의 목록을 구성할 각 뷰를 만드는 가장 중요한 역할**을 담당합니다. 해당 클래스를 정의하는 코드는 바로 밑에서 설명하겠습니다.

```
val adapter = QuoteAdapter(quotes)
```

[4] RecyclerView의 참조를 구하면서 **setHasFixedSize** 메서드를 호출해 목록에 표시될 각각의 개별 뷰가 모두 균일한 높이를 가지고 있는지 여부를 전달합니다.

명언 내용의 길이에 따라 뷰의 높이 차이가 생길 수 있기 때문에 여기서는 false값을 전달합니다. 만약 모든 뷰의 높이가 같다면 **true**를 전달해서 추가적인 최적화를 진행하도록 유도할 수 있습니다.

이후 RecyclerView 객체에 필요한 레이아웃 매니저 객체(layoutManager)와 어댑터 객체(adapter)를 설정합니다.

```
val recyclerView = findViewById<RecyclerView>(R.id.quote_list)
recyclerView.setHasFixedSize(false)
```

```
// 레이아웃 매니저 객체 설정
recyclerView.layoutManager = layoutManager
// 사용할 어댑터 객체 설정
recyclerView.adapter = adapter
```

RecyclerView를 표시하는 데 필요한 준비물 가운데 어댑터 클래스의 구현이 가장 복잡합니다. 보통 어댑터 클래스와 밀접한 관련이 있는 **뷰 홀더 클래스를 어댑터 클래스의 내부 클래스로 선언해서 구현**하므로 **4, 5**번 준비물을 동시에 구현해보겠습니다. 어댑터 클래스의 내부 동작이 비교적 복잡한 편이라 헷갈릴 수 있으므로 코드 관련 설명과 각 메서드의 역할 및 연관 관계를 주의 깊게 살펴보시기 바랍니다.

기본 패키지(wikibook.learnandroid.todayquote) 내부에 QuoteAdapter 코틀린 파일을 생성한 후 클래스의 내용을 다음과 같이 정의합니다.

예제 2.11 명언 목록 액티비티의 RecyclerView에서 활용할 어댑터 클래스

wikibook/learnandroid/todayquote/QuoteAdapter.kt

```kotlin
package wikibook.learnandroid.todayquote

import android.content.Intent
import android.net.Uri
import android.view.LayoutInflater
import android.view.View
import android.view.ViewGroup
import android.widget.Button
import android.widget.TextView
import androidx.recyclerview.widget.RecyclerView

// [1]
class QuoteAdapter(private val dataList: List<Quote>) : RecyclerView.Adapter<QuoteAdapter.QuoteItemViewHolder>() {
    // [2]
    class QuoteItemViewHolder(val view: View) : RecyclerView.ViewHolder(view) {
        lateinit var quote : Quote
        val quoteText = view.findViewById<TextView>(R.id.quote_text)
        val quoteFrom = view.findViewById<TextView>(R.id.quote_from)

        fun bind(q : Quote) {
            this.quote = q
```

```
            quoteText.text = quote.text
            quoteFrom.text = quote.from
        }
    }

    // [3]
    override fun onCreateViewHolder(parent: ViewGroup, viewType: Int): QuoteItemViewHolder {
        // [4]
        val view = LayoutInflater.from(parent.context).inflate(viewType, parent, false)

        return QuoteItemViewHolder(view)
    }

    // [5]
    override fun onBindViewHolder(holder: QuoteItemViewHolder, position: Int) {
        holder.bind(dataList[position])
    }

    // [6]
    override fun getItemCount() = dataList.size

    // [7]
    override fun getItemViewType(position: Int): Int = R.layout.quote_list_item
}
```

[1] QuoteAdapter는 **RecyclerView 내부 클래스인 Adapter 클래스를 상속받는** 클래스로서 내부에 정의한 클래스인 **QuoteItemViewHolder** 클래스를 뷰 홀더 클래스로 사용합니다.

RecyclerView.Adapter 클래스를 상속받을 때 **뷰 홀더 클래스의 타입도 함께 지정**해야 하므로 타입을 적는 꺾쇠 부분에 QuoteAdapter.QuoteItemViewHolder 타입을 지정합니다.

```
class QuoteAdapter(private val dataList: List<Quote>) :
    RecyclerView.Adapter<QuoteAdapter.QuoteItemViewHolder>() {
    // (.. 내부 내용 구현 ..)
}
```

[2] 목록에 표시될 각 항목을 보여줄 뷰 객체와 뷰의 위치 정보를 제공받기 위해서 사용할 뷰 홀더 클래스를 정의합니다. RecyclerView.ViewHolder 클래스를 상속받는 QuoteItemViewHolder 클래스를 정의하고 뷰 객체를 생성자로 전달하도록 주 생성자를 정의합니다.

클래스의 생성자로 전달될 뷰 객체는 **목록에 표시할 항목을 보여줄 때 사용할 뷰 객체**입니다. 생성자로 전달할 뷰 객체는 **(3)**에서 재정의하는 `onCreateViewHolder` 메서드에서 생성합니다. 또한 명언 객체를 저장할 속성(quote)과 명언 데이터를 보여줄 뷰 객체 관련 속성(quoteText, quoteFrom)을 선언합니다.

마지막으로 **bind 메서드를 추가해서 명언 객체를 전달받고 내부의 뷰 객체를 통해 내용을 출력**할 수 있도록 구현합니다. 여기서 정의한 bind 메서드는 이후 **(5)**에서 onBindViewHolder 메서드를 재정의하는 과정에서 호출하게 됩니다.

wikibook/learnandroid/todayquote/QuoteItemViewHolder.kt

```kotlin
// (RecyclerView.ViewHolder를 상속받는) 리스트에 포함된 명언 데이터를 출력할 뷰 객체를 저장하는
// 역할을 담당할 뷰 홀더 클래스를 선언
class QuoteItemViewHolder(val view: View) : RecyclerView.ViewHolder(view) {
    // 해당 뷰에서 보여줄 명언 데이터를 저장할 속성
    lateinit var quote : Quote
    // 명언 데이터를 보여줄 내부 뷰
    val quoteText = view.findViewById<TextView>(R.id.quote_text)
    val quoteFrom = view.findViewById<TextView>(R.id.quote_from)

    // 명언 데이터와 뷰홀더를 연결하는 역할을 수행할 bind 메서드 정의
    fun bind(q : Quote) {
        this.quote = q

        quoteText.text = quote.text
        quoteFrom.text = quote.from
    }
}
```

(3) 뷰 홀더 객체를 생성해야 하는 시점에 호출되는 `onCreateViewHolder` 메서드를 재정의합니다. 이 메서드에서는 **각 항목을 보여줄 뷰 홀더 객체를 생성해서 반환하는 역할을 수행**합니다.

LayoutInflater 클래스를 사용해 뷰 홀더에 전달해야 할 뷰 객체를 생성하고, 해당 뷰 객체를 이용해 뷰 홀더 객체를 생성한 후 반환합니다.

```kotlin
override fun onCreateViewHolder(parent: ViewGroup, viewType: Int): QuoteItemViewHolder {
    // LayoutInflater 클래스를 이용해 레이아웃 파일과 관련된 뷰 객체를 생성
    val view = LayoutInflater.from(parent.context).inflate(viewType, parent, false)
```

```
    // 항목을 보여줄 뷰 홀더 객체를 생성해 반환
    return QuoteItemViewHolder(view)
}
```

LayoutInflater 클래스는 레이아웃 리소스의 식별자 값을 이용해 해당 레이아웃 파일에 정의한 뷰 객체를 생성할 수 있게 도와주는 클래스입니다.

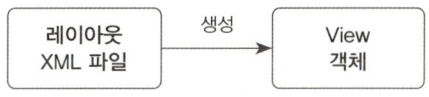

그림 2-23 LayoutInflater 클래스의 역할

(4) LayoutInflater의 `from` 메서드를 호출해서 해당 타입의 객체를 반환받을 수 있습니다. 단, 인자로 Context 객체를 전달해야 합니다.

```
val view = LayoutInflater.from(parent.context).inflate(viewType, parent, false)
```

onCreateViewHolder 메서드로 전달되는 `parent` 객체는 `RecyclerView` 객체입니다. 모든 뷰 객체에서는 `context` 속성을 제공해서 Context 타입의 객체에 접근할 수 있게 합니다. 여기서는 전달받은 뷰 객체 (parent)의 context 속성값을 from 메서드에 전달해서 LayoutInflater 객체를 반환받습니다.

이후 `inflate` 메서드를 호출하며 레이아웃 식별자를 전달하고, 뷰 홀더에 전달할 뷰 객체를 생성합니다. 이 메서드의 사용법과 인자는 다음과 같습니다.

```
val view = inflater.inflate((a), (b), (c))
```

(a) 뷰 객체를 생성할 때 사용할 레이아웃 리소스의 식별자를 전달합니다. 여기서는 메서드로 전달된 `viewType` 정숫값을 사용합니다. 이 정숫값은 **(7)**에서 재정의한 `getItemViewType` 메서드의 반환값입니다.

(b) inflate 메서드의 실행 결과로 생성될 뷰 객체의 부모가 될 뷰를 전달합니다. 단, 부모 뷰가 아직 존재하지 않는 상황이라면 null을 전달합니다. 여기서는 생성된 뷰 객체를 모두 RecyclerView 내부에 포함시키기 위해 뷰 객체(parent)를 전달합니다.

(c) 코드를 실행하는 시점에 바로 두 번째 인자로 전달한 부모 뷰에 뷰 객체를 부착해야 하는지 여부를 전달합니다. 만약 false를 전달하면 코드를 실행하는 시점에서는 부모 뷰에 생성한 뷰 객체를 부착하지 않습니다.

`RecyclerView`의 경우 뷰 내부에서 자체적으로 뷰의 부착 시점을 결정하므로 여기서는 반드시 `false`를 전달합니다.

이후 뷰 객체를 QuoteItemViewHolder 생성자에 전달하며 만들어진 **뷰 홀더 객체를 반환**합니다.

이로써 onCreateViewHolder 메서드에서 수행해야 할 역할을 모두 마치게 됩니다.

(5) onBindViewHolder 메서드를 재정의합니다. 이 메서드는 RecyclerView가 스크롤되는 과정에서 기존의 **뷰 홀더 객체를 재활용하되 새롭게 보여줄 항목으로 내용을 갱신해야 하는 시점에 호출**됩니다.

메서드의 인자로 내용을 교체해야 할 뷰 홀더 객체(holder)와 항목의 위치(position)를 전달받습니다. **해당 위치 값은 전체 목록에서 해당 데이터의 위치**를 알려주는 값입니다. 이 값을 이용해 리스트에 포함된 명언 데이터에 접근하는 것을 확인할 수 있습니다.

이후 뷰 홀더 객체의 **bind** 메서드를 호출하며, 명언 데이터를 전달해서 **뷰를 통해 출력할 데이터를 교체**합니다.

```
override fun onBindViewHolder(holder: QuoteItemViewHolder, position: Int) {
    // 재활용할 뷰 홀더의 내용을 새로운 데이터를 이용해 조정할 수 있도록 bind 메서드를 호출
    holder.bind(dataList[position])
}
```

(6) getItemCount 메서드를 재정의합니다. 이 메서드는 **목록에 포함된 전체 항목의 개수를 반환하는 역할**을 합니다. 여기서는 dataList의 size 속성을 반환해 전체 항목의 개수를 알아낼 수 있게 재정의합니다.

```
override fun getItemCount() = dataList.size
```

(7) getItemViewType 메서드를 재정의합니다. 이 메서드는 **항목을 보여줄 레이아웃 리소스의 식별자를 반환하는 역할**을 합니다. 이 메서드는 **(3)**의 onCreateViewHolder 메서드가 호출될 때 viewType 값을 전달하는 데 사용됩니다.

```
override fun getItemViewType(position: Int) = R.layout.quote_list_item
```

여기까지 어댑터 클래스에 필요한 메서드를 재정의하는 과정을 살펴봤습니다. 코드의 길이는 길지 않지만 복잡한 메커니즘을 통해 작동하는 것을 확인할 수 있습니다.

다음은 어댑터 클래스를 완성한 후 QuoteListActivity 액티비티로 이동한 화면입니다.

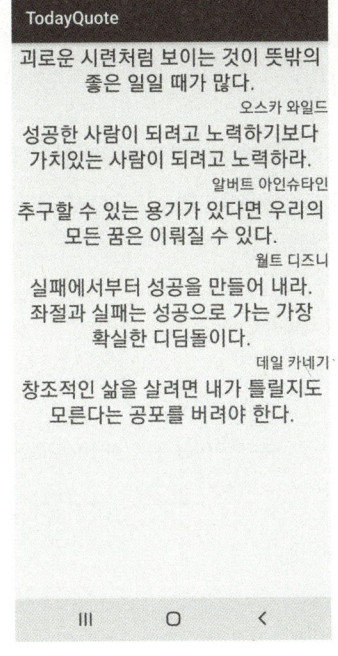

그림 2-24 완성된 QuoteListActivity 화면

화면에 지금까지 저장한 모든 명언 데이터가 목록 형식으로 출력되는 것을 확인할 수 있습니다.

명언 편집 액티비티 구성

이제 명언의 내용을 추가, 수정, 삭제할 수 있는 편집 화면을 보여줄 액티비티를 만들겠습니다.

빈 액티비티(Empty Activity)를 생성하고 이름은 `QuoteEditActivity`로, 레이아웃 파일의 이름은 `quote_edit_activity`로 지정한 후 레이아웃 파일의 내용을 다음과 같이 구성합니다. 명언 목록 액티비티 화면과 마찬가지로 목록 형식으로 보여주기 위해 RecyclerView를 추가합니다.

예제 2.12 목록을 출력하기 위해서 사용할 RecyclerView 뷰그룹 추가 — res/layout/quote_edit_activity.xml

```xml
<?xml version="1.0" encoding="utf-8"?>
<androidx.recyclerview.widget.RecyclerView
    xmlns:android="http://schemas.android.com/apk/res/android"
    android:id="@+id/quote_edit_list"
    android:scrollbars="vertical"
```

```
    android:layout_width="match_parent"
    android:layout_height="match_parent"
    android:background="#DDDDDD" />
```

이전 상황과 마찬가지로 RecyclerView가 작동할 수 있도록 준비물이 필요합니다. 목록에서 각각의 개별 항목을 표시할 때 사용할 레이아웃 파일(quote_edit_list_item.xml)을 생성한 후 다음과 같이 내용을 작성합니다.

예제 2.13 목록에 표시될 각각의 항목을 출력할 레이아웃   res/layout/quote_edit_list_item.xml

```xml
<?xml version="1.0" encoding="utf-8"?>
<LinearLayout
    xmlns:android="http://schemas.android.com/apk/res/android"
    android:layout_width="match_parent"
    android:layout_height="wrap_content"
    android:layout_margin="10dp"
    android:background="#FFFFFF"
    android:orientation="vertical"
    android:descendantFocusability="beforeDescendants"
    android:focusableInTouchMode="true" >


    <EditText (1)
        android:id="@+id/quote_text_edit"
        android:layout_width="match_parent"
        android:layout_height="wrap_content"
        android:layout_margin="10dp"
        android:textSize="24sp"
        android:gravity="center"
        android:hint="명언의 내용을 입력하세요." />


    <EditText (2)
        android:id="@+id/quote_from_edit"
        android:layout_width="match_parent"
        android:layout_height="wrap_content"
        android:layout_margin="10dp"
        android:gravity="right"
        android:hint="명언의 출처를 입력하세요." />

    <LinearLayout
```

```
            android:layout_width="match_parent"
            android:layout_height="wrap_content"
            android:orientation="horizontal">

        <Button  (3)
            android:id="@+id/quote_delete_btn"
            android:layout_width="match_parent"
            android:layout_height="wrap_content"
            android:layout_weight="1"
            android:backgroundTint="#DC3545"
            android:textColor="#FFFFFF"
            android:text="삭제" />

        <Button  (4)
            android:id="@+id/quote_modify_btn"
            android:layout_width="match_parent"
            android:layout_height="wrap_content"
            android:layout_weight="1"
            android:backgroundTint="#007BFF"
            android:textColor="#FFFFFF"
            android:text="수정" />

    </LinearLayout>

</LinearLayout>
```

EditText를 추가해서 명언의 내용과 출처를 수정하게 할 수 있게 했습니다. 내용을 수정하는 버튼을 추가하고 backgroundTint와 textColor 속성을 이용해 배경색과 글자의 색상을 적절히 변경했습니다.

또한 명언을 삭제하는 버튼과 수정하는 버튼도 추가했습니다. 해당 레이아웃 파일을 적용한 화면의 모습은 다음과 같습니다.

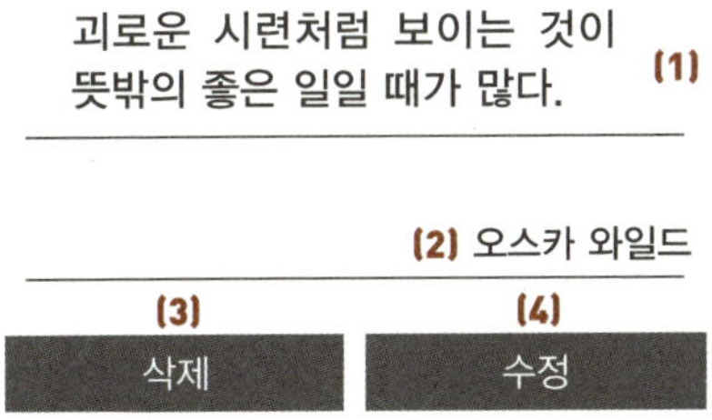

괴로운 시련처럼 보이는 것이
뜻밖의 좋은 일일 때가 많다.   (1)

                    (2) 오스카 와일드
        (3)   (4)
        삭제   수정

그림 2-25 완성된 개별 편집 화면의 모습

이제 추가한 버튼을 눌렀을 때 명언의 내용이 삭제되거나 수정되도록 기능을 구현하겠습니다.

먼저 시작 액티비티에서 버튼을 눌러 QuoteEditActivity 액티비티로 화면을 전환할 수 있게 하겠습니다. QuoteMainActivity에 onCreate 메서드의 내용을 다음과 같이 수정합니다.

예제 2.14 편집 화면으로 이동할 수 있도록 액티비티 코드를 수정 wikibook/learnandroid/todayquote/QuoteMainActivity.kt

```kotlin
override fun onCreate(savedInstanceState: Bundle?) {
    // (.. 이전 코드 생략 ..)
    val toQuoteListButton = findViewById<Button>(R.id.quote_list_btn)
    toQuoteListButton.setOnClickListener {
        val intent = Intent(this, QuoteListActivity::class.java)
        intent.putExtra("quote_size", quotes.size)
        startActivity(intent)
    }

    // (1)
    val toQuoteEditListButton = findViewById<Button>(R.id.quote_edit_btn)
    toQuoteEditListButton.setOnClickListener {
        val intent = Intent(this, QuoteEditActivity::class.java)
        startActivity(intent)
    }
    quotes = Quote.getQuotesFromPreference(pref)

    // (.. 이후 코드 생략 ..)
}
```

(1) 버튼 객체의 참조를 가져와 QuoteEditActivity 액티비티로 이동하는 코드를 작성했습니다. QuoteEditActivity에서 모든 명언을 출력하고 수정할 수 있도록 구현할 예정이라서 여기서는 따로 전달할 데이터가 없기 때문에 putExtra 메서드를 호출해 데이터를 전달하지는 않습니다.

이제 QuoteEditActivity 클래스의 내부 코드를 작성해 명언을 추가, 수정, 삭제 기능을 완성하겠습니다.

예제 2.15 명언 편집 액티비티에서 RecyclerView를 사용하도록 수정 wikibook/learnandroid/todayquote/QuoteEditActivity.kt

```kotlin
package wikibook.learnandroid.todayquote

import android.content.Context
import androidx.appcompat.app.AppCompatActivity
import android.os.Bundle
import androidx.recyclerview.widget.LinearLayoutManager
import androidx.recyclerview.widget.RecyclerView

class QuoteEditActivity : AppCompatActivity() {
```

```kotlin
override fun onCreate(savedInstanceState: Bundle?) {
    super.onCreate(savedInstanceState)
    setContentView(R.layout.quote_edit_activity)

    val pref = getSharedPreferences("quotes", Context.MODE_PRIVATE)
    val quotes = Quote.getQuotesFromPreference(pref)

    // (1)
    val editQuotes = mutableListOf<Quote>()
    for (i in 0 until 20) {
        editQuotes.add(Quote(i, "", ""))
    }
    for(q in quotes) {
        editQuotes[q.idx].idx = q.idx
        editQuotes[q.idx].text = q.text
        editQuotes[q.idx].from = q.from
    }

    val layoutManager = LinearLayoutManager(this)
    val adapter = QuoteEditAdapter(editQuotes)

    val recyclerView = findViewById<RecyclerView>(R.id.quote_edit_list)
    recyclerView.setHasFixedSize(false)
    recyclerView.layoutManager = layoutManager
    recyclerView.adapter = adapter
}
```

(1) 빈 리스트 변수(editQuotes)를 선언한 후 20개의 내용이 없는 명언 객체를 만들어 리스트에 삽입합니다. 이후 프리퍼런스에 저장된 명언 데이터의 내용으로 빈 명언 객체의 내용을 채웁니다.

이 같은 방식으로 **기존에 저장된 명언 정보가 모두 포함돼 있으면서도 포함되지 않은 나머지 부분을 내용이 없는 명언 객체로 채운 명언 리스트를 어댑터에 전달**할 수 있습니다.

앞서 Quote 클래스를 작성하며 총 20개의 명언 데이터를 저장할 수 있는 상황을 가정했습니다. 여기서 굳이 빈 명언 데이터를 추가하는 이유는 화면에 20개의 명언을 저장하거나 편집할 수 있도록 자리를 채울 비어있는 명언 편집 화면이 필요하기 때문입니다.

```
val editQuotes = mutableListOf<Quote>()
for (i in 0 until 20) {
    editQuotes.add(Quote(i, "", ""))
}
for(q in quotes) {
    // 저장된 모든 명언 데이터에 접근한 다음 해당 명언 데이터의 순서를 이용해 빈 명언 데이터의
내용을 채움
    editQuotes[q.idx].idx = q.idx
    editQuotes[q.idx].text = q.text
    editQuotes[q.idx].from = q.from
}
```

편집 화면의 RecyclerView에서 사용할 어댑터 클래스(QuoteEditAdapter)의 내용은 다음과 같습니다. 전반적인 구조는 이전에 정의했던 QuoteAdapter 클래스와 비슷하므로 여기서는 내부에 포함된 뷰 홀더 클래스(QuoteItemViewHolder)의 구현 내용을 위주로 살펴보겠습니다.

예제 2.16 명언 편집 액티비티의 RecyclerView에서 활용할 어댑터 클래스

wikibook/learnandroid/todayquote/QuoteEditAdapter.kt

```kotlin
package wikibook.learnandroid.todayquote

import android.content.Context
import android.view.LayoutInflater
import android.view.View
import android.view.ViewGroup
import android.widget.Button
import android.widget.EditText
import android.widget.Toast
import androidx.recyclerview.widget.RecyclerView

class QuoteEditAdapter(private val dataList: List<Quote>) : RecyclerView.Adapter<QuoteEditAdapter.QuoteItemViewHolder>() {
    class QuoteItemViewHolder(val view: View) : RecyclerView.ViewHolder(view) {
        lateinit var quote : Quote
        val quoteTextEdit = view.findViewById<EditText>(R.id.quote_text_edit)
        val quoteFromEdit = view.findViewById<EditText>(R.id.quote_from_edit)
        val quoteDeleteBtn = view.findViewById<Button>(R.id.quote_delete_btn)
        val quoteModifyBtn = view.findViewById<Button>(R.id.quote_modify_btn)
```

```kotlin
        init {
            // (1)
            val pref = view.context.getSharedPreferences("quotes", Context.MODE_PRIVATE)

            // (2)
            quoteDeleteBtn.setOnClickListener {
                quoteTextEdit.setText("")
                quoteFromEdit.setText("")
                quote.text = ""
                quote.from = ""
                Quote.removeQuoteFromPreference(pref, adapterPosition)
                Toast.makeText(it.context, "삭제되었습니다.", Toast.LENGTH_SHORT).show()
            }

            // (3)
            quoteModifyBtn.setOnClickListener {
                val newQuoteText = quoteTextEdit.text.toString()
                val newQuoteFrom = quoteFromEdit.text.toString()
                quote.text = newQuoteText
                quote.from = newQuoteFrom
                Quote.saveToPreference(pref, adapterPosition, newQuoteText, newQuoteFrom)
                Toast.makeText(it.context, "수정되었습니다.", Toast.LENGTH_SHORT).show()
            }
        }

        // (4)
        fun bind(q : Quote) {
            quote = q

            quoteTextEdit.setText(quote.text)
            quoteFromEdit.setText(quote.from)
        }
    }

    override fun onCreateViewHolder(parent: ViewGroup, viewType: Int): QuoteItemViewHolder {
        val view = LayoutInflater.from(parent.context).inflate(viewType, parent, false)

        return QuoteItemViewHolder(view)
    }
```

```
    override fun onBindViewHolder(holder: QuoteItemViewHolder, position: Int) = holder.
bind(dataList[position])
    override fun getItemCount() = dataList.size
    override fun getItemViewType(position: Int) = R.layout.quote_edit_list_item
}
```

(1) 주 생성자로 전달받은 뷰 객체의 context 속성에 접근해서 사용할 프리퍼런스 객체를 얻어옵니다.

```
val pref = view.context.getSharedPreferences("quotes", Context.MODE_PRIVATE)
```

(2) 삭제 버튼을 눌렀을 때 필요한 작업을 정의합니다. 삭제 버튼을 눌렀을 때 EditText의 내용을 빈 문자열로 바꿔서 내용을 비움과 동시에 명언 객체의 내용도 비웁니다.

이후 removeQuoteFromPreference 메서드를 호출해 명언 데이터를 삭제합니다. 데이터를 삭제하려면 목록에서 해당 항목의 상대적 위치가 필요합니다. **해당 위치는 adapterPosition 속성**에 접근해 알아낼 수 있습니다.

이후 토스트 메시지를 통해 해당 명언 데이터가 삭제됐음을 알립니다.

```
quoteDeleteBtn.setOnClickListener {
    // EditText 내용을 빈 문자열로 설정해 기존에 입력된 내용을 제거
    quoteTextEdit.setText("")
    quoteFromEdit.setText("")
    // 명언 데이터도 모두 빈 문자열로 설정해 기존에 입력된 내용을 제거
    quote.text = ""
    quote.from = ""
    // adapterPosition 속성에 접근해 현재 뷰 홀더가 위치한 항목의 위치값에 접근
    Quote.removeQuoteFromPreference(pref, adapterPosition)
    Toast.makeText(it.context, "삭제되었습니다.", Toast.LENGTH_SHORT).show()
}
```

(3) 수정 버튼을 눌렀을 때 필요한 작업을 정의합니다. 수정 버튼을 누르면 바로 명언 객체의 내용을 EditText에 입력된 값으로 교체합니다. 이후 saveToPreference 메서드를 호출해 명언 데이터를 추가하거나 수정합니다.

```
quoteModifyBtn.setOnClickListener {
    val newQuoteText = quoteTextEdit.text.toString()
    val newQuoteFrom = quoteFromEdit.text.toString()
```

```
        quote.text = newQuoteText
        quote.from = newQuoteFrom
        Quote.saveToPreference(pref, adapterPosition, newQuoteText, newQuoteFrom)
        Toast.makeText(it.context, "수정되었습니다.", Toast.LENGTH_SHORT).show()
    }
```

[4] bind 메서드를 추가해서 명언 객체를 전달받아 명언 편집 뷰 내부의 EditText 내용을 구성할 수 있게 합니다.

```
fun bind(q : Quote) {
    quote = q

    quoteTextEdit.setText(quote.text)
    quoteFromEdit.setText(quote.from)
}
```

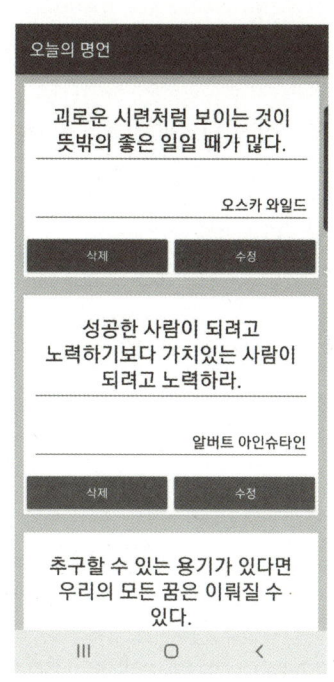

그림 2-26 완성된 QuoteEditActivity 화면

어댑터 클래스를 정의하고 난 후 최종적으로 만들어진 편집 액티비티의 화면 모습은 다음과 같습니다.

이제 앱에 필요한 필수 기능은 모두 구현했습니다. 여기에 추가로 명언을 공유하고 출처를 확인하는 기능을 추가하는 과정에서 **암시적 인텐트를 활용하는 방법**을 알아보겠습니다.

명언 공유하기 기능 작성

앞에서 암시적 인텐트는 추상적인 목표를 전달하기 위해 사용하는 인텐트라고 설명했습니다. 이를 좀 더 구체적으로 설명하면 암시적 인텐트는 **원하는 작업의 종류와 작업에 필요한 데이터를 전달**하고 해당 작업을 처리할 수 있는 적절한 앱을 선택하기 위해 사용하는 인텐트입니다.

이해를 돕기 위해 특정 정보를 공유하는 상황을 가정해보겠습니다. 정보의 공유라는 개념은 **추상적인 개념**이며, 정보를 어떤 방식으로 공유하고 싶은지는 사용자의 의도에 따라 완전히 달라질 수 있습니다. 가령 이메일을 보내서 정보를 공유할 수도 있고 카카오톡 같은 메신저나 SNS를 이용해 정보를 공유할 수도 있습니다.

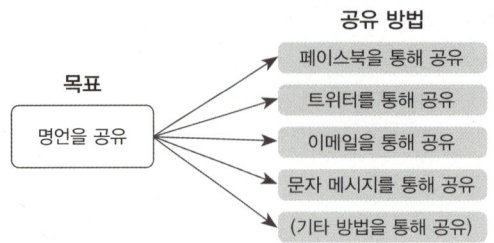

그림 2-27 다양한 정보 공유 방식

따라서 **특정 정보를 공유하고 싶다는 작업 의도와 공유할 데이터를 포함하는 암시적 인텐트를 생성**하고 해당 인텐트를 전달하며 액티비티를 시작하면 다음과 같이 공유할 수 있는 앱을 선택할 수 있는 화면이 나타납니다.

그림 2-28 다양한 애플리케이션을 이용한 정보 공유

이번에는 특정 인터넷 주소로 이동하고자 하는 작업 의도를 가진 암시적 인텐트를 전달하는 상황을 가정해 보겠습니다.

이 경우에는 데이터를 공유하는 상황보다는 선택할 수 있는 선택지가 적지만 어떤 브라우저 앱을 통해 인터넷 주소로 이동하고 싶은지 여부를 사용자의 선택에 맡기는 것이 더 합리적인 판단일 것입니다. 따라서 이 경우에도 **구체적인 메시지 전달 대상이 존재하는 명시적 인텐트보다는 더 많은 선택지를 제공해주는 암시적 인텐트를 사용하는 것이 적합**합니다.

대략적인 개념 설명은 마쳤으므로 명언 리스트 화면에서 암시적 인텐트를 사용해 저장된 명언을 하나 골라 **임의의 방법으로 공유하는 기능을 추가하고 명언의 출처를 인터넷을 통해 검색**할 수 있게 만들어보겠습니다.

먼저 목록 화면의 아이템을 표시하는 레이아웃 파일(quote_list_item.xml)을 수정해서 출처를 보여주는
TextView 뒤에 공유 버튼과 출처 검색 버튼을 추가합니다.

예제 2.17 명언 공유 및 출처 검색 버튼 추가   res/layout/quote_list_item.xml

```xml
(.. 이전 내용 생략 ..)

    <TextView
        android:id="@+id/quote_from"
        android:layout_width="match_parent"
        android:layout_height="wrap_content"
        android:layout_margin="10dp"
        android:gravity="right" />

    <!-- 공유 버튼 추가 -->
    <Button
        android:id="@+id/quote_share_btn"
        android:layout_width="match_parent"
        android:layout_height="wrap_content"
        android:backgroundTint="#007bff"
        android:textColor="#FFFFFF"
        android:text="명언 공유" />

    <!-- 출처 검색 버튼 추가 -->
    <Button
        android:id="@+id/quote_from_search_btn"
        android:layout_width="match_parent"
        android:layout_height="wrap_content"
        android:backgroundTint="#28a745"
        android:textColor="#FFFFFF"
        android:text="출처 검색" />

</LinearLayout>
```

이후 QuoteItemViewHolder 뷰 홀더 클래스를 수정해서 **버튼의 클릭 리스너를 구현하고 버튼 클릭의 결과로
암시적 인텐트를 생성해서 사용**할 수 있게 합니다.

예제 2.18 암시적 인텐트를 활용한 명언 공유 및 출처 검색 기능 추가   wikibook/learnandroid/todayquote/QuoteAdapter.kt

```kotlin
class QuoteAdapter(private val dataList: List<Quote>) : RecyclerView.Adapter<QuoteAdapter.QuoteItemViewHolder>() {
    class QuoteItemViewHolder(val view: View) : RecyclerView.ViewHolder(view) {
        lateinit var quote : Quote
        val quoteText = view.findViewById<TextView>(R.id.quote_text)
        val quoteFrom = view.findViewById<TextView>(R.id.quote_from)

        // (1)
        val shareBtn = view.findViewById<Button>(R.id.quote_share_btn)
        val fromSearchBtn = view.findViewById<Button>(R.id.quote_from_search_btn)

        init {
            shareBtn.setOnClickListener {
                // (2)
                val intent = Intent(Intent.ACTION_SEND)
                // (3)
                intent.putExtra(Intent.EXTRA_TITLE, "힘이 되는 명언")
                intent.putExtra(Intent.EXTRA_SUBJECT, "힘이 되는 명언")
                intent.putExtra(Intent.EXTRA_TEXT, "${quote.text}\n출처 : ${quote.from}")
                intent.type = "text/plain"

                // (4)
                val chooser = Intent.createChooser(intent, "명언 공유")

                // (5)
                it.context.startActivity(chooser)
            }

            fromSearchBtn.setOnClickListener {
                // (6)
                val intent = Intent(Intent.ACTION_VIEW, Uri.parse("https://www.google.com/search?q=${quote.from}"))
                it.context.startActivity(intent)
            }
        }

        fun bind(q : Quote) {
            this.quote = q
```

```
            quoteText.text = quote.text
            quoteFrom.text = quote.from

            // (7)
            if(quote.from.isBlank()) {
                fromSearchBtn.visibility = View.GONE
            }
        }
    }
    // (.. 이후 코드 내용 생략 ..)
}
```

(1) 앞서 추가한 버튼 뷰 객체와 관련된 속성값을 초기화합니다.

```
val shareBtn = view.findViewById<Button>(R.id.quote_share_btn)
val fromSearchBtn = view.findViewById<Button>(R.id.quote_from_search_btn)
```

(2) 암시적 인텐트 객체를 만들고 주 생성자로 **ACTION_SEND** 상수를 전달합니다. ACTION_SEND **상수는 데이터를 공유하고자 할 때 사용**하는 상수입니다.

```
val intent = Intent(Intent.ACTION_SEND)
```

(3) 공유할 정보의 제목(EXTRA_TITLE, EXTRA_SUBJECT)과 내용(EXTRA_TEXT)을 전달함과 동시에 인텐트 객체의 type 속성을 초기화하며, **적절한 MIME 타입을 설정**합니다. 여기서는 MIME 타입을 text/plain으로 설정해 공유할 내용이 일반적인 텍스트임을 명시합니다.

```
intent.putExtra(Intent.EXTRA_TITLE, "힘이 되는 명언")
intent.putExtra(Intent.EXTRA_SUBJECT, "힘이 되는 명언")
intent.putExtra(Intent.EXTRA_TEXT, "${quote.text}\n출처 : ${quote.from}")
intent.type = "text/plain"
```

(4) **createChooser** 메서드를 호출해서 적절한 앱을 사용자가 직접 고를 수 있게 합니다. 이때 첫 번째 인자로 암시적 인텐트 객체를 전달하고, 두 번째 인자로 사용할 앱을 고를 때 사용할 대화상자의 제목을 설정하는 문자열을 전달합니다.

```
val chooser = Intent.createChooser(intent, "명언 공유")
```

(5) startActivity 메서드를 호출하며 createChooser 메서드를 호출한 결과로 반환받은 인텐트 객체를 전달합니다. 이 시점에서 암시적 인텐트가 전달되고 사용자는 정보를 공유하는 데 사용할 적절한 앱을 고를 수 있습니다.

```
it.context.startActivity(chooser)
```

(6) 출처 정보가 존재하는 경우 암시적 인텐트를 생성하며 ACTION_VIEW 상수를 전달합니다. 이 상수는 인텐트를 전달받을 측에서 사용할 **특정한 데이터 정보를 요청하는 데 사용**합니다. 여기서는 브라우저 앱에서 사용할 인터넷 주소 정보를 전달하고 있습니다.

두 번째 인자로 **접근할 주소 정보를 포함할 Uri 객체를 전달**합니다. Uri 생성자에는 검색할 검색어가 포함된 구글 검색 주소를 전달합니다.

```
val intent = Intent(Intent.ACTION_VIEW, Uri.parse("https://www.google.com/search?q=${quote.from}"))
it.context.startActivity(intent)
```

(7) 출처와 관련된 내용이 없을 경우 검색할 필요가 없으므로 아예 **버튼 자체를 보이지 않도록 visibility 속성값으로 View.GONE 상수를 대입**합니다. 이후 버튼은 사라져서 보이지 않게 되기 때문에 버튼을 누를 수 없습니다.

```
if(quote.from.isBlank()) {
    fromSearchBtn.visibility = View.GONE
}
```

뷰 홀더 클래스를 수정하고 난 후의 목록 액티비티의 화면은 다음과 같습니다.

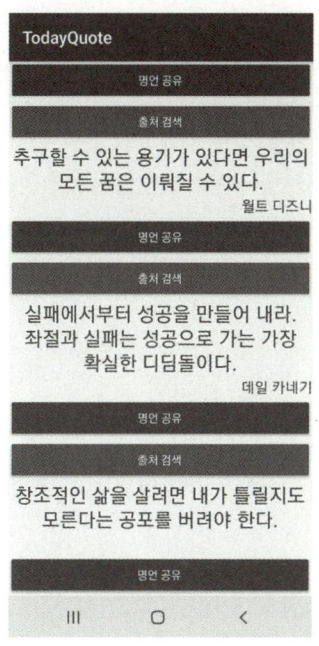

그림 2-29 완성된 QuoteListActivity 화면

출처 정보가 없는 명언 데이터의 경우 출처 검색 버튼이 보이지 않음을 확인할 수 있습니다.

이제 앱을 실행한 후 명언 공유 버튼과 출처 검색 버튼을 눌러 암시적 인텐트 기능이 제대로 작동하는지 확인합니다.

그림 2-30 에버노트 앱을 통한 정보 공유 및 브라우저를 이용한 명언 출처 검색

이제 자주 사용되는 다른 종류의 암시적 인텐트를 몇 가지 살펴본 후 이번 프로젝트를 마무리하겠습니다.

다음과 같이 ACTION_DIAL 상수와 전화번호 정보를 포함한 암시적 인텐트를 전달하면 전화 앱이 실행되며 전달한 번호로 전화를 걸 수 있습니다.

```
val intent = Intent(Intent.ACTION_DIAL, Uri.parse("tel:010-1234-5678"))
startActivity(intent)
```

ACTION_VIEW 상수와 위치 정보를 포함한 암시적 인텐트를 전달하면 지도 앱을 선택하는 화면이 나타납니다. 여기서는 서울 시청의 위치를 표시하도록 위치 정보를 전달합니다.

```
val intent = Intent(Intent.ACTION_VIEW, Uri.parse("geo:37.566631,126.978404?z=18"))
startActivity(intent)
```

앞의 두 숫자는 보여줄 위치의 위도와 경도이며, z 뒤의 숫자는 확대 정도(zoom level)를 나타낼 숫자입니다. 숫자가 높을수록 더 확대해서 보여줍니다.

ACTION_VIEW 상수와 content 접두어로 시작하는 문자열 정보가 포함된 암시적 인텐트를 전달하면 주소록 앱에 접근할 수 있습니다.

```
val intent = new Intent(Intent.ACTION_VIEW, Uri.parse("content://contacts/people/"))
startActivity(intent)
```

특정 목적에 따라 암시적 인텐트를 생성하고 필요한 데이터를 전달하는 방식은 모두 제각각이므로 인텐트의 종류와 사용법에 대해서는 공식 문서[3]나 인터넷 블로그를 통해서 살펴보는 것을 권장합니다.

---

[3] https://developer.android.com/guide/components/intents-common

더 알아보기 _ MIME 타입

MIME(Multipurpose Internet Mail Extensions) 타입은 **이메일을 통해 전달할 데이터의 내용을 알려주기 위해 사용하는 형식으로, 슬래시(/)를 통해 두 부분으로 나눠진 문자열로 데이터의 내용에 대한 정보를 제공합니다.**

슬래시 왼쪽에는 **전달할 내용의 유형 정보(예: 텍스트, 이미지)**가, 슬래시 오른쪽에는 **내용이 기술된 형식이나 확장자 정보가 포함됩니다.** 가령 "text/html" MIME 타입의 경우 전달 내용은 텍스트 데이터이며, HTML 형식으로 작성돼 있다는 정보를 전달하는 데 사용됩니다.

다음은 자주 사용되는 MIME 타입을 정리한 표입니다.

타입	내용
text/plain	일반적인 텍스트
text/html	HTML 텍스트
application/json	JSON 타입 데이터
application/xml	XML 타입 데이터
image/png	PNG 파일 이미지
image/jpeg	JPEG 파일 이미지

그 밖에 공식적으로 승인받은 여러 MIME 타입 정보를 IANA 사이트[4]에서 확인할 수 있습니다.

---

[4] https://www.iana.org/assignments/media-types/media-types.xhtml

도전과제

Q1 _ 무작위로 로또 번호를 생성하는 앱을 제작합니다. 최종적으로 완성된 앱의 화면은 다음과 같습니다.

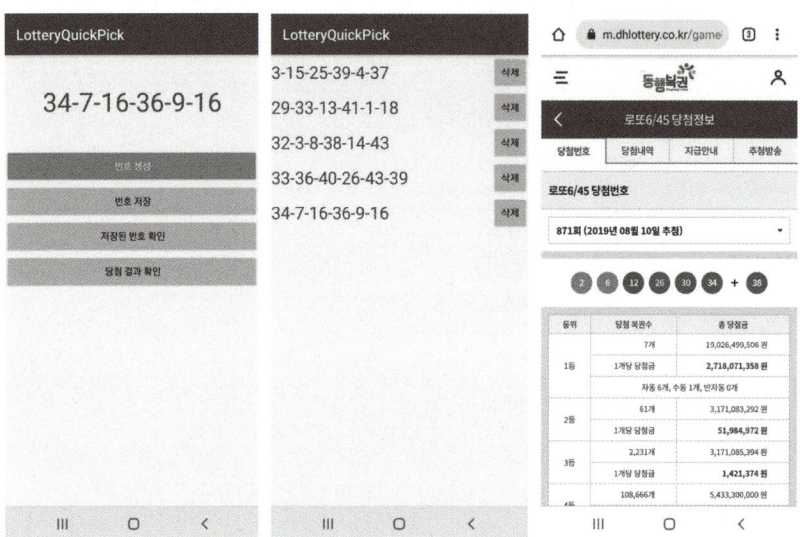

다음에 제시하는 요구사항을 단계별로 구현합니다. 요구사항만 지켜지면 구체적인 구현 방법이 다르거나 화면 모습은 바뀌어도 무방합니다.

1단계 요구사항

- 앱을 실행하면 시작 액티비티에서 무작위 로또 번호(1~45 범위에 속한 6개의 숫자)를 출력합니다.
- 시작 액티비티 화면에 로또 번호를 저장하는 버튼을 추가하고 저장 버튼을 클릭하면 생성한 로또 번호를 프리퍼런스를 통해 저장합니다.

2단계 요구사항

- 지금까지 저장된 로또 번호를 확인하는 버튼을 추가하고, 버튼을 클릭하면 로또 번호의 목록을 보여주는 액티비티로 이동한 후 RecyclerView를 이용해 프리퍼런스에서 읽어온 로또 번호를 모두 출력합니다.

- 특정 인터넷 주소로 이동하는 암시적 인텐트를 사용해 회차별 당첨번호를 제공하는 다음 웹 페이지로 이동합니다. (단, 웹 페이지의 주소가 변경될 수 있으므로 검색을 통해 당첨번호 제공 페이지를 확인할 필요가 있음)

    https://m.dhlottery.co.kr/gameResult.do?method=byWin&wiselog=M_A_1_8

3단계 요구사항

- 다음 힌트를 참고해서 목록 화면에서 저장된 특정 로또 번호를 삭제할 수 있게 하고 삭제한 내역이 프리퍼런스에 반영됩니다.

힌트 _ 어댑터 클래스에서 제공하는 notifyDataSetChanged 메서드는 어댑터에 사용할 리스트 데이터에 변화가 있을 때 호출하는 메서드로서 목록을 새로고침하는 용도로 사용됩니다. 다음의 완성된 코드 로직을 참고해서 로또 번호를 삭제한 후 notifyDataSetChanged 메서드가 호출되어 목록에서 삭제된 로또 번호가 지워지도록 구현합니다.

```kotlin
override fun onBindViewHolder(holder: ItemViewHolder, position: Int) {
    val numbers = dataList[position]
    holder.view.findViewById<TextView>(R.id.numbers).text = numbers

    // 삭제 버튼 코드
    holder.view.findViewById<Button>(R.id.delete).setOnClickListener {
        // 리스트에서 데이터를 삭제
        dataList.removeAt(position)
        // 프리퍼런스에 삭제된 내용을 반영
        saveNumbersToPref(ctx, dataList)
        // notifyDataSetChanged 메서드를 호출해 리스트에서 삭제된 번호가 목록에서도 삭제되게 함
        notifyDataSetChanged()
    }
}
```

프로젝트

03

날씨와 미세먼지

이번 프로젝트에서 제작할 앱은 단말기의 위치를 기반으로 날씨와 미세먼지 정보를 알려주는 앱입니다. 다음은 완성된 앱의 실행 화면입니다.

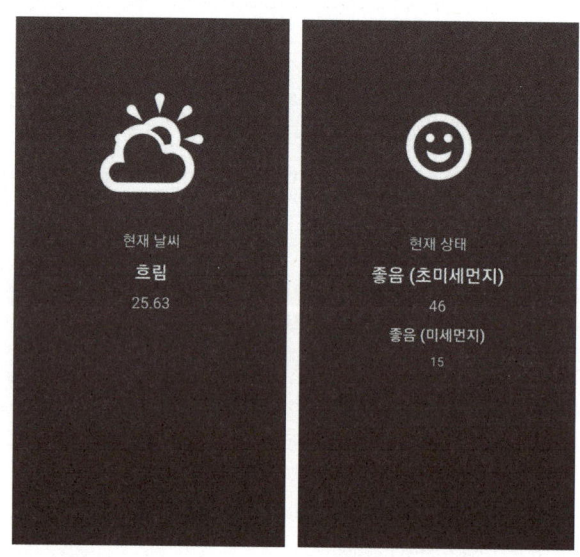

그림 3-1 완성된 날씨와 미세먼지 앱 화면

이 앱을 제작하면서 배울 핵심 주제는 다음과 같습니다.

- 프래그먼트의 활용 및 액티비티와의 연동
- 비동기 작업을 위한 AsyncTask 클래스 활용

- 네트워크를 이용한 HTTP 통신 및 API 데이터 수신
- JSON 데이터를 이용한 객체 역직렬화
- LocationManager를 이용한 단말기 위치 수신
- ViewPager를 이용한 화면 전환
- 애니메이션 리소스와 벡터 그래픽 활용

프래그먼트의 개념과 활용

앞으로 프로젝트 전반에 걸쳐 프래그먼트(Fragment)를 활용합니다. 따라서 먼저 프래그먼트의 개념을 소개하고 활용법을 살펴본 후 본격적인 프로젝트 구현을 진행하겠습니다.

프래그먼트란 액티비티와 비슷한 방식으로 **독립적인 화면 레이아웃을 구성하고 필요한 기능을 구현**해서 마치 레고 블록처럼 다른 액티비티에서도 재활용해서 사용할 수 있는 클래스입니다. 프래그먼트는 단독으로는 존재할 수 없고 반드시 **액티비티 내부에서 액티비티의 생명주기를 공유하며 주어진 역할을 수행**합니다.

액티비티 내부에서 프래그먼트를 관리하는 역할을 수행하는 FragmentManager 클래스를 통해 필요한 프래그먼트를 추가, 제거 및 교체하는 작업을 자유롭게 수행할 수 있으므로 기능의 모듈화와 유연한 화면 구현에 유용합니다. 생소한 개념이라서 잘 이해되지 않는다면 정확한 표현은 아니지만 일종의 **업그레이드된 뷰**라고 생각해도 무관합니다.

여기서는 예제 프로젝트를 통해 **환율 변환 작업을 수행하는 프래그먼트를 정의**하고 해당 프래그먼트를 조금씩 수정하는 과정을 통해 프래그먼트의 사용법을 살펴보겠습니다. 먼저 프래그먼트를 정의 및 추가한 후 프래그먼트에 필요한 데이터를 전달하고 액티비티와 프래그먼트가 통신하는 기능을 구현하는 등 활용 방안을 단계적으로 살펴보겠습니다.

먼저 프로젝트를 생성하고 다음과 같은 내용으로 프로젝트 정보를 입력합니다.

내용	값
Name	FragmentStudy
Package name	wikibook.learnandroid.fragmentstudy
Language	Kotlin
Minimum API level	API 23

환율 변환 기능을 담당하는 프래그먼트 클래스(CurrencyConverterFragment1)와 필요한 레이아웃 파일을 추가하겠습니다. 난, 여기서는 상난 메뉴에서 [File] → [New] → [Fragment]를 차례로 클릭해 프래그먼트 코드를 자동으로 생성하는 방법을 쓰지 않겠습니다.

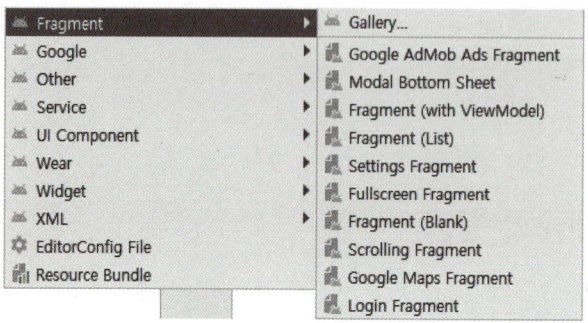

그림 3-2 프래그먼트 생성 메뉴

[Fragment] 메뉴를 통해 프래그먼트 클래스를 생성할 경우 클래스와 필요한 함수를 자동으로 생성해준다는 장점이 있습니다만 여기서는 완전히 빈 파일에 코드를 작성하는 과정을 통해 사용법을 익힐 것이므로 직접 프래그먼트 클래스 파일을 생성해서 프래그먼트 클래스를 정의하겠습니다.

왼쪽 프로젝트 패널의 기본 패키지를 마우스 오른쪽 버튼으로 클릭한 후 [New] → [Kotlin File/Class] 메뉴를 차례로 선택하고 파일 이름은 CurrencyConverterFragment1로 지정한 후 [OK] 버튼을 눌러 파일 생성을 마무리합니다.

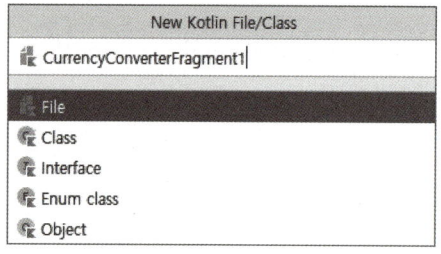

그림 3-3 프래그먼트 클래스 파일 생성

> 액티비티를 추가하는 경우에는 매니페스트 파일의 내부에 activity 요소를 정의해야 하지만 프래그먼트는 이러한 요소를 추가할 필요가 없습니다.

이후 환율 변환 프래그먼트에서 사용할 레이아웃 파일을 생성합니다. 파일의 이름은 currency_converter_fragment1.xml으로 정하고 내용을 다음과 같이 작성합니다.

예제 3.1 프래그먼트에서 사용할 레이아웃   res/layout/currency_converter_fragment1.xml

```xml
<?xml version="1.0" encoding="utf-8"?>
<LinearLayout xmlns:android="http://schemas.android.com/apk/res/android"
    android:orientation="vertical"
    android:layout_width="match_parent"
    android:layout_height="wrap_content">

    <TextView
        android:layout_width="match_parent"
        android:layout_height="wrap_content"
        android:text="amount" />

    <EditText (1)
        android:id="@+id/amount"
        android:layout_width="match_parent"
        android:layout_height="wrap_content"
        android:text="1"
        android:inputType="numberDecimal" />

    <TextView
        android:layout_width="match_parent"
        android:layout_height="wrap_content"
        android:text="from" />

    <Spinner (2)
        android:id="@+id/from_currency"
        android:layout_width="match_parent"
        android:layout_height="wrap_content" />

    <TextView
        android:layout_width="match_parent"
        android:layout_height="wrap_content"
        android:text="to" />

    <Spinner (3)
        android:id="@+id/to_currency"
```

```xml
        android:layout_width="match_parent"
        android:layout_height="wrap_content" />

    <Button (4)
        android:id="@+id/calculate"
        android:layout_width="match_parent"
        android:layout_height="wrap_content"
        android:text="변환하기" />

    <TextView (5)
        android:id="@+id/result"
        android:layout_width="match_parent"
        android:layout_height="wrap_content" />

</LinearLayout>
```

(1) 변환할 통화 값을 입력받기 위한 EditText입니다. `inputType` 속성을 추가하고 `numberDecimal`로 설정해서 소숫점이 포함된 숫자를 입력받을 수 있게 조정했습니다.

(2), (3) 변환하기 전 통화(from_currency)와 변환할 통화(to_currency)를 선택할 수 있도록 두 개의 스피너 뷰를 추가합니다.

(4) 환율 변환 작업을 수행할 버튼입니다.

(5) 변환된 통화값을 보여주기 위한 뷰입니다.

작성한 레이아웃을 통해 보여질 화면은 다음과 같습니다.

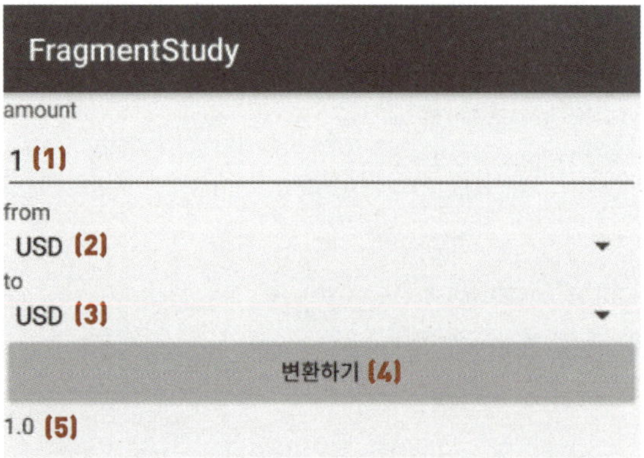

그림 3-4 환율 변환 프래그먼트 화면

작성할 환율 변환 프래그먼트 클래스의 내용은 다음과 같습니다.

예제 3.2 환율 변환 프래그먼트 클래스   wikibook/learnandroid/fragmentstudy/CurrencyConverterFragment1.kt

```kotlin
package wikibook.learnandroid.fragmentstudy

import android.os.Bundle
import android.view.LayoutInflater
import android.view.View
import android.view.ViewGroup
import android.widget.*
import androidx.fragment.app.Fragment

// (1)
class CurrencyConverterFragment1 : Fragment() {
    // (2)
    override fun onCreateView(inflater: LayoutInflater, container: ViewGroup?, savedInstanceState: Bundle?): View {
        val view = inflater.inflate(R.layout.currency_converter_fragment1, container, false)

        return view
    }

    // (3)
    private val currencyExchangeMap = mapOf("USD" to 1.0, "EUR" to 0.9, "JPY" to 110.0, "KRW" to 1150.0)

    // (4)
    private fun calculateCurrency(amount: Double, from: String, to: String) : Double {
        var USDAmount = if(from != "USD") (amount / currencyExchangeMap[from]!!) else amount

        return currencyExchangeMap[to]!! * USDAmount
    }
}
```

(1) 액티비티를 정의하기 위해 AppCompatActivity 클래스를 상속받는 것과 같이 프래그먼트 클래스를 정의하며 **Fragment** 클래스를 상속받습니다.

```kotlin
class CurrencyConverterFragment1 : Fragment() {
    // ...
}
```

(2) 프래그먼트에 필요한 재정의 메서드 중 가장 중요한 역할을 담당하는 onCreateView 메서드를 재정의합니다.

이름에서 유추할 수 있듯이 이 메서드는 프래그먼트에서 사용할 **화면을 구성할 뷰 객체를 생성해서 반환함과 동시에 필요한 초기화 작업을 수행**하기 위해 정의하는 메서드입니다. 액티비티에서 제공하는 onCreate 메서드와 비슷한 역할을 수행합니다.

onCreateView 메서드로 LayoutInflater 객체(inflater)가 전달되는 것을 확인할 수 있습니다. inflate 메서드를 호출하며 프래그먼트 화면을 구성할 레이아웃 리소스 식별자를 전달해서 뷰 객체를 생성해서 반환합니다.

앞서 inflate 메서드의 마지막 인자는 생성한 뷰 객체를 코드를 실행하는 시점에 부모 뷰(container)에 부착할지 여부를 결정하는 데 사용한다고 설명한 바 있습니다. **프래그먼트를 생성하고 뷰를 부착하는 역할은 안드로이드 시스템에서 수행**하므로 여기서는 바로 뷰를 부착하지 않도록 false를 전달합니다.

```kotlin
override fun onCreateView(inflater: LayoutInflater, container: ViewGroup?, savedInstanceState: Bundle?): View {
    val view = inflater.inflate(R.layout.currency_converter_fragment1, container, false)

    return view
}
```

(3) 달러를 기준으로 각 통화에 대한 환율 정보를 포함할 속성을 추가합니다. 여기서는 4가지 통화(달러, 유로, 엔, 원)만 변환할 수 있도록 맵 객체를 선언합니다.

```kotlin
private val currencyExchangeMap = mapOf("USD" to 1.0, "EUR" to 0.9, "JPY" to 110.0, "KRW" to 1150.0)
```

(4) 환율 변환 작업을 수행할 calculateCurrency 메서드를 정의합니다. 앞에서 정의한 속성에 담긴 환율 정보를 이용해 변환 작업을 수행합니다. 기준이 되는 통화로 미국 달러를 사용할 예정이므로 먼저 미국 달러 단위의 통화로 변경한 후 통화 변경 작업을 진행합니다.

```kotlin
private fun calculateCurrency(amount: Double, from: String, to: String) : Double {
    // 먼저 미국 달러(USD) 단위의 통화로 변경
    var USDAmount = if(from != "USD") (amount / currencyExchangeMap[from]!!) else amount

    // 미국 달러(USD)를 기준으로 통화를 계산해서 반환
    return currencyExchangeMap[to]!! * USDAmount
}
```

이처럼 프래그먼트 클래스를 정의했지만 **프래그먼트는 단독으로 존재할 수 없으며, 반드시 해당 프래그먼트를 사용할 액티비티(호스트 액티비티)가 필요**합니다. 따라서 호스트 액티비티(MainActivity)에서 앞서 정의한 프래그먼트를 이용하도록 코드를 작성하겠습니다.

먼저 액티비티에서 사용할 레이아웃 파일의 내용을 다음과 같이 작성합니다.

res/layout/activity_main.xml

```xml
<?xml version="1.0" encoding="utf-8"?>
<LinearLayout xmlns:android="http://schemas.android.com/apk/res/android"
    android:id="@+id/fragment_container"
    android:orientation="vertical"
    android:layout_width="match_parent"
    android:layout_height="match_parent" />
```

최상위 뷰그룹으로 프래그먼트를 포함할 LinearLayout 뷰그룹 하나를 추가했습니다. 이후 액티비티에서 프래그먼트 객체를 생성해서 화면에 추가하도록 코드를 작성합니다.

예제 3.3 FragmentTransaction 객체를 이용한 프래그먼트 추가 wikibook/learnandroid/fragmentstudy/MainActivity.kt

```kotlin
package wikibook.learnandroid.fragmentstudy

import android.os.Bundle
import android.widget.Toast

import androidx.appcompat.app.AppCompatActivity

class MainActivity : AppCompatActivity() {
    override fun onCreate(savedInstanceState: Bundle?) {
        super.onCreate(savedInstanceState)
        setContentView(R.layout.activity_main)
```

```
        // (1)
        val transaction = supportFragmentManager.beginTransaction()
        // (2)
        transaction.add(R.id.fragment_container, CurrencyConverterFragment1())
        // (3)
        transaction.commit()
    }
}
```

(1) 액티비티의 supportFragmentManager 속성에 접근한 후 **beginTransaction** 메서드를 호출해 프래그먼트를 추가, 제거, 교체하는 작업에 사용할 FragmentTransaction 객체를 반환받습니다.

```
val transaction = supportFragmentManager.beginTransaction()
```

(2) 트랜잭션 객체에서 제공하는 **add** 메서드를 호출해서 프래그먼트를 추가할 수 있습니다. 첫 번째 인자로 프래그먼트가 삽입될 뷰그룹의 식별자를 전달하고, 두 번째 인자로는 추가할 프래그먼트 객체를 전달합니다.

```
transaction.add(R.id.fragment_container, CurrencyConverterFragment1())
```

(3) 모든 작업이 끝나면 **commit** 메서드를 호출해 최종적으로 프래그먼트를 화면에 추가합니다.

```
transaction.commit()
```

이후 앱을 실행하면 다음과 같은 모습을 확인할 수 있습니다.

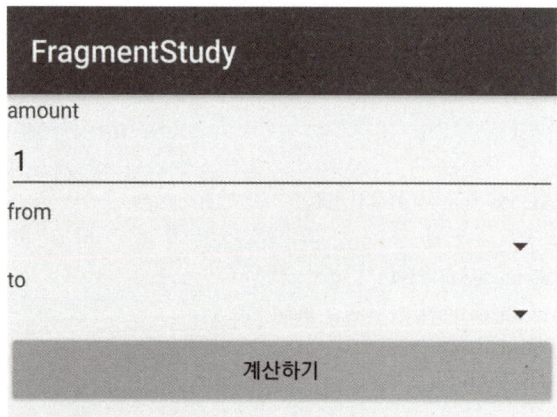

그림 3-5 프래그먼트 추가 이후 액티비티 화면

아직까지는 Spinner 뷰에 선택지를 추가하지 않아서 아무런 선택지도 없고 변환 기능도 동작하지 않습니다. 선택지를 추가하고 환율 변환 기능이 작동하도록 onCreateView 메서드를 다음과 같이 수정합니다.

예제 3.4 프래그먼트의 변환 기능 구현   wikibook/learnandroid/fragmentstudy/CurrencyConverterFragment1.kt

```kotlin
override fun onCreateView(inflater: LayoutInflater, container: ViewGroup?, savedInstanceState: Bundle?): View {
    val view = inflater.inflate(R.layout.currency_converter_fragment1, container, false)

    // (1)
    val calculateBtn = view.findViewById<Button>(R.id.calculate)
    val amount = view.findViewById<EditText>(R.id.amount)
    val result = view.findViewById<TextView>(R.id.result)
    val fromCurrencySpinner = view.findViewById<Spinner>(R.id.from_currency)
    val toCurrencySpinner = view.findViewById<Spinner>(R.id.to_currency)

    // (2)
    val currencySelectionArrayAdapter = ArrayAdapter<String>(view.context, android.R.layout.simple_spinner_item, listOf("USD", "EUR", "JPY", "KRW"))
    currencySelectionArrayAdapter.setDropDownViewResource(android.R.layout.simple_spinner_dropdown_item)
    fromCurrencySpinner.adapter = currencySelectionArrayAdapter
    toCurrencySpinner.adapter = currencySelectionArrayAdapter

    // (3)
    val itemSelectedListener = object : AdapterView.OnItemSelectedListener {
        override fun onNothingSelected(parent: AdapterView<*>?) {}

        override fun onItemSelected(parent: AdapterView<*>?, view: View?, position: Int, id: Long) {
            result.text = calculateCurrency(amount.text.toString().toDouble(), fromCurrencySpinner.selectedItem.toString(), toCurrencySpinner.selectedItem.toString()).toString()
        }
    }

    fromCurrencySpinner.onItemSelectedListener = itemSelectedListener
    toCurrencySpinner.onItemSelectedListener = itemSelectedListener

    // (4)
```

```
    calculateBtn.setOnClickListener {
        result.text = calculateCurrency(amount.text.toString().toDouble(), fromCurrencySpinner.
selectedItem.toString(), toCurrencySpinner.selectedItem.toString()).toString()
    }

    return view
}
```

(1) 뷰 객체의 참조를 가져옵니다.

```
val calculateBtn = view.findViewById<Button>(R.id.calculate)
val amount = view.findViewById<EditText>(R.id.amount)
val result = view.findViewById<TextView>(R.id.result)
val fromCurrencySpinner = view.findViewById<Spinner>(R.id.from_currency)
val toCurrencySpinner = view.findViewById<Spinner>(R.id.to_currency)
```

(2) 통화를 선택하는 데 사용할 스피너에 필요한 어댑터 객체를 생성하고, 두 개의 스피너 뷰에 모두 적용합니다.

여기서는 어댑터 객체를 생성할 때 배열 리소스를 사용하지 않고 문자열 리스트를 전달하는 방식으로 생성하는 방법을 보여주고 있습니다.

```
val currencySelectionArrayAdapter = ArrayAdapter<String>(context,
android.R.layout.simple_spinner_item, listOf("USD", "EUR", "JPY", "KRW"))
currencySelectionArrayAdapter.setDropDownViewResource(android.R.layout.simple_spinner_dropdown_
item)
fromCurrencySpinner.adapter = currencySelectionArrayAdapter
toCurrencySpinner.adapter = currencySelectionArrayAdapter
```

(3) 항목이 선택될 때 호출될 `onItemSelected` 콜백 메서드를 재정의합니다. 여기서는 두 스피너에서 선택한 통화 내용을 문자열로 변환하고 calculateCurrency 메서드를 호출해서 변환 작업을 수행한 후 변환 결과를 표시합니다.

```
val itemSelectedListener = object : AdapterView.OnItemSelectedListener {
    override fun onNothingSelected(parent: AdapterView<*>?) {}

    override fun onItemSelected(parent: AdapterView<*>?, view: View?, position: Int, id: Long) {
        result.text = calculateCurrency(amount.text.toString().toDouble(), fromCurrencySpinner.
```

```
        selectedItem.toString(), toCurrencySpinner.selectedItem.toString()).toString()
    }
}

fromCurrencySpinner.onItemSelectedListener = itemSelectedListener
toCurrencySpinner.onItemSelectedListener = itemSelectedListener
```

(4) 변환 버튼을 누르면 마찬가지로 calculateCurrency 메서드를 호출해서 변환 작업을 수행하고 결과를 표시합니다.

```
calculateBtn.setOnClickListener {
    result.text = calculateCurrency(amount.text.toString().toDouble(), fromCurrencySpinner.selecte-
dItem.toString(), toCurrencySpinner.selectedItem.toString()).toString()
}
```

프래그먼트에 필요한 초깃값 전달

프래그먼트를 초기화하는 과정에서 필요한 데이터를 전달해야 할 경우 떠올릴 수 있는 방법은 아마도 프래그먼트의 생성자를 호출할 때 데이터를 전달하는 방법일 것입니다. 그러나 액티비티의 생명 주기에 따라 프래그먼트 재생성이 필요한 시점이 오면 안드로이드 시스템에서는 **어떠한 값도 전달하지 않는 기본 생성자를 호출해서 프래그먼트 객체를 생성**하므로 그 방법으로 필요한 초기 데이터를 전달하는 것은 좋은 방법이 아닙니다.

그 대신 클래스 함수를 정의해 **해당 함수에 초깃값을 전달하고 해당 함수 내에서 프래그먼트를 생성하는 동시에 필요한 초기 데이터들은 Bundle 객체를 통해 전달하는 방법**을 사용해야 합니다.

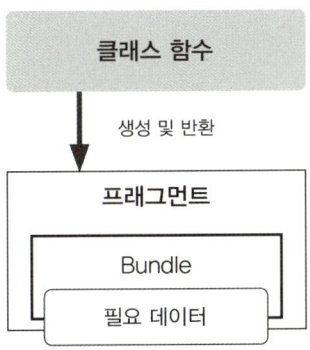

그림 3-6 클래스 함수를 이용한 프래그먼트 객체 생성

앞에서 작성한 프래그먼트 클래스의 코드를 수정해서 클래스 함수를 통해 변환 전 통화 정보와 변환 후 통화 정보를 전달할 수 있게 수정해보겠습니다.

먼저 수정할 프래그먼트에서 사용할 레이아웃 파일(currency_converter_fragment2.xml)을 생성한 후 내용을 다음과 같이 작성합니다. 이전 레이아웃에서 사용하지 않을 스피너 뷰를 제거하고 있습니다.

예제 3.5 스피너 뷰가 제거된 레이아웃   res/layout/currency_converter_fragment2.xml

```xml
<?xml version="1.0" encoding="utf-8"?>
<LinearLayout xmlns:android="http://schemas.android.com/apk/res/android"
    android:orientation="vertical"
    android:layout_width="match_parent"
    android:layout_height="wrap_content">

    <TextView
        android:id="@+id/exchange_type"
        android:layout_width="match_parent"
        android:layout_height="wrap_content" />

    <EditText
        android:id="@+id/amount"
        android:layout_width="match_parent"
        android:layout_height="wrap_content"
        android:text="1"
        android:inputType="numberDecimal" />

    <Button
        android:id="@+id/calculate"
        android:layout_width="match_parent"
        android:layout_height="wrap_content"
        android:text="변환하기" />

    <TextView
        android:id="@+id/result"
        android:layout_width="match_parent"
        android:layout_height="wrap_content" />

</LinearLayout>
```

스피너 뷰를 제거하고 어떤 통화로 변환될지에 대한 정보를 표시할 텍스트뷰(exchange_type)를 추가했습니다.

이후 새 프래그먼트 파일(CurrencyConverterFragment2.kt)을 생성한 다음 프래그먼트 클래스의 내용을 다음과 같이 작성합니다.

예제 3.6 프래그먼트에 필요한 데이터를 전달할 newInstance 함수 추가

wikibook/learnandroid/fragmentstudy/CurrencyConverterFragment2.kt

```kotlin
package wikibook.learnandroid.fragmentstudy

import android.os.Bundle
import android.view.LayoutInflater
import android.view.View
import android.view.ViewGroup
import android.widget.Button
import android.widget.EditText
import android.widget.TextView
import androidx.fragment.app.Fragment

class CurrencyConverterFragment2 : Fragment() {
    private val currencyExchangeMap = mapOf("USD" to 1.0, "EUR" to 0.9, "JPY" to 110.0, "KRW" to 1150.0)

    private fun calculateCurrency(amount: Double, from: String, to: String) : Double {
        var USDAmount = if(from != "USD") (amount / currencyExchangeMap[from]!!) else amount

        return currencyExchangeMap[to]!! * USDAmount
    }

    // (1)
    lateinit var fromCurrency : String
    lateinit var toCurrency : String

    companion object {
        // (2)
        fun newInstance(from : String, to: String): CurrencyConverterFragment2 {
            val fragment = CurrencyConverterFragment2()
```

```
        // (3)
        val args = Bundle()
        args.putString("from", from)
        args.putString("to", to)

        // (4)
        fragment.arguments = args

        return fragment
    }
}

override fun onCreateView(inflater: LayoutInflater, container: ViewGroup?, savedInstanceState: Bundle?): View {
    val view = inflater.inflate(R.layout.currency_converter_fragment2, container, false)

    val calculateBtn = view.findViewById<Button>(R.id.calculate)
    val amount = view.findViewById<EditText>(R.id.amount)
    val result = view.findViewById<TextView>(R.id.result)

    // (5)
    fromCurrency = arguments?.getString("from", "USD")!!
    toCurrency = arguments?.getString("to", "USD")!!
    view.findViewById<TextView>(R.id.exchange_type).text = "${fromCurrency} -> ${toCurrency} 변환"

    calculateBtn.setOnClickListener {
        result.text = calculateCurrency(amount.text.toString().toDouble(), fromCurrency, toCurrency).toString()
    }

    return view
}
```

(1) 변환할 통화에 대한 정보를 저장할 속성을 추가했습니다.

```
lateinit var fromCurrency : String
lateinit var toCurrency : String
```

(2) 필요한 초기 정보를 전달받아 번들 객체를 생성하고 프래그먼트를 반환하는 역할을 수행할 클래스 함수인 `newInstance` **함수를 정의**합니다. 이 함수에는 변환 전 통화 정보(from)와 변환 후 통화 정보(to)를 전달합니다.

함수 내부에서는 프래그먼트 객체를 생성하고 반환하는 작업을 수행합니다.

```kotlin
fun newInstance(from : String, to: String): CurrencyConverterFragment2 {
    val fragment = CurrencyConverterFragment2()

    // (... 번들 객체 생성 및 데이터 저장 ...)

    return fragment
}
```

(3) 전달받은 통화 정보를 번들 객체를 생성한 후 저장합니다.

```kotlin
val args = Bundle()
args.putString("from", from)
args.putString("to", to)
```

(4) 생성한 번들 객체를 프래그먼트의 `arguments` 속성에 대입합니다. 이후 `onCreateView` 메서드에서 해당 속성에 접근해 저장한 값을 불러옵니다.

```kotlin
fragment.arguments = args
```

(5) `onCreateView` 메서드 내부에서 **(4)**에서 초기화한 번들 객체의 정보에 접근해 필요한 정보를 추출합니다.

```kotlin
fromCurrency = arguments?.getString("from", "USD")!!
toCurrency = arguments?.getString("to", "USD")!!
view.findViewById<TextView>(R.id.exchange_type).text = "${fromCurrency} -> ${toCurrency} 변환"
```

액티비티의 코드는 다음과 같이 수정합니다.

wikibook/learnandroid/fragmentstudy/MainAcrivity.kt

```kotlin
class MainActivity : AppCompatActivity() {
    override fun onCreate(savedInstanceState: Bundle?) {
        super.onCreate(savedInstanceState)
        setContentView(R.layout.activity_main)
```

```
        val transaction = supportFragmentManager.beginTransaction()
        // (1)
        transaction.add(R.id.fragment_container, CurrencyConverterFragment2.newInstance("KRW", "USD"))
        transaction.add(R.id.fragment_container, CurrencyConverterFragment2.newInstance("JPY", "KRW"))
        transaction.add(R.id.fragment_container, CurrencyConverterFragment2.newInstance("EUR", "JPY"))

        transaction.commit()
    }
}
```

(1) newInstance 함수를 호출하며 변환할 통화 정보를 전달합니다. 여기서는 세 개의 프래그먼트 객체를 추가해서 각각 다른 통화 정보를 가지고 변환 작업을 수행할 수 있게 했습니다.

```
transaction.add(R.id.fragment_container, CurrencyConverterFragment2.newInstance("KRW", "USD"))
transaction.add(R.id.fragment_container, CurrencyConverterFragment2.newInstance("JPY", "KRW"))
transaction.add(R.id.fragment_container, CurrencyConverterFragment2.newInstance("EUR", "JPY"))
```

이후 앱을 실행하면 다음과 같이 추가한 세 개의 프래그먼트를 통해 환율 변환 작업을 진행할 수 있습니다.

리스너 구현을 통한 프래그먼트와 액티비티 통신

프래그먼트에서 호스트 액티비티 쪽으로 데이터를 전달해서 통신이 이뤄질 수 있도록 구현해야 할 경우 **리스너 인터페이스와 추상 메서드를 프래그먼트 클래스 내부에 정의해야 합니다**. 이후 이 **인터페이스를 호스트 액티비티 클래스에서 구현**하면 액티비티 쪽으로 데이터를 전달할 수 있습니다.

이제 앞에서 정의한 프래그먼트 클래스를 수정해서 **환율 변환 작업 이후 결과를 프래그먼트에서 자체적으로 활용하지 않고 호스트 액티비티 쪽으로 전달할 수 있게 수정해보겠습니다**.

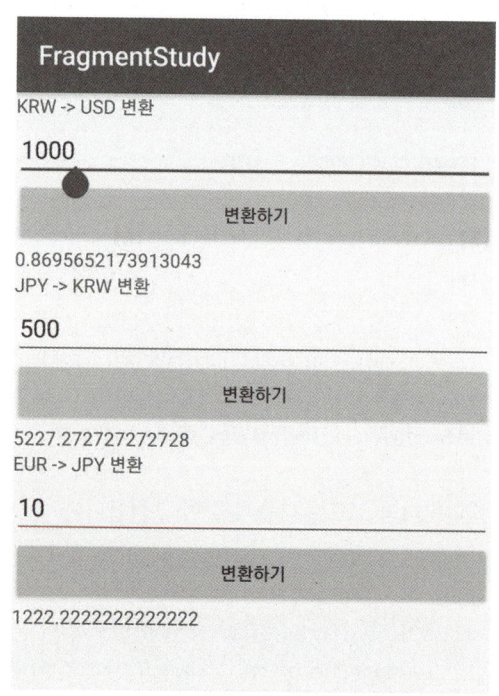

그림 3-7 세 개의 프래그먼트가 추가된 액티비티 화면

새 프래그먼트 파일(CurrencyConverterFragment3.kt)을 생성하고 프래그먼트 클래스의 내용을 다음과 같이 작성합니다.

예제 3.7 호스트 액티비티에 데이터를 전달할 용도로 사용할 리스너 인터페이스 추가

wikibook/learnandroid/fragmentstudy/CurrencyConverterFragment3.kt

```kotlin
package wikibook.learnandroid.fragmentstudy

import android.content.Context
import android.os.Bundle
import android.view.LayoutInflater
import android.view.View
import android.view.ViewGroup
import android.widget.Button
import android.widget.EditText
import android.widget.TextView
import androidx.fragment.app.Fragment

class CurrencyConverterFragment3 : Fragment() {
    // (1)
    interface CurrencyCalculationListener {
        fun onCalculate(result: Double, amount: Double, from: String, to: String)
    }

    // (2)
    lateinit var listener: CurrencyConverterFragment3.CurrencyCalculationListener

    // (3)
    override fun onAttach(context: Context) {
        super.onAttach(context)

        // (4)
        if (activity is CurrencyConverterFragment3.CurrencyCalculationListener) {
            listener = activity as CurrencyConverterFragment3.CurrencyCalculationListener
        } else {
            throw Exception("CurrencyCalculationListener 미구현")
        }
    }
```

```kotlin
    private val currencyExchangeMap =
        mapOf("USD" to 1.0, "EUR" to 0.9, "JPY" to 110.0, "KRW" to 1150.0)

    private fun calculateCurrency(amount: Double, from: String, to: String): Double {
        var USDAmount = if (from != "USD") (amount / currencyExchangeMap[from]!!) else amount

        return currencyExchangeMap[to]!! * USDAmount
    }

    lateinit var fromCurrency: String
    lateinit var toCurrency: String

    companion object {
        // CurrencyConverterFragment3으로 변경
        fun newInstance(from: String, to: String): CurrencyConverterFragment3 {
            val fragment = CurrencyConverterFragment3()

            val args = Bundle()
            args.putString("from", from)
            args.putString("to", to)

            fragment.arguments = args

            return fragment
        }
    }

    override fun onCreateView(inflater: LayoutInflater, container: ViewGroup?, savedInstanceState: Bundle?
    ): View {
        val view = inflater.inflate(R.layout.currency_converter_fragment2, container, false)

        val calculateBtn = view.findViewById<Button>(R.id.calculate)
        val amount = view.findViewById<EditText>(R.id.amount)
        val result = view.findViewById<TextView>(R.id.result)

        fromCurrency = arguments?.getString("from", "USD")!!
        toCurrency = arguments?.getString("to", "USD")!!
        view.findViewById<TextView>(R.id.exchange_type).text = "${fromCurrency} -> ${toCurrency} 변환"
```

```
        // (5)
        calculateBtn.setOnClickListener {
            val result = calculateCurrency(amount.text.toString().toDouble(), fromCurrency, toCurrency).toString().toDouble()
            // 리스너의 onCalculate 메서드를 호출하며 필요한 데이터를 전달
            listener.onCalculate(result, amount.text.toString().toDouble(), fromCurrency, toCurrency)
        }

        return view
    }
}
```

(1) 리스너 인터페이스를 정의하고 통화 변환 작업이 완료되는 시점에 호출할 추상 메서드인 `onCalculate` 메서드를 추가합니다. 해당 리스너 인터페이스를 구현하는 호스트 액티비티 측에서는 메서드를 통해 필요한 정보를 전달받게 됩니다.

```
interface CurrencyCalculationListener {
    fun onCalculate(result : Double, amount: Double, from: String, to: String)
}
```

(2) 앞서 정의한 CurrencyCalculationListener 인터페이스 타입의 속성을 추가합니다. 이후 속성값은 해당 리스너를 구현하는 호스트 액티비티 객체를 전달받아 초기화되고 환율 변환이 이루어지는 시점에 해당 리스너 객체를 통해 onCalculate 메서드를 호출합니다.

```
lateinit var listener : CurrencyConverterFragment3.CurrencyCalculationListener
```

(3) `onAttach` 메서드는 호스트 액티비티에 프래그먼트가 부착되는 시점에 호출되는 콜백 메서드입니다. **(4)** 에서 호스트 액티비티(activity)에 접근해 해당 액티비티가 **리스너 인터페이스를 구현하는지 여부를 검사**합니다. 만약 구현하고 있지 않다면 메서드를 통한 데이터 전달이 불가능하므로 예외를 발생시킵니다. 리스너를 구현하고 있다면 액티비티 객체를 대입해 listener 속성을 초기화합니다.

```
override fun onAttach(context: Context) {
    super.onAttach(context)

    if(activity is CurrencyConverterFragment3.CurrencyCalculationListener) {
```

```
        listener = activity as CurrencyConverterFragment3.CurrencyCalculationListener
    } else {
        throw Exception("CurrencyCalculationListener 미구현")
    }
}
```

(5) 변환 버튼과 관련된 리스너의 구현 내용을 수정합니다. 리스너 객체의 onCalculate 메서드를 호출하는 과정에서 호스트 액티비티로 데이터를 전달할 수 있게 합니다.

```
calculateBtn.setOnClickListener {
    val result = calculateCurrency(amount.text.toString().toDouble(), fromCurrency, toCurrency).toString().toDouble()
    // 리스너의 onCalculate 메서드를 호출하며 필요한 데이터를 전달
    listener.onCalculate(result, amount.text.toString().toDouble(), fromCurrency, toCurrency)
}
```

해당 프래그먼트에서 데이터를 전달받아야 할 액티비티의 코드는 다음과 같이 수정합니다.

예제 3.8 호스트 액티비티를 통한 리스너 인터페이스 구현 wikibook/learnandroid/fragmentstudy/MainActivity.kt

```
// [1]
class MainActivity : AppCompatActivity(), CurrencyConverterFragment3.CurrencyCalculationListener {
    // [2]
    override fun onCalculate(result: Double, amount: Double, from: String, to: String) {
        Toast.makeText(this, "${String.format("%.5f",amount)}($from) -> ${String.format("%.5f",result)}($to)", Toast.LENGTH_LONG).show()
    }

    override fun onCreate(savedInstanceState: Bundle?) {
        super.onCreate(savedInstanceState)
        setContentView(R.layout.activity_main)

        val transaction = supportFragmentManager.beginTransaction()
        // [3]
        transaction.add(R.id.fragment_container, CurrencyConverterFragment3.newInstance("KRW", "USD"))
        transaction.add(R.id.fragment_container, CurrencyConverterFragment3.newInstance("JPY", "KRW"))
```

```
        transaction.add(R.id.fragment_container, CurrencyConverterFragment3.newInstance("EUR",
"JPY"))

        transaction.commit()
    }
}
```

(1) 액티비티 클래스가 CurrencyCalculationListener 인터페이스를 구현하도록 수정했습니다.

```
class MainActivity : AppCompatActivity(), CurrencyConverterFragment3.CurrencyCalculationListener {
    // ...
}
```

(2) onCalculate 메서드를 구현하며 전달받은 데이터를 토스트를 통해 출력합니다. 여기서는 format 함수를 사용해 통화값을 소숫점 5자리까지 출력하도록 출력 방식을 조정합니다.

```
override fun onCalculate(result: Double, amount: Double, from: String, to: String) {
    Toast.makeText(this, "${String.format("%.5f",amount)}($from) -> ${String.format("%.5f",result)}
($to)", Toast.LENGTH_LONG).show()
}
```

(3) 이전과 같이 세 개의 프래그먼트를 추가합니다. 어떠한 프래그먼트에서든 계산하기 버튼을 누르면 액티비티에 **재정의한 onCalculate 메서드를 통해 데이터를 전달**받게 됩니다.

이렇게 해서 프래그먼트를 정의 및 추가하는 방법과 필요한 초기 데이터를 전달하는 방법을 살펴봤습니다. 그리고 호스트 액티비티로 데이터를 전송해서 통신이 이뤄질 수 있도록 리스너 인터페이스를 구현하는 과정도 모두 살펴봤습니다.

프로젝트 생성과 UI 구성

프래그먼트에 대한 대략적인 설명이 끝났으므로 이제 본격적으로 프로젝트를 진행하기 위해 새 프로젝트를 만들어 보겠습니다. 프로젝트 생성 대화상자에서 [Empty Activity]를 선택해 빈 액티비티를 메인 액티비티로 사용하고, 프로젝트의 설정을 다음과 같이 조정합니다.

내용	값
Name	WeatherDustChecker
Package name	wikibook.learnandroid.weatherdustchecker
Language	Kotlin
Minimum API level	API 23

자동 생성된 액티비티에 필요한 뷰를 추가하고 날씨 API 서비스를 통해 날씨 정보를 가져와서 표시할 준비를 진행하겠습니다.

기존에 추가된 MainActivity의 이름을 WeatherMainActivity로 변경합니다. 자동 생성된 레이아웃 파일(main_activity)의 이름도 weather_main_activity로 변경한 후 레이아웃 파일의 내용을 다음과 같이 작성합니다.

res/layout/weather_main_activity.xml

```xml
<?xml version="1.0" encoding="utf-8"?>
<FrameLayout xmlns:android="http://schemas.android.com/apk/res/android"
    android:id="@+id/fragment_container"
    android:layout_width="match_parent"
    android:layout_height="match_parent" />
```

레이아웃 파일의 내용을 살펴보면 FrameLayout 하나만 이용해 레이아웃 구성을 마친 것을 볼 수 있습니다. 레이아웃 구성이 이렇게 단순한 이유는 앞서 배운 프래그먼트를 이용해 화면을 구성할 할 예정이기 때문입니다.

FrameLayout은 뷰그룹으로 **자식 뷰를 교체할 상황이 빈번한 경우 혹은 자식 뷰를 화면에 겹쳐서(즉, 앞뒤 공간이 생기도록) 배치해야 하는 경우 사용하는 뷰그룹**입니다. 여기서는 단순히 프래그먼트를 포함하는 역할만 수행하게 되며, FrameLayout의 가로, 세로 크기는 match_parent로 지정해 뷰그룹이 화면 전체 공간을 모두 차지하게 합니다.

프래그먼트 활용

이번 프로젝트에서는 프로그래먼트를 활용해 액티비티에서 보여줄 화면을 구성합니다. 먼저 날씨 정보를 보여줄 프래그먼트 클래스부터 정의하겠습니다.

예제 3.9 날씨 정보 프래그먼트 클래스   wikibook/learnandroid/weatherdustchecker/WeatherPageFragment.kt

```kotlin
package wikibook.learnandroid.weatherdustchecker

import android.os.Bundle
import android.util.Log
import android.view.LayoutInflater
import android.view.View
import android.view.ViewGroup
import android.view.animation.AnimationUtils
import android.widget.ImageView
import android.widget.TextView
import android.widget.Toast
import androidx.fragment.app.Fragment
import java.net.URL

class WeatherPageFragment : Fragment() {
    override fun onCreateView(inflater: LayoutInflater, container: ViewGroup?, savedInstanceState: Bundle?): View {
        val view = inflater.inflate(R.layout.weather_page_fragment, container, false)
        return view
    }
}
```

이전에 살펴본 프래그먼트 코드와 크게 다르지 않습니다. onCreateView 메서드를 재정의하고 inflate 메서드를 호출하는 과정에서 레이아웃 리소스 식별자를 전달해서 생성한 뷰 객체를 반환합니다.

다음은 프래그먼트에서 사용할 레이아웃 파일의 내용입니다.

예제 3.10 날씨 정보 프래그먼트 레이아웃   res/layout/weather_page_fragment.xml

```xml
<?xml version="1.0" encoding="utf-8"?>
<ScrollView (1)
    xmlns:android="http://schemas.android.com/apk/res/android"
    android:layout_width="match_parent"
    android:layout_height="match_parent">

    <LinearLayout
        android:layout_width="match_parent"
        android:layout_height="wrap_content"
```

```xml
        android:orientation="vertical">

    <ImageView (2)
        android:id="@+id/weather_icon"
        android:layout_width="200dp"
        android:layout_height="200dp"
        android:layout_marginTop="100dp"
        android:layout_gravity="center" />

    <TextView
        android:id="@+id/weather_status_title"
        android:layout_width="wrap_content"
        android:layout_height="wrap_content"
        android:layout_marginTop="20dp"
        android:layout_gravity="center"
        android:text="현재 날씨"
        android:textSize="20sp" />

    <TextView (3)
        android:id="@+id/weather_status_text"
        android:layout_width="wrap_content"
        android:layout_height="wrap_content"
        android:layout_marginTop="10dp"
        android:layout_gravity="center"
        android:textSize="24sp"
        android:textStyle="bold" />

    <TextView (4)
        android:id="@+id/weather_temp_text"
        android:layout_width="wrap_content"
        android:layout_height="wrap_content"
        android:layout_marginTop="10dp"
        android:layout_gravity="center"
        android:textSize="20sp" />

</LinearLayout>

</ScrollView>
```

(1) 화면을 스크롤할 수 있도록 **ScrollView**를 최상위 뷰그룹으로 사용했습니다. **ScrollView**는 자식 뷰를 단 하나만 포함할 수 있다는 **제약**이 있습니다. 따라서 화면에 표시할 모든 뷰 컴포넌트를 포함하는 LinearLayout 뷰그룹을 자식 뷰로 설정했습니다.

(2) 날씨 상태를 표시할 아이콘 형태의 이미지를 보여주기 위한 ImageView입니다.

(3) 날씨 상태를 표시할 문자열을 표시하기 위한 TextView입니다.

(4) 현재 온도를 표시하기 위한 TextView입니다.

레이아웃을 통해 보여질 최종 화면의 모습은 다음과 같습니다.

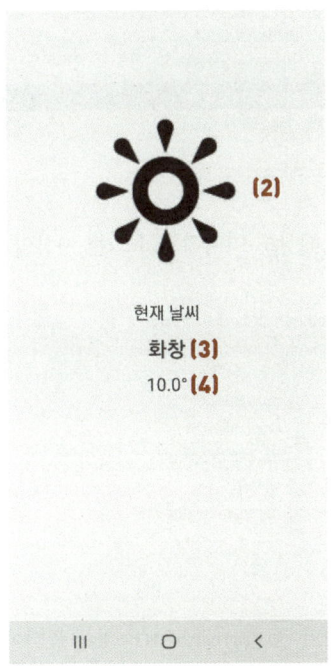

그림 3-8 가짜 데이터를 이용하여 표시한 날씨 프래그먼트 화면

예제에서 사용할 이미지를 모두 추가하기 위해서 왼쪽 프로젝트 패널의 res 폴더를 마우스 오른쪽 버튼으로 클릭한 후 [Show in Explorer]를 선택해 탐색기 화면으로 이동합니다.

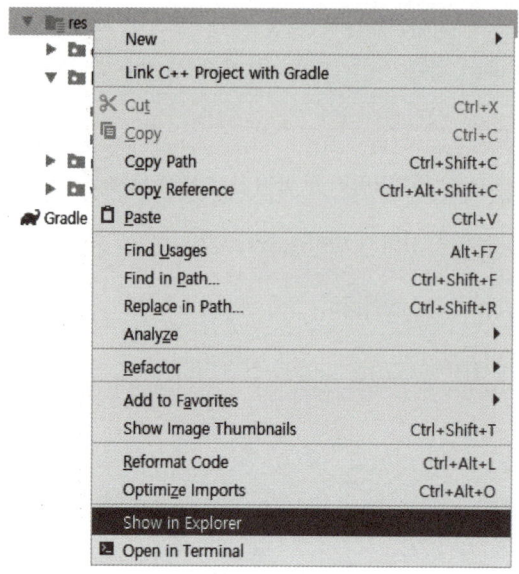

그림 3-9 탐색기 화면으로 이동하기 위한 Show in Explorer 메뉴

이후 res 폴더 내부에 다음과 같이 고해상도 이미지 리소스를 저장할 drawable-xxhdpi 폴더를 생성합니다.

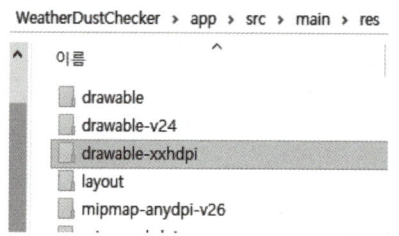

그림 3-10 drawable-xxhdpi 폴더 추가

해당 폴더에 내려받은 저장소 프로젝트 중 WeatherDustChecker 폴더에 접근합니다. 이후 리소스 폴더 내부의 raster 폴더에 포함된 모든 이미지를 복사하고 다음과 같이 해상도에 걸맞게 리소스가 추가됐는지 확인합니다.

```
▼ drawable
    bad.png (xxhdpi)
    cloud.png (xxhdpi)
    cloudy.png (xxhdpi)
    flash.png (xxhdpi)
    good.png (xxhdpi)
    ic_launcher_background.xml
    ic_launcher_foreground.xml (v24)
    normal.png (xxhdpi)
    rain.png (xxhdpi)
    snow.png (xxhdpi)
    sun.png (xxhdpi)
    very_bad.png (xxhdpi)
```

그림 3-11 drawable 폴더에 추가된 이미지

프래그먼트 클래스의 작성이 완료됐으므로 이제 액티비티에서 해당 프래그먼트를 이용해 화면을 구성하도록 코드를 작성합니다.

예제 3.11 날씨 정보 프래그먼트 생성 및 추가   wikibook/learnandroid/weatherdustchecker/WeatherMainActivity.kt

```kotlin
package wikibook.learnandroid.weatherdustchecker

import androidx.appcompat.app.AppCompatActivity
import android.os.Bundle

class WeatherMainActivity : AppCompatActivity() {
    override fun onCreate(savedInstanceState: Bundle?) {
        super.onCreate(savedInstanceState)
        setContentView(R.layout.weather_main_activity)

        // (1)
        supportActionBar?.hide()

        // (2)
        val transaction = supportFragmentManager.beginTransaction()
        transaction.add(R.id.fragment_container, WeatherPageFragment())
        // (3)
        transaction.commit()
    }
}
```

(1) 이번 프로젝트에서는 상단 액션바를 이용하지 않을 예정이므로 supportActionBar 속성을 통해 액션바 객체에 접근하고 hide 메서드를 호출해 액션바를 숨깁니다.

(2) 프래그먼트 매니저의 beginTransaction, add 메서드를 호출해서 생성한 날씨 프래그먼트를 추가합니다. 첫 번째 인자로는 해당 프래그먼트의 뷰가 삽입될 뷰그룹의 식별자(R.id.fragment_container)를 전달하고, 두 번째 인자로 프래그먼트 객체를 전달합니다.

(3) 필요한 프래그먼트를 추가하는 작업이 끝났으므로 commit 메서드를 호출해 삽입 작업을 완료합니다.

나중에 액티비티에서 **사용자의 위치 정보를 프래그먼트에 전달해 자체적으로 날씨 정보를 가져와 표시할 수 있도록 구현**할 예정이지만 지금은 날씨 정보를 직접 전달할 수 있도록 프래그먼트 클래스를 임시로 구현해 보겠습니다.

예제 3.12 날씨 정보 프래그먼트에 필요한 정보를 전달할 newInstance 함수 추가

```
                                            wikibook/learnandroid/weatherdustchecker/WeatherPageFragment.kt
class WeatherPageFragment : Fragment() {
    // 뷰 객체 참조용 속성 추가
    lateinit var weatherImage : ImageView
    lateinit var statusText : TextView
    lateinit var temperatureText : TextView

    companion object {
        // (1)
        fun newInstance(status: String, temperature: Double) : WeatherPageFragment {
            val fragment = WeatherPageFragment()

            val args = Bundle()
            args.putString("status", status)
            args.putDouble("temperature", temperature)
            args.putInt("res_id", R.drawable.sun)
            fragment.arguments = args

            return fragment
        }
    }

    override fun onCreateView(inflater: LayoutInflater, container: ViewGroup?, savedInstanceState: Bundle?): View {
```

```kotlin
        val view = inflater.inflate(R.layout.weather_page_fragment, container, false)

        weatherImage = view.findViewById<ImageView>(R.id.weather_icon)
        statusText = view.findViewById<TextView>(R.id.weather_status_text)
        temperatureText = view.findViewById<TextView>(R.id.weather_temp_text)

        // (2)
        weatherImage.setImageResource(arguments!!.getInt("res_id"))
        statusText.text = arguments!!.getString("status")
        temperatureText.text = "${arguments!!.getDouble("temperature")}°"

        return view
    }
}
```

(1) 프래그먼트에 필요한 정보를 전달하기 위해 newInstance 함수를 정의하고 함수 내부에서 프래그먼트를 생성합니다. 동시에 전달받은 인자(현재 날씨, 온도 정보)를 번들 객체에 추가합니다. 해당 함수는 객체의 속성 정보를 활용하지 않기 때문에 클래스 이름을 통해서 접근할 수 있도록 companion object 키워드를 이용하여 클래스 함수로 정의하고 있습니다.

> 🔍 앞서 살펴본 클래스 함수 형식으로 정의된 객체 생성 함수를 정적 팩토리 함수(자바에서는 정적 팩토리 메서드)라고 부릅니다.

또한 번들 객체에 날씨 관련 이미지 리소스의 식별자도 추가합니다. 여기서는 화창한 날씨일 때 보여줄 이미지 리소스 식별자를 전달하고 있으나 나중에 실제 데이터를 네트워크 요청을 통해 받아오도록 구현한 다음, 날씨에 따라 다른 종류의 이미지 리소스를 적용할 수 있도록 수정하겠습니다.

```kotlin
fun newInstance(status: String, temperature: Double) : WeatherPageFragment {
    val fragment = WeatherPageFragment()

    val args = Bundle()
    // 전달받은 인자값 추가
    args.putString("status", status)
    args.putDouble("temperature", temperature)
    // 이미지 리소스 식별자 추가
    args.putInt("res_id", R.drawable.sun)
```

```
    fragment.arguments = args

    return fragment
}
```

(2) newInstance 함수에서 추가한 번들 객체(arguments)에 접근하고 전달받은 데이터를 이용해 뷰 정보를 설정합니다.

```
weatherImage.setImageResource(arguments!!.getInt("res_id"))
statusText.text = arguments!!.getString("status")
temperatureText.text = "${arguments!!.getDouble("temperature")}°"
```

이제 액티비티에서 날씨 프래그먼트 객체를 생성해서 추가하는 부분을 수정해서 날씨 데이터를 직접 전달해서 프래그먼트를 생성할 수 있게 수정합니다.

예제 3.13 newInstance 함수를 호출해 날씨 정보 프래그먼트를 생성

wikibook/learnandroid/weatherdustchecker/WeatherMainActivity.kt

```
val transaction = supportFragmentManager.beginTransaction()

// newInstance 함수를 호출하면서 날씨 데이터 값을 전달하도록 수정
transaction.add(R.id.fragment_container, WeatherPageFragment.newInstance("화창", 10.0))

transaction.commit()
```

코드를 변경한 후 앱을 실행하여 화면이 정상적으로 출력되는지 확인합니다.

앞서 프래그먼트를 생성하며 전달한 데이터는 프래그먼트 기능을 테스트해보기 위해 전달한 가짜 데이터입니다. 이제 날씨 정보 제공 서비스를 이용해 실제 날씨 데이터를 받아와서 표시하도록 구현하겠습니다.

날씨 정보 API 서비스 신청

날씨 정보 서비스를 이용하기에 앞서 먼저 날씨 정보 API를 제공하는 서비스 사이트에 가입해야 합니다. 여기서 API(Application Programming Interface)란 일반적으로 프로그램을 작성하는 과정에서 어떤 기능을 수행하거나 필요한 데이터를 받을 수 있게 도와주는 함수나 클래스 등을 모아놓은 집합체를 의미하는 용어입니다. 가령 자바 API는 자바 언어를 통해 프로그램을 개발하는 과정에서 유용하게 사용할 수 있는 모든 종류의 클래스, 인터페이스, 메서드를 가리킵니다.

웹 API는 HTTP 통신을 기반으로 동작합니다. 일반적으로 **서비스에서 제공하는 주소로 필요한 정보를 요청하면 응답 메시지를 통해 필요한 정보를 제공하는 형식으로 작동**합니다. 정보를 요청할 때는 마치 함수를 호출하는 과정에서 인자를 전달하듯이 추가 정보를 전달할 수 있습니다.

이번 프로젝트에서 이용할 OpenWeather 서비스는 위치에 따른 날씨 정보를 반환하는 웹 API를 제공하며, 다음 주소에 접근해 가입할 수 있습니다.

- https://openweathermap.org

첫 화면에서 [Sign Up] 버튼을 눌러 계정 이름, 이메일, 비밀번호 정보를 입력하고 회원 가입을 완료합니다.

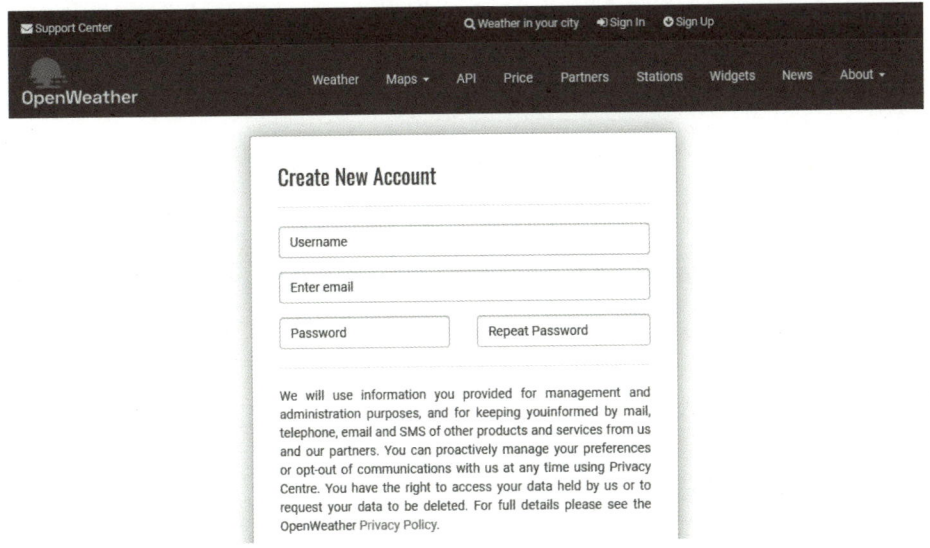

그림 3-12 OpenWeather 서비스 가입

가입할 때 입력한 이메일 계정에서 가입 완료 메일을 확인하고 가장 중요한 **발급된 API 키**를 확인할 수 있습니다. 이 API 키는 날씨 정보를 얻기 위한 요청 주소에 함께 전달해야 하는 **필수 정보로서 개인 혹은 단체에게 발급되는 비밀키이기 때문에 실수로 외부에 노출되지 않도록 유의합니다.

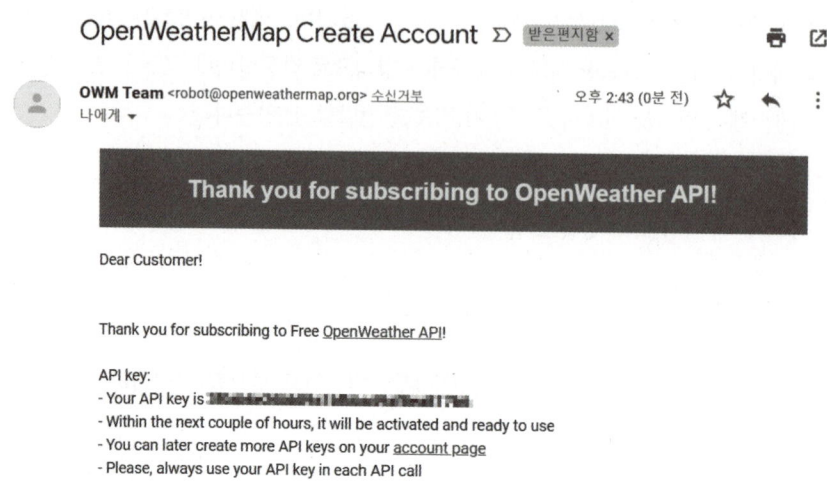

그림 3-13 OpenWeather API 키 확인

키가 활성화되는 시점까지 약간의 시간이 소요되므로 약 5분에서 10분 정도 기다린 후 브라우저를 통해 다음 주소에 접근해 날씨 정보가 출력되는지 여부를 확인합니다. 단, 주소에서 'API키'라고 적힌 부분에는 **이메일을 통해 전달받은 본인의 API 키 정보를 지정합니다.**

- http://api.openweathermap.org/data/2.5/weather?units=metric&lat=37.58&lon=126.98&appid=<API키>

```
{"coord":{"lon":126.98,"lat":37.58},"weather":
[{"id":803,"main":"Clouds","description":"broken
clouds","icon":"04d"}],"base":"stations","main":
{"temp":5.31,"feels_like":1.67,"temp_min":4,"temp_max":7,"pressure":1
027,"humidity":48},"visibility":10000,"wind":
{"speed":1.5,"deg":210},"clouds":{"all":75},"dt":1577512164,"sys":
{"type":1,"id":5509,"country":"KR","sunrise":1577486748,"sunset":1577
521350},"timezone":32400,"id":1835848,"name":"Seoul","cod":200}
```

그림 3-14 브라우저를 통한 날씨 정보 확인

앞서 접근한 주소에서 정보를 요청할 실제 주소는 다음과 같습니다.

- http://api.openweathermap.org/data/2.5/weather

일반적으로 아무런 정보도 전달하지 않고 단순히 주소에 접근해서 데이터를 요청하는 경우는 드뭅니다. 보통은 다음과 같이 URL의 쿼리 스트링을 통해 필요한 추가 정보를 전달합니다.

?units=metric&lat=37.58&lon=126.98&appid=<API키>

여기서 units는 metric으로 지정해 온도가 섭씨 단위로 반환되게 하고, lat, lon에는 각각 위도, 경도 정보를 전달합니다. appid에는 발급받은 API 키를 적습니다.

거의 대부분의 웹 API 서비스에서는 정보를 요청할 주소에 접근할 때 **API 키 정보도 함께 전달하기를 요구합니다**. 나중에 살펴볼 미세먼지 정보 API 서비스에서도 마찬가지입니다.

더 알아보기 _ API 문서 확인의 중요성

날씨 정보를 제공하는 웹 서비스 외에도 유용한 정보나 기능을 제공하는 여러 웹 API 서비스가 있습니다. 공공 데이터를 제공하는 공공 데이터 포털(https://www.data.go.kr/)이나 네이버 데이터랩(https://developers.naver.com/products/datalab/) 서비스를 예로 들 수 있습니다.

이러한 웹 API 서비스를 이용할 때는 반드시 **API 주소와 그 주소에 전달해야 할 정보 및 결과 메시지의 형태가 일목요연하게 정리된 개발 문서를 참조**해야 합니다. 가령 이번 프로젝트에서 사용하는 날씨 정보 API에 대한 설명은 OpenWeather 서비스의 API 문서 페이지(https://openweathermap.org/current)에서 확인할 수 있습니다.

이러한 문서는 시간이 지나면서 조금씩 수정되기도 하므로 옛날 문서에 의존해서 작성된 블로그 글 등에 의지하지 않고 직접 공식 문서를 읽고 이해하는 능력을 키울 필요가 있습니다.

더 알아보기 _ URL 주소의 구성

웹 API 서비스를 사용하는 과정에서 접근할 URL 주소의 구성은 다음과 같습니다.

scheme://host:port/path?query

여기서 **scheme**은 통신 프로토콜을 기술하는 데 사용되며, http 혹은 암호화된 https를 사용할 수 있습니다.

host는 www.example.com과 같이 네트워크에 연결된 장치를 구분하기 위해 사용하는 고유 이름으로, 콜론(:) 오른쪽에 포트 번호를 명시하기도 합니다.

path는 특정 리소스에 접근하기 위한 접근 **경로**를 지정하는 데 사용합니다.

query(혹은 쿼리 스트링)에는 웹 API에 전달해야 할 추가 정보를 기술할 수 있습니다. 물음표 기호(?)로 시작하고, 정보를 추가할 때마다 이름과 값의 쌍을 대입 기호(=)를 이용해 지정한 형태로 작성하며, 앰퍼샌드 기호(&)를 이용해 여러 개의 값을 연결합니다.

앞에서 설명한 모든 요소가 포함된 가상의 웹 주소를 기술하면 다음과 같습니다.

http://www.example.com/hello/world?word=bye&num=1234

scheme은 http이고, host는 www.example.com이며, hello/world 경로의 리소스로 접근하는 과정에서 추가로 word, num이라는 이름으로 접근할 수 있는 값(bye, 1234)을 쿼리 스트링을 통해 전달합니다.

인터넷 권한 설정과 네트워크 요청 전송

날짜 API 서비스를 신청해서 얻은 API 키를 사용해 본격적으로 네트워크 요청을 보내기에 앞서 먼저 **인터넷 연결 요청과 관련된 권한을 획득**해야 합니다. **권한에 대한 요청은 매니페스트 파일에 uses-permission 요소를 추가하는 방식**으로 이뤄집니다. 이곳에 권한을 선언해두지 않으면 기능을 사용할 수 없으므로 다음과 같이 인터넷 연결 및 네트워크 상태에 대한 접근과 관련된 두 줄의 users-permission 요소(인터넷 접속 권한 및 네트워크 상태 확인 권한)를 추가합니다.

예제 3.14 매니페스트 파일에 인터넷 접속 및 네트워크 상태 확인 권한 추가   AndroidManifest.xml

```xml
<?xml version="1.0" encoding="utf-8"?>
<manifest xmlns:android="http://schemas.android.com/apk/res/android"
    package="wikibook.learnandroid.weatherdustchecker">

    <!-- 추가된 권한 정보 -->
    <uses-permission android:name="android.permission.INTERNET" />
    <uses-permission android:name="android.permission.ACCESS_NETWORK_STATE" />

    <application
    (.. 이후 내용 생략 ..)
```

매니페스트 파일에 추가한 권한 정보는 **구글 플레이 같은 앱 마켓에서 앱 정보를 확인 때도 함께 표시되는 정보**입니다. 자칫 실수로 필요 없는 권한을 추가하면 관련 없어 보이는 권한을 요구하는 수상한 앱으로 오인될 가능성이 있으므로 **사용할 필요가 없는 권한은 반드시 삭제**해야 합니다.

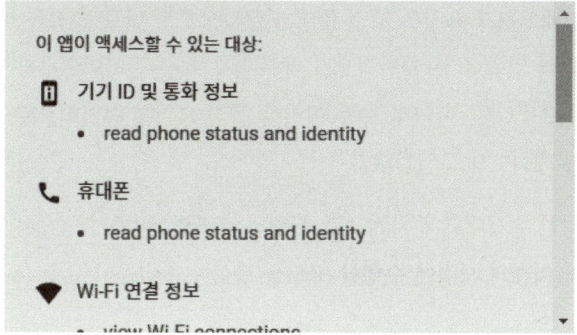

그림 3-15 플레이 스토어의 앱 권한 확인 화면

안드로이드에서는 인터넷 접속 권한 말고도 다양한 종류의 권한을 제공하며, 'android.premission.'으로 시작하는 문자열 상수를 이용해 필요한 권한을 설정할 수 있습니다.

더 알아보기 _ 안드로이드 파이에서의 HTTP 통신 허용

안드로이드 파이 버전 이상이 설치된 단말기에서는 **보안성이 강화된 HTTPS 대신 HTTP를 이용해 통신할 경우 매니페스트 파일의 내용을 수정**해야 합니다.

이번 프로젝트에서는 웹 API 서비스를 이용하는 과정에서 HTTP를 이용해 통신할 예정이므로 다음과 같이 `application` 요소 내부에 `usesCleartextTraffic` 속성을 추가하고 속성값을 `true`로 설정합니다.

예제 3.15 HTTP 통신을 허용하도록 usesCleartextTraffic 속성값 설정   AndroidManifest.xml

```
<application
    android:usesCleartextTraffic="true"   (1) usesCleartextTraffic 속성을 추가
    android:allowBackup="true"
    android:icon="@mipmap/ic_launcher"
    android:label="@string/app_name"
    android:roundIcon="@mipmap/ic_launcher_round"
    android:supportsRtl="true"
    android:theme="@style/AppTheme">
```

비동기 작업을 정의하기 위한 AsyncTask 클래스 활용

앞에서 권한을 획득해서 네트워크 요청을 보낼 준비가 끝났으므로 바로 요청을 보내면 될 것 같지만 추가로 해야 할 작업이 하나 더 있습니다. 일반적으로 네트워크 요청은 서버로부터 필요한 정보를 가져오는 과정까지 시간이 조금 소요됩니다. 따라서 보통 이러한 통신 요청은 **동기식으로 진행하지 않고 비동기식** (asynchronous)**으로 진행**되도록 구현합니다.

동기 방식은 코드를 작성한 순서대로 순차적으로 실행하는 반면, 비동기 방식은 일반적으로 **콜백 메서드를 구현해서 작업이 끝난 미래의 시점에 수행할 코드를 작성**하고 비동기 요청 코드의 다음 코드를 곧바로 실행합니다.

안드로이드에서는 이러한 **비동기 작업을 손쉽게 수행할 수 있도록 AsyncTask 클래스를 제공**합니다. 본격적으로 AsyncTask 클래스를 이용해 네트워크 요청을 수행하는 코드를 작성하기에 앞서 AsyncTask를 사용해야 하는 이유를 설명하기 위해 **ANR(Android Not Responding)**에 대해 설명하겠습니다.

먼저 ANR 상황이 일어나는 상황을 재현하고 해결하기 위한 프로젝트 정보를 다음과 같이 입력하여 새 프로젝트를 생성합니다.

내용	값
Name	ANRTestStudy
Package name	wikibook.learnandroid.anrteststudy
Language	Kotlin
Minimum API level	API 23

이후 레이아웃 파일(anr_test_activity.xml)을 생성하고 다음과 같이 내용을 작성합니다.

예제 3.16 ANR 상황 재현을 위한 레이아웃 　　　　　　　　　　　　　　res/layout/anr_test_activity.xml

```
<?xml version="1.0" encoding="utf-8"?>
<LinearLayout
    xmlns:android="http://schemas.android.com/apk/res/android"
    android:layout_width="match_parent"
    android:layout_height="match_parent"
    android:orientation="vertical">

    <Button
        android:id="@+id/anr"
```

```xml
        android:layout_width="wrap_content"
        android:layout_height="wrap_content"
        android:text="ANR"/>

    <Button
        android:id="@+id/btn"
        android:layout_width="wrap_content"
        android:layout_height="wrap_content"
        android:text="Click Me!"/>

    <TextView
        android:id="@+id/result"
        android:layout_width="wrap_content"
        android:layout_height="wrap_content"/>

</LinearLayout>
```

ANR 상황을 재현하기 위해서 MainActivity 클래스의 내용을 다음과 같이 작성합니다.

예제 3.17 계산 작업을 수행하는 액티비티   wikibook/learnandroid/anrteststudy/MainActivity.kt

```kotlin
package wikibook.learnandroid.anrteststudy

import androidx.appcompat.app.AppCompatActivity
import android.os.Bundle
import android.util.Log
import android.view.View
import android.widget.Button
import android.widget.ProgressBar
import android.widget.TextView
import android.widget.Toast
import java.lang.Math.sqrt
import kotlin.random.Random

class MainActivity : AppCompatActivity() {
    override fun onCreate(savedInstanceState: Bundle?) {
        super.onCreate(savedInstanceState)
        setContentView(R.layout.anr_test_activity)
```

```kotlin
        findViewById<Button>(R.id.btn).setOnClickListener {
            Toast.makeText(this, "Clicked!", Toast.LENGTH_SHORT).show()
        }

        // (1)
        findViewById<Button>(R.id.anr).setOnClickListener {
            for(i in 1 .. Int.MAX_VALUE) {
                Log.d("mytag", sqrt(Random.nextDouble()).toString())
            }
        }
    }
}
```

(1) ANR 버튼을 눌렀을 때 수행 시간이 오래 걸리는 작업(대략 21억 번에 걸쳐 무작위 숫자의 제곱근을 계산해서 출력)을 시작하게 했습니다.

```kotlin
findViewById<Button>(R.id.anr).setOnClickListener {
    for(i in 1 .. Int.MAX_VALUE) {
        Log.d("mytag", sqrt(Random.nextDouble()).toString())
    }
}
```

문제는 앱을 실행한 후 ANR 버튼을 누른 후 일어나는데, 토스트 출력을 위한 버튼을 눌러도 버튼이 눌러지지 않으며 토스트 메시지도 출력되지 않습니다. 이러한 문제 상황이 발생하는 이유는 **뷰와 관련된 이벤트 처리를 담당해야 할 메인 스레드가 오래 걸리는 계산 작업을 하느라 바빠 입력 처리를 진행하지 못하기 때문입니다.** (스레드는 동시에 실행돼야 할 코드를 작성할 수 있게 돕는 도구로 여기서는 **독립된 작업을 수행하는 일종의 작업자로 이해**하면 됩니다.)

이는 안드로이드 운영체제에서도 인식할 수 있는 문제점이므로 이후 버튼을 계속 누르다 보면 다음과 같은 **안드로이드로부터 응답이 없음(Android Not Responding) 경고창**이 나타납니다.

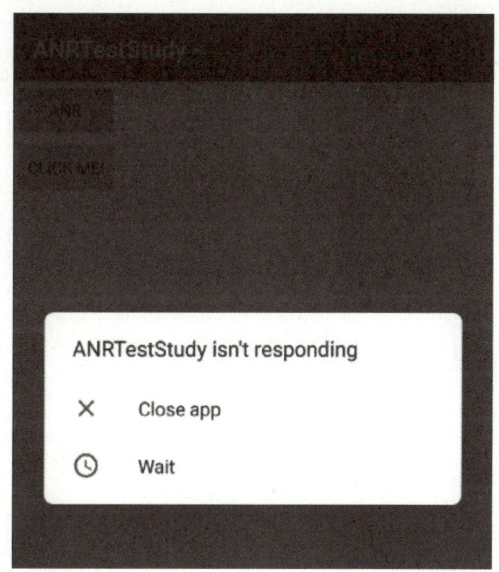

그림 3-16 ANR 경고 화면

작성된 모든 코드는 **기본적으로 모두 메인 스레드에서 실행되므로 문제를 해결하기 위해서는 별도의 스레드(작업자)를 사용**해야 합니다. 메인 스레드에서 시간이 오래 걸리는 작업을 수행해서 문제가 발생했으므로 이 상황을 해결하기 위해 새로운 스레드(작업자)를 생성하고 해당 스레드에서 계산 작업을 수행하게 합니다.

처리해야 할 작업을 새로운 스레드에 위임했기 때문에 메인 스레드에서는 자신에게 부여된 작업을 실행할 수 있는 여유가 생기게 되므로 이후 뷰와 관련된 이벤트 처리를 문제 없이 수행할 수 있습니다.

다음은 새 스레드를 생성해서 계산 작업을 위임할 수 있도록 수정한 코드입니다.

```
findViewById<Button>(R.id.anr).setOnClickListener {
    // 시간이 아주 오래 걸리는 작업을 스레드로 위임하여 처리
    Thread(Runnable {
        for(i in 1 .. 60) {
            Log.d("mytag", sqrt(Random.nextDouble()).toString())
            Thread.sleep(1000)
        }
    }).start()
}
```

코드를 조금 수정해서 60번 계산을 수행하되 스레드의 sleep 메서드를 호출해 매번 계산이 끝난 후 1초씩 쉬게 해서 총 60초 정도 걸리는 작업이 진행되게 했습니다. 새 스레드를 생성해서 계산 작업을 메인 스레드에서 분리해서 진행되도록 했으므로 ANR 버튼을 누른 후에도 토스트 메시지를 출력하는 버튼이 정상적으로 작동합니다.

이제 무작위 난숫값을 누적한 결과를 화면에 출력하도록 프로그램의 요구사항을 변경했다고 가정해보겠습니다. 코드를 다음과 같이 수정합니다.

```kotlin
setContentView(R.layout.anr_test_activity)
// 결과를 출력할 TextView 객체 초기화
val result = findViewById<TextView>(R.id.result)

// (.. 중간 코드 생략 ..)

findViewById<Button>(R.id.anr).setOnClickListener {
    Thread(Runnable {
        var sum = 0.0
        for(i in 1 .. 60) {
            // (1)
            sum += sqrt(Random.nextDouble())
            Thread.sleep(100)
        }
        // (2)
        result.text = sum.toString()
    }).start()
}
```

(1) 계산 결과를 누적해서 저장하며, 결과를 빨리 확인하기 위해 스레드가 정지하는 시간을 1초에서 0.1초로 조정했습니다.

```kotlin
sum += sqrt(Random.nextDouble())
Thread.sleep(100)
```

(2) 0.1초씩 60번 계산을 수행했으므로 약 6초 정도 기다리면 TextView를 통해 결과를 확인할 수 있으리라 예상할 수 있습니다. 그러나 실제로 앱을 실행하면 다음 코드에서 예외가 발생합니다.

```kotlin
result.text = sum.toString()
```

다음은 위 코드를 실행할 때 로그캣에 출력된 예외 메시지입니다. **잘못된 스레드로부터의 호출 예외(CalledFromWrongThreadException)가** 발생했음을 확인할 수 있습니다.

```
android.view.ViewRootImpl$CalledFromWrongThreadException: Only the original thread that created a
view hierarchy can touch its views.
```

내용을 해석해 보면 '새로 생성한 작업 스레드에서는 메인 스레드에서 생성한 뷰 객체에 접근할 수 없다'는 경고 메시지임을 알 수 있습니다. 이러한 문제가 생기는 이유는 안드로이드에서 **뷰 객체의 내용을 수정하는 작업은 오직 메인 스레드에서만 수행할 수 있도록 강제하기 때문**입니다. 따라서 뷰 객체에 접근하는 코드는 다음과 같이 `runOnUiThread` 메서드로 전달할 코드 블록(**Runnable** 인터페이스의 익명 클래스 구현체)에서 이뤄지도록 수정해야 합니다.

수정된 코드는 다음과 같습니다.

```
findViewById<Button>(R.id.anr).setOnClickListener {
    Thread(Runnable {
        var sum = 0.0
        for(i in 1 .. 60) {
            sum += sqrt(Random.nextDouble())
            Thread.sleep(100)
        }

        runOnUiThread {
            // 액티비티에서 제공하는 runOnUiThread 메서드를 호출하는 과정에서 작성한 코드들이 모
두 메인 스레드에서 실행되게 함
            result.text = sum.toString()
        }
    }).start()
}
```

액티비티 클래스에서 제공하는 `runOnUiThread` 메서드를 이용하면 **중괄호 블록의 코드가 모두 메인 스레드에서 실행**되게 할 수 있습니다. 따라서 누적합이 TextView에 제대로 출력되는 것을 확인할 수 있습니다.

이렇게 새로 생성한 스레드를 통해 계산 작업을 수행하고, 누적된 계산 결과가 정상적으로 뷰 객체를 통해 출력되게 하는 코드를 작성했습니다.

> 🔍 메인 스레드에서 모든 UI 관련 작업을 수행해야 하기 때문에 메인 스레드를 UI 스레드라고도 부릅니다.

핵심 내용을 정리하면 다음과 같습니다.

1. 오랜 시간이 걸리는 작업은 메인 스레드가 아니라 다른 작업 스레드에서 처리해야 ANR 경고를 피할 수 있다.
2. 뷰 객체의 내용을 변경하는 작업은 오직 메인 스레드(UI 스레드)에서만 할 수 있다.

비동기 작업과 관련해서 일반화할 수는 없지만 보통 시간이 오래 걸리는 비동기 작업을 수행하려면 다음과 같은 절차를 거치게 됩니다.

1. 시간이 걸리는 작업이 진행될 것임을 알려주는 "무언가"를 표시
2. 작업 과정이 얼마나 진행됐는지를 알려주는 "무언가"를 표시
3. 작업이 완료된 결과를 가지고 "무언가"를 수행(일반적으로는 완료된 결과를 출력하는 작업을 수행)

물론 작업을 진행하고 결과를 구한 이후 어떠한 마무리 작업도 진행하지 않는다면 1, 2, 3의 과정을 모두 생략할 수 있습니다만 여기서는 1, 2, 3의 과정을 모두 빠짐없이 수행한다고 생각하고 앞의 코드를 조금 수정해 보겠습니다.

먼저 레이아웃 파일의 내용을 수정해서 필요한 뷰를 추가하겠습니다.

예제 3.18 작업의 진행 상태를 표시할 뷰를 추가한 레이아웃　　　　　　　　　res/layout/anr_test_activity.xml

```xml
<?xml version="1.0" encoding="utf-8"?>
<LinearLayout
    xmlns:android="http://schemas.android.com/apk/res/android"
    android:layout_width="match_parent"
    android:layout_height="match_parent"
    android:orientation="vertical">

    <Button
        android:id="@+id/anr"
        android:layout_width="wrap_content"
        android:layout_height="wrap_content"
        android:text="ANR"/>

    <Button
        android:id="@+id/btn"
        android:layout_width="wrap_content"
        android:layout_height="wrap_content"
```

```xml
            android:text="Click Me!"/>

        <TextView
            android:id="@+id/result"
            android:layout_width="wrap_content"
            android:layout_height="wrap_content"/>

        <TextView (1)
            android:id="@+id/progress_status"
            android:layout_width="wrap_content"
            android:layout_height="wrap_content"/>

        <ProgressBar (2)
            android:id="@+id/progress_bar"
            android:layout_width="wrap_content"
            android:layout_height="wrap_content"
            android:visibility="gone"/>

        <TextView (3)
            android:id="@+id/progress"
            android:layout_width="wrap_content"
            android:layout_height="wrap_content"/>

</LinearLayout>
```

(1) 작업 수행 결과를 보여주는 TextView를 추가합니다.

(2) 작업이 진행되고 있음을 보여줄 ProgressBar를 추가합니다.

(3) 작업 진행률을 퍼센트 형식으로 보여줄 TextView를 추가합니다.

이후 액티비티에서 작업이 이뤄지는 과정에 필요한 코드를 작성합니다.

wikibook/learnandroid/anrteststudy/MainActivity.kt

```kotlin
val result = findViewById<TextView>(R.id.result)
val progressStatus = findViewById<TextView>(R.id.progress_status)
val progressBar = findViewById<ProgressBar>(R.id.progress_bar)
val progress = findViewById<TextView>(R.id.progress)
```

```kotlin
// (.. 중간 코드 생략 ..)

findViewById<Button>(R.id.anr).setOnClickListener {
    // (1)
    progressStatus.text = "작업을 수행 중"
    progressBar.visibility = View.VISIBLE

    Thread(Runnable {
        var sum = 0.0
        var count = 0
        for(i in 1 until 60) {
            sum += sqrt(Random.nextDouble())
            Thread.sleep(100)
            // (2)
            runOnUiThread {
                progress.text = "%.1f".format(((count + 1) / 60.toDouble()) * 100) + "% 완료"
            }
            count++
        }
        // (3)
        runOnUiThread {
            result.text = sum.toString()
            progressStatus.text = "작업 수행 완료"
            progressBar.visibility = View.GONE
        }
    }).start()
}
```

(1) 시간이 소요되는 작업임을 알려주기 위해 "작업을 수행 중"이라는 문자열을 표시하고 진행 중임을 알려주는 진행 상태 바(ProgressBar)를 표시합니다. 이 부분은 작업 스레드 내부에서 실행될 필요가 없기 때문에 runOnUiThread 메서드의 도움이 필요하지 않습니다.

```kotlin
// 시간이 걸리는 작업이 진행될 것이라고 알려주는 "무언가"를 표시
progressStatus.text = "작업을 수행 중"
progressBar.visibility = View.VISIBLE
```

(2) 매 계산 과정마다 진행된 정도를 계산하고 퍼센티지로 출력합니다. 이 작업은 **별도의 작업 스레드에서 진행되므로** `runOnUiThread` 메서드에서 필요한 코드를 작성해 메인 스레드에서 수행되게 합니다.

```
// 작업 과정이 얼마나 진행됐는지를 알려주는 "무언가"를 표시
runOnUiThread {
    progress.text = "%.1f".format(((count + 1) / 60.toDouble()) * 100) + "% 완료"
}
count++
```

(3) 작업이 완료됐으므로 결과를 표시함과 동시에 "작업 수행 완료"라는 문자열을 표시하고 진행 상태 바는 숨깁니다. 이번에도 뷰를 변경하는 작업을 진행하므로 runOnUiThread에서 작업을 수행합니다.

```
// 작업이 완료된 결과를 가지고 "무언가"를 수행(일반적으로 결과를 출력)
runOnUiThread {
    result.text = sum.toString()
    progressStatus.text = "작업 수행 완료"
    progressBar.visibility = View.GONE
}
```

앱을 실행하고 ANR 버튼을 누르면 다음과 같이 계산 과정이 진행되며 진행률이 표시되는 것을 확인할 수 있습니다. 모든 계산 작업이 끝나면 (3)에서 작성한 코드가 실행되어 결과를 표시하고 보여줄 필요가 없는 진행바를 보이지 않게 숨깁니다.

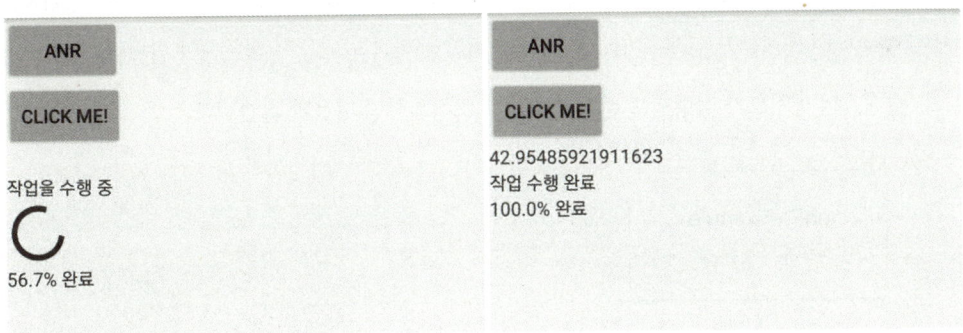

그림 3-17 진행 상황을 보여주도록 구현한 화면

이렇게 해서 비동기 작업을 수행해서 메인 스레드를 방해하지 않고 ANR이 발생할 위험도 없이 모든 일을 처리하는 코드를 살펴봤습니다. 하지만 작업 스레드를 직접 생성하고 메인 스레드에 접근하기 위한 runOnUiThread 메서드를 호출하는 코드를 매번 필요할 때마다 작성하기란 귀찮고 번거롭습니다. 따라서 이러한 **일련의 작업을 추상화해서 진행할 수 있도록 안드로이드에서는 AsyncTask라는 추상 클래스를 제공합**니다.

AsyncTask는 따로 작업 스레드를 생성하는 코드를 작성하지 않아도 **실행해야 할 비동기 작업 코드와 일련의 뷰 객체 변경 코드를 간단하게 작성할 수 있게 도와주는 추상 클래스입니다**. 단, 너무 긴 시간이 걸리는 **작업을 처리하기에는 적절하지 않고** 전체 작업이 몇 초 정도면 끝날 것으로 기대되는 작업(가령 네트워크 통신을 통해 정보 가져오기, 데이터베이스에서 데이터 가져오기 등등)에 활용할 수 있습니다.

AsyncTask 클래스를 이용하려면 먼저 AsyncTask를 상속한 클래스를 만들고 몇 가지 메서드를 재정의해야 합니다. 다음은 AsyncTask 클래스를 구현하는 과정에서 재정의할 수 있는 메서드를 정리한 표입니다.

메서드	설명	수행 스레드
doInBackground	실제 작업을 수행하는 메서드	작업 스레드
onPreExecute	작업을 수행하기 전에 실행되는 메서드	메인 스레드
onProgressUpdate	작업 중 작업 상태를 알려주는 메서드	메인 스레드
onPostExecute	작업이 끝난 후 실행되는 메서드	메인 스레드

위 메서드는 onPreExecute, doInBackground, onPostExecute 메서드 순으로 실행됩니다. 작업 진행 상태를 갱신하기 위해 **publishProgress** 메서드를 호출하면 **onProgressUpdate** 메서드가 호출됩니다. **실제 작업을 수행하는 doInBackground 메서드를 제외한 나머지 메서드는 메인 스레드에서 실행**되므로 뷰 객체에 접근하고 수정하는 코드를 자유롭게 작성할 수 있습니다. 또한 다른 메서드는 필요한 경우 재정의를 생략해도 되지만 doInBackground 메서드는 실제 작업을 수행하는 역할을 하므로 반드시 정의해야 합니다.

AsyncTask 클래스의 메서드가 실행되는 순서와 특징을 도식화하면 다음과 같습니다.

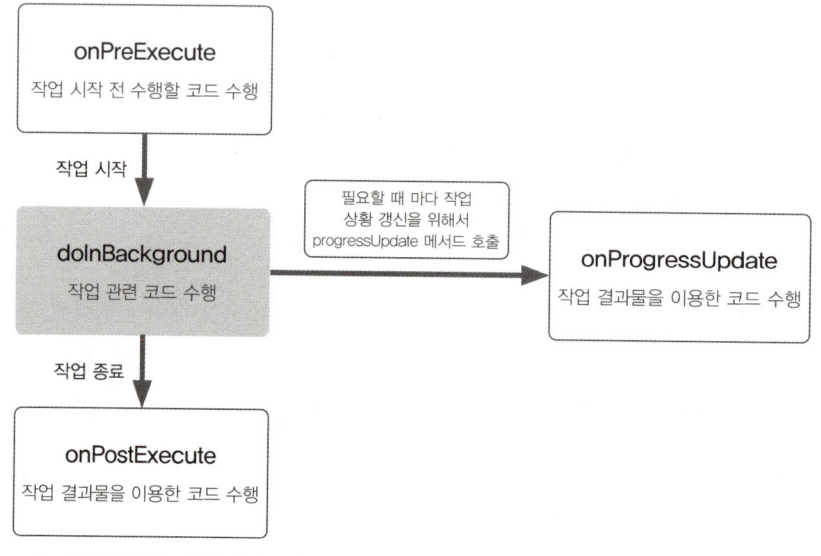

그림 3-18 AsyncTask의 내부 메서드 호출 과정 도식화

AsyncTask 클래스의 동작 과정을 살펴보기 위해서 전달받은 모든 문자열을 뒤집고 붙여서 출력하는 작업을 수행할 MyAsyncTask 코틀린 파일을 생성한 후 다음과 같이 클래스를 정의합니다.

예제 3.19 비동기 작업을 수행할 **MyAsyncTask** 클래스   wikibook/learnandroid/anrteststudy/MyAsyncTask.kt

```kotlin
package wikibook.learnandroid.anrteststudy

import android.app.Activity
import android.os.AsyncTask
import android.util.Log
import android.view.View
import android.widget.ProgressBar
import android.widget.TextView

// (1)
class MyAsyncTask(val activity: Activity) : AsyncTask<String, Int, String>() {
    lateinit var progressBar : ProgressBar
    lateinit var completedTask : TextView
    lateinit var resultText : TextView
    private var completedTaskCount = 0

    // (2)
    override fun onPreExecute() {
        super.onPreExecute()
        Log.d("mytag", "onPreExecute : ${Thread.currentThread().name}")

        progressBar = activity.findViewById<ProgressBar>(R.id.progress)
        completedTask = activity.findViewById<TextView>(R.id.completed_task)
        resultText = activity.findViewById<TextView>(R.id.result_text)

        progressBar.visibility = View.VISIBLE
        completedTask.visibility = View.VISIBLE
    }

    // (3)
    override fun doInBackground(vararg params: String?): String {
        var ret = ""

        if(params.isNotEmpty()) {
```

```kotlin
            for(s in params) {
                for((idx, c) in s!!.withIndex()) {
                    Thread.sleep(250)
                    var progressCurrent = (((idx + 1).toDouble() / s.length.toDouble()) * 100).toInt()
                    Log.d("mytag", "doInBackground : ${Thread.currentThread().name}")
                    // (4)
                    publishProgress(progressCurrent)
                }

                ret += s.reversed() + " "
            }

            return ret
        } else {
            throw Exception("처리할 작업이 없습니다.")
        }
    }

    // (5)
    override fun onProgressUpdate(vararg values: Int?) {
        super.onProgressUpdate(*values)
        Log.d("mytag", "onProgressUpdate : ${Thread.currentThread().name}")

        if(values[0]!! == 100) {
            completedTask.text = "${completedTaskCount+1}개의 작업이 완료되었습니다."
            completedTaskCount++
        }
        progressBar.progress = values[0]!!
    }

    // (6)
    override fun onPostExecute(result: String?) {
        super.onPostExecute(result)
        Log.d("mytag", "onPostExecute : ${Thread.currentThread().name}")

        progressBar.visibility = View.GONE
        completedTask.text = "모든 작업이 완료되었습니다. (총 ${completedTaskCount}개의 작업 수행)"
```

```
        resultText.text = result
        resultText.visibility = View.VISIBLE
    }
}
```

(1) AsyncTask를 상속받은 MyAsyncTask 클래스를 정의합니다. AsyncTask 내부에서 액티비티 객체를 통해 뷰 객체에 접근할 수 있게 할 예정이므로 생성자로 액티비티 객체를 전달합니다.

여기서 눈여겨봐야 할 부분은 바로 **꺾쇠 내부의 제네릭 타입**(AsyncTask<String, Int, String>)입니다. 즉, 총 세 개의 타입을 정의해야 하며, 순서대로 doInBackground 메서드 내부에서 작업을 수행할 때 필요한 값의 타입(String), onProgressUpdate 메서드에서 진행 상황을 갱신할 때 필요한 값의 타입(Int), onPostExecute 메서드를 통해 최종적으로 반환할 결괏값의 타입(String)을 정의합니다. 각각의 메서드에 전달될 값의 타입과 역할을 정리해서 표로 살펴보면 다음과 같습니다.

타입	역할	설명
String	작업 처리 과정에 필요한 값	거꾸로 이어붙일 재료가 될 문자열을 전달해야 하므로 String 타입으로 지정
Int	진행 상황을 갱신할 때 필요한 값	갱신할 때 숫자를 이용해 0부터 100까지 진행 상황을 표시하려 하므로 Int 타입으로 지정
String	최종적으로 반환할 결괏값	최종적으로 거꾸로 이어붙인 결과 문자열이 반환돼야 하므로 String 타입으로 지정

```
// (1)
class MyAsyncTask(val activity: Activity) : AsyncTask<String, Int, String>() {
    lateinit var progressBar : ProgressBar
    lateinit var completedTask : TextView
    lateinit var resultText : TextView
    private var completedTaskCount = 0
```

(2) onPreExecute 메서드를 재정의해서 **본격적인 작업이 수행되기 전 처리해야 할 코드를 추가**합니다. lateinit으로 선언된 뷰 객체를 초기화함과 동시에 레이아웃 파일에서 보이지 않게 숨겨놓은 작업 처리 상황을 표시할 뷰가 표시되도록 변경합니다.

```
    override fun onPreExecute() {
        super.onPreExecute()
```

```kotlin
        Log.d("mytag", "onPreExecute : ${Thread.currentThread().name}")

        progressBar = activity.findViewById<ProgressBar>(R.id.progress)
        completedTask = activity.findViewById<TextView>(R.id.completed_task)
        resultText = activity.findViewById<TextView>(R.id.result_text)

        progressBar.visibility = View.VISIBLE
        completedTask.visibility = View.VISIBLE
    }
```

(3) 작업을 처리하는 가장 중요한 역할을 맡는 메서드인 doInBackground 메서드를 재정의합니다. 다른 메서드는 필요 없을 경우 재정의를 생략해도 무방하지만 **이 메서드는 실제 작업을 수행하는 역할을 하는 메서드이므로 생략할 수 없습니다.**

전달받은 문자열 타입의 가변인자(params)를 모두 순회하며 거꾸로 뒤집어 연결한 결과물을 만듦과 동시에 오래 걸리는 작업을 흉내 내기 위해 sleep 메서드를 이용해 중간에 약간의 시간 간격을 둡니다.

```kotlin
    override fun doInBackground(vararg params: String?): String {
        var ret = ""

        if(params.isNotEmpty()) {
            for(s in params) {
                for((idx, c) in s!!.withIndex()) {
                    Thread.sleep(250)
                    var progressCurrent = (((idx + 1).toDouble() / s.length.toDouble()) * 100).toInt()
                    Log.d("mytag", "doInBackground : ${Thread.currentThread().name}")

                    publishProgress(progressCurrent)
                }

                ret += s.reversed() + " "
            }

            return ret
        } else {
            throw Exception("처리할 작업이 없습니다.")
        }
    }
```

(4) 중간중간 작업 처리 결과를 전달하기 위해 publishProgress 메서드를 호출하며, 현재 진행 상황을 표시할 정숫값(progressCurrent)을 전달합니다.

```
publishProgress(progressCurrent)
```

(5) publishProgress 메서드를 호출함으로써 onProgressUpdate 메서드가 호출됩니다. 전달받은 정숫값을 이용해 TextView와 ProgressBar 뷰를 통해 진행 상황을 표시합니다.

```
override fun onProgressUpdate(vararg values: Int?) {
    super.onProgressUpdate(*values)
    Log.d("mytag", "onProgressUpdate : ${Thread.currentThread().name}")

    if(values[0]!! == 100) {
        completedTask.text = "${completedTaskCount+1}개의 작업이 완료되었습니다."
        completedTaskCount++
    }
    progressBar.progress = values[0]!!
}
```

(6) onPostExecute 메서드를 재정의해서 doInBackground 메서드가 끝나고 반환한 문자열을 출력하는 코드를 작성했습니다. 동시에 작업이 마무리됐으므로 더는 보여줄 필요가 없는 ProgressBar 뷰를 보이지 않도록 설정합니다.

```
override fun onPostExecute(result: String?) {
    super.onPostExecute(result)
    Log.d("mytag", "onPostExecute : ${Thread.currentThread().name}")

    progressBar.visibility = View.GONE
    completedTask.text = "모든 작업이 완료되었습니다. (총 ${completedTaskCount}개의 작업 수행)"

    resultText.text = result
    resultText.visibility = View.VISIBLE
}
```

코드를 살펴보면 재정의한 모든 메서드에서 다음과 같이 메서드의 이름과 스레드의 이름을 로그 메시지로 출력합니다.

```
Log.d("mytag", "onPreExecute : ${Thread.currentThread().name}")
```

이 코드를 통해 현재 메서드를 실행하는 스레드가 어떤 스레드인지 파악할 수 있습니다. 로그캣에서 해당 내용을 확인해보면 **doInBackground** 메서드를 제외한 메서드에서는 모두 메인 스레드에서 작업을 수행하는 것을 확인할 수 있습니다.

```
D/mytag: onPreExecute : main
D/mytag: doInBackground : AsyncTask #1
D/mytag: onProgressUpdate : main
D/mytag: onPostExecute : main
```

다음은 앞에서 정의한 MyAsyncTask 클래스를 사용하는 액티비티의 코드입니다. 여기서는 기존의 MainActivity 내용을 재작성해서 앞서 정의한 MyAsyncTask 클래스를 활용하도록 했습니다.

예제 3.20 **MyAsyncTask** 객체를 활용하는 액티비티　　　　　wikibook/learnandroid/anrteststudy/MainActivity.kt

```kotlin
package wikibook.learnandroid.anrteststudy

import androidx.appcompat.app.AppCompatActivity
import android.os.Bundle

class MainActivity : AppCompatActivity() {
    override fun onCreate(savedInstanceState: Bundle?) {
        super.onCreate(savedInstanceState)
        setContentView(R.layout.async_task_test_activity)

        // (1)
        MyAsyncTask(this).execute("Hello", "Android", "AsyncTask")
    }
}
```

(1) MyAsyncTask 객체를 생성하며, 액티비티 객체(this)를 전달하고 **execute** 메서드를 호출해서 작업을 수행합니다. 처리할 세 개의 문자열 값을 전달하며, 이는 doInBackground 메서드에 가변 인자의 형태로 전달됩니다.

```kotlin
MyAsyncTask(this).execute("Hello", "Android", "AsyncTask")
```

새로 내용을 작성한 액티비티에서 사용할 레이아웃 파일(async_task_test_activity.xml)의 내용은 다음과 같습니다.

예제 3.21 AsyncTask 활용을 위한 레이아웃   res/layout/async_task_test_activity.xml

```xml
<?xml version="1.0" encoding="utf-8"?>
<LinearLayout
    xmlns:android="http://schemas.android.com/apk/res/android"
    android:layout_width="match_parent"
    android:layout_height="match_parent"
    android:orientation="vertical">

    <ProgressBar
        android:id="@+id/progress"
        style="@android:style/Widget.ProgressBar.Horizontal"
        android:layout_width="match_parent"
        android:layout_height="wrap_content"
        android:visibility="gone" />

    <TextView
        android:id="@+id/completed_task"
        android:layout_width="wrap_content"
        android:layout_height="wrap_content"
        android:visibility="gone" />

    <TextView
        android:id="@+id/result_text"
        android:layout_width="wrap_content"
        android:layout_height="wrap_content"
        android:visibility="gone" />

</LinearLayout>
```

작업 진행 상황을 보여줄 ProgressBar와 마무리된 작업의 개수를 출력할 TextView, 최종 결과를 출력할 TextView를 정의했습니다. 여기서 눈여겨봐야 할 부분은 visibility 속성을 정의한 부분입니다. 모두 표시되지 않은 상태(gone)로 정의해 둔 것을 볼 수 있습니다. 앞서 정의한 모든 뷰들을 보여주고, 다시 숨기는 작업은 모두 재정의된 메서드(onPreExecute, onPostExecute)에서 수행하게 되므로 초기 뷰는 모두 보여지지 않도록 설정했습니다.

앱을 실행하면 곧바로 비동기 작업이 실행되고, 다음과 같이 중간 과정 및 결과를 출력하는 것을 확인할 수 있습니다.

그림 3-19 비동기 작업 진행을 통한 중간 과정 및 결과 출력 화면

AsyncTask 클래스를 상속받는 네트워크 요청 클래스 작성

앞서 AsyncTask 클래스의 활용법을 알아봤으므로 본격적으로 AsyncTask 클래스를 상속받는 네트워크 요청 클래스를 정의하고 doInBackground 메서드 내부에서 API 서비스 주소로 네트워크 요청을 보내도록 코드를 작성해보겠습니다. 이전에 진행하던 WeatherDustChecker 프로젝트로 돌아와서 HTTP 통신 요청을 처리할 APICall 클래스를 다음과 같이 정의합니다.

예제 3.22 네트워크 요청을 보내는 APICall 클래스 정의   wikibook/learnandroid/weatherdustchecker/APICall.kt

```kotlin
package wikibook.learnandroid.weatherdustchecker

import android.os.AsyncTask
import java.net.HttpURLConnection
import java.net.URL

// (1)
class APICall(val callback: APICall.APICallback) : AsyncTask<URL, Void, String>() {
    // (2)
    interface APICallback {
        fun onComplete(result: String)
    }

    override fun doInBackground(vararg params: URL?): String {
        // (3)
        val url = params.get(0)
        val conn : HttpURLConnection = url?.openConnection() as HttpURLConnection
        conn.connect()

        // (4)
        var body = conn?.inputStream.bufferedReader().use { it.readText() }

        // (5)
        conn.disconnect()
```

```
        return body
    }

    override fun onPostExecute(result: String?) {
        super.onPostExecute(result)

        // (6)
        if(result != null) {
            callback.onComplete(result)
        }
    }
}
```

(1) API 요청을 처리하기 위해 사용할 APICall 클래스를 정의하며 생성자로 onPostExecute 메서드에서 호출할 콜백 메서드를 구현한 인터페이스 객체를 전달받습니다.

```
class APICall(val callback: APICall.APICallback) : AsyncTask<URL, Void, String>() {
    // ...
}
```

AsyncTask의 제네릭 타입으로 URL, Void, String 타입을 설정했습니다. 즉, doInBackground 메서드에서 **요청할 주소 정보(URL)를 전달**받아 해당 주소로 요청을 보내며, 요청의 결과로 반환 받은 **JSON 형식의 문자열을 onPostExecute 메서드로 전달하기 위해 반환값의 타입은 문자열 타입으로 설정**했습니다.

진행 상황은 따로 표시하지 않을 예정이므로 onProgressUpdate 메서드를 재정의하지 않았습니다. 이 경우 onProgressUpdate 메서드로 전달할 값의 타입을 지정할 필요도 없습니다. 따라서 어떠한 값도 전달할 필요가 없음을 분명히 표시하기 위해 타입을 **Void 타입으로 설정**했습니다.

> 🔍 자바에서 void는 반환값이 없는 메서드를 정의할 때 사용되는 키워드입니다. 자바 언어에서는 유효한 값이 없음을 나타내는 void 키워드와 비슷한 역할을 수행하는 Void 타입의 클래스를 제공합니다. 단, 유효한 값이 없음을 명시하기 위해 특수하게 사용되는 클래스이므로 Void 타입의 클래스 객체를 생성할 수는 없습니다.

APICall 클래스에 전달할 값의 역할을 정리하면 다음과 같습니다.

타입	역할	설명
URL	작업 처리에 필요한 값	전달받은 주소로 요청을 보내야 하므로 URL 타입으로 지정
Void	진행 상황을 갱신할 때 필요한 값	값을 전달하지 않을 예정이므로 Void 타입으로 지정
String	최종 작업으로 반환할 결괏값	JSON 형식의 문자열을 반환하기 위하여 String 타입으로 지정

(2) 필요한 콜백 메서드를 포함한 인터페이스를 정의합니다. 해당 인터페이스를 구현한 객체는 호스트 액티비티에서 APICall 클래스 객체를 생성하는 과정에서 전달합니다.

```
interface APICallback {
    fun onComplete(result: String)
}
```

(3) doInBackground 메서드에서 **전달받은 URL 주소를 이용해 HTTP 요청 메시지를 보내는 코드를 작성**했습니다. 여러 주소를 전달하지 않을 예정이므로 첫 번째 주솟값에 접근하며 주소 객체의 openConnection 메서드를 호출합니다.

이후 반환받은 연결 객체(conn)의 **connect** 메서드를 호출해서 HTTP 요청 메시지를 전송합니다.

```
val url = params.get(0)
val conn : HttpURLConnection = url?.openConnection() as HttpURLConnection
conn.connect()
```

(4) 연결 객체에서 HTTP 응답 메시지의 상태 코드 값에 접근해 상태 코드가 200으로 정상적인 응답 코드가 반환됐는지 확인합니다. 이후 연결 객체의 입력 스트림과 BufferedReader 객체를 이용해 응답 메시지에 포함된 문자열 데이터를 읽어옵니다.

```
var body = conn?.inputStream.bufferedReader().use { it.readText() }
```

(5) 사용 완료된 버퍼를 닫고 통신이 끝난 HttpURLConnection 객체도 통신을 종료하도록 disconnect 메서드를 호출합니다. 이후 응답 문자열을 onPostExecute 메서드로 전달할 수 있도록 반환합니다. 응답 메시지의 내용은 날씨 정보를 포함하고 있는 JSON 문자열이 될 것입니다.

```
conn.disconnect()

return body
```

[6] 반환받은 JSON 문자열을 콜백 메서드를 통해 처리하도록 전달합니다. **전달한 JSON 문자열을 특정 클래스의 객체로 변환하고 정보를 추출하는 작업**은 액티비티나 프래그먼트 쪽에서 **전달한 콜백 메서드를 통해 처리**합니다.

```
callback.onComplete(result)
```

> 🔍 안드로이드 앱을 개발하다 보면 웹 서버와 통신하는 코드를 작성해야 할 일이 많기 때문에 HTTP 프로토콜에 대한 기초적인 이해가 필요합니다. 그러나 HTTP 프로토콜과 관련된 요청 및 응답 메시지의 구조 및 통신 방법에 대한 내용은 이 책의 범위를 벗어나므로 HTTP 프로토콜 관련 서적을 참조하시기 바랍니다.

날씨 정보 프래그먼트에서 앞서 정의한 APICall 클래스를 이용해 요청을 보낼 수 있도록 코드를 수정합니다.

예제 3.23 네트워크 요청을 통해 날씨 정보를 받아오도록 날씨 정보 프래그먼트를 수정

wikibook/learnandroid/weatherdustchecker/WeatherPageFragment.kt

```kotlin
class WeatherPageFragment : Fragment() {
    // (1)
    private val APP_ID = "APP_ID"

    lateinit var weatherImage : ImageView;
    lateinit var statusText : TextView;
    lateinit var temperatureText : TextView;

    companion object {
        // (2)
        fun newInstance(lat: Double, lon: Double) : WeatherPageFragment {
            val fragment = WeatherPageFragment()

            val args = Bundle()
            // 번들 객체에 위치 정보를 추가
            args.putDouble("lat", lat)
            args.putDouble("lon", lon)
            fragment.arguments = args

            return fragment
        }
```

```kotlin
    }

    override fun onCreateView(inflater: LayoutInflater, container: ViewGroup?, savedInstanceState: Bundle?): View {
        val view = inflater.inflate(R.layout.weather_page_fragment, container, false)

        weatherImage = view.findViewById<ImageView>(R.id.weather_icon)
        statusText = view.findViewById<TextView>(R.id.weather_status_text)
        temperatureText = view.findViewById<TextView>(R.id.weather_temp_text)

        // (3)
        // 콜백 메서드를 통해 뷰 내용을 변경하는 작업을 진행할 것이므로 기존의 번들 객체에 접근하는 코드는 삭제
        /*
        weatherImage.setImageResource(arguments!!.getInt("res_id"))
        statusText.text = arguments!!.getString("status")
        temperatureText.text = "${arguments!!.getDouble("temperature")}°"
        */

        return view
    }

    // (4)
    override fun onViewCreated(view: View, savedInstanceState: Bundle?) {
        super.onViewCreated(view, savedInstanceState)

        // (5)
        val lat = arguments!!.getDouble("lat")
        val lon = arguments!!.getDouble("lon")
        val url = "http://api.openweathermap.org/data/2.5/weather?units=metric&appid=${APP_ID}&lat=${lat}&lon=${lon}"

        // (6)
        APICall(object : APICall.APICallback {
            override fun onComplete(result: String) {
                Log.d("mytag", result)
            }
        }).execute(URL(url))
    }
}
```

(1) 변수 및 API 요청을 보내기 위해 발급받은 API 키를 저장할 상수를 프래그먼트 속성으로 추가합니다. 해당 문자열의 내용을 서비스를 신청할 때 받은 API 키로 변경합니다.

```
private val APP_ID = "APP_ID"
```

(2) newInstance 메서드를 수정해서 전달받은 **위도(lat)와 경도(lon) 위치 정보를 번들 객체에 저장**하고 프래그먼트를 생성해서 반환할 수 있도록 수정합니다.

```
// 위도와 경도 정보를 전달받도록 전달될 인자값 정보를 수정
fun newInstance(lat: Double, lon: Double) : WeatherPageFragment {
    val fragment = WeatherPageFragment()

    val args = Bundle()
    // 번들 객체에 위치 정보 추가
    args.putDouble("lat", lat)
    args.putDouble("lon", lon)
    fragment.arguments = args

    return fragment
}
```

(3) onCreateView 메서드를 수정해 기존의 번들 객체에 접근하는 코드를 삭제합니다.

(4) 뷰가 모두 생성된 시점 이후에 호출되는 **onViewCreated 메서드를 재정의**해서 번들 객체로부터 전달받은 위치 정보를 추출합니다. 이후 앞서 정의한 APICall 클래스의 객체를 생성하고 콜백 메서드를 구현해서 네트워크 요청을 보내고 결과를 로그 메시지로 출력하도록 구현합니다.

```
override fun onViewCreated(view: View, savedInstanceState: Bundle?) {
    super.onViewCreated(view, savedInstanceState)

    val lat = arguments!!.getDouble("lat")
    val lon = arguments!!.getDouble("lon")
    val url = "http://api.openweathermap.org/data/2.5/weather?units=metric&appid=${APP_ID}&lat=${lat}&lon=${lon}"

    APICall(object : APICall.APICallback {
        override fun onComplete(result: String) {
            Log.d("mytag", result)
```

```
            }
    }).execute(URL(url))
}
```

(5) 번들 객체에서 가져온 위도와 경도 정보 및 API 키를 이용해 **최종 요청 주소를 생성**합니다.

```
val lat = arguments!!.getDouble("lat")
val lon = arguments!!.getDouble("lon")
val url = "http://api.openweathermap.org/data/2.5/weather?units=metric&appid=${APP_ID}&lat=${lat}&lon=${lon}"
```

(6) APICall 클래스의 객체를 생성함과 동시에 execute 메서드를 호출하며 주소 정보가 담긴 URL 객체를 전달합니다. 지금은 인터페이스를 구현하는 과정에서 재정의한 onComplete 메서드를 통해 응답 결과로 얻은 문자열을 로그 메시지로 출력합니다.

```
APICall(object : APICall.APICallback {
    override fun onComplete(result: String) {
        Log.d("mytag", result)
    }
}).execute(URL(url))
```

마지막으로 액티비티에서 프래그먼트 객체를 생성하며 필요한 위치 정보를 넘겨줄 수 있도록 코드를 수정합니다.

예제 3.24 액티비티의 프래그먼트 객체를 생성하는 코드를 수정

wikibook/learnandroid/weatherdustchecker/WeatherMainActivity.kt

```
class WeatherMainActivity : AppCompatActivity() {
    override fun onCreate(savedInstanceState: Bundle?) {
        super.onCreate(savedInstanceState)
        setContentView(R.layout.weather_main_activity)

        supportActionBar?.hide()


        // (1)
        val fragment = WeatherPageFragment.newInstance(37.579876, 126.976998)
```

```
        val transaction = supportFragmentManager.beginTransaction()
        transaction.add(R.id.fragment_container, fragment)
        transaction.commit()
    }
}
```

(1) 프래그먼트를 생성하며 서울 종로의 위도(37.579876)와 경도(126.976998) 정보를 전달합니다.

```
val fragment = WeatherPageFragment.newInstance(37.579876, 126.976998)
```

이후 앱을 실행하면 곧바로 네트워크 요청이 전달되고 다음과 같이 응답 메시지에 포함된 JSON 문자열을 로그 메시지를 통해 확인할 수 있습니다.

```
{"coord":{"lon":126.98,"lat":37.58},"weather":[{"id":721,"main":"Haze","description":"haze","icon":"50d"}],"base":"stations","main":{"temp":11.24,"pressure":1013,"humidity":47,"temp_min":9,"temp_max":13},"visibility":6000,"wind":{"speed":2.6,"deg":190},"clouds":{"all":75},"dt":1553740800,"sys":{"type":1,"id":5509,"message":0.0062,"country":"KR","sunrise":1553721877,"sunset":1553766594},"id":1835848,"name":"Seoul","cod":200}
```

이렇게 반환받은 JSON 문자열은 가독성이 떨어지므로 한눈에 보기가 힘듭니다. 따라서 해당 내용을 복사해서 JSON 문자열을 가독성 있게 변환해주는 서비스(https://jsonformatter.curiousconcept.com)를 이용해 보는 것을 권장합니다. 또는 "json pretty print"라는 키워드로 구글에서 검색하면 비슷한 서비스를 제공하는 사이트가 많으므로 어떤 사이트를 이용해도 상관없습니다.

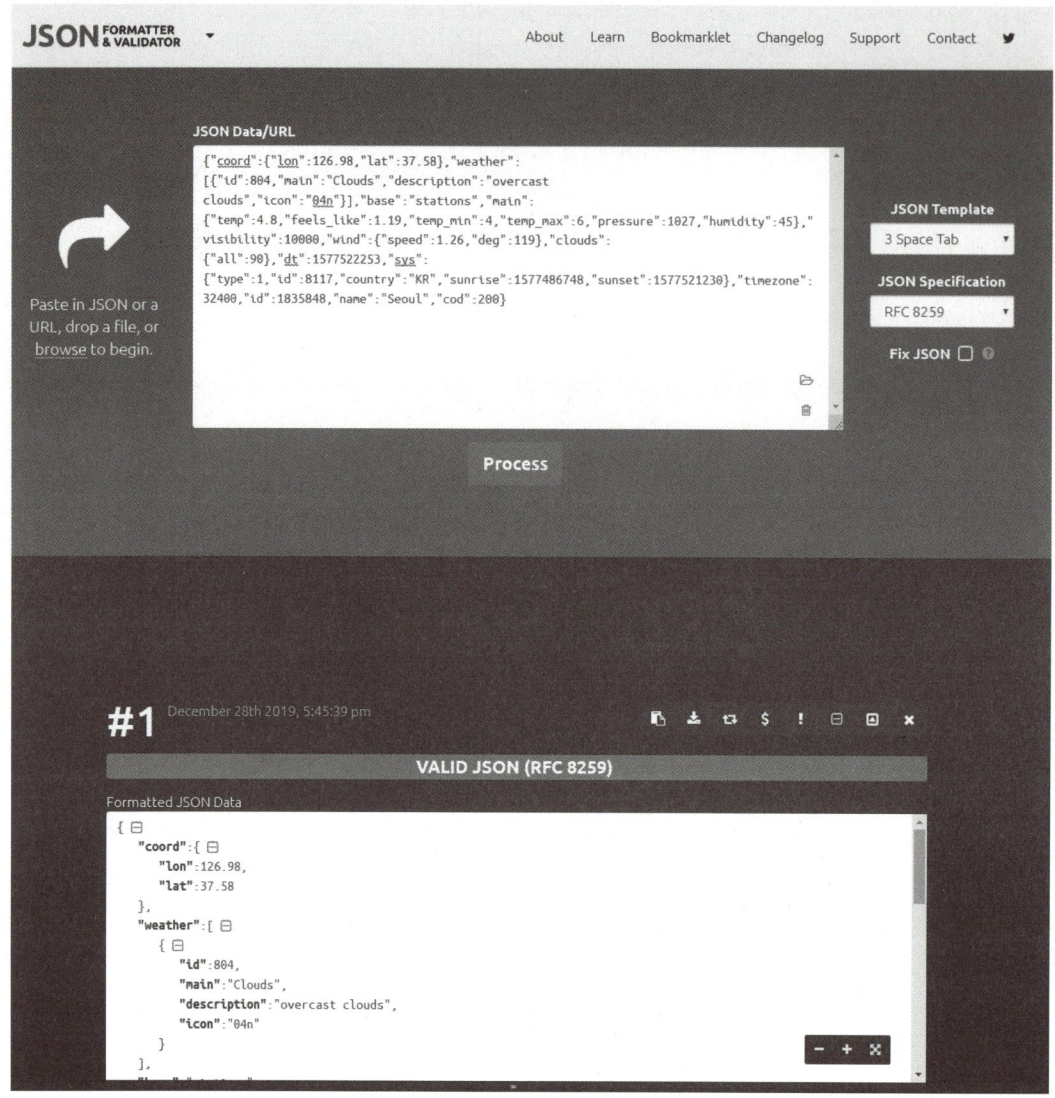

그림 3-20 JSON 문자열 변환 서비스 사용

원본 JSON 문자열을 변환하고 나면 다음과 같이 가독성이 높아진 결과를 확인할 수 있습니다.

```
{
    "coord":{
        "lon":126.98,
        "lat":37.58
    },
```

```
"weather":[
    {
        "id":721,
        "main":"Haze",
        "description":"haze",
        "icon":"50d"
    }
],
"base":"stations",
"main":{
    "temp":11.24,
    "pressure":1013,
    "humidity":47,
    "temp_min":9,
    "temp_max":13
},
"visibility":6000,
"wind":{
    "speed":2.6,
    "deg":190
},
"clouds":{
    "all":75
},
"dt":1553740800,
"sys":{
    "type":1,
    "id":5509,
    "message":0.0062,
    "country":"KR",
    "sunrise":1553721877,
    "sunset":1553766594
},
"id":1835848,
"name":"Seoul",
"cod":200
}
```

JSON 문자열을 살펴보면 해당 위치의 날씨와 관련된 다양한 정보가 포함된 것을 확인할 수 있습니다. 문자열 관련 메서드를 이용해 해당 문자열에서 바로 정보를 추출해도 되지만 더 정석에 가까운 방법이 있습니다. 바로 **역직렬화 작업을 통해 문자열을 클래스의 객체로 변환하고 객체를 통해 필요한 정보에 접근하는 것**입니다.

역직렬화는 일반적으로 바이트로 구성된 데이터를 객체의 형태로 변환하는 작업을 의미합니다. 여기서는 **JSON 형식으로 작성된 문자열을 코틀린 객체로 변환하는 작업을 수행**할 것입니다.

이제 JSON 문자열을 객체로 변환하는 역직렬화 코드를 작성해 객체를 통해 필요한 정보에 접근할 수 있도록 수정하겠습니다.

더 알아보기 _ JSON의 의미

JSON(JavaScript Object Notation)은 근래에 들어 큰 인기를 끌고 있는 데이터 포맷입니다. 자바스크립트에서 객체를 정의하는 형식에서 따온 것으로서 속성 이름에 필요한 속성값을 정의하는 형태로 객체를 정의합니다. 다음은 사람에 대한 정보를 JSON 형식으로 나타낸 것입니다.

```
{
  "name": "김철수", // 문자열 데이터
  "age": 20, // 숫자 데이터
  "gender": "남자",
  "hobbies": ["요리", "게임"], // 리스트 데이터
  "address": {
      "country": "대한민국",
      "city": "서울"
  } // 중첩 객체
}
```

범용적으로 사용되는 문자열 형태로 정의하기도 편하고 **문자열, 숫자, 리스트 데이터와 중첩된 객체까지 표현할 수 있는 유연하고 간단한 데이터 포맷**입니다. 또한 자바스크립트 언어와의 궁합도 좋아 최근에 널리 사용되며, 특히 웹 API 서비스에서 제공하는 응답 데이터 형식으로 자주 쓰입니다.

Jackson 라이브러리 의존성 추가 및 JSON 문자열의 역직렬화

JSON 문자열을 객체로 변환하는 역직렬화 작업을 수행하려면 외부 라이브러리의 도움이 필요합니다. 여러 역직렬화 라이브러리가 있지만 일반적으로 **GSON이나 Jackson 라이브러리**를 널리 사용합니다. 이번 프로젝트에서는 Jackson 라이브러리를 활용해 역직렬화 작업을 진행하겠습니다. 먼저 다음의 프로젝트 정보를 입력하여 역직렬화 작업을 수행하는 프로젝트를 생성합니다.

내용	값
Name	JSONDeserializationStudy
Package name	wikibook.learnandroid.jsondeserializationstudy
Language	Kotlin
Minimum API level	API 23

프로젝트 생성 이후 모듈 레벨 그레이들 빌드 파일에 다음과 같이 Jackson 라이브러리 의존성을 추가합니다.

Gradle Script/build.gradle (Module: app)

```
// 추가 의존성
implementation "com.fasterxml.jackson.module:jackson-module-kotlin:2.9.+"
```

라이브러리를 추가한 이후 정보를 저장할 클래스를 정의하는 과정에서 **JSON 문자열 내부에 포함된 속성의 이름과 같은 속성을 만들면** 역직렬화를 위한 작업 준비는 모두 끝납니다.

JSON 문자열을 데이터 클래스의 객체로 변환할 수 있도록 MainActivity 클래스 코드를 다음과 같이 작성합니다.

wikibook/learnandroid/jsondeserializationstudy/MainActivity.kt

```
package wikibook.learnandroid.jsondeserializationstudy

import android.os.Bundle
import android.util.Log
import androidx.appcompat.app.AppCompatActivity
import com.fasterxml.jackson.annotation.JsonProperty
import com.fasterxml.jackson.core.JsonParser
import com.fasterxml.jackson.databind.DeserializationContext
import com.fasterxml.jackson.databind.JsonNode
```

```kotlin
import com.fasterxml.jackson.databind.ObjectMapper
import com.fasterxml.jackson.databind.annotation.JsonDeserialize
import com.fasterxml.jackson.databind.deser.std.StdDeserializer
import com.fasterxml.jackson.module.kotlin.jacksonObjectMapper
import com.fasterxml.jackson.module.kotlin.readValue

// (1)
data class MyJSONDataClass(val data1: Int, val data2: String, val list: List<Int>)
// (5)
data class MyJSONNestedDataClass(val nested: Map<String, Any>)

class MainActivity : AppCompatActivity() {
    override fun onCreate(savedInstanceState: Bundle?) {
        super.onCreate(savedInstanceState)
        setContentView(R.layout.activity_main)

        // (2)
        var mapper = jacksonObjectMapper()

        // (3)
        val jsonString = """{ "data1": 1234, "data2": "Hello", "list": [1, 2, 3] }"""
        var d1 = mapper?.readValue<MyJSONDataClass>(jsonString)

        // (4)
        Log.d("mytag", "${d1.data1}")
        Log.d("mytag", "${d1.data2}")
        Log.d("mytag", "${d1.list}")

        val jsonString2 = """{ "nested": { "data1": 1234, "data2": "Hello", "list": [1, 2, 3] } }"""

        // (6)
        var d2 = mapper?.readValue<MyJSONNestedDataClass>(jsonString2)
        Log.d("mytag", "${d2.nested["data1"]}")
        Log.d("mytag", "${d2.nested["data2"]}")
        Log.d("mytag", "${d2.nested["list"]}")
    }
}
```

(1) 정의한 클래스 객체로 변환할 JSON 문자열의 내용은 다음과 같습니다.

```
{
    "data1": 1234,
    "data2": "Hello",
    "list": [1, 2, 3]
}
```

데이터 클래스에 JSON 문자열에 포함된 속성(data1, data2, list)에 대응할 속성을 정의했고 속성값을 저장할 적절한 데이터 타입(Int, String, List<Int>)을 설정한 것을 확인할 수 있습니다.

```
data class MyJSONDataClass(val data1: Int, val data2: String, val list: List<Int>)
```

(2) 문자열을 객체로 변환하는 역할을 수행할 ObjectMapper 객체(mapper)를 생성합니다.

```
var mapper = jacksonObjectMapper()
```

(3) JSON 문자열을 매퍼 객체에서 제공하는 readValue 메서드에 전달해서 객체로 변환하는 작업을 완료합니다. 이때 제네릭 타입은 **변환할 클래스로 설정해서 최종적으로 생성할 객체 타입을 명시**합니다.

```
val jsonString = """{ "data1": 1234, "data2": "Hello", "list": [1, 2, 3] }"""
var d1 = mapper?.readValue<MyJSONDataClass>(jsonString)
```

(4) 변환 이후 로그 메시지를 통해 객체의 속성값이 잘 초기화됐는지 확인합니다.

```
Log.d("mytag", "${d1.data1}")
Log.d("mytag", "${d1.data2}")
Log.d("mytag", "${d1.list}")
```

출력된 로그 메시지는 다음과 같습니다.

```
D/mytag: 1234
D/mytag: Hello
D/mytag: [1, 2, 3]
```

(5) 앞에서 정의한 클래스의 객체로 변환할 JSON 문자열의 내용은 다음과 같습니다. 여기서는 nested라는 속성에 또 다른 객체가 포함돼 있음을 확인할 수 있습니다.

```
{
    "nested": {
        "data1": 1234,
        "data2": "Hello",
        "list": [1, 2, 3]
    }
}
```

같은 이름을 가진 속성(nested)의 타입은 Map<String, Any>으로 정의했습니다. nested 객체 내부의 속성은 문자열("data1", "data2", "list")을 통해 접근해야 하므로 **키의 타입은 String**으로, 속성값은 어떤 종류(숫자, 문자열, 리스트)의 값이든 저장할 수 있어야 하므로 Any로 지정했습니다.

속성값의 타입을 Any로 지정했지만 내부적으로 역직렬화하는 과정에서 **속성값을 보고 어떠한 종류의 데이터인지를 파악해서 적절히 변환하며 값을 대입**하기 때문에 추가로 코드를 작성할 필요는 없습니다.

```
data class MyJSONNestedDataClass(val nested: Map<String, Any>)
```

(6) 마찬가지로 매퍼 객체를 통해 객체로 변환하고 맵 객체에 저장된 값을 모두 출력합니다.

```
var d2 = mapper?.readValue<MyJSONNestedDataClass>(jsonString2)
Log.d("mytag", "${d2.nested["data1"]}")
Log.d("mytag", "${d2.nested["data2"]}")
Log.d("mytag", "${d2.nested["list"]}")
```

로그 메시지의 출력 결과는 다음과 같습니다. 내부 맵 객체(nested)에 포함된 속성값 대입이 모두 완료돼 있습니다.

```
D/mytag: 1234
D/mytag: Hello
D/mytag: [1, 2, 3]
```

이번에는 앞에서 살펴본 내부 객체(nested)를 포함하고 있는 JSON 문자열을 변환하되 **맵을 쓰지 않고 다른 클래스 객체를 통해 변환**하는 코드를 살펴보겠습니다. 새 클래스(JSONData, JSONNested)를 정의하고 MainActivity의 내용을 다음과 같이 재작성하여 실행합니다.

wikibook/learnandroid/jsondeserializationstudy/MainActivity.kt

```kotlin
// (1)
data class JSONData(val nested: JSONNested)
// (2)
data class JSONNested(val data1: Int, val data2: String, val list: List<Int>)

class MainActivity : AppCompatActivity() {
    override fun onCreate(savedInstanceState: Bundle?) {
        super.onCreate(savedInstanceState)
        setContentView(R.layout.activity_main)

        var mapper = jacksonObjectMapper()

        val jsonString2 = """{ "nested": { "data1": 1234, "data2": "Hello", "list": [1, 2, 3] } }"""

        // (3)
        var d3 = mapper?.readValue<JSONData>(jsonString2)
        Log.d("mytag", "${d3.nested.data1}")
        Log.d("mytag", "${d3.nested.data2}")
        Log.d("mytag", "${d3.nested.list}")
    }
}
```

(1) 클래스를 정의하며 nested 속성을 정의하며 타입을 다른 클래스(JSONNested)로 설정했습니다.

```kotlin
data class JSONData(val nested: JSONNested)
```

(2) 데이터 클래스를 통해 JSON 객체 내부의 객체(nested)에 포함된 data1, data2, list 데이터를 전달받습니다.

```kotlin
data class JSONNested(val data1: Int, val data2: String, val list: List<Int>)
```

(3) 에서 readValue 메서드의 제네릭 타입은 내부 객체의 정보를 담을 클래스 객체를 포함한 JSONData 클래스로 지정합니다.

```kotlin
var d3 = mapper?.readValue<JSONData>(jsonString2)
```

이후 로그 메시지를 통해 속성값을 출력합니다. JSON 문자열 데이터는 완전히 동일하므로 출력 결과에 차이는 없습니다.

```
D/mytag: 1234
D/mytag: Hello
D/mytag: [1, 2, 3]
```

이번에는 다음의 JSON 문자열을 변환하는 예제를 살펴보겠습니다. 이전보다 더 복잡하게 중첩된 속성(nested) 안에 또 다른 중첩된 속성(inner_data와 inner_nested)이 포함된 것을 확인할 수 있습니다.

```
{
    "nested":{
        "inner_data": "Hello from inner",
        "inner_nested": {
            "data1": 1234,
            "data2": "Hello",
            "list": [1, 2, 3]
        }
    }
}
```

앞에서 살펴본 예제와 마찬가지로 하나의 클래스만 가지고는 변환을 처리할 수 없기 때문에 중첩된 객체를 변환할 클래스를 정의해서 변환을 진행하겠습니다.

전체 데이터를 포함할 ComplexJSONData 클래스와 nested 객체를 변환할 ComplexJSONNested 클래스, 그리고 nested 객체에 포함된 inner_nested 객체를 변환할 ComplexJSONInnerNested 클래스를 정의합니다.

wikibook/learnandroid/jsondeserializationstudy/MainActivity.kt

```kotlin
// (1)
data class ComplexJSONData(val nested: ComplexJSONNested)
// (2)
data class ComplexJSONNested(@JsonProperty("inner_data") val innerData: String, @JsonProperty("inner_nested") val innerNested: ComplexJSONInnerNested)
data class ComplexJSONInnerNested(val data1: Int, val data2: String, val list: List<Int>)

class MainActivity : AppCompatActivity() {
    override fun onCreate(savedInstanceState: Bundle?) {
```

```
        super.onCreate(savedInstanceState)
        setContentView(R.layout.activity_main)

        var mapper = jacksonObjectMapper()

        val complexJsonString = """{ "nested": { "inner_data": "Hello from inner", "inner_nested":
{ "data1": 1234, "data2": "Hello", "list": [1, 2, 3] } } }"""
        // (3)
        var d4 = mapper?.readValue<ComplexJSONData>(complexJsonString)
        Log.d("mytag", "${d4.nested.innerData}")
        Log.d("mytag", "${d4.nested.innerNested.data1}")
        Log.d("mytag", "${d4.nested.innerNested.data2}")
        Log.d("mytag", "${d4.nested.innerNested.list}")
    }
}
```

(1) 전체 데이터를 포함할 ComplexJSONData 클래스를 정의합니다.

```
data class ComplexJSONData(val nested: ComplexJSONNested)
```

(2) nested 속성값을 전달받을 ComplexJSONNested 클래스를 정의합니다. 여기서는 **@JsonProperty** 애너테이션을 속성에 지정해서 언더스코어를 이용한 속성 이름(inner_data)을 코틀린에서 사용하는 카멜 케이스 방식의 이름(innerData)으로 전달받을 수 있게 설정합니다.

innerNested 속성의 타입은 inner_nested 객체를 변환할 ComplexJSONInnerNested 타입으로 설정합니다.

```
data class ComplexJSONNested(@JsonProperty("inner_data") val innerData: String,
@JsonProperty("inner_nested") val innerNested: ComplexJSONInnerNested)
data class ComplexJSONInnerNested(val data1: Int, val data2: String, val list: List<Int>)
```

(3) readValue 메서드의 제네릭 타입은 전체 데이터를 포함할 ComplexJSONData 타입으로 설정합니다. 이후 로그 메시지를 통해 속성값을 출력합니다.

```
var d4 = mapper?.readValue<ComplexJSONData>(complexJsonString)
Log.d("mytag", "${d4.nested.innerData}")
Log.d("mytag", "${d4.nested.innerNested.data1}")
Log.d("mytag", "${d4.nested.innerNested.data2}")
Log.d("mytag", "${d4.nested.innerNested.list}")
```

앞서 작성한 코드를 살펴봤을 때 만약 JSON 문자열이 더 복잡한 형태로 주어진다면(즉, 더 깊게 중첩되어 정의된 객체가 여럿 있다고 가정한다면) 정의해야 할 클래스 역시 더 늘어날 것입니다. 이러한 상황을 해결하기 위해 **직접 역직렬화 작업을 수행할 코드를 작성할 수 있게 도와주는** `StdDeserializer` **클래스를 상속받아** JSON 역직렬화 작업을 수행할 수 있습니다.

다음은 위의 JSON 문자열을 `StdDeserializer` 클래스를 상속받은 클래스를 통해 역직렬화 작업을 수행하도록 작성한 코드입니다.

wikibook/learnandroid/jsondeserializationstudy/MainActivity.kt

```kotlin
// (1)
@JsonDeserialize(using=MyComplexJSONDataDeserializer::class)
data class ComplexJSONData2(val innerData: String?, val data1: Int?, val data2: String?, val list: List<Int>?)

// (2)
class MyComplexJSONDataDeserializer : StdDeserializer<ComplexJSONData2>(ComplexJSONData2::class.java) {

    // (3)
    override fun deserialize(parser: JsonParser?, ctx: DeserializationContext?): ComplexJSONData2 {
        // (4)
        val node : JsonNode? = parser?.codec?.readTree<JsonNode>(parser)

        // (5)
        val nestedNode : JsonNode? = node?.get("nested")
        val innerDataValue = nestedNode?.get("inner_data")?.asText()
        val innerNestedNode = nestedNode?.get("inner_nested")
        val innerNestedData1Node = innerNestedNode?.get("data1")?.asInt()
        val innerNestedData2Node = innerNestedNode?.get("data2")?.asText()

        // (6)
        val list = mutableListOf<Int>()
        innerNestedNode?.get("list")?.elements()?.forEach {
            list.add(it.asInt())
        }

        // (7)
        return ComplexJSONData2(innerDataValue, innerNestedData1Node, innerNestedData2Node, list)
    }
}
```

(1) 역직렬화를 통해 전달받을 데이터를 포함할 `ComplexJSONData2` 클래스를 정의합니다. 동시에 역직렬화를 담당할 클래스 정보를 전달하기 위해 `@JsonDeserialize` 애너테이션을 추가해서 `MyComplexJSONDataDeserializer`의 클래스 정보를 전달합니다.

```
@JsonDeserialize(using=MyComplexJSONDataDeserializer::class)
data class ComplexJSONData2(val innerData: String?, val data1: Int?, val data2: String?, val list:
List<Int>?)
```

(2) 역직렬화를 담당할 `MyComplexJSONDataDeserializer` 클래스를 정의합니다. 이 클래스는 `StdDeserializer` 클래스를 상속받습니다. 클래스의 제네릭 타입은 이전과 마찬가지로 변환할 클래스 타입으로 정합니다. 또한 생성자의 인자로 변환할 클래스의 정보(`ComplexJSONData2::class.java`)를 지정합니다.

```
class MyComplexJSONDataDeserializer :
StdDeserializer<ComplexJSONData2>(ComplexJSONData2::class.java) {
    // ...
}
```

(3) 실질적인 **역직렬화 코드를 작성할** `deserialize` **메서드를 재정의**합니다. 이 메서드로 전달된 `JsonParser` 객체를 이용하여 전체 JSON 데이터에서 필요한 일부 데이터만 추출하여 활용할 수 있습니다.

```
override fun deserialize(parser: JsonParser?, ctx: DeserializationContext?): ComplexJSONData2
```

(4) `JsonParser` 객체에서 제공하는 메서드를 호출하여 필요한 데이터를 추출할 수도 있지만 여기서는 보다 손쉽게 데이터에 접근할 수 있도록 도와주는 `JsonNode` 객체를 활용하여 데이터에 접근할 수 있도록 파서의 코덱 객체에서 제공하는 `readTree` 메서드를 호출합니다.

```
val node : JsonNode? = parser?.codec?.readTree<JsonNode>(parser)
```

(5) 최상위 노드에서 필요한 데이터에 접근하기 위해 `get` 메서드를 호출합니다. **메서드에는 속성의 이름을 전달**합니다. 저장된 속성의 타입에 따라 `as`로 시작하는 변환 메서드(`asText`, `asInt`)를 호출해 값의 변환을 완료합니다.

단, `inner_nested`는 객체 형식의 데이터이므로 `get` 메서드를 이용해서 전달받은 노드 객체 (`innerNestedNode`)에서 다시 `get` 메서드를 호출해 내부 데이터에 접근해야 합니다.

```
val nestedNode : JsonNode? = node?.get("nested")
val innerDataValue = nestedNode?.get("inner_data")?.asText()
```

```kotlin
val innerNestedNode = nestedNode?.get("inner_nested")
val innerNestedData1Node = innerNestedNode?.get("data1")?.asInt()
val innerNestedData2Node = innerNestedNode?.get("data2")?.asText()
```

(6) 리스트 데이터의 경우 **elements** 메서드를 호출해서 반환받은 Iterator 객체를 순회하며 저장된 데이터를 모두 직접 생성한 리스트에 추가합니다.

```kotlin
val list = mutableListOf<Int>()
innerNestedNode?.get("list")?.elements()?.forEach {
    list.add(it.asInt())
}
```

(7) 마지막으로 지금까지 추출한 데이터를 이용해 객체를 생성한 후 반환합니다.

```kotlin
return ComplexJSONData2(innerDataValue, innerNestedData1Node, innerNestedData2Node, list)
```

액티비티에서는 이전과 마찬가지로 readValue 메서드를 호출해서 변환 작업을 수행한 후 결과를 출력합니다.

wikibook/learnandroid/jsondeserializationstudy/MainActivity.kt
```kotlin
class MainActivity : AppCompatActivity() {
    override fun onCreate(savedInstanceState: Bundle?) {
        super.onCreate(savedInstanceState)
        setContentView(R.layout.activity_main)
        var mapper = jacksonObjectMapper()

        val complexJsonString = """{ "nested": { "inner_data": "Hello from inner", "inner_nested": { "data1": 1234, "data2": "Hello", "list": [1, 2, 3] } } }"""
        val d4 = ObjectMapper().readValue<ComplexJSONData2>(complexJsonString)
        Log.d("mytag", "${d4.innerData}")
        Log.d("mytag", "${d4.data1}")
        Log.d("mytag", "${d4.data2}")
        Log.d("mytag", "${d4.list}")
    }
}
```

로그 메시지는 다음과 같이 출력됩니다.

```
D/mytag: Hello from inner
D/mytag: 1234
```

```
D/mytag: Hello
D/mytag: [1, 2, 3]
```

지금까지 JSON 문자열을 객체로 변환하는 다양한 방법을 살펴봤습니다. 데이터 자체가 간단한 형식으로 구성돼 있거나 중첩된 객체가 포함돼 있지 않다면 굳이 `StdDeserializer` 클래스를 사용해 역직렬화하지 않아도 상관없습니다.

이제 본래 프로젝트를 진행하던 과정으로 돌아와 날씨 정보 프래그먼트 클래스에서 네트워크 요청의 결과로 받아온 JSON 문자열을 역직렬화할 클래스를 정의하고 역직렬화 작업을 진행한 후 객체에 포함된 정보를 통해 뷰를 구성하도록 수정하겠습니다.

본 프로젝트의 모듈 레벨 그레이들 빌드 파일에도 Jackson 라이브러리 의존성을 추가한 후 프래그먼트 클래스를 다음과 같이 수정합니다.

Gradle Script/build.gradle (Module: app)

```
// 추가 의존성
implementation "com.fasterxml.jackson.module:jackson-module-kotlin:2.9.+"
```

예제 3.25 역직렬화 후 객체를 통해 날씨 정보 관련 뷰를 구성하도록 프래그먼트 클래스를 수정

wikibook/learnandroid/weatherdustchecker/WeatherPageFragment.kt

```kotlin
// import 구문 추가
import com.fasterxml.jackson.annotation.JsonIgnoreProperties
import com.fasterxml.jackson.module.kotlin.jacksonObjectMapper
import com.fasterxml.jackson.module.kotlin.readValue

class WeatherPageFragment : Fragment() {
    // (1)
    @JsonIgnoreProperties(ignoreUnknown=true)
    data class OpenWeatherAPIJSONResponse(val main: Map<String, String>, val weather:
List<Map<String, String>>)

    private val APP_ID = "APP_ID"
    lateinit var weatherImage : ImageView;
    lateinit var statusText : TextView;
    lateinit var temperatureText : TextView;

    // (... 중간 코드 생략 ...)
```

```kotlin
override fun onViewCreated(view: View, savedInstanceState: Bundle?) {
    super.onViewCreated(view, savedInstanceState)

    val lat = arguments!!.getDouble("lat")
    val lon = arguments!!.getDouble("lon")
    val url = "http://api.openweathermap.org/data/2.5/weather?units=metric&appid=${APP_ID}&lat=${lat}&lon=${lon}"

    APICall(object : APICall.APICallback {
        override fun onComplete(result: String) {
            // (2)
            var mapper = jacksonObjectMapper()
            var data = mapper?.readValue<OpenWeatherAPIJSONResponse>(result)

            // (3)
            val temp = data.main.get("temp")
            temperatureText.text = temp

            // (4)
            val id = data.weather[0].get("id")
            if(id != null) {
                statusText.text = when {
                    id.startsWith("2") -> {
                        weatherImage.setImageResource(R.drawable.flash)
                        "천둥, 번개"
                    }
                    id.startsWith("3") -> {
                        weatherImage.setImageResource(R.drawable.rain)
                        "이슬비"
                    }
                    id.startsWith("5") -> {
                        weatherImage.setImageResource(R.drawable.rain)
                        "비"
                    }
                    id.startsWith("6") -> {
                        weatherImage.setImageResource(R.drawable.snow)
                        "눈"
                    }
                    id.startsWith("7") -> {
                        weatherImage.setImageResource(R.drawable.cloudy)
                        "흐림"
                    }
                    id.equals("800") -> {
```

```
                    weatherImage.setImageResource(R.drawable.sun)
                    "화창"
                }
                id.startsWith("8") -> {
                    weatherImage.setImageResource(R.drawable.cloud)
                    "구름 낌"
                }
                else -> "알 수 없음"
            }
        }
    }).execute(URL(url))
}
```

[1] 날씨 데이터를 포함할 OpenWeatherAPIJSONResponse 클래스를 정의합니다. 여기서는 **온도, 습도 정보를 포함하고 있는 main 속성과 날씨와 관련된 정보를 포함한 weather 속성에만 관심이 있으므로 두 개의 속성만 선언**합니다. weather 속성에는 다음과 같이 날씨와 관련된 숫자와 날씨를 기술할 문자열 정보가 포함됩니다.

```
"weather": [
  {
      "id": 802,
      "main": "Clouds",
      "description": "scattered clouds",
      "icon": "03d"
  }
]
```

여기서 날씨 관련 숫자(id)만 추출하여 날씨 관련 아이콘과 상태 메시지를 설정합니다.

결과 JSON 데이터에서 필요한 속성(main, weather)을 제외한 나머지 속성은 모두 무시하기 위해 **@JsonIgnoreProperties** 애너테이션을 추가했습니다. 이 애너테이션을 지정하지 않으면 역직렬화 작업 중 클래스를 통해 저장할 수 없는 데이터가 존재한다고 판단해서 예외를 발생시키므로 반드시 애너테이션을 지정합니다.

```
@JsonIgnoreProperties(ignoreUnknown=true)
data class OpenWeatherAPIJSONResponse(val main: Map<String, String>, val weather: List<Map<String, String>>)
```

(2) 매퍼 객체를 생성한 후 역직렬화를 진행합니다.

```
var mapper = jacksonObjectMapper()
var data = mapper?.readValue<OpenWeatherAPIJSONResponse>(result)
```

다음은 역직렬화한 객체(data)를 문자열로 변환한 후 로그캣으로 출력한 결과입니다. 앞서 살펴본 JSON 형식의 날씨 데이터에서 필요한 부분만 추출되어 저장된 것을 확인할 수 있습니다.

```
OpenWeatherAPIJSONResponse(main={temp=24.31, feels_like=24.48, temp_min=24, temp_max=25, pressure=1010, humidity=53}, weather=[{id=803, main=Clouds, description=broken clouds, icon=04d}])
```

(3) 온도 값을 가져와 온도 뷰의 내용을 구성합니다.

```
val temp = data.main.get("temp")
temperatureText.text = temp
```

(4) 날씨 상태를 설명하는 id 값을 가져오고 해당 id 값에 포함된 첫 번째 숫자값을 참조해서 날씨 아이콘의 리소스 식별자를 지정하고 상태 메시지를 설정합니다.

각 id 숫자값에 따르는 날씨 상태에 대한 설명은 OpenWeather 서비스의 공식 문서[1]를 참조하기 바랍니다.

```
val id = data.weather[0].get("id")

if(id != null) {
    statusText.text = when {
        id.startsWith("2") -> {
            weatherImage.setImageResource(R.drawable.flash)
            "천둥, 번개"
        }
        // ...
        else -> "알 수 없음"
    }
}
```

이후 앱을 실행하면 다음과 같이 위치를 기반으로 받아온 실제 날씨 데이터로 화면을 구성하는 것을 확인할 수 있습니다.

---

[1] https://openweathermap.org/weather-conditions

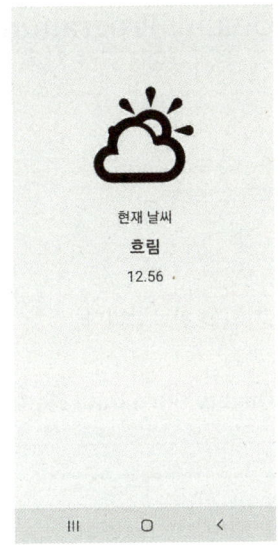

그림 3-21 완성된 날씨 프래그먼트 화면

아직까지는 현재 위치 정보에 접근하는 코드를 작성하지 않아 단말기가 위치한 장소의 날씨 정보는 얻어 오지는 못하고 있으므로 날씨 정보를 가져온 방식과 같은 방법으로 미세먼지 정보를 가져와 출력할 수 있 도록 구현한 후 위치 정보를 받아오는 코드를 작성하겠습니다.

미세먼지 정보 API 서비스 신청

날짜 정보 API 서비스와 마찬가지로 미세먼지 정보 API 서비스를 신청하려면 사이트에 가입하고 API 키 를 얻는 과정이 필요합니다. 이를 위해 전 세계의 실시간 대기질 지수를 취합해서 정보를 제공하는 다음 웹 사이트에 접속합니다.

- https://aqicn.org/api/kr

'data-platform token' 링크를 클릭해 이동합니다.

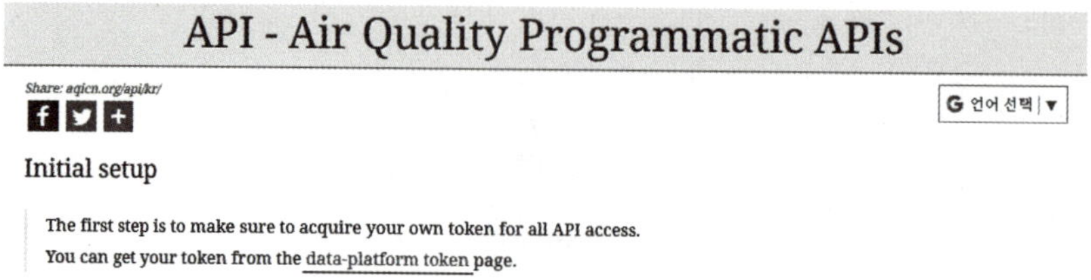

그림 3-22 API 신청 페이지로 이동

가입 양식에 이메일과 이름을 쓰고 회원 가입을 완료합니다.

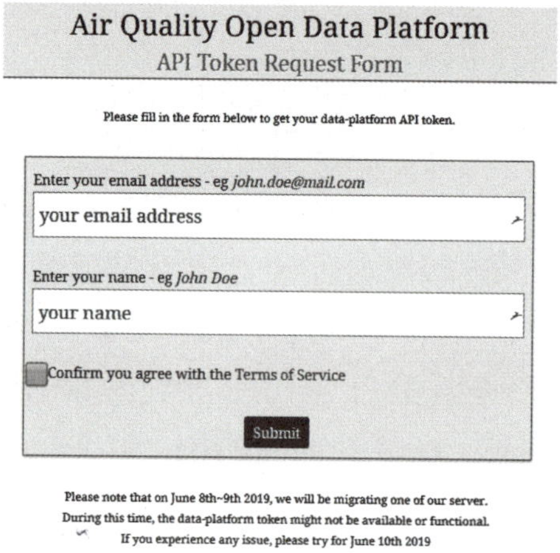

그림 3-23 가입 페이지

가입 이후 이메일로 받은 주소로 들어가면 **API 서비스를 이용할 수 있는 토큰**을 얻을 수 있습니다.

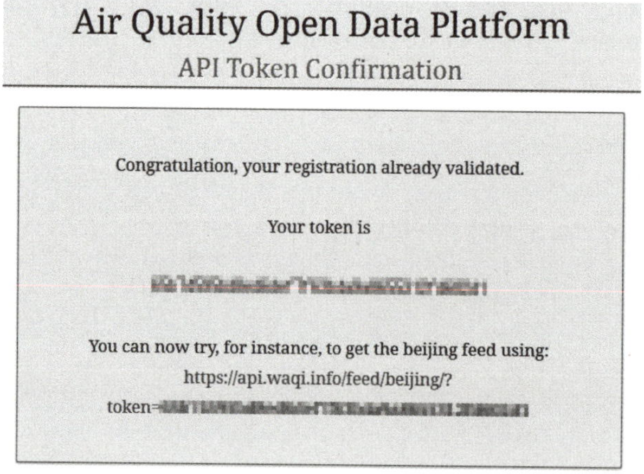

그림 3-24 토큰 확인

토큰값을 발급받았으면 미세먼지 정보 API를 요청할 모든 준비가 끝났습니다.

브라우저를 통해 다음 URL에 접근해 날씨 정보가 출력되는지 여부를 확인합니다. 주소에서 '〈토큰〉'이라고 적힌 부분에는 이메일을 통해 확인한 본인의 토큰 정보를 넣으면 됩니다.

- http://api.waqi.info/feed/geo:37.58;126.98/?token=〈토큰〉

위 URL에서 정보 요청을 위해 접근해야 할 실제 주소는 다음과 같습니다.

- http://api.waqi.info/feed/geo:37.58;126.98

접근할 주소의 구조를 살펴보면 **주소의 경로(path) 부분에 위치 정보가 포함된** 것을 확인할 수 있으며, 쿼리 스트링을 통해서는 토큰만 전달합니다.

미세먼지 프래그먼트 생성

이제 미세먼지 상태를 보여줄 프래그먼트를 생성하고 프래그먼트에서 미세먼지 정보를 요청하도록 코드를 작성하겠습니다. 전체적인 클래스의 구조는 날씨 정보를 얻어오는 프래그먼트 클래스와 비슷합니다.

먼저 프래그먼트에서 사용할 레이아웃 파일을 생성하고 내용을 작성합니다. 미세먼지 프래그먼트에서 사용할 레이아웃 파일은 다음과 같습니다.

예제 3.26 미세먼지 정보 프래그먼트 레이아웃   res/layout/dust_page_fragment.xml

```xml
<?xml version="1.0" encoding="utf-8"?>
<ScrollView
    xmlns:android="http://schemas.android.com/apk/res/android"
    android:layout_width="match_parent"
    android:layout_height="match_parent"
    android:fillViewport="true">

    <LinearLayout
        android:layout_width="match_parent"
        android:layout_height="wrap_content"
        android:orientation="vertical">

        <ImageView (1)
```

```xml
        android:id="@+id/dust_status_icon"
        android:layout_width="150dp"
        android:layout_height="150dp"
        android:layout_marginTop="100dp"
        android:layout_gravity="center" />

    <TextView (2)
        android:id="@+id/dust_status_title"
        android:layout_width="wrap_content"
        android:layout_height="wrap_content"
        android:layout_marginTop="20dp"
        android:layout_gravity="center"
        android:text="현재 상태"
        android:textSize="20sp" />

    <TextView (3)
        android:id="@+id/dust_pm25_status_text"
        android:layout_width="wrap_content"
        android:layout_height="wrap_content"
        android:layout_marginTop="10dp"
        android:layout_gravity="center"
        android:textSize="24sp"
        android:textStyle="bold" />

    <TextView (3)
        android:id="@+id/dust_pm25_intensity_text"
        android:layout_width="wrap_content"
        android:layout_height="wrap_content"
        android:layout_marginTop="10dp"
        android:layout_gravity="center"
        android:textSize="20sp" />

    <TextView (4)
        android:id="@+id/dust_pm10_status_text"
        android:layout_width="wrap_content"
        android:layout_height="wrap_content"
        android:layout_marginTop="10dp"
        android:layout_gravity="center"
        android:textSize="20sp"
```

```
                android:textStyle="bold" />

        <TextView (4)
            android:id="@+id/dust_pm10_intensity_text"
            android:layout_width="wrap_content"
            android:layout_height="wrap_content"
            android:layout_marginTop="10dp"
            android:layout_gravity="center"
            android:textSize="16sp" />

    </LinearLayout>

</ScrollView>
```

(1) 미세먼지 상태를 보여줄 아이콘 이미지를 보여주기 위한 ImageView입니다.

(2) 현재 대기상태를 보여줄 TextView입니다.

(3) 초미세먼지의 상태와 농도를 보여줄 TextView입니다.

(4) 미세먼지의 상태와 농도를 보여줄 TextView입니다.

레이아웃을 통해 보여줄 최종 화면의 모습은 다음과 같습니다.

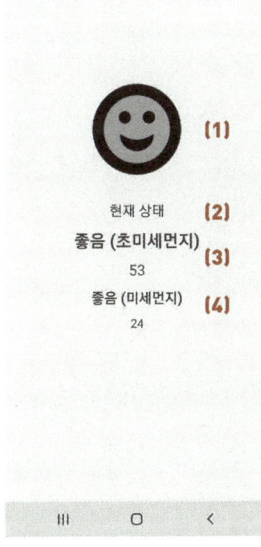

그림 3-25 미세먼지 프래그먼트의 화면

레이아웃 파일이 완성됐으므로 이제 미세먼지 정보 프래그먼트 클래스를 정의하겠습니다.

예제 3.27 미세먼지 프래그먼트 클래스   wikibook/learnandroid/weatherdustchecker/DustPageFragment.kt

```kotlin
package wikibook.learnandroid.weatherdustchecker

import android.os.Bundle
import android.view.LayoutInflater
import android.view.View
import android.view.ViewGroup
import android.view.animation.AnimationUtils
import android.widget.ImageView
import android.widget.TextView
import android.widget.Toast
import androidx.fragment.app.Fragment
import com.fasterxml.jackson.core.JsonParser
import com.fasterxml.jackson.databind.DeserializationContext
import com.fasterxml.jackson.databind.JsonNode
import com.fasterxml.jackson.databind.annotation.JsonDeserialize
import com.fasterxml.jackson.databind.deser.std.StdDeserializer
import com.fasterxml.jackson.module.kotlin.jacksonObjectMapper
import com.fasterxml.jackson.module.kotlin.readValue
import java.net.URL

class DustPageFragment : Fragment() {
    // (1)
    private val APP_TOKEN = "APP_TOKEN"

    lateinit var statusImage : ImageView
    lateinit var pm25StatusText : TextView
    lateinit var pm25IntensityText : TextView
    lateinit var pm10StatusText : TextView
    lateinit var pm10IntensityText : TextView

    override fun onCreateView(inflater: LayoutInflater, container: ViewGroup?, savedInstanceState: Bundle?): View {
        val view = inflater.inflate(R.layout.dust_page_fragment, container, false)

        // (2)
```

```kotlin
        statusImage = view.findViewById<ImageView>(R.id.dust_status_icon)
        pm25StatusText = view.findViewById<TextView>(R.id.dust_pm25_status_text)
        pm25IntensityText = view.findViewById<TextView>(R.id.dust_pm25_intensity_text)
        pm10StatusText = view.findViewById<TextView>(R.id.dust_pm10_status_text)
        pm10IntensityText = view.findViewById<TextView>(R.id.dust_pm10_intensity_text)

        return view
    }

    companion object {
        // (3)
        fun newInstance(lat: Double, lon: Double) : DustPageFragment {
            val fragment = DustPageFragment()

            val args = Bundle()
            args.putDouble("lat", lat)
            args.putDouble("lon", lon)
            fragment.arguments = args

            return fragment
        }
    }


// (4)
@JsonDeserialize(using=DustCheckerResponseDeserializer::class)
data class DustCheckResponse(val pm10: Int?, val pm25: Int?)

// (5)
class DustCheckerResponseDeserializer :
StdDeserializer<DustCheckResponse>(DustCheckResponse::class.java) {
    // (6)
    override fun deserialize(p: JsonParser?, ctxt: DeserializationContext?): DustCheckResponse
{
        var node : JsonNode? = p?.codec?.readTree<JsonNode>(p)

        var dataNode : JsonNode? = node?.get("data")
        var iaqiNode = dataNode?.get("iaqi")
        var pm10Node = iaqiNode?.get("pm10")
        var pm25Node = iaqiNode?.get("pm25")
```

```kotlin
            var pm10 = pm10Node?.get("v")?.asInt()
            var pm25 = pm25Node?.get("v")?.asInt()

            // (7)
            return DustCheckResponse(pm10, pm25)
        }
    }

    override fun onViewCreated(view: View, savedInstanceState: Bundle?) {
        super.onViewCreated(view, savedInstanceState)

        val lat = arguments!!.getDouble("lat")
        val lon = arguments!!.getDouble("lon")

        // (8)
        val url = "http://api.waqi.info/feed/geo:${lat};${lon}/?token=${APP_TOKEN}"

        APICall(object : APICall.APICallback {
            override fun onComplete(result: String) {
                // (9)
                var mapper = jacksonObjectMapper()
                val data = mapper.readValue<DustCheckResponse>(result)

                pm25IntensityText.text = data.pm25?.toString() ?: "알 수 없음"
                pm10IntensityText.text = data.pm10?.toString() ?: "알 수 없음"
            }
        }).execute(URL(url))
    }
}
```

(1) API 서비스에 접근할 때 필요한 토큰을 저장할 상수를 추가합니다. 토큰 상수의 값을 앞서 미세먼지 서비스를 신청할 때 받은 토큰값으로 바꿉니다.

```kotlin
private val APP_TOKEN = "APP_TOKEN"
```

(2) 정보를 보여줄 뷰들을 모두 onCreateView 메서드에서 초기화합니다.

```kotlin
statusImage = view.findViewById<ImageView>(R.id.dust_status_icon)
pm25StatusText = view.findViewById<TextView>(R.id.dust_pm25_status_text)
```

```
pm25IntensityText = view.findViewById<TextView>(R.id.dust_pm25_intensity_text)
pm10StatusText = view.findViewById<TextView>(R.id.dust_pm10_status_text)
pm10IntensityText = view.findViewById<TextView>(R.id.dust_pm10_intensity_text)
```

(3) 날씨 정보 프래그먼트와 마찬가지로 위도, 경도의 값을 번들 객체에 추가하고 프래그먼트를 생성해서 반환하는 newInstance 함수를 정의합니다.

```
fun newInstance(lat: Double, lon: Double) : DustPageFragment {
    // ...
}
```

여기서는 앞에서 살펴본 데이터 클래스를 이용한 역직렬화 방법을 쓰지 않고 **StdDeserializer를 상속받는 역직렬화 클래스를 직접 구현해서 객체를 변환**하는 작업을 수행해보겠습니다.

이러한 방법을 쓰는 이유는 전달받은 미세먼지 정보가 **내부에 여러 중첩 객체를 포함한 복잡한 구조로** 정의돼 있기 때문입니다. 미세먼지 정보를 나타내는 JSON 문자열은 다음과 같습니다.

```
{
    "status":"ok",
    "data":{
        "aqi":93,
        "idx":5508,
        "attributions":[
            // (... 내용 생략 ...)
        ],
        "city":{
            "geo":[
                37.566535,
                126.9779692
            ],
            "name":"Seoul (서울)",
            "url":"https://aqicn.org/city/seoul"
        },
        "dominentpol":"pm25",
        "iaqi":{
            // (... 내용 생략 ...)
            "pm10":{
                "v":48
```

```
        },
        "pm25":{
            "v":93
        },
        // (... 내용 생략 ...)
    },
    "time":{
        "s":"2019-12-29 14:00:00",
        "tz":"+09:00",
        "v":1577628000
    },
    "debug":{
        "sync":"2019-12-29T14:21:02+09:00"
    }
  }
}
```

이 가운데 실제로 추출해야 하는 정보만 추려서 정리하면 다음과 같습니다.

```
{
    "data":{
        "iaqi":{ // 대기 농도에 대한 정보를 담은 객체
            "pm10":{ // 미세먼지 대기 농도
                "v":48
            },
            "pm25":{ // 초미세먼지 대기 농도
                "v":93
            }
        }
    }
}
```

data에 포함된 iaqi 속성에서 실제 필요한 데이터(미세먼지, 초미세먼지 농도)가 포함된 객체가 위치한 것을 확인할 수 있습니다.

이처럼 깊게 중첩되어 정의된 객체에 접근해야 하므로 이번에는 StdDeserializer 클래스를 상속받는 사용자 정의 역직렬화 클래스를 통해 역직렬화 작업을 수행하도록 코드를 작성하겠습니다.

(4) DustCheckResponse 클래스를 정의하며 미세먼지 농도(pm10)와 초미세먼지 농도(pm25)를 저장할 속성을 추가합니다. 이 클래스에 **직접 정의한 역직렬화 클래스의 도움이 필요하다는 것을 알리기 위해 @JsonDeserialize 애너테이션을 지정**합니다. 애너테이션에는 역직렬화 작업을 수행할 DustCheckerResponseDeserializer 클래스의 정보를 전달합니다.

```
@JsonDeserialize(using=DustCheckerResponseDeserializer::class)
data class DustCheckResponse(val pm10: Int?, val pm25: Int?)
```

(5) 역직렬화를 담당할 DustCheckerResponseDeserializer 클래스를 정의합니다.

```
class DustCheckerResponseDeserializer :
StdDeserializer<DustCheckResponse>(DustCheckResponse::class.java) {
    // ...
}
```

(6) deserialize 메서드를 정의하고 역직렬화 코드를 작성합니다.

먼저 최상위 노드에서 get 메서드를 호출해서 data 객체에 접근하고, 계속해서 중첩되어 정의된 내부 객체에 접근하는 식으로 pm10, pm25 객체에 접근합니다.

이후 미세먼지 농도에 대한 정보가 담긴 v 값을 정숫값으로 변환해서 저장합니다.

```
override fun deserialize(p: JsonParser?, ctxt: DeserializationContext?): DustCheckResponse {
    var node : JsonNode? = p?.codec?.readTree<JsonNode>(p)

    var dataNode : JsonNode? = node?.get("data")
    var iaqiNode = dataNode?.get("iaqi")
    var pm10Node = iaqiNode?.get("pm10")
    var pm25Node = iaqiNode?.get("pm25")
    var pm10 = pm10Node?.get("v")?.asInt()
    var pm25 = pm25Node?.get("v")?.asInt()

    return DustCheckResponse(pm10, pm25)
}
```

(7) 미세먼지 농도를 포함하고 있는 객체를 생성해서 반환합니다.

```
return DustCheckResponse(pm10, pm25)
```

(8) 번들 객체에서 위도, 경도 정보를 받아와 웹 API 서비스를 요청할 URL을 완성합니다.

```
val url = "http://api.waqi.info/feed/geo:${lat};${lon}/?token=${APP_TOKEN}"
```

(9) 콜백 메서드에서 결과로 얻은 JSON 문자열을 역직렬화합니다. 이후 텍스트뷰에 초미세먼지와 미세먼지 관측값을 출력합니다.

```
var mapper = jacksonObjectMapper()
val data = mapper.readValue<DustCheckResponse>(result)

pm25IntensityText.text = data.pm25?.toString() ?: "알 수 없음"
pm10IntensityText.text = data.pm10?.toString() ?: "알 수 없음"
```

곧바로 코드를 개선해서 미세먼지, 초미세먼지의 값(대기질 지수)에 따라 추가로 상태(좋음, 보통, 나쁨, 매우 나쁨)를 표시하고 아이콘 이미지를 변경해서 직관적으로 현재 상태를 파악할 수 있게 변경해보겠습니다.

다음은 대기질 지수에 대응하는 대기 상태를 정리한 표입니다.

AQI 지수	대기 상태
0–50	매우 좋음
51–100	좋음
101–200	보통
201–300	나쁨
301–400	매우 나쁨
401–500	최악

여기서는 상태를 더 간략화해서 0~100까지는 좋음, 101~200까지는 보통, 201~300까지는 나쁨, 그 이후부터는 매우 나쁨으로 구분해서 출력하겠습니다.

먼저 DustCheckResponse 클래스를 수정해서 미세먼지 상태와 관련된 문자열 정보도 포함할 수 있도록 pm10Status, pm25Status 속성을 추가합니다.

```
// 대기 상태(좋음, 보통, 나쁨)를 표시하기 위한 pm10Status, pm25Status 속성을 추가
@JsonDeserialize(using=DustCheckerResponseDeserializer::class)
data class DustCheckResponse(val pm10: Int?, val pm25: Int?, val pm10Status : String, val pm25Status : String)
```

이후 DustCheckerResponseDeserializer 클래스의 deserialize 메서드를 수정해서 미세먼지 농도에 대응하는 **대기 상태 문자열 정보를 포함한 객체를 생성**할 수 있게 합니다.

예제 3.28 대기 상태 문자열 정보를 포함하도록 수정   wikibook/learnandroid/weatherdustchecker/DustPageFragment.kt

```kotlin
class DustCheckerResponseDeserializer :
StdDeserializer<DustCheckResponse>(DustCheckResponse::class.java) {
    // (1)
    private val checkCategory = { aqi : Int? -> when(aqi) {
        null -> "알 수 없음"
        in (0 .. 100) -> "좋음"
        in (101 .. 200) -> "보통"
        in (201 .. 300) -> "나쁨"
        else -> "매우 나쁨"
    }}

    override fun deserialize(p: JsonParser?, ctxt: DeserializationContext?): DustCheckResponse {
        var node : JsonNode? = p?.codec?.readTree<JsonNode>(p)

        var dataNode : JsonNode? = node?.get("data")
        var iaqiNode = dataNode?.get("iaqi")
        var pm10Node = iaqiNode?.get("pm10")
        var pm25Node = iaqiNode?.get("pm25")
        var pm10 = pm10Node?.get("v")?.asInt()
        var pm25 = pm25Node?.get("v")?.asInt()

        // (2)
        var pm10Status = checkCategory(pm10)
        var pm25Status = checkCategory(pm25)

        return DustCheckResponse(pm10, pm25, pm10Status, pm25Status)
    }
}
```

(1) 미세먼지 농도 값을 받아 상태 정보에 대한 문자열을 반환하는 람다 함수를 정의합니다.

```kotlin
private val checkCategory = { aqi : Int? -> when(aqi) {
    in (0 .. 100) -> "좋음"
    in (101 .. 200) -> "보통"
```

```
        in (201 .. 300) -> "나쁨"
        else -> "매우 나쁨"
    }}
```

(2) 람다 함수를 이용해 미세먼지 농도에 따른 상태 문자열을 반환받아 저장하고 객체를 생성해서 반환합니다.

```
var pm10Status = checkCategory(pm10)
var pm25Status = checkCategory(pm25)

return DustCheckResponse(pm10, pm25, pm10Status, pm25Status)
```

이제 추가된 정보를 활용해 화면의 뷰를 구성하도록 onComplete 메서드를 수정합니다.

wikibook/learnandroid/weatherdustchecker/DustPageFragment.kt

```
APICall(object : APICall.APICallback {
    override fun onComplete(result: String) {
        var mapper = jacksonObjectMapper()
        val data = mapper.readValue<DustCheckResponse>(result)

        // (1)
        statusImage.setImageResource(when(data.pm25Status) {
            "좋음" -> R.drawable.good
            "보통" -> R.drawable.normal
            "나쁨" -> R.drawable.bad
            else -> R.drawable.very_bad
        })

        pm25IntensityText.text = data.pm25?.toString() ?: "알 수 없음"
        pm10IntensityText.text = data.pm10?.toString() ?: "알 수 없음"


        // (2)
        pm25StatusText.text = "${data.pm25Status} (초미세먼지)"
        pm10StatusText.text = "${data.pm10Status} (미세먼지)"
    }
}).execute(URL(url))
```

(1) 초미세먼지의 상태(pm25Status)에 따라 상태 이미지를 변경하고, 아이콘 이미지에 표시된 표정을 통해 대기 상태를 직관적으로 알 수 있게 합니다.

```kotlin
statusImage.setImageResource(when(data.pm25Status) {
    "좋음" -> R.drawable.good
    "보통" -> R.drawable.normal
    "나쁨" -> R.drawable.bad
    else -> R.drawable.very_bad
})
```

(2) 미세먼지 상태를 문자로 출력해 한눈에 상황을 파악할 수 있도록 텍스트뷰의 내용을 설정합니다.

```kotlin
pm25StatusText.text = "${data.pm25Status} (초미세먼지)"
pm10StatusText.text = "${data.pm10Status} (미세먼지)"
```

이렇게 해서 미세먼지 정보 프래그먼트의 구현을 완료했습니다.

프래그먼트의 동작을 확인해보기 위해 이전에 작성했던 액티비티 코드를 수정해 DustFragment 객체를 생성하게 합니다. 변경된 코드는 다음과 같습니다.

wikibook/learnandroid/weatherdustchecker/WeatherMainActivity.kt

```kotlin
class WeatherMainActivity : AppCompatActivity() {
    override fun onCreate(savedInstanceState: Bundle?) {
        super.onCreate(savedInstanceState)
        setContentView(R.layout.weather_main_activity)

        supportActionBar?.hide()

        // (1)
        val fragment = DustPageFragment.newInstance(37.579876, 126.976998)

        val transaction = supportFragmentManager.beginTransaction()
        transaction.add(R.id.fragment_container, fragment)
        transaction.commit()
    }
}
```

(1) 날씨 정보를 표시할 WeatherPageFragment 대신 DustPageFragment를 추가해서 화면에 표시하도록 변경했습니다.

```
// 기존의 날씨 정보 프래그먼트 대신 미세먼지 프래그먼트 객체를 생성
val fragment = DustPageFragment.newInstance(37.579876, 126.976998)
```

이후 앱을 실행하여 미세먼지, 초미세먼지의 상태 및 대기질 지수와 초미세먼지 상태에 따르는 아이콘 리소스가 모두 정상적으로 출력되는지 확인합니다.

ViewPager를 이용한 프래그먼트 전환

단말기의 위치 정보(위도, 경도 정보)를 가져오는 코드를 작성하기에 앞서 ViewPager 뷰그룹을 이용해 날씨 정보 화면과 미세먼지 정보 화면을 동시에 확인할 수 있도록 수정하겠습니다.

ViewPager 뷰그룹은 슬라이드 형식으로 화면을 구성해 **화면을 좌우로 움직이는 스와이프 제스처**를 통해 화면의 뷰를 전환할 수 있도록 돕는 뷰 컴포넌트입니다. 여기서는 ViewPager를 활용해 날씨 정보 프래그먼트와 미세먼지 정보 프래그먼트를 전환할 수 있도록 구성하겠습니다. 그러고 나면 필요한 정보를 한 화면에서 모두 확인할 수 있게 됩니다.

먼저 기존의 액티비티 대신 시작 액티비티로 사용할 새 액티비티의 레이아웃 파일을 작성하겠습니다. 레이아웃 파일의 내용은 다음과 같습니다.

예제 3.29 ViewPager 뷰그룹 추가   res/layout/weather_dust_main_activity.xml

```xml
<?xml version="1.0" encoding="utf-8"?>
<androidx.viewpager.widget.ViewPager
    xmlns:android="http://schemas.android.com/apk/res/android"
    android:id="@+id/pager"
    android:layout_width="match_parent"
    android:layout_height="match_parent" />
```

레이아웃 구성은 간단하며, ViewPager 뷰 하나만 최상위 뷰그룹으로 사용합니다. 코드를 통해 해당 ViewPager에 슬라이드 형식으로 보여줄 프래그먼트를 추가해서 구성을 진행하겠습니다.

메뉴를 통해 빈 액티비티를 하나 생성하고 이름은 WeatherDustMainActivity로 설정합니다. 이미 액티비티에 사용할 레이아웃 파일을 생성했으므로 [Generate Layout File] **체크박스는 해제**해서 자동으로 레이아웃 파일을 생성하지 않게 합니다.

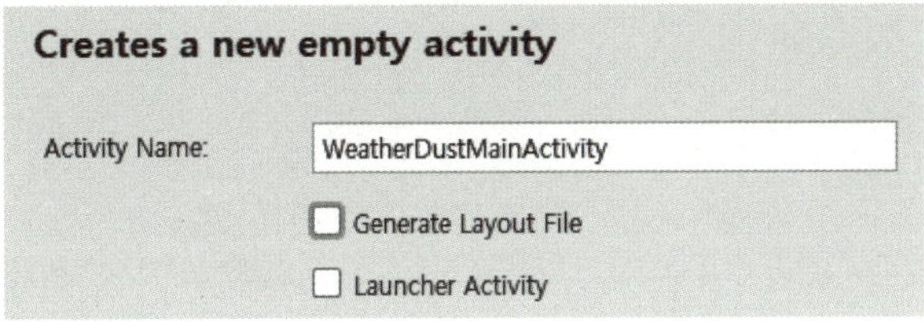

그림 3-26 레이아웃 파일 자동 생성 여부 체크 박스를 해제

이후 액티비티 클래스가 생성되면 다음과 같이 코드를 작성합니다.

예제 3.30 ViewPager 뷰를 위한 리스너 추가 및 어댑터 클래스 구현

wikibook/learnandroid/weatherdustchecker/WeatherDustMainActivity.kt

```kotlin
package wikibook.learnandroid.weatherdustchecker

import android.Manifest
import android.annotation.SuppressLint
import android.content.Context
import android.content.pm.PackageManager
import android.location.Location
import android.location.LocationListener
import android.location.LocationManager
import androidx.appcompat.app.AppCompatActivity
import android.os.Bundle
import android.widget.Toast
import androidx.core.app.ActivityCompat
import androidx.core.content.ContextCompat
import androidx.fragment.app.Fragment
import androidx.fragment.app.FragmentManager
import androidx.fragment.app.FragmentStatePagerAdapter
import androidx.viewpager.widget.ViewPager

class WeatherDustMainActivity : AppCompatActivity() {
    private lateinit var mPager: ViewPager
    private var lat: Double = 37.579876
```

```kotlin
    private var lon: Double = 126.976998

    override fun onCreate(savedInstanceState: Bundle?) {
        super.onCreate(savedInstanceState)
        setContentView(R.layout.weather_dust_main_activity)
        supportActionBar?.hide()

        // (1)
        mPager = findViewById(R.id.pager)
        val pagerAdapter = MyPagerAdapter(supportFragmentManager)
        mPager.adapter = pagerAdapter

        // (2)
        mPager.addOnPageChangeListener(object : ViewPager.OnPageChangeListener {
            override fun onPageScrollStateChanged(p0: Int) {}
            override fun onPageScrolled(p0: Int, p1: Float, p2: Int) {}
            override fun onPageSelected(position: Int) {
                if(position == 0) {
                    Toast.makeText(applicationContext, "날씨 페이지입니다.", Toast.LENGTH_SHORT).show()
                } else if(position == 1) {
                    Toast.makeText(applicationContext, "미세먼지 페이지입니다.", Toast.LENGTH_SHORT).show()
                }
            }
        })
    }

    // (3)
    private inner class MyPagerAdapter(fm: FragmentManager) : FragmentStatePagerAdapter(fm) {
        // (4)
        override fun getCount(): Int = 2
        // (5)
        override fun getItem(position: Int): Fragment {
            return when(position) {
                0 -> WeatherPageFragment.newInstance(lat, lon)
                1 -> DustPageFragment.newInstance(lat, lon)
                else -> {
                    throw Exception("페이지가 존재하지 않음.")
```

```
                    }
                }
            }
        }
    }
}
```

(1) ViewPager 객체의 뷰 객체 참조를 가져옵니다. 이후 이동할 페이지의 크기 및 페이지를 구성할 프래그먼트 객체를 반환하는 역할을 수행할 페이지 어댑터 클래스 객체를 생성하고 어댑터로 등록합니다.

어댑터 역할을 수행하기 위해서 내부적으로 프래그먼트를 추가하는 역할도 수행해야 하기 때문에 생성자로 프래그먼트 매니저 객체를 전달합니다.

```
mPager = findViewById(R.id.pager)
val pagerAdapter = MyPagerAdapter(supportFragmentManager)
mPager.adapter = pagerAdapter
```

(2) ViewPager 객체에 페이지 변경과 관련된 이벤트 리스너를 추가합니다. 페이지 변경 이벤트 리스너를 구현해서 **스와이프 제스처를 통해 페이지가 변경되는 시점에 실행될 여러 콜백 메서드를 정의**할 수 있습니다. 다음 표의 메서드를 재정의해서 페이지 변경 과정 및 변경 후 필요한 작업을 수행합니다.

메서드	역할
onPageScrollStateChanged	페이지 스크롤 상태(드래그, 유휴 상태)가 변경될 때 호출
onPageScrolled	페이지를 스크롤하는 시점에 호출
onPageSelected	페이지 스크롤이 모두 완료되어 특정 페이지로 이동한 이후 시점에 호출

지금은 페이지가 변경됐을 때 해당 내용을 공지할 토스트 메시지를 띄우기 위해 onPageSelected 메서드만 재정의합니다. 페이지의 위치 정보를 기반으로 어떤 페이지로 이동했는지 여부를 조사해서 토스트 메시지를 통해 출력합니다.

```
mPager.addOnPageChangeListener(object : ViewPager.OnPageChangeListener {
    override fun onPageScrollStateChanged(p0: Int) {}
    override fun onPageScrolled(p0: Int, p1: Float, p2: Int) {}
    override fun onPageSelected(position: Int) {
        if(position == 0) {
            Toast.makeText(applicationContext, "날씨 페이지입니다.", Toast.LENGTH_SHORT).show()
        } else if(position == 1) {
```

```
                    Toast.makeText(applicationContext, "미세먼지 페이지입니다.", Toast.LENGTH_SHORT).show()
            }
        }
    })
```

(3) MyPagerAdapter 클래스를 정의합니다. 이 클래스는 프래그먼트 매니저 객체를 필요로 하는 FragmentStatePagerAdapter를 상속받습니다. FragmentStatePagerAdapter 클래스는 프래그먼트를 이용해 페이지를 구성해야 하는 클래스들의 기능을 구현하도록 설계된 클래스입니다.

```
private inner class MyPagerAdapter(fm: FragmentManager) : FragmentStatePagerAdapter(fm) {
    // ...
}
```

(4) 총 페이지(프래그먼트)의 개수를 구하는 `getCount` 메서드를 재정의합니다. 여기서는 날씨와 미세먼지 농도를 표시할 두 개의 프래그먼트만 있으므로 상수로 2를 반환하게 했습니다.

```
override fun getCount(): Int = 2
```

(5) 페이지의 위치에 따라 프래그먼트 객체를 반환하는 역할을 수행하는 `getItem` 메서드를 재정의합니다. 첫 번째 페이지로 이동할 경우 날씨 정보 프래그먼트를, 두 번째 페이지로 이동할 경우 미세먼지 정보 프래그먼트를 삽입하게 했습니다.

전달된 페이지의 숫자(position)는 1이 아니라 0부터 시작한다는 점에 유의합니다.

```
override fun getItem(position: Int): Fragment {
    return when(position) {
        0 -> WeatherPageFragment.newInstance(lat, lon)
        1 -> DustPageFragment.newInstance(lat, lon)
        else -> {
            throw Exception("페이지가 존재하지 않음.")
        }
    }
}
```

마지막으로 매니페스트 파일에서 WeatherMainActivity에 포함된 `intent-filter` 요소를 새로 추가한 액티비티의 `activity` 요소에 포함될 수 있게 옮깁니다.

매니페스트 파일을 수정한 이후에는 새로 추가된 WeatherDustMainActivity **액티비티가 앱을 실행하는 과정에서 처음 실행될 시작 액티비티로 작동**합니다. 이후 기존의 WeatherMainActivity 액티비티는 사용하지 않을 것이므로 클래스 파일을 삭제하고 매니페스트 파일에서 관련 activity 요소를 제거해도 무방합니다.

예제 3.31 처음 앱이 시작될 때 표시할 액티비티 변경 AndroidManifest.xml

```xml
<activity android:name=".WeatherDustMainActivity">
    <!-- 기존의 intent-filter를 WeatherDustMainActivity 액티비티와 관련된 activity 요소로 옮겨 해
    당 액티비티가 시작 액티비티로 작동하도록 수정 -->
    <intent-filter>
        <action android:name="android.intent.action.MAIN"/>
        <category android:name="android.intent.category.LAUNCHER"/>
    </intent-filter>
</activity>
<activity android:name=".WeatherMainActivity">
</activity>
```

앱을 실행하고 스와이프 제스처를 통해 날씨 정보 프래그먼트와 미세먼지 정보 프래그먼트 사이에 화면 전환이 이뤄지는지 확인합니다.

그림 3-27 스와이프 제스처를 통한 화면 이동

위치 정보 접근

앞서 인터넷 사용 권한을 획득하기 위해 매니페스트 파일에 uses-permission 요소를 추가했었습니다. 위치 정보에 접근하기 위해서도 권한 요소를 추가해야 합니다. 하지만 이번에는 **권한을 획득하기 위한 코드를 추가로 작성**해야 합니다.

코드 작성이 필요한 이유는 위치 정보에 접근하는 권한이 **위험한(dangerous) 권한으로 분류**되기 때문입니다. 인터넷 사용 권한과 같은 일반적(normal)인 권한과는 다르게, 위험한 권한을 획득하려면 앱을 사용하는 사용자에게 **권한 요청과 관련된 내용을 명시하는 대화상자 창을 표시해서 직접적으로 허락**을 구해야 합니다.

먼저 일반적인 권한과 마찬가지로 매니페스트에 다음과 같은 두 줄의 uses-permission 요소를 추가합니다.

예제 3.32 매니페스트 파일에 위치 접근 권한 추가   AndroidManifest.xml

```xml
<?xml version="1.0" encoding="utf-8"?>
<manifest xmlns:android="http://schemas.android.com/apk/res/android"
    package="wikibook.learnandroid.weatherdustchecker">
    <!-- 기존 권한 요청 : 인터넷 사용 권한 -->
    <uses-permission android:name="android.permission.INTERNET"/>
    <uses-permission android:name="android.permission.ACCESS_NETWORK_STATE"/>

    <!-- 추가 권한 요청 : 위치 접근 권한 -->
    <uses-permission android:name="android.permission.ACCESS_COARSE_LOCATION"/>
    <uses-permission android:name="android.permission.ACCESS_FINE_LOCATION"/>

    ( .. 이후 내용 생략 .. )
```

ACCESS_COARSE_LOCATION 권한은 **네트워크를 통해 위치를 얻어오는 방식**으로, GPS 방식보다는 부정확하지만 GPS 신호를 받을 수 없는 환경에서도 쓸 수 있고 더 빠르게 위치 정보를 얻을 수 있다는 장점이 있습니다.

ACCESS_FINE_LOCATION 권한은 **GPS 신호를 통해 위치를 얻어오는 방식**으로, 매우 정확한 위치를 얻어올 수 있지만 건물 안이나 지하에서는 GPS 신호를 받을 수 없기 때문에 건물 바깥에서 앱을 사용하는 상황에서 정확한 위치 정보가 필요한 경우에는 사용할 수 있습니다.

> 🔍 안드로이드 6.0(API 레벨 23) 이전에는 일반 권한과 위험한 권한의 구분이 없어서 매니페스트 파일에 권한 요소를 추가하는 것만으로도 권한 설정이 완료됐습니다. 하지만 보안 측면에서 사용자가 앱에 필요한 권한을 직접적으로 선택할 수 있게 해야 한다는 필요성이 부각되어 6.0 버전부터 위험 권한의 개념이 추가됐습니다.

매니페스트 파일에 필요한 권한 요소 추가 작업이 완료됐으므로 이제 **사용자에게 권한을 요청하는 코드를 작성**하겠습니다.

예제 3.33 날씨 및 미세먼지 정보 액티비티에서 위치 정보에 접근하기 위한 권한 요청 코드 작성

wikibook/learnandroid/weatherdustchecker/WeatherDustMainActivity.kt

```kotlin
class WeatherDustMainActivity : AppCompatActivity() {
    private lateinit var mPager: ViewPager

    // [1]
    private var lat: Double = 0.0
    private var lon: Double = 0.0

    // [2]
    private lateinit var locationManager: LocationManager
    private lateinit var locationListener: LocationListener

    // [3]
    private val PERMISSION_REQUEST_CODE : Int = 1

    override fun onCreate(savedInstanceState: Bundle?) {
        super.onCreate(savedInstanceState)
        setContentView(R.layout.weather_dust_main_activity)
        supportActionBar?.hide()

        mPager = findViewById(R.id.pager)

        // [4]
        locationManager = getSystemService(Context.LOCATION_SERVICE) as LocationManager

        // [5]
        locationListener = object : LocationListener {
            // [6]
            override fun onLocationChanged(location: Location) {
```

```kotlin
            lat = location.latitude
            lon = location.longitude

            // (7)
            locationManager.removeUpdates(this)


            // (8)
            val pagerAdapter = MyPagerAdapter(supportFragmentManager)
            mPager.adapter = pagerAdapter
            mPager.addOnPageChangeListener(object : ViewPager.OnPageChangeListener {
                override fun onPageScrollStateChanged(p0: Int) {}
                override fun onPageScrolled(p0: Int, p1: Float, p2: Int) {}
                override fun onPageSelected(position: Int) {
                    if(position == 0) {
                        Toast.makeText(applicationContext, "날씨 페이지입니다.", Toast.LENGTH_SHORT).show()
                    } else if(position == 1) {
                        Toast.makeText(applicationContext, "미세먼지 페이지입니다.", Toast.LENGTH_SHORT).show()
                    }
                }
            })
        }
        override fun onStatusChanged(provider: String, status: Int, extras: Bundle) {}
        override fun onProviderEnabled(provider: String) {}
        override fun onProviderDisabled(provider: String) {}
    }

    // (9)
    if(ContextCompat.checkSelfPermission(this, android.Manifest.permission.ACCESS_FINE_LOCATION) == PackageManager.PERMISSION_GRANTED &&
        ContextCompat.checkSelfPermission(this, android.Manifest.permission.ACCESS_COARSE_LOCATION) == PackageManager.PERMISSION_GRANTED) {
            // (10)
            locationManager.requestLocationUpdates(LocationManager.NETWORK_PROVIDER, 0, 0f, locationListener)
    } else {
        // (11)
        ActivityCompat.requestPermissions(this, arrayOf(Manifest.permission.
```

```
ACCESS_COARSE_LOCATION, Manifest.permission.ACCESS_FINE_LOCATION), PERMISSION_REQUEST_CODE)
        }
    }

    // (12)
    @SuppressLint("MissingPermission")
    override fun onRequestPermissionsResult(requestCode: Int, permissions: Array<String>, grant-
Results: IntArray) {
        when(requestCode) {
            // (13)
            PERMISSION_REQUEST_CODE -> {
                var allPermissionsGranted = true
                for(result in grantResults) {
                    allPermissionsGranted = (result == PackageManager.PERMISSION_GRANTED)
                    if(!allPermissionsGranted) break
                }
                if(allPermissionsGranted) {
                    // (14)
                    locationManager.requestLocationUpdates(LocationManager.NETWORK_PROVIDER, 0,
0f, locationListener)
                } else {
                    // (15)
                    Toast.makeText(applicationContext, "위치 정보 제공 동의가 필요합니다.", Toast.
LENGTH_SHORT).show()
                    finish()
                }
            }
        }
    }

    private inner class MyPagerAdapter(fm: FragmentManager) : FragmentStatePagerAdapter(fm) {
        // (.. 이후 코드 생략 ..)
```

(1) 위치를 저장하기 위한 위도, 경도 속성을 0으로 초기화했습니다. 이후 위치 정보 관련 리스너 객체(locationListener)를 통해 단말기의 위치를 받아오는 시점에 해당 값을 갱신하겠습니다.

(2) 위치 정보를 얻기 위해 사용할 LocationManager 객체와 획득한 위치 정보를 활용할 코드를 작성하는 데 필요한 LocationListener 객체를 추가했습니다.

```
private lateinit var locationManager: LocationManager
private lateinit var locationListener: LocationListener
```

[3] 위험 권한을 요청할 때 사용할 **요청 코드 상수를 정의**합니다. 상숫값은 임의로 설정해도 상관없으므로 여기서는 1로 설정했습니다. 단, 여러 종류의 권한 요청이 필요한 경우라면 각 상수를 정의하고 값을 다르게 대입해야 합니다.

여기서는 위치 정보 요청만 이뤄지므로 상수도 하나만 선언했습니다. 해당 상수는 나중에 onRequestPermissionsResult 메서드를 정의하는 과정에서 활용할 예정입니다.

```
private val PERMISSION_REQUEST_CODE : Int = 1
```

[4] getSystemService 메서드를 호출해서 위치 관리자와 관련된 상수(Context.LOCATION_SERVICE)를 전달해서 LocationManager 객체를 얻어옵니다. 이 메서드에서는 **Any 타입의 객체를 반환하므로 위치 매니저 타입으로 변환할 필요가 있습니다.**

```
locationManager = getSystemService(Context.LOCATION_SERVICE) as LocationManager
```

[5] LocationListener 객체를 생성합니다. 여기서는 익명 객체를 생성하며 곧바로 필요한 메서드들을 정의합니다. 이 리스너에서 정의할 수 있는 메서드와 각 메서드의 역할은 다음과 같습니다.

메서드	역할
onLocationChanged	가장 중요한 메서드로서 위치 정보를 받아오는 시점에 호출되는 콜백 메서드입니다. 기본적으로는 위도, 경도 값이 바뀌어 갱신이 필요한 시점에 매번 호출됩니다. 이 메서드를 재정의해서 전달받은 위치 정보를 활용하는 코드를 작성합니다.
onStatusChanged	더는 사용되지 않는(deprecated) 메서드입니다.
onProviderEnabled	특정 위치 정보 제공 방법(네트워크, GPS)이 사용자에 의해 활성화되는 시점에 호출되는 콜백 메서드입니다. 전달된 문자열을 통해 어떤 방법이 활성화됐는지 알 수 있습니다.
onProviderDisabled	특정 위치 정보 제공 방법(네트워크, GPS)이 사용자에 의해 비활성화되는 시점에 호출되는 콜백 메서드입니다. 전달된 문자열을 통해 어떤 제공 방법이 비활성화됐는지 알 수 있습니다.

```
locationListener = object : LocationListener {
    override fun onLocationChanged(location: Location) {
```

```
            // ...
        }
        override fun onStatusChanged(provider: String, status: Int, extras: Bundle) {}
        override fun onProviderEnabled(provider: String) {}
        override fun onProviderDisabled(provider: String) {}
}
```

(6) onLocationChanged 메서드를 재정의합니다. **위치 정보를 받아오는 시점에 이 메서드가 호출되며, 전달된 Location 타입 객체의 위도(latitude)와 경도(longitude) 속성에 접근해 위치 정보 관련 속성을 초기화합니다.**

```
override fun onLocationChanged(location: Location) {
    lat = location.latitude
    lon = location.longitude

    // ...
}
```

(7) 날씨 및 미세먼지 정보 앱의 특성상 위치 정보를 지속적으로 갱신할 필요가 없습니다. 즉, 위치 정보는 앱을 실행한 이후 한 번만 받아오면 충분합니다.

기본적으로 onLocationChanged 메서드는 **단말기의 위치가 변경되어 갱신이 필요한 시점마다 반복적으로 호출**되기 때문에 위치 관리자(locationManager)로 하여금 더는 위치 정보를 갱신하지 않도록 removeUpdates 메서드를 호출해서 이후 onLocationChanged 메서드가 호출되지 않게 합니다. 이때 removeUpdates 메서드의 인자로는 리스너 객체를 전달합니다.

```
locationManager.removeUpdates(this)
```

만약 계속해서 위치 정보를 갱신해야 한다면 removeUpdates 메서드를 호출하면 안 되며 메서드 내부의 코드 역시 지속적으로 위치 정보가 갱신되는 상황임을 가정하고 작성해야 합니다.

(8) 위치 정보를 받아온 시점 이후 해당 위치 정보를 활용해 ViewPager 뷰를 초기화하고 리스너도 설정합니다.

```
val pagerAdapter = MyPagerAdapter(supportFragmentManager)
mPager.adapter = pagerAdapter
mPager.addOnPageChangeListener(object : ViewPager.OnPageChangeListener {
```

```kotlin
        override fun onPageScrollStateChanged(p0: Int) {}
        override fun onPageScrolled(p0: Int, p1: Float, p2: Int) {}
        override fun onPageSelected(position: Int) {
            if(position == 0) {
                Toast.makeText(applicationContext, "날씨 페이지입니다.", Toast.LENGTH_SHORT).show()
            } else if(position == 1) {
                Toast.makeText(applicationContext, "미세먼지 페이지입니다.", Toast.LENGTH_SHORT).show()
            }
        }
    })
```

(9) ContextCompat 클래스의 **checkSelfPermission 함수를 호출**해 위치 정보 접근과 관련된 권한 획득이 이 뤄졌는지 여부를 확인합니다.

```kotlin
if(ContextCompat.checkSelfPermission(this, android.Manifest.permission.ACCESS_FINE_LOCATION) ==
PackageManager.PERMISSION_GRANTED &&
    ContextCompat.checkSelfPermission(this, android.Manifest.permission.ACCESS_COARSE_LOCATION) ==
PackageManager.PERMISSION_GRANTED) {
    // 권한 획득이 이뤄졌다면 실행할 코드 작성
} else {
    // 권한 획득이 이뤄지지 않았으므로 권한을 요청하는 코드를 작성
}
```

checkSelfPermission 함수의 사용법과 인자는 다음과 같습니다.

checkSelfPermission(**(a)**, **(b)**)

(a) Context 객체를 전달합니다.

(b) 상수 형태로 정의된 권한 관련 문자열을 전달합니다. 여기서는 두 개의 상숫값(android.Manifest.permission. ACCESS_FINE_LOCATION, android.Manifest.permission.ACCESS_COARSE_LOCATION)을 각각 전달해서 권한이 허용됐음을 나타내는 상숫값(**PackageManager.PERMISSION_GRANTED**)과 비교해 권한이 승인됐는지 여부를 확인합니다.

(10) checkSelfPermission 함수를 호출한 결과로 true를 반환받아 위치 정보에 접근할 수 있다면 본격적 으로 위치 정보를 받아오기 위해 위치 매니저 객체에서 제공하는 **requestLocationUpdates 메서드**를 호출 합니다.

```kotlin
locationManager.requestLocationUpdates(LocationManager.NETWORK_PROVIDER, 0, 0f, locationListener)
```

이 메서드의 사용법과 인자는 다음과 같습니다.

requestLocationUpdates(**(a)**, **(b)**, **(c)**, **(d)**)

(a) 위치 정보를 제공받을 방식을 정의합니다. LocationManager에 정의된 상수인 NETWORK_PROVIDER나 GPS_PROVIDER 중 하나를 선택할 수 있습니다.

GPS_PROVIDER를 선택할 경우 더 정확한 위치를 참조할 수 있다는 장점이 있지만 실내에서는 활용할 수 없습니다. 반면 NETWORK_PROVIDER를 선택할 경우 실내에서도 위치 정보를 참조할 수 있지만 위치가 조금 부정확할 수 있다는 단점이 있습니다.

위치에 약간의 오차가 있더라도 날씨나 미세먼지 농도가 유의미하게 차이 나는 경우는 없으므로 여기서는 NETWORK_PROVIDER 상수를 지정해 주변의 네트워크 장치(공유기)나 기지국의 위치를 기반으로 위치를 확보합니다.

(b) 밀리초 단위의 위치 갱신 시간을 지정합니다. 갱신 시간이 지난 시점에 onLocationChanged 메서드를 호출하게 합니다.

(c) 위치 갱신을 위한 미터 단위의 **오차 거리를 전달**합니다. 해당 오차 거리 이상으로 단말기의 위치가 변경되면 onLocationChanged 메서드를 호출해 위치를 보정합니다.

(d) 위치 정보와 관련된 작업을 처리할 리스너 객체를 전달합니다.

requestLocationUpdates 메서드의 **위치 갱신 시간과 오차 거리를 모두 0으로 설정했으므로 갱신 시간이나 오차 거리에 상관없이 최대한 빨리 위치 정보를 받아오도록 동작**합니다. 여기서는 한 번 위치를 받아온 시점 이후에 위치 정보를 갱신하지 않기 때문에 위치 갱신 시간과 오차거리 값이 큰 의미를 갖지는 않습니다.

(11) 위치 권한에 대한 요청이 허락되지 않은 상황이라면 requestPermissions **함수**를 호출해 필요한 권한을 요청합니다.

ActivityCompat.requestPermissions(**this**, arrayOf(Manifest.permission.ACCESS_COARSE_LOCATION, Manifest.permission.ACCESS_FINE_LOCATION), PERMISSION_REQUEST_CODE)

이 함수의 사용법과 인자는 다음과 같습니다.

requestPermissions(**(a)**, **(b)**, **(c)**)

(a) 액티비티 객체를 전달합니다.

(b) Manifest 클래스의 내부 클래스인 permission 클래스에 정의된 권한 관련 상수가 담긴 배열을 전달합니다. 이후 이 배열에 포함된 권한들을 모두 사용자에게 요청하게 됩니다.

(c) 요청 코드를 전달합니다.

(12) 권한에 대한 **요청을 수락하거나 거절한 시점 이후에 호출되는 콜백 메서드인** onRequestPermissions
Result **메서드를 재정의합니다.**

이 메서드의 인자로 요청 코드(requestCode)와 연관된 요청 권한의 목록(permissions) 및 **각 권한에 대한 사용 허가 여부를 조사하기 위해 사용할 정수 배열(grantResults)**이 전달됩니다. 이 배열에는 상수로 정의된 **권한 사용 허가(**PERMISSION_GRANTED**) 값**이나 **권한 사용 거부(**PERMISSION_DENIED**) 값**이 저장됩니다.

```
override fun onRequestPermissionsResult(requestCode: Int, permissions: Array<String>, grantResults:
    IntArray) {
    // ...
}
```

(13) 전달된 요청 코드값을 앞서 정의한 요청 상수(PERMISSION_REQUEST_CODE)와 비교해서 요청 상수가 일치하는 경우 두 개의 위치 정보 접근 권한에 대한 허가 여부를 조사해서 **모든 위치 정보 접근에 대한 허가가 승인됐는지 여부를 확인**합니다. 이때 하나라도 허용되지 않았다면 바로 break 구문을 사용해 탈출하고, 권한 승인이 이뤄지지 않은 경우 수행할 코드로 이동합니다.

```
PERMISSION_REQUEST_CODE -> {
    var allPermissionsGranted = true
    // 두 개의 권한을 요청했으므로 grantResults 배열의 크기는 2
    for(result in grantResults) {
        // 모든 권한이 허용됐는지 여부 조사
        allPermissionsGranted = (result == PackageManager.PERMISSION_GRANTED)
        // 권한에 대해 동의하지 않았다고 확인될 경우 바로 반복문을 탈출
        if(!allPermissionsGranted) break
    }
    if(allPermissionsGranted) {
        locationManager.requestLocationUpdates(LocationManager.NETWORK_PROVIDER, 0, 0f,
locationListener)
    } else {
        Toast.makeText(applicationContext, "위치 정보 제공 동의가 필요합니다.",
Toast.LENGTH_SHORT).show()
```

```
            finish()
        }
}
```

(14) 모든 권한 승인이 이뤄졌으므로 requestLocationUpdates 메서드를 호출하며 리스너 객체를 전달해서 단말기 위치 탐색을 시작합니다.

```
locationManager.requestLocationUpdates(LocationManager.NETWORK_PROVIDER, 0, 0f, locationListener)
```

(15) 권한 승인이 이뤄지지 않았다면 더는 진행할 수 있는 작업이 없으므로 토스트 메시지를 통해 **위치 정보 제공이 필요하다는 사실을 공지한 후 액티비티를 종료**합니다.

```
Toast.makeText(applicationContext, "위치 정보 제공 동의가 필요합니다.", Toast.LENGTH_SHORT).show()
finish()
```

앱을 실행하면 권한 요청 대화상자를 보여주며 위치 액세스 허용 여부를 묻는 것을 확인할 수 있습니다.

사용자가 [허용] 버튼을 누르지 않으면 위치 정보 제공 동의와 관련된 토스트 메시지가 표시되고 앱이 종료됩니다.

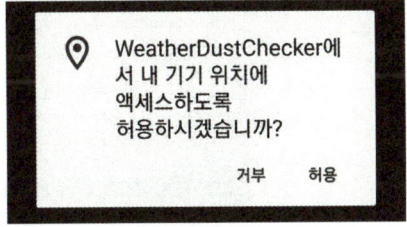

그림 3-28 권한 요청 대화 상자

허용한 이후에는 바로 위치 탐색을 시작하므로 위치 정보를 받아오기 위해 잠시 대기합니다. 대략 5~10초 정도의 시간이 소요됩니다.

이후 단말기의 위치를 기반으로 날씨 및 미세먼지 정보를 가져오는 것을 확인할 수 있습니다. 한 번 권한을 허용한 이후에 앱을 실행하면 위치 접근에 대한 동의가 이미 끝난 시점이므로 바로 **(10)**의 코드를 실행해 단말기 위치 정보에 접근합니다.

이로써 단말기의 위치를 기반으로 날씨 및 미세먼지 정보를 출력하는 앱의 기본적인 기능을 모두 구현했습니다.

더 알아보기 _ 에뮬레이터를 통한 위치 정보 접근

실제 단말기가 아닌 에뮬레이터 환경에서는 네트워크를 통한 위치 접근이 불가능하므로 **GPS 신호를 시뮬레이션하는 방식으로 위치에 접근**하도록 해야합니다.

따라서 다음과 같이 GPS신호를 통해 위치 정보를 전달받도록 액티비티의 onCreate 메서드와 onRequestPermissionsResult 메서드의 위치 요청 코드로 전달할 상수를 GPS_PROVIDER로 모두 수정합니다.

```
locationManager.requestLocationUpdates(LocationManager.GPS_PROVIDER, 0, 0f, locationListener)
```

이후 에뮬레이터 오른쪽의 설정 버튼(…)을 클릭하여 설정 화면으로 이동한 후 왼쪽 메뉴에서 Location 탭을 선택합니다. 이후 오른쪽 지도 화면의 검색 창에 Seoul(혹은 다른 도시의 이름)을 입력한 후 SAVE POINT 버튼을 클릭하여 해당 위치를 저장한 후, 최종적으로 우측 하단의 SET LOCATION 버튼을 클릭하여 위치 설정 작업을 마무리합니다.

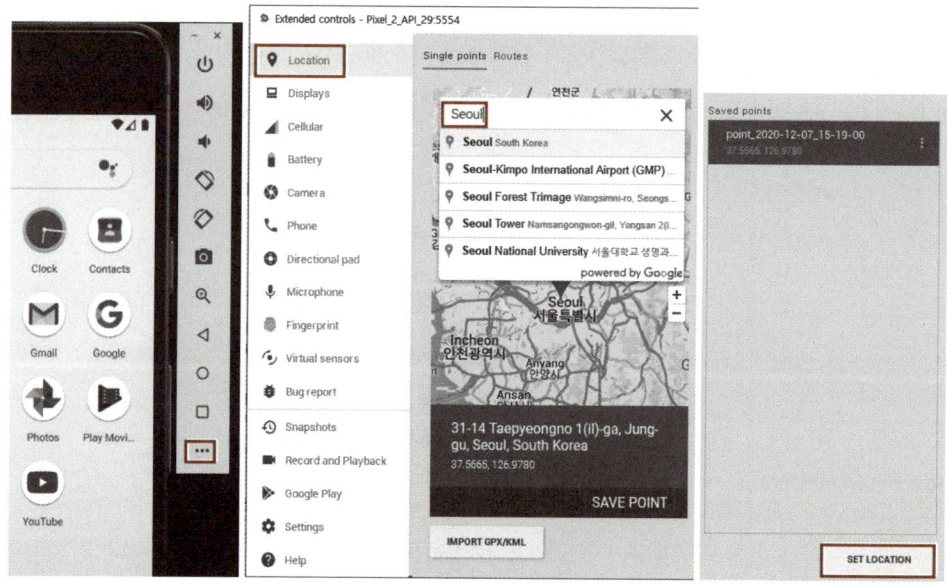

그림 3-29 에뮬레이터 설정 화면을 통한 GPS 위치 정보 지정

이후 앱을 실행하여 에뮬레이터에서 위치 정보 접근이 가능한지 여부와 앱 정상 작동 여부를 확인합니다.

앱 UI 개선

앞에서 날씨와 미세먼지 정보를 출력하는 앱의 핵심 기능을 모두 완성했습니다. 이제 앱의 UI를 개선하는 작업을 통해 더 나은 모습의 화면을 보여줄 수 있게 수정하겠습니다.

배경 그러데이션 추가

지금까지 화면의 배경색으로 단색을 사용했습니다만 단색 배경은 심심하게 느껴질 수 있으므로 **그러데이션을 이용해 배경을 표시**하도록 수정해보겠습니다.

먼저 색상 관련 리소스 파일인 `colors.xml` 파일에 필요한 색상을 추가합니다.

예제 3.34 그러데이션 배경에 사용할 색상 리소스 추가 res/values/colors.xml

```xml
<?xml version="1.0" encoding="utf-8"?>
<resources>
    <color name="colorPrimary">#008577</color>
    <!-- 상태 알림 바의 색상을 변경하기 위해 colorPrimaryDark 값을 변경 -->
    <color name="colorPrimaryDark">#11024F</color>  (1)
    <color name="colorAccent">#D81B60</color>

    <!-- 텍스트 색상 추가 -->
    <color name="textColor">#EEEEEE</color>  (2)
    <color name="textColorHighlight">#FFFFFF</color>

    <!-- 그러데이션 시작, 끝 색상 추가 -->
    <color name="gradientStartColor">#8508C9</color>  (3)
    <color name="gradientEndColor">#11024F</color>  (3)
</resources>
```

(1) 안드로이드 앱에서는 **상단의 상태 알림 바의 색상을 지정하기 위해 `colorPrimaryDark` 이름으로 설정된 색상 리소스를 사용**합니다. 배경으로 지정할 그러데이션 색상과 어울리도록 약간 어두운 보라색으로 색을 변경했습니다.

그 밖에 기본적으로 추가된 색상 중 `colorPrimary` 색상은 상단 액션바의 색상으로 사용되고 `colorAccent`는 색상 강조 기능을 지원해야 하는 일부 컴포넌트(체크박스, 라디오 버튼 등)의 강조 색상으로 사용됩니다.

(2) 텍스트를 표시할 때 사용할 색상을 추가했습니다. 배경을 조금 어두운 색상으로 바꿀 예정이므로 흰색에 가까운 밝은 색상(#EEEEEE)과 강조할 텍스트를 표시할 흰색 색상을 추가했습니다.

(3) 그러데이션의 시작 색상(gradientStartColor)과 끝 색상(gradientEndColor)을 추가했습니다. 해당 색상을 이용해 그러데이션 리소스를 생성할 예정입니다.

앞서 드로어블(drawable) 리소스에 대해 잠깐 살펴봤습니다. 보통 이미지만을 드로어블 리소스로 생각하기 쉽지만 드로어블 리소스는 **화면에 표시할 수 있는 모든 리소스를 통칭**하는 개념입니다. 즉, **그러데이션 배경도 화면에 표시될 수 있는 리소스에 포함되므로 드로어블 자원으로 정의**할 수 있습니다.

drawable 폴더에 그러데이션 배경을 정의하기 위한 bg_gradient라는 이름의 XML 리소스를 생성한 후 내용을 다음과 같이 작성합니다. 리소스 파일을 생성할 때 drawable 폴더를 마우스 오른쪽 버튼을 클릭한 후 [New] → [Drawable Resource File] 메뉴를 선택하여 생성합니다.

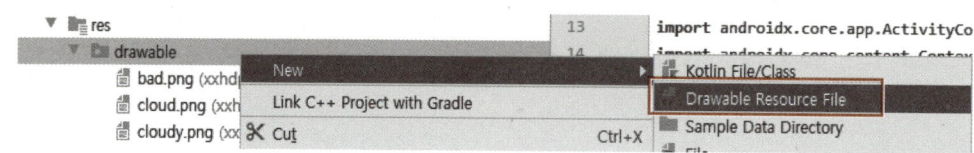

그림 3-30 배경 그러데이션 리소스 생성

예제 3.35 그러데이션 드로어블 리소스 정의   res/drawable/bg_gradient.xml

```xml
<?xml version="1.0" encoding="utf-8"?>
<shape xmlns:android="http://schemas.android.com/apk/res/android">

    <gradient
        android:angle="270" (1)
        android:startColor="@color/gradientStartColor" (2)
        android:endColor="@color/gradientEndColor" (2)
        android:type="linear" /> (3)

</shape>
```

shape 요소는 이미지를 이용하지 않고 **간단한 형태의 기하 도형을 정의**하기 위해 사용하는 요소입니다. 여기서는 배경 색상만 지정하기 위해 리소스를 추가했으므로 따로 shape 요소와 관련된 속성값을 부여해서 형태를 조정하지는 않습니다.

(1) shape 요소에 그러데이션 색상 값을 조정하기 위한 **gradient 요소를 정의**합니다. angle은 그러데이션이 적용될 각도를 지정하는 데 사용합니다.

(2) 시작 색상과 끝 색상을 정의합니다.

(3) 그러데이션 적용 방식(type)은 `linear`로 설정해 색상이 선형적으로 변하게 했습니다.

type 속성에 적용할 수 있는 다른 종류의 속성값은 다음과 같습니다.

그림 3-31 그러데이션 적용 방식에 따르는 배경 모습 변화 (왼쪽부터 linear, radius, sweep)

속성값	효과
linear	색이 선형적으로 변하도록 설정합니다.
radius	색이 방사형으로 변하도록 설정합니다.
sweep	색이 스윕형으로 변하도록 설정합니다.

단, radius 값을 적용할 경우 다음과 같이 gradientRadius 속성을 추가해서 방사형으로 보여줄 원의 반경을 지정해야 합니다.

```
android:gradientRadius="500dp"
```

시작 액티비티 레이아웃 파일을 수정해서 ViewPager 뷰의 배경으로 정의한 그러데이션 배경 리소스를 적용합니다.

예제 3.36 그러데이션 드로어블 리소스 적용   res/layout/weather_dust_main_activity.xml

```
<?xml version="1.0" encoding="utf-8"?>
<androidx.viewpager.widget.ViewPager
```

```xml
xmlns:android="http://schemas.android.com/apk/res/android"
android:id="@+id/pager"
android:layout_width="match_parent"
android:layout_height="match_parent"
android:background="@drawable/bg_gradient" />
```

정의한 텍스트 색상과 텍스트 하이라이트 색상도 프래그먼트 레이아웃에 포함된 뷰에 적용합니다.

res/layout/weather_page_fragment.xml

```xml
<TextView
    android:id="@+id/weather_status_title"
    ...
    android:textColor="@color/textColor" />

<TextView
    android:id="@+id/weather_status_text"
    ...
    android:textColor="@color/textColorHighlight" />

<TextView
    android:id="@+id/weather_temp_text"
    ...
    android:textColor="@color/textColor" />
```

res/layout/dust_page_fragment.xml

```xml
<TextView
    android:id="@+id/dust_status_title"
    ...
    android:textColor="@color/textColor" />

<TextView
    android:id="@+id/dust_pm25_status_text"
    ...
    android:textColor="@color/textColorHighlight" />

<TextView
    android:id="@+id/dust_pm25_intensity_text"
    ...
```

```
    android:textColor="@color/textColor" />

<TextView
    android:id="@+id/dust_pm10_status_text"
    ...
    android:textColor="@color/textColorHighlight" />

<TextView
    android:id="@+id/dust_pm10_intensity_text"
    ...
    android:textColor="@color/textColor" />
```

애니메이션 리소스 활용

지금까지는 뷰를 보여줄 때 특별한 효과를 적용하지 않고 그대로 보여봤습니다. 기능상으로는 문제가 없으나 보기에는 조금 지루할 수 있으므로 **뷰를 표시하는 시점에 간단한 애니메이션을 적용해** 재미를 줄 수 있게 수정해보겠습니다. 여기서는 날씨와 미세먼지와 관련된 상태를 보여줄 아이콘 이미지가 등장하는 시점에 애니메이션 효과를 적용해 이미지가 살짝 아래로 내려가면서 페이드인되게 하겠습니다.

애니메이션 효과를 뷰에 적용하려면 **애니메이션 리소스 파일을 생성하고 파일에 필요한 애니메이션 효과를 정의**하면 됩니다. 프로젝트를 생성하는 과정에서 애니메이션 리소스를 저장할 폴더를 자동으로 생성하지는 않기 때문에 먼저 필요한 애니메이션 리소스 디렉터리를 생성해야 합니다.

res 폴더를 마우스 오른쪽 버튼으로 클릭한 후 [New] → [Android Resource Directory]를 차례로 선택합니다.

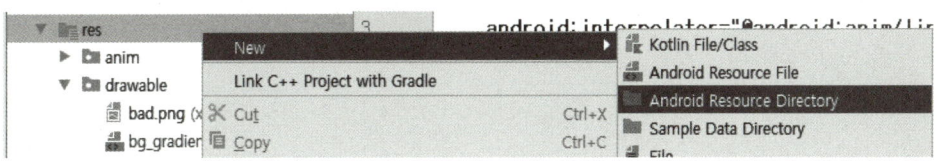

그림 3-32 안드로이드 리소스 폴더 생성 메뉴

설정 화면에서 [Directory name]은 'anim'으로, [Resource type]도 'anim'으로 설정한 후 리소스 폴더를 생성합니다.

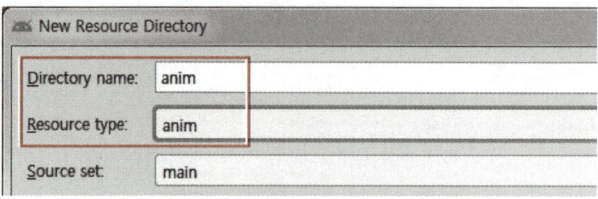

그림 3-33 애니메이션 폴더 생성

폴더를 생성했으므로 이번에는 애니메이션 리소스 파일을 만들 차례입니다. anim 폴더를 대상으로 마우스 오른쪽 버튼을 클릭한 후 [New] → [Animation resource file]을 선택해 파일 이름을 fade_in으로 설정한 후 파일 생성을 완료합니다.

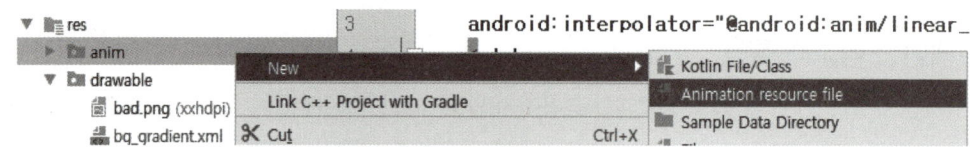

그림 3-34 애니메이션 리소스 생성

이후 fade_in 리소스 파일에 적용할 애니메이션 내용을 추가합니다.

예제 3.37 애니메이션 리소스 정의   res/anim/fade_in.xml

```xml
<?xml version="1.0" encoding="utf-8"?>
<set xmlns:android="http://schemas.android.com/apk/res/android"
    android:interpolator="@android:anim/linear_interpolator" (1)
    android:fillAfter="true"> (2)

    <alpha (3)
        android:duration="1000"
        android:fromAlpha="0.0"
        android:toAlpha="1.0" />

    <translate (4)
        android:duration="1000"
        android:fromYDelta="0%"
        android:toYDelta="-10%" />

</set>
```

[1] set 요소를 최상위 요소로 설정합니다. 여기서 set은 말 그대로 집합을 의미하며, **필요한 애니메이션 요소를 모두 포함하고 있는 집합**으로 해석할 수 있습니다. 이 요소 안에 애니메이션 효과를 기술한 요소를 추가하면 되며, 내부에 정의한 애니메이션은 모두 동시에 진행됩니다.

set 요소에서 눈여겨봐야 할 속성은 `interpolator` 속성입니다. **이 속성을 지정해 애니메이션의 보간 방식을 설정**할 수 있습니다. 여기서는 속성값으로 `linear_interpolator`로 지정해 선형 보간 방식으로 애니메이션을 보간하도록 설정했습니다. 이는 특별한 속도 변화 없이 점진적으로 애니메이션 효과가 적용되게 하는 가장 일반적인 보간 방식입니다.

선형 보간 방식 외에도 자주 사용되는 보간 방식이 여럿 있으며, 각 보간 방식의 특징은 다음과 같습니다.

보간 방식	특징
`linear_interpolator`	애니메이션 효과가 일정한 속도로 적용됩니다.
`accelerate_interpolator`	애니메이션 효과가 점점 빠르게 적용됩니다.
`decelerate_interpolator`	애니메이션 효과가 점점 느리게 적용됩니다.
`accelerate_decelerate_interpolator`	애니메이션 효과가 점점 빨라지다가 느려지면서 적용됩니다.

위 표에서 소개한 보간 방식 외에도 다양한 보간 방식이 있으므로 관심이 있는 독자는 공식 문서나 검색을 통해 보간 방식의 특징을 확인해 보길 권장합니다.

[2] `fillAfter` 속성은 애니메이션 효과 재생이 모두 끝난 후 **뷰를 애니메이션을 시작한 시점 상태로 복원할지 여부를 결정**합니다. true 값을 적용하면 재생이 끝난 상태로 두고 false 값을 적용하면 효과 재생이 일어나기 전의 상태로 다시 돌아갑니다.

처음에는 뷰의 투명도를 0으로 설정해서 완전히 투명해 보이지 않는 상태로 시작해서 점점 투명도를 낮춰서 완전히 불투명하게 보이게 함과 동시에 뷰의 위치를 살짝 아래로 이동하게 한 후 **뷰를 그 상태 그대로 보존할 예정**이므로 이 경우에는 원래 상태로 복원하면 안 됩니다. 따라서 여기서는 애니메이션 재생이 끝난 상태로 그대로 두기 위해 속성값을 true로 설정합니다.

[3] set 요소에 애니메이션 관련 요소를 정의합니다. 알파값이 투명도를 조절하는 효과를 담당하므로 뷰의 **투명도를 조절해서 페이드인 효과를 주기 위해 alpha 요소를 추가**했습니다. `fromAlpha`, `toAlpha` 속성을 설정해 시간이 지남에 따라 완전히 보이지 않는 상태(0.0)부터 완전히 보이는 상태(1.0)로 변하도록 설정했습니다.

`duration` **속성은 애니메이션의 길이를 정하는 데 사용**됩니다. 밀리초 단위의 값을 입력해야 하므로 1초 동안 애니메이션을 재생하기 위해 값을 1000으로 설정했습니다.

(4) 뷰의 위치가 이동하도록 **translate** 요소를 추가했습니다. 애니메이션 진행 시간은 1초이며, 뷰의 수직 위치와 관련된 Y값을 조절해서 살짝 위로 이동하게 합니다.

여기서는 퍼센티지 단위의 값을 사용했는데 Y값을 조절하며 음수값을 설정했으므로 **뷰의 세로 크기에 비례해 10% 정도만큼** 위치를 위로 이동시킵니다. 만약 양수값을 설정했다면 아래로 이동하게 됩니다.

투명도 값 변경이나 위치 조정 외에도 다양한 애니메이션 요소가 준비돼 있으므로 애니메이션 관련 공식 문서[2]를 참조해서 다른 종류의 요소도 추가해보고 애니메이션 관련 속성을 조절해 애니메이션의 효과를 알아보길 권장합니다.

이렇게 해서 애니메이션 리소스의 생성이 완료됐습니다. 이제 **코드를 작성해 애니메이션 리소스를 불러와 뷰에 적용**해야 합니다.

날씨 정보 프래그먼트 클래스 내부에 startAnimation 메서드를 추가하고 이 메서드가 호출될 때 뷰에 페이드인 효과가 적용되도록 코드를 추가합니다.

예제 3.38 날씨 정보 프래그먼트에 애니메이션 시작 메서드 추가

wikibook/learnandroid/weatherdustchecker/WeatherPageFragment.kt

```kotlin
fun startAnimation() {
    // (1)
    val fadeIn = AnimationUtils.loadAnimation(activity, R.anim.fade_in)
    // (2)
    weatherImage.startAnimation(fadeIn)
}

override fun onCreateView(inflater: LayoutInflater, container: ViewGroup?, savedInstanceState: Bundle?): View {
    // (.. 이후 코드 내용 생략 ..)
```

(1) AnimationUtils 클래스에서 제공하는 **loadAnimation** 함수를 호출하며 Context 객체와 애니메이션 리소스 식별자를 전달해서 **Animation** 타입의 객체를 반환받습니다.

```kotlin
val fadeIn = AnimationUtils.loadAnimation(activity, R.anim.fade_in)
```

---

[2] https://developer.android.com/guide/topics/resources/animation-resource#View

(2) 불러온 애니메이션 객체(fadeIn)를 뷰의 startAnimation 메서드를 호출할 때 전달해서 뷰에 애니메이션을 적용합니다.

```
// 날씨 이미지 뷰에 애니메이션을 적용
weatherImage.startAnimation(fadeIn)
```

미세먼지 정보 프래그먼트에도 같은 역할을 수행하는 메서드를 추가합니다.

예제 3.39 미세먼지 정보 프래그먼트에 애니메이션 시작 메서드를 추가

wikibook/learnandroid/weatherdustchecker/DustPageFragment.kt

```kotlin
fun startAnimation() {
    val fadeIn = AnimationUtils.loadAnimation(activity, R.anim.fade_in)
    statusImage.startAnimation(fadeIn)
}

override fun onCreateView(inflater: LayoutInflater, container: ViewGroup?, savedInstanceState: Bundle?): View {
// (.. 이후 코드 내용 생략 ..)
```

이후 ViewPager의 페이지 변경 리스너를 추가하는 부분에서 페이지 이동이 완료되는 시점(**onPageSelected** 메서드 호출 시점)에 프래그먼트에 추가한 **startAnimation 메서드를 호출**해서 페이지 이동 직후 애니메이션을 재생할 수 있게 변경합니다.

예제 3.40 프래그먼트를 변경한 이후 애니메이션 시작 메서드를 호출하는 코드를 추가

wikibook/learnandroid/weatherdustchecker/WeatherDustMainActivity.kt

```kotlin
mPager.addOnPageChangeListener(object : ViewPager.OnPageChangeListener {
    override fun onPageScrollStateChanged(p0: Int) {}
    override fun onPageScrolled(p0: Int, p1: Float, p2: Int) {}
    override fun onPageSelected(position: Int) {
        if(position == 0) {
            // (1)
            val fragment = mPager.adapter?.instantiateItem(mPager, position) as WeatherPageFragment
            fragment.startAnimation()
        } else if(position == 1) {
            // 미세먼지 정보 프래그먼트로 변경된 시점에도 같은 방식으로 startAnimation 메서드를 호출
            val fragment = mPager.adapter?.instantiateItem(mPager, position) as DustPageFragment
```

```
                fragment.startAnimation()
            }
        }
    })
```

(1) 어댑터 객체에서 제공하는 `instantiateItem` 메서드에 ViewPager 객체와 현재 위치를 전달해서 프래그먼트를 전달받고 곧바로 startAnimation 메서드를 호출해 애니메이션 효과를 적용합니다.

이후 미세먼지 정보 화면으로 변경된 시점에도 똑같이 애니메이션 효과를 적용할 수 있도록 코드를 수정합니다.

```
val fragment = mPager.adapter?.instantiateItem(mPager, mPager.currentItem) as WeatherPageFragment
// 페이지 이동 이후 곧바로 애니메이션 효과를 재생할 수 있도록 메서드를 호출
fragment.startAnimation()
```

이제 앱을 실행하고 뷰에 애니메이션 효과가 잘 적용되는지 확인합니다.

벡터 이미지 활용

일반적으로 널리 사용되는 **래스터 이미지(비트맵 이미지)는** 격자 형태로 보여지는 각각의 픽셀 색상 정보를 모두 저장하는 방식으로 이미지를 저장합니다. 따라서 어느 수준 이상으로 이미지를 확대하면 색상이 변하는 단계가 명확히 보이고 화질도 떨어져 보이는 단점이 있습니다.

이러한 단점을 극복하기 위해 이미지를 표현할 때 더 많은 픽셀을 사용하는 고화질 이미지를 사용해도 되지만 고화질 이미지는 큰 용량을 차지하므로 사용하기가 부담스러운 측면이 있습니다. 게다가 새로운 안드로이드 단말기가 출시될 때마다 화면의 해상도가 높아지기 때문에 이러한 화면 해상도에 대응할 수 있는 래스터 이미지를 매번 준비하기란 번거로운 일입니다.

그림 3-35 벡터 이미지와 래스터 이미지 (출처: seekacreative)

래스터 이미지의 대안으로 등장한 벡터 이미지는 아무리 확대해도 화질이 저하되지 않습니다. 점의 좌표와 면의 색상과 같은 정보를 저장한 후 확대/축소할 때마다 **매번 좌표를 이용해 새로 위치를 계산한 후 형태를 그리는 방식**으로 작동하기 때문입니다.

벡터 이미지에 대한 선호도 상승과 더불어 **단말기의 해상도와 관계없이 깔끔하게 이미지를 표시할 수 있다는 장점** 덕분에 최근에는 벡터 이미지가 많이 활용되고 있습니다. 이러한 벡터 이미지와 관련된 여러 포맷이 있는데, 그중 **SVG 포맷**은 HTML과 같은 마크업 언어처럼 태그를 이용해 화면에 그릴 요소를 정의할 수 있어 널리 사용되는 벡터 이미지 포맷입니다.

벡터 이미지를 생성하려면 어도비사의 일러스트레이터 같은 벡터 이미지 편집 툴을 사용해야 합니다. 벡터 편집 툴의 사용법은 이 책의 주제를 벗어나므로 여기서는 미리 준비해 둔 SVG 이미지를 이용해 프로젝트를 진행하겠습니다. 프로젝트에 필요한 벡터 이미지가 있다면 다음과 같은 벡터 이미지 공유 사이트에서 적절한 이미지를 찾아보는 것도 방법입니다.

- https://www.iconfinder.com/

SVG 형식의 벡터 이미지가 준비되면 **안드로이드 앱에서 사용할 수 있도록 벡터 드로어블로 변환**해야 합니다.

res 폴더를 마우스 오른쪽 버튼으로 클릭한 후 [New] → [Vector Asset]을 선택합니다.

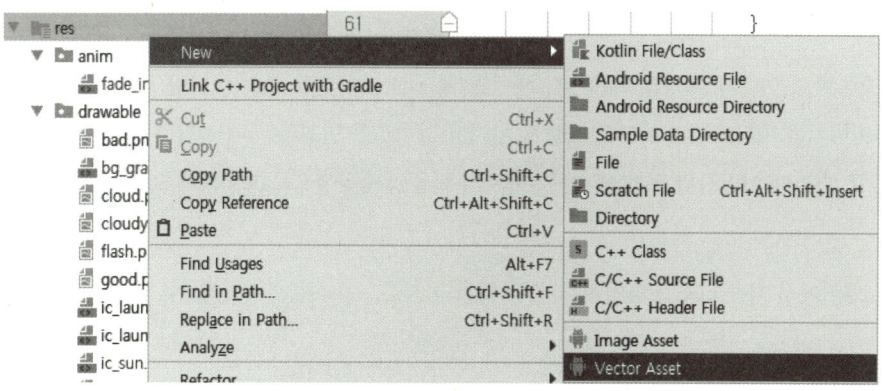

그림 3-36 벡터 리소스 생성 메뉴

메뉴를 선택하면 다음과 같은 화면이 나타납니다.

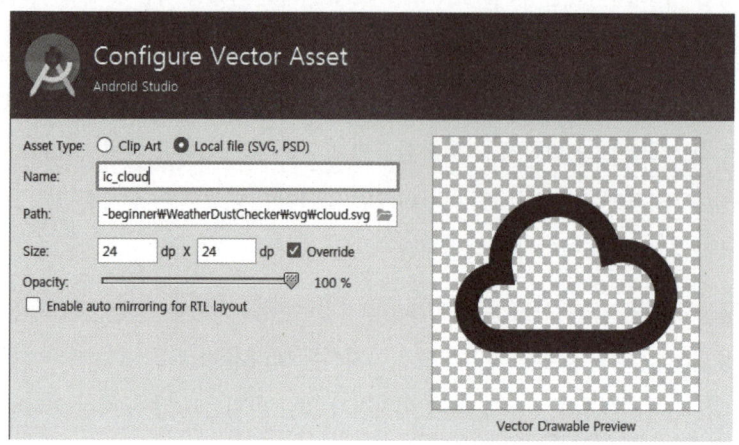

그림 3-37 벡터 애셋 리소스 설정

먼저 [Local file(SVG, PSD)] 라디오 버튼을 선택하고 경로(Path) 설정에서 오른쪽의 폴더 아이콘을 눌러 SVG 파일이 위치한 경로로 이동해 파일을 선택합니다. 여기서는 제공된 리소스 파일 중 cloud.svg 파일을 이용해 벡터 드로어블을 생성하겠습니다.

[Name] 항목에는 리소스의 이름을 설정합니다. 기본적으로는 아이콘을 의미하는 "ic_"라는 접두어를 붙이는 형태로 파일 이름을 자동으로 설정해 줍니다.

만약 크기를 수동으로 조정해야 한다면 [Override] 체크박스를 체크하고 적절한 DP 단위의 크기를 입력합니다. 오른쪽의 이미지 프리뷰 화면에서 생성될 벡터 드로어블의 모습을 미리 확인해 볼 수 있습니다. 단, 해당 이미지는 벡터 이미지이므로 나중에 이미지 사이즈를 변경하는 데 제약 사항이 없습니다. 따라서 사이즈를 조정할 때 **이미지의 크기보다는 이미지의 비율이 정상적으로 보이도록 조절하는 것**이 더 중요합니다.

이어지는 화면에서 최종 리소스 파일이 저장될 위치와 리소스의 이름을 확인할 수 있습니다.

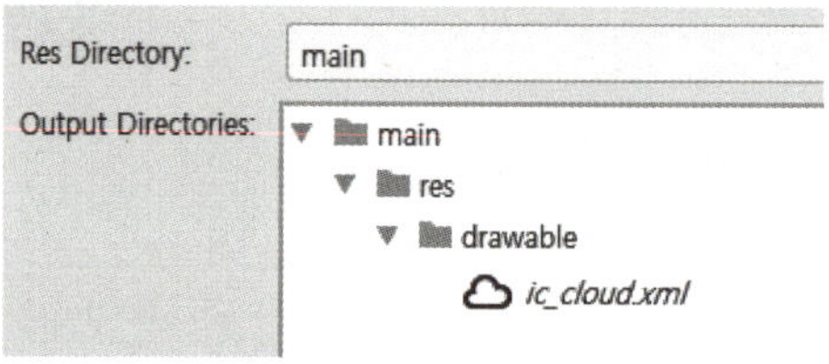

그림 3-38 벡터 애셋 리소스 최종 생성

[Finish] 버튼을 눌러 벡터 드로어블 리소스의 생성을 완료합니다. 생성된 **벡터 드로어블은 drawable 폴더에 저장**됩니다.

생성된 ic_cloud.xml 파일을 더블클릭해서 열어보면 다음과 같은 내용을 확인할 수 있습니다.

예제 3.41 추가된 벡터 리소스　　　　　　　　　　　　　　　　　　　res/drawable/ic_cloud.xml

```xml
<vector xmlns:android="http://schemas.android.com/apk/res/android"
    android:width="24dp"
    android:height="24dp"
    android:viewportWidth="24"
    android:viewportHeight="24">

    <!-- path 요소의 fillColor 색상값을 흰색으로 변경 -->
    <path
        android:fillColor="#FFFFFFFF"
        android:pathData="... 속성값 생략 ..."/>

</vector>
```

여기서 눈여겨봐야 할 부분은 **path 요소와 fillColor 속성**입니다. path는 화면에 표시할 도형의 형태를 정의하는 데 사용하며, 요소에 정의된 pathData의 속성값에 그려야 할 세부적인 내용을 정의합니다.

fillColor는 도형을 표시할 색상값을 설정하는 데 사용합니다. 현재 화면에 어두운 색감의 그러데이션 배경을 적용했으므로 기본적으로 설정된 검은색(#FF000000)을 흰색(#FFFFFFFF)으로 변경합니다.

이제 날씨 정보와 관련된 모든 벡터 이미지(flash, rain, snow, cloudy, cloud, sun)를 모두 벡터 드로어블로 변환하고 생성된 XML 파일에 포함된 모든 path 요소의 fillColor 값을 흰색으로 조정합니다. 미세먼지 정보와 관련된 벡터 이미지(bad, good, normal, very_bad)도 모두 벡터 드로어블로 변환하고 마찬가지로 path 요소의 fillColor 값을 흰색으로 조정합니다.

이제 기존의 래스터 이미지 기반 드로어블 리소스를 교체해서 앞에서 생성한 벡터 드로어블을 사용하도록 코드를 수정합니다. **래스터 이미지나 벡터 이미지나 모두 똑같은 드로어블이므로 추가적인 코드 수정 없이 리소스의 식별자만 교체**하면 됩니다.

따라서 날씨 정보 프래그먼트와 미세먼지 정보 프래그먼트를 수정해서 다음과 같이 setImageResource 메서드로 표시할 이미지 리소스의 식별자를 설정하는 코드를 모두 찾아서 "ic_" 접두어를 붙인 벡터 이미지 리소스의 식별자 이름으로 교체합니다.

예제 3.42 날씨 정보 프래그먼트에 벡터 이미지 리소스를 적용

wikibook/learnandroid/weatherdustchecker/WeatherPageFragment.kt

```kotlin
// 기존의 래스터 이미지 식별자 앞에 ic_ 접두어를 붙여 새로 생성한 벡터 드로어블 리소스를 사용하도
록 변경
id.startsWith("2") -> {
    weatherImage.setImageResource(R.drawable.ic_flash)
    "천둥, 번개"
}
id.startsWith("3") -> {
    weatherImage.setImageResource(R.drawable.ic_rain)
    "이슬비"
}
id.startsWith("5") -> {
    weatherImage.setImageResource(R.drawable.ic_rain)
    "비"
}
id.startsWith("6") -> {
    weatherImage.setImageResource(R.drawable.ic_snow)
    "눈"
}
id.startsWith("7") -> {
    weatherImage.setImageResource(R.drawable.ic_cloudy)
    "흐림"
}
id.equals("800") -> {
    weatherImage.setImageResource(R.drawable.ic_sun)
    "화창"
}
id.startsWith("8") -> {
    weatherImage.setImageResource(R.drawable.ic_cloud)
    "구름 낌"
}
else -> "알 수 없음"
```

예제 3.43 미세먼지 정보 프래그먼트에 벡터 이미지 리소스를 적용

wikibook/learnandroid/weatherdustchecker/DustPageFragment.kt

```kotlin
statusImage.setImageResource(when(data.pm25Status) {
    "좋음" -> R.drawable.ic_good
```

```
    "보통" -> R.drawable.ic_normal
    "나쁨" -> R.drawable.ic_bad
    else -> R.drawable.ic_very_bad
  }
})
```

앱을 실행해 다음과 같이 색상이 흰색으로 조정된 벡터 이미지가 정상적으로 출력되는지 확인합니다.

그림 3-39 벡터 이미지가 적용된 미세먼지 정보 프래그먼트 화면

Retrofit 라이브러리를 이용한 HTTP 통신

앞서 웹 API 서비스에 접근하기 위해 AsyncTask 클래스를 구현해 비동기 방식으로 HTTP 통신을 수행하도록 코드를 작성했습니다. 이러한 일련의 통신 과정을 편리하게 만들어주는 라이브러리가 여럿 있는데 그중 가장 널리 쓰이는 라이브러리는 Retrofit[3]입니다.

이제 Retrofit 라이브러리를 프로젝트에 추가하고 기존에 정의한 APICall 클래스를 이용하는 통신 코드를 삭제한 후 Retrofit에서 제공하는 클래스와 인터페이스를 이용해 HTTP 통신을 수행하도록 수정해보겠습니다.

---

[3] https://square.github.io/retrofit/

먼저 모듈 레벨 그레이들 파일의 dependencies 블록 내부 안에 Retrofit 라이브러리 관련 의존성을 추가합니다.

Gradle Script/build.gradle (Module: app)

```
// Retrofit 라이브러리 의존성 추가
implementation 'com.squareup.retrofit2:retrofit:2.6.1'
// 역직렬화 작업을 위한 컨버터 라이브러리 추가
implementation "com.squareup.retrofit2:converter-gson:2.6.1"
```

이전에 JSON 역직렬화 작업을 위해 Jackson 라이브러리를 사용했습니다만 Retrofit 라이브러리의 사용법을 알려주는 여러 인터넷 문서를 살펴보면 **Gson 라이브러리를 사용해 역직렬화**하는 경우가 많습니다.

물론 역직렬화 라이브러리를 바꿔서 Jackson 라이브러리를 사용하도록 변경할 수도 있습니다만 여기서는 라이브러리의 사용법도 살펴볼 겸 Gson 라이브러리를 통해 역직렬화를 수행하겠습니다.

가장 먼저 진행할 작업은 **웹 API 서비스 주소로 요청을 보낼 추상 메서드를 포함하는 인터페이스를 정의**하는 것입니다. 다음은 날씨 정보를 받아오는 주소로 요청을 보내는 메서드를 포함한 웹 API 서비스 접근 인터페이스를 정의한 코드입니다.

예제 3.44 날씨 정보 API 서비스 접근용 인터페이스 및 역직렬화 데이터 저장용 클래스

wikibook/learnandroid/weatherdustchecker/WeatherAPIService.kt

```
package wikibook.learnandroid.weatherdustchecker

import retrofit2.Call
import retrofit2.http.GET
import retrofit2.http.Query

// (1)
interface WeatherAPIService {
    // (2)
    @GET("/data/2.5/weather")
    fun getWeatherStatusInfo(
        // (3)
        @Query("appid") appId: String,
        @Query("lat") lat: Double,
        @Query("lon") lon: Double,
        @Query("units") units: String="metric"
```

```
    // (4)
    ) : Call<OpenWeatherAPIJSONResponseFromGSON>
}

// (5)
data class OpenWeatherAPIJSONResponseFromGSON(val main: Map<String, String>, val weather:
List<Map<String, String>>)
```

(1) 날씨 정보를 요청하기 위한 WeatherAPIService 인터페이스를 정의합니다.

(2) 요청 정보를 반환받기 위해 메서드에 **@GET 애너테이션**을 지정하고 해당 애너테이션에 주솟값을 전달합니다. 주소에 포함할 쿼리 스트링 정보(query)는 메서드의 인자를 통해 전달하고 있으므로 **쿼리 스트링 정보가 모두 제거된 경로(path)만 포함된 주소를 전달**합니다. 호스트 주소(host)는 Retrofit 빌더 객체를 **구성하는 과정에서 전달**할 것이므로 호스트 주소도 생략합니다.

```
@GET("/data/2.5/weather")
```

(3) 반환 단위(units)와 위치 정보(lat, lon) 및 API 키(appId)가 모두 **쿼리 스트링에 포함돼야 할 정보**이므로 **@Query 애너테이션**을 지정해 해당 정보를 참조할 수 있는 이름을 설정합니다. 이후 일반적인 함수, 메서드를 정의할 때와 같이 전달받을 인자의 이름과 타입을 지정합니다.

```
@Query("appid") appId: String,
@Query("lat") lat: Double,
@Query("lon") lon: Double,
@Query("units") units: String="metric"
```

getWeatherStatusInfo 메서드를 통해 접근할 주소는 최종적으로 다음과 같은 형태로 구성될 것입니다.

```
/data/2.5/weather?appid=appId변수문자열값&lat=lat변수위도값&lon=lon변수경도값&units=metric
```

(4) 반환값으로 Call 타입의 객체를 돌려주며, 제네릭 타입은 (5)에서 정의한 **역직렬화 이후 반환할 객체의 타입으로 지정**합니다.

```
Call<OpenWeatherAPIJSONResponseFromGSON>
```

(5) 역직렬화 데이터를 저장할 클래스를 정의합니다. 기본적으로 Jackson, Gson 라이브러리 모두 역직렬화를 수행하기 위한 라이브러리이므로 날씨 정보 저장용 클래스의 내용은 이전에 Jackson 라이브러리를 사용할 때의 클래스와 완전히 같습니다.

```
data class OpenWeatherAPIJSONResponseFromGSON(val main: Map<String, String>, val weather:
List<Map<String, String>>)
```

이후 기존에 작성한 APICall 클래스를 이용한 통신 코드를 모두 제거하고 앞에서 정의한 웹 API 접근 인터페이스를 사용해 통신 작업을 수행하도록 날씨 정보 프래그먼트의 코드를 다음과 같이 수정합니다.

예제 3.45 날씨 정보 프래그먼트에서 서비스 접근 인터페이스 활용

wikibook/learnandroid/weatherdustchecker/WeatherPageFragment.kt

```kotlin
override fun onViewCreated(view: View, savedInstanceState: Bundle?) {
    super.onViewCreated(view, savedInstanceState)

    val lat = arguments!!.getDouble("lat")
    val lon = arguments!!.getDouble("lon")

    // (1)
    val retrofit = Retrofit.Builder()
        .baseUrl("http://api.openweathermap.org")
        .addConverterFactory(GsonConverterFactory.create())
        .build()

    // (2)
    val apiService = retrofit.create(WeatherAPIService::class.java)

    // (3)
    val apiCallForData = apiService.getWeatherStatusInfo(APP_ID, lat, lon)

    // (4)
    apiCallForData.enqueue(object : Callback<OpenWeatherAPIJSONResponseFromGSON> {
        override fun onFailure(call: Call<OpenWeatherAPIJSONResponseFromGSON>, t: Throwable) {
            // (5)
            Toast.makeText(activity, "에러 발생 : ${t.message}", Toast.LENGTH_SHORT).show()
        }

        override fun onResponse(call: Call<OpenWeatherAPIJSONResponseFromGSON>, response:
Response<OpenWeatherAPIJSONResponseFromGSON>) {
            // (6)
            val data = response.body()
```

```
            if(data != null) {
                val temp = data.main.get("temp")
                temperatureText.text = temp

                val id = data.weather[0].get("id")
                if(id != null) {
                    statusText.text = when {
                        // (.. 중간 코드 생략 ..)
                    }
                }
            }
        })

        // APICall 클래스를 이용한 기존 통신 코드 삭제
    }
```

(1) Retrofit 객체를 생성하기 위한 빌더를 만들기 위해 Builder 함수를 호출합니다. 이후 연속해서 호출하는 두 개의 메서드에 주목합니다. 먼저 baseUrl 메서드에는 호스트 주소를 전달합니다. 이후 addConverterFactory 메서드를 호출하며, HTTP 응답 메시지에 포함된 내용을 역직렬화하는 데 사용할 변환 업무 담당 객체를 전달합니다. 여기서는 GsonConverterFactory의 create 메서드를 호출해 내부적으로 Gson 라이브러리를 통해 객체 변환 작업을 수행합니다.

최종적으로 build 메서드를 호출해 Retrofit 객체를 반환받습니다.

```
val retrofit = Retrofit.Builder()
    .baseUrl("http://api.openweathermap.org")
    .addConverterFactory(GsonConverterFactory.create())
    .build()
```

(2) 앞서 생성한 Retrofit 객체의 create 메서드를 호출하며 앞에서 정의한 웹 API 서비스 접근 인터페이스(WeatherAPIService)의 정보를 전달합니다. 반환값으로는 해당 인터페이스 타입의 객체를 반환받습니다.

```
val apiService = retrofit.create(WeatherAPIService::class.java)
```

(3) 인터페이스에 정의한 주소 접근 메서드 getWeatherStatusInfo를 호출하며 주소의 쿼리 스트링에 포함될 API 키와 위치 정보를 전달합니다. 해당 메서드에서는 Call 타입의 객체를 반환하는데, 이름에서 유추할 수 있듯이 해당 객체를 통해 네트워크 요청을 수행할 수 있습니다.

```
val apiCallForData = apiService.getWeatherStatusInfo(APP_ID, lat, lon)
```

(4) 객체의 enqueue 메서드를 호출해서 비동기 네트워크 요청을 보내고, 결과 요청의 성공과 실패 여부에 따라 호출될 두 개의 콜백 메서드를 정의합니다.

```
apiCallForData.enqueue(object : Callback<OpenWeatherAPIJSONResponseFromGSON> {
    // 네트워크 요청이 실패했을 때 호출될 onFailure 콜백 메서드
    override fun onFailure(call: Call<OpenWeatherAPIJSONResponseFromGSON>, t: Throwable) {
        // ...
    }
    // 네트워크 요청이 성공했을때 호출될 onFailure 콜백 메서드
    override fun onResponse(call: Call<OpenWeatherAPIJSONResponseFromGSON>, response: Response<OpenWeatherAPIJSONResponseFromGSON>) {
        // ...
    }
})
```

(5) 요청 실패 시 실행할 코드를 작성하기 위한 onFailure 메서드로서 Throwable 타입 객체의 message 속성에 접근해 오류의 원인을 토스트 메시지로 출력합니다.

```
Toast.makeText(activity, "에러 발생 : ${t.message}", Toast.LENGTH_SHORT).show()
```

> 🔍 Exception 클래스에서 상속받는 Throwable 클래스는 모든 예외 및 에러 객체의 조상으로, 여기서는 예외 객체와 같은 역할을 수행합니다.

(6) 요청 성공 시 실행할 코드를 작성하기 위한 onResponse 메서드에 전달된 **응답 결과 객체(response)에 접근해 body 메서드를 호출**합니다. 메서드의 호출 결과로 **역직렬화를 통해 생성된 객체를 반환**받습니다. 반환된 객체의 타입은 이전에 정의한 OpenWeatherAPIJSONResponseFromGSON 타입이며, 이전 코드와 똑같이 전달받은 날씨 정보를 화면에 출력하는 작업을 진행합니다.

```kotlin
// data는 역직렬화 작업이 수행되어 생성된 OpenWeatherAPIJSONResponseFromGSON 타입의 객체
val data = response.body()

if(data != null) {
    // 필요한 날씨 정보 접근
    val temp = data.main.get("temp")
    temperatureText.text = temp

    val id = data.weather[0].get("id")
    if(id != null) {
        statusText.text = when {
            // (.. 중간 코드 생략 ..)
        }
    }
}
```

미세먼지 정보 웹 API 서비스에 접근할 인터페이스는 다음과 같은 형태로 작성합니다.

예제 3.46 미세먼지 정보 API 서비스 접근용 인터페이스 및 역직렬화 데이터 저장용 클래스

wikibook/learnandroid/weatherdustchecker/DustCheckAPIService.kt

```kotlin
package wikibook.learnandroid.weatherdustchecker

import com.google.gson.JsonDeserializationContext
import com.google.gson.JsonDeserializer
import com.google.gson.JsonElement
import retrofit2.Call
import retrofit2.http.GET
import retrofit2.http.Path
import retrofit2.http.Query
import java.lang.reflect.Type

// (1)
interface DustCheckAPIService {
    // (2)
    @GET("/feed/geo:{lat};{lon}/")
    fun getDustStatusInfo(
        // (3)
        @Path("lat") lat: Double,
```

```kotlin
        @Path("lon") lon: Double,
        // [4]
        @Query("token") token: String
    ) : Call<DustCheckResponseFromGSON>
}

// [5]
data class DustCheckResponseFromGSON(val pm10: Int, val pm25: Int, val pm10Status : String, val pm25Status : String)

// [6]
class DustCheckerResponseDeserializerGSON : JsonDeserializer<DustCheckResponseFromGSON> {
    private val checkCategory = { aqi : Int -> when(aqi) {
        in (0 .. 100) -> "좋음"
        in (101 .. 200) -> "보통"
        in (201 .. 300) -> "나쁨"
        else -> "매우 나쁨"
    }}

    // [7]
    override fun deserialize(json: JsonElement?, typeOfT: Type?, context: JsonDeserializationContext?): DustCheckResponseFromGSON {
        // [8]
        val root = json?.getAsJsonObject()
        // [9]
        val dataNode = root?.getAsJsonObject("data")
        var iaqiNode = dataNode?.getAsJsonObject("iaqi")
        var pm10Node = iaqiNode?.getAsJsonObject("pm10")
        var pm25Node = iaqiNode?.getAsJsonObject("pm25")
        // [10]
        var pm10 = pm10Node?.get("v")?.asInt
        var pm25 = pm25Node?.get("v")?.asInt

        // [11]
        return DustCheckResponseFromGSON(pm10!!, pm25!!, checkCategory(pm10), checkCategory(pm25))
    }
}
```

[1] 미세먼지 정보를 요청하기 위한 DustCheckAPIService 인터페이스를 정의합니다.

(2) 정보 요청을 위한 @GET 애너테이션을 추가하고 주소 정보를 전달합니다. 날씨 정보를 요청하는 주소와는 달리 여기에는 주소 경로에 위치 정보가 포함돼야 하므로 해당 변수가 삽입될 공간에 중괄호와 변수명을 지정하는 것을 확인할 수 있습니다.

```
@GET("/feed/geo:{lat};{lon}/")
```

(3) 쿼리 스트링이 아닌 **주소의 경로(path)에 포함**될 위도, 경도 정보를 전달받을 인자에는 **@Query** 애너테이션이 아닌 **@Path** 애너테이션을 사용합니다. 애너테이션에 전달할 문자열 값은 앞서 @GET 애너테이션의 주소에 포함한 중괄호 안의 변수명과 같아야 합니다.

```
@Path("lat") lat: Double,
@Path("lon") lon: Double,
```

(4) API 접근을 위한 토큰 정보는 쿼리 스트링에 포함되어 전달되는 정보이므로 @Query 애너테이션을 사용합니다.

```
@Query("token") token: String
```

(5) 역직렬화 데이터를 저장할 클래스를 정의합니다. 클래스의 내용은 이전에 정의한 클래스(DustCheckResponse)와 동일합니다.

```
data class DustCheckResponseFromGSON(val pm10: Int, val pm25: Int, val pm10Status : String, val pm25Status : String)
```

(6) Gson 라이브러리에 포함된 **JsonDeserializer** 클래스를 상속받는 사용자 정의 역직렬화 클래스를 정의합니다. 제네릭 타입은 변환할 객체 클래스의 타입으로 지정합니다.

```
class DustCheckerResponseDeserializerGSON : JsonDeserializer<DustCheckResponseFromGSON> {
    // ...
}
```

(7) 역직렬화 작업을 수행하고 객체를 반환하는 역할을 수행할 deserialize 메서드를 정의합니다.

```
override fun deserialize(json: JsonElement?, typeOfT: Type?, context: JsonDeserializationContext?): DustCheckResponseFromGSON {
    // ...
}
```

(8) json 객체의 **getAsJsonObject** 메서드를 호출해서 최상위 노드 객체를 반환받습니다.

```
val root = json?.getAsJsonObject()
```

(9) 내부의 data 속성에 포함된 객체를 얻어오기 위해 마찬가지로 getAsJsonObject 메서드를 호출합니다. 더 안쪽에 포함된 중첩 객체에 접근하기 위한 일련의 작업을 수행합니다.

```
val dataNode = root?.getAsJsonObject("data")
var iaqiNode = dataNode?.getAsJsonObject("iaqi")
var pm10Node = iaqiNode?.getAsJsonObject("pm10")
var pm25Node = iaqiNode?.getAsJsonObject("pm25")
```

(10) asInt 속성에 접근해 v 중첩 객체에 포함된 정수 형태의 미세먼지 수치 값을 얻어옵니다.

```
var pm10 = pm10Node?.get("v")?.asInt
var pm25 = pm25Node?.get("v")?.asInt
```

(11) 추출한 정보를 이용해 역직렬화 클래스 객체를 생성하고 반환합니다.

```
return DustCheckResponseFromGSON(pm10!!, pm25!!, checkCategory(pm10), checkCategory(pm25))
```

메서드나 속성의 이름은 조금씩 달라도 전반적으로 Jackson 라이브러리를 이용한 사용자 정의 역직렬화 클래스와 비슷하게 코드를 작성하고 있음을 확인할 수 있습니다.

마지막으로 미세먼지 정보 프래그먼트에서 Retrofit 라이브러리를 사용하도록 변경합니다.

wikibook/learnandroid/weatherdustchecker/DustPageFragment.kt

```kotlin
override fun onViewCreated(view: View, savedInstanceState: Bundle?) {
    super.onViewCreated(view, savedInstanceState)

    val lat = arguments!!.getDouble("lat")
    val lon = arguments!!.getDouble("lon")

    // (1)
    val retrofit = Retrofit.Builder()
        .baseUrl("http://api.waqi.info")
        .addConverterFactory(
            GsonConverterFactory.create(
```

```kotlin
            // (2)
            GsonBuilder().registerTypeAdapter(
                DustCheckResponseFromGSON::class.java,
                DustCheckerResponseDeserializerGSON()
            ).create()
        ))
    .build()

    // (3)
    val apiService = retrofit.create(DustCheckAPIService::class.java)
    val apiCallForData = apiService.getDustStatusInfo(lat, lon, APP_TOKEN)

    apiCallForData.enqueue(object : Callback<DustCheckResponseFromGSON> {
        override fun onFailure(call: Call<DustCheckResponseFromGSON>, t: Throwable) {
            Toast.makeText(activity, "에러 발생 : ${t.message}", Toast.LENGTH_SHORT).show()
        }

        // (4)
        override fun onResponse(call: Call<DustCheckResponseFromGSON>, response:
Response<DustCheckResponseFromGSON>) {
            val data = response.body()

            if(data != null) {
                // (.. 중간 코드 생략 ..)
            }
        }
    })

    // APICall 클래스를 이용한 기존 통신 코드 삭제
}
```

(1) 이전 코드와 마찬가지로 baseUrl 메서드를 호출해 호스트 주소 정보를 전달합니다.

```kotlin
val retrofit = Retrofit.Builder()
    .baseUrl("http://api.waqi.info")
    .addConverterFactory(
        GsonConverterFactory.create(
            GsonBuilder().registerTypeAdapter(
                DustCheckResponseFromGSON::class.java,
```

```
                DustCheckerResponseDeserializerGSON()
            ).create()
        ))
    .build()
```

[2] 사용자 정의 역직렬화 클래스를 정의했기 때문에 GsonConverterFactory의 create 메서드를 호출하고 Gson 객체를 전달하는 과정에서 **registerTypeAdapter** 메서드를 호출해 역직렬화 클래스에 대한 정보와 **사용자 정의 역직렬화 클래스 객체를 생성해서 전달**합니다.

```
GsonBuilder().registerTypeAdapter(
    DustCheckResponseFromGSON::class.java,
    DustCheckerResponseDeserializerGSON()
).create()
```

[3] 이전 코드와 마찬가지로 웹 API 서비스 주소에 접근하기 위한 인터페이스 객체를 생성하고 메서드에 필요한 경로와 쿼리 스트링에 포함될 정보를 전달합니다.

```
val apiService = retrofit.create(DustCheckAPIService::class.java)
val apiCallForData = apiService.getDustStatusInfo(lat, lon, APP_TOKEN)
```

[4] 응답 객체의 body 메서드를 호출해서 미세먼지 정보가 담긴 역직렬화 객체를 반환받습니다.

```
override fun onResponse(call: Call<DustCheckResponseFromGSON>, response:
Response<DustCheckResponseFromGSON>) {
    val data = response.body()

    if(data != null) {
        // (.. 중간 코드 생략 ..)
    }
}
```

이후 앱을 실행해 정상적으로 웹 서비스에 접근해서 정상적으로 데이터를 받아오는지 확인합니다. 기존에 작성한 APICall 클래스에서 수행하던 작업을 Retrofit 라이브러리로 처리하도록 수정한 것이므로 기능상 달라지는 점은 없습니다.

도전과제

Q1 _ 날씨와 미세먼지 API를 통해 가져온 JSON 정보를 살펴보고 추가적인 정보(날씨 API인 경우 기압(pressure), 습도(humidity), 미세먼지 API인 경우 일산화탄소(co), 오존(o3), 이산화질소(no2) 농도 등)를 출력하세요. (여기서 예시로 든 정보 외에 어떤 종류의 정보를 추가해서 보여줘도 무방함.)

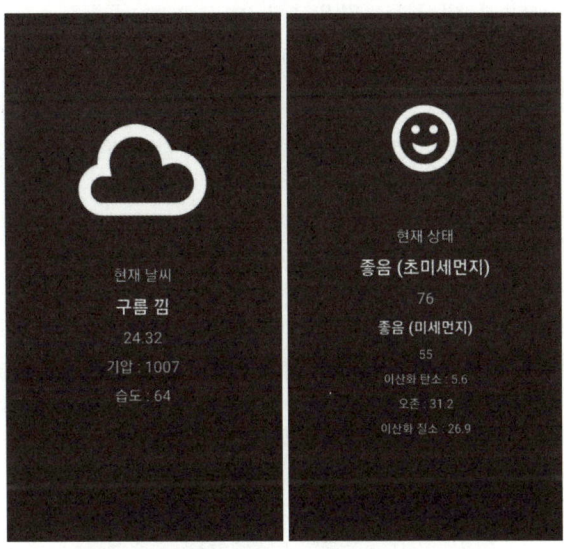

Q2 _ 벡터 이미지뿐만 아니라 이미지 밑에 배치된 텍스트뷰에도 애니메이션 효과를 적용해 보세요. (안드로이드에서 제공되는 다양한 애니메이션 효과는 애니메이션 관련 공식 문서[4]를 참고하세요.)

Q3 _ 초미세먼지의 AQI 단위값을 다음의 표를 참조해 세제곱미터당 마이크로그램 단위(μg/m3)의 값으로 변환해서 출력할 수 있도록 수정하세요.

AQI 분류	pm2.5 AQI 값의 범위	μg/m3 값의 범위
매우 좋음	0-50	0-54
좋음	51-100	55-154

[4] https://developer.android.com/guide/topics/resources/animation-resource#View

AQI 분류	pm2.5 AQI 값의 범위	μg/m3 값의 범위
보통	101-150	155-254
나쁨	151-200	255-354
매우 나쁨	201-300	355-424
최악	301-500	425-604

힌트 _ 특정 범위의 값을 다른 범위의 값으로 변환하는 공식은 다음과 같습니다.

이전범위 = (이전범위_최댓값 - 이전범위_최솟값)
새범위 = (새범위_최댓값 - 새범위_최솟값)
변환된_새범위값 = (((변환할_이전범위_포함값 - 이전범위_최솟값) * 새범위) / 이전범위) + 새범위_최솟값

만약 주어진 AQI 값이 76이라면 μg/m3 값으로는 다음과 같이 변환될 것입니다.

```
(((76 - 51) * (154 - 55)) / (100 - 51)) + 55
= 105.5
```

Q4 _ 다음 힌트를 참조해서 날씨와 미세먼지에 대한 네트워크 요청이 완료되기 전까지는 로딩 화면을 출력하고, 요청 정보를 화면에 출력하는 시점에 로딩 화면을 보여주지 않도록 구현하세요.

힌트 1 _ 코드를 통해 뷰의 visibility 속성을 View.VISIBLE 혹은 View.INVISIBLE 상숫값을 대입하는 식으로 조정해서 각 뷰가 보이거나 보이지 않게 설정할 수 있습니다.

힌트 2 _ 만약 진행바를 표시하고 싶은 경우 ProgressBar 뷰를 이용합니다.

```xml
<ProgressBar
    android:id="@+id/spinning_wheel"
    android:layout_width="wrap_content"
    android:layout_height="wrap_content"
    android:minHeight="100dp"
    android:minWidth="100dp"
    android:layout_centerInParent="true"
    android:indeterminateTint="@color/textColorHighlight" />
```

힌트 3 _ ViewPager에 API를 통해 반환받은 정보를 보여주기 전에 다음과 비슷하게 앞에 보여줄 뷰를 표시하다가 힌트 1과 같이 뷰를 보이지 않게 합니다. (여기서 보여주는 뷰그룹 구조는 예시일 뿐이며 원하는 대로 구성해도 무방합니다.)

res/layout/weather_dust_main_activity.xml

```xml
<?xml version="1.0" encoding="utf-8"?>
<RelativeLayout
    xmlns:android="http://schemas.android.com/apk/res/android"
    android:layout_width="match_parent"
    android:layout_height="match_parent">

    <!-- 기존 ViewPager 뷰그룹 -->
    <androidx.viewpager.widget.ViewPager
        android:id="@+id/pager"
        android:layout_width="match_parent"
        android:layout_height="match_parent"
        android:background="@drawable/bg_gradient" />

    <!-- 로딩 화면을 보여줄 뷰 -->
    <RelativeLayout
        android:id="@+id/loading_screen"
        android:layout_width="match_parent"
        android:layout_height="match_parent">

        <!-- 로딩 화면에 필요한 뷰 추가 -->

    </RelativeLayout>

</RelativeLayout>
```

Q5 _ 네이버 API를 이용해 영화에 대한 정보를 보여주는 앱을 제작합니다. 최종적으로 완성된 앱의 화면은 다음과 같습니다.

다음에서 제시하는 요구사항을 단계별로 구현합니다. 요구사항만 지켜지면 구체적인 구현 방법이 다르거나 화면의 모습은 바뀌어도 무방합니다.

1단계 요구사항

- 다음 사이트에 접속한 후 안내에 따라 네이버 오픈 API 이용 신청을 승인받습니다.

  https://developers.naver.com/main/

- 개발자 센터에서 애플리케이션을 등록하고 클라이언트 아이디와 클라이언트 시크릿을 발급받습니다. 아이디와 시크릿 값은 이후 네트워크 요청을 보내는 시점에 사용하게 됩니다.

- 시작 액티비티에서 검색할 영화 이름을 전달받기 위해 사용할 텍스트뷰와 검색 버튼을 추가해서 영화 관련 검색어를 입력받아 검색할 수 있게 합니다.

- 다음의 영화 API 문서를 참조하고 Retrofit을 이용해 검색 키워드(예: 조선)와 관련된 영화 정보를 받아올 수 있게 합니다.

  https://developers.naver.com/docs/search/movie/

- 앞에서 API 요청을 통해 얻어온 검색 결과와 RecyclerView를 이용해 영화 이름과 평점을 출력하도록 구현합니다. (여기서 추가적으로 정보(감독 및 배우 이름, 개봉 년도 등)를 더 표시해도 무방합니다.)

Retrofit을 이용한 네트워크 요청 과정에서 헤더를 통해 클라이언트 아이디와 시크릿 정보를 전달해야 합니다.

다음은 @Header 애너테이션을 이용해 해당 값들을 전달받을 수 있는 메서드를 정의한 예입니다. @Header 애너테이션의 사용법에 대해서는 다음 코드를 참조합니다.

```
@GET("/v1/search/movie.json")
fun queryMovieInfo(
    // 헤더를 통해 전달할 정보를 전달받기 위해 @Header 애너테이션을 사용
    @Header("X-Naver-Client-Id") clientId : String,
    @Header("X-Naver-Client-Secret") clientSecret : String,
    @Query("query") query : String,
    @Query("display") display : String,
    @Query("start") start : String,
    @Query("genre") genre : String
) : Call<Movies>
```

다음은 '조선'이라는 키워드를 이용해 검색한 결과가 출력된 모습입니다. 반드시 이 화면과 똑같은 모습으로 구현할 필요는 없으며 참고만 하시기 바랍니다.

```
NaverMovieAPIApp
조선
─────────────────────────────
            검색
<b>조선</b>마술사
6.59
<b>조선</b>총잡이
9.25
천명 : <b>조선</b>판 도망자 이야기
8.0
광해, 왕이 된 남자
9.24
```

2단계 요구사항

- 최근 검색한 키워드를 5개까지 저장해서 출력하도록 구현합니다. 검색 키워드를 저장하려면 `SharedPreferences`를 사용합니다.
- (프로젝트5 내용까지 마무리한 후 진행) 사용자 인터페이스를 조정해서 각 결과를 카드뷰로 보여주고, 평점은 `RatingBar`를 이용해 보여줍니다.

다음은 2단계 요구사항이 반영된 이후의 화면 모습입니다.

프로젝트

04

뽀모도로

이번 프로젝트에서 제작할 앱은 정해진 시간이 지나면 알람을 통해 공지해주는 뽀모도로 타이머 앱입니다.

다음은 완성된 앱의 실행 화면입니다.

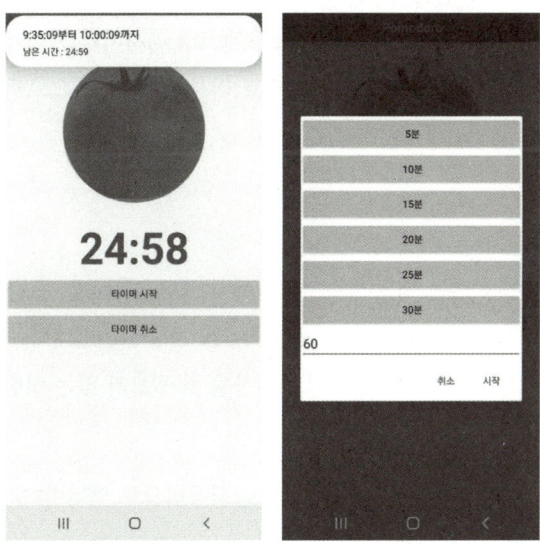

그림 4-1 완성된 뽀모도로 앱 화면

이번 앱을 제작하면서 배울 핵심 주제는 다음과 같습니다.

- 서비스 생성과 활용
- 브로드캐스트 리시버의 활용
- 노티피케이션 바를 이용한 공지사항 출력
- 알람 매니저 서비스 활용
- 다이얼로그, 설정 프래그먼트 활용
- 액션바(툴바) 커스터마이징 및 커스텀 뷰 작성
- 미디어(효과음, 배경 음악) 리소스 활용

서비스와 브로드캐스트의 개념

이번 프로젝트를 진행하며 핵심적으로 학습해야 할 내용은 **서비스와 브로드캐스트의 개념 및 브로드캐스트 리시버의 사용법**입니다. 따라서 본격적으로 프로젝트 코드를 작성하기에 앞서 서비스와 브로드캐스트 리시버의 사용법을 간단히 살펴보겠습니다. 브로드캐스트 리시버와 서비스는 서로 밀접하게 연관이 있고 일반적으로 **서비스와의 통신 도구로 브로드캐스트 리시버를 사용**하므로 두 개념을 동시에 살펴보겠습니다.

서비스의 개념

서비스는 사용자의 눈에 보이지 않는 백그라운드 환경에서 오랜 시간동안 수행해야 할 작업이 있을 경우 해당 작업을 수행할 수 있도록 안드로이드에서 제공하는 앱 구성 요소입니다. 서비스는 사용자 인터페이스를 제공하지 않기 때문에 **사용자와 직접적인 상호 작용을 할 필요가 없는 일련의 작업을 오랜 시간 동안 수행해야 할 경우에** 서비스로 작업을 처리하는 것이 좋습니다.

서비스는 **액티비티의 생명 주기와 관계없이 독립적으로 작동하므로 액티비티가 종료된 이후에도 계속해서 수행해야 할 작업이 있다면 유용하게 사용**할 수 있습니다. 가령 네트워크를 통해 용량이 큰 업데이트용 파일을 내려받거나 주기적으로 새로운 정보를 가져와야 하는 뉴스 앱에서도 사용할 수 있습니다. 서비스를 AsyncTask 클래스를 사용했을 때와 같이 입출력 작업과 같은 비동기 작업을 수행하는 데도 사용할 수 있습니다.

단, 서비스에 작성한 코드들은 별도의 새 작업 스레드가 아닌 메인 스레드에서 실행되므로 실행하는 데 오 랜 시간이 걸리지 않는 간단한 작업이 아니라면 **ANR 상황을 피하기 위해 서비스 내부에서 작업용 스레드를 생성해서 작업을 수행**하게 해야 합니다.

서비스는 크게 **시작 서비스와 바운드 서비스의 두 가지 유형**으로 구분할 수 있습니다.

서비스	특징
시작 서비스 (Started Service)	Context 객체에서 제공하는 startService 메서드 호출을 통해 시작되는 서비스로서 한 번 시작되면 **액티비티의 종료 여부와 상관없이 계속해서 작업을 수행**하는 용도로 사용됩니다. 보통 작업 수행의 결과를 호출자에게 알릴 필요가 없는 긴 작업을 수행하는 데 사용됩니다. 서비스의 작업이 종료된 후 stopSelf 메서드 호출을 통해 스스로 서비스를 종료할 수도 있으며, Context 객체에서 제공하는 stopService 메서드를 호출하는 방식으로 종료할 수도 있습니다.
바운드 서비스 (Bound Service)	Context 객체에서 제공하는 bindService 메서드 호출을 통해 호출자에게 **바인딩(연결)되는 서비스로서 바인딩 이후 직접 서비스 객체에서 제공하는 메서드를 호출**하는 방식으로 필요한 작업을 수행할 수 있도록 돕는다는 특징이 있습니다. 전통적인 서버-클라이언트 모델과 같이 호출자는 클라이언트의 역할을, **바운드 서비스는 필요한 데이터나 기능을 제공하는 서버의 역할을 수행**하게 됩니다. 액티비티를 포함한 여러 컴포넌트를 통해 서비스 바인딩 작업을 수행할 수 있으며, **모든 바인딩이 해제된 시점에 바운드 서비스도 종료**됩니다.

이제 특정 범위의 난수를 돌려주는 기능을 제공하는 두 종류의 서비스(바운드 서비스와 시작 서비스)를 정의하며 서비스 구현 방법과 사용법을 알아보겠습니다.

먼저 프로젝트를 생성하고 다음과 같은 내용으로 프로젝트 정보를 입력합니다.

내용	값
Name	ServiceStudy
Package name	wikibook.learnandroid.servicestudy
Language	Kotlin
Minimum API level	API 23

바운드 서비스 방식으로 서비스 클래스를 정의하는 방법부터 살펴보기 위해서 `MyBoundService` 코틀린 파일을 생성하고 다음과 같이 서비스 클래스를 정의합니다.

예제 4.1 난수를 생성해서 반환하는 기능을 제공하는 바운드 서비스 클래스

wikibook/learnandroid/servicestudy/MyBoundService.kt

```kotlin
import android.app.Service
import android.content.Intent
import android.os.Binder
import android.os.IBinder
import android.util.Log
import kotlin.random.Random

class MyBoundService : Service() {
    // (1)
    inner class MyBinder : Binder() {
        // (2)
        val service = this@MyBoundService
    }

    // (3)
    private val binder = MyBinder()

    // (4)
    override fun onBind(intent: Intent?): IBinder? {
        Log.d("mytag", "service : onBind")

        return binder
    }

    // (5)
    override fun onUnbind(intent: Intent?): Boolean {
        Log.d("mytag", "service : onUnbind")

        return super.onUnbind(intent)
    }

    // (6)
    fun getRandomNum(from : Int = 0, until : Int = 100) = Random.nextInt(from, until)
}
```

(1) 내부 클래스로 **Binder 클래스를 상속**받는 클래스를 정의합니다. **inner 키워드**를 붙여서 클래스를 정의했으므로 Binder 객체를 생성하면 MyBoundService 객체도 동시에 생성됩니다. 생성된 서비스 객체는 this 키워드와 앳 기호(@)를 이용해 참조할 수 있습니다.

```
inner class MyBinder : Binder() {
    // 바인더 객체의 속성을 통해 외부 클래스(MyBoundService) 참조 가능
    val service = this@MyBoundService
}
```

(2) service 속성을 정의해 서비스 객체를 대입합니다.

```
val service = this@MyBoundService
```

(3) 앞서 정의한 바인더 클래스 객체를 생성하며 속성을 선언합니다.

```
private val binder = MyBinder()
```

(4) bindService 메서드 호출에 의해 서비스가 바인딩(연결)되는 시점에 호출되는 **onBind 메서드를 정의**합니다. 이 메서드는 추상 메서드이므로 반드시 내용을 정의해야 합니다.

만약 서비스가 바운드 서비스로 작동한다면 **onBind 메서드에서 IBinder 인터페이스를 구현하는 바인더 객체를 반드시 반환**해야 합니다. 여기서는 **(3)**에서 선언한 바인더 객체(binder)를 반환합니다. 바인딩을 요청한 컴포넌트(예: 액티비티)에서는 해당 **바인더 객체의 service 속성을 통해 직접적으로 서비스에서 제공하는 기능을 사용**할 수 있습니다.

```
override fun onBind(intent: Intent?): IBinder? {
    Log.d("mytag", "service : onBind")

    // 바인더 객체를 반환
    return binder
}
```

(5) 바인딩이 해제되는 시점에 호출되는 onUnbind 메서드를 정의합니다. 여기서는 단순히 로그 메시지만 출력합니다.

```
override fun onUnbind(intent: Intent?): Boolean {
    Log.d("mytag", "service : onUnbind")
```

```
    return super.onUnbind(intent)
}
```

(6) 서비스에서 제공할 난수 생성 메서드를 정의합니다.

```
fun getRandomNum(from : Int = 0, until : Int = 100) = Random.nextInt(from, until)
```

서비스 클래스를 정의하고 본격적으로 사용하기에 앞서 액티비티와 마찬가지로 **사용할 서비스에 대한 정보를 포함한 요소를 매니페스트 파일에 추가**해야 합니다. 매니페스트 파일을 열고 다음과 같이 application 요소 안에 service 요소를 추가합니다.

AndroidManifest.xml

```xml
    (.. 이전 내용 생략 ..)
    </activity>

    <!-- 액티비티를 선언한 이후 서비스 요소를 추가-->
    <service android:name=".MyBoundService" />
</application>
```

서비스 요소를 추가하며 name 속성에 앞에서 정의한 **서비스 클래스의 이름**을 설정한 것을 확인할 수 있습니다. 액티비티와 마찬가지로 클래스 이름 앞에 **포함된 패키지에 대한 정보를 포함**할 수도 있습니다. 현재는 매니페스트의 package 속성(wikibook.learnandroid.servicestudy)과 같은 패키지에 소속된 서비스 클래스에 대한 내용을 추가하는 것이므로 점(.)으로 대체합니다.

```xml
<!-- 매니페스트 요소의 package와 같은 패키지에 속한 클래스의 경우 패키지 이름을 생략한 후 점(.)으로
대체 가능 -->
<manifest xmlns:android="http://schemas.android.com/apk/res/android"
    package="wikibook.learnandroid.servicestudy">
```

바운드 서비스를 사용할 액티비티(MainActivity)에서 사용할 레이아웃의 내용은 다음과 같습니다.

예제 4.2 바운드 서비스 활용 레이아웃   res/layout/activity_main.xml

```xml
<?xml version="1.0" encoding="utf-8"?>
<LinearLayout xmlns:android="http://schemas.android.com/apk/res/android"
    android:layout_width="match_parent"
    android:layout_height="match_parent"
    android:orientation="vertical">
```

```xml
<Button
    android:id="@+id/random_num_from_bound_service"
    android:text="바운드 서비스를 통해 난수 반환받기"
    android:layout_width="match_parent"
    android:layout_height="wrap_content"/>

</LinearLayout>
```

이제 버튼을 누르면 바운드 서비스를 통해 난수를 반환받아 토스트 메시지를 통해 표시하도록 구현하겠습니다. 다음은 바운드 서비스를 사용할 액티비티 클래스의 코드입니다.

예제 4.3 바운드 서비스를 사용할 액티비티　　　　　wikibook/learnandroid/servicestudy/MainActivity.kt

```kotlin
import android.content.*
import androidx.appcompat.app.AppCompatActivity
import android.os.Bundle
import android.os.IBinder
import android.util.Log
import android.widget.Button
import android.widget.Toast

import android.widget.Toast

// (1)
class MainActivity : AppCompatActivity(), ServiceConnection {
    // (2)
    var myBinder: MyBoundService.MyBinder? = null

    override fun onCreate(savedInstanceState: Bundle?) {
        super.onCreate(savedInstanceState)
        setContentView(R.layout.activity_main)

        // (3)
        val boundServiceIntent = Intent(this, MyBoundService::class.java)
        // (4)
        bindService(boundServiceIntent, this, Context.BIND_AUTO_CREATE)

        findViewById<Button>(R.id.random_num_from_bound_service).setOnClickListener {
```

```kotlin
            // (5)
            val randomNumber = myBinder?.service?.getRandomNum()
            Toast.makeText(this, randomNumber.toString(), Toast.LENGTH_SHORT).show()
        }
    }

    override fun onDestroy() {
        super.onDestroy()

        Log.d("mytag", "unbindService")
        // (6)
        unbindService(this)
    }

    // (7)
    override fun onServiceConnected(name: ComponentName?, binder: IBinder?) {
        Log.d("mytag", "바운드 서비스 : onServiceConnected")

        myBinder = binder as? MyBoundService.MyBinder
    }

    // (8)
    override fun onServiceDisconnected(name: ComponentName?) {
        Log.d("mytag", "바운드 서비스 : onServiceDisconnected")

        myBinder = null
    }
}
```

(1) ServiceConnection 인터페이스를 구현합니다. 바운드 서비스를 이용하려면 해당 인터페이스를 반드시 구현해야 합니다.

동시에 **바운드 서비스가 연결되는 시점에 수행할 코드가 포함될 onServiceConnected** 메서드와 앱의 비정상 종료나 리소스 확보를 위한 강제 종료 이후 **바운드 서비스와의 연결이 해제되는 시점에 수행할 코드가 포함될 onServiceDisconnected** 메서드를 재정의해야 합니다.

```kotlin
// ServiceConnection 인터페이스 구현
class MainActivity : AppCompatActivity(), ServiceConnection {
    // 바운드 서비스 연결, 해제 시점에 호출될 두 메서드를 정의
```

```
        override fun onServiceConnected(name: ComponentName?, binder: IBinder?) {}
        override fun onServiceDisconnected(name: ComponentName?) {}
}
```

(2) 바인더 객체를 대입받을 MyBinder 타입의 속성을 선언했습니다.

```
var myBinder: MyBoundService.MyBinder? = null
```

(3) 서비스를 시작하려면 인텐트 객체가 필요하며, 생성자에 Context 객체와 서비스 클래스에 대한 정보를 전달해야 합니다.

```
val boundServiceIntent = Intent(this, MyBoundService::class.java)
```

(4) bindService 메서드를 호출하며 앞서 생성한 인텐트 객체와 ServiceConnection 인터페이스를 구현하는 객체(액티비티), 그리고 바운드 서비스를 생성하기 위한 용도로 사용하는 상수인 BIND_AUTO_CREATE 상수를 전달합니다.

```
bindService(boundServiceIntent, this, Context.BIND_AUTO_CREATE)
```

(5) 바인더 객체에서 제공하는 서비스 객체에 접근합니다. 앞서 **서비스 클래스에 정의한 난수 생성 메서드를 직접 호출해서** 반환받은 값을 토스트로 출력합니다.

```
val randomNumber = myBinder?.service?.getRandomNum()
Toast.makeText(this, randomNumber.toString(), Toast.LENGTH_SHORT).show()
```

(6) 액티비티가 종료되는 시점에 더 이상 사용하지 않을 바운드 서비스 연결을 해제하기 위해 unbindService 메서드를 호출합니다.

```
unbindService(this)
```

(7) 바운드 서비스와의 **바인딩이 성공적으로 수행된 시점 이후** onServiceConnected 메서드가 호출되며, 앞에서 바운드 서비스 클래스의 onBind 메서드를 통해 반환한 **바인더 객체를 인자로 전달**받습니다. 이 바인더 객체를 캐스팅해서 MyBinder 타입으로 변경한 후 속성값을 초기화합니다.

```
override fun onServiceConnected(name: ComponentName?, binder: IBinder?) {
    Log.d("mytag", "바운드 서비스 : onServiceConnected")
```

```
    myBinder = binder as? MyBoundService.MyBinder
}
```

(8) 비정상 종료로 서비스와의 연결이 해제되는 시점에 호출될 onServiceDisconnected 메서드를 정의하며, 여기서는 로그 메시지를 출력하고 바인더 객체에 null 값을 대입해 나중에 바인더 객체에 접근하지 못하게 합니다.

```
override fun onServiceDisconnected(name: ComponentName?) {
    Log.d("mytag", "바운드 서비스 : onServiceDisconnected")

    myBinder = null
}
```

이후 앱을 실행하고 난수 반환 버튼을 누르면 토스트 메시지를 통해 난수가 출력되는 것을 확인할 수 있습니다. 백 버튼을 눌러 앱을 종료하면 바운드 서비스와의 연결도 종료됩니다.

앱이 종료되고 바운드 서비스가 해제되는 과정에서 발생하는 로그 메시지의 내용은 다음과 같습니다.

```
// (a) bindService 메서드를 호출한 이후의 로그
D/mytag: bindService
D/mytag: service : onBind
D/mytag: 바운드 서비스 : onServiceConnected

// (b) unbindService 메서드를 호출한 이후의 로그
D/mytag: unbindService
D/mytag: service : onUnbind
```

(a) bindService 메서드 호출의 결과로 서비스에 정의한 onBind 메서드가 호출되며, 뒤이어 바로 onServiceConnected 메서드가 호출되어 onBind 메서드에서 반환한 바인더 객체를 전달받습니다.

(b) 액티비티가 종료되는 시점에 onDestroy 메서드가 호출되고, 해당 메서드에서 내부적으로 unbindService 메서드를 호출해서 바운드 서비스와의 연결을 해제합니다.

이것은 정상적인 종료 상황이므로 앞서 재정의한 onServiceDisconnected 메서드는 호출되지는 않는 것을 확인할 수 있습니다.

바운드 서비스가 바인딩되고 바인딩이 해제되는 과정을 도식화하면 다음과 같습니다.

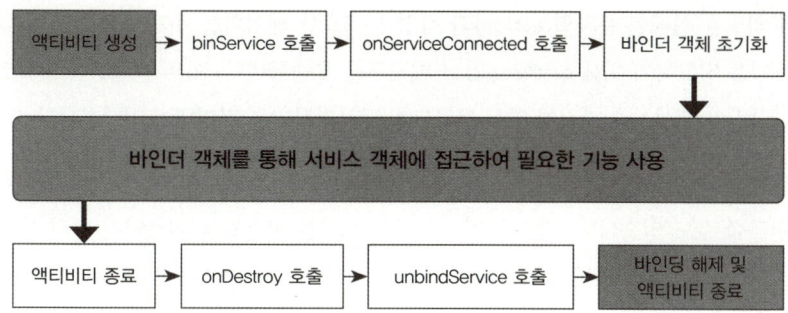

그림 4-2 바운드 서비스의 바인딩 및 바인딩 해제 과정

바운드 서비스는 **직접적으로 서비스 객체에 접근해서 메서드를 호출할 수 있도록 허용**하므로 뒤에서 살펴볼 시작 서비스(Started Service)보다 직관적인 방법으로 통신 작업을 수행할 수 있다는 장점이 있습니다.

이번에는 **시작 서비스 방식**으로 사용할 서비스 클래스를 정의하는 방법을 살펴보겠습니다. 직접 서비스 객체에 접근해서 메서드를 호출하도록 허용하는 바운드 서비스와는 다르게 시작 서비스는 **직접 서비스 객체에 접근할 수 있는 방법을 제공하지 않기 때문**에 서비스 객체에 정의한 메서드를 직접 호출할 수 없습니다.

대신 서비스에 전달할 인텐트 객체를 생성하고 필요한 정보를 담은 후 **브로드캐스트 방식**으로 안드로이드 시스템에 전달하고, 시스템에서 해당 인텐트 객체를 수신받을 **브로드캐스트 리시버 객체에 전달하는 간접적인 방식을 통해 통신을 진행**해야 합니다.

이 과정을 도식화하면 다음과 같습니다.

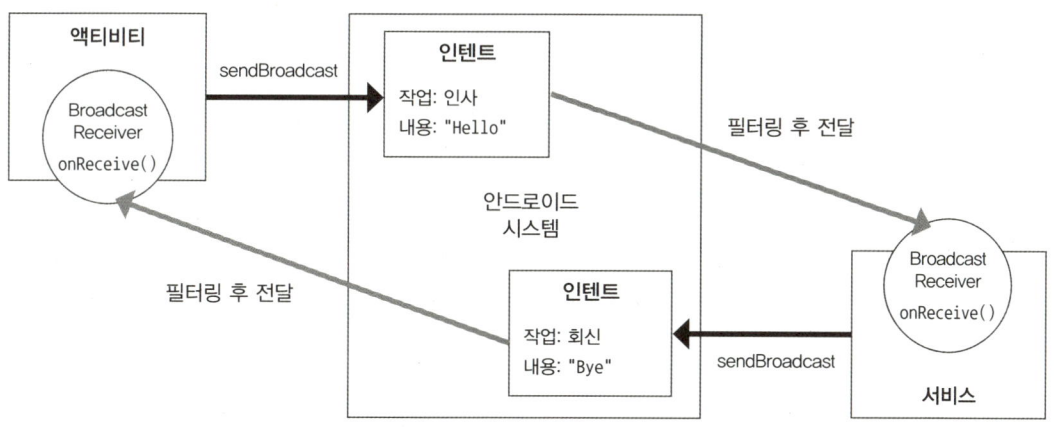

그림 4-3 안드로이드 시스템을 경유하는 브로드캐스트 메시지 전송을 통한 시작 서비스와의 통신 과정

인텐트의 작업 의도를 설명할 **문자열(action)**과 작업에 필요한 데이터를 추가해서 **인텐트 객체를 생성**한 후 인텐트 메시지를 전달하기 위해 sendBroadcast 메서드를 호출합니다. 이후 안드로이드 시스템에서는 해당 메시지를 전달받아 메시지에 관심이 있는 **브로드캐스트 리시버를 걸러내어 전달**합니다.

이때 액티비티에서 서비스 쪽으로 메시지(인텐트)를 전달할 수도 있고, 반대로 서비스에서 액티비티 쪽으로 메시지를 전달할 수도 있습니다. 단, 이 방식은 앞서 살펴본 바운드 서비스와는 달리 안드로이드 시스템이 중재하는 간접적인 전달 방식이라는 데 유의합니다. 위 그림에서는 쌍방향으로 메시지를 전달하는 상황을 묘사하고 있지만 상황에 따라 한 방향으로만 메시지가 전달돼도 무방합니다.

이제 시작 서비스 클래스를 정의해보겠습니다. MyStartedService 코틀린 파일을 생성 후 **브로드캐스트 방식**을 이용해 난수를 생성하는 시작 서비스의 클래스를 다음과 같이 정의합니다.

예제 4.4 난수를 생성해서 반환하는 기능을 제공하는 시작 서비스 클래스

wikibook/learnandroid/servicestudy/MyStartedService.kt

```kotlin
import android.app.Service
import android.content.BroadcastReceiver
import android.content.Context
import android.content.Intent
import android.content.IntentFilter
import android.os.IBinder
import android.util.Log
import kotlin.random.Random

class MyStartedService : Service() {
    var from : Int? = null
    var until : Int? = null

    // (1)
    lateinit var broadcastReceiver : BroadcastReceiver

    // (2)
    override fun onBind(intent: Intent?): IBinder? = null

    // (3)
    override fun onCreate() {
        super.onCreate()
        Log.d("mytag", "service : onCreate")
```

```kotlin
        // (4)
        // BroadcastReceiverForService 클래스는 직접 정의할 클래스로 MyStartedService 클래스 코드
작성이 마무리된 후 구현할 예정
        broadcastReceiver = BroadcastReceiverForService(this)


        // (5)
        val filter = IntentFilter()
        filter.addAction("GENERATE_RANDOM_NUMBER")


        // (6)
        registerReceiver(broadcastReceiver, filter)
    }

    // (7)
    override fun onStartCommand(intent: Intent?, flags: Int, startId: Int): Int {
        Log.d("mytag", "service : onStartCommand")


        // (8)
        from = intent?.getIntExtra("from", 0)
        until = intent?.getIntExtra("until", 100)


        // (9)
        return Service.START_NOT_STICKY
    }

    override fun onDestroy() {
        super.onDestroy()
        Log.d("mytag", "service : onDestroy")


        // (10)
        unregisterReceiver(broadcastReceiver)
    }

    // (11)
    fun getRandomNum(from : Int, until : Int) = Random.nextInt(from, until)
}
```

[1] 다른 컴포넌트(여기서는 액티비티)로부터 전달된 브로드캐스트 메시지를 수신하기 위한 BroadcastReceiver 타입의 객체를 속성으로 선언합니다.

```
lateinit var broadcastReceiver : BroadcastReceiver
```

[2] 이 서비스는 바운드 서비스가 아니므로 onBind 메서드를 재정의할 필요는 없습니다. 하지만 이 메서드는 추상 메서드여서 반드시 구현해야 하므로 null 값을 반환하게 합니다.

```
override fun onBind(intent: Intent?): IBinder? = null
```

[3] 액티비티와 마찬가지로 **서비스가 생성되는 시점에 onCreate 메서드가 호출**됩니다. 단, 서비스를 사용하는 측에서 여러 번 서비스를 시작한다고 해도 이미 서비스가 시작된 상태라면 onCreate 메서드가 중복으로 호출되지는 않습니다.

[4] 브로드캐스트 메시지를 수신할 객체를 생성합니다. 해당 브로드캐스트 리시버 클래스 관련 코드는 시작 서비스 클래스 정의가 마무리 된 후 작성하겠습니다.

```
broadcastReceiver = BroadcastReceiverForService(this)
```

[5] 인텐트 필터를 생성합니다. 브로드캐스트 리시버가 시스템으로부터 모든 종류의 브로드캐스트 메시지를 수신받을 필요는 없기 때문에 **인텐트 필터를 통해 브로드캐스트 리시버가 수신해야 할 메시지를 걸러낼 수 있습니다**.

필터 객체의 **addAction 메서드를 호출해서 브로드캐스트 리시버가 수신해야 할 작업의 종류를 추가**합니다. 리시버는 addAction 메서드를 통해 관심을 표명한 작업 메시지만 수신받게 됩니다. 여기서는 난수 생성이라는 작업에 반응하도록 임의로 정한 문자열("GENERATE_RANDOM_NUMBER")을 전달했습니다.

```
val filter = IntentFilter()
filter.addAction("GENERATE_RANDOM_NUMBER")
```

[6] Context 객체에서 제공하는 registerReceiver 메서드를 호출하며, 앞서 생성한 브로드캐스트 리시버와 필터 객체를 전달합니다. 이 시점부터 리시버 객체(broadcastReceiver)를 통해 전달된 브로드캐스트 메시지를 수신하게 됩니다.

```
registerReceiver(broadcastReceiver, filter)
```

(7) 외부에서 서비스를 이용하기 위해 startService 메서드를 호출하면 **onStartCommand 메서드가 호출**됩니다. 이 시점에 서비스를 시작하며, 전달받은 인텐트 정보에도 접근할 수 있습니다.

```
override fun onStartCommand(intent: Intent?, flags: Int, startId: Int): Int {
    // ...
}
```

(8) 액티비티를 통해 서비스를 시작할 때 전달받을 난수의 범위(from, until) 정보를 인텐트에서 추출합니다.

```
from = intent?.getIntExtra("from", 0)
until = intent?.getIntExtra("until", 100)
```

(9) onStartCommand의 반환값으로 Service 클래스에 정의된 정수 타입의 상수를 사용합니다. 이 상수는 **서비스가 메모리 부족 등의 이유로 강제 종료된 후 동작 방식을 정의**하는 데 사용됩니다.

```
return Service.START_NOT_STICKY
```

전달할 수 있는 상숫값에 대한 설명은 다음과 같습니다.

상수	특징
Service.START_NOT_STICKY	**메모리 부족 등의 이유로 서비스가 종료돼도 다시 서비스를 시작하지 않게 하는** 상수입니다.
Service.START_STICKY	메모리 부족 등의 이유로 서비스가 종료되면 **다시 서비스를 시작할 수 있는 상황이 됐다고 판단하는 시점**에 시스템이 서비스를 다시 시작하게 하는 상수입니다.
Service.START_REDELIVER_INTENT	메모리 부족 등의 이유로 서비스가 종료되면 다시 서비스를 시작할 수 있는 환경이라고 판단하는 시점에 서비스를 다시 시작하게 하되 이전에 전달한 **인텐트 객체까지 온전히 보존해서 다시 전달하는** 상수입니다.

(10) 액티비티와 마찬가지로 onDestroy 메서드를 재정의해서 **서비스가 종료되는 시점에 수행해야 할 코드**를 작성합니다. 여기서는 unregisterReceiver 메서드를 호출해서 앞서 서비스 생성 시점에 등록한 브로드캐스트 리시버를 해제합니다.

이 메서드가 호출된 시점 이후부터는 **브로드캐스트 메시지 수신이 중단**됩니다.

```
unregisterReceiver(broadcastReceiver)
```

(11) 바운드 서비스와 마찬가지로 난수를 생성할 메서드를 정의합니다.

```
fun getRandomNum(from : Int, until : Int) = Random.nextInt(from, until)
```

브로드캐스트 리시버 클래스의 내용은 다음과 같이 정의합니다.

예제 4.5 상대로부터 난수 생성 요청 메시지를 수신할 브로드캐스트 리시버 클래스

wikibook/learnandroid/servicestudy/MyStartedService.kt

```kotlin
// 브로드캐스트 메시지를 수신하는 클래스
// (1)
class BroadcastReceiverForService(val service: MyStartedService) : BroadcastReceiver() {
    // (2)
    override fun onReceive(context: Context?, intent: Intent?) {
        // (3)
        if(intent?.action == "GENERATE_RANDOM_NUMBER") {
            // (4)
            val broadcastIntent = Intent("SEND_RANDOM_NUMBER")
            broadcastIntent.putExtra("num", service.getRandomNum(service.from ?: 0, service.until ?: 100))

            // (5)
            context?.sendBroadcast(broadcastIntent)
        }
    }
}

class MyStartedService : Service() {
    // (.. 서비스 구현 코드는 생략 ..)
}
```

(1) BroadcastReceiver 클래스를 상속받는 브로드캐스트 메시지 수신 클래스를 정의합니다.

```kotlin
class BroadcastReceiverForService(val service: MyStartedService) : BroadcastReceiver() {
    // ...
}
```

(2) onReceive 메서드를 재정의해서 **브로드캐스트 메시지가 전달된 시점에 수행할 작업을 정의**합니다.

```
override fun onReceive(context: Context?, intent: Intent?) {
    if(intent?.action == "GENERATE_RANDOM_NUMBER") {
        val broadcastIntent = Intent("SEND_RANDOM_NUMBER")
        broadcastIntent.putExtra("num", service.getRandomNum(service.from ?: 0, service.until ?: 100))

        context?.sendBroadcast(broadcastIntent)
    }
}
```

(3) 브로드캐스트를 통해 전달받은 인텐트 객체(intent)에 접근해 작업 내용(action)을 확인하고, 난수 생성 작업을 수행해야 할지 검사합니다.

```
if(intent?.action == "GENERATE_RANDOM_NUMBER") {
    // ...
}
```

(4) 생성한 난수를 전달하는 데 사용할 인텐트(broadcastIntent)를 생성합니다. 여기서는 인텐트의 작업 내용에 대한 문자열을 "SEND_RANDOM_NUMBER"로 정했으며 인텐트에 생성한 난숫값을 추가합니다.

```
val broadcastIntent = Intent("SEND_RANDOM_NUMBER")
broadcastIntent.putExtra("num", service.getRandomNum(service.from ?: 0, service.until ?: 100))
```

(5) sendBroadcast 메서드를 호출해서 생성한 난수 데이터 메시지를 전달합니다. 이 메시지는 나중에 액티비티 쪽에서 사용할 브로드캐스트 리시버 객체를 통해 전달받게 됩니다.

```
context?.sendBroadcast(broadcastIntent)
```

이후 정의한 시작 서비스 관련 서비스 요소를 매니페스트 파일에 추가합니다.

AndroidManifest.xml

```
<service android:name=".MyBoundService" />
<!-- 새로 정의한 서비스 요소를 추가-->
<service android:name=".MyStartedService" />
```

이제 서비스 클래스 정의가 완료됐으므로 시작 서비스를 이용할 수 있도록 액티비티에 코드를 추가하겠습니다. 먼저 레이아웃 파일을 수정해 시작 서비스의 작동과 관련된 버튼을 추가합니다.

예제 4.6 시작 서비스 활용 레이아웃   res/layout/activity_main.xml

```xml
(.. 이전 내용 생략 ..)
<Button
    android:id="@+id/random_num_from_bound_service"
    android:text="바운드 서비스를 통해 난수 반환받기"
    android:layout_width="match_parent"
    android:layout_height="wrap_content" />

<!-- 시작 서비스를 시작, 정지하고 서비스의 난수 반환 기능을 실행할 세 개의 버튼을 추가 -->
<Button
    android:id="@+id/start_service"
    android:text="서비스 시작"
    android:layout_width="match_parent"
    android:layout_height="wrap_content" />

<Button
    android:id="@+id/stop_service"
    android:text="서비스 정지"
    android:layout_width="match_parent"
    android:layout_height="wrap_content" />

<Button
    android:id="@+id/random_num_from_started_service"
    android:text="시작 서비스를 통해 난수 반환받기"
    android:layout_width="match_parent"
    android:layout_height="wrap_content" />

</LinearLayout>
```

액티비티 클래스에서 버튼의 리스너와 관련된 코드를 추가합니다.

wikibook/learnandroid/servicestudy/MainActivity.kt

```kotlin
class MainActivity : AppCompatActivity(), ServiceConnection {
    var myBinder: MyBoundService.MyBinder? = null
```

```kotlin
// (5)
lateinit var broadcastReceiver : BroadcastReceiver

override fun onCreate(savedInstanceState: Bundle?) {
    // (.. 중간 코드 생략 ..)

    findViewById<Button>(R.id.random_num_from_bound_service).setOnClickListener {
        // ...
    }

    // 버튼 리스너 관련 코드 및 브로드캐스트 리시버 관련 코드 추가
    findViewById<Button>(R.id.start_service).setOnClickListener {
        Toast.makeText(this, "서비스 시작", Toast.LENGTH_SHORT).show()

        // (1)
        val serviceIntent = Intent(this, MyStartedService::class.java)
        serviceIntent.putExtra("from", 1000)
        serviceIntent.putExtra("until", 2000)

        // (2)
        startService(serviceIntent)
    }

    findViewById<Button>(R.id.stop_service).setOnClickListener {
        Toast.makeText(this, "서비스 정지", Toast.LENGTH_SHORT).show()

        // (3)
        val serviceIntent = Intent(this, MyStartedService::class.java)
        stopService(serviceIntent)
    }

    findViewById<Button>(R.id.random_num_from_started_service).setOnClickListener {
        Log.d("mytag", "send broadcast")

        // (4)
        val broadcastIntent = Intent("GENERATE_RANDOM_NUMBER")
        sendBroadcast(broadcastIntent)
    }
```

```kotlin
        // (5)
        broadcastReceiver = BroadcastReceiverForActivity()

        val filter = IntentFilter()
        filter.addAction("SEND_RANDOM_NUMBER")

        registerReceiver(broadcastReceiver, filter)
    }

    override fun onDestroy() {
        super.onDestroy()

        Log.d("mytag", "unbindService")
        unbindService(this)

        // (6)
        unregisterReceiver(broadcastReceiver)
    }

    // (.. 이후 코드 생략 ..)
```

(1) 서비스를 시작하기 위한 용도의 인텐트 객체를 생성합니다. 동시에 서비스의 onStartCommand 메서드 내부에서 전달받을 인텐트 객체에 난수의 범위값 데이터를 추가합니다.

```kotlin
val serviceIntent = Intent(this, MyStartedService::class.java)
// 서비스로 전달할 인텐트 객체에 난수의 범위값 데이터 추가
serviceIntent.putExtra("from", 1000)
serviceIntent.putExtra("until", 2000)
```

(2) 서비스 시작 버튼을 눌렀을 때 **startService** 메서드를 호출해 서비스를 시작합니다.

이후 서비스 클래스 내부에 재정의한 onCreate 메서드가 호출되며 초기화 작업이 진행되고, 곧바로 onStartCommand 메서드가 실행된 후 서비스가 시작됩니다.

```kotlin
startService(serviceIntent)
```

(3) 서비스 정지 버튼을 눌렀을 때 **stopService** 메서드를 호출해 서비스를 종료합니다.

```
val serviceIntent = Intent(this, MyStartedService::class.java)
stopService(serviceIntent)
```

(4) 난수 반환 버튼을 눌렀을 때 **난수 생성 요청 메시지를 브로드캐스트 방식으로 전달**합니다. 이후 서비스에서는 메시지를 전달받아 난수 데이터를 포함한 응답 메시지를 다시 브로드캐스트 방식으로 전달하고 **액티비티 내부에서 사용할 리시버 객체를 통해 해당 메시지를 전달**받게 됩니다.

```
val broadcastIntent = Intent("GENERATE_RANDOM_NUMBER")
sendBroadcast(broadcastIntent)
```

(5) 브로드캐스트 리시버 객체를 생성하고 인텐트 필터에는 난수 전달 작업과 관련된 문자열을 추가해서 리시버가 해당 작업과 관련된 메시지에 반응할 수 있게 합니다.

마지막으로 registerReceiver 메서드를 호출해서 액티비티에서 사용할 브로드캐스트 메시지 수신 객체를 등록합니다.

```
broadcastReceiver = BroadcastReceiverForActivity()

val filter = IntentFilter()
filter.addAction("SEND_RANDOM_NUMBER")

registerReceiver(broadcastReceiver, filter)
```

(6) 액티비티가 종료되는 시점에 unregisterReceiver 메서드를 호출해서 브로드캐스트 리시버의 메시지 수신 작업을 해제합니다.

```
unregisterReceiver(broadcastReceiver)
```

액티비티에서 사용할 브로드캐스트 리시버 클래스는 다음과 같습니다.

wikibook/learnandroid/servicestudy/MainActivity.kt

```
// 액티비티 측에서 사용할 브로드캐스트 리시버 클래스를 정의
class BroadcastReceiverForActivity : BroadcastReceiver() {
    override fun onReceive(context: Context?, intent: Intent?) {
        // (7)
        if(intent?.action == "SEND_RANDOM_NUMBER") {
            val num = intent.getIntExtra("num", -1)
```

```
            Toast.makeText(context, num.toString(), Toast.LENGTH_SHORT).show()
        }
    }
}

class MainActivity : AppCompatActivity(), ServiceConnection {
    // (.. 코드 생략 ..)
}
```

(7) 리시버 클래스에서는 서비스에서 보낸 난수 전달 작업("SEND_RANDOM_NUMBER") 메시지에 반응해 인텐트 객체에서 난수 데이터를 추출한 후 토스트 메시지를 통해 출력합니다.

```
if(intent?.action == "SEND_RANDOM_NUMBER") {
    val num = intent.getIntExtra("num", -1)
    Toast.makeText(context, num.toString(), Toast.LENGTH_SHORT).show()
}
```

이후 앱을 실행하고 서비스 시작 버튼을 누른 후 난수 반환 기능이 작동하는지 확인합니다. 서비스를 중지한 후에는 서비스 기능이 작동하지 않으므로 더는 난수 반환 기능이 작동하지 않는 것도 확인할 수 있습니다.

시스템에서 전달되는 브로드캐스트 메시지

앞서 브로드캐스트 방식으로 직접 정의한 인텐트 메시지를 전달받는 방법을 살펴봤습니다. 그 밖에도 브로드캐스트 리시버 객체를 통해 **안드로이드 시스템 내부에서 발생하는 이벤트에 대한 브로드캐스트 메시지를 수신할 수도 있습니다**.

시스템에서 발생한 이벤트를 감지할 수 있도록 액티비티 내부에 새 브로드캐스트 리시버 객체를 추가하겠습니다.

wikibook/learnandroid/servicestudy/MainActivity.kt
```
class MainActivity : AppCompatActivity(), ServiceConnection {
    var myBinder: MyBoundService.MyBinder? = null

    lateinit var broadcastReceiver : BroadcastReceiver
    // (1)
    lateinit var systemBroadcastReceiver : BroadcastReceiver
```

```kotlin
// (.. 이후 코드 생략 ..)
override fun onCreate(savedInstanceState: Bundle?) {
    // (.. 이전 코드 생략 ..)

    registerReceiver(broadcastReceiver, filter)

    // 시스템 메시지를 전달받을 리시버 객체 생성 및 인텐트 필터 선언
    systemBroadcastReceiver = SystemBroadcastMessageReceiver()
    val systemBroadcastFilter = IntentFilter()

    // (2)
    systemBroadcastFilter.addAction(Intent.ACTION_POWER_CONNECTED)
    systemBroadcastFilter.addAction(Intent.ACTION_POWER_DISCONNECTED)

    systemBroadcastFilter.addAction(Intent.ACTION_HEADSET_PLUG)

    systemBroadcastFilter.addAction(Intent.ACTION_SCREEN_ON)
    systemBroadcastFilter.addAction(Intent.ACTION_SCREEN_OFF)

    registerReceiver(systemBroadcastReceiver, systemBroadcastFilter)
}

override fun onDestroy() {
    // (.. 이전 코드 생략 ..)

    unregisterReceiver(broadcastReceiver)

    // (3)
    unregisterReceiver(systemBroadcastReceiver)
}
```

(1) 시스템 브로드캐스트 메시지 수신용 리시버 속성을 추가합니다.

```kotlin
lateinit var systemBroadcastReceiver : BroadcastReceiver
```

(2) 시스템 내부 이벤트에 반응하도록 인텐트 필터에 addAction 메서드를 호출해서 이벤트와 관련된 여러 상수를 추가합니다. 여기서는 충전기 연결, 연결 해제, 헤드셋 연결 상태 변경, 화면의 상태 변경(켜짐, 꺼짐) 관련 메시지를 전달받습니다.

해당 메시지는 모두 시스템 브로드캐스트 메시지에 포함되므로 **Intent** 클래스에 상수로 정의된 문자열을 **전달**합니다.

```
systemBroadcastFilter.addAction(Intent.ACTION_POWER_CONNECTED)
systemBroadcastFilter.addAction(Intent.ACTION_POWER_DISCONNECTED)

systemBroadcastFilter.addAction(Intent.ACTION_HEADSET_PLUG)

systemBroadcastFilter.addAction(Intent.ACTION_SCREEN_ON)
systemBroadcastFilter.addAction(Intent.ACTION_SCREEN_OFF)
```

(3) onDestroy 메서드에서는 잊지 말고 unregisterReceiver 메서드를 호출해서 등록한 리시버 객체를 해제합니다.

```
unregisterReceiver(systemBroadcastReceiver)
```

SystemBroadcastMessageReceiver 클래스의 내용은 다음과 같습니다. 이벤트 발생 시 관련 로그 메시지를 출력합니다.

wikibook/learnandroid/servicestudy/MainActivity.kt

```kotlin
class BroadcastReceiverForActivity : BroadcastReceiver() {
    // (.. 코드 생략 ...)
}

// 시스템에서 발생하는 이벤트를 수신할 브로드캐스트 리시버 클래스
class SystemBroadcastMessageReceiver : BroadcastReceiver() {
    override fun onReceive(context: Context?, intent: Intent?) {
        when(intent?.action) {
            Intent.ACTION_POWER_CONNECTED -> Log.d("mytag", "충전 연결")
            Intent.ACTION_POWER_DISCONNECTED -> Log.d("mytag", "충전 연결 해제")
            Intent.ACTION_HEADSET_PLUG -> Log.d("mytag", "헤드셋 연결 상태 변경")
            Intent.ACTION_SCREEN_ON -> Log.d("mytag", "화면 켜짐")
            Intent.ACTION_SCREEN_OFF -> Log.d("mytag", "화면 꺼짐")
        }
    }
}
```

```
class MainActivity : AppCompatActivity(), ServiceConnection {
    // (.. 코드 생략 ..)
}
```

앱을 실행하고 단말기를 충전기에 연결 혹은 해제하거나, 화면을 끄거나 켜면 해당 이벤트에 반응해서 로그 메시지가 출력되는 것을 확인할 수 있습니다.

앞에서 살펴본 상수 외에도 이벤트와 관련된 여러 상수(부팅 여부나 USB 디바이스 연결 등의 이벤트 등등)가 있으므로 공식 문서[4]를 참조해서 어떠한 종류의 시스템 이벤트를 감지할 수 있는지 살펴보는 것을 권장합니다.

포어그라운드 서비스의 필요성

서비스는 기본적으로 화면에서 보이지 않는 상태로 내부적으로 실행되며 코드를 처리하기 위해 일정량의 배터리를 소모합니다. 따라서 많은 앱에서 무분별하게 서비스를 실행할 경우 배터리가 빠르게 소진될 수 있습니다.

쓸데없이 서비스가 배터리를 소진하는 상황을 방지하기 위해 **안드로이드 운영체제는 시스템 리소스 확보를 위해 임의로 쓰이지 않는다고 판단되는 서비스를 강제 종료**할 수 있습니다. 가령 앞에서 작성한 시작 서비스의 경우 서비스를 시작한 후 액티비티를 종료하면 약 1분 정도 시간이 지난 이후 로그 메시지를 통해 서비스 역시 자동으로 종료되는 것을 확인할 수 있습니다.

이러한 강제 종료 상황을 방지하려면 **서비스가 현재 작업을 수행하기 위해 띄워놓은 액티비티 화면과 같은 중요도를 가지고 시작할 수 있도록 설정**해야 합니다. 이러한 높은 중요도를 가진 서비스를 **포어그라운드 서비스**(Foreground Service)라고 하며 포어그라운드 서비스를 시작하려면 사용자에게 서비스가 실행되고 있음을 명시적으로 알려주기 위해 설정한 **상태 메시지를 상태바에 항시 띄워 놓아야** 합니다.

포어그라운드 상태로 서비스를 시작하고, 관련 작업을 처리하는 코드는 이후 뽀모도로 앱을 만드는 과정에서 살펴보겠습니다.

> 빌드 파일에서 targetSdkVersion을 26 이상으로 설정했고, 단말 기기의 운영체제 버전이 안드로이드 오레오(8.0) 이상인 경우 안드로이드 운영체제에서는 서비스를 임의 종료할 수 있습니다.

---

[4] https://developer.android.com/reference/android/content/Intent?hl=ko#ACTION_AIRPLANE_MODE_CHANGED

프로젝트 생성과 UI 구성

프로젝트를 생성하고 다음과 같은 내용으로 프로젝트 정보를 입력합니다.

내용	값
Name	Pomodoro
Package name	wikibook.learnandroid.pomodoro
Language	Kotlin
Minimum API level	API 23

프로젝트를 생성한 후 자동 생성된 MainActivity의 이름을 PomodoroActivity로 변경합니다. 자동 생성된 레이아웃 파일의 이름(activity_main)도 pomodoro_activity로 변경한 후 본격적인 구현을 진행합니다.

본격적으로 뽀모도로 앱을 작성하기에 앞서 먼저 뽀모도로 시작 액티비티의 레이아웃 파일을 다음과 같이 작성합니다.

예제 4.7 뽀모도로 타이머 시작 및 취소 기능을 제공할 레이아웃   res/layout/pomodoro_activity.xml

```xml
<?xml version="1.0" encoding="utf-8"?>
<LinearLayout
    xmlns:android="http://schemas.android.com/apk/res/android"
    xmlns:app="http://schemas.android.com/apk/res-auto"
    android:layout_width="match_parent"
    android:layout_height="match_parent"
    android:orientation="vertical">

    <Button
        android:id="@+id/pomodoro_timer_start"
        android:layout_width="match_parent"
        android:layout_height="wrap_content"
        android:text="타이머 시작" />

    <Button
        android:id="@+id/pomodoro_timer_cancel"
        android:layout_width="match_parent"
        android:layout_height="wrap_content"
        android:text="타이머 취소" />

</LinearLayout>
```

뽀모도로 타이머를 시작하는 버튼과 취소하는 버튼을 추가한 것을 확인할 수 있습니다. 지금은 간소하게 UI를 구성했지만 나중에 상단 액션바의 모습도 변경하고 남은 시간을 보여주는 뷰도 직접 정의해서 추가할 것입니다.

일단 타이머 시작 버튼과 취소 버튼을 눌렀을 때 기본적인 알람 기능을 수행할 서비스 클래스를 구현하겠습니다.

서비스 생성 및 알람 기능 구현

앞에서 서비스의 개념을 설명하고 바운드 서비스와 시작 서비스를 구현해 통신을 진행해봤습니다. 뽀모도로 앱에서 사용할 서비스 클래스를 생성하기 위해 상단 메뉴바에서 [File] → [New] → [Service] →[Service]를 차례로 선택하고 서비스 클래스의 이름을 정합니다.

여기서는 서비스 클래스의 이름을 PomodoroService로 설정하겠습니다.

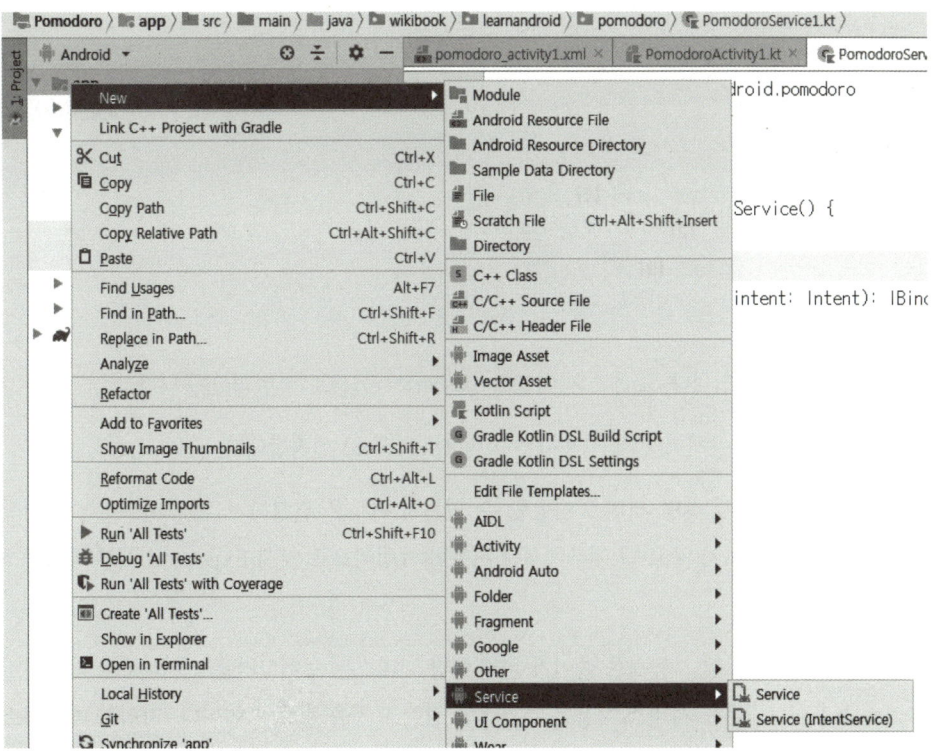

그림 4-4 서비스 생성 메뉴

서비스 생성 화면에서 [Exported] 체크박스의 체크를 해제한 후 [Finish] 버튼을 눌러 서비스 클래스 생성을 완료합니다.

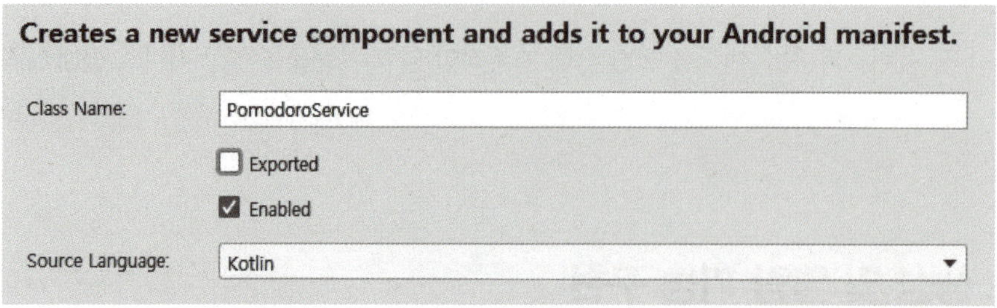

그림 4-5 서비스 클래스 생성을 위한 설정 화면

앞에서 살펴봤듯이 **생성된 서비스 클래스 정보를 반드시 매니페스트 파일에 등록**해야 합니다. 서비스 생성 메뉴를 통해 서비스 클래스 생성 작업을 진행하면 **자동으로 서비스 관련 내용이 매니페스트에 등록**됩니다. 만약 메뉴를 통하지 않고 직접 파일을 생성해서 서비스 클래스를 정의했다면 매니페스트에 해당 서비스 요소를 직접 추가해야 합니다.

다음은 매니페스트 파일에 자동으로 추가된 서비스 요소의 내용입니다.

AndroidManifest.xml

```
<service
    android:name=".PomodoroService" (1)
    android:enabled="true" (2)
    android:exported="false"> (3)
</service>
```

(1) 서비스 클래스의 이름입니다. 클래스의 이름인 `PomodoroService`로 설정돼 있습니다.

(2) `enabled`는 서비스를 사용하기 위해 사용하는 속성으로, `true`로 설정합니다.

(3) `exported`는 **외부 앱에서 해당 서비스 사용할 수 있는지 여부를 결정**하기 위해 사용하는 속성입니다. 이 서비스는 외부에 공개하지 않고 앱 내부에서만 사용할 예정이므로 앞서 Exported 체크 박스를 해제하여 `false`로 설정했습니다.

서비스가 임의로 강제 종료될 가능성을 줄이기 위해 해당 서비스는 포어그라운드 서비스로 작동시킬 예정입니다. 그런데 **포어그라운드 서비스 사용은 추가적인 권한 요청을 필요**로 합니다. 따라서 매니페스트 파일에 **포어그라운드 서비스 사용에 필요한 퍼미션을 추가**합니다.

알람이 울리는 시점에 단말기가 진동하도록 진동 기능도 사용할 예정이므로 서비스 사용 권한을 추가하면서 동시에 진동 기능 사용 권한도 함께 추가하겠습니다. 참고로 두 권한 모두 위험한 권한이 아닌 **일반적인(normal) 권한**이므로 위치 접근 권한을 획득할 때처럼 추가로 권한 획득을 요청하는 코드를 작성할 필요는 없습니다.

예제 4.8 매니페스트 파일에 포어그라운드 서비스 및 진동 기능 사용 권한 추가   AndroidManifest.xml

```xml
<manifest xmlns:android="http://schemas.android.com/apk/res/android" package="wikibook.learnandroid.pomodoro">

    <!-- 포어그라운드 서비스 사용을 위한 권한 추가 -->
    <uses-permission android:name="android.permission.FOREGROUND_SERVICE"/>
    <!-- 진동 기능 사용을 위한 권한 추가 -->
    <uses-permission android:name="android.permission.VIBRATE"/>

    <application
        <!-- 이후 매니페스트 내용 생략 -->
```

이제 PomodoroService 클래스를 작성하겠습니다.

예제 4.9 알람 관련 기능을 담당할 서비스 클래스   wikibook/learnandroid/pomodoro/PomodoroService.kt

```kotlin
import android.app.*
import android.content.BroadcastReceiver
import android.content.Context
import android.content.Intent
import android.content.IntentFilter
import android.media.MediaPlayer
import android.media.SoundPool
import android.os.Build
import android.os.IBinder
import android.os.VibrationEffect
import android.os.Vibrator
import android.util.Log
import androidx.core.app.NotificationCompat
import java.text.SimpleDateFormat
import java.util.*

class PomodoroService : Service() {
```

```kotlin
// (1)
companion object {
    val ALARM_CHANNEL_NAME = "뽀모도로 알람"
    val ACTION_ALARM_CANCEL = "wikibook.learnandroid.pomodoro.ACTION_ALARM_CANCEL"
    val ACTION_ALARM = "wikibook.learnandroid.pomodoro.ACTION_ALARM"
}

// (2)
var delayTimeInSec : Int = 0
var startTime : Long = 0
var endTime : Long = 0

// (3)
lateinit var vibrator : Vibrator
lateinit var receiver : BroadcastReceiver
lateinit var alarmBroadcastIntent : PendingIntent

// (4)
override fun onBind(intent: Intent): IBinder? = null

override fun onStartCommand(intent: Intent, flags: Int, startId: Int): Int {
    // (5)
    delayTimeInSec = intent.getIntExtra("delayTimeInSec", 0)
    startTime = intent.getLongExtra("startTime", 0)
    endTime = startTime + (delayTimeInSec * 1000)

    // (6)
    vibrator = getSystemService(Context.VIBRATOR_SERVICE) as Vibrator
    val vibrationTimeInMS : Long = 1000 * 3

    // (7)
    val alarmManager = getSystemService(Context.ALARM_SERVICE) as AlarmManager

    // (8)
    alarmBroadcastIntent = PendingIntent.getBroadcast(this, 0, Intent(ACTION_ALARM), PendingIntent.FLAG_ONE_SHOT)

    // (9)
    val delay = 1000 * delayTimeInSec
```

```kotlin
        alarmManager.setExactAndAllowWhileIdle(AlarmManager.RTC_WAKEUP, System.currentTimeMillis()
+ delay, alarmBroadcastIntent)

        // (10)
        receiver = object : BroadcastReceiver() {
            override fun onReceive(context: Context, intent: Intent) {
                val action = intent.action
                when(action) {
                    // (11)
                    ACTION_ALARM -> {
                        if(Build.VERSION.SDK_INT >= Build.VERSION_CODES.O) {
                            vibrator.vibrate(VibrationEffect.createOneShot(vibrationTimeInMS,
VibrationEffect.DEFAULT_AMPLITUDE))
                        } else {
                            vibrator.vibrate(vibrationTimeInMS)
                        }
                        stopSelf()
                    }
                    // (12)
                    ACTION_ALARM_CANCEL -> stopSelf()
                }
            }
        }

        // (13)
        val filter = IntentFilter()
        filter.addAction(ACTION_ALARM)
        filter.addAction(ACTION_ALARM_CANCEL)

        // (14)
        registerReceiver(receiver, filter)

        // (15)
        val notificationManager = getSystemService(Context.NOTIFICATION_SERVICE) as
NotificationManager

        // (16)
        if(android.os.Build.VERSION.SDK_INT >= android.os.Build.VERSION_CODES.O) {
            val notificationChannel = NotificationChannel(ALARM_CHANNEL_NAME, "뽀모도로 상태 알림
```

```kotlin
            채널", NotificationManager.IMPORTANCE_HIGH)
            notificationManager.createNotificationChannel(notificationChannel)
        }

        // (17)
        var builder : NotificationCompat.Builder
        if(Build.VERSION.SDK_INT >= Build.VERSION_CODES.O) {
            builder = NotificationCompat.Builder(this, ALARM_CHANNEL_NAME)
        } else {
            builder = NotificationCompat.Builder(this)
        }

        // (18)
        val notification = builder.setContentTitle("뽀모도로 시작")
            .setContentText("시작됨")
            .setSmallIcon(R.drawable.ic_tomato)
            .setOnlyAlertOnce(true)
            .build()

        // (19)
        startForeground(1, notification)

        // (20)
        return Service.START_NOT_STICKY
    }

    override fun onDestroy() {
        super.onDestroy()

        // (21)
        val alarmManager = getSystemService(Context.ALARM_SERVICE) as AlarmManager
        alarmManager.cancel(alarmBroadcastIntent)

        // (22)
        unregisterReceiver(receiver)
    }
}
```

(1) 서비스에서 사용할 상수를 정의합니다. 이후 앱 상단의 상태바(Notification bar)를 이용해 공지를 띄울 때 사용할 채널 이름 상수(ALARM_CHANNEL_NAME)와 인텐트에 포함할 작업(action) 관련 문자열을 정의합니다.

이후 **알람 발생과 알람 취소 작업**과 관련된 두 개의 문자열 상수를 정의합니다. 이 상수는 리시버를 통해서 전달받을 알람 관련 작업의 종류를 구분하는 데 사용됩니다.

```
companion object {
    val ALARM_CHANNEL_NAME = "뽀모도로 알람"
    val ACTION_ALARM_CANCEL = "wikibook.learnandroid.pomodoro.ACTION_ALARM_CANCEL"
    val ACTION_ALARM = "wikibook.learnandroid.pomodoro.ACTION_ALARM"
}
```

(2) 알람 작동과 관련된 상황을 상태바를 통해 보여주는 데 필요한 정보 속성을 선언합니다.

여기서는 타이머 종료 시까지 남은 시간(delayTimeInSec), 타이머 시작 시각(startTime), 타이머 종료 시각(endTime)을 저장할 속성을 선언합니다.

```
var delayTimeInSec : Int = 0
var startTime : Long = 0
var endTime : Long = 0
```

(3) 진동을 발생시키기 위해 사용할 Vibrator 객체, 알람 진행 상황, 알람 종료 및 알람 취소 여부와 관련된 인텐트 메시지를 받기 위해 사용할 BroadcastReceiver 객체, 그리고 타이머가 종료되어 알람이 울려야 하는 시점에 브로드캐스트 방식을 통해 전달할 PendingIntent 객체(alarmBroadcastIntent)를 선언했습니다.

여기서 선언한 객체들은 이후 해당 객체를 초기화하는 시점에 보충해서 설명하겠습니다.

```
lateinit var vibrator : Vibrator
lateinit var receiver : BroadcastReceiver
lateinit var alarmBroadcastIntent : PendingIntent
```

(4) 필요한 상수와 속성의 선언이 마무리됐으므로 이제 사용할 메서드를 정의합니다. 지금 정의하는 서비스는 시작 서비스 방식으로 사용할 것이므로 onBind 메서드에서는 그냥 null을 반환하도록 재정의합니다.

```
// 바운드 서비스가 아니므로 null을 반환하도록 설정
override fun onBind(intent: Intent): IBinder? = null
```

이후 서비스에서 필요한 여러 초기화 작업을 진행할 수 있도록 onStartCommand 메서드를 재정의합니다.

(5) 서비스를 시작하는 측(액티비티)에서 타이머 시작 시각(startTime)과 타이머 종료 시각(delayTimeInSec) 정보를 **인텐트 메시지를 통해 전달**하도록 구현할 것이므로 인텐트 객체를 통해 해당 정보를 얻습니다.

동시에 종료 시각을 계산해서 초기화합니다. delayTimeInSec에 저장된 초 단위의 값에 1000을 곱해서 더하는 식으로 밀리초 단위의 값으로 변환한 후 대입합니다.

```
// 서비스를 시작하며 전달된 인텐트를 통해 타이머 수행 관련 정보를 추출
delayTimeInSec = intent.getIntExtra("delayTimeInSec", 0)
startTime = intent.getLongExtra("startTime", 0)
endTime = startTime + (delayTimeInSec * 1000)
```

(6) getSystemService 메서드는 Context 클래스에서 제공하는 메서드로 **안드로이드에서 제공하는 다양한 시스템 서비스 객체를 반환받는 데 사용**합니다.

Context 클래스에 정의된 서비스 관련 상수를 인자로 전달해서 해당 상수와 관련된 시스템 서비스 객체를 반환받습니다. 진동 서비스를 제공할 Vibrator 타입의 객체를 얻어와야 하므로 여기서는 VIBRATOR_SERVICE 상수를 전달합니다.

getSystemService 메서드에서는 Any 타입의 객체를 반환하므로 **반드시 캐스팅을 통해 제공받을 객체의 타입으로 변환한 후 사용**해야 합니다. 이후 진동 시간을 설정하기 위해 사용할 상수도 선언합니다.

```
// Vibrator 타입의 객체로 캐스팅 진행
vibrator = getSystemService(Context.VIBRATOR_SERVICE) as Vibrator
val vibrationTimeInMS : Long = 1000 * 3
```

(7) 진동 기능을 제공할 Vibrator 객체를 얻어온 것과 마찬가지로 getSystemService 메서드를 호출해 알람 관련 기능을 제공할 알람 매니저 서비스 객체를 반환받습니다.

알람 매니저 서비스 객체를 통해 **알람 시간을 설정하고 알람을 울려야 할 시점이 됐을 때 사용할 인텐트 객체를 추가**할 수 있습니다.

```
val alarmManager = getSystemService(Context.ALARM_SERVICE) as AlarmManager
```

[8] 알람의 특성상 현재가 아닌 미래 시점에 전달할 인텐트가 필요하므로 알람 매니저 서비스 객체에서는 일반적인 인텐트 객체가 아닌 PendingIntent 객체를 사용합니다. PendingIntent는 현재가 아닌 임의의 미래 시점에 전달해야 할 일종의 특수한 인텐트입니다. **알람이 울리는 시점에 브로드캐스트 방식을 통해 인텐트 메시지를 전달**할 예정이므로 PendingIntent 클래스에서 제공하는 **getBroadcast** 함수를 호출해 사용할 PendingIntent 객체를 생성합니다.

```
alarmBroadcastIntent = PendingIntent.getBroadcast(this, 0, Intent(ACTION_ALARM), PendingIntent.
FLAG_ONE_SHOT)
```

이 함수의 사용법과 인자는 다음과 같습니다.

```
getBroadcast((a), (b), (c), (d))
```

(a) Context 객체를 전달합니다. 서비스 클래스도 Context 클래스를 상속받는 클래스이므로 this를 전달합니다.

(b) 펜딩 인텐트 객체를 구분하기 위해 사용할 정숫값입니다. 여기서는 0으로 설정했습니다. 만약 추가로 펜딩 인텐트 객체를 생성한다면 각각 다른 고유한 정숫값을 부여해야 합니다.

(c) 알람이 울리는 시점에 브로드캐스트 방식으로 전달될 인텐트 메시지 객체입니다.

여기서는 알람이 울려야 한다는 것을 알려줄 작업 문자열(ACTION_ALARM)을 전달할 인텐트 객체를 생성합니다.

(d) PendingIntent의 생성 방식을 결정할 상수를 정의합니다. 알람이 울리는 시점에 단 한 번만 작동해서 인텐트 메시지를 전달하면 되므로 **FLAG_ONE_SHOT** 상수를 전달해서 해당 펜딩 인텐트가 일회용으로 사용되도록 설정합니다.

[9] 알람 매니저에서 제공하는 **setExactAndAllowWhileIdle** 메서드는 정확한 시점(Exact)에 도즈 모드(Doze mode)에 영향받지 않고(AllowWhileIdle) 알람 작업을 설정하는 메서드입니다. 도즈 모드(잠자기 모드)는 단말기가 충전되지 않은 상태에서 화면이 꺼지고 고정된 상태로 방치돼 있을 경우 배터리 소모를 줄이기 위해서 단말기의 CPU 연산을 줄이고 네트워크 요청을 금지하는 제약을 설정하는 모드입니다.

이 제약 사항은 알람 설정과 관련된 기능에도 영향을 미치므로 setAndAllowWhileIdle 메서드나 setExactAndAllowWhileIdle 메서드와 같이 도즈 모드에서도 정확한 작동을 보장하도록 메서드명 뒤에 AllowWhileIdle이 붙은 메서드를 호출해 알람을 등록해야 합니다.

단말기의 운영체제 버전이 마시멜로(API 23) 이상인 경우 도즈 모드에 영향을 받게 되므로 현 시점에서는 거의 대부분의 단말기가 이러한 제약 조건하에 있다고 가정하고 앱을 작성해야 합니다.

```
val delay = 1000 * delayTimeInSec
alarmManager.setExactAndAllowWhileIdle(AlarmManager.RTC_WAKEUP, System.currentTimeMillis() + delay,
alarmBroadcastIntent)
```

이 함수의 사용법과 인자는 다음과 같습니다.

```
setExactAndAllowWhileIdle((a), (b), (c))
```

(a) 알람 시간을 설정하는 방식을 지정하는 상수로, 여기서는 **RTC_WAKEUP** 상수를 전달해서 인자로 전달된 시간을 기준으로 알람이 동작할 수 있게 합니다.
ELAPSED_REALTIME_WAKEUP 상수를 전달해서 안드로이드 단말기가 부팅된 시점으로부터 경과된 시간을 인자로 전달해서 동작하게 할 수도 있습니다.

(b) 알람이 발생할 시각을 설정하는 값입니다. Long 타입의 유닉스 시간을 전달합니다. currentTimeMillis 메서드를 호출해서 현재 시간을 구하고, 해당 시간에 밀리초 단위의 시간값(delay)을 더해 알람이 발생할 시간을 정합니다.
여기서는 전달받은 초 단위 시간(delayTimeInSec)을 밀리초 단위의 시간으로 변환한 후 더합니다.

(c) 알람이 발생하는 시점에 전달될 펜딩 인텐트 객체를 지정합니다.

이후 서비스 내부에서 브로드캐스트 메시지를 수신할 리시버 객체를 생성하고 알람이 발생하거나 취소되는 시점에 수행해야 할 코드를 작성합니다.

(10) 서비스 내부에서 사용할 브로드캐스트 메시지 리시버 객체를 익명 클래스 방식을 통해 생성하며 **onReceive** 콜백 메서드를 재정의합니다. 앞서 onReceive 메서드를 통해 브로드캐스트 방식으로 전달된 인텐트 메시지를 전달받을 수 있다고 설명했습니다.

여기서는 단순히 어떤 종류의 작업(**action**)을 수행해야 하는지만 파악하면 충분하므로 인텐트에 포함된 데이터에 접근하는 코드는 작성하지 않았습니다.

```
receiver = object : BroadcastReceiver() {
    override fun onReceive(context: Context, intent: Intent) {
        val action = intent.action
        when(action) {
            // ...
        }
    }
}
```

(11) 알람 시작(ALARM_ACTION) 신호를 받았으므로 진동을 발생시키도록 코드를 작성합니다. vibrate 메서드를 호출하며 밀리초 단위의 진동 시간 값(vibrationTimeInMS)을 전달해서 해당 시간 동안 단말기가 진동하게 합니다.

단, 안드로이드 오레오(API 26) 이후 단순히 진동 시간만 전달하는 메서드는 사용이 중지(deprecated)되고 **진동 방식을 정의한 VibrationEffect 객체를 전달받도록 변경**됐으므로 SDK 버전에 따라 분기해서 상황에 맞는 메서드를 호출하게 합니다.

createOneShot 메서드를 통해 VibrationEffect 객체를 생성하고 있으며, 첫 번째 인자로 진동 시간을, 두 번째 인자로 DEFAULT_AMPLITUDE 상수를 전달해 단말기의 기본 강도로 진동하는 진동 이펙트 객체를 생성해서 전달합니다.

단, 실제 단말기가 아닌 에뮬레이터에서는 진동 기능이 지원되지 않으므로 아래 코드의 Log 출력 함수를 실행하도록 하여 로그캣 창을 통해 알람이 작동되었는지를 확인해야 합니다.

```
ACTION_ALARM -> {
    // Log.d("mytag", "Vibrating...")
    if(Build.VERSION.SDK_INT >= Build.VERSION_CODES.O) {
        vibrator.vibrate(VibrationEffect.createOneShot(vibrationTimeInMS, VibrationEffect.DEFAULT_AMPLITUDE))
    } else {
        vibrator.vibrate(vibrationTimeInMS)
    }
    stopSelf()
}
```

(12) 알람 취소(ACTION_ALARM_CANCEL) 신호를 받았으므로 알람을 취소하기 위해 서비스를 종료합니다.

외부에서 서비스 객체의 stopService 메서드를 호출하는 방식으로도 서비스를 종료할 수 있지만 여기서는 서비스 내부에서 **스스로 서비스를 종료해야 하는 상황이므로 stopSelf 메서드를 호출**합니다.

```
ACTION_ALARM_CANCEL -> stopSelf()
```

바로 뒤이어 **서비스가 종료되는 과정에서 실행될 onDestroy 메서드를 재정의해서** 필요한 알람 설정 취소 관련 코드를 작성할 예정입니다.

[13] 리시버 객체에서 받을 인텐트 메시지의 종류를 제한하기 위해 사용할 필터 객체를 생성하고 addAction 메서드를 호출해서 수신받을 작업 문자열을 등록합니다.

```
val filter = IntentFilter()
// 알람 울림 메시지에 반응
filter.addAction(ACTION_ALARM)
// 알람 취소 메시지에 반응
filter.addAction(ACTION_ALARM_CANCEL)
```

[14] 최종적으로 registerReceiver 메서드를 호출해서 브로드캐스트 리시버 객체를 등록하고 인텐트 필터 객체도 함께 전달합니다.

```
registerReceiver(receiver, filter)
```

이후 **상태바 매니저(NotificationManager)를 통해 상태바를 통해 보여줄 알림(Notification) 객체를 생성**하는 작업을 진행합니다.

[15] getSystemService 메서드를 호출해서 **상태바 관리를 담당하는 NotificationManager 객체를 반환**받습니다. 이 객체를 통해 상태바에 필요한 메시지를 전달할 알림 채널을 생성할 수 있습니다.

```
val notificationManager = getSystemService(Context.NOTIFICATION_SERVICE) as NotificationManager
```

안드로이드 오레오(API 26) 이후부터는 반드시 **알림 채널을 생성하고 해당 알림 채널을 통해 상태바 메시지를 전송하도록 변경**됐습니다. 알림 채널은 한 앱에서 제공하는 다양한 성격의 알림에 대해 **개별적으로 알림 여부 및 알림 방식을 조정할 수 있도록 허용**하기 위해 만들어졌습니다. 가령 이러한 채널을 사용하면 특정 SNS 앱에서 친구 요청 알림은 받지만 내가 작성한 글에 새로 달린 댓글에 대한 알림은 받지 않는 식으로 **세부적으로 알림 여부를 조정**할 수 있습니다.

다음은 안드로이드의 설정 화면에서 페이스북의 애플리케이션 알림 설정으로 들어간 화면입니다. 여러 상황에 따르는 다양한 알림 채널이 있으며, 알림 채널별로 알림 여부를 설정할 수 있는 것을 확인할 수 있습니다.

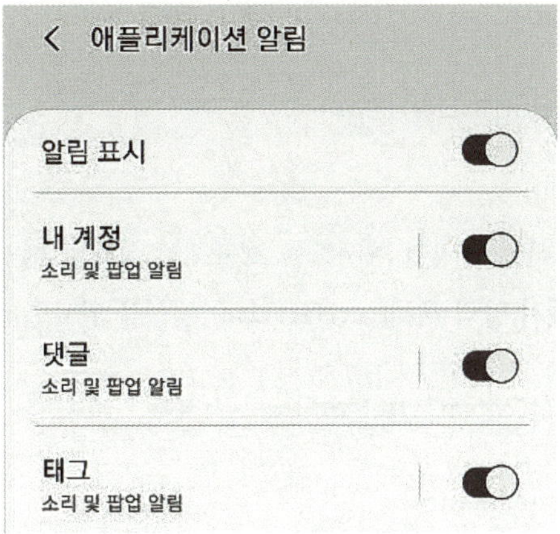

그림 4-6 페이스북 앱에서 제공하는 다양한 알림 채널

[16] 알림 채널(NotificationChannel) 객체를 만듭니다.

생성자에 알림 채널의 이름과 채널에 대한 설명 문자열을 전달하고 채널의 중요도를 상수로 전달합니다. 여기서는 IMPORTANCE_HIGH 값을 전달해서 높은 수준의 중요도를 가진 알림 채널임을 명시합니다.

이후 상태바 관리 매니저의 **createNotificationChannel** 메서드를 호출해서 **알림 채널을 생성합니다.** 알림 채널 생성은 오레오(API 26) 이후부터 지원하는 기능이므로 분기문을 통해 API 버전 조건이 충족될 경우에만 채널을 생성합니다.

```
// OREO 버전 이상일 경우에만 알림 채널을 생성
if(android.os.Build.VERSION.SDK_INT >= android.os.Build.VERSION_CODES.O) {
    val notificationChannel = NotificationChannel(ALARM_CHANNEL_NAME, "뽀모도로 상태 알림 채널",
NotificationManager.IMPORTANCE_HIGH)
    notificationManager.createNotificationChannel(notificationChannel)
}
```

[17] 상태바 메시지 객체를 생성하기 위해 사용할 빌더를 생성합니다.

오레오 이후부터 빌더 객체를 생성하는 과정에서 알림 채널의 정보(이름)를 제공해야 하므로 여기서도 버전에 따라 분기해서 인자를 달리 전달하는 방식으로 빌더 객체를 생성합니다.

```
var builder : NotificationCompat.Builder
// 오레오 버전 이상일 경우에만 알림 채널이 있는 빌더를 생성
if(Build.VERSION.SDK_INT >= Build.VERSION_CODES.O) {
    // 채널 이름에 대한 정보를 추가로 전달하며 빌더 객체를 생성
```

```
        builder = NotificationCompat.Builder(this, ALARM_CHANNEL_NAME)
    } else {
        builder = NotificationCompat.Builder(this)
    }
```

(18) 이후 빌더 객체에서 제공하는 다양한 메서드를 호출해서 **상태바 메시지에 포함될 내용을 구성**합니다. 이후 **build** 메서드를 호출해서 알림 객체(**notification**) 생성을 완료합니다.

```
val notification = builder.setContentTitle("뽀모도로 시작")
    .setContentText("시작됨")
    .setSmallIcon(R.drawable.ic_tomato)
    .setOnlyAlertOnce(true)
    .build()
```

다음은 빌더 객체에서 제공하는 메서드의 역할을 정리한 표입니다.

메서드	역할
setContentTitle	알림 화면에 표시될 **제목** 텍스트를 지정하기 위해 사용합니다.
setContentText	알림 화면에 표시될 **본문** 텍스트를 지정하기 위해 사용합니다.
setSmallIcon	상태바에 표시될 **아이콘**을 지정하기 위해 사용합니다.
setOnlyAlertOnce	상태바 메시지가 존재하지 않는 경우(즉, 새로 상태바 메시지가 생성되어 추가되는 시점)에만 진동이 울리게 하는 기능입니다.

최종적으로 생성된 상태 메시지가 상태바에 출력된 모습은 다음과 같습니다.

그림 4-7 상태바에 표시된 상태 메시지의 모습

특히 setSmallIcon 메서드의 경우 호출하지 않으면 정상적인 상태바 메시지의 모습을 보여주지 못하기 때문에 반드시 호출해야 합니다.

메서드를 호출하면서 전달할 값은 아이콘 이미지의 리소스 식별자로, 예제 프로젝트 준비 파일에 포함된 ic_tomato 이미지 파일을 drawable 리소스로 추가하기 위해 res 폴더를 대상으로 마우스 오른쪽 버튼을 클릭하고 [New] → [Image Asset]을 선택합니다.

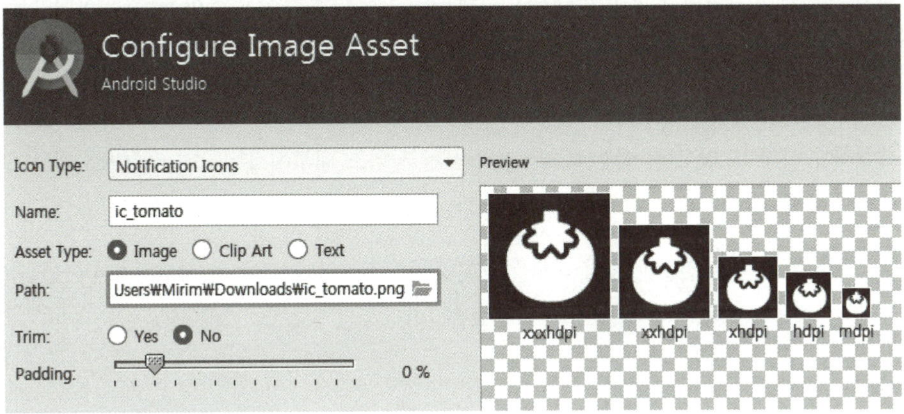

그림 4-8 상태바 아이콘 리소스 생성 화면

[Icon Type]을 **상태바를 위한 아이콘(Notification Icons)**로 변경한 후 [Name]은 'ic_tomato'로 [Asset Type]은 'Image'로 설정하고 파일의 경로를 설정한 다음 [Next] 버튼을 눌러 다음 화면으로 넘어갑니다.

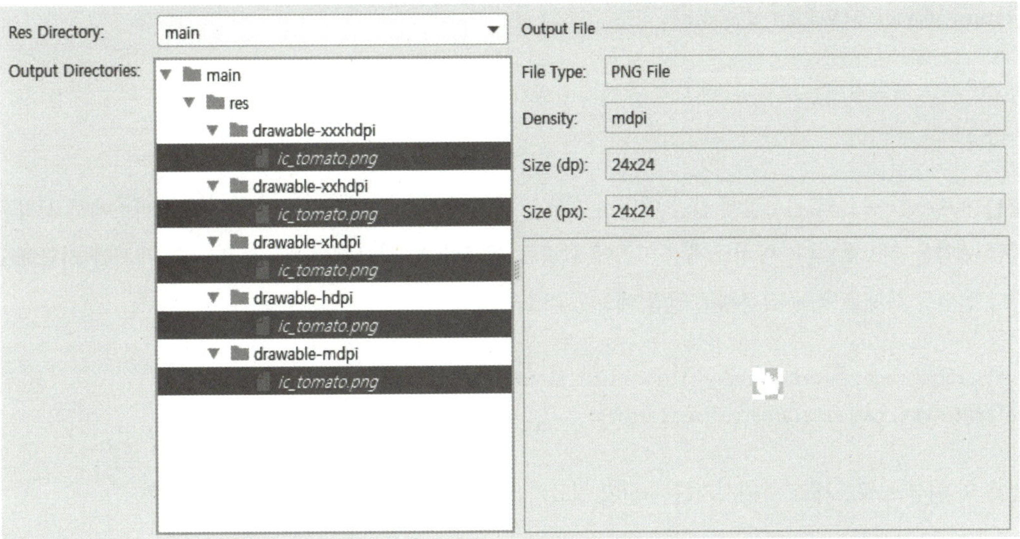

그림 4-9 다양한 화면 밀도를 지원하기 위한 리소스 추가 화면

이후 다양한 화면 밀도를 지원하는 리소스 생성 화면에서 [Finish] 버튼을 눌러 리소스 생성을 마무리합니다.

(19) startForeground 메서드를 호출하며 서비스를 포어그라운드 서비스로 시작하도록 조정함과 동시에 생성한 알림 객체를 전달합니다. 서비스를 포어그라운드 상태로 시작하고자 하는 경우 **상태바를 이용해 서비스가 실행되고 있다는 사실을 사용자에게 알려야 하므로 반드시 알림 객체가 필요**합니다.

서비스를 호출하는 쪽에서는 **startService 메서드가 아닌 startForegroundService 메서드를 이용해 서비스 시작을 요청**해야 하며, 요청 시점 이후 5초가 지나기 전 서비스 내부에서 startForeground 메서드를 호출해야 정상적으로 포어그라운드 서비스 사용이 가능합니다.

첫 인자로 전달하는 숫자는 전달할 알림 객체를 구분할 용도로 사용할 고유의 정수로 **0이 아닌 임의의 값**을 부여해서 전달합니다. 여기서는 값을 1로 설정했습니다.

```
startForeground(1, notification)
```

(20) 서비스 클래스에 정의된 START_NOT_STICKY 상수를 반환하며, onStartCommand 메서드를 종료합니다. START_NOT_STICKY 상수를 반환했으므로 시스템 리소스 확보를 위해 서비스가 제거됐다고 하더라도 추후 해당 서비스를 다시 생성해서 실행하지 않습니다.

```
return Service.START_NOT_STICKY
```

마지막으로 서비스의 onDestroy 메서드를 재정의해서 서비스가 종료되는 시점에 수행해야 할 코드를 작성합니다.

(21) 서비스가 종료되는 시점에 알람 매니저 객체를 받아와 **cancel 메서드를 호출해서 서비스에서 시작한 알림 예약을 취소**합니다. 메서드에는 이전에 **알람을 등록할 때 사용했던 PendingIntent 객체를 전달**해서 해당 인텐트 객체를 통해 설정해둔 알람 예약을 취소합니다.

```
val alarmManager = getSystemService(Context.ALARM_SERVICE) as AlarmManager
alarmManager.cancel(alarmBroadcastIntent)
```

(22) 더 이상 브로드캐스트 메시지를 수신할 필요가 없으므로 리시버 객체를 해제합니다.

```
unregisterReceiver(receiver)
```

일반적으로 onDestroy 메서드에서 더는 사용하지 않을 리소스를 해제하는 작업을 진행하므로 앞으로 구현을 진행하는 과정에서 추가로 생성한 리소스 객체를 해제하는 코드도 추가할 예정입니다.

이제 액티비티에서 앞서 작성한 서비스를 사용하도록 코드를 작성하겠습니다.

예제 4.10 알람 기능 서비스를 사용하는 액티비티　　　　　　wikibook/learnandroid/pomodoro/PomodoroActivity.kt

```kotlin
import android.content.BroadcastReceiver
import android.content.Context
import android.content.Intent
import android.content.IntentFilter
import android.graphics.Color
import androidx.appcompat.app.AppCompatActivity
import android.os.Bundle
import android.util.Log
import android.widget.Button
import android.widget.ImageButton
import android.widget.TextView
import androidx.appcompat.widget.Toolbar

class PomodoroActivity : AppCompatActivity() {

    override fun onCreate(savedInstanceState: Bundle?) {
        super.onCreate(savedInstanceState)
        setContentView(R.layout.pomodoro_activity)

        findViewById<Button>(R.id.pomodoro_timer_start).setOnClickListener {
            // (3)
            val cancelIntent = Intent(PomodoroService.ACTION_ALARM_CANCEL)
            sendBroadcast(cancelIntent)

            // (1)
            val i = Intent(this, PomodoroService::class.java)
            i.putExtra("delayTimeInSec", 60 * 1)
            i.putExtra("startTime", System.currentTimeMillis())

            // (2)
            if(android.os.Build.VERSION.SDK_INT >= android.os.Build.VERSION_CODES.O) {
                startForegroundService(i)
            } else {
```

```
            startService(i)
        }
    }

    findViewById<Button>(R.id.pomodoro_timer_cancel).setOnClickListener {
        // (3)
        val cancelIntent = Intent(PomodoroService.ACTION_ALARM_CANCEL)
        sendBroadcast(cancelIntent)
    }
}
```

(1) 서비스를 시작하며 전달할 인텐트 객체를 생성하고 서비스에서 필요한 알람까지 대기 시간과 알람 시작 시각 정보를 전달합니다. 여기서는 1분 후에 알람이 울리도록 설정합니다.

```
val i = Intent(this, PomodoroService::class.java)
i.putExtra("delayTimeInSec", 60 * 1)
i.putExtra("startTime", System.currentTimeMillis())
```

(2) 오레오 이후의 버전이라면 **startForegroundService** 메서드를 호출해서 서비스가 포어그라운드 상태에서 **시작**되게 합니다. 오레오 이전 버전이라면 startService 메서드를 호출해서 서비스를 시작합니다.

```
if(android.os.Build.VERSION.SDK_INT >= android.os.Build.VERSION_CODES.O) {
    startForegroundService(i)
} else {
    startService(i)
}
```

(3) 새로 알람 서비스를 시작하거나 취소 버튼을 누르면 취소 인텐트 메시지를 생성하고 해당 메시지를 브로드캐스트 방식으로 전달합니다. 인텐트의 작업 문자열 값은 앞서 서비스 클래스에 선언한 취소 작업과 관련된 문자열 상수를 사용합니다.

취소 인텐트 메시지를 브로드캐스팅하면 서비스 내부의 브로드캐스트 리시버 객체가 해당 인텐트 메시지를 전달받게 됩니다. 서비스가 시작되어 작동하고 있는 상황이라면 메시지를 전달받아 알람을 취소할 것이며, 서비스가 실행되고 있지 않다면 전달된 인텐트 메시지는 무시됩니다.

```
val cancelIntent = Intent(PomodoroService.ACTION_ALARM_CANCEL)
sendBroadcast(cancelIntent)
```

이제 앱을 실행하고 타이머 시작 버튼을 누르면 1분 후에 단말기에서 진동이 발생하는 것을 확인할 수 있습니다.

타이머 시작 버튼을 누르고 백버튼을 눌러 **액티비티를 종료시키더라도 서비스는 종료되지 않고 계속 포어그라운드 상태에서 작동**하고 있으므로 액티비티가 종료된 후에도 1분이 지나면 진동이 발생합니다. 단, 알람 작업 서비스를 시작한 상황에서 다시 앱을 실행하고 타이머 취소 버튼을 눌러 서비스를 종료하면 서비스 내에 정의한 onDestroy 메서드가 실행되어 알람 작업을 종료하므로 알람이 울리지 않습니다.

사용 환경 개선

지금까지 기초적인 알람 기능을 구현했습니다. 현재는 알람 예약 시간이 고정돼 있어서 무조건 1분이 지난 후 알람이 울리게 되므로 먼저 알람 시간을 선택할 수 있는 기능을 구현하겠습니다.

또한 알람이 울리기까지 남은 시간을 시작 액티비티 화면에서 확인할 수 있게 하고, 진동이 아닌 다른 방식으로도 알람이 발생한 상황을 알 수 있도록 기능을 개선하겠습니다.

알람 시간 선택 기능 추가

먼저 알람 시간을 선택할 수 있는 기능부터 추가해보겠습니다. 여기서는 **대화상자를 구성하는 용도로 쓰이는 AlertDialog 클래스와 다이얼로그 프래그먼트(DialogFragment)를 사용해 대화상자를 생성**하겠습니다.

다음 화면에서 볼 수 있는 것과 같이 미리 지정한 알람 시간 (5, 10, 15, 20, 25, 30분) 중 하나를 선택해 알람 시간을 조정할 수 있도록 구현하고, 동시에 초 단위의 알람 시간을 직접 입력해서 시작할 수 있게 하겠습니다.

> 🔍 안드로이드 API에서는 기본적인 대화상자를 구성할 용도로 사용하는 AlertDialog 외에도 날짜를 설정할 수 있는 기능을 지원하는 DatePickerDialog와 시간을 설정할 수 있는 TimePickerDialog도 제공합니다.

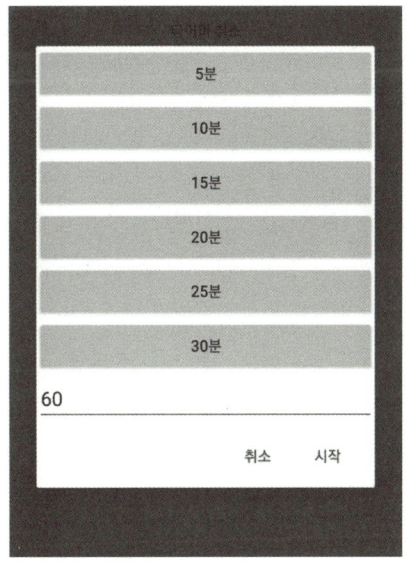

그림 4-10 완성된 대화 상자 화면

먼저 프래그먼트에서 사용할 레이아웃 파일(pomodoro_time_select_dialog)을 생성한 후 다음과 같이 내용을 작성합니다.

예제 4.11 타이머 시간을 고를 수 있는 대화상자를 구성할 레이아웃　　　　　res/layout/pomodoro_time_select_dialog.xml

```xml
<?xml version="1.0" encoding="utf-8"?>
<LinearLayout xmlns:android="http://schemas.android.com/apk/res/android"
    android:orientation="vertical"
    android:layout_width="match_parent"
    android:layout_height="match_parent">

    <LinearLayout (1)
        android:id="@+id/time_select"
        android:layout_width="match_parent"
        android:layout_height="wrap_content"
        android:orientation="vertical">
    </LinearLayout>

    <EditText (2)
        android:id="@+id/manual_time_select"
        android:text="60"
        android:hint="초 단위 시간 입력"
        android:layout_width="match_parent"
        android:layout_height="wrap_content"/>

</LinearLayout>
```

(1) 시간을 선택하는 버튼들이 포함될 뷰그룹을 추가합니다. 버튼을 미리 레이아웃 파일에 정의해도 상관은 없지만 여기서는 **코드를 이용해 뷰 객체를 동적으로 추가하는 방식**으로 뷰그룹을 구성하겠습니다.

(2) 초 단위의 시간을 직접 입력받을 수 있도록 EditText 뷰를 추가했습니다. 이제 알람 시간을 설정할 수 있도록 도와줄 PomodoroTimeSelectFragment 클래스를 정의하겠습니다.

예제 4.12 알람 시간을 설정하는 용도로 사용할 대화상자 프래그먼트

wikibook/learnandroid/pomodoro/PomodoroTimeSelectFragment.kt

```
import android.app.Dialog
import android.content.Context
import android.content.Intent
import android.os.Bundle
import android.view.LayoutInflater
```

```kotlin
import android.view.View
import android.view.ViewGroup
import android.widget.Button
import android.widget.EditText
import android.widget.LinearLayout
import androidx.appcompat.app.AlertDialog
import androidx.fragment.app.DialogFragment

// (1)
class PomodoroTimeSelectFragment : DialogFragment() {
    lateinit var timeSelectView : View

    override fun onCreateDialog(savedInstanceState: Bundle?): Dialog {
        // (2)
        val builder = AlertDialog.Builder(context!!)

        // (3)
        timeSelectView = LayoutInflater.from(context!!).inflate(R.layout.pomodoro_time_select_dialog, null)
        val timeSelect = timeSelectView.findViewById<LinearLayout>(R.id.time_select)

        // (4)
        val listener = View.OnClickListener {
            val sec = it.tag.toString().toLong()
            startPomodoro(sec)
        }

        // (5)
        "5,10,15,20,25,30".split(",")?.forEach {
            val time = it.trim()
            // (6)
            val btn = Button(activity)
            btn.setText("${time}분")
            // (7)
            btn.tag = "${time.toInt() * 60}"
            // (8)
            btn.layoutParams = LinearLayout.LayoutParams(ViewGroup.LayoutParams.MATCH_PARENT, ViewGroup.LayoutParams.WRAP_CONTENT)
            // (9)
            btn.setOnClickListener(listener)
```

```kotlin
            timeSelect.addView(btn)
        }

        // (10)
        builder.setView(timeSelectView)
            .setPositiveButton("시작"){ _, _ ->
                // (11)
                var time = timeSelectView.findViewById<EditText>(R.id.manual_time_select).text.toString().toLong()
                startPomodoro(time)
            }
            .setNegativeButton("취소"){ _, _ ->
                // (12)
                dismiss()
            }

        // (13)
        return builder.create()
    }

    // (14)
    private fun startPomodoro(delay : Long) {
        if(!(delay <= 0)) {
            activity?.let {
                // (15)
                val i = Intent(it, PomodoroService::class.java)
                i.putExtra("delayTimeInSec", delay.toInt())
                i.putExtra("startTime", System.currentTimeMillis())

                // (16)
                if(android.os.Build.VERSION.SDK_INT >= android.os.Build.VERSION_CODES.O) {
                    it.startForegroundService(i)
                } else {
                    it.startService(i)
                }
                dismiss()
            }
        }
    }
}
```

[1] 대화상자를 보여주기 위해 사용할 DialogFragment를 상속받는 프래그먼트 클래스를 정의합니다.

DialogFragment 클래스를 상속받는 과정에서 **onCreateDialog** 메서드를 재정의합니다. 이 메서드는 **대화상자에 필요한 레이아웃을 구성하고 필요한 기능을 설정한 후 대화상자 객체를 반환하는 역할을 수행**합니다.

```
class PomodoroTimeSelectFragment : DialogFragment() {
    // 사용자에게 보여줄 대화상자를 반환할 onCreateDialog 메서드 재정의
    override fun onCreateDialog(savedInstanceState: Bundle?): Dialog {
        // ...
    }
}
```

[2] AlertDialog의 내부 클래스에 정의된 **Builder 객체를 생성**합니다. 이후 빌더 객체에서 제공하는 다양한 메서드를 호출해 대화상자 객체를 생성한 후 반환할 것입니다.

```
val builder = AlertDialog.Builder(context!!)
```

[3] 대화상자를 구성할 뷰 객체를 반환받기 위해 inflate 메서드를 호출합니다. 여기서는 앞에서 추가한 대화상자 레이아웃 파일의 식별자를 전달합니다. 그리고 알람 시간 선택 버튼을 추가할 LinearLayout 뷰그룹 객체의 참조를 얻어옵니다.

```
timeSelectView = LayoutInflater.from(context!!).inflate(R.layout.pomodoro_time_select_dialog, null)
val timeSelect = timeSelectView.findViewById<LinearLayout>(R.id.time_select)
```

[4] 버튼 클릭 리스너를 정의합니다. 클릭 시점에 전달받은 **버튼 뷰 객체(it)의 tag 속성에 저장된 문자열 값을 숫자로 변환**합니다. 해당 숫자는 초 단위의 시간값으로, 이후 알람 서비스를 시작하기 위해 사용할 startPomodoro 메서드를 호출하며 전달합니다.

```
val listener = View.OnClickListener {
    // tag 속성에 담긴 초 단위 시간값을 숫자로 변환
    val sec = it.tag.toString().toLong()
    // 서비스를 시작하기 위해 startPomodoro 메서드를 호출
    startPomodoro(sec)
}
```

> 🔍 뷰에 포함된 tag 속성은 뷰 객체에 필요한 추가적인 문자열 형태의 정보가 있는 경우 해당 정보를 저장하는 데 사용되는 속성입니다.
> 레이아웃 파일 내부에서도 android:tag 속성을 추가하고 필요한 속성값을 정의하는 형태로 속성값을 부여할 수 있습니다. 코드에서는 뷰의 tag 속성에 직접 값을 대입하거나 값을 읽어오는 형태로 정보에 접근할 수 있습니다.

(5) 분 단위의 시간 정보가 쉼표로 구분돼 있는 문자열("5,10,15,20,25,30")을 쉼표를 기준으로 잘라 리스트로 만들고 바로 리스트에 포함된 요소를 순회합니다.

여기서는 time 변수에 분 단위의 시간값을 저장합니다. 이후 버튼을 동적으로 생성하고 클릭 리스너를 설정한 뒤 뷰그룹에 추가하는 작업을 진행합니다.

```
"5,10,15,20,25,30".split(",")?.forEach {
    val time = it.trim()

    // 버튼 동적 생성 및 버튼 뷰 설정
    val btn = Button(activity)
    btn.setText("${time}분")
    btn.tag = "${time.toInt() * 60}"
    btn.layoutParams = LinearLayout.LayoutParams(ViewGroup.LayoutParams.MATCH_PARENT, ViewGroup.LayoutParams.WRAP_CONTENT)

    // 클릭 리스너 설정
    btn.setOnClickListener(listener)

    // 뷰그룹에 버튼 추가
    timeSelect.addView(btn)
}
```

(6) 버튼 객체를 동적으로 생성한 후 버튼에 표시될 레이블 문자열을 설정합니다.

```
val btn = Button(activity)
btn.setText("${time}분")
```

(7) 버튼에 설정한 리스너의 내부에서 tag 정보를 활용할 수 있도록 **tag 속성값을 분 단위의 시간에서 초 단위의 시간으로 변환**한 후 저장합니다.

```
btn.tag = "${time.toInt() * 60}"
```

(8) 버튼의 layoutParams 속성을 초기화하며 뷰의 크기를 설정합니다.

```
btn.layoutParams = LinearLayout.LayoutParams(ViewGroup.LayoutParams.MATCH_PARENT, ViewGroup.
LayoutParams.WRAP_CONTENT)
```

(9) 클릭 리스너를 설정하고 **addView** 메서드를 호출해서 최종적으로 LinearLayout 뷰그룹에 설정이 모두 완료된 버튼을 추가합니다.

```
btn.setOnClickListener(listener)
timeSelect.addView(btn)
```

(10) 빌더의 setView 메서드에 레이아웃으로 사용할 뷰 객체를 전달합니다. 여기서는 앞서 inflate 메서드를 호출해서 반환받은 뷰 객체를 전달합니다.

AlertDialog 빌더에서는 전달한 뷰 객체 외에도 기본적으로 두 개의 버튼(긍정 버튼, 부정 버튼)을 제공하며, 두 개의 버튼을 통해 보여줄 레이블과 버튼을 눌렀을 때 수행할 코드를 작성할 수 있도록 **setPositiveButton** 메서드와 **setNegativeButton** 메서드를 제공합니다.

```
builder.setView(timeSelectView)
    .setPositiveButton("시작"){ _, _ ->
        // 긍정 버튼(시작)을 눌렀을 때 수행할 코드를 작성
    }
    .setNegativeButton("취소"){ _, _ ->
        // 부정 버튼(취소)을 눌렀을 때 수행할 코드를 작성
    }
```

(11) 긍정 버튼(시작 버튼)을 누르면 직접 입력한 초 단위 시간 정보를 불러와 startPomodoro 메서드를 호출하며 알람 서비스를 시작합니다.

```
var time = timeSelectView.findViewById<EditText>(R.id.manual_time_select).text.toString().toLong()
startPomodoro(time)
```

(12) 부정 버튼(취소 버튼)을 누르면 **dismiss** 메서드를 호출해서 대화상자를 닫습니다.

```
dismiss()
```

(13) 최종적으로 필요한 모든 옵션을 설정한 빌더 객체의 **create** 메서드를 호출해서 알림 대화상자를 표시할 대화상자 타입(Dialog)의 객체를 생성한 후 반환합니다.

```
return builder.create()
```

(14) 이후 알람 서비스를 시작하는 작업을 진행할 startPomodoro 메서드를 추가합니다.

```
// onCreateDialog 메서드를 정의한 이후 startPomodoro 메서드를 정의
private fun startPomodoro(delay : Long) {
    if(!(delay <= 0)) {
        activity?.let {
            val i = Intent(it, PomodoroService::class.java)
            i.putExtra("delayTimeInSec", delay.toInt())
            i.putExtra("startTime", System.currentTimeMillis())

            if(android.os.Build.VERSION.SDK_INT >= android.os.Build.VERSION_CODES.O) {
                it.startForegroundService(i)
            } else {
                it.startService(i)
            }
            dismiss()
        }
    }
}
```

(15) 프래그먼트의 호스트 액티비티에 접근해 인텐트를 생성하고 서비스 실행에 필요한 정보를 추가합니다.

```
val i = Intent(it, PomodoroService::class.java)
i.putExtra("delayTimeInSec", delay.toInt())
i.putExtra("startTime", System.currentTimeMillis())
```

(16) 빌드 버전을 확인하고 적절한 메서드를 호출해서 서비스를 시작합니다. 서비스를 실행한 이후 바로 대화상자를 종료하기 위해 dismiss 메서드를 호출합니다.

```
// 안드로이드 버전에 따른 적절한 서비스 시작 메서드를 호출
if(android.os.Build.VERSION.SDK_INT >= android.os.Build.VERSION_CODES.O) {
    it.startForegroundService(i)
```

```
        } else {
            it.startService(i)
        }
        // 서비스 시작이 완료됐으므로 대화상자를 종료
        dismiss()
```

이후 앞서 정의한 프래그먼트를 이용하도록 액티비티 코드를 수정합니다.

예제 4.13 대화상자 프래그먼트를 사용하도록 액티비티를 수정   wikibook/learnandroid/pomodoro/PomodoroActivity.kt

```kotlin
override fun onCreate(savedInstanceState: Bundle?) {
    // (.. 이전 코드 생략 ..)
    setContentView(R.layout.pomodoro_activity)

    // 타이머 시작 버튼의 리스너 코드를 수정
    findViewById<Button>(R.id.pomodoro_timer_start).setOnClickListener {
        val cancelIntent = Intent(PomodoroService.ACTION_ALARM_CANCEL)
        sendBroadcast(cancelIntent)

        // (1)
        val dialog = PomodoroTimeSelectFragment()
        dialog.show(supportFragmentManager, "pomodoro_time_select_dialog")
    }

    findViewById<Button>(R.id.pomodoro_timer_cancel).setOnClickListener {
        // (.. 이후 코드 생략 ..)
}
```

(1) 대화상자 프래그먼트 객체를 생성하고 show 메서드를 호출해 대화상자를 보여주며 그 과정에서 사용할 프래그먼트 매니저 객체와 프래그먼트를 구별하기 위해 사용할 식별자(tag) 정보를 전달합니다.

임의의 문자열로 식별자를 설정할 수 있으며, 여기서는 레이아웃 파일의 이름과 동일하게 프래그먼트의 식별자를 지정합니다.

```kotlin
val dialog = PomodoroTimeSelectFragment()
dialog.show(supportFragmentManager, "pomodoro_time_select_dialog")
```

이후 앱을 실행하고 타이머 시작 버튼을 누르면 앞에서 정의한 대화상자 프래그먼트가 표시되는 것을 확인할 수 있습니다.

버튼을 눌러 5분부터 30분까지 알람 시간을 고를 수 있으며, EditText 뷰에 직접 초 단위 시간을 입력해 알람 시간을 설정할 수 있습니다. 시작 버튼을 누르면 직접 입력한 시간을 기준으로 알람 시간이 조정됩니다.

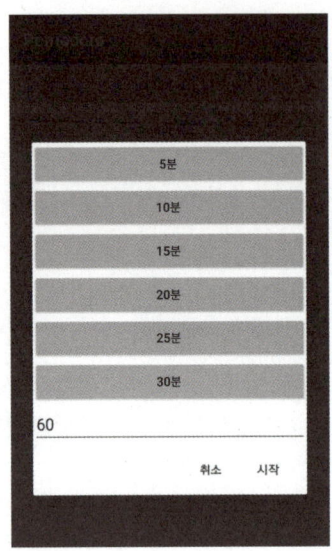

그림 4-11 시작 액티비티에서 호출한 대화 상자

알람까지 남은 시간을 액티비티 뷰로 표시

현재로서는 알람 서비스를 시작한 이후 알람이 울리기까지 남은 시간을 알 수 있는 방법이 없습니다. 따라서 시작 액티비티 화면에 TextView 뷰를 추가하고 해당 뷰를 통해 **알람이 작동하기까지의 남은 시간을 표시**하도록 구현하겠습니다.

액티비티를 수정하기에 앞서 서비스 클래스에 상수와 속성을 추가하겠습니다.

예제 4.14 남은 시간을 브로드캐스트 방식으로 전달하도록 서비스를 수정

wikibook/learnandroid/pomodoro/PomodoroService.kt

```
class PomodoroService : Service() {
    companion object {
        val ALARM_CHANNEL_NAME = "alarm_channel"
        val ACTION_ALARM_CANCEL = "wikibook.learnandroid.pomodoro.ACTION_ALARM_CANCEL"
        val ACTION_ALARM = "wikibook.learnandroid.pomodoro.ACTION_ALARM"
        // (1)
```

```kotlin
        val ACTION_REMAIN_TIME_NOTIFY = "wikibook.learnandroid.pomodoro.ACTION_SEND_COUNT"
    }

    // [2]
    lateinit var timer : Timer

    var delayTimeInSec : Int = 0
    // (.. 코드 내용 생략 ..)

    override fun onStartCommand(intent: Intent, flags: Int, startId: Int): Int {
        // (.. 코드 내용 생략 ..)

        startForeground(1, notification)

        // [6]
        startRemainTimeNotifyTimer()

        return Service.START_NOT_STICKY
    }

    // [7]
    override fun onDestroy() {
        super.onDestroy()

        cancelRemainTimeNotifyTimer()

        // (.. 코드 내용 생략 ..)
    }

    // [3]
    fun startRemainTimeNotifyTimer() {
        timer = Timer()
        timer.schedule(object : TimerTask() {
            override fun run() {
                // [4]
                val diff = ((endTime - System.currentTimeMillis()) / 1000) * 1000
                val i = Intent(ACTION_REMAIN_TIME_NOTIFY)
                i.putExtra("count", diff)
                sendBroadcast(i)
```

```
            }
        }, 0, 1000)
    }

    // (5)
    fun cancelRemainTimeNotifyTimer() {
        timer?.cancel()
    }
}
```

(1) 남은 시간을 공지해야 할 때마다 브로드캐스트할 인텐트 메시지 객체의 작업 문자열(ACTION_REMAIN_TIME_NOTIFY) 상수를 추가했습니다.

```
val ACTION_REMAIN_TIME_NOTIFY = "wikibook.learnandroid.pomodoro.ACTION_SEND_COUNT"
```

(2) 서비스 내부에서 사용할 **타이머 객체**를 정의합니다. 이후 1초마다 내부의 타이머를 동작시켜 남은 시간 정보가 담긴 인텐트 메시지를 브로드캐스트하고, 시작 액티비티의 내부에서 브로드캐스트 수신 객체를 통해 전달받아 최종적으로 TextView에 남은 시간을 출력합니다.

```
lateinit var timer : Timer
```

내부 타이머를 추가했으므로 **타이머의 시작과 종료를 담당**할 두 개의 메서드(startRemainTimeNotifyTimer, cancelRemainTimeNotifyTimer)를 추가합니다.

(3) startRemainTimeNotifyTimer 메서드는 내부적으로 사용할 타이머 객체를 생성하고 타이머를 시작하기 위해 호출하는 메서드입니다.

먼저 타이머 객체를 생성하고 **schedule 메서드**를 호출하면서 **타이머를 통해 수행해야 할 작업을 정의할 TimerTask 객체**를 전달해서 1초마다 run 메서드에 작성한 코드를 실행합니다.

```
fun startRemainTimeNotifyTimer() {
    timer = Timer()
    timer.schedule(object : TimerTask() {
        override fun run() {
            // ...
        }
    }, 0, 1000)
}
```

schedule 메서드의 사용법과 인자는 다음과 같습니다.

schedule(**(a)**, **(b)**, **(c)**)

(a) 타이머를 통해 수행할 작업을 정의하는 `TimerTask` 객체를 전달합니다. 여기서는 익명 클래스의 형태로 객체를 생성해서 전달합니다.

(b) 밀리초 단위의 첫 작업 실행까지의 지연 시간입니다. 여기서는 지연 시간 없이 바로 타이머를 시작하므로 0으로 설정합니다.

(c) 밀리초 단위로 설정하는 반복 주기입니다. 1초마다 반복 작업을 수행하도록 1000으로 설정했습니다.

(4) run 메서드 내부에 수행해야 할 코드를 추가합니다. 남은 시간(diff)을 계산해서 인텐트 메시지 정보에 추가하고 브로드캐스트 방식으로 전송합니다. 여기서 보낸 인텐트 메시지는 시작 액티비티의 리시버 객체에서 처리할 수 있도록 구현할 것입니다.

```
// 밀리초 단위의 남은 시간을 계산
val diff = ((endTime - System.currentTimeMillis()) / 1000) * 1000
// 인텐트 객체를 생성해서 남은 시간 정보를 담아 전달
val i = Intent(ACTION_REMAIN_TIME_NOTIFY)
i.putExtra("count", diff)
sendBroadcast(i)
```

(5) cancelRemainTimeNotifyTimer 메서드는 내부 타이머를 중지시키기 위해 호출하는 메서드로 타이머 객체의 **cancel** 메서드를 호출해서 타이머가 더는 작동하지 않게 합니다.

```
fun cancelRemainTimeNotifyTimer() {
    timer?.cancel()
}
```

(6) 서비스의 onStartCommand 메서드의 뒷부분을 수정해서 앞서 정의한 타이머 시작 함수를 호출하겠습니다. startForeground 메서드를 호출한 직후 타이머가 작동하게 합니다.

```
startRemainTimeNotifyTimer()
```

(7) onDestroy 메서드에 타이머를 취소하는 메서드를 호출하는 코드를 추가해서 서비스가 종료되는 시점에 내부 타이머도 함께 종료될 수 있게 합니다.

```kotlin
override fun onDestroy() {
    super.onDestroy()

    cancelRemainTimeNotifyTimer()

    // (.. 이후 코드 생략 ..)
}
```

서비스 클래스의 코드를 모두 수정했으므로 이제 액티비티 코드를 수정하겠습니다. 먼저 액티비티의 레이아웃 파일에 남은 시간을 표시할 `TextView`를 추가합니다.

예제 4.15 남은 시간을 보여줄 TextView 추가   res/layout/pomodoro_activity.xml

```xml
(.. 이전 코드 생략 ..)

<TextView
    android:id="@+id/remain_time"
    android:text="-"
    android:textSize="60dp"
    android:layout_width="match_parent"
    android:layout_height="wrap_content"
    android:gravity="center"
    android:textStyle="bold" />

<Button
    android:id="@+id/pomodoro_timer_start"
    (.. 이후 코드 생략 ..)
```

액티비티 클래스의 코드는 다음과 같이 수정합니다.

예제 4.16 대화상자를 이용해서 알람 시간을 설정하도록 액티비티 수정   wikibook/learnandroid/pomodoro/PomodoroActivity.kt

```kotlin
class PomodoroActivity : AppCompatActivity() {
    // (1)
    lateinit var remainTime : TextView
    lateinit var receiver : BroadcastReceiver

    override fun onCreate(savedInstanceState: Bundle?) {
        super.onCreate(savedInstanceState)
        setContentView(R.layout.pomodoro_activity)
```

```kotlin
// (1)
remainTime = findViewById<TextView>(R.id.remain_time)

findViewById<Button>(R.id.pomodoro_timer_start).setOnClickListener {
    val cancelIntent = Intent(PomodoroService.ACTION_ALARM_CANCEL)
    sendBroadcast(cancelIntent)

    val dialog = PomodoroTimeSelectFragment()
    dialog.show(supportFragmentManager, "pomodoro_time_select_dialog")

    // (3)
    remainTime.setTextColor(getColor(R.color.colorPrimary))
}

findViewById<Button>(R.id.pomodoro_timer_cancel).setOnClickListener {
    val cancelIntent = Intent(PomodoroService.ACTION_ALARM_CANCEL)
    sendBroadcast(cancelIntent)

    // (2)
    remainTime.text = "-"

    // (3)
    remainTime.setTextColor(getColor(R.color.colorPrimary))
}

receiver = object : BroadcastReceiver() {
    override fun onReceive(context: Context, intent: Intent) {
        val action = intent.action

        if (action == PomodoroService.ACTION_REMAIN_TIME_NOTIFY) {
            // (4)
            val remainInSec = intent.getLongExtra("count", 0) / 1000

            // (5)
            remainTime.text = "${remainInSec / 60}:${String.format("%02d", remainInSec % 60)}"

            // (6)
            if(remainInSec <= 10) {
```

```kotlin
                        remainTime.setTextColor(getColor(R.color.colorAccent))
                    }
                }
            }
        }

        // (7)
        val filter = IntentFilter()
        filter.addAction(PomodoroService.ACTION_REMAIN_TIME_NOTIFY)
        registerReceiver(receiver, filter)
    }

    override fun onDestroy() {
        super.onDestroy()

        // (8)
        unregisterReceiver(receiver)
    }
}
```

(1) 남은 시간을 보여줄 텍스트뷰 객체를 속성으로 추가합니다.

```kotlin
lateinit var remainTime : TextView
lateinit var receiver : BroadcastReceiver
```

(2) 취소 버튼을 눌러 알람 서비스를 중지한 시점부터는 남은 시간을 표시할 필요가 없으므로 마이너스 기호를 표시합니다.

```kotlin
remainTime.text = "-"
```

(3) 새로 알람 서비스를 시작하거나 취소하는 시점에 **(6)**의 분기문을 통해 바뀐 강조된 텍스트 색상을 원래의 텍스트 색상으로 복원합니다.

```kotlin
remainTime.setTextColor(getColor(R.color.colorPrimary))
```

(4) 남은 시간을 전달받을 용도로 사용할 리시버를 정의하고, 남은 시간을 출력할 수 있도록 코드를 작성합니다. 전달된 인텐트의 남은 시간 데이터(count)를 추출합니다.

count 값은 남은 시간을 밀리초 단위의 값으로 변환한 값이므로 초 단위 시간으로 변환하기 위해 1000으로 나눕니다.

```
val remainInSec = intent.getLongExtra("count", 0) / 1000
```

(5) 앞서 초 단위로 변환한 시간을 60으로 나누고 남은 분 단위 시간을 구하고 60으로 나눈 나머지를 구해서 남은 초 단위 시간을 구한 후 뷰를 통해 출력합니다.

```
remainTime.text = "${remainInSec / 60}:${String.format("%02d", remainInSec % 60)}"
```

(6) 남은 시간이 10초 이하인 시점부터는 TextView의 텍스트 색상을 강조해서 보여줄 수 있도록 색을 바꿉니다.

```
if(remainInSec <= 10) {
    remainTime.setTextColor(getColor(R.color.colorAccent))
}
```

(7) 사용할 리시버 객체를 등록합니다.

```
val filter = IntentFilter()
filter.addAction(PomodoroService.ACTION_REMAIN_TIME_NOTIFY)
registerReceiver(receiver, filter)
```

(8) onDestroy 메서드를 재정의하고 등록한 리시버를 해제합니다.

```
unregisterReceiver(receiver)
```

이후 앱을 실행해 다음과 같이 남은 시간이 정상적으로 출력되는지 확인합니다.

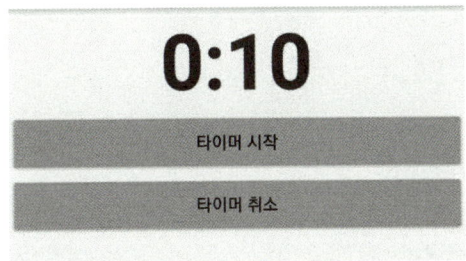

그림 4-12 알람 작동까지 남은 시간이 보이도록 구현한 화면

다양한 미디어를 이용한 알림 설정

지금까지는 단말기의 진동 기능을 알람 방식으로 사용했습니다. 이제 알람 방식을 추가해서 **짧은 효과음**이나 **배경 음악을 출력하는** 알람 방식도 설정할 수 있도록 개선해보겠습니다.

먼저 재생할 미디어 리소스 파일(음악 파일)이 필요합니다. 음악이나 비디오 같은 미디어 리소스 파일은 리소스 폴더 내의 **raw 폴더에** 저장해서 활용합니다. 이를 위해 res 폴더를 대상으로 마우스 오른쪽 버튼을 클릭한 후 [New] → [Android Resource Directory]를 선택하고 raw 폴더를 생성합니다.

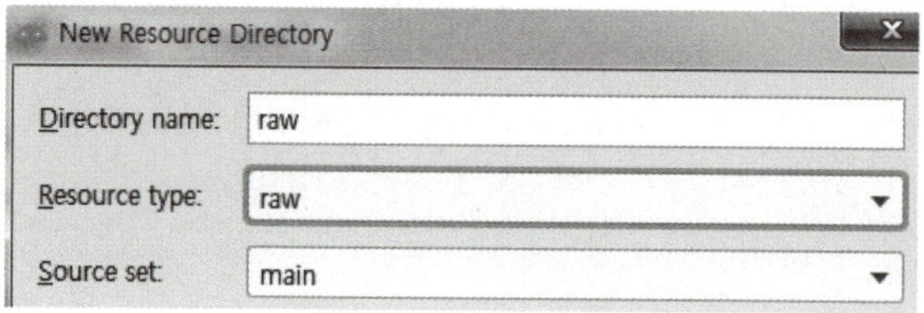

그림 4-13 raw 리소스 폴더 생성

폴더를 생성한 후 프로젝트 파일에 포함된 beep.wav 파일과 alarm_music.mp3 파일을 raw 폴더에 추가합니다. 이후 PomodoroTimeSelectFragment 클래스를 수정해서 startPomodoro 메서드에서 서비스를 시작하면서 전달할 인텐트에 추가 정보를 전달할 수 있게 합니다.

예제 4.17 알람 공지 방식을 보낼 수 있도록 알람 시간을 선택하는 프래그먼트를 수정

wikibook/learnandroid/pomodoro/PomodoroTimeSelectFragment.kt

```
private fun startPomodoro(delay : Long) {
    if(!(delay <= 0)) {
        activity?.let {
            val i = Intent(it, PomodoroService::class.java)
            i.putExtra("delayTimeInSec", delay.toInt())
            i.putExtra("startTime", System.currentTimeMillis())

            // (1)
            i.putExtra("notifyMethod", "beep")

            if(android.os.Build.VERSION.SDK_INT >= android.os.Build.VERSION_CODES.O) {
                it.startForegroundService(i)
            } else {
                it.startService(i)
            }
```

```
            dismiss()
        }
    }
}
```

(1) 기존에 전달하던 정보에 추가로 **어떤 방식으로 알람을 공지할 것인지에 대한 정보(notifyMethod)**도 포함하도록 startPomodoro 메서드를 수정합니다.

```
// 서비스로 보낼 인텐트에 알람 방식에 대한 추가 정보를 전달
i.putExtra("notifyMethod", "beep")
```

서비스 클래스에는 **효과음을 재생할 SoundPool 타입의 속성과 배경 음악을 재생할 MediaPlayer 타입의 속성을 추가**합니다.

예제 4.18 음악 파일을 재생할 객체 속성을 추가   wikibook/learnandroid/pomodoro/PomodoroService.kt

```
// ...
lateinit var receiver : BroadcastReceiver
lateinit var alarmBroadcastIntent : PendingIntent

// 효과음을 출력하기 위해 사용할 SoundPool 객체를 추가
lateinit var soundPool : SoundPool
var soundId = 0

// 배경음악을 출력하기 위해 사용할 MediaPlayer 객체를 추가
lateinit var mediaPlayer : MediaPlayer
```

그 밖에 추가된 soundId 속성은 SoundPool에서 재생할 **미디어 리소스를 구분하는 용도로 사용할 정숫값**입니다.

더 알아보기 _ SoundPool과 MediaPlayer의 차이

SoundPool의 경우 **효과음이나 짧은 길이의 음악을 재생**하기에 적절합니다. 리소스를 메모리에 저장하고 재생하기 때문에 상대적으로 재생 속도가 빠르지만 저장 용량에 한계가 있어 1MB 이상의 미디어는 재생할 수 없습니다.

반면 MediaPlayer는 용량 제약이 없으므로 **상대적으로 긴 음악을 재생**할 수 있다는 장점이 있습니다.

이제 서비스 클래스의 onStartCommand 메서드에서 인텐트로 전달받은 알람 방식(notifyMethod)을 저장하고 필요한 음악 리소스도 불러오도록 수정하겠습니다.

예제 4.19 알람 방식 저장 및 음악 파일 재생용 객체 초기화   wikibook/learnandroid/pomodoro/PomodoroService.kt

```kotlin
override fun onStartCommand(intent: Intent, flags: Int, startId: Int): Int {
    delayTimeInSec = intent.getIntExtra("delayTimeInSec", 0)
    startTime = intent.getLongExtra("startTime", 0)
    endTime = startTime + (delayTimeInSec * 1000)

    // (1)
    val notifyMethod = intent.getStringExtra("notifyMethod")

    vibrator = getSystemService(Context.VIBRATOR_SERVICE) as Vibrator
    val vibrationTimeInMS : Long = 1000 * 3

    // (2)
    soundPool = SoundPool.Builder().build()
    soundId = soundPool.load(this, R.raw.beep, 1)

    // (3)
    mediaPlayer = MediaPlayer.create(this, R.raw.alarm_music)

    // (.. 이후 코드 생략 ..)
}
```

(1) 인텐트를 통해 알람 방식을 전달받아 속성값을 초기화합니다.

```kotlin
val notifyMethod = intent.getStringExtra("notifyMethod")
```

(2) 빌더 객체를 통해 SoundPool 객체를 생성하고 **load** 메서드를 통해 필요한 음악 리소스를 불러옵니다. R.raw.beep는 앞서 raw 폴더에 저장한 효과음 리소스의 식별자입니다.

```kotlin
soundPool = SoundPool.Builder().build()
soundId = soundPool.load(this, R.raw.beep, 1)
```

load 메서드의 사용법은 다음과 같습니다.

```
load((a), (b), (c))
```

(a) Context 객체입니다.

(b) 재생할 효과음 리소스의 식별자입니다.

(c) 원래 우선 순위를 정하기 위해 사용되는 인자입니다만 현재는 사용되지 않는 값으로 1로 설정합니다.

(3) MediaPlayer의 create 함수를 통해 배경 음악 리소스를 재생할 객체를 생성합니다. 첫 인자로 Context 객체를 전달하고, 두 번째 인자로는 재생할 음악의 리소스 식별자를 전달합니다.

이제 알람 신호가 도착했을 때 **알람 방식을 확인한 후 세 가지 경우로 분리해서 작업을 처리**할 수 있도록 서비스 내에서 사용할 브로드캐스트 리시버의 onReceive 메서드를 수정합니다.

예제 4.20 알람 방식에 따라 분기해서 작업을 처리   wikibook/learnandroid/pomodoro/PomodoroService.kt

```kotlin
ACTION_ALARM -> {
    when(notifyMethod) {
        // (1)
        "vibration" -> {
            if(Build.VERSION.SDK_INT >= Build.VERSION_CODES.O) {
                vibrator.vibrate(VibrationEffect.createOneShot(vibrationTimeInMS, VibrationEffect.DEFAULT_AMPLITUDE))
            } else {
                vibrator.vibrate(vibrationTimeInMS)
            }
            stopSelf()
        }
        // (2)
        "beep" -> {
            soundPool.play(soundId, 1f, 1f, 1, 0, 1f)
            stopSelf()
        }
        // (3)
        "music" -> {
            mediaPlayer.start()
            cancelRemainTimeNotifyTimer()
            // (4)
            mediaPlayer.setOnCompletionListener {
                stopSelf()
            }
        }
```

```
        }
}
```

(1) 기존 방식대로 알람을 진동 방식으로 처리합니다.

(2) 짧은 음악 재생을 통해 알람을 처리합니다. SoundPool 객체의 **play** 메서드를 호출해서 음악을 재생합니다. 효과음을 재생하는 것과 동시에 서비스도 종료되도록 stopSelf 메서드를 호출합니다.

```
"beep" -> {
    soundPool.play(soundId, 1f, 1f, 1, 0, 1f)
    stopSelf()
}
```

play 메서드의 사용법은 다음과 같습니다.

play(**(a)**, **(b)**, **(c)**, **(d)**, **(e)**, **(f)**)

(a) load 메서드를 호출하여 반환받은 음악 리소스의 ID를 전달합니다.

(b), **(c)** 는 각각 왼쪽, 오른쪽 볼륨을 지정하기 위해 사용합니다. 0.0부터 1.0까지 범위에서 값을 지정할 수 있습니다.

(d) 우선순위를 지정하기 위해 사용하며 높을수록 우선순위가 높습니다. 여기서는 따로 우선순위를 지정하지 않으므로 0으로 지정합니다.

(e) 반복 여부를 지정하기 위해 사용합니다. 0을 지정할 경우 반복하지 않으며, -1을 지정할 경우 해당 음원을 연속해서 재생합니다. 여기서는 효과음을 한 번만 재생할 예정이므로 0을 전달합니다.

(f) 재생 속도를 지정하기 위해 사용합니다. 0.5는 절반의 속도로, 2.0은 두 배의 속도로 재생합니다. 여기서는 일반적인 재생 속도로 재생하기 위해 1을 전달합니다.

(3) 배경 음악 재생을 통해 알람을 처리합니다. MediaPlayer 객체의 **start** 메서드를 호출해 배경 음악을 재생합니다. 동시에 내부 타이머의 작동을 취소합니다.

```
"music" -> {
    mediaPlayer.start()
    cancelRemainTimeNotifyTimer()
    mediaPlayer.setOnCompletionListener {
        stopSelf()
    }
}
```

(4) 음악의 재생 시간이 효과음의 재생 시간보다 상대적으로 길기 때문에 **setOnCompletionListener** 메서드를 호출해서 **음악 재생이 끝난 시점에 수행할 콜백 메서드를 정의합니다**.

여기서는 음악 재생이 모두 끝난 시점에 최종적으로 서비스를 종료합니다.

```
mediaPlayer.setOnCompletionListener {
    stopSelf()
}
```

마지막으로 서비스의 onDestroy 메서드에서 배경 음악의 재생 여부를 확인해 배경 음악을 재생 중이라면 재생을 중지하도록 분기문을 추가합니다. 이 코드가 없다면 **서비스가 종료됐는데도 계속해서 배경 음악이 재생되는 불상사가 발생**합니다. 또한 release 메서드를 호출해서 MediaPlayer 리소스 객체를 해제하는 코드도 추가합니다.

예제 4.21 서비스 종료 시 리소스 해제 관련 코드 추가   wikibook/learnandroid/pomodoro/PomodoroService.kt

```
override fun onDestroy() {
    super.onDestroy()

    // 음악이 재생 중이라면 종료
    if(mediaPlayer.isPlaying) {
        mediaPlayer.stop()
    }

    // 리소스 해제
    mediaPlayer.release()

    cancelRemainTimeNotifyTimer()

    // (.. 이후 코드 생략 ..)
}
```

기능 구현이 끝났으므로 알람 방식을 바꿔도 제대로 작동하는지 확인해 봅니다.

테스트를 진행하기 위해 PomodoroTimeSelectFragment 클래스에 정의한 startPomodoro 내부에서 전달할 알람 방식 문자열을 직접 수정합니다. 다음과 같이 "vibration", "beep", "music"으로 문자열을 바꿔서 실행해보면 각 방식으로 알람을 공지하는 것을 확인할 수 있습니다.

```
// 진동 방식으로 알람을 공지
i.putExtra("notifyMethod", "vibration")

// 효과음을 재생해 알람을 공지
i.putExtra("notifyMethod", "beep")

// 음악을 재생해 알람을 공지
i.putExtra("notifyMethod", "music")
```

단, 이렇게 코드를 직접 고치는 방식으로 알람 방식을 설정하게 할 수는 없으므로 알람 방식을 사용자가 직접 설정할 수 있는 방법을 제공해야 합니다.

일반적으로 앱에서는 **앱의 작동 방식을 설정할 수 있도록 돕는 설정 화면을 제공**합니다. 이어지는 절에서는 설정 화면을 추가해서 앱과 관련된 다양한 동작 방식을 설정할 수 있게 하겠습니다.

설정 프래그먼트 추가

직접 설정 화면을 모두 구현하는 것도 가능하지만 안드로이드에서 제공하는 **설정 프래그먼트(Preference FragmentCompat)**를 사용하는 것을 권장합니다.

먼저, 모듈 레벨 그레이들 파일에 설정 프래그먼트를 지원하기 위한 의존성을 추가합니다.

Gradle Script/build.gradle (Module: app)

```
// 설정 프래그먼트를 지원하기 위한 의존성 추가
implementation 'androidx.preference:preference:1.0.0'
```

설정 화면을 보여줄 SettingFragment 프래그먼트 클래스는 PreferenceFragmentCompat 클래스를 상속받아서 정의합니다.

예제 4.22 설정 화면 프래그먼트 초기화   wikibook/learnandroid/pomodoro/SettingFragment.kt

```kotlin
import android.os.Bundle
import androidx.appcompat.app.AppCompatActivity
import androidx.preference.PreferenceFragmentCompat

class SettingFragment : PreferenceFragmentCompat() {
```

```kotlin
    // (1)
    companion object {
        val SETTING_PREF_FILENAME = "pomodoro_setting"
    }

    override fun onCreate(savedInstanceState: Bundle?) {
        super.onCreate(savedInstanceState)

        // (2)
        (activity as AppCompatActivity).supportActionBar?.hide()

        // (3)
        preferenceManager.sharedPreferencesName = SETTING_PREF_FILENAME

        // (4)
        addPreferencesFromResource(R.xml.pomodoro_preferences)
    }

    override fun onCreatePreferences(savedInstanceState: Bundle?, rootKey: String?) {}
}
```

(1) 설정 프래그먼트를 통해 사용자가 설정한 정보는 **내부적으로 모두 SharedPreferences에 저장**됩니다. 그런데 프리퍼런스 객체를 생성하려면 **저장할 파일의 이름을 지정**해야 하므로 클래스 상수의 형태로 파일 명을 정의합니다.

```kotlin
companion object {
    val SETTING_PREF_FILENAME = "pomodoro_setting"
}
```

(2) 설정 화면에서는 액션바를 보여줄 필요가 없으므로 숨깁니다.

```kotlin
(activity as AppCompatActivity).supportActionBar?.hide()
```

(3) PreferenceManager 객체의 **sharedPreferencesName** 속성에 앞서 정의한 문자열 상수를 대입해 정보를 저장할 파일의 이름을 설정합니다.

```kotlin
preferenceManager.sharedPreferencesName = SETTING_PREF_FILENAME
```

(4) addPreferencesFromResource 메서드를 호출하며 XML 리소스 식별자를 전달해서 설정 화면과 관련된 구성 정보를 불러옵니다.

```
addPreferencesFromResource(R.xml.pomodoro_preferences)
```

(4)의 과정에서 필요한 설정 화면 정보가 담긴 XML 파일을 생성하기 위해 res 폴더를 대상으로 마우스 오른쪽 버튼을 클릭하고 [New] → [Android Resource Directory]를 선택한 후 xml 폴더를 생성합니다.

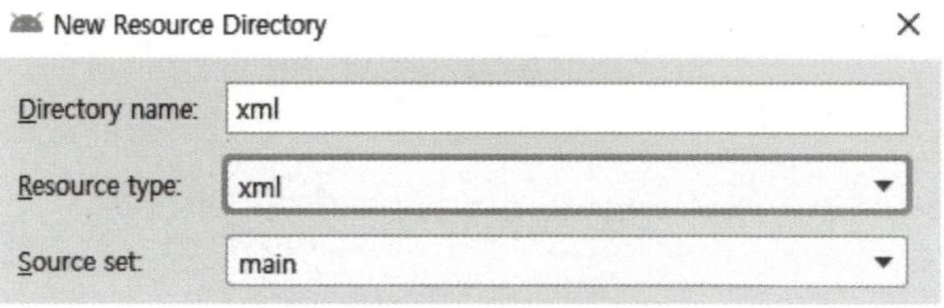

그림 4-14 XML 리소스 폴더 생성

이후 xml 폴더 내부에 pomodoro_preferences.xml 파일을 추가하고 다음과 같은 내용을 작성합니다.

예제 4.23 설정 화면을 구성할 정보가 포함될 파일 정의   res/xml/pomodoro_preferences.xml

```xml
<?xml version="1.0" encoding="utf-8"?>
<PreferenceScreen (1)
    xmlns:android="http://schemas.android.com/apk/res/android"
    xmlns:app="http://schemas.android.com/apk/res-auto">

    <PreferenceCategory (2)
        android:title="알람 설정">

        <EditTextPreference (3)
            android:key="preset_times"
            android:title="알람 시간 설정"
            android:summary="알람 시간을 설정합니다."
            android:defaultValue="5,10,15,20,25,30"
            android:dialogMessage="알람 시간 설정 (단위는 분)"
            app:iconSpaceReserved="false" />

        <ListPreference (4)
            android:key="notify_method"
            android:title="알람 방식"
```

```
                android:summary="%s"
                android:entries="@array/notify_method_entries"
                android:entryValues="@array/notify_method_values"
                app:iconSpaceReserved="false" />

        <SeekBarPreference  (5)
                android:key="volume"
                android:title="볼륨 설정"
                android:summary="알람 음악의 볼륨을 설정합니다."
                android:defaultValue="50"
                android:max="100"
                app:iconSpaceReserved="false" />

    </PreferenceCategory>

</PreferenceScreen>
```

(1) `PreferenceScreen` 요소를 최상위 요소로 정의합니다. 이 요소 안에 설정 요소를 추가합니다.

(2) `PreferenceCategory` 요소는 설정 요소를 그룹화하는 데 사용합니다. 만약 설정 요소들이 여러 개이고 관련 설정을 여러 개의 그룹으로 묶어야 한다면 `PreferenceCategory` 요소를 필요한 만큼 추가할 수 있습니다.

다음은 두 개의 카테고리(Notifications, Help) 요소를 포함한 설정 화면입니다.

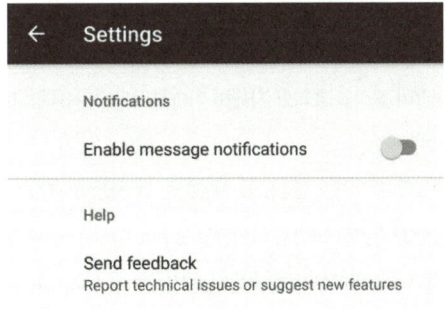

그림 4-15 두 개의 카테고리 요소를 포함한 설정 화면

여기서는 그룹을 여러 개 만들 필요가 없으므로 알람 설정과 관련된 하나의 `PreferenceCategory` 요소만 추가했습니다. 이후 이 요소 안에 구체적인 설정 요소를 포함시키는 형태로 설정 화면의 내용을 구성합니다.

(3) `EditTextPreference`는 입력창(`EditText`)을 기반으로 동작하는 설정 요소입니다. 여기서는 알람 시간의 프리셋을 만들기 위해 사용합니다. 해당 입력창을 통해 입력받을 데이터의 형식은 "5,10,15"와 같이 콤마로 구분된 숫자 형태의 문자열입니다.

완성된 설정 화면의 모습은 다음과 같습니다.

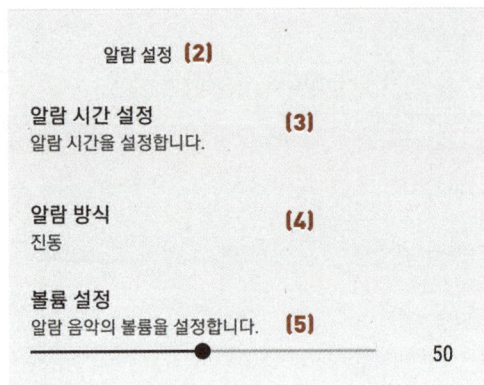

그림 4-16 설정 화면

설정 요소를 정의함과 동시에 설정 요소에 필요한 속성도 추가하는 것을 확인할 수 있습니다. 다음은 설정 요소를 정의할 때 사용되는 일반적인 속성의 역할을 정리한 표입니다.

속성	역할
key	키 값을 설정합니다. 해당 키를 이용해 프리퍼런스에 설정값을 저장합니다. 나중에 프리퍼런스를 통해 설정값에 접근할 때 키 값을 이용합니다.
title	설정값과 관련된 **제목 텍스트**입니다.
summary	설정값이 불러올 **효과를 자세히 기술**하기 위해 사용합니다. 제목 텍스트의 아래에 위치합니다.
defaultValue	기본적으로 부여할 설정값을 설정하는 데 사용합니다.
app:iconSpaceReserved	설정값과 관련된 이미지 아이콘을 표시할 경우 `true`로 설정해 아이콘이 포함될 공간을 확보합니다. 여기서는 설정 관련 아이콘을 표시하지 않으므로 모두 `false`로 설정합니다.
dialogMessage	대화상자를 통해서 제목 텍스트 밑에 표시할 설명 구문을 설정하는데 사용합니다.

(4) `ListPreference`는 대화상자에 포함된 라디오박스를 기반으로 동작하는 설정 요소입니다. 목록에 나열된 여러 값 중 하나를 선택하는 용도로 사용합니다.

예제에서는 미리 작성해 놓은 문자열 배열 리소스에서 필요한 알람 방식을 설정할 수 있게 하겠습니다. **entries는 사용자에게 보여줄 텍스트를 지정하기 위해 사용되며, entryValues는 entries에 저장한 값들에 상응하는, 실제로 프리퍼런스 파일에 저장될 값을 지정하는 데 사용**합니다. 즉, 키 값(notify_method)을 통해 실제로 저장된 설정값을 가져오면 entryValues에 정의된 문자열 값을 반환합니다.

ListPreference에서 표시할 문자열들 관련 배열 리소스를 추가하기 위해 res 폴더의 values 폴더에 arrays. xml 파일을 추가합니다. 그런 다음, 다음과 같이 두 개의 문자열 배열 리소스를 정의합니다.

예제 4.24 설정 화면 스피너에서 표시할 문자열 배열 정의   res/values/arrays.xml

```xml
<?xml version="1.0" encoding="utf-8"?>
<resources>
    <string-array name="notify_method_entries"> (a)
        <item>진동</item>
        <item>효과음</item>
        <item>음악</item>
    </string-array>
    <string-array name="notify_method_values"> (b)
        <item>vibration</item>
        <item>beep</item>
        <item>music</item>
    </string-array>
</resources>
```

(a) 사용자에게 보여줄 옵션 텍스트 3개("진동", "효과음", "음악")를 정의한 문자열 배열 리소스를 추가합니다. 배열 리소스의 이름은 notify_method_entries로 지정합니다.

(b) 실제 프리퍼런스에 저장될 값을 담은 배열 리소스도 추가했습니다. 배열 리소스의 이름은 notify_method_values로 지정합니다.

(5) SeekBarPreference는 슬라이더를 기반으로 동작하는 설정 요소입니다. 여기서는 알람 방식을 효과음이나 배경 음악 형식으로 설정했을 때 슬라이더를 통해 음량을 조절할 수 있게 합니다.

이렇게 설정 프래그먼트 클래스를 작성하고 내부에서 사용할 설정 정보 XML 파일과 배열 리소스 파일까지 추가했습니다. 프래그먼트는 프래그먼트를 포함할 액티비티가 필요하기 때문에 먼저 설정 액티비티를 추가하고, 앞에서 정의한 설정 프래그먼트를 사용하겠습니다.

새 액티비티를 생성하고 액티비티의 이름을 SettingActivity로 설정합니다.

```
                                            wikibook/learnandroid/pomodoro/SettingActivity.kt
import androidx.appcompat.app.AppCompatActivity
import android.os.Bundle

class SettingActivity : AppCompatActivity() {

    override fun onCreate(savedInstanceState: Bundle?) {
        super.onCreate(savedInstanceState)
        setContentView(R.layout.pomodoro_setting_activity)
    }
}
```

모든 설정 관련 작업은 설정 프래그먼트 내부에서 이뤄지므로 액티비티에는 따로 설정 작업과 관련한 추가 코드를 작성할 필요가 없습니다. 설정 액티비티 레이아웃 파일의 내용은 다음과 같습니다.

예제 4.25 뷰그룹 내부에 설정 화면 프래그먼트가 포함된 fragment 요소 삽입   res/layout/pomodoro_setting_activity.xml

```xml
<?xml version="1.0" encoding="utf-8"?>
<FrameLayout (1)
    xmlns:android="http://schemas.android.com/apk/res/android"
    android:id="@+id/content"
    android:layout_width="match_parent"
    android:layout_height="match_parent">

    <fragment (2)
        android:name="wikibook.learnandroid.pomodoro.SettingFragment"
        android:layout_width="match_parent"
        android:layout_height="match_parent" />

</FrameLayout>
```

(1) 이전에 살펴본 예제 코드와 같이 프래그먼트를 포함할 FrameLayout 뷰그룹을 추가합니다.

(2) fragment 요소를 삽입해 프래그먼트를 추가합니다. 액티비티 내부에서 프래그먼트 매니저 객체를 통해 프래그먼트를 추가하는 방법 외에도 이렇게 직접 fragment 요소를 추가해서 프래그먼트를 삽입할 수도 있습니다. name 속성에 패키지 이름을 포함한 프래그먼트 클래스의 이름을 지정하면 해당 프래그먼트 객체를 생성해서 삽입합니다.

> 레이아웃 XML 파일에 직접 fragment 요소를 삽입하는 방식으로 간편하게 프래그먼트를 추가할 수 있지만 코드를 이용해 프래그먼트를 삽입할 때와 달리 인자를 전달할 수 없다는 제약이 있습니다.

이후 시작 액티비티 화면에서 설정 액티비티로 넘어갈 수 있도록 시작 액티비티의 레이아웃에 버튼을 추가합니다.

예제 4.26 설정 화면 이동 버튼 추가   res/layout/pomodoro_activity.xml

```xml
(.. 이전 코드 생략 ..)

<Button
    android:id="@+id/pomodoro_timer_cancel"
    android:layout_width="match_parent"
    android:layout_height="wrap_content"
    android:text="타이머 취소" />

<!-- 시작 액티비티 레이아웃의 타이머 취소 버튼 밑에 설정 액티비티로 이동할 버튼을 추가 -->
<Button
    android:id="@+id/pomodoro_setting"
    android:layout_width="match_parent"
    android:layout_height="wrap_content"
    android:text="타이머 설정" />

</LinearLayout>
```

이후 액티비티의 코드를 수정해서 설정 액티비티로 이동할 수 있게 버튼 클릭 리스너를 추가합니다.

wikibook/learnandroid/pomodoro/PomodoroActivity.kt

```kotlin
findViewById<Button>(R.id.pomodoro_timer_cancel).setOnClickListener {
    // (.. 코드 내용 생략 ..)
}

// 취소 버튼의 클릭 리스너 설정 코드 뒤에 설정 버튼의 클릭 리스너 코드를 추가
findViewById<Button>(R.id.pomodoro_setting).setOnClickListener {
    startActivity(Intent(this, SettingActivity::class.java))
}

receiver = object : BroadcastReceiver() {
    // (.. 코드 내용 생략 ..)
```

이후 앱을 실행한 후 설정 액티비티로 이동하여 설정값을 조정할 수 있는지 여부를 확인합니다.

설정값을 조정한 후 백 버튼을 눌러 설정 액티비티를 종료하고 다시 설정 화면으로 이동하면 이전에 변경한 값이 그대로 저장된 것도 확인할 수 있습니다.

현재는 설정 정보를 프리퍼런스에 저장만 하고 **저장된 설정값을 불러오는 코드를 추가하지 않았으므로** 설정한대로 동작하지는 않습니다. 이제 설정값을 불러오는 코드를 추가하고 설정 화면에서 설정한 내용대로 앱이 작동하도록 전반적인 코드를 수정해보겠습니다.

먼저 시간 설정 대화상자 프래그먼트에서 preset_times 키를 통해 저장한 알람 시간 프리셋을 가져올 수 있도록 onCreateDialog 메서드를 수정합니다.

wikibook/learnandroid/pomodoro/PomodoroTimeSelectFragment.kt

```kotlin
override fun onCreateDialog(savedInstanceState: Bundle?): Dialog {
    // (.. 이전 코드 생략 ..)

    val listener = View.OnClickListener {
        val sec = it.tag.toString().toLong()
        startPomodoro(sec)
    }

    // 프리퍼런스에서 접근해서 가져온 시간 프리셋 값을 대입
    val times = activity?.getSharedPreferences(SettingFragment.SETTING_PREF_FILENAME, Context.MODE_PRIVATE)?.getString("preset_times", "5,10,15,20,25,30")

    times?.split(",")?.forEach {
        // 이후의 코드 내용은 동일
        val time = it.trim()
        val btn = Button(activity)

        // (.. 이후 코드 생략 ..)
}
```

이후 startPomodoro 메서드에서 서비스를 시작할 때 전달할 인텐트 객체에 프리퍼런스에서 불러온 설정값(알람 방식 및 볼륨값)을 포함해서 전달하도록 수정합니다.

wikibook/learnandroid/pomodoro/PomodoroTimeSelectFragment.kt

```kotlin
private fun startPomodoro(delay : Long) {
    if(!(delay <= 0)) {
```

```
        activity?.let {
            val i = Intent(it, PomodoroService::class.java)
            i.putExtra("delayTimeInSec", delay.toInt())
            i.putExtra("startTime", System.currentTimeMillis())

            // 프리퍼런스를 통해 받아온 알람 방식과 볼륨값을 인텐트에 추가
            i.putExtra("notifyMethod", it.getSharedPreferences(SettingFragment.SETTING_PREF_
FILENAME, Context.MODE_PRIVATE)?.getString("notify_method", "vibration"))
            i.putExtra("volume", it.getSharedPreferences(SettingFragment.SETTING_PREF_FILENAME,
Context.MODE_PRIVATE)?.getInt("volume", 50))

            if(android.os.Build.VERSION.SDK_INT >= android.os.Build.VERSION_CODES.O) {
                it.startForegroundService(i)
            } else {
                it.startService(i)
            }

            dismiss()
        }
    }
}
```

이제 인텐트를 통해 볼륨 설정값을 전달받기 때문에 해당 값을 저장할 속성을 서비스 클래스에 추가합니다.

wikibook/learnandroid/pomodoro/PomodoroService.kt

```
// ...
lateinit var mediaPlayer : MediaPlayer

// 볼륨 정보 저장용 속성을 추가
var volume : Int = 0
```

이후 넘겨받은 볼륨값 정보를 인텐트 객체를 통해 가져올 수 있도록 onStartCommand 메서드를 수정합니다.

wikibook/learnandroid/pomodoro/PomodoroService.kt

```
// ...
endTime = startTime + (delayTimeInSec * 1000)
val notifyMethod = intent.getStringExtra("notifyMethod")
```

```
// 인텐트를 통해 전달받은 볼륨값을 이용해 volume 속성을 초기화
volume = intent.getIntExtra("volume", 50)

vibrator = getSystemService(Context.VIBRATOR_SERVICE) as Vibrator
// ...
```

MediaPlayer 객체를 통해 재생할 배경 음악의 음량은 `setVolume` 메서드를 호출해서 설정합니다.

wikibook/learnandroid/pomodoro/PomodoroService.kt
```
mediaPlayer = MediaPlayer.create(applicationContext, R.raw.alarm_music)
// 미디어 플레이어를 생성한 후 볼륨을 설정
mediaPlayer.setVolume((volume * 0.01).toFloat(), (volume * 0.01).toFloat())
```

SoundPool 객체의 경우 `play` 메서드를 호출하는 과정에서 볼륨값을 전달해서 음량을 설정합니다.

wikibook/learnandroid/pomodoro/PomodoroService.kt
```
"beep" -> {
    // 전달받은 볼륨값을 이용해 출력하도록 수정
    soundPool.play(soundId, (volume * 0.01).toFloat(), (volume * 0.01).toFloat(), 1, 0, 1f)
    stopSelf()
}
```

이로써 설정 프래그먼트를 통해 필요한 설정값을 저장하고 저장된 설정값을 불러와 적용할 수 있게 전반적인 코드를 수정했습니다.

이제 앱을 실행하고 설정값을 바꿔 본 후 알람 서비스를 작동시키고 변경한 설정값이 제대로 적용되는지 확인합니다. 또한 변경한 시간 프리셋 내역이 시간 선택 대화상자에 반영되는지 여부도 확인합니다.

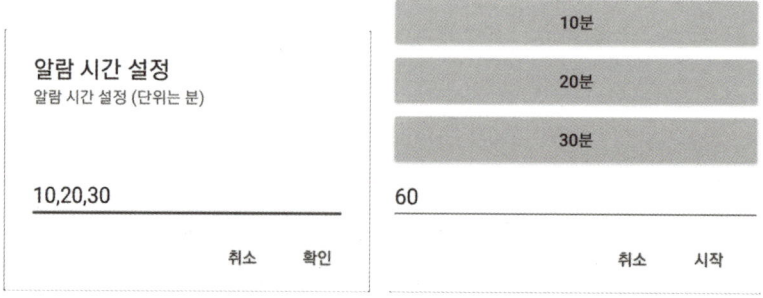

그림 4-17 시간 프리셋 설정 화면과 시간 선택 대화상자

상태바 메시지에 시간 정보 표시 및 갱신

지금까지는 상태바에 표시하는 알림 메시지에 타이머가 시작됐다는 단순한 정보만 출력했습니다.

더 유용한 정보를 제공하기 위해 다음과 같이 **알람 시작 시각과 종료 시각, 남은 시간을 모두 보여주고, 1초마다 알람 시간까지 남은 시간 정보를 갱신**해서 보여줄 수 있게 개선하겠습니다.

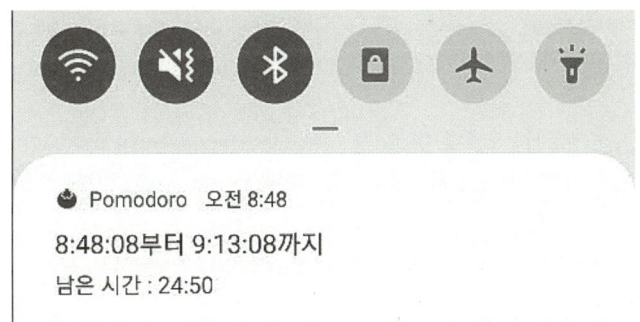

그림 4-18 개선된 상태바의 알림 메시지

먼저 서비스 클래스에 필요한 속성을 추가하겠습니다.

wikibook/learnandroid/pomodoro/PomodoroService.kt

```
lateinit var alarmBroadcastIntent : PendingIntent

// (1)
lateinit var builder : NotificationCompat.Builder

// (2)
val dateFormatter = SimpleDateFormat("h:mm:ss")

// (.. 이후 코드 생략 ..)
```

(1) 이제 1초마다 남은 시간을 구하고 다시 알림 메시지의 내용을 갱신해야 합니다. 내용을 갱신해야 할 시점마다 **매번 알림 메시지 객체를 만들어 교체**하는 방식으로 내용을 변경할 수 있습니다. 이때 **최초의 알림 메시지를 생성할 때 사용한 빌더 객체를 사용해** 새로운 내용을 담은 알림 메시지 객체를 생성해야 합니다. 따라서 빌더 객체를 따로 보관하기 위한 속성을 추가합니다.

```
lateinit var builder : NotificationCompat.Builder
```

(2) 날짜 객체를 '시:분:초' 형식의 문자열로 변환해서 보여주기 위해 SimpleDateFormat 객체를 생성합니다.

```kotlin
val dateFormatter = SimpleDateFormat("h:mm:ss")
```

이후 onStartCommand 메서드에서 알림 객체를 생성하기 위해 작성한 코드의 내용을 다음과 같이 수정합니다.

wikibook/learnandroid/pomodoro/PomodoroService.kt

```kotlin
// (.. 이전 코드 생략 ..)

if(android.os.Build.VERSION.SDK_INT >= android.os.Build.VERSION_CODES.O) {
    val notificationChannel = NotificationChannel(ALARM_CHANNEL_NAME, "뽀모도로 상태 알림 채널",
NotificationManager.IMPORTANCE_HIGH)
    notificationManager.createNotificationChannel(notificationChannel)
}

// (1)
if(Build.VERSION.SDK_INT >= Build.VERSION_CODES.O) {
    builder = NotificationCompat.Builder(this, ALARM_CHANNEL_NAME)
} else {
    builder = NotificationCompat.Builder(this)
}

// (2)
val activityStartIntent = Intent(this, PomodoroActivity::class.java)
val activityStartPendingIntent = PendingIntent.getActivity(this, 1, activityStartIntent,
PendingIntent.FLAG_UPDATE_CURRENT)

val notification = builder
    // (3)
    .setContentTitle("${dateFormatter.format(Date(startTime))}부터 ${dateFormatter.format(Date(endTime))}까지")
    .setContentText("시작됨")
    .setSmallIcon(R.drawable.ic_tomato)
    .setOnlyAlertOnce(true)
    // (4)
    .setContentIntent(activityStartPendingIntent)
```

```
    .build()

// (.. 이후 코드 생략 ..)
```

(1) 빌더 객체를 생성한 후 클래스에 추가한 속성에 저장하게 했습니다. 이후 1초마다 내용을 갱신한 새로운 알림 메시지 객체를 생성해서 교체하는 데 해당 빌더 객체를 사용하겠습니다.

(2) 이전에는 상태바에 표시된 알림 메시지를 터치해도 아무런 작업을 수행하지 않았습니다. 이제 알림 메시지를 터치하면 시작 액티비티로 이동할 수 있게 해서 남은 시간을 확인하고 시작한 알람 서비스도 취소할 수 있게 수정하겠습니다.

먼저 PomodoroActivity로 이동하는 데 사용할 인텐트 객체를 만들고 **getActivity 함수를 호출해 미래의 특정 시점에 시작 액티비티로 이동하기 위해 사용할 펜딩 인텐트 객체**를 생성합니다.

알림 메시지를 터치하는 사건은 현재가 아닌 **임의의 미래 시점에 일어날 사건**이므로 PendingIntent를 사용해야 합니다.

```
// 시작 액티비티로 이동할 인텐트 객체를 생성
val activityStartIntent = Intent(this, PomodoroActivity::class.java)
// 알림 메시지를 터치했을 때 수행할 PendingIntent 객체를 생성하는 과정에서 액티비티 이동용 인텐트
객체를 전달
val activityStartPendingIntent = PendingIntent.getActivity(this, 1, activityStartIntent,
PendingIntent.FLAG_UPDATE_CURRENT)
```

getActivity 함수의 사용법은 다음과 같습니다.

getActivity(**(a)**, **(b)**, **(c)**, **(d)**)

  (a) Context 객체를 전달합니다.

  (b) PendingIntent 객체를 구분하기 위해 사용할 정숫값입니다. 앞서 알람용 PendingIntent를 생성하며 숫자 0을 사용했으므로 겹치지 않도록 여기서는 1을 전달합니다.

  (c) 액티비티로 이동하기 위해 사용할 인텐트 객체입니다.

  (d) PendingIntent의 생성 방식을 결정할 상수를 정의합니다.

여기서는 `FLAG_UPDATE_CURRENT` 상수를 전달해서 이미 PendingIntent가 존재할 경우에 기존 PendingIntent 정보를 갱신하는 방식으로 동작하게 합니다.

(3) 시작 시각과 종료 시각을 보여주도록 제목을 설정합니다. 앞서 생성한 SimpleDateFormat의 format 메서드를 호출해서 보기에 편한 형식으로 변환하는 작업도 함께 진행합니다.

```
setContentTitle("${dateFormatter.format(Date(startTime))}부터 ${dateFormatter.format(Date(endTime))}까지")
```

(4) setContentIntent 메서드를 호출하며, 상태바의 알림 메시지를 터치하는 시점에 사용할 PendingIntent 객체를 전달합니다.

```
setContentIntent(activityStartPendingIntent)
```

이제 서비스의 브로드캐스트 리시버에서 사용할 인텐트 필터가 **시스템에서 발생하는 브로드캐스트 메시지에 반응**할 수 있도록 액션값을 추가하겠습니다. 앞서 시스템 브로드캐스트 메시지는 안드로이드 시스템 내부에서 단말기와 관련된 상태의 변화를 감지해서 보내는 메시지라고 설명한 바 있습니다. 여기서는 **단말기의 화면이 켜지고 꺼지는 시점에 각각 내부 타이머 작동을 시작하고 종료**할 수 있도록 코드를 수정하겠습니다.

wikibook/learnandroid/pomodoro/PomodoroService.kt

```
val filter = IntentFilter()
filter.addAction(ACTION_ALARM_CANCEL)
filter.addAction(ACTION_ALARM)

// 단말기의 화면 상태 변경과 관련된 시스템 브로드캐스트 메시지 수신
filter.addAction(Intent.ACTION_SCREEN_ON)
filter.addAction(Intent.ACTION_SCREEN_OFF)
```

단말기의 화면 상태 변경과 관련된 이벤트 발생 여부를 파악하기 위해 각 이벤트에 해당하는 문자열 값을 추가했습니다. 이제 **리시버에서 화면의 상태 변화 이벤트도 감지**하게 됐으므로 onReceive 메서드에 다음과 같이 추가적인 분기 코드를 작성하겠습니다. 즉, 화면이 켜지는 시점에 내부 타이머를 작동시켜 상태바를 통해 남은 시간을 알리고 화면이 꺼지는 시점에는 더 이상 남은 시간을 공지할 필요가 없기 때문에 내부 타이머 작동을 취소합니다. 이를 위해 화면이 켜지는 시점에 내부 타이머를 작동시키는 startRemainTimeNotifyTimer 메서드를 호출하고, 화면이 꺼지는 시점에 타이머 작동을 취소하는 cancelRemainTimeNotifyTimer 메서드를 호출하도록 수정합니다.

wikibook/learnandroid/pomodoro/PomodoroService.kt

```kotlin
ACTION_ALARM -> {
    // ...
}
ACTION_ALARM_CANCEL -> stopSelf()
// 화면 상태가 변경될 때 타이머의 작동 여부를 조정할 분기 코드
Intent.ACTION_SCREEN_ON -> startRemainTimeNotifyTimer()
Intent.ACTION_SCREEN_OFF -> cancelRemainTimeNotifyTimer()
```

마지막으로 TimerTask 객체의 run 메서드에서 알림 메시지의 내용을 갱신하고 남은 시간을 공지하는 코드를 추가합니다.

wikibook/learnandroid/pomodoro/PomodoroService.kt

```kotlin
override fun run() {
    val diff = ((endTime - System.currentTimeMillis()) / 1000) * 1000
    val i = Intent(ACTION_REMAIN_TIME_NOTIFY)
    i.putExtra("count", diff)
    sendBroadcast(i)

    // 1초마다 알림 메시지의 내용을 갱신
    val notificationManager = getSystemService(Context.NOTIFICATION_SERVICE) as NotificationManager
    if(diff <= 0) {
        // (1)
        val notification = builder.setContentTitle("완료").setContentText("-").build()
        notificationManager.notify(1, notification)
        cancel()
    } else {
        // (2)
        val remainInSec = diff / 1000
        val notification = builder.setContentText("남은 시간 : ${remainInSec / 60}:${String.format("%02d", remainInSec % 60)}").build()
        notificationManager.notify(1, notification)
    }
}
```

(1) 알람까지 남은 시간을 계산해서 알람 시간이 되면 내부 타이머 작동이 완료됐음을 공지할 알림 객체를 생성합니다.

이후 NotificationManager 시스템 서비스 객체를 반환받고 notify 메서드를 호출하는 과정에서 새로 생성한 알림 객체를 전달합니다. 더는 내부 타이머를 동작시킬 필요가 없으므로 cancel 메서드를 호출해 내부 타이머의 작동도 종료합니다.

여기서는 이전에 생성한 빌더 객체를 통해 알림 메시지를 생성하므로 상태바의 제목이나 아이콘에 대한 정보와 같이 **기존에 정의한 내용은 바꾸지 않고 변경해야 할 내용을 설정할 메서드만 호출**하면 됩니다.

```
// 내부 타이머의 작동이 완료됐음을 알리는 알림 메시지 생성
val notification = builder.setContentTitle("완료").setContentText("-").build()
notificationManager.notify(1, notification)
cancel()
```

(2) 아직 알람까지 시간이 남은 상황이므로 남은 시간을 초 단위 시간으로 변환한 후 남은 시간을 보여줄 새 알림 메시지 객체를 생성해 notify 메서드를 호출하며 전달합니다.

```
val remainInSec = diff / 1000
val notification = builder.setContentText("남은 시간 : ${remainInSec / 60}:${String.format("%02d", remainInSec % 60)}").build()
notificationManager.notify(1, notification)
```

이제 앱을 실행해 알람 시간을 설정한 후 상태바의 정보가 다음과 같이 정상적으로 출력되고 매 초 남은 시간이 갱신되는지 여부와 상태바의 알림 메시지를 터치했을 때 시작 액티비티로 이동하는지 여부를 확인합니다.

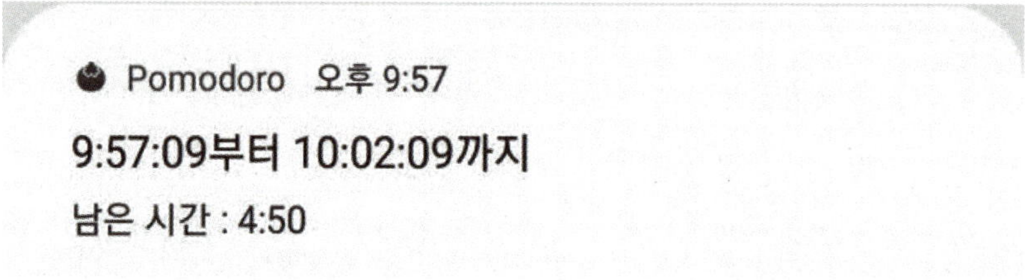

그림 4-19 남은 시간에 대한 정보가 추가된 상태 메시지의 모습

앱 UI 개선

앞에서 서비스를 이용한 알람 기능을 구현하여 앱의 핵심 기능을 완성했습니다. 이제 앱의 UI를 개선하는 작업을 통해 더 나은 모습의 화면을 보여줄 수 있게 수정하겠습니다. 개선 작업의 마지막 과정에서 사용자가 직접 만든 커스텀 뷰를 추가하여 남은 시간을 시각적으로 알 수 있도록 하겠습니다.

툴 바 커스터마이징 및 액션바 대체

기존에 사용되던 액션바를 대체하기 위한 용도로 등장한 **툴 바(Toolbar)는 액티비티 화면의 상단에 위치한 뷰**입니다. 일반적으로 툴 바(혹은 액션바)는 다음과 같은 역할을 수행합니다.

1. 내비게이션 드로어(Navigation Drawer)와 연동해서 화면 내비게이션 기능을 지원
2. 버튼 아이콘과 드롭다운 메뉴를 통한 기능 실행

다음은 화면에 표시된 툴 바의 모습을 보여줍니다. 제목이 표시된 부분의 왼쪽에 있는 햄버거 아이콘(☰)을 통해 다른 화면으로의 이동을 지원하는 내비게이션 드로어 화면에 접근할 수 있습니다. 오른쪽에는 특정 기능을 실행하기 위한 아이콘을 제공합니다. 추가로 필요한 기능이 더 있다면 해당 기능에 접근할 수 있도록 더 보기 아이콘(⋮)을 제공할 수도 있습니다.

그림 4-20 툴 바의 모습

여기서는 레이아웃 파일을 이용해 툴 바의 모습을 원하는대로 커스터마이징하고 필요한 기능을 설정하는 방법을 살펴보겠습니다. 먼저 다음과 같이 시작 액티비티의 레이아웃을 수정합니다.

예제 4.27 시작 액티비티 화면에 툴 바 추가　　　　　　　　　　　　　res/layout/pomodoro_activity.xml

```xml
<?xml version="1.0" encoding="utf-8"?>
<LinearLayout
    xmlns:android="http://schemas.android.com/apk/res/android"
    xmlns:app="http://schemas.android.com/apk/res-auto"
    android:layout_width="match_parent"
    android:layout_height="match_parent"
    android:orientation="vertical">
```

```xml
<!-- 툴바 뷰 추가 -->
<androidx.appcompat.widget.Toolbar (1)
    android:id="@+id/toolbar"
    android:layout_height="40dp"
    android:layout_width="match_parent"
    android:background="#FF0000"
    app:contentInsetStart="0dp">

    <RelativeLayout (2)
        android:layout_width="match_parent"
        android:layout_height="match_parent">

        <TextView (3)
            android:id="@+id/toolbar_title"
            android:layout_width="wrap_content"
            android:layout_height="wrap_content"
            android:text="@string/app_name"
            android:textColor="#FFFFFF"
            android:textStyle="bold"
            android:textSize="18sp"
            android:layout_centerInParent="true" />

        <ImageButton (4)
            android:id="@+id/to_setting"
            android:src="@android:drawable/ic_menu_manage"
            android:background="@android:color/transparent"
            android:layout_width="30dp"
            android:layout_height="30dp"
            android:layout_alignParentRight="true"
            android:layout_marginTop="5dp"
            android:layout_marginRight="10dp" />

    </RelativeLayout>

</androidx.appcompat.widget.Toolbar>

<TextView
    android:id="@+id/remain_time"
```

(.. 이후 코드 생략 ..)

(1) 툴 바 뷰를 레이아웃에 추가합니다. 해당 뷰는 AndroidX 라이브러리에 정의돼 있으므로 패키지 이름과 같이 뷰의 이름을 지정합니다.

(2) 툴 바 내부에 표시할 모든 뷰를 담을 RelativeLayout 뷰그룹을 추가합니다. 반드시 RelativeLayout 뷰그룹을 사용할 필요는 없으며 상황에 따라 다른 종류의 뷰그룹을 이용해도 무방합니다.

(3) 앱의 이름을 보여줄 텍스트 뷰를 추가하고 부모 뷰의 중앙에 위치하게 합니다.

(4) 설정 액티비티로 이동할 용도로 사용할 버튼 뷰를 추가합니다. 이미지 버튼은 버튼의 역할을 수행하지만 이미지를 사용해 버튼을 표시하도록 특화된 뷰입니다. 여기서는 안드로이드에서 기본 제공하는 아이콘 이미지 리소스를 버튼의 이미지로 사용합니다.

완성된 툴 바의 모습은 다음과 같습니다.

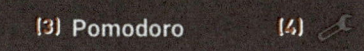

그림 4-21 커스터마이징 툴 바

액티비티의 onCreate 메서드를 수정해서 앞에서 정의한 툴 바의 이미지 버튼을 눌렀을 때 설정 액티비티로 이동하도록 하겠습니다.

wikibook/learnandroid/pomodoro/PomodoroActivity.kt

```kotlin
override fun onCreate(savedInstanceState: Bundle?) {
    super.onCreate(savedInstanceState)
    setContentView(R.layout.pomodoro_activity)

    // (1)
    val toolbar = findViewById<Toolbar>(R.id.toolbar)
    setSupportActionBar(toolbar)

    // (2)
    toolbar.findViewById<ImageButton>(R.id.to_setting).setOnClickListener {
        startActivity(Intent(this, SettingActivity::class.java))
    }

    // (3)
    window.statusBarColor = Color.rgb(255, 0, 0)
```

```
        // (.. 이후 코드 생략 ..)
}
```

(1) 일반적인 뷰와 다르지 않게 findViewById 메서드를 호출해 툴 바 객체를 반환받습니다. 이후 setSupportActionBar 메서드를 호출해서 툴 바가 액션바 역할을 수행하도록 설정합니다.

```
val toolbar = findViewById<Toolbar>(R.id.toolbar)
setSupportActionBar(toolbar)
```

(2) 툴 바 내부의 이미지 버튼에서 사용할 클릭 리스너를 추가해서 설정 액티비티로 이동할 수 있게 합니다.

```
toolbar.findViewById<ImageButton>(R.id.to_setting).setOnClickListener {
    startActivity(Intent(this, SettingActivity::class.java))
}
```

(3) 상태바의 색상을 툴 바 배경 색상과 동일하게 맞춰서 위화감을 줄이기 위해 Window 객체의 statusBarColor 메서드를 호출해 상단의 상태바 색상을 변경합니다.

```
window.statusBarColor = Color.rgb(255, 0, 0)
```

앞서 툴 바를 액션바 대신 사용하도록 변경했으므로 기존의 액션바는 보이지 않게 해야 합니다. 매니페스트 파일을 수정해서 application 요소의 theme 속성을 다음과 같이 조정합니다.

예제 4.28 application 요소의 theme 속성값 변경   AndroidManifest.xml

```xml
(.. 이전 내용 생략 ..)
<uses-permission android:name="android.permission.VIBRATE"/>

<!-- application 요소의 theme 속성을 변경해 기존 액션바를 보이지 않도록 설정 -->
<application
    ...
    android:theme="@style/Theme.AppCompat.Light.NoActionBar">
    <activity android:name=".SettingActivity">
    </activity>
(.. 이후 내용 생략 ..)
```

theme 속성에 적용된 스타일(Theme.AppCompat.Light.NoActionBar)의 내용은 다음과 같습니다. 액션바 사용 여부를 결정하는 **windowActionBar** 옵션을 **false**로 설정한 것을 확인할 수 있습니다.

```
<style name="Theme.AppCompat.Light.NoActionBar">
    <item name="android:windowActionBar">false</item>
    <item name="android:windowNoTitle">true</item>
</style>
```

이제 앱을 실행하면 다음과 같이 화면 상단에 툴 바가 표시되는 것을 확인할 수 있습니다. 다음 화면은 쓸모없어진 타이머 설정 버튼을 레이아웃에서 제거하고 관련 클릭 리스너 설정 코드도 제거한 모습입니다.

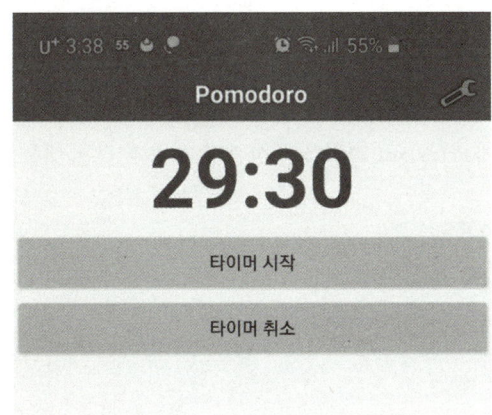

그림 4-22 색상이 변경된 상태바와 커스터마이징 툴 바

커스텀 뷰 작성 및 활용

커스텀 뷰는 말 그대로 필요에 의해 직접 정의한 뷰를 의미합니다. 프로그래머는 커스텀 뷰를 구현하는 과정에서 **뷰에 필요한 추가 속성을 정의하고 뷰에 필요한 기능을 부여**할 수 있습니다.

커스텀 뷰를 반드시 사용해야 하는 것은 아니지만 프로젝트에서 공통된 기능을 제공하는 뷰가 필요한 상황이라면 재사용성 증진과 중복 코드 작성 방지를 위해 커스텀 뷰를 정의하는 것이 도움이 될 수 있습니다.

이제 커스텀 뷰를 정의하는 과정을 통해 다음과 같이 진행 정도를 파악할 수 있도록 도울 **ProgressView**를 만들겠습니다. 뷰에서 그려지는 원의 크기가 시간이 지날수록 점점 작아지게 해서 알람이 작동하기까지 남은 시간을 직관적으로 알 수 있게 하고, 뷰를 구성할 원의 색상과 배경 이미지는 **해당 뷰를 위해 추가로 정의할 커스텀 속성을 통해 조정**할 수 있게 구현하겠습니다.

그림 4-23 완성된 커스텀 뷰(ProgressView)의 모습

지금까지 레이아웃 파일에 뷰 요소를 추가하는 과정에서 뷰에 사용될 여러 속성을 살펴봤습니다. 가령 TextView의 text, textSize 같은 속성을 설정해 뷰의 내용을 구성했습니다.

기본적으로 제공되는 속성 외에도 **커스텀 뷰에 필요한 추가 속성이 있다면 속성을 직접 정의**할 수 있습니다. 커스텀 속성을 정의하려면 속성에 대한 정보를 담은 리소스 파일이 필요합니다. 속성 정보를 추가하기 위해 res 폴더의 values 폴더에 **attrs.xml 파일을 생성**한 후 다음과 같은 내용을 작성합니다.

예제 4.29 커스텀 뷰에서 활용할 커스텀 속성 정의   res/values/attrs.xml

```xml
<?xml version="1.0" encoding="utf-8"?>
<resources>
    <declare-styleable name="ProgressViewAttrs"> (1)
        (2)
        <attr name="progressBackgroundImage" format="reference" />
        <attr name="showBackgroundImage" format="boolean" />
        <attr name="progressBackgroundColor" format="color" />
    </declare-styleable>
</resources>
```

(1) 커스텀 속성을 정의하기 위해 사용할 **declare-styleable 요소**를 추가합니다. 이때 임의의 이름을 사용해도 상관은 없지만, 나중에 정의할 커스텀 뷰 클래스의 이름을 ProgressView로 명명할 예정이므로 이름 (name) 속성값은 클래스의 이름 뒤에 Attrs를 접미사로 붙여 ProgressViewAttrs로 설정합니다. 나중에 해당 이름을 통해 커스텀 속성을 참조할 것입니다.

(2) 추가할 속성에 대한 정보를 포함할 **attr 요소**를 정의하며, **속성의 이름**(name)과 **형식**(format)을 설정합니다. 형식은 **속성값의 유형을 정하기 위해 사용**합니다. string, integer, float, boolean 같은 기본 자료형뿐만 아니라 열거형(enum), 색상(color), 참조형(reference)과 같은 다양한 자료형을 사용할 수 있습니다.

여기서는 배경 이미지 리소스를 설정하기 위해 사용할 progressBackgroundImage 속성과 배경 이미지 표시 여부를 설정하기 위해 사용할 showBackgroundImage 속성, 파이 차트의 배경색을 설정하기 위해 사용할 progressBackgroundColor 속성을 정의합니다.

> **Q** 참조(reference) 형식은 리소스의 식별자를 속성값으로 설정하기 위해 사용하는 형식입니다. progressBackgroundImage 속성값을 통해 drawable 폴더에 저장된 배경 이미지 리소스의 식별자를 전달받아야 하므로 속성 형식은 reference로 정의합니다.

이제 커스텀 뷰 클래스를 살펴보겠습니다. ProgressView 클래스를 다음과 같이 작성합니다.

예제 4.30 진행도를 보여줄 커스텀 뷰   wikibook/learnandroid/pomodoro/ProgressView.kt

```kotlin
import android.content.Context
import android.graphics.*
import android.util.AttributeSet
import android.view.View

// (1)
class ProgressView : View {
    // (2)
    var srcResId: Int = 0
    val bgColor: Int
    val showBackgroundImage: Boolean

    // (3)
    var progress: Double = 0.0
        set(value) {
            field = value
            if (value >= 100.0) field = 100.0
            if (value <= 0.0) field = 0.0

            invalidate()
        }

    // (4)
    lateinit var backgroundBitmap: Bitmap
    lateinit var srcRect: Rect
```

```kotlin
    lateinit var destRect: Rect

    // (5)
    var backgroundPaint = Paint().apply {
        isAntiAlias = true
        alpha = 127
    }

    // (6)
    var backgroundCirclePaint = Paint().apply {
        isAntiAlias = true
        style = Paint.Style.FILL
    }
    var progressCirclePaint = Paint().apply {
        isAntiAlias = true
        style = Paint.Style.FILL
    }

    constructor(context: Context, attrs: AttributeSet) : super(context, attrs) {
        // (7)
        var array = context.obtainStyledAttributes(attrs, R.styleable.ProgressViewAttrs)

        // (8)
        bgColor = array.getColor(R.styleable.ProgressViewAttrs_progressBackgroundColor, 0)

        // (9)
        showBackgroundImage = array.getBoolean(R.styleable.ProgressViewAttrs_showBackgroundImage, false)

        // (10)
        srcResId = array.getResourceId(R.styleable.ProgressViewAttrs_progressBackgroundImage, 0)

        // (11)
        array.recycle()
    }

    override fun onSizeChanged(w: Int, h: Int, oldw: Int, oldh: Int) {
        super.onSizeChanged(w, h, oldw, oldh)
        if(showBackgroundImage) {
```

```kotlin
        // (12)
        val bitmap = BitmapFactory.decodeResource(context.resources, srcResId)

        // (13)
        srcRect = Rect(0, 0, bitmap.width, bitmap.height)
        destRect = Rect(0, 0, w, h)
        backgroundBitmap = bitmap
    }

    // (14)
    backgroundCirclePaint.color = Color.argb(25, Color.red(bgColor), Color.green(bgColor), Color.blue(bgColor))
    progressCirclePaint.color = Color.argb(127, Color.red(bgColor), Color.green(bgColor), Color.blue(bgColor))
    }

    // (15)
    override fun onDraw(canvas: Canvas?) {
        super.onDraw(canvas)

        canvas?.apply {
            // (16)
            if (showBackgroundImage) {
                drawBitmap(backgroundBitmap, srcRect, destRect, backgroundPaint)
            }

            // (17)
            val x = canvas.width / 2
            val y = canvas.height / 2
            val radius = canvas.width / 2
            drawCircle(x.toFloat(), y.toFloat(), radius.toFloat(), backgroundCirclePaint)
            drawCircle(x.toFloat(), y.toFloat(), (radius * (progress / 100)).toFloat(), progressCirclePaint)
        }
    }
}
```

(1) 커스텀 뷰 클래스를 만들려면 **뷰(View) 클래스를 상속받는 클래스**를 정의해야 합니다. 이후 보조 생성자를 정의해서 생성자 내부에서 전달받은 속성값을 이용해 초기화 작업을 진행합니다.

onSizeChanged 메서드는 **뷰의 크기가 변경되는 시점에 호출되는 메서드**입니다. 이 메서드로 전달될 뷰의 가로, 세로 크기 정보를 이용해 추가적인 초기화 작업을 진행합니다.

onDraw 메서드는 **실제로 뷰에 출력될 내용을 그리는 메서드**입니다. 이 메서드에서는 앞서 얻어온 속성값 정보를 바탕으로 필요한 내용을 그리는 작업을 수행합니다.

```kotlin
class ProgressView : View {
    constructor(context: Context, attrs: AttributeSet) : super(context, attrs) {
        // ...
    }
    override fun onSizeChanged(w: Int, h: Int, oldw: Int, oldh: Int) {
        // ...
    }
    override fun onDraw(canvas: Canvas?) {
        // ...
    }
}
```

(2) 먼저 뷰에서 사용할 속성을 정의합니다. 배경 이미지 리소스 식별자를 저장할 속성(srcResId), 배경 색상을 저장할 속성(bgColor), 배경 이미지 표시 여부를 저장할 속성(showBackgroundImage)을 추가합니다.

```kotlin
var srcResId: Int = 0
val bgColor: Int
val showBackgroundImage: Boolean
```

(3) 진행 정도를 저장하기 위해 사용할 속성(progress)을 추가합니다. 해당 속성을 변경하는 시점에 원의 크기를 계산해서 다시 그려야 하므로 세터 메서드를 정의하고 메서드 내부에서 뷰 객체의 **invalidate** 메서드를 호출합니다.

invalidate 메서드는 뷰 화면이 갱신돼야 함을 알려주기 위해 호출하는 메서드로서 뒤에서 재정의할 그리기 메서드(**onDraw**)를 호출해서 뷰의 내용을 갱신하는 데 사용됩니다.

```kotlin
var progress: Double = 0.0
    set(value) {
        field = value
        if (value >= 100.0) field = 100.0
        if (value <= 0.0) field = 0.0
```

```
        // invalidate를 호출해서 현재 진행도에 따라 원을 다시 그릴 수 있도록 유도
        invalidate()
    }
```

(4) 배경 이미지를 화면에 그릴 때 사용할 속성을 선언합니다. 그려질 **이미지에 대한 정보를 담을 "의 속성**과 두 개의 사각형 객체(srcRect, destRect)를 선언했습니다. 두 사각형 객체는 각각 이미지에서 그려질 영역을 지정하고 이미지가 그려질 대상 화면의 영역을 지정하는 데 사용됩니다.

```
lateinit var backgroundBitmap: Bitmap = null
lateinit var srcRect: Rect
lateinit var destRect: Rect
```

(5) 화면에 무언가를 그리는 메서드를 호출할 때 함께 전달해야 할 **Paint** 객체를 추가합니다. Paint 객체는 **화면에 표시할 도형, 텍스트, 이미지 같은 내용물을 어떤 방식으로 표시해야 할지에 대한 정보를 담은 객체**입니다.

여기서는 isAntiAlias 속성에 true를 대입해서 **안티앨리어싱을 적용**하도록 조정합니다. 안티앨리어싱을 적용해야 그려질 대상의 외곽 부분에 계단 현상이 보이지 않고 깔끔하게 이미지를 표시할 수 있습니다. 또한 alpha 값을 조정해서 이미지가 반투명하게 보이도록 조정합니다.

```
var backgroundPaint = Paint().apply {
    isAntiAlias = true
    alpha = 127
}
```

(6) 진행도를 보여주기 위해 사용할 두 개의 원(배경으로 사용될 원과 진행도를 보여줄 원)을 그릴 때 필요한 Paint 객체(backgroundCirclePaint, progressCirclePaint)를 추가합니다.

여기서는 style 속성에 **FILL** 상수를 대입해서 도형 내부에 색을 채우는 방식으로 그리도록 설정합니다. 만약 STROKE 상수를 대입하면 외곽선만 그리고 도형 내부에는 색을 채우지 않는 방식으로 도형을 그립니다.

```
var backgroundCirclePaint = Paint().apply {
    isAntiAlias = true
    style = Paint.Style.FILL
}
var progressCirclePaint = Paint().apply {
    isAntiAlias = true
```

```
        style = Paint.Style.FILL
}
```

(7) 커스텀 뷰의 생성자에서 전달받은 Context 객체의 **obtainStyledAttributes** 메서드를 호출해서 뷰의 커스텀 속성에 접근할 용도로 사용할 **TypedArray** 타입의 객체를 반환받습니다.

첫 번째 인자로는 생성자를 통해 전달받은 AttributeSet 객체를, 두 번째 인자로는 앞서 정의한 **styleable 리소스(ProgressViewAttrs)의 식별자를 전달**해서 커스텀 속성의 설정값 정보가 반환된 array 객체에 포함될 수 있게 합니다. 이후 array 객체를 통해 설정된 배경색, 배경 이미지, 배경 이미지 표시 여부 정보를 얻어올 수 있습니다.

```
var viewAttrs = context.obtainStyledAttributes(attrs, R.styleable.PieChartViewAttrs)
```

(8) progressBackgroundColor 속성을 통해 색상값을 전달받도록 설정했으므로 getColor 메서드를 호출해 속성에 접근합니다.

```
bgColor = array.getColor(R.styleable.ProgressViewAttrs_progressBackgroundColor, 0)
```

메서드의 첫 번째 인자로 **해당 속성(progressBackgroundColor)과 관련된 고유한 식별자를 전달**하고, 두 번째 인자로 **속성값을 설정하지 않았을 때 반환받을 기본값을 전달**합니다.

각 속성에 부여된 고유한 식별자는 다음과 같은 형식으로 구성됩니다.

```
R.styleable.[declare-styleable에 정의한 name 속성값]_[커스텀 속성의 이름]
```

여기서는 ProgressViewAttrs 요소에 포함된 progressBackgroundColor 커스텀 속성의 식별자에 접근하므로 다음과 같은 식별자를 통해 속성에 접근합니다.

```
R.styleable.ProgressViewAttrs_progressBackgroundColor
```

(9) showBackgroundImage 속성을 통해 논리값을 전달받도록 설정했으므로 getBoolean 메서드를 호출합니다. 기본값은 false로 지정합니다.

```
showBackgroundImage = array.getBoolean(R.styleable.ProgressViewAttrs_showBackgroundImage, false)
```

(10) progressBackgroundImage 속성을 통해 식별자를 전달받도록 설정했으므로 getResourceId 메서드를 호출합니다. 기본값으로 0을 지정합니다.

```
srcResId = array.getResourceId(R.styleable.ProgressViewAttrs_progressBackgroundImage, 0)
```

(11) array 객체 값의 타입은 일반적인 배열이 아니고 성능상의 이유로 계속 재활용하며 사용되는 특수한 타입의 배열입니다. 따라서 배열을 모두 사용하고 난 이후에는 **반드시 recycle 메서드를 호출해서 나중에 해당 배열 리소스를 재활용**할 수 있게 해야 합니다.

```
array.recycle()
```

이후 뷰의 크기가 변경되는 시점에 호출될 onSizeChanged 메서드를 재정의해서 **뷰의 크기 정보를 이용하는 초기화 코드를 작성**하겠습니다.

(12) 배경 이미지를 표시해야 하는 상황이므로 **배경 이미지를 그릴 때 필요한 비트맵 객체를 초기화**하는 작업을 진행합니다. 나중에 onDraw 메서드에서 이미지를 표시하기 위해서는 이미지의 픽셀 정보를 저장할 용도로 사용되는 **비트맵 타입(Bitmap)의 객체**가 필요합니다. 여기서는 **BitmapFactory 클래스의 decodeResource 함수**를 호출하며, 이미지 리소스 식별자를 전달해서 비트맵 객체를 반환받습니다.

```
val bitmap = BitmapFactory.decodeResource(context.resources, srcResId)
```

decodeResource 메서드의 사용법과 인자는 다음과 같습니다.

```
BitmapFactory.decodeResource((a), (b))
```

- **(a)** Context 객체에 정의된 resources 속성을 전달합니다. Context 객체는 앱 내부에서 정의된 리소스 정보에 접근하는 데 사용합니다.
- **(b)** 비트맵 객체로 불러올 이미지 리소스의 식별자입니다. 여기서는 배경 이미지 리소스의 식별자 값을 전달합니다.

(13) srcRect는 그릴 비트맵 객체에서 표시하고자 하는 영역을 지정하기 위해 사용하는 사각형 객체입니다. destRect는 비트맵이 표시될 뷰 화면 영역의 크기를 지정하는 데 사용됩니다. 가령 다음 코드를 **적용하면 이미지의 왼쪽 상단의 일부분을 추출해서 뷰의 오른쪽 하단의 일부 영역에 그립니다.**

```
// 비트맵의 좌상단 1/4 영역을 추출할 사각형 객체 생성
srcRect = Rect(0, 0, bitmap.width / 2, bitmap.height / 2)
// 뷰의 우하단 1/4 영역에 그리기 위한 사각형 객체 생성
destRect = Rect(w / 2, h / 2, w, h)
```

그림으로 살펴보면 다음과 같습니다.

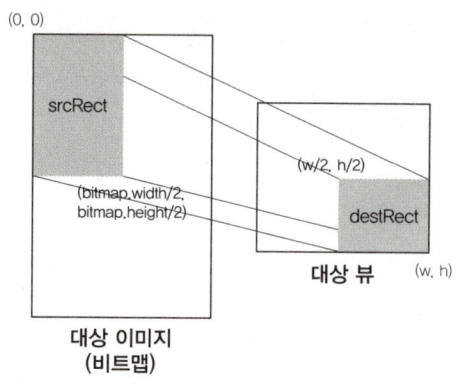

그림 4-24 srcRect와 destRect의 적용 방식

여기서는 이미지의 일부분이 아닌 **모든 부분을 그릴 것이므로** 이미지의 왼쪽 상단(0, 0)에서부터 비트맵 크기만큼 사각형의 크기를 설정합니다. 또한 뷰에 할당된 크기만큼 **배경 이미지를 꽉 채워서 표시할 것이**므로 왼쪽 상단(0, 0)에서부터 뷰의 크기만큼 사각형의 크기를 설정합니다.

뷰의 크기 정보는 onSizeChanged 메서드로 전달된 인자(w, h)를 통해 알아낼 수 있습니다.

```
// 이미지에서 추출할 영역을 지정(이미지의 모든 영역을 설정)
srcRect = Rect(0, 0, bitmap.width, bitmap.height)
// 이미지를 그릴 대상 영역을 지정(뷰의 모든 영역을 꽉 채워 그리도록 설정)
destRect = Rect(0, 0, w, h)
backgroundBitmap = bitmap
```

[14] 배경 색상 정보(bgColor)를 이용해 투명도가 적용된 색상 정보를 생성합니다. 여기서는 Color 클래스에서 제공하는 **argb** 함수를 통해 색상을 생성합니다.

배경으로 사용할 원에는 투명도를 많이 적용하고 진행도를 보여줄 원을 반투명하게 보이도록 색상을 조정합니다.

```
backgroundCirclePaint.color = Color.argb(25, Color.red(bgColor), Color.green(bgColor),
Color.blue(bgColor))
progressCirclePaint.color = Color.argb(127, Color.red(bgColor), Color.green(bgColor),
Color.blue(bgColor))
```

argb 함수의 사용법과 인자는 다음과 같습니다.

Color.argb(**(a)**, **(b)**, **(c)**, **(d)**)

- **(a)** 알파값입니다. 완전 투명(0)부터 완전 불투명(255)까지의 범위에 포함된 값을 전달합니다.
- **(b)**, **(c)**, **(d)** 각각 빨간색, 녹색, 파란색 값입니다. 0부터 255까지의 값을 전달합니다.

여기서는 Color 클래스에 포함된 red, green, blue 함수를 호출해서 색상값(bgColor)에서 각 함수에 대응하는 색상값을 추출한 후 전달합니다.

[15] 마지막으로 가장 핵심적인 기능을 수행하는 **onDraw 메서드를 재정의해서 해당 뷰를 그리는 과정에서 필요한 코드를 작성**합니다. onDraw 메서드에는 인자로 화면에 표시할 것들을 그리는 데 사용할 **Canvas** 객체가 전달됩니다. 이렇게 전달받은 **Canvas** 객체에서 제공하는 여러 메서드를 호출해서 기초적인 형태의 도형과 선, 그리고 텍스트와 이미지까지 화면에 표시하고자 하는 것들을 그릴 수 있습니다.

```
override fun onDraw(canvas: Canvas?) {
    // ...
}
```

[16] Canvas를 이용해 본격적으로 그림을 그립니다. 배경 이미지 표시 여부를 조사해서 표시해야 한다면 **drawBitmap** 메서드를 호출해서 저장한 비트맵을 표시합니다.

인자로 그려질 비트맵 객체, 이미지의 그려질 영역 정보를 포함한 사각형, 이미지가 그려질 대상 화면 영역의 크기 정보를 포함한 사각형, 그리고 이미지를 그릴 때 적용할 Paint 객체를 전달합니다.

```
if (showBackgroundImage) {
    drawBitmap(backgroundBitmap, srcRect, destRect, backgroundPaint)
}
```

[17] 표시할 두 개의 원을 그리기 위해 **drawCircle** 메서드를 호출합니다. 진행도를 보여줄 원을 그릴 때는 진행도(progress)에 비례해서 원의 크기가 점점 작아지도록 조정합니다.

```
// 중앙 좌표
val x = canvas.width / 2
val y = canvas.height / 2
val radius = canvas.width / 2
drawCircle(x.toFloat(), y.toFloat(), radius.toFloat(), backgroundCirclePaint)
drawCircle(x.toFloat(), y.toFloat(), (radius * (progress / 100)).toFloat(), progressCirclePaint)
```

drawCircle 메서드의 사용법과 인자는 다음과 같습니다.

drawCircle(**(a)**, **(b)**, **(c)**, **(d)**)

- **(a)**, **(b)** 원이 그려질 중점의 좌표를 전달합니다.
- **(c)** 원의 반지름 크기를 전달합니다. 여기서는 캔버스 너비 크기의 반으로 반지름 크기를 지정합니다.
- **(d)** 도형을 그리는 데 사용할 Paint 객체를 전달합니다.

커스텀 뷰 클래스의 작성이 완료됐으므로 시작 액티비티의 레이아웃에 커스텀 뷰를 추가하겠습니다. 수정된 레이아웃 파일의 내용은 다음과 같습니다.

예제 4.31 정의한 커스텀 뷰 클래스 활용   res/layout/pomodoro_activity.xml

```xml
(.. 이전 코드 생략 ..)
</androidx.appcompat.widget.Toolbar>

<wikibook.learnandroid.pomodoro.ProgressView (1)
    android:id="@+id/remain_progress"
    android:layout_width="200dp"
    android:layout_height="200dp"
    android:layout_gravity="center"
    android:layout_marginTop="20dp"
    android:layout_marginBottom="20dp"
    app:progressBackgroundColor="#FF0000" (2)
    app:progressBackgroundImage="@drawable/tomato" (3)
    app:showBackgroundImage="true"/> (4)

<TextView
    android:id="@+id/remain_time"

(.. 이후 코드 생략 ..)
```

(1) 커스텀 뷰를 추가합니다. 이 뷰는 직접 정의한 커스텀 뷰이므로 이 뷰를 포함하고 있는 패키지 이름까지 모두 지정해야 합니다.

(2) 새로 정의한 뷰의 커스텀 속성을 이용해 차트의 배경 색상값을 설정합니다. 기본적으로 제공되는 뷰 속성이 아닌 **새로 추가한 커스텀 속성이므로 콜론 앞에 붙는 네임스페이스를 android가 아닌 app 네임스페이스를 사용하도록 설정**한다는 점에 유의합니다.

(3) 이미지 리소스 식별자를 전달받는 커스텀 속성을 설정합니다. 사용할 토마토 이미지는 리소스 폴더안에 포함되어 있으며 해당 이미지를 다음과 같이 리소스 폴더(res) 내부에 drawable-xxhdpi 폴더를 생성한 후 저장하여 활용합니다.

그림 4-25 토마토 이미지 리소스 추가

(4) 배경 이미지를 보여주도록 커스텀 속성을 설정합니다.

이후 서비스 클래스를 수정해서 알람 설정 시간에 대한 정보(delay)도 브로드캐스트해서 전달합니다. 이 값을 전달받은 시작 액티비티에서는 추가로 전달받은 설정 시간 정보와 남은 시간까지의 비율을 계산하고 파이 차트 뷰의 진행도 속성(progress)을 조절해서 뷰를 갱신합니다.

wikibook/learnandroid/pomodoro/PomodoroService.kt

```kotlin
timer.schedule(object : TimerTask() {
    override fun run() {
        val diff = ((endTime - System.currentTimeMillis()) / 1000) * 1000
        val i = Intent(ACTION_REMAIN_TIME_NOTIFY)
        i.putExtra("count", diff)
        // 알람 설정 시간 정보를 포함해서 전달하도록 수정
        i.putExtra("delay", delayTimeInSec)
        sendBroadcast(i)

        // (.. 이후 코드 생략 ..)
```

시작 액티비티 코드를 수정해서 커스텀 뷰 객체의 속성과 해당 객체를 초기화하는 코드를 추가합니다.

wikibook/learnandroid/pomodoro/PomodoroActivity.kt

```kotlin
lateinit var receiver : BroadcastReceiver
// 뷰 객체 속성을 추가
lateinit var remainProgress : ProgressView
```

```kotlin
override fun onCreate(savedInstanceState: Bundle?) {
    super.onCreate(savedInstanceState)
    setContentView(R.layout.pomodoro_activity)

    // 뷰 객체 초기화
    remainProgress = findViewById<ProgressView>(R.id.remain_progress)

    val toolbar = findViewById<Toolbar>(R.id.toolbar)
    // (.. 이후 코드 생략 ..)
```

이후 서비스로부터 전달받은 정보를 이용해 커스텀 뷰의 진행도(progress) 속성을 조정하고, 그로 인해 뷰의 내용이 갱신되어 원의 크기가 변경될 수 있게 합니다.

wikibook/learnandroid/pomodoro/PomodoroActivity.kt

```kotlin
if(action == PomodoroService.ACTION_REMAIN_TIME_NOTIFY) {
    val remainInSec = intent.getLongExtra("count", 0) / 1000

    remainTime.text = "${remainInSec / 60}:${String.format("%02d", remainInSec % 60)}"

    // 인텐트 객체에서 전달받은 알람 시간 정보를 추출
    val delayInSec = intent.getIntExtra("delay", 0)
    // 알람 시간과 남은 시간의 비율을 계산하고 100을 곱해서 0부터 100까지 범위의 최종 진행도 계산
    remainProgress.progress = (remainInSec / delayInSec.toDouble()) * 100

    // (.. 이후 코드 생략 ..)
```

이제 앱을 실행해 다음과 같이 커스텀 뷰가 제대로 출력되는지 여부와 시간의 변화에 따라 원의 크기에 변화가 생기는지 여부를 확인합니다.

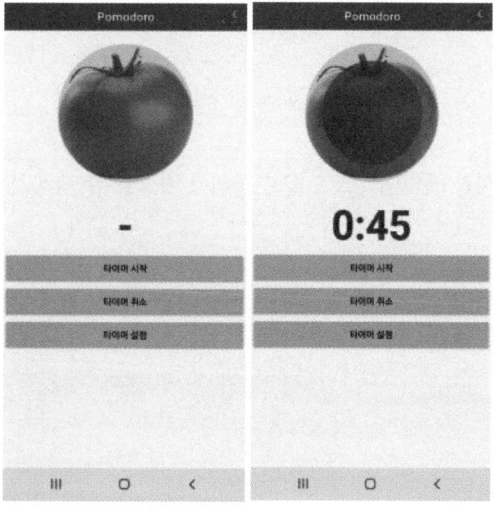

그림 4-26 커스텀 뷰가 적용된 화면

도전과제

Q1 _ 다음 코드를 참조하고 커스텀 뷰를 수정해서 다음과 같이 두 개의 사각형(배경, 전경) 막대를 표시하고 알람까지 남은 시간을 알 수 있도록 수정하세요.

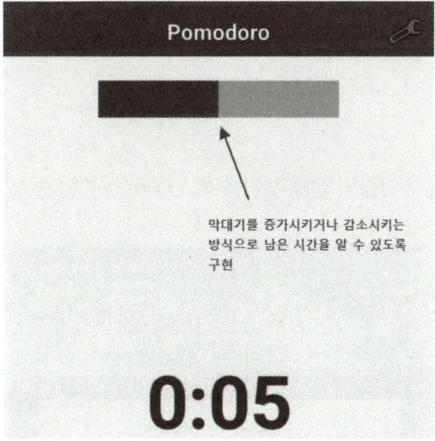

힌트 1 _ 사각형을 그리는 drawRect 메서드를 호출하는 코드는 다음과 같습니다.

```
canvas?.apply {
    // 사각형을 그릴 캔버스의 왼쪽 상단의 x, y 좌표, 오른쪽 하단의 x, y 좌표 및 페인트 객체를 전달
    drawRect(0.0F, 0.0F, width.toFloat(), height.toFloat(), paint)
}
```

힌트 2 _ 사각형을 그리는 데 사용할 두 개의 Paint 객체의 속성을 정의하고 다음과 같이 배경, 전경 막대기 색상을 적절히 설정합니다.

```
backgroundRectanglePaint.color = Color.parseColor("#D3D3D3")
frontRectanglePaint.color = Color.parseColor("#808080")
```

Q2 _ 커스텀 뷰에 논리 타입의 값을 전달받는 추가 속성(directionReverse)을 정의해 값에 따라 Q1을 수행해서 보여준 막대기가 시간이 지날수록 늘어나거나 줄어들도록 선택할 수 있게 수정하세요.

```
<wikibook.learnandroid.pomodoro.ProgressView
    android:id="@+id/remain_progress"
    ...
    app:directionReverse="true" />
```

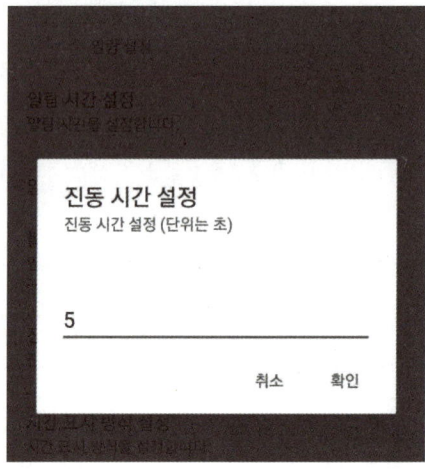

Q3 _ 다음과 같이 설정 화면에서 알람의 진동 시간을 초 단위로 설정할 수 있게 수정하세요.

Q4 _ 다음과 같이 설정 화면에서 상태바에서 표시할 시간의 양식 문자열을 직접 설정할 수 있게 수정하세요.

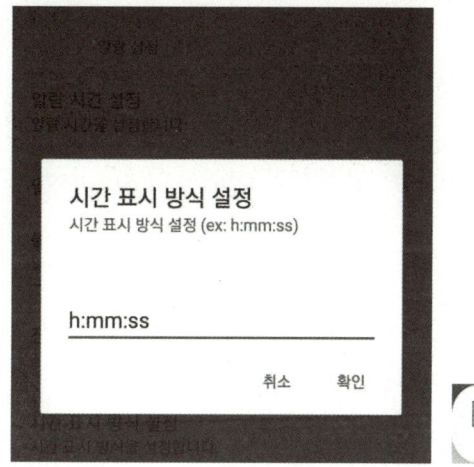

만약 전달한 문자열 양식에 문제가 있을 경우 다음과 같이 SimpleDateFormat 객체를 생성하는 코드에 try - catch 표현식을 적용해 catch 블록에서 기본 양식(h:mm:ss) 문자열을 이용해 객체를 생성합니다.

wikibook/learnandroid/pomodoro/PomodoroService.kt

```
try {
    // 설정을 통해 저장한 문자열을 적용해 객체를 생성
    dateFormatter = SimpleDateFormat(dateFormat)
} catch (e: IllegalArgumentException) {
    // 잘못된 양식으로 IllegalArgumentException 예외가 발생한 경우 기본 양식 문자열을
이용해 객체를 생성
    dateFormatter = SimpleDateFormat("h:mm:ss")
}
```

프로젝트

05

퀴즈퀴즈

이번 프로젝트에서는 퀴즈를 풀 수 있는 퀴즈앱을 만들겠습니다. OX 퀴즈와 N지선다 유형의 문제를 풀 수 있으며, 퀴즈를 추가, 수정, 삭제할 수 있는 관리 기능을 제공합니다.

다음은 완성된 앱의 실행 화면입니다.

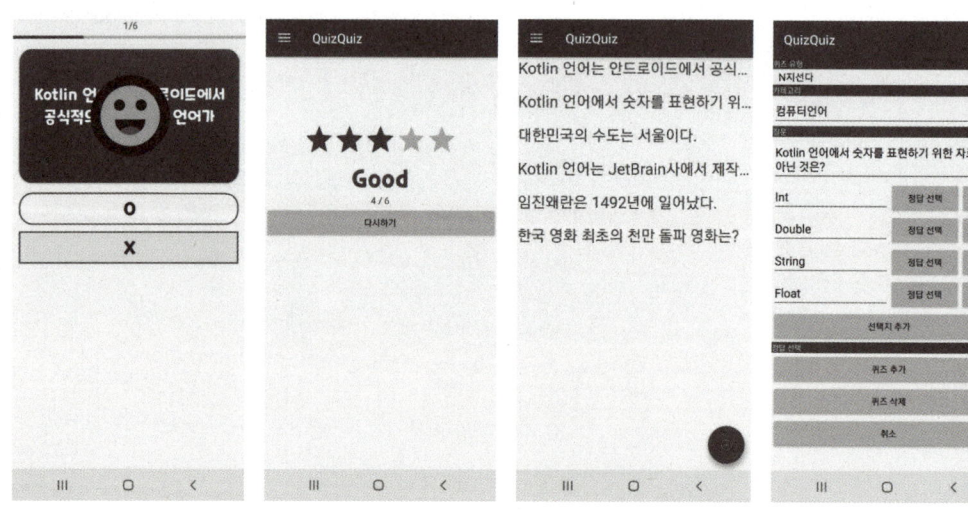

그림 5-1 완성된 퀴즈퀴즈 앱 화면

이번 앱을 제작하면서 배울 핵심 주제는 다음과 같습니다.

- Room 라이브러리를 이용한 데이터베이스 접근
- XML 애셋 활용
- 내비게이션 드로어 활용
- 스타일 리소스 활용
- 커스텀 폰트 추가와 활용

프로젝트 생성

새 프로젝트를 생성하고 다음과 같은 내용으로 프로젝트 정보를 입력합니다.

내용	값
Name	QuizQuiz
Package name	wikibook.learnandroid.quizquiz
Language	Kotlin
Minimum API level	API 23

프로젝트가 생성되면 자동 생성된 `MainActivity`의 이름을 `QuizMainActivity`로 변경하고 자동 생성된 레이아웃 파일(`activity_main`)의 이름도 `quiz_main_activity`로 변경합니다.

내비게이션 드로어를 이용한 메뉴 생성

내비게이션 드로어(Navigation Drawer)는 **앱에서 제공하는 여러 화면을 손쉽게 탐색하고 전환할 수 있게 도와주는 뷰**입니다. 기본적으로는 화면에 보이지 않는 상태로 존재하다 액션바의 햄버거 아이콘(☰)을 클릭하는 시점에 슬라이딩되면서 나타나 사용자가 앱에서 제공하는 여러 화면에 접근할 수 있게 돕습니다. 일반적인 내비게이션 드로어의 모습은 다음과 같습니다.

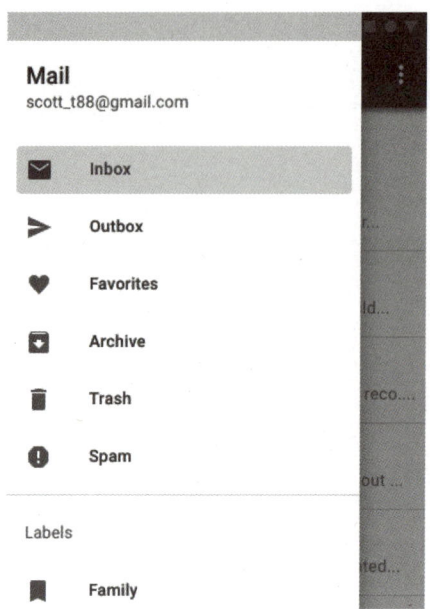

그림 5-2 내비게이션 드로어의 모습

내비게이션 드로어를 사용하려면 모듈 레벨 그레이들 파일에 다음과 같은 의존성을 추가합니다.

Gradle Script/build.gradle (Module: app)

```
// 내비게이션 뷰를 지원하기 위한 의존성 추가
implementation 'com.google.android.material:material:1.0.0'
implementation 'androidx.drawerlayout:drawerlayout:1.0.0'
```

헤더와 메뉴 구성

내비게이션 드로어가 포함된 액티비티의 레이아웃 파일을 다음과 같이 작성합니다.

예제 5.1 내비게이션 드로워(DrawerLayout)가 포함된 레이아웃   res/layout/quiz_main_activity.xml

```
<?xml version="1.0" encoding="utf-8"?>
<androidx.drawerlayout.widget.DrawerLayout
    xmlns:android="http://schemas.android.com/apk/res/android" (1)
    xmlns:app="http://schemas.android.com/apk/res-auto" (2)
    android:id="@+id/drawer_layout"
    android:layout_width="match_parent"
    android:layout_height="match_parent"
```

```xml
        android:fitsSystemWindows="false"> (5)

    <!-- 메인 뷰 -->
    <FrameLayout (3)
        android:id="@+id/frame"
        android:layout_width="match_parent"
        android:layout_height="match_parent" />

    <!-- 내비게이션 뷰 -->
    <com.google.android.material.navigation.NavigationView (4)
        android:id="@+id/drawer_nav_view"
        android:layout_width="wrap_content"
        android:layout_height="match_parent"
        android:layout_gravity="start"
        app:headerLayout="@layout/nav_header" (6)
        app:menu="@menu/nav_menu" /> (7)

</androidx.drawerlayout.widget.DrawerLayout>
```

(1) 내비게이션 드로어가 포함돼 있는 화면을 표시할 경우에는 **최상위 뷰그룹으로 `DrawerLayout`을 사용**해야 하므로 해당 뷰그룹을 추가합니다.

(2) 외부 라이브러리에서 제공하는 뷰의 속성을 사용하기 위해 **app 네임스페이스를 정의**합니다. 이 네임스페이스를 정의하지 않으면 `headerLayout`, `menu` 같은 `NavigationView`의 고유한 뷰 속성에 접근할 수 없습니다.

(3) 사용자가 내비게이션 드로어에 포함된 메뉴를 선택함에 따라 변경될 프래그먼트 화면을 포함할 `FrameLayout`을 추가합니다.

(4) **내비게이션 드로어의 내용을 구성하기 위해 사용할 `NavigationView`를 추가합니다.**

(5) `fitsSystemWindows` 속성을 `false`로 설정해 액티비티 전체를 덮지 않고 액션바의 아래에 위치하게 합니다. `true`를 지정하면 상단 액션바를 덮어버리게 됩니다.

내비게이션 드로어는 크게 **헤더와 메뉴로 구성**됩니다. 다음 화면에서 상단에 계정 정보를 보여주는 부분이 헤더이며, 헤더 바로 밑의 메뉴를 통해 앱에서 제공하는 여러 화면으로 이동할 수 있습니다.

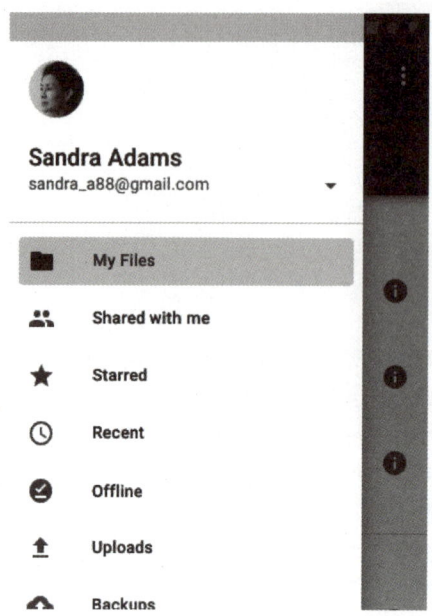

그림 5-3 헤더와 메뉴로 구성된 내비게이션 드로어

일반적으로 상단 헤더는 현재 로그인된 계정 정보를 보여주는 용도로 사용되지만 어떤 정보를 표시할지는 전적으로 프로그래머의 재량에 달려있습니다.

[6] headerLayout 속성에는 **헤더 영역 내용을 구성할 레이아웃의 식별자**를 전달합니다.

[7] menu 속성에는 이후에 정의할 메뉴 리소스의 식별자를 전달합니다.

헤더 영역을 구성하기 위해 사용할 레이아웃 파일의 내용은 다음과 같습니다.

예제 5.2 NavigationView에서 활용할 헤더 영역 레이아웃　　　　　　　　　　　res/layout/nav_header.xml

```xml
<?xml version="1.0" encoding="utf-8"?>
<LinearLayout xmlns:android="http://schemas.android.com/apk/res/android"
    android:layout_width="match_parent"
    android:layout_height="wrap_content"
    android:paddingTop="20dp"
    android:paddingBottom="20dp"
    android:orientation="vertical"
    android:background="#000000">

    <TextView
        android:layout_width="match_parent"
```

```xml
        android:layout_height="wrap_content"
        android:text="Navigation Header"
        android:textColor="#FFF"
        android:gravity="center" />

</LinearLayout>
```

여기서는 헤더 영역임을 나타내기 위한 텍스트뷰 하나만 추가했습니다. 하지만 일반적인 레이아웃 파일과 다를 바 없으므로 원한다면 좀 더 복잡한 형태로도 구성할 수 있습니다.

이제 화면 전환을 위해 사용할 메뉴 리소스를 추가해보겠습니다. **메뉴 리소스는 말 그대로 화면에 표시할 메뉴에 대한 정보를 담은 리소스 파일**입니다. res 폴더를 대상으로 마우스 오른쪽 버튼을 클릭한 후 [New] → [Android Resource File]를 차례로 선택합니다. **리소스 타입은 'Menu'로**, 파일의 이름은 'nav_menu'로 설정하고 [OK] 버튼을 눌러 메뉴 리소스를 생성합니다.

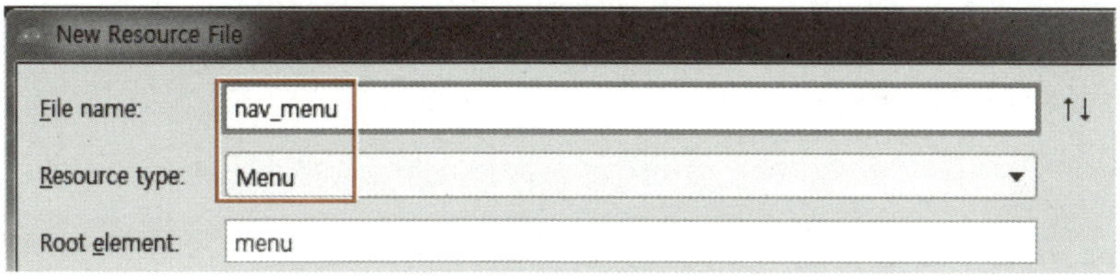

그림 5-4 메뉴 리소스 생성

메뉴 리소스의 내용은 다음과 같이 설정합니다.

예제 5.3 NavigationView에서 활용할 메뉴 리소스 정의   res/menu/nav_menu.xml

```xml
<?xml version="1.0" encoding="utf-8"?>
<menu xmlns:android="http://schemas.android.com/apk/res/android">  (1)

    <item android:id="@+id/quiz_solve"  (2)
        android:title="퀴즈 풀기"
        android:icon="@android:drawable/ic_menu_view" />

    <item android:id="@+id/quiz_manage"
        android:title="퀴즈 관리"
        android:icon="@android:drawable/ic_menu_zoom" />

</menu>
```

(1) menu 요소 안에 **각 메뉴에 대한 내용을 정의하는 item 요소를 추가**하는 방식으로 전체 메뉴를 구성합니다.

(2) 나중에 메뉴를 선택하는 시점에 **어떤 메뉴를 선택했는지 구분하기 위해 식별자를 부여**합니다. title 속성을 통해 메뉴의 이름을 설정하고, icon 속성을 통해 메뉴와 관련된 아이콘 이미지를 설정합니다.

만약 아이콘이 필요하지 않으면 icon 속성을 설정하지 않아도 됩니다. 여기서는 따로 이미지 리소스를 추가하지 않고 안드로이드에서 기본 제공하는 아이콘 이미지 리소스를 사용합니다.

이제 시작 액티비티 클래스를 수정해서 내비게이션 드로어가 작동하도록 구현합니다.

예제 5.4 내비게이션 드로어 연동을 위한 액티비티 수정   wikibook/learnandroid/quizquiz/QuizMainActivity.kt

```kotlin
import android.content.Context
import android.content.SharedPreferences
import android.os.AsyncTask
import androidx.appcompat.app.AppCompatActivity
import android.os.Bundle
import android.view.MenuItem
import android.view.View
import android.widget.TextView
import android.widget.Toast
import androidx.appcompat.app.ActionBarDrawerToggle
import androidx.drawerlayout.widget.DrawerLayout
import com.google.android.material.navigation.NavigationView
import org.w3c.dom.Element
import javax.xml.parsers.DocumentBuilderFactory

class QuizMainActivity : AppCompatActivity() {
    lateinit var drawerToggle : ActionBarDrawerToggle

    override fun onCreate(savedInstanceState: Bundle?) {
        super.onCreate(savedInstanceState)
        setContentView(R.layout.quiz_main_activity)

        val drawerLayout = findViewById<DrawerLayout>(R.id.drawer_layout)
        val navView = findViewById<NavigationView>(R.id.drawer_nav_view)

        // (1)
        navView.setNavigationItemSelectedListener {
```

```kotlin
            when(it.itemId) {
                R.id.quiz_solve -> Toast.makeText(this, "Quiz Solve", Toast.LENGTH_SHORT).show()
                R.id.quiz_manage -> Toast.makeText(this, "Quiz Manage", Toast.LENGTH_SHORT).show()
            }

            // (2)
            drawerLayout.closeDrawers()

            true
        }

        // (3)
        drawerToggle = object : ActionBarDrawerToggle(this, drawerLayout, R.string.drawer_open, R.string.drawer_close) {}
        // (4)
        drawerToggle.isDrawerIndicatorEnabled = true
        // (5)
        drawerLayout.addDrawerListener(drawerToggle)

        // (6)
        supportActionBar?.setDisplayHomeAsUpEnabled(true)
    }

    override fun onPostCreate(savedInstanceState: Bundle?) {
        super.onPostCreate(savedInstanceState)

        // (7)
        drawerToggle.syncState()
    }

    // (8)
    override fun onOptionsItemSelected(item: MenuItem?): Boolean {
        if(drawerToggle.onOptionsItemSelected(item)) {
            return true
        }

        return super.onOptionsItemSelected(item)
    }
}
```

(1) 내비게이션 드로어의 메뉴가 선택됐을 때 실행할 코드를 작성하기 위해 `OnNavigationItemSelectedListener` 인터페이스에 포함된 `onNavigationItemSelected` 메서드를 구현합니다. 이 인터페이스는 함수형 인터페이스이므로 구현해야 할 추상 메서드가 하나(onNavigationItemSelected)밖에 없습니다. 따라서 람다 함수를 전달하는 형식으로 코드를 작성합니다.

전달받은 객체(it)는 메뉴에 관한 정보가 담긴 `MenuItem` 타입의 객체로서 이 객체의 `itemId` 속성을 통해 앞에서 메뉴에 부여한 메뉴 식별자 값에 접근할 수 있습니다.

여기서는 선택한 메뉴에 따라 토스트 메시지를 출력합니다. 실제 메뉴 선택에 따른 화면 변환 및 화면의 기능 구현은 내비게이션 드로어와 관련된 코드 작성이 모두 마무리된 후 진행하겠습니다.

```
navView.setNavigationItemSelectedListener {
    when(it.itemId) {
        R.id.quiz_solve -> Toast.makeText(this, "Quiz Solve", Toast.LENGTH_SHORT).show()
        R.id.quiz_manage -> Toast.makeText(this, "Quiz Manage", Toast.LENGTH_SHORT).show()
    }

    drawerLayout.closeDrawers()
    true
}
```

(2) 일반적으로 메뉴를 선택한 직후 내비게이션 드로어를 닫기 때문에 `closeDrawers` 메서드를 호출합니다. 또한 정상적으로 메뉴 선택 처리가 완료됐다는 사실을 알리기 위해 true를 반환합니다.

```
drawerLayout.closeDrawers()
true
```

앱을 실행하고 내비게이션 드로어의 메뉴를 선택하면 토스트 메시지가 출력됨과 동시에 내비게이션 드로어가 닫히는 것을 확인할 수 있습니다.

(3) 액션바와 내비게이션 드로어를 연동하기 위해 사용할 `ActionBarDrawerToggle` 객체를 생성합니다. 첫 번째 인자로 액티비티 객체를, 두 번째 인자로 DrawerLayout 뷰그룹 객체를 전달합니다.

```
drawerToggle = ActionBarDrawerToggle(this, drawerLayout, R.string.drawer_open, R.string.drawer_close)
```

나머지 두 개의 문자열 식별자는 시각 장애인을 위해 내비게이션 드로어를 열고 닫는 시점에 읽어줄 문자열 정보가 담긴 식별자 값입니다. 이와 관련된 문자열을 다음과 같이 values 리소스 폴더 내의 strings.xml 파일에 정의합니다.

res/values/strings.xml

```xml
<resources>
    <string name="app_name">QuizQuiz</string>
    <!-- 추가 -->
    <string name="drawer_open">Drawer opened</string>
    <string name="drawer_close">Drawer closed</string>
</resources>
```

> ActionBarDrawerToggle 객체를 생성하는 과정에서 onDrawerClosed, onDrawerOpened 같은 콜백 메서드를 정의해서 내비게이션 드로어가 열리거나 닫히는 시점에 필요한 코드를 작성할 수 있습니다. 여기서는 따로 필요한 코드가 없는 관계로 해당 과정을 생략합니다.

[4] isDrawerIndicatorEnabled 속성을 true로 설정해 액션바의 왼쪽 상단에 위치한 **햄버거 아이콘을 통해 내비게이션 드로어를 표시하고 숨길 수 있도록** 합니다.

```
drawerToggle.isDrawerIndicatorEnabled = true
```

[5] addDrawerListener 메서드를 호출해서 앞서 생성한 ActionBarDrawerToggle 객체를 전달합니다.

```
drawerLayout.addDrawerListener(drawerToggle)
```

[6] 액션바 객체의 setDisplayHomeAsUpEnabled 메서드를 호출해서 햄버거 아이콘을 표시하고 해당 아이콘을 클릭해 내비게이션 드로어를 열고 닫을 수 있도록 설정합니다.

```
supportActionBar?.setDisplayHomeAsUpEnabled(true)
```

[7] 액션바의 햄버거 아이콘 모습이 **내비게이션 드로어가 열고 닫힌 상태에 따라 동기화되어 바뀔 수 있도록** syncState 메서드를 호출합니다.

```
drawerToggle.syncState()
```

(8) 액션바에 표시될 햄버거 아이콘도 내부적으로는 메뉴를 선택한 것과 같이 처리하므로 액티비티의 **onOptionsItemSelected** 메서드를 재정의해서 앞서 정의한 drawerToggle에 정의된 onOptionsItemSelected 메서드를 호출하고 메뉴 객체를 넘겨 처리를 위임하도록 설정합니다.

메서드의 호출 결과로 true가 반환됐다는 것은 토글 객체에서 해당 메뉴 아이템에 대한 처리를 정상적으로 끝냈다는 의미이므로 바로 true 를 반환하고 후속 코드가 실행되지 않도록 메서드를 종료합니다.

```kotlin
// 액션바의 햄버거 아이콘이 선택됐을 때 호출될 onOptionsItemSelected 메서드 재정의
override fun onOptionsItemSelected(item: MenuItem?): Boolean {
    if(drawerToggle.onOptionsItemSelected(item)) {
        return true
    }

    return super.onOptionsItemSelected(item)
}
```

> 🔍 만약 모듈 레벨 그래들 설정파일에서 compileSdkVersion과 targetSdkVersion 버전을 29가 아닌 30으로 지정한 경우에는 MenuItem? 타입을 MenuItem으로 변경해주어야 정상적으로 작동합니다.

ActionBarDrawerToggle.java

```java
public boolean onOptionsItemSelected(MenuItem item) {
    if (item != null && item.getItemId() == android.R.id.home && mDrawerIndicatorEnabled) {
        toggle();
        return true;
    }
    return false;
}
```

이후 앱을 실행한 후 액션바 상단의 햄버거 아이콘 버튼을 클릭해 내비게이션 드로어가 다음 화면과 같이 표시되는지 여부와 메뉴를 선택하면 관련된 토스트 메시지가 출력되는지 여부를 확인합니다.

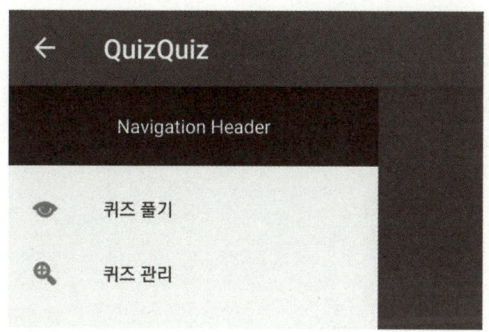

그림 5-5 액션바를 통해 접근한 내비게이션 드로어의 모습

앞서 메뉴 선택 시점에 단순히 토스트 메시지를 출력하도록 구현했으므로 이제 보여줄 화면과 관련된 프래그먼트를 생성해서 출력할 수 있도록 수정하겠습니다. 여기서는 빈 껍데기 프래그먼트 클래스를 정의하고 프래그먼트로 화면 전환이 정상적으로 이뤄지는지 여부만 확인하겠습니다.

앱에서는 크게 **등록한 퀴즈를 풀 수 있는 화면**과 **등록된 퀴즈를 추가, 수정, 삭제할 수 있는 관리 화면을 제공**할 예정이므로 두 개의 프래그먼트 클래스를 정의하겠습니다.

먼저 등록된 퀴즈를 풀 수 있는 화면을 제공할 QuizFragment 프래그먼트 클래스를 정의합니다.

wikibook/learnandroid/quizquiz/QuizFragment.kt
```kotlin
import android.os.AsyncTask
import android.os.Bundle
import android.view.LayoutInflater
import android.view.View
import android.view.ViewGroup
import androidx.appcompat.app.AppCompatActivity
import androidx.fragment.app.Fragment

class QuizFragment : Fragment() {
    override fun onCreateView(inflater: LayoutInflater, container: ViewGroup?, savedInstanceState: Bundle?): View? {
        return inflater.inflate(R.layout.quiz_fragment, container, false)
    }
}
```

이후 등록된 퀴즈를 관리하기 위한 화면을 제공할 QuizListFragment 프래그먼트 클래스를 정의합니다.

wikibook/learnandroid/quizquiz/QuizListFragment.kt

```kotlin
import android.app.Activity
import android.content.Intent
import android.os.AsyncTask
import android.os.Bundle
import android.util.Log
import android.view.*
import androidx.fragment.app.Fragment
import androidx.recyclerview.widget.LinearLayoutManager
import androidx.recyclerview.widget.RecyclerView
import com.google.android.material.floatingactionbutton.FloatingActionButton

class QuizListFragment : Fragment() {
    override fun onCreateView(inflater: LayoutInflater, container: ViewGroup?, savedInstanceState: Bundle?): View? {
        return inflater.inflate(R.layout.quiz_list_fragment, container, false)
    }
}
```

각 프래그먼트에서 사용할 레이아웃 파일도 다음과 같이 작성합니다.

예제 5.5 임시 프래그먼트 레이아웃   res/layout/quiz_fragment.xml

```xml
<?xml version="1.0" encoding="utf-8"?>
<LinearLayout xmlns:android="http://schemas.android.com/apk/res/android"
    android:layout_width="match_parent"
    android:layout_height="match_parent">

    <TextView
        android:layout_width="match_parent"
        android:layout_height="match_parent"
        android:text="Quiz Fragment"/>

</LinearLayout>
```

res/layout/quiz_list_fragment.xml

```xml
<?xml version="1.0" encoding="utf-8"?>
<LinearLayout xmlns:android="http://schemas.android.com/apk/res/android"
    android:layout_width="match_parent"
    android:layout_height="match_parent">
```

```xml
    <TextView
        android:layout_width="match_parent"
        android:layout_height="match_parent"
        android:text="Quiz List Fragment"/>

</LinearLayout>
```

여기서는 단순히 프래그먼트를 구분하기 위한 텍스트뷰 하나만 추가했습니다. 나중에 레이아웃에 필요한 뷰를 추가하고 기능을 완성해 갈 것입니다.

이제 액티비티 코드를 수정해서 다음과 같이 메뉴에 대응하는 프래그먼트를 표시하도록 합니다.

예제 5.6 메뉴 선택에 따라 필요한 프래그먼트를 교체하도록 액티비티를 수정

wikibook/learnandroid/quizquiz/QuizMainActivity.kt

```kotlin
// (.. 이전 코드 생략 ..)
val navView = findViewById<NavigationView>(R.id.drawer_nav_view)

// (1)
supportFragmentManager.beginTransaction().add(R.id.frame, QuizFragment()).commit()

navView.setNavigationItemSelectedListener {
    // (2)
    when(it.itemId) {
        R.id.quiz_solve -> supportFragmentManager.beginTransaction().replace(R.id.frame, QuizFragment()).commit()
        R.id.quiz_manage -> supportFragmentManager.beginTransaction().replace(R.id.frame, QuizListFragment()).commit()
    }

    drawerLayout.closeDrawers()

    true
}

// (.. 이후 코드 생략 ..)
```

(1) 앱을 실행한 후 처음 보여줄 프래그먼트를 추가합니다. 여기서는 퀴즈를 풀 수 있는 프래그먼트를 보여주기 위해 QuizFragment 객체를 생성하고 추가합니다.

```
supportFragmentManager.beginTransaction().add(R.id.frame, QuizFragment()).commit()
```

(2) 메뉴를 선택할 때마다 관련된 프래그먼트 객체를 생성하고 교체합니다. **프래그먼트를 교체하는 작업을 진행**하기 위해 프래그먼트 트랜잭션 객체에서 제공하는 **replace** 메서드를 호출합니다.

```
when(it.itemId) {
    R.id.quiz_solve -> supportFragmentManager.beginTransaction().replace(R.id.frame,
QuizFragment()).commit()
    R.id.quiz_manage -> supportFragmentManager.beginTransaction().replace(R.id.frame,
QuizListFragment()).commit()
}
```

이제 앱을 실행하고 메뉴를 선택했을 때 각각의 메뉴에 대응하는 프래그먼트가 화면에 출력되는지 여부를 확인합니다.

Quiz 클래스 정의 및 Room 데이터베이스 설정

이제 퀴즈 정보를 저장할 클래스를 정의한 후 해당 클래스를 통해 생성한 객체의 내용을 데이터베이스에 저장할 수 있도록 구현하겠습니다.

두 번째 프로젝트를 진행하며 명언 데이터를 저장하기 위해 프리퍼런스를 이용했습니다. 그러나 프리퍼런스는 대용량 데이터를 저장하는 데는 적합하지 않습니다. 대용량 데이터를 저장하고 체계적으로 관리하려면 데이터베이스 프로그램을 사용해야 합니다. 안드로이드에는 내부적으로 데이터베이스 프로그램인 SQLite가 내장돼 있어 앱에 필요한 각종 데이터를 저장하고 관리할 수 있도록 돕습니다.

안드로이드에서는 직접 데이터베이스에 접근하기 위해 사용할 수 있는 **SQLiteOpenHelper** 클래스를 제공합니다. 하지만 이 클래스를 사용해 데이터베이스에 접근하는 경우 **쿼리문을 직접 작성해야 하고 전달받은 데이터를 가공해서 객체로 변환하는 코드도 직접 작성해야 하는 번거로움**이 있습니다.

이러한 저수준 접근 방식을 사용하는 대신 AndroidX에 포함된 Room 라이브러리를 이용해 데이터베이스에 접근할 수 있습니다. Room 라이브러리를 이용하면 **객체를 이용해 데이터베이스에 접근할 수 있습**니다. 따라서 코틀린 같은 객체지향 프로그래밍 언어를 사용할 때 더 좋은 궁합을 보여주며 번잡한 변환 코드를 작성하지 않아도 된다는 장점이 있습니다.

Room 라이브러리를 활용하기 위해 앱 그레이들 파일에 다음과 같이 kapt 플러그인을 추가합니다.

Gradle Script/build.gradle (Module: app)

```
// Room 라이브러리를 사용하기 위한 플러그인 추가
apply plugin: 'kotlin-kapt'

android {
    compileSdkVersion 28
    // (.. 이후 내용 생략 ..)
```

또한 모듈 레벨 그레이들 파일의 dependencies 블록 내부에 다음과 같이 Room 라이브러리를 사용하기 위한 의존성을 추가합니다.

Gradle Script/build.gradle (Module: app)

```
// Room 라이브러리를 적용하기 위한 의존성 추가
implementation "android.arch.persistence.room:runtime:1.1.1"
kapt "android.arch.persistence.room:compiler:1.1.1"
```

이제 퀴즈 정보를 저장할 데이터 클래스와 데이터베이스 접근에 사용할 인터페이스와 클래스를 정의하겠습니다.

기본 패키지(wikibook.learnandroid.quizquiz) 내부에 필요한 모든 클래스와 인터페이스를 정의해도 상관은 없지만 여기서는 하위 패키지를 생성해서 데이터베이스 관련 클래스를 관리하겠습니다.

기본 패키지를 대상으로 마우스 오른쪽 버튼을 클릭한 후 [New] → [Package]를 차례로 선택해 새 패키지를 생성하고 패키지의 이름은 database로 설정합니다.

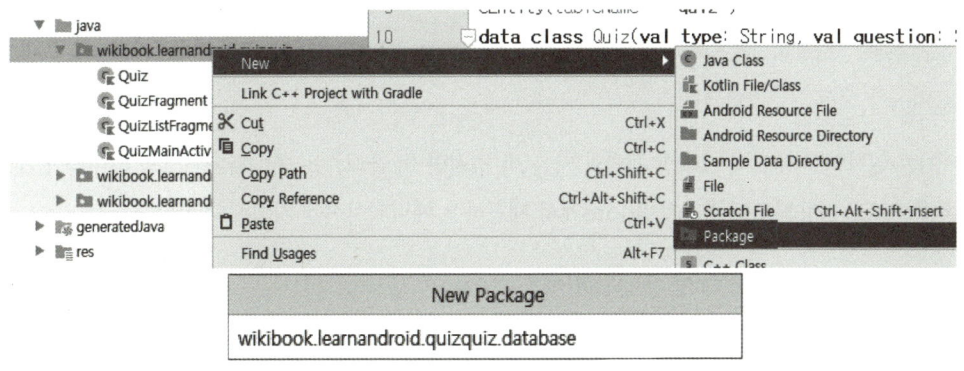

그림 5-6 새 패키지 생성

이후 방금 생성한 하위 패키지(wikibook.learnandroid.quizquiz.database) 내부에 퀴즈와 관련된 정보를 저장할 퀴즈 클래스를 정의합니다.

Room 라이브러리를 이용해 데이터베이스에 정보를 저장하고 조회하려면 다음과 같은 세 가지 준비물이 필요합니다.

1. 데이터베이스에 저장할 정보를 담고 있는 엔티티 클래스
2. 데이터베이스에 접근하기 위한 메서드를 정의한 DAO 인터페이스
3. DAO 인터페이스 객체를 반환할 데이터베이스 클래스

먼저 1번 과정에 필요한 엔티티 클래스를 정의하고 이후 DAO 인터페이스와 데이터베이스 클래스를 차례대로 정의하겠습니다.

예제 5.7 퀴즈 정보를 저장할 데이터 클래스   wikibook/learnandroid/quizquiz/database/Quiz.kt

```
import android.os.Parcel
import android.os.Parcelable
import androidx.room.Entity
import androidx.room.PrimaryKey
import androidx.room.TypeConverter
import androidx.room.TypeConverters
import java.util.*

data class Quiz(var type: String?, var question: String?, var answer: String?, var category:
String?, var guesses: List<String>?=null)
```

퀴즈 클래스를 정의하며, **퀴즈의 종류(OX, N지선다), 발문, 정답, 퀴즈의 카테고리, N지선다 문제의 선택지**를 저장할 속성을 추가합니다.

여기까지는 일반적인 데이터 클래스 정의와 다를 바 없지만 이 클래스는 **데이터베이스의 테이블에 정보를 저장할 용도로도 사용되므로 추가로 Room에서 제공하는 애너테이션**을 지정해야 합니다.

예제 5.8 데이터베이스와의 연동 및 테이블 칼럼 정보를 제공하기 위한 데이터 클래스 수정

    wikibook/learnandroid/quizquiz/database/Quiz.kt

```
// (1)
@Entity(tableName="quiz")
data class Quiz(var type: String?, var question: String?, var answer: String?, var category:
String?,
```

```
    // (2)
    @TypeConverters(StringListTypeConverter::class)
    var guesses: List<String>?=null,
    // (3)
    @PrimaryKey(autoGenerate=true)
    var id: Long? = null
)
```

(1) 퀴즈 클래스에 @Entity 애너테이션을 지정해 Quiz 클래스에 포함된 정보를 저장하기 위한 테이블을 생성할 수 있도록 합니다. 애너테이션의 tableName으로 전달한 문자열(quiz)과 같은 이름의 테이블이 생성됩니다. 또한 클래스에 정의된 모든 속성을 저장하기 위한 각 칼럼이 테이블에 추가됩니다.

```
@Entity(tableName = "quiz")
```

(2) SQLite 데이터베이스에서는 리스트 타입의 자료형을 지원하지 않지만 문자열 자료형은 지원합니다. 따라서 **문자열 리스트 타입의 속성(guesses)을 데이터베이스에 저장하는 과정에서 문자열로 변환하는 작업을 수행**해야 합니다.

@TypeConverters 애너테이션을 추가해서 속성값이 테이블에 저장되는 시점과 테이블에서 객체로 변환되는 시점에 변환 작업을 수행할 변환 클래스 정보를 전달할 수 있습니다.

(3) @PrimaryKey 애너테이션을 추가해서 테이블의 주 키(Primary Key)로 활용될 속성을 추가합니다. 클래스의 여러 속성 중 하나는 반드시 주 키로 설정해 행을 유일하게 구분할 수 있는 수단을 제공해야 합니다. 동시에 애너테이션에 전달할 **autoGenerate값을 true로 설정**해 테이블에 행이 저장되는 과정에서 id 정숫값이 자동으로 증가해서 부여되도록 설정합니다.

```
@PrimaryKey(autoGenerate = true)
var id: Long? = null
```

문자열 리스트를 문자열로, 그리고 그 반대로 변환하기 위해 사용할 StringListTypeConverter 클래스의 내용은 다음과 같습니다.

wikibook/learnandroid/quizquiz/database/Quiz.kt

```
// 문자열 리스트 변환 클래스 정의
class StringListTypeConverter {
    // (1)
    @TypeConverter
```

```kotlin
    fun stringListToString(stringList: List<String>?): String? {
        return stringList?.joinToString(",")
    }

    // (2)
    @TypeConverter
    fun stringToStringList(string: String?): List<String>? {
        return string?.split(",")?.toList()
    }
}

@Entity(tableName="quiz")
data class Quiz(var type: String?, var question: String?, var answer: String?, var category: String?,
// (.. 코드 내용 생략 ..)
```

(1) 객체에 저장된 **문자열 리스트 데이터를 데이터베이스에 저장하기 위한 문자열 타입으로 변경하기 위한 메서드**를 정의합니다. 리스트에 저장된 모든 문자열을 콤마로 구분하는 문자열로 변환한 후 반환합니다.

여기서 반환된 문자열 데이터가 실제 테이블의 칼럼에 저장됩니다.

```kotlin
@TypeConverter
fun stringListToString(stringList: List<String>?): String? {
    return stringList?.joinToString(",")
}
```

(2) 문자열 형식으로 칼럼에 저장된 데이터를 객체에 포함될 문자열 리스트 타입으로 역변환하는 메서드를 작성합니다.

```kotlin
@TypeConverter
fun stringToStringList(string: String?): List<String>? {
    return string?.split(",")?.toList()
}
```

이로써 퀴즈 클래스에 포함된 정보를 데이터베이스의 테이블에 저장하기 위한 애너테이션 추가 및 설정 작업을 완료했습니다.

여기서 추가로 코드를 작성해서 퀴즈 클래스가 **Parcelable 인터페이스를 구현할 수 있도록 수정**하겠습니다. Parcelable 인터페이스를 구현하면 객체를 인텐트를 통해 전달할 수 있고 프래그먼트의 초기 데이터에 전달할 번들에도 포함시킬 수 있습니다.

먼저 Parcelable 인터페이스를 구현하도록 퀴즈 클래스를 수정합니다.

wikibook/learnandroid/quizquiz/database/Quiz.kt

```
@Entity(tableName = "quiz")
data class Quiz(var type: String?, var question: String?, var answer: String?, var category: String?,
    @TypeConverters(StringListTypeConverter::class)
    var guesses: List<String>?=null,
    @PrimaryKey(autoGenerate=true)
    var id: Long? = null
// Parcelable 인터페이스 구현
) : Parcelable
```

Parcelable 인터페이스 상속에 따른 메서드 구현은 **자동 코드 생성을 통해 진행**하겠습니다. 왼쪽에 보이는 빨간 전구를 클릭하고 [Add Parcelable Implementation] 옵션을 선택해 자동으로 구현되게 합니다.

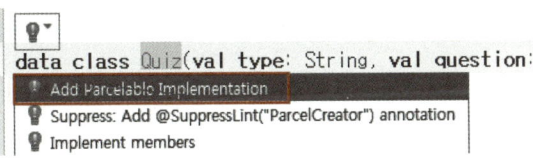

그림 5-7 Parcelable 인터페이스 자동 구현

옵션을 선택하면 다음과 같이 자동으로 생성된 코드를 확인할 수 있습니다.

wikibook/learnandroid/quizquiz/database/Quiz.kt

```
@Entity(tableName = "quiz")
data class Quiz(var type: String?, var question: String?, var answer: String?,
    @TypeConverters(StringListTypeConverter::class)
    var guesses: List<String>?=null,
    @PrimaryKey(autoGenerate = true)
    var id: Long? = null
) : Parcelable {
```

```kotlin
// 자동으로 생성된 Parcelable 인터페이스 구현 코드
// (1)
constructor(parcel: Parcel) : this(
    parcel.readString(),
    parcel.readString(),
    parcel.readString(),
    parcel.readString(),
    parcel.createStringArrayList(),
    parcel.readValue(Long::class.java.classLoader) as? Long
) {
}

// (2)
override fun writeToParcel(parcel: Parcel, flags: Int) {
    parcel.writeString(type)
    parcel.writeString(question)
    parcel.writeString(answer)
    parcel.writeString(category)
    parcel.writeStringList(guesses)
    parcel.writeValue(id)
}

// (3)
companion object CREATOR : Parcelable.Creator<Quiz> {
    override fun createFromParcel(parcel: Parcel): Quiz {
        return Quiz(parcel)
    }

    override fun newArray(size: Int): Array<Quiz?> {
        return arrayOfNulls(size)
    }
}

// (4)
override fun describeContents(): Int {
    return 0
}
}
```

자동으로 생성된 메서드가 어떤 역할을 하는지 살펴보겠습니다.

(1) `Parcel` 타입의 객체를 전달받는 보조 생성자를 정의합니다. 이 생성자는 `Parcel` 타입의 객체를 받아 해당 객체에서 필요한 정보를 추출하고 객체를 생성하는 데 사용됩니다. **(2)**에서 정의한 writeToParcel 메서드에서 여러 값들을 읽어오는 것을 확인할 수 있습니다.

```kotlin
constructor(parcel: Parcel) : this(
    parcel.readString(),
    parcel.readString(),
    parcel.readString(),
    parcel.readString(),
    parcel.createStringArrayList(),
    parcel.readValue(Long::class.java.classLoader) as? Long
) {}
```

(2) `writeToParcel` 메서드는 Parcel 클래스에서 제공하는 데이터 저장 메서드를 호출해서 **객체의 속성값들을 전달받은 `Parcel` 객체에 저장하는 용도로 정의**하는 메서드입니다. 여기서는 writeString, writeStringList, writeValue 같은 메서드를 이용해 속성값을 저장합니다.

```kotlin
override fun writeToParcel(parcel: Parcel, flags: Int) {
    parcel.writeString(type)
    parcel.writeString(question)
    parcel.writeString(answer)
    parcel.writeString(category)
    parcel.writeStringList(guesses)
    parcel.writeValue(id)
}
```

(3) Parcelable 내부에 정의된 **Creator 인터페이스를 구현하는 CREATOR 클래스 속성을 선언**합니다. 해당 인터페이스에 정의해야 하는 createFromParcel 메서드는 클래스의 생성자를 호출하며 Parcel 타입의 객체를 전달합니다.

결과적으로 **(2)**에서 정의한 writeToParcel 메서드를 호출해서 객체의 내용을 Parcel 객체에 저장합니다.

```kotlin
companion object CREATOR : Parcelable.Creator<Quiz> {
    override fun createFromParcel(parcel: Parcel): Quiz {
        return Quiz(parcel)
    }
```

```
        override fun newArray(size: Int): Array<Quiz?> {
            return arrayOfNulls(size)
        }
    }
```

(4) describeContents 메서드는 0을 반환하도록 재정의합니다.

> 🔍 파일에 대한 정보가 담긴 ParcelFileDescriptor 타입의 객체가 Parcel로 포함할 대상에 포함된다면 describeContents 메서드에서 Parcelable.CONTENTS_FILE_DESCRIPTOR 상수를 반환해야 합니다.

엔티티 클래스 정의를 마무리했으므로 해당 클래스를 이용해 **데이터 생성, 조회, 수정, 삭제 작업 메서드를 제공할** DAO(Data Access Object) 인터페이스를 선언합니다.

> 🔍 DAO 인터페이스에서 제공해야 할 필수적인 기능은 데이터를 생성(Create)하고, 조회(Read)하고, 수정(Update)하고, 삭제(Delete)하는 기능입니다. 가장 기본적인 기능인 생성, 조회, 수정, 삭제와 관련된 영어 단어의 앞 글자를 따서 CRUD 기능이라 합니다.

DAO 인터페이스를 선언하는 과정에서 추상 메서드에 Room에서 제공하는 몇 가지 애너테이션을 지정하면 INSERT, UPDATE, DELETE 명령어로 시작하는 **데이터 조작 관련 쿼리문을 작성하지 않고도 손쉽게 테이블의 행 추가, 수정, 삭제 기능을 구현**할 수 있습니다.

데이터베이스 패키지에 QuizDatabase 파일을 추가한 후 다음과 같은 DAO 인터페이스를 작성합니다.

wikibook/learnandroid/quizquiz/database/QuizDatabase.kt
```
import android.content.Context
import android.util.Log
import androidx.room.*
import androidx.room.Room

// (1)
@Dao
interface QuizDAO {
    // (2)
    @Insert
    fun insert(quiz: Quiz): Long
```

```
    @Update
    fun update(quiz: Quiz)
    @Delete
    fun delete(quiz: Quiz)


    // (3)
    @Query("SELECT * FROM quiz")
    fun getAll(): List<Quiz>
}
```

(1) QuizDAO 인터페이스를 데이터베이스 접근 메서드를 제공할 DAO 인터페이스로 활용하기 위해 인터페이스에 @Dao 애너테이션을 지정합니다.

```
@Dao
interface QuizDatabase {
    // ...
}
```

(2) @Insert, @Update, @Delete 애너테이션을 이용해 추가, 수정, 삭제 기능을 제공할 메서드를 정의합니다.

insert 메서드의 경우 추가한 데이터의 주 키 값을 반환하므로 반환 타입을 설정한 것을 확인할 수 있습니다. 앞서 엔티티 클래스의 주 키로 지정한 id 속성값의 타입을 Long으로 설정했으므로 메서드의 반환 타입도 Long으로 설정합니다.

```
@Insert
fun insert(quiz: Quiz): Long
@Update
fun update(quiz: Quiz)
@Delete
fun delete(quiz: Quiz)
```

(3) 정보를 조회하는 용도로 사용할 메서드에는 @Query 애너테이션을 지정합니다. 정보를 불러오는 과정에서 조건절을 이용하거나 정렬 순서를 변경할 수도 있으므로 이 경우에는 **@Query 애너테이션에 필요한 조회 쿼리를 직접 작성**해야 합니다.

앞서 테이블의 이름을 quiz로 설정했으므로 SELECT 구문을 이용한 모든 퀴즈 데이터를 불러오는 조회 쿼리를 작성합니다. 메서드 호출 결과로 받아온 **다수의 행 데이터를 객체로 변환하고 리스트의 형태로 반환하**

는 작업은 내부적으로 진행되므로 여기서는 추상 메서드만 정의하고 조회 쿼리와 반환 타입만 지정한 것을 확인할 수 있습니다.

```kotlin
@Query("SELECT * FROM quiz")
fun getAll(): List<Quiz>
```

최종적으로 필요한 DAO 인터페이스 객체를 돌려주는 역할을 할 데이터베이스 클래스를 선언합니다.

wikibook/learnandroid/quizquiz/database/QuizDatabase.kt

```kotlin
// (1)
@Database(entities=[Quiz::class], version=1)
@TypeConverters(StringListTypeConverter::class)
// (2)
abstract class QuizDatabase : RoomDatabase() {
    // (3)
    abstract fun quizDAO(): QuizDAO

    // (4)
    companion object {
        private var INSTANCE: QuizDatabase? = null

        fun getInstance(context: Context): QuizDatabase {
            if(INSTANCE == null) {
                // 최초에 메서드를 호출되는 시점에는 인스턴스가 생성되지 않았으므로 인스턴스를 생성
                INSTANCE = Room.databaseBuilder(context.applicationContext, QuizDatabase::class.java, "database.db").build()
            }
            return INSTANCE!!
        }
    }
}
```

(1) 추상 클래스를 정의하고 **@Database** 애너테이션을 적용해 해당 클래스가 데이터베이스로 활용된다는 사실을 알립니다. 애너테이션에는 사용할 엔티티 클래스 정보와 데이터베이스의 버전을 정의합니다.

데이터베이스 버전 정보는 이후 테이블의 구조에 변화가 생겼을 때 **데이터베이스 이전 작업(migration) 에 필요한 값**으로서 여기서는 데이터베이스 이전에 대한 내용은 다루지 않으므로 해당 내용은 공식 문서[1] 를 참조하기 바랍니다.

또한 **@TypeConverters** 애너테이션을 이용해 **사용할 타입 컨버터 클래스의 종류를 모두 명시**합니다.

```
// 사용할 엔티티 클래스 및 데이터베이스 버전 정보를 명시
@Database(entities=[Quiz::class], version=1)
// 사용할 타입 컨버터 정보를 명시
@TypeConverters(StringListTypeConverter::class)
```

(2) RoomDatabase를 상속받는 추상 클래스를 생성했습니다.

```
abstract class QuizDatabase : RoomDatabase() {
    // ...
}
```

(3) 데이터베이스에 접근하는 데 사용할 DAO 인터페이스 객체를 반환하는 추상 메서드를 선언합니다. 여기서는 앞에서 정의한 QuizDAO 타입의 객체를 반환하는 추상 메서드를 정의했습니다.

```
abstract fun quizDAO(): QuizDAO
```

(4) 싱글턴 패턴을 적용해 하나의 데이터베이스 객체만 생성할 수 있도록 최초에 한 번만 객체를 생성하고 반환하는 역할을 담당할 getInstance 함수를 정의합니다. 나중에 데이터베이스 클래스 객체의 quizDAO 메 서드를 호출해 **DAO 인터페이스 객체를 반환받은 후 CRUD 메서드를 호출하는 과정에서 실제 데이터베 이스 접근**이 이뤄질 것입니다.

```
companion object {
    // 전역 객체 선언
    private var INSTANCE: QuizDatabase? = null

    fun getInstance(context: Context): QuizDatabase {
        // 메서드를 처음 호출하는 시점에는 인스턴스가 생성되지 않았으므로 인스턴스를 생성
        if(INSTANCE == null) {
            INSTANCE = Room.databaseBuilder(context.applicationContext, QuizDatabase::class.java,
```

---

[1] https://developer.android.com/training/data-storage/room/migrating-db-versions

```
            "database.db").build()
        }
        // 이후에는 이미 생성된 인스턴스를 반환
        return INSTANCE!!
    }
}
```

> 🔍 **싱글턴 패턴**은 디자인 패턴 중 객체의 생성과 연관된 패턴으로, 프로그램이 종료될 때까지 하나의 객체만 생성하고 접근할 수 있음을 보장하기 위해 사용하는 패턴입니다.
> 모든 객체 접근 코드에서 동일한 객체를 사용하도록 유도한다는 점에서 전역 변수와 같은 역할을 수행합니다.

데이터베이스 클래스까지 정의했으면 객체를 데이터베이스에 저장하기 위한 모든 준비가 끝납니다. 이제 앱의 초기화 과정에서 기본적으로 제공되는 퀴즈 정보 XML 파일에 포함된 퀴즈 데이터를 불러와 데이터베이스에 저장하도록 구현하겠습니다.

XML 리소스를 이용한 로컬 데이터베이스 구성

이제 퀴즈 정보가 담긴 XML 파일을 이용해 데이터베이스를 구성하는 기능을 구현하겠습니다.

애셋 폴더 생성 및 퀴즈 데이터가 담긴 XML 애셋 파일 추가

먼저 첫 화면에서 제공될 기본 **퀴즈의 정보가 담긴 XML 파일을 보관할 assets 폴더를 생성**합니다. 상단 메뉴에서 [File] → [New] → [Folder] → [Assets Folder]를 차례로 선택해 폴더를 생성합니다.

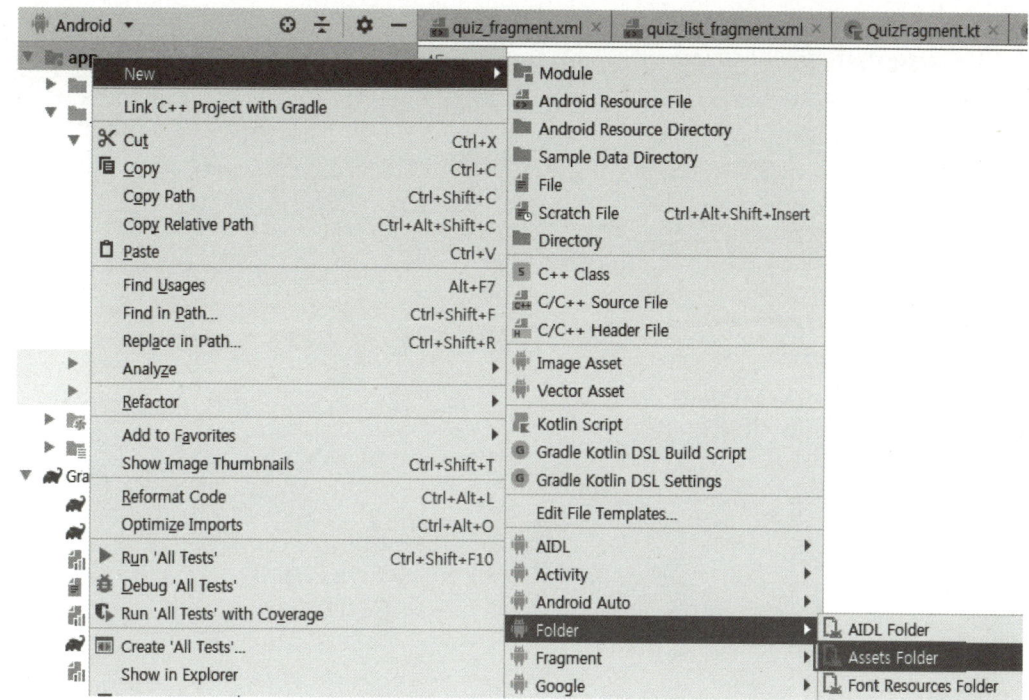

그림 5-8 에셋 폴더 생성

애셋 폴더는 리소스 폴더와 비슷하게 앱에 필요한 파일을 저장하기 위한 용도로 사용합니다. 하지만 리소스 폴더(res)에 포함된 일반적인 리소스와는 다르게 **R 클래스를 통해 접근할 수 있는 리소스 식별자를 생성하지 않습니다.** 주로 앱에 필요한 초기 데이터를 포함하고 있는 파일 혹은 리소스 식별자를 통해 접근할 필요가 없는 이진 파일을 저장하는 용도로 사용됩니다. 이 폴더에 추가할 퀴즈 데이터 XML 파일은 기본적으로 제공할 퀴즈 데이터 정보를 담을 용도로 사용되고, 따로 리소스 식별자를 통해 접근할 필요가 없으므로 assets 폴더에 추가하겠습니다.

앞에서 생성한 애셋 폴더에 추가할 퀴즈 데이터 XML 파일의 내용은 다음과 같습니다. 해당 XML 파일은 프로젝트 폴더 내부의 리소스 폴더에서 확인할 수 있습니다. 최상위 요소인 quizzes 요소에 퀴즈 생성에 필요한 모든 데이터가 담긴 quiz 요소가 포함된 형태입니다.

예제 5.9 초기 퀴즈 데이터가 포함될 XML 파일 정의   assets/quizzes.xml

```
<?xml version="1.0" encoding="UTF-8" ?>
<quizzes>
    <quiz type="ox"> (1)
        <question>Kotlin 언어는 안드로이드에서 공식적으로 지원하는 언어가 아니다.</question>
```

```xml
        <answer>x</answer>
        <category>컴퓨터언어</category>
    </quiz>
    <quiz type="multiple_choice">  (2)
        <question>Kotlin 언어에서 숫자를 표현하기 위한 자료형이 아닌 것은?</question>
        <answer>String</answer>
        <category>컴퓨터언어</category>
        <choices>
            <choice>Int</choice>
            <choice>Double</choice>
            <choice>String</choice>
            <choice>Float</choice>
        </choices>
    </quiz>
    <quiz type="ox">
        <question>Kotlin 언어는 JetBrains사에서 제작한 언어이다.</question>
        <answer>o</answer>
        <category>컴퓨터언어</category>
    </quiz>

    (.. 내용 생략 ..)

</quizzes>
```

(1) OX 퀴즈 정보를 저장하기 위한 quiz 요소를 추가합니다. type 속성의 속성값을 통해 퀴즈의 유형을 구분할 수 있습니다. question 요소는 발문을, answer 요소는 정답을, category 요소는 퀴즈가 포함될 카테고리 정보를 설정하는 데 사용합니다.

(2) N지선다 퀴즈 정보를 저장하기 위한 quiz 요소를 추가합니다. 선택지에 대한 정보는 choices 요소에 포함된 choice 요소를 통해 기술합니다.

초기 퀴즈 데이터를 데이터베이스에 추가

이제 데이터베이스에 퀴즈 데이터를 저장하는 코드를 QuizMainActivity 액티비티에 작성합니다.

wikibook/learnandroid/quizquiz/QuizMainActivity.kt

```
// 데이터베이스 관련 클래스 import 구문 추가
import wikibook.learnandroid.quizquiz.database.QuizDatabase
```

```kotlin
class QuizMainActivity : AppCompatActivity() {
    lateinit var drawerToggle : ActionBarDrawerToggle
    // (1)
    lateinit var db : QuizDatabase

    override fun onCreate(savedInstanceState: Bundle?) {
        super.onCreate(savedInstanceState)
        setContentView(R.layout.quiz_main_activity)

        // (1)
        db = QuizDatabase.getInstance(this)

        // (2)
        val sp : SharedPreferences = this.getSharedPreferences("pref", Context.MODE_PRIVATE)
        if(sp.getBoolean("initialized", true)) {
            initQuizDataFromXMLFile()

            val editor = sp.edit()
            editor.putBoolean("initialized", false)
            editor.commit()
        }

        val drawerLayout = findViewById<DrawerLayout>(R.id.drawer_layout)
        // (.. 이후 코드 생략 ..)
    }

    override fun onOptionsItemSelected(item: MenuItem?): Boolean {
        // (.. 코드 생략 ..)
    }

    // (3)
    fun initQuizDataFromXMLFile() {
        // (4)
        AsyncTask.execute {
            // (5)
            val stream = assets.open("quizzes.xml")

            // (6)
            val docBuilder = DocumentBuilderFactory.newInstance().newDocumentBuilder()
```

```kotlin
// [7]
val doc = docBuilder.parse(stream)

// [8]
val quizzesFromXMLDoc = doc.getElementsByTagName("quiz")

// [9]
val quizList = mutableListOf<Quiz>()
for(idx in 0 until quizzesFromXMLDoc.length) {
    // org.w3c.dom 패키지의 Element 클래스 import
    val e = quizzesFromXMLDoc.item(idx) as Element

    // [10]
    val type = e.getAttribute("type")

    // [11]
    val question = e.getElementsByTagName("question").item(0).textContent
    val answer = e.getElementsByTagName("answer").item(0).textContent
    val category = e.getElementsByTagName("category").item(0).textContent

    // [12]
    when {
        type == "ox" -> {
            quizList.add(Quiz(type=type, question=question, answer=answer, category=category))
        }
        type == "multiple_choice" -> {
            // [13]
            var choices = e.getElementsByTagName("choice")
            var choiceList = mutableListOf<String>()
            for(idx in 0 until choices.length) {
                choiceList.add(choices.item(idx).textContent)
            }
            quizList.add(Quiz(type=type, question=question, answer=answer, category=category, guesses=choiceList))
        }
    }
}
```

```
        // (14)
        for(quiz in quizList) {
            db.quizDAO().insert(quiz)
        }
    }
  }
}
```

(1) 데이터베이스 객체 속성을 추가하고 초기화합니다. 미리 정의한 getInstance 함수를 호출하고 Context 객체를 전달해서 데이터베이스 객체를 반환받습니다.

```
db = QuizDatabase.getInstance(this)
```

(2) 데이터베이스에 포함될 초기 퀴즈 데이터를 추가하기 위해 바로 뒤에서 정의할 initQuizDataFromXML File 메서드를 호출합니다. 한 번 초기 데이터를 저장한 이후에는 다시 초기화되지 않도록 프리퍼런스 값을 조정합니다.

```
val sp : SharedPreferences = this.getSharedPreferences("pref", Context.MODE_PRIVATE)
// 초기 퀴즈 데이터의 추가 여부를 확인
if(sp.getBoolean("initialized", true)) {
    // 초기 퀴즈 데이터를 추가하는 메서드를 호출
    initQuizDataFromXMLFile()

    val editor = sp.edit()
    editor.putBoolean("initialized", false)
    editor.commit()
}
```

(3) 데이터베이스에 포함될 초기 퀴즈 정보를 저장하는 용도로 사용할 initQuizDataFromXMLFile 메서드를 정의합니다.

(4) 데이터베이스에 접근해서 데이터를 읽어오거나 추가하는 작업은 데이터의 크기에 따라 오랜 시간이 걸릴 수 있으므로 네트워크 요청을 보낼 때와 같이 **메인 스레드가 아닌 작업 스레드에서 비동기적으로 진행**해야 합니다.

비동기 작업을 처리하기 위해 직접 AsyncTask 클래스를 정의해도 되지만 매번 데이터베이스 접근을 처리하기 위해 클래스를 정의하기는 귀찮습니다. 이 경우 AsyncTask에서 제공하는 **execute 함수를 쓰면 따로 클래스를 정의하지 않아도 블록 내부에 정의한 코드를 작업 스레드에서 처리**하게 할 수 있습니다.

```
AsyncTask.execute {
    // 비동기 작업(예: 데이터베이스 접근) 관련 코드
}
```

(5) 애셋 정보가 담긴 assets 속성에 접근하는 **open** 메서드를 호출해서 파일 내용을 읽어오는 데 사용할 InputStream 객체를 반환받습니다.

```
val stream = assets.open("quizzes.xml")
```

(6) XML 문서에 저장한 데이터를 추출하기 위해서는 **모든 문서 정보가 담긴 Document 타입의 객체**가 필요합니다. 이후 Document 객체에서 제공하는 요소 접근 메서드를 이용해 필요한 데이터를 추출할 수 있습니다.

여기서는 Document 객체를 생성하기 위해 DocumentBuilder 객체를 생성합니다.

```
val docBuilder = DocumentBuilderFactory.newInstance().newDocumentBuilder()
```

(7) XML 문서를 해석해서 Document 객체로 변환하는 **parse** 메서드를 호출하며, 앞서 open 메서드로 받아온 InputStream 객체를 전달해서 Document 객체를 반환받습니다.

```
val doc = docBuilder.parse(stream)
```

(8) 전달한 요소와 이름이 같은 요소를 모두 반환하는 **getElementsByTagName** 메서드를 호출합니다. 여기서는 요소의 이름으로 "quiz"를 전달했으므로 문서에 포함된 모든 quiz 요소가 저장된 리스트 객체를 전달받습니다.

```
val quizzesFromXMLDoc = doc.getElementsByTagName("quiz")
```

(9) 저장할 퀴즈 데이터를 포함할 리스트를 선언하고 반복문을 통해 모든 quiz 요소에 접근합니다. 여기서는 item 메서드를 통해 인덱스 값을 전달해서 quiz 요소를 전달받습니다. 이 메서드는 Node 타입의 객체를 반환하는데, 이 객체를 통해서는 곧바로 필요한 속성이나 자식 요소에 접근할 수 없습니다. 따라서 먼저 **해당 객체를 요소 타입(Element)으로 변환해서 요소에 필요한 정보에 접근할 준비**를 마칩니다.

```
val quizList = mutableListOf<Quiz>()
for(idx in 0 until quizzesFromXMLDoc.length) {
    // item 메서드를 통해 받아온 Node 객체를 Element 객체로 변환해서 요소에 포함된 정보에 접근할 준
비를 함
```

```
        val e = quizzesFromXMLDoc.item(idx) as Element

        // ...
}
```

(10) 퀴즈 유형을 구분하기 위해 type 속성에 접근해 퀴즈 유형 데이터를 추출합니다.

```
val type = e.getAttribute("type")
```

(11) 내부에 포함된 퀴즈 구성 정보(question, answer, category 요소)에 포함된 textContent 속성에 접근해 요소 내부에 포함된 문자열 정보를 추출합니다.

```
val question = e.getElementsByTagName("question").item(0).textContent
val answer = e.getElementsByTagName("answer").item(0).textContent
val category = e.getElementsByTagName("category").item(0).textContent
```

(12) 앞서 XML 요소에서 추출한 퀴즈 정보를 기반으로 퀴즈 객체를 만든 후 리스트(quizList)에 추가합니다.

```
when {
    // OX 타입의 퀴즈 객체를 추가
    type == "ox" -> {
        quizList.add(Quiz(type=type, question=question, answer=answer, category=category))
    }
    // N지선다 타입의 퀴즈 객체를 추가
    type == "multiple_choice" -> {
        // ...
    }
}
```

(13) N지선다 문제의 선택지 정보가 저장된 choice 요소를 모두 순회하며 선택지 정보를 모두 리스트에 추가합니다. 이후 N지선다 타입의 객체를 생성해 리스트에 추가합니다.

```
var choices = e.getElementsByTagName("choice")
var choiceList = mutableListOf<String>()
for(idx in 0 until choices.length) {
    choiceList.add(choices.item(idx).textContent)
}
```

```
// N지선다 선택지 관련 리스트를 전달해서 N지선다 타입의 퀴즈 객체를 생성
quizList.add(Quiz(type=type, question=question, answer=answer, category=category,
guesses=choiceList))
```

(14) 마지막으로 DAO 객체의 **insert** 메서드를 호출해서 퀴즈 리스트에 포함된 모든 퀴즈 객체를 데이터베이스에 저장합니다.

```
for(quiz in quizList) {
    db.quizDAO().insert(quiz)
}
```

이렇게 애셋 폴더에 포함된 XML 파일에서 퀴즈 정보를 파서를 통해 읽어낸 후 데이터 추출 작업을 거쳐서 데이터베이스에 저장하는 작업을 마무리했습니다.

퀴즈 프래그먼트의 기초 기능 구현

데이터베이스에 퀴즈 데이터를 추가하는 작업이 끝났으므로 본격적으로 퀴즈 프래그먼트의 기능을 구현해 퀴즈 풀이를 시작하고, 퀴즈를 풀고, 그 결과를 확인할 수 있게 구현해보겠습니다.

이전에 작성해 둔 퀴즈 프래그먼트의 레이아웃을 다음과 같이 변경합니다.

res/layout/quiz_fragment.xml

```xml
<?xml version="1.0" encoding="utf-8"?>
<FrameLayout xmlns:android="http://schemas.android.com/apk/res/android"
    android:id="@+id/fragment_container"
    android:layout_width="match_parent"
    android:layout_height="match_parent">
</FrameLayout>
```

액티비티에 필요한 화면을 구성하기 위해 프래그먼트를 추가할 수 있는 것과 같이 프래그먼트 내부에도 프래그먼트를 추가할 수 있습니다. 여기서는 레이아웃에 추가한 FrameLayout 뷰그룹에 상황에 따라 필요한 프래그먼트를 교체하는 방식으로 퀴즈 프래그먼트의 내부 화면을 전환하도록 구현하겠습니다.

이후 퀴즈 프래그먼트에서 활용한 내부 프래그먼트 관련 클래스와 레이아웃을 작성하겠습니다. 먼저 퀴즈 풀이를 시작하는 용도로 사용할 퀴즈 시작 프래그먼트 클래스와 레이아웃 파일을 추가하겠습니다.

레이아웃 파일의 내용은 다음과 같이 작성합니다.

예제 5.10 퀴즈 시작 프래그먼트 레이아웃 res/layout/quiz_start_fragment.xml

```xml
<?xml version="1.0" encoding="utf-8"?>
<LinearLayout xmlns:android="http://schemas.android.com/apk/res/android"
    android:orientation="vertical"
    android:layout_width="match_parent"
    android:layout_height="match_parent">

    <Button
        android:id="@+id/start"
        android:layout_width="match_parent"
        android:layout_height="wrap_content"
        android:text="시작하기" />

</LinearLayout>
```

퀴즈 풀이를 시작하는 버튼을 추가했습니다. 이 버튼을 누르면 바로 퀴즈 풀이가 시작되도록 구현할 예정입니다.

퀴즈 시작 프래그먼트 클래스의 내용은 다음과 같이 작성합니다. 이전에 호스트 액티비티와 통신하는 방식과 비슷하게 프래그먼트 내부에 정의한 **인터페이스의 콜백 메서드를 통해 해당 프래그먼트를 포함하는 부모 프래그먼트(호스트 프래그먼트)와 통신**할 수 있도록 구현합니다.

wikibook/learnandroid/quizquiz/QuizStartFragment.kt

```kotlin
import android.content.Context
import android.os.AsyncTask
import android.os.Bundle
import android.view.LayoutInflater
import android.view.View
import android.view.ViewGroup
import android.widget.*
import androidx.fragment.app.Fragment
import wikibook.learnandroid.quizquiz.database.QuizDatabase

class QuizStartFragment : Fragment() {
    // (1)
    interface QuizStartListener { fun onQuizStart() }
```

```kotlin
    lateinit var listener : QuizStartListener

    override fun onAttach(context: Context) {
        super.onAttach(context)

        // (2)
        if(parentFragment is QuizStartFragment.QuizStartListener) {
            listener = parentFragment as QuizStartFragment.QuizStartListener
        } else {
            throw Exception("QuizStartListener 미구현")
        }
    }

    override fun onCreateView(inflater: LayoutInflater, container: ViewGroup?, savedInstanceState: Bundle?): View? {
        val view = inflater.inflate(R.layout.quiz_start_fragment, container, false)

        // (3)
        view.findViewById<Button>(R.id.start).setOnClickListener {
            listener.onQuizStart()
        }

        return view
    }
}
```

(1) 해당 프래그먼트를 포함하는 부모 프래그먼트에서 **QuizStartListener** 인터페이스의 **onQuizStart** 메서드를 구현하도록 인터페이스와 콜백 메서드를 정의합니다.

```kotlin
interface QuizStartListener { fun onQuizStart() }
lateinit var listener : QuizStartListener
```

(2) 호스트 액티비티가 아닌 **부모 프래그먼트 객체(parentFragment)**에 접근해 해당 프래그먼트가 리스너 인터페이스를 구현하고 있는지 여부를 조사하고 리스너 객체를 초기화합니다.

```kotlin
// 액티비티가 아닌 부모 프래그먼트(parentFragment)가 리스너를 구현하는지 여부를 검사
if(parentFragment is QuizStartFragment.QuizStartListener) {
    listener = parentFragment as QuizStartFragment.QuizStartListener
```

```
} else {
    throw Exception("QuizStartListener 미구현")
}
```

(3) 시작 버튼을 누르면 onQuizStart 메서드를 호출해서 **해당 메서드를 구현한 부모 프래그먼트 측의 코드를 실행**합니다.

```
view.findViewById<Button>(R.id.start).setOnClickListener {
    listener.onQuizStart()
}
```

시작 버튼을 누르면 본격적으로 퀴즈 문제 풀이가 시작돼야 합니다. 이제 문제 풀이 화면을 제공하고 정답 선택 여부를 알려주는 퀴즈 풀이 프래그먼트를 구현하겠습니다.

레이아웃 파일의 내용은 다음과 같이 작성합니다.

예제 5.11 퀴즈 풀이 프래그먼트 레이아웃　　　　　　　　　　　　　res/layout/quiz_solve_fragment.xml

```xml
<?xml version="1.0" encoding="utf-8"?>
<ScrollView xmlns:android="http://schemas.android.com/apk/res/android" (1)
    xmlns:app="http://schemas.android.com/apk/res-auto"
    android:layout_width="match_parent"
    android:layout_height="match_parent">

    <LinearLayout
        android:orientation="vertical"
        android:layout_width="match_parent"
        android:layout_height="match_parent">

        <TextView (2)
            android:id="@+id/question"
            android:layout_width="match_parent"
            android:layout_height="wrap_content"
            android:gravity="center"
            android:paddingTop="20dp"
            android:paddingBottom="20dp"
            android:textSize="24sp" />

        <LinearLayout (3)
```

```xml
            android:id="@+id/choices"
            android:orientation="vertical"
            android:layout_width="match_parent"
            android:layout_height="wrap_content">
        </LinearLayout>

    </LinearLayout>

</ScrollView>
```

(1) N지선다 문제의 경우 선택지의 개수가 많아지면 화면 스크롤이 필요할 수 있으므로 ScrollView를 뷰 그룹으로 사용합니다.

(2) 퀴즈의 발문을 보여줄 텍스트뷰를 추가합니다.

(3) OX 퀴즈의 O, X 선택지 버튼이나 N지선다 퀴즈의 선택지 버튼들이 포함될 뷰그룹을 추가합니다. 버튼은 이후 코드를 통해 동적으로 추가할 것입니다.

퀴즈 풀이 프래그먼트 클래스의 내용은 다음과 같습니다.

wikibook/learnandroid/quizquiz/QuizSolveFragment.kt

```kotlin
import android.animation.AnimatorSet
import android.animation.ObjectAnimator
import android.content.Context
import android.graphics.drawable.TransitionDrawable
import android.media.SoundPool
import android.os.Build
import android.os.Bundle
import android.os.VibrationEffect
import android.os.Vibrator
import android.view.LayoutInflater
import android.view.View
import android.view.ViewGroup
import android.view.animation.LinearInterpolator
import android.widget.Button
import android.widget.ImageView
import android.widget.ProgressBar
import android.widget.TextView
import androidx.fragment.app.Fragment
```

```kotlin
import wikibook.learnandroid.quizquiz.database.Quiz
import java.util.*

class QuizSolveFragment : Fragment() {
    // (1)
    interface QuizSolveListener { fun onAnswerSelected(isCorrect: Boolean) }
    lateinit var listener : QuizSolveListener
    lateinit var quiz : Quiz

    override fun onAttach(context: Context) {
        super.onAttach(context)

        if(parentFragment is QuizSolveFragment.QuizSolveListener) {
            listener = parentFragment as QuizSolveFragment.QuizSolveListener
        } else {
            throw Exception("QuizSolveListener 미구현")
        }
    }

    companion object {
        fun newInstance(quiz: Quiz) : QuizSolveFragment {
            val fragment = QuizSolveFragment()

            // (2)
            val args = Bundle()
            args.putParcelable("quiz", quiz)
            fragment.arguments = args

            return fragment
        }
    }

    override fun onCreateView(inflater: LayoutInflater, container: ViewGroup?, savedInstanceState: Bundle?): View? {
        val view = inflater.inflate(R.layout.quiz_solve_fragment, container, false)

        // (3)
        quiz = arguments?.getParcelable("quiz")!!
        view.findViewById<TextView>(R.id.question).text = quiz.question
```

```kotlin
        val choices = view.findViewById<ViewGroup>(R.id.choices)

        // (4)
        val answerSelectListener = View.OnClickListener {
            val guess = (it as Button).text.toString()
            if(quiz.answer == guess) {
                listener.onAnswerSelected(true)
            } else {
                listener.onAnswerSelected(false)
            }
        }

        // (5)
        when {
            // (6)
            quiz.type == "ox" -> {
                for(sign in listOf("o", "x")) {
                    var btn = Button(activity)
                    btn.text = sign
                    btn.setOnClickListener(answerSelectListener)
                    choices.addView(btn)
                }
            }
            // (7)
            quiz.type == "multiple_choice" -> {
                for(guess in quiz.guesses!!) {
                    var btn = Button(activity)
                    btn.text = guess
                    btn.isAllCaps = false
                    btn.setOnClickListener(answerSelectListener)
                    choices.addView(btn)
                }
            }
        }

        return view
    }
}
```

(1) 해당 프래그먼트를 포함할 부모 프래그먼트에서 QuizSolveListener 인터페이스의 onAnswerSelected 메서드를 구현하도록 인터페이스와 콜백 메서드를 정의합니다. 콜백 메서드를 호출하는 과정에서 인자를 전달하며, 문제를 맞혔으면 true를, 틀렸으면 false를 전달합니다.

```
interface QuizSolveListener { fun onAnswerSelected(isCorrect: Boolean) }
lateinit var listener : QuizSolveListener
```

(2) 프래그먼트에 필요한 번들 데이터를 구성하는 과정에서 **putParcelable 메서드를 호출해서 전달받은 퀴즈 객체를 번들에 추가**합니다. 이전에 퀴즈 클래스에서 **Parcelable** 인터페이스를 구현하도록 코드를 작성해 뒀으므로 문제 없이 퀴즈 객체를 번들에 포함시킬 수 있습니다.

```
val args = Bundle()
args.putParcelable("quiz", quiz)
fragment.arguments = args
```

onCreateView 메서드에서는 프래그먼트를 생성하는 시점에 전달받은 퀴즈 객체를 이용해 뷰를 구성하고 선택지를 골랐을 때 수행할 버튼 클릭 리스너 객체도 생성해서 모든 선택지 버튼에 적용합니다.

(3) 번들에 포함된 퀴즈 객체를 받아온 후 텍스트뷰를 통해 발문을 출력합니다.

```
quiz = arguments?.getParcelable("quiz")!!
view.findViewById<TextView>(R.id.question).text = quiz.question
```

(4) 선택지 버튼을 클릭하는 시점에 필요한 리스너 객체의 내용을 구현합니다. 버튼의 레이블과 퀴즈의 정답이 서로 일치하는지 비교하고 **onAnswerSelected** 콜백 메서드를 호출하며 정답 선택 여부를 전달합니다.

```
val answerSelectListener = View.OnClickListener {
    val guess = (it as Button).text.toString()
    if(quiz.answer == guess) {
        listener.onAnswerSelected(true)
    } else {
        listener.onAnswerSelected(false)
    }
}
```

(5) 퀴즈의 유형에 따라 분기해서 각 유형에 필요한 화면을 구성합니다.

[6] OX 퀴즈의 경우 두 개의 버튼(O, X 버튼)을 추가합니다.

```
quiz.type == "ox" -> {
    for(sign in listOf("o", "x")) {
        // 버튼 동적 생성
        var btn = Button(activity)
        btn.text = sign
        // 정답 리스너 설정
        btn.setOnClickListener(answerSelectListener)
        // 선택지 뷰에 추가
        choices.addView(btn)
    }
}
```

[7] N지선다 퀴즈의 경우 모든 선택지 정보를 순회하며 해당 선택지와 관련된 버튼을 추가합니다. 기본적으로 버튼의 레이블에 사용되는 영어 단어들이 모두 대문자로 변환되어 출력되므로 **isAllCaps** 속성을 **false**로 지정해 대소문자가 그대로 출력되도록 설정합니다.

```
quiz.type == "multiple_choice" -> {
    for(guess in quiz.guesses!!) {
        var btn = Button(activity)
        btn.text = guess
        // 대소문자가 그대로 출력되도록 설정
        btn.isAllCaps = false
        btn.setOnClickListener(answerSelectListener)
        choices.addView(btn)
    }
}
```

마지막으로 퀴즈 풀이가 모두 끝난 후 최종 결과를 보여줄 퀴즈 결과 프래그먼트를 구현하겠습니다. 레이아웃 파일의 내용은 다음과 같이 작성합니다.

예제 5.12 퀴즈 결과 프래그먼트 레이아웃   res/layout/quiz_result_fragment.xml

```
<?xml version="1.0" encoding="utf-8"?>
<LinearLayout xmlns:android="http://schemas.android.com/apk/res/android"
    android:orientation="vertical"
    android:layout_width="match_parent"
```

```xml
        android:layout_height="match_parent">

    <TextView (1)
        android:id="@+id/score"
        android:layout_width="match_parent"
        android:layout_height="wrap_content"
        android:gravity="center" />

    <Button (2)
        android:id="@+id/retry"
        android:layout_width="match_parent"
        android:layout_height="wrap_content"
        android:text="다시하기" />

</LinearLayout>
```

(1) 퀴즈 풀이 결과를 보여줄 텍스트뷰를 추가합니다.

(2) 퀴즈 재시작 버튼을 추가합니다. 이 버튼을 누르면 퀴즈 시작 프래그먼트를 보여주고 다시 퀴즈 풀이를 시작할 수 있게 할 것입니다.

퀴즈 결과 프래그먼트 클래스는 다음과 같습니다.

wikibook/learnandroid/quizquiz/QuizResultFragment.kt

```kotlin
import android.content.Context
import android.os.AsyncTask
import android.os.Bundle
import android.util.Log
import android.view.LayoutInflater
import android.view.View
import android.view.ViewGroup
import android.widget.Button
import android.widget.RatingBar
import android.widget.TextView
import androidx.fragment.app.Fragment
import wikibook.learnandroid.quizquiz.database.QuizDatabase
import java.util.*

class QuizResultFragment : Fragment() {
```

```kotlin
    interface QuizResultListener { fun onRetry() }
    lateinit var listener : QuizResultListener

    override fun onAttach(context: Context) {
        super.onAttach(context)

        if(parentFragment is QuizResultFragment.QuizResultListener) {
            listener = parentFragment as QuizResultFragment.QuizResultListener
        } else {
            throw Exception("QuizResultListener 미구현")
        }
    }

    override fun onCreateView(inflater: LayoutInflater, container: ViewGroup?, savedInstanceState: Bundle?): View? {
        val view = inflater.inflate(R.layout.quiz_result_fragment, container, false)

        // (1)
        val correctCount = arguments?.getInt("correctCount")
        val totalQuizCount = arguments?.getInt("totalQuizCount")
        view.findViewById<TextView>(R.id.score).text = "${correctCount} / ${totalQuizCount}"

        // (2)
        view.findViewById<Button>(R.id.retry).setOnClickListener {
            listener.onRetry()
        }

        return view
    }

    companion object {
        fun newInstance(correctCount: Int, totalQuizCount: Int) : QuizResultFragment {
            val fragment = QuizResultFragment()

            // (3)
            val args = Bundle()
            args.putInt("correctCount", correctCount)
            args.putInt("totalQuizCount", totalQuizCount)
            fragment.setArguments(args)
```

```
        return fragment
    }
  }
}
```

[1] 번들 객체로부터 문제의 총 개수와 맞힌 문제의 개수 정보를 얻어와 텍스트뷰를 통해 출력합니다.

```
val correctCount = arguments?.getInt("correctCount")
val totalQuizCount = arguments?.getInt("totalQuizCount")
view.findViewById<TextView>(R.id.score).text = "${correctCount} / ${totalQuizCount}"
```

[2] 재시작 버튼을 누르면 onRetry 콜백 메서드를 호출합니다.

```
view.findViewById<Button>(R.id.retry).setOnClickListener {
    listener.onRetry()
}
```

[3] 전달받은 문제의 총 개수(totalQuizCount)와 맞힌 문제의 개수(correctCount)를 번들 객체에 포함합니다.

```
val args = Bundle()
args.putInt("correctCount", correctCount)
args.putInt("totalQuizCount", totalQuizCount)
fragment.setArguments(args)
```

이제 부모 프래그먼트인 퀴즈 프래그먼트 클래스의 내용을 수정해서 앞서 정의한 **모든 리스너 인터페이스에 포함된 콜백 메서드를 구현**함과 동시에 퀴즈 시작과 풀이 및 결과 확인의 과정이 모두 이뤄지도록 코드를 작성합니다.

wikibook/learnandroid/quizquiz/QuizFragment.kt

```
import android.os.AsyncTask
import android.os.Bundle
import android.view.LayoutInflater
import android.view.View
import android.view.ViewGroup
import androidx.appcompat.app.AppCompatActivity
import androidx.fragment.app.Fragment
```

```kotlin
import wikibook.learnandroid.quizquiz.database.Quiz
import wikibook.learnandroid.quizquiz.database.QuizDatabase

// (1)
class QuizFragment : Fragment(),
    QuizStartFragment.QuizStartListener,
    QuizSolveFragment.QuizSolveListener,
    QuizResultFragment.QuizResultListener {
    // (2)
    var currentQuizIdx = 0
    var correctCount = 0
    lateinit var db : QuizDatabase
    lateinit var quizList : List<Quiz>

    override fun onCreateView(inflater: LayoutInflater, container: ViewGroup?, savedInstanceState: Bundle?): View? {
        val view = inflater.inflate(R.layout.quiz_fragment, container, false)

        db = QuizDatabase.getInstance(context!!)

        // (3)
        childFragmentManager.beginTransaction().replace(R.id.fragment_container, QuizStartFragment()).commit()

        return view
    }

    override fun onQuizStart() {
        AsyncTask.execute {
            // (4)
            currentQuizIdx = 0
            correctCount = 0

            // (5)
            quizList = db.quizDAO().getAll()
            childFragmentManager.beginTransaction().replace(R.id.fragment_container, QuizSolveFragment.newInstance(quizList[currentQuizIdx])).commit()
        }
    }
```

```kotlin
    override fun onAnswerSelected(isCorrect: Boolean) {
        // (6)
        if(isCorrect) correctCount++
        currentQuizIdx++

        if(currentQuizIdx == quizList.size) {
            // (7)
            childFragmentManager.beginTransaction().replace(R.id.fragment_container,
QuizResultFragment.newInstance(correctCount, quizList.size)).commit()
        } else {
            // (8)
            childFragmentManager.beginTransaction().replace(R.id.fragment_container,
QuizSolveFragment.newInstance(quizList[currentQuizIdx])).commit()
        }
    }

    // (9)
    override fun onRetry() {
        childFragmentManager.beginTransaction().replace(R.id.fragment_container,
QuizStartFragment()).commit()
    }
}
```

(1) 퀴즈 프래그먼트에서 앞서 정의한 리스너 인터페이스(**QuizStartListener**, **QuizSolveListener**, **QuizResultListener**)를 모두 구현합니다.

```kotlin
class QuizFragment : Fragment(),
    QuizStartFragment.QuizStartListener,
    QuizSolveFragment.QuizSolveListener,
    QuizResultFragment.QuizResultListener {
    // ...
}
```

(2) 현재 풀고 있는 퀴즈의 순서를 저장할 속성(currentQuizIdx), 맞힌 문제의 개수를 저장할 속성(correctCount), 데이터베이스 객체와 퀴즈 객체를 저장할 리스트 속성을 추가합니다.

```kotlin
var currentQuizIdx = 0
var correctCount = 0
```

```
lateinit var db : QuizDatabase
lateinit var quizList : List<Quiz>
```

(3) 처음 퀴즈 프래그먼트의 뷰를 구성하는 시점에는 퀴즈 시작 프래그먼트를 보여줍니다.

```
childFragmentManager.beginTransaction().replace(R.id.fragment_container, QuizStartFragment()).
commit()
```

(4) 퀴즈를 시작하기 위해 정의한 `onQuizStart` 메서드를 정의합니다. 새로 퀴즈 풀이를 시작하는 상황이므로 기존 진행 정보(맞은 개수, 현재 퀴즈 위치)는 모두 초기화합니다.

```
currentQuizIdx = 0
correctCount = 0
```

(5) DAO 객체를 통해 퀴즈 리스트를 가져온 후 퀴즈 리스트에 포함된 첫 번째 퀴즈 객체를 전달하며, 퀴즈 풀이 프래그먼트를 생성하고 화면에 출력합니다. 이후 본격적인 퀴즈 풀이가 시작됩니다.

```
quizList = db.quizDAO().getAll()
// 첫 번째 퀴즈 객체를 이용해 퀴즈 풀이 프래그먼트를 생성 및 추가
childFragmentManager.beginTransaction().replace(R.id.fragment_container,
QuizSolveFragment.newInstance(quizList[currentQuizIdx])).commit()
```

(6) 퀴즈 풀이를 위해 정의한 `onAnswerSelected` 메서드를 정의합니다. 정답을 맞혔을 경우 맞힌 개수의 숫자를 증가시킵니다. 현재 퀴즈의 순서는 다음 퀴즈에 접근하기 위해 사용하는 값이므로 정답 여부와는 상관없이 매번 증가시킵니다.

```
if(isCorrect) correctCount++
currentQuizIdx++
```

(7) 모든 퀴즈를 다 푼 경우 퀴즈 결과 프래그먼트를 생성하고 결과 출력에 필요한 문제의 개수와 맞힌 문제의 개수 정보를 전달합니다.

```
childFragmentManager.beginTransaction().replace(R.id.fragment_container, QuizResultFragment.
newInstance(correctCount, quizList.size)).commit()
```

(8) 아직 풀 문제가 남았다면 다음 순서의 퀴즈 정보가 담긴 객체를 이용해 퀴즈 풀이 프래그먼트로 생성 및 교체해서 퀴즈 풀이가 계속해서 진행합니다.

```
childFragmentManager.beginTransaction().replace(R.id.fragment_container, QuizSolveFragment.newIn-
stance(quizList[currentQuizIdx])).commit()
```

(9) 퀴즈 결과를 확인한 후 재시작 작업을 진행할 **onRetry** 메서드를 정의합니다. 다시 퀴즈 시작 화면으로 돌아갈 수 있도록 퀴즈 시작 프래그먼트를 보여줍니다.

```
override fun onRetry() {
    childFragmentManager.beginTransaction().replace(R.id.fragment_container, QuizStartFragment()).
commit()
}
```

이제 앱을 실행한 후 퀴즈 풀이 시작 버튼을 눌러 퀴즈를 모두 푼 후 결과를 확인합니다. 이후 재시작 버튼을 눌러 퀴즈 시작 화면으로 돌아올 수 있는지 여부를 확인합니다.

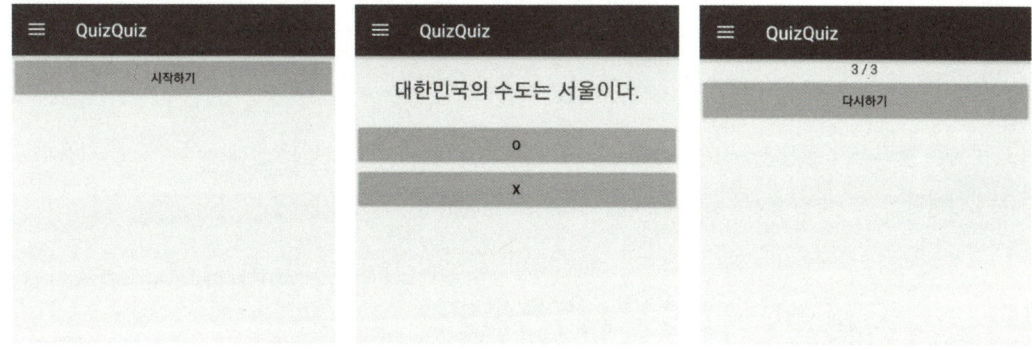

그림 5-9 퀴즈 시작, 풀이, 결과 프래그먼트 화면

퀴즈 목록 프래그먼트 및 퀴즈를 수정, 추가, 삭제하는 액티비티 생성

퀴즈 풀이와 관련된 기초적인 기능을 구현하는 작업이 끝났으므로 이제 퀴즈 목록 프래그먼트를 구현해서 데이터베이스에 저장된 퀴즈를 모두 보여주고 퀴즈 내용을 추가, 수정, 삭제하는 화면으로 이동할 수 있게 만들겠습니다.

가장 먼저 할 일은 저장된 모든 퀴즈를 목록 형태로 보여주는 것입니다. 따라서 목록을 보여줄 RecyclerView를 레이아웃에 추가할 것입니다. 모듈 레벨 그레이들 파일에 다음과 같이 RecyclerView 관련 의존성을 추가합니다.

Gradle Script/build.gradle (Module: app)

```
implementation 'androidx.recyclerview:recyclerview:1.0.0'
```

레이아웃 파일의 내용은 다음과 같습니다.

예제 5.13 퀴즈 목록 프래그먼트 레이아웃   res/layout/quiz_list_fragment.xml

```xml
<?xml version="1.0" encoding="utf-8"?>
<FrameLayout xmlns:android="http://schemas.android.com/apk/res/android"
    android:layout_width="match_parent"
    android:layout_height="match_parent">

    <androidx.recyclerview.widget.RecyclerView
        android:id="@+id/quiz_list"
        android:layout_width="match_parent"
        android:layout_height="match_parent" />

</FrameLayout>
```

퀴즈 목록을 출력하기 위한 RecyclerView를 추가합니다. 퀴즈 목록 프래그먼트 클래스의 내용을 다음과 같이 작성합니다.

wikibook/learnandroid/quizquiz/QuizListFragment.kt

```kotlin
// 데이터베이스 관련 클래스 import 구문 추가
import wikibook.learnandroid.quizquiz.database.Quiz
import wikibook.learnandroid.quizquiz.database.QuizDatabase

class QuizListFragment : Fragment() {
    lateinit var recyclerView : RecyclerView
    lateinit var db : QuizDatabase
    lateinit var quizzes : MutableList<Quiz>

    override fun onCreateView(inflater: LayoutInflater, container: ViewGroup?, savedInstanceState: Bundle?): View? {
        val view = inflater.inflate(R.layout.quiz_list_fragment, container, false)

        db = QuizDatabase.getInstance(context!!)

        AsyncTask.execute {
```

```
            // (1)
            quizzes = db.quizDAO().getAll().toMutableList()

            // (2)
            activity?.runOnUiThread {
                val layoutManager = LinearLayoutManager(activity)
                val adapter = QuizListAdapter(quizzes)

                recyclerView = view.findViewById<RecyclerView>(R.id.quiz_list)
                recyclerView.layoutManager = layoutManager
                recyclerView.adapter = adapter

                // (3)
                recyclerView.setHasFixedSize(true)
            }
        }

        return view
    }
}
```

(1) 작업 스레드에서 데이터베이스에 포함된 모든 퀴즈 데이터를 가져옵니다.

```
quizzes = db.quizDAO().getAll().toMutableList()
```

(2) 사용자 인터페이스를 구성하는 작업은 메인 스레드에서 진행돼야 하므로 데이터베이스에서 퀴즈 리스트 데이터를 받아온 직후 **runOnUiThread** 메서드를 호출해 메인 스레드에서 RecyclerView 관련 초기화 작업을 진행합니다.

```
activity?.runOnUiThread {
    // 데이터를 이용한 UI 구성
}
```

(3) 각 퀴즈 항목을 보여줄 때 퀴즈의 발문이 길어질 경우 말줄임표(…)를 이용해 나머지 내용을 생략한 형태로 표시할 예정입니다. 그러면 모든 뷰의 높이가 동일하게 표시될 것입니다. 따라서 **setHasFixedSize** **메서드에 true를 전달**해서 목록에 포함될 모든 항목이 동일한 크기(높이)를 가지고 있음을 알려줍니다.

```
recyclerView.setHasFixedSize(true)
```

이어서 RecyclerView에서 사용할 어댑터 클래스를 작성합니다.

wikibook/learnandroid/quizquiz/QuizListAdapter.kt

```kotlin
import android.app.Activity
import android.content.Intent
import android.view.LayoutInflater
import android.view.View
import android.view.ViewGroup
import android.widget.TextView
import androidx.fragment.app.Fragment
import androidx.recyclerview.widget.RecyclerView
import wikibook.learnandroid.quizquiz.database.Quiz

class QuizListAdapter(private val dataList: List<Quiz>): RecyclerView.Adapter<QuizListAdapter.ItemViewHolder>() {
    // (1)
    class ItemViewHolder(val view: View) : RecyclerView.ViewHolder(view) {
        lateinit var quiz : Quiz
        val quizQuestion = view.findViewById<TextView>(R.id.question)

        fun bind(q : Quiz) {
            this.quiz = q

            quizQuestion.text = q.question
        }
    }

    override fun onCreateViewHolder(parent: ViewGroup, viewType: Int): ItemViewHolder {
        val view = LayoutInflater.from(parent.context).inflate(viewType, parent, false)

        return ItemViewHolder(view)
    }

    override fun onBindViewHolder(holder: ItemViewHolder, position: Int) = holder.bind(dataList[position])

    override fun getItemCount() = dataList.size
```

```
    // (2)
    override fun getItemViewType(position: Int) = R.layout.quiz_list_item
}
```

(1) 이전에 정의한 어댑터 클래스와 마찬가지로 내부에 뷰홀더 클래스를 정의하고 bind 메서드를 통해 표시할 퀴즈 객체를 전달합니다.

(2) 각 퀴즈 항목을 표시할 레이아웃 리소스 식별자를 반환할 메서드를 재정의합니다. 퀴즈 항목을 표시할 레이아웃 파일의 내용은 다음과 같습니다.

res/layout/quiz_list_item.xml

```xml
<?xml version="1.0" encoding="utf-8"?>
<LinearLayout xmlns:android="http://schemas.android.com/apk/res/android"
    android:layout_width="match_parent"
    android:layout_height="50dp">

    <TextView (1)
        android:id="@+id/question"
        android:layout_width="match_parent"
        android:layout_height="wrap_content"
        android:textSize="24sp"
        android:singleLine="true"
        android:ellipsize="end" />

</LinearLayout>
```

(1) 퀴즈의 발문을 표시할 텍스트뷰를 추가합니다. singleLine 속성을 true로 설정해 내용이 한 줄로 표시되게 하고 ellipsize 속성을 end로 설정해 텍스트의 길이가 길어지면 끝에 말줄임표(…)를 표시합니다.

이후 앱을 실행해 퀴즈 관리 메뉴로 이동하고, 퀴즈 목록이 정상적으로 출력되는지 확인합니다. 동시에 긴 발문을 가진 퀴즈의 경우 말줄임표가 표시되는지 여부를 확인합니다.

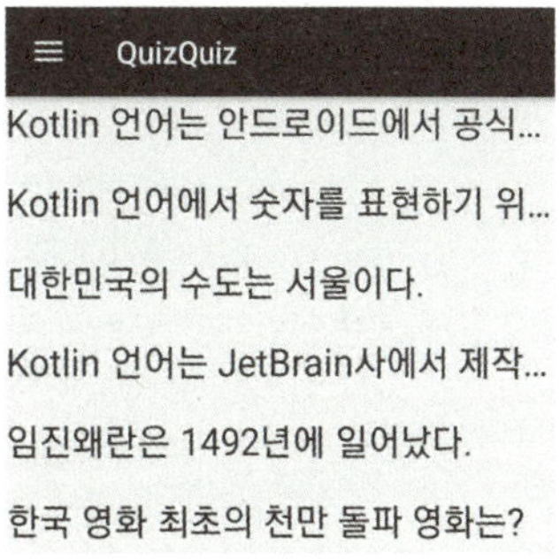

그림 5-10 퀴즈 목록 화면

퀴즈 관리 액티비티 구현

지금은 아무런 기능도 추가하지 않았으므로 퀴즈 목록의 퀴즈 항목을 클릭해도 아무 일도 일어나지 않습니다. 이제 목록의 퀴즈 항목을 누르면 해당 **퀴즈의 내용을 수정하거나 삭제할 수 있는 퀴즈 관리 액티비티로 이동**하도록 구현하겠습니다.

먼저 퀴즈 관리 액티비티(QuizManageActivity)를 생성하고 레이아웃 파일을 추가합니다. 퀴즈 관리 액티비티에서 사용할 레이아웃 파일의 내용은 다음과 같습니다.

예제 5.14 퀴즈 추가, 수정 및 삭제가 이루어질 관리 화면 레이아웃   res/layout/quiz_manage_activity.xml

```xml
<?xml version="1.0" encoding="utf-8"?>
<LinearLayout xmlns:android="http://schemas.android.com/apk/res/android"
    android:orientation="vertical"
    android:layout_width="match_parent"
    android:layout_height="match_parent">

    <TextView
        android:layout_width="match_parent"
        android:layout_height="wrap_content"
        android:text="퀴즈 유형"
        android:textSize="12sp"
        android:background="@color/colorPrimary"
        android:textColor="@android:color/white" />

    <Spinner (1)
        android:id="@+id/quiz_type"
        android:layout_width="match_parent"
        android:layout_height="wrap_content" />

    <TextView
        android:layout_width="match_parent"
        android:layout_height="wrap_content"
        android:text="카테고리"
        android:textSize="12sp"
        android:background="@color/colorPrimary"
        android:textColor="@android:color/white" />
```

```xml
<EditText (2)
    android:id="@+id/category_edit"
    android:layout_width="match_parent"
    android:layout_height="wrap_content" />

<TextView
    android:layout_width="match_parent"
    android:layout_height="wrap_content"
    android:text="질문"
    android:textSize="12sp"
    android:background="@color/colorPrimary"
    android:textColor="@android:color/white" />

<EditText (3)
    android:id="@+id/question_edit"
    android:layout_width="match_parent"
    android:layout_height="wrap_content"
    android:inputType="textMultiLine" />

<LinearLayout (4)
    android:id="@+id/choices"
    android:orientation="vertical"
    android:layout_width="match_parent"
    android:layout_height="wrap_content">
</LinearLayout>

<Button (5)
    android:id="@+id/add_choice"
    android:text="선택지 추가"
    android:visibility="gone"
    android:layout_width="match_parent"
    android:layout_height="wrap_content"/>

<TextView
    android:layout_width="match_parent"
    android:layout_height="wrap_content"
    android:text="정답 선택"
    android:textSize="12sp"
```

```xml
            android:background="@color/colorPrimary"
            android:textColor="@android:color/white" />

    <Button (6)
        android:id="@+id/confirm"
        android:layout_width="match_parent"
        android:layout_height="wrap_content"/>

    <Button (7)
        android:id="@+id/delete"
        android:text="퀴즈 삭제"
        android:visibility="gone"
        android:layout_width="match_parent"
        android:layout_height="wrap_content"/>

</LinearLayout>
```

(1) 퀴즈의 유형을 선택하기 위해 사용할 스피너를 추가합니다.

(2) 퀴즈가 속할 카테고리를 입력할 EditText를 추가합니다.

(3) 퀴즈의 발문을 입력할 EditText를 추가합니다.

(4) OX 퀴즈와 N지선다 퀴즈의 선택지를 추가할 뷰그룹을 추가합니다.

(5) N지선다 퀴즈에 선택지를 추가할 버튼을 추가합니다. 이 버튼은 퀴즈의 유형이 N지선다인 경우에만 보여줘야 하므로 visibility 속성을 조정해서 처음에는 보이지 않게 합니다.

(6) 퀴즈 내용을 수정하거나 새 퀴즈를 추가하는 승인 버튼을 추가합니다. 버튼의 레이블은 코드를 통해 상황에 맞게 설정할 것입니다.

(7) 퀴즈를 삭제하는 버튼입니다. 이 버튼은 새 퀴즈를 추가하는 상황에서는 보여줄 필요가 없으므로 처음에는 보이지 않게 합니다.

완성된 퀴즈 관리 화면의 모습은 다음과 같습니다. 아직 아무 내용도 출력되지 않지만 코드를 통해 관련된 내용을 채울 수 있도록 구현할 것입니다.

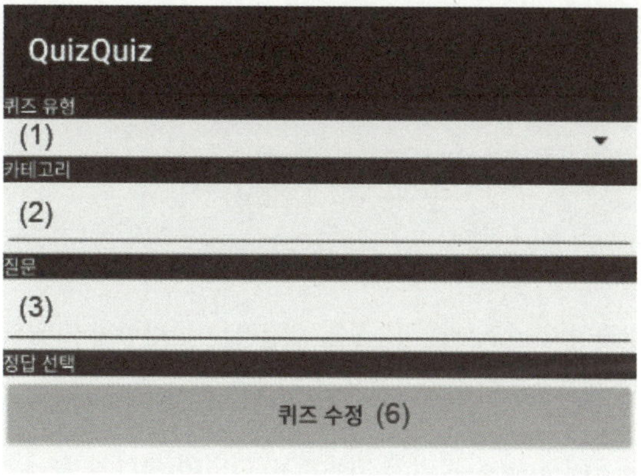

그림 5-11 퀴즈 관리 화면

퀴즈 관리 액티비티의 클래스는 다음과 같이 구현합니다.

wikibook/learnandroid/quizquiz/QuizManageActivity.kt

```kotlin
import android.app.Activity
import android.content.Intent
import android.graphics.Color
import android.graphics.Typeface
import android.os.AsyncTask
import android.os.Bundle
import android.text.Editable
import android.text.TextWatcher
import android.view.View
import android.view.ViewGroup
import android.widget.*
import androidx.appcompat.app.AppCompatActivity
import wikibook.learnandroid.quizquiz.database.Quiz
import wikibook.learnandroid.quizquiz.database.QuizDatabase

class QuizManageActivity : AppCompatActivity() {
    lateinit var mode : String
    lateinit var quiz : Quiz

    override fun onCreate(savedInstanceState: Bundle?) {
        super.onCreate(savedInstanceState)
        setContentView(R.layout.quiz_manage_activity)
```

```
        // (1)
        mode = intent.getStringExtra("mode")!!
        findViewById<Button>(R.id.confirm).text = "퀴즈 수정"
        quiz = intent.getParcelableExtra<Quiz>("quiz")!!
    }
}
```

(1) 새 퀴즈를 추가하는 상황인지 기존 퀴즈 내용을 수정하는 상황인지 구별할 정보(**mode**)를 전달받습니다. 또한 인텐트를 통해 전달받은 퀴즈 객체로 퀴즈 속성값을 초기화합니다.

이어서 퀴즈 목록 프래그먼트에서 퀴즈 관리 액티비티로 화면이 전환될 수 있도록 뷰홀더 클래스에 init 블록을 추가해서 뷰 전체에 클릭 리스너를 설정합니다.

예제 5.15 퀴즈 관리 액티비티로 이동할 수 있도록 뷰홀더 클래스를 수정   wikibook/learnandroid/quizquiz/QuizListAdapter.kt

```
class ItemViewHolder(val view: View) : RecyclerView.ViewHolder(view) {
    lateinit var quiz : Quiz
    val quizQuestion = view.findViewById<TextView>(R.id.question)

    // 클릭 리스너 설정을 위한 init 블록 추가
    init {
        view.setOnClickListener {
            val intent = Intent(it.context, QuizManageActivity::class.java)
            // (1)
            intent.putExtra("mode", "modify")
            intent.putExtra("quiz", quiz)
            it.context.startActivity(intent)
        }
    }

    fun bind(q : Quiz) {
        // ...
    }
}
```

(1) 기존 퀴즈 정보를 수정(modify)하도록 mode 정보를 전달하면서 동시에 선택한 퀴즈 객체를 인텐트에 포함합니다. 퀴즈 클래스는 **Parcelable** 인터페이스를 구현하고 있으므로 문제 없이 **putExtra** 메서드를 통해 인텐트 데이터에 추가할 수 있습니다.

```
intent.putExtra("mode", "modify")
intent.putExtra("quiz", quiz)
it.context.startActivity(intent)
```

이후 앱을 실행한 후 퀴즈 목록 화면에서 퀴즈 항목을 선택하면 퀴즈 관리 화면으로 넘어가는지 여부를 확인합니다.

퀴즈 수정 및 삭제 기능 구현

이제 본격적으로 기존 퀴즈 내용을 수정하거나 퀴즈를 삭제하는 기능을 구현하겠습니다. 먼저 퀴즈 내용을 수정하는 기능부터 구현하겠습니다. 퀴즈 관리 액티비티의 내용을 다음과 같이 수정합니다.

wikibook/learnandroid/quizquiz/QuizManageActivity.kt

```kotlin
class QuizManageActivity : AppCompatActivity() {
    lateinit var mode : String
    lateinit var quiz : Quiz
    lateinit var db : QuizDatabase
    lateinit var choices : LinearLayout

    override fun onCreate(savedInstanceState: Bundle?) {
        super.onCreate(savedInstanceState)
        setContentView(R.layout.quiz_manage_activity)

        mode = intent.getStringExtra("mode")!!
        quiz = intent.getParcelableExtra<Quiz>("quiz")!!

        db = QuizDatabase.getInstance(this)

        // (1)
        val spinner = findViewById<Spinner>(R.id.quiz_type)
        val spinnerAdapter = ArrayAdapter.createFromResource(this, R.array.quiz_type, android.R.layout.simple_spinner_item)
        spinnerAdapter.setDropDownViewResource(android.R.layout.simple_spinner_dropdown_item)
        spinner.adapter = spinnerAdapter

        // (2)
        val categoryEdit = findViewById<EditText>(R.id.category_edit)
        categoryEdit.addTextChangedListener(object : TextWatcher {
```

```kotlin
            override fun afterTextChanged(s: Editable?) {}
            override fun beforeTextChanged(s: CharSequence?, start: Int, count: Int, after: Int) {}
            override fun onTextChanged(s: CharSequence?, start: Int, before: Int, count: Int) {
                quiz.category = s.toString()
            }
        })

        // (3)
        val questionEdit = findViewById<EditText>(R.id.question_edit)
        questionEdit.addTextChangedListener(object : TextWatcher {
            override fun afterTextChanged(s: Editable?) {}
            override fun beforeTextChanged(s: CharSequence?, start: Int, count: Int, after: Int) {}
            override fun onTextChanged(s: CharSequence?, start: Int, before: Int, count: Int) {
                quiz.question = s.toString()
            }
        })

        spinner.onItemSelectedListener = object : AdapterView.OnItemSelectedListener {
            override fun onNothingSelected(parent: AdapterView<*>?) {}
            override fun onItemSelected(parent: AdapterView<*>?, view: View?, position: Int, id: Long) {
                // (4)
                when {
                    position == 0 -> changeLayoutToOXQuizManage()
                    position == 1 -> changeLayoutToMultipleChoiceQuizManage()
                }
            }
        }

        choices = findViewById<LinearLayout>(R.id.choices)

        findViewById<Button>(R.id.confirm).setOnClickListener {
            AsyncTask.execute {
                // (5)
                if(quiz.type == "multiple_choice") {
                    val guesses = mutableListOf<String>()
                    for(i in 0 until choices.childCount) {
                        val guess = ((choices.getChildAt(i) as ViewGroup).getChildAt(0) as EditText).text.toString()
```

```
                    if(guess.isNotBlank()) {
                        guesses.add(guess)
                    }
                }
                quiz.guesses = guesses
            }

            // (6)
            quiz.category = quiz.category?.trim()
            quiz.question = quiz.question?.trim()

            // (7)
            db.quizDAO().update(quiz)
            finish()
        }
    }

    // (8)
    findViewById<Button>(R.id.delete).visibility = View.VISIBLE
    findViewById<Button>(R.id.delete).setOnClickListener {
        AsyncTask.execute {
            // (9)
            db.quizDAO().delete(quiz)
            finish()
        }
    }

    // (10)
    categoryEdit.setText(quiz.category)
    questionEdit.setText(quiz.question)

    when {
        // (11)
        quiz.type == "ox" -> {
            spinner.setSelection(0)
        }
        quiz.type == "multiple_choice" -> {
            spinner.setSelection(1)
        }
```

```
        }
    }

    fun changeLayoutToOXQuizManage() {
        // ...
    }

    fun changeLayoutToMultipleChoiceQuizManage() {
        // ...
    }
}
```

(1) 문제 유형을 선택하는 용도로 사용할 스피너 뷰에서 사용할 어댑터 객체를 생성하고 스피너 뷰 관련 설정 작업을 진행합니다.

```
val spinner = findViewById<Spinner>(R.id.quiz_type)
val spinnerAdapter = ArrayAdapter.createFromResource(this, R.array.quiz_type, android.R.layout.simple_spinner_item)
spinnerAdapter.setDropDownViewResource(android.R.layout.simple_spinner_dropdown_item)
spinner.adapter = spinnerAdapter
```

스피너에서 사용할 문자열 배열 리소스의 내용은 다음과 같습니다.

res/values/arrays.xml

```xml
<?xml version="1.0" encoding="utf-8"?>
<resources>
    <string-array name="quiz_type">
        <item>ox</item>
        <item>N지선다</item>
    </string-array>
</resources>
```

(2) 퀴즈의 카테고리와 발문을 입력하기 위한 EditText 뷰의 내용이 변경될 때마다 관련 퀴즈 객체의 속성값도 변경되도록 구현합니다. 여기서는 TextWatcher 인터페이스에 포함된 onTextChanged 메서드를 구현하는 익명 객체를 전달하며 퀴즈 카테고리의 내용이 변경되는 시점에 퀴즈의 속성값도 함께 변경되게 합니다.

```kotlin
val categoryEdit = findViewById<EditText>(R.id.category_edit)
categoryEdit.addTextChangedListener(object : TextWatcher {
    override fun afterTextChanged(s: Editable?) {}
    override fun beforeTextChanged(s: CharSequence?, start: Int, count: Int, after: Int) {}
    override fun onTextChanged(s: CharSequence?, start: Int, before: Int, count: Int) {
        quiz.category = s.toString()
    }
})
```

(3) 발문의 경우도 EditText 뷰의 내용이 변경될 때마다 관련 속성값이 변경되도록 구현합니다.

(4) 스피너의 선택지에 따라 퀴즈 내용 편집을 위한 화면 구성을 변경하기 위해 뒤에서 정의할 화면 구성 변경 메서드를 호출합니다. 이를 위해 onItemSelected 메서드로 전달되는 인자 중 position을 통해 선택된 옵션이 무엇인지 파악할 수 있습니다. 앞서 OX 퀴즈를 순서상 첫 번째 선택 옵션으로 정의했으므로 위치 값이 0인 경우 OX 퀴즈의 내용을 입력하기 위한 화면 구성을 적용합니다.

OX 퀴즈를 편집할 화면을 구성하기 위해서는 changeLayoutToOXQuizManage 메서드를, N지선다 퀴즈를 편집할 화면을 구성하기 위해서는 changeLayoutToMultipleChoiceQuizManage 메서드를 호출합니다.

```kotlin
override fun onItemSelected(parent: AdapterView<*>?, view: View?, position: Int, id: Long) {
    when {
        position == 0 -> changeLayoutToOXQuizManage()
        position == 1 -> changeLayoutToMultipleChoiceQuizManage()
    }
}
```

(5) N지선다 문제의 경우 승인 버튼을 누르면 **내용이 있는 선택지에 대해서만 선택지 리스트에 추가해서** 퀴즈의 선택지 정보를 초기화합니다. 여기서 접근하는 EditText는 나중에 화면 구성을 변경하는 메서드 내부에서 코드를 통해 동적으로 추가될 뷰입니다.

```kotlin
if(quiz.type == "multiple_choice") {
    val guesses = mutableListOf<String>()
    for(i in 0 until choices.childCount) {
        val choiceEdit = (choices.getChildAt(i) as ViewGroup).getChildAt(0) as EditText
        val guess = (choiceEdit.text.toString())
        // 내용이 있는 경우에만 추가(공백 문자만 있는 경우에는 추가하지 않음)
        if(guess.isNotBlank()) {
            guesses.add(guess)
```

                }
            }
            quiz.guesses = guesses
        }
```

**(6)** 카테고리 정보와 발문 텍스트의 경우 앞뒤로 포함된 공백은 필요 없으므로 모두 제거합니다.

```
quiz.category = quiz.category?.trim()
quiz.question = quiz.question?.trim()
```

(7) DAO 객체의 update 메서드를 호출해 데이터베이스에 저장된 퀴즈 내용을 수정합니다. 이후 관리 액티비티를 종료합니다.

```
db.quizDAO().update(quiz)
finish()
```

(8) 기존 퀴즈 내용이 존재하는 경우에만 삭제 버튼을 보여줍니다.

```
findViewById<Button>(R.id.delete).visibility = View.VISIBLE
```

(9) 삭제 버튼을 누르면 DAO 객체의 delete 메서드를 호출해 해당 퀴즈를 삭제합니다. 이후 관리 액티비티를 종료합니다.

```
db.quizDAO().delete(quiz)
finish()
```

이어서 퀴즈 내용을 이용해 카테고리 정보와 발문 정보를 입력하고, 퀴즈 유형에 따라 초기 레이아웃 화면을 구성할 수 있도록 코드를 추가합니다.

(10) 퀴즈 객체의 카테고리와 발문 정보를 이용해 관련 EditText의 내용을 설정합니다.

```
categoryEdit.setText(quiz.category)
questionEdit.setText(quiz.question)
```

(11) 퀴즈의 타입에 따라 초기 레이아웃 구조를 설정하기 위해 setSelection 메서드를 호출합니다. 이 메서드는 코드를 통해 스피너의 옵션을 선택하기 위해 사용합니다.

메서드를 호출하며 인자로 선택할 선택 옵션 항목의 순서를 전달합니다.
```

```
        quiz.type == "ox" -> {
            spinner.setSelection(0)
        }
        quiz.type == "multiple_choice" -> {
            spinner.setSelection(1)
        }
```

onCreate 메서드의 구현이 마무리 됐으므로 OX퀴즈와 관련된 사용자 인터페이스를 구성하기 위한 changeLayoutToOXQuizManage 메서드를 다음과 같이 정의합니다.

wikibook/learnandroid/quizquiz/QuizManageActivity.kt

```
fun changeLayoutToOXQuizManage() {
    // (1)
    quiz.type = "ox"
    choices.removeAllViews()

    // (2)
    findViewById<Button>(R.id.add_choice).visibility = View.GONE

    // (3)
    val listener = View.OnClickListener {
        quiz.answer = (it as Button).text.toString()
    }

    // (4)
    for(choice in listOf("o", "x")) {
        var btn = Button(this)
        btn.text = choice
        btn.setOnClickListener(listener)
        choices.addView(btn)
    }
}
```

(1) 퀴즈 유형을 바꾸는 시점에 선택지 뷰그룹 내부에 추가된 **모든 자식뷰(선택지 버튼)를 제거**하기 위해 뷰그룹 객체의 `removeAllViews` 메서드를 호출합니다.

```
quiz.type = "ox"
choices.removeAllViews()
```

(2) N지선다 퀴즈 유형이 아니면 선택지를 추가할 필요가 없으므로 선택지 추가 버튼이 보이지 않도록 숨깁니다.

```
findViewById<Button>(R.id.add_choice).visibility = View.GONE
```

(3) 정답 선택 버튼을 클릭하면 해당 버튼의 레이블 텍스트(o, x)를 그대로 퀴즈의 정답 속성값으로 대입합니다.

```kotlin
val listener = View.OnClickListener {
    quiz.answer = (it as Button).text.toString()
}
```

(4) 동적 생성한 O, X 버튼을 앞서 레이아웃 파일에 정의한 선택지 뷰그룹에 추가합니다.

```kotlin
for(choice in listOf("o", "x")) {
    var btn = Button(this)
    btn.text = choice
    btn.setOnClickListener(listener)
    choices.addView(btn)
}
```

이어서 N지선다 퀴즈와 관련된 사용자 인터페이스를 구성하기 위한 changeLayoutToMultipleChoiceQuizManage 메서드를 다음과 같이 정의합니다.

wikibook/learnandroid/quizquiz/QuizManageActivity.kt

```kotlin
fun changeLayoutToMultipleChoiceQuizManage() {
    quiz.type = "multiple_choice"
    choices.removeAllViews()
    findViewById<Button>(R.id.add_choice).visibility = View.VISIBLE

    // (1)
    val guesses = quiz?.guesses ?: listOf("", "")

    // (4)
    val setAnswerListener = View.OnClickListener {
        quiz.answer = ((it.parent as ViewGroup).getChildAt(0) as EditText).text.toString()
    }
```

```
    // (5)
    val removeEditListener = View.OnClickListener {
        choices.removeView(it.parent as ViewGroup)
    }


    // (2)
    for(guess in guesses) {
        val edit = layoutInflater.inflate(R.layout.quiz_manage_multiple_choice_edit, choices,
false) as ViewGroup
        (edit.getChildAt(0) as EditText).setText(guess)
        (edit.getChildAt(1) as Button).setOnClickListener(setAnswerListener)
        (edit.getChildAt(2) as Button).setOnClickListener(removeEditListener)
        choices.addView(edit)
    }

    // (3)
    findViewById<Button>(R.id.add_choice).setOnClickListener {
        val edit = layoutInflater.inflate(R.layout.quiz_manage_multiple_choice_edit, choices,
false) as ViewGroup
        (edit.getChildAt(1) as Button).setOnClickListener(setAnswerListener)
        (edit.getChildAt(2) as Button).setOnClickListener(removeEditListener)
        choices.addView(edit)
    }
}
```

(1) N지선다 퀴즈는 최소한 두 개의 선택지는 제공해야 하므로 두 개의 빈 선택지를 추가합니다.

```
val guesses = quiz?.guesses ?: listOf("", "")
```

(2) 선택지를 순회하며 inflate 메서드를 호출해서 선택지의 내용을 편집할 수 있는 레이아웃 파일을 전달하고 뷰그룹 객체를 생성합니다. 이후 특정 순서에 위치한 자식뷰에 접근하는 데 사용되는 getChildAt 메서드를 호출해 자식뷰에 접근합니다.

```
for(guess in guesses) {
    val edit = layoutInflater.inflate(R.layout.quiz_manage_multiple_choice_edit, choices, false) as
ViewGroup
    (edit.getChildAt(0) as EditText).setText(guess)
    (edit.getChildAt(1) as Button).setOnClickListener(setAnswerListener)
```

```
        (edit.getChildAt(2) as Button).setOnClickListener(removeEditListener)
        choices.addView(edit)
}
```

첫 번째 자식뷰인 EditText의 텍스트를 선택지 정보로 변경하고 정답 선택 버튼과 삭제 버튼에 필요한 버튼 클릭 리스너도 설정합니다.

여기서 inflate 메서드를 통해 전달하는 레이아웃 파일의 내용은 다음과 같습니다.

예제 5.16 동적으로 추가될 선택지 항목 레이아웃   res/layout/quiz_manage_multiple_choice_edit.xml

```xml
<?xml version="1.0" encoding="utf-8"?>
<LinearLayout xmlns:android="http://schemas.android.com/apk/res/android"
    android:orientation="horizontal"
    android:layout_width="match_parent"
    android:layout_height="wrap_content">

    <EditText (a)
        android:layout_width="0dp"
        android:layout_height="wrap_content"
        android:layout_weight="5" />

    <Button (b)
        android:layout_width="0dp"
        android:layout_height="wrap_content"
        android:layout_weight="3"
        android:text="정답 선택" />

    <Button (c)
        android:layout_width="0dp"
        android:layout_height="wrap_content"
        android:layout_weight="2"
        android:text="삭제" />

</LinearLayout>
```

(a) 선택지의 내용을 입력하거나 수정할 EditText입니다.

(b) 해당 선택지를 정답으로 설정하기 위한 버튼입니다.

(c) 해당 선택지를 삭제하기 위한 버튼입니다.

(3) 새 선택지를 추가하는 버튼을 누르면 앞의 코드와 동일하게 LayoutInflater를 이용해 뷰그룹을 생성하고 추가합니다. 단, 이 경우는 내용이 없는 새로운 선택지를 추가하는 것이므로 선택지의 내용은 따로 지정하지 않습니다.

```
findViewById<Button>(R.id.add_choice).setOnClickListener {
    val edit = layoutInflater.inflate(R.layout.quiz_manage_multiple_choice_edit, choices, false) as ViewGroup
    (edit.getChildAt(1) as Button).setOnClickListener(setAnswerListener)
    (edit.getChildAt(2) as Button).setOnClickListener(removeEditListener)
    choices.addView(edit)
}
```

(4) 특정 위치의 선택지를 정답으로 설정하는 버튼의 클릭 리스너를 정의합니다. 정답 선택 버튼(it)의 부모 뷰(parent)에 접근해 getChildAt 메서드를 호출하고 첫 번째 자식 뷰인 EditText에 접근합니다. 해당 뷰의 정답으로 설정할 선택지 정보에 접근하고 퀴즈의 정답을 설정합니다.

```
val setAnswerListener = View.OnClickListener {
    quiz.answer = ((it.parent as ViewGroup).getChildAt(0) as EditText).text.toString()
}
```

(5) 특정 위치의 선택지를 제거하는 버튼의 클릭 리스너를 정의합니다. 부모 뷰그룹 객체를 얻어와 removeView 메서드에 전달해서 해당 뷰그룹과 뷰그룹에 포함된 모든 자식 뷰를 제거합니다.

```
val removeEditListener = View.OnClickListener {
    choices.removeView(it.parent as ViewGroup)
}
```

이제 앱을 실행한 후 퀴즈 유형별 편집 화면이 제대로 표시되고 내용 수정 및 삭제 기능이 작동하는지 확인합니다.

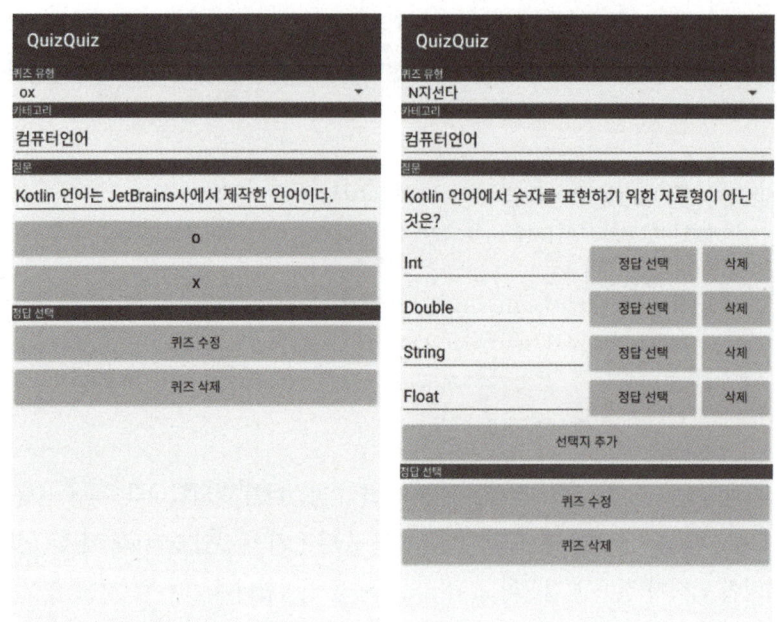

그림 5-12 수정과 삭제 기능을 구현한 관리 화면

현재는 퀴즈 내용을 변경하거나 삭제해도 RecyclerView에 바로 반영되지 않는 것을 확인할 수 있습니다. 반영된 수정, 삭제 사항을 확인하려면 내비게이션 드로어를 열고 다시 퀴즈 관리 메뉴를 선택해 RecyclerView를 재생성해야 합니다. 이 문제는 이후 퀴즈를 추가하고 퀴즈의 내용을 검증하는 코드까지 추가한 이후에 수정하겠습니다.

퀴즈 추가 기능 구현

퀴즈 내용을 수정하고 삭제하는 기능을 구현했으므로 이어서 새로운 퀴즈를 추가하는 기능을 구현하겠습니다.

퀴즈 목록 화면의 오른쪽 아래에 FAB(Floating Action Button) 버튼을 추가해서 버튼을 누르면 새 퀴즈를 추가할 수 있는 화면으로 이동하도록 구현하겠습니다. **FAB 버튼은 특정 화면에서 가장 중요한 행동(primary action)을 유도하기 위해 사용하는 버튼입니다.** 일반적으로 해당 화면에서 가장 빈번하게 사용되는 기능을 실행하거나 빠르게 접근해야 하는 화면으로 이동하는 용도로 사용합니다. 가령 이메일 앱의 경우 FAB 버튼을 누르면 새 이메일을 작성할 수 있는 화면으로 전환합니다.

FAB 버튼은 보통 다음과 같이 화면의 오른쪽 아래에 위치하지만 버튼 뷰의 layout_gravity 속성을 지정해 위치를 변경할 수 있습니다.

그림 5-13 FAB 버튼의 모습

먼저 퀴즈 추가 화면으로 이동할 용도로 사용할 FAB 버튼을 퀴즈 목록 화면에 추가하겠습니다. 레이아웃 파일을 수정해서 RecyclerView 뒤에 FloatingActionButton 뷰를 추가합니다.

예제 5.17 퀴즈 추가 작업을 진행하도록 도와줄 FAB 버튼 추가　　　　　　　　　res/layout/quiz_list_fragment.xml

```xml
<?xml version="1.0" encoding="utf-8"?>
<FrameLayout xmlns:android="http://schemas.android.com/apk/res/android"
    android:layout_width="match_parent"
    android:layout_height="match_parent">

    <androidx.recyclerview.widget.RecyclerView
        android:id="@+id/quiz_list"
        android:layout_width="match_parent"
        android:layout_height="match_parent" />

    <!-- FAB 뷰 추가 -->
    <com.google.android.material.floatingactionbutton.FloatingActionButton (1)
        android:id="@+id/add_quiz"
        android:layout_width="wrap_content"
        android:layout_height="wrap_content"
        android:layout_gravity="bottom|end"
        android:layout_marginRight="10dp"
        android:layout_marginBottom="10dp"
        android:src="@android:drawable/ic_menu_add" />

</FrameLayout>
```

(1) 버튼을 오른쪽 아래에 위치시키기 위해 layout_gravity 속성으로 **bottom**과 **end**를 동시에 **설정**합니다. 두 값을 구별하기 위해 중간에 바(|) 기호를 삽입합니다. src 속성에는 버튼의 아이콘 이미지로 사용할 이미지 리소스의 식별자를 전달합니다. 여기서는 기본적으로 제공된 더하기 기호 아이콘 이미지를 사용하겠습니다.

이어서 추가한 FAB 버튼을 누르면 퀴즈 관리 액티비티로 이동하도록 퀴즈 목록 프래그먼트를 수정합니다.

wikibook/learnandroid/quizquiz/QuizListFragment.kt

```kotlin
override fun onCreateView(inflater: LayoutInflater, container: ViewGroup?, savedInstanceState: Bundle?): View? {
    // ...

    AsyncTask.execute {
        // ...
    }

    view.findViewById<FloatingActionButton>(R.id.add_quiz).setOnClickListener {
        // (1)
        val intent = Intent(activity!!, QuizManageActivity::class.java)
        intent.putExtra("mode", "add")
        startActivity(intent)
    }

    return view
}
```

(1) FAB 버튼도 다른 버튼과 마찬가지로 버튼 클릭 리스너를 추가해서 퀴즈 관리 액티비티로 이동하게 하는 코드를 추가합니다. 여기서는 퀴즈 추가와 관련된 mode 값(add)을 전달해서 새 퀴즈를 추가하기 위한 용도로 퀴즈 관리 액티비티가 동작하게 합니다.

```kotlin
val intent = Intent(activity!!, QuizManageActivity::class.java)
intent.putExtra("mode", "add")
startActivity(intent)
```

이후 퀴즈 관리 액티비티에 퀴즈 추가와 관련된 코드를 작성하겠습니다.

onCreate 메서드 내부에서 내용을 수정하기 위한 상태(modify)인 경우만 인텐트를 통해 가져온 퀴즈 객체로 초기화하고 새 퀴즈를 추가하는 상황이라면 아무 내용 없는 OX 유형의 퀴즈 객체를 하나 생성해서 퀴즈 속성을 초기화합니다.

wikibook/learnandroid/quizquiz/QuizManageActivity.kt

```kotlin
override fun onCreate(savedInstanceState: Bundle?) {
    super.onCreate(savedInstanceState)
    setContentView(R.layout.quiz_manage_activity)

    mode = intent.getStringExtra("mode")!!
    if(mode == "modify") {
        quiz = intent.getParcelableExtra<Quiz>("quiz")!!
        // 적절한 버튼 레이블 설정
        findViewById<Button>(R.id.confirm).text = "퀴즈 수정"
    } else {
        // 내용 없는 OX 퀴즈 객체를 생성해 quiz 속성을 초기화
        quiz = Quiz(type="ox", question="", answer="o", category="")
        findViewById<Button>(R.id.confirm).text = "퀴즈 추가"
    }

    db = QuizDatabase.getInstance(this)
    // (.. 이후 코드 생략 ..)
```

이후 DAO 객체의 update 메서드를 호출하던 코드를 조건에 따라 분기하도록 처리해서 퀴즈 내용을 수정하는 상황이면 update 메서드를, 새 퀴즈를 추가하는 상황이면 insert 메서드를 호출합니다.

wikibook/learnandroid/quizquiz/QuizManageActivity.kt

```kotlin
findViewById<Button>(R.id.confirm).setOnClickListener {
    AsyncTask.execute {
        // ...

        if(mode == "modify") {
            db.quizDAO().update(quiz)
        } else {
            // 새 퀴즈를 추가하기 위해 insert 메서드를 호출
            db.quizDAO().insert(quiz)
        }
        finish()
    }
}
```

기존 퀴즈의 내용을 수정하는 상황인 경우에만 퀴즈를 삭제할 수 있으므로 이러한 경우에만 삭제 버튼을 보여주도록 코드를 수정합니다.

wikibook/learnandroid/quizquiz/QuizManageActivity.kt

```
findViewById<Button>(R.id.confirm).setOnClickListener {
    AsyncTask.execute {
        // ...
    }
}

// 기존의 퀴즈 내용을 수정하는 상황인 경우에만 퀴즈 삭제 버튼을 보여주고 버튼 클릭 리스너를 등록
if(mode == "modify") {
    findViewById<Button>(R.id.delete).visibility = View.VISIBLE
    findViewById<Button>(R.id.delete).setOnClickListener {
        AsyncTask.execute {
            db.quizDAO().delete(quiz)
            finish()
        }
    }
}

categoryEdit.setText(quiz.category)
questionEdit.setText(quiz.question)
// (.. 이후 코드 생략 ..)
```

이후 앱을 실행해 FAB을 클릭했을 때 퀴즈 관리 화면으로 전환되고 새로운 퀴즈 등록이 가능한지 여부를 확인합니다.

퀴즈 내용 검증 기능 구현

프로그램을 작성하다 보면 예상하지 못한 방식으로 사용자가 행동하는 상황들을 잘 파악할 수 있어야 합니다. 이러한 상황에 따르는 부작용을 방어할 수 있는 코드를 작성해야 좋은 사용자 경험을 제공할 수 있습니다. 이번에는 퀴즈 관리 액티비티 화면에서 **논리적으로 말이 안 되는 퀴즈 내용이 입력되는 사례가 없도록 방어 코드를 추가**하겠습니다.

먼저 N지선다 문제의 경우 최소한 두 개의 선택지를 포함해야 하므로 다음과 같이 두 개의 선택지만 있는 상황에서 선택지를 삭제하려 할 때는 작업을 취소하고 경고 메시지를 보여주도록 코드를 수정합니다.

예제 5.18 퀴즈 내용을 검증하는 기능을 구현   wikibook/learnandroid/quizquiz/QuizManageActivity.kt

```kotlin
fun changeLayoutToMultipleChoiceQuizManage() {
    // ...

    val setAnswerListener = View.OnClickListener {
        quiz.answer = ((it.parent as ViewGroup).getChildAt(0) as EditText).text.toString()
    }

    val removeEditListener = View.OnClickListener {
        // 선택지의 개수가 2개를 초과할 경우에만 선택지를 삭제
        if(choices.childCount > 2) {
            choices.removeView(it.parent as ViewGroup)
        } else {
            // 토스트로 경고 메시지를 출력
            Toast.makeText(this, "N지선다 문제는 최소한 2개의 선택지를 포함해야 합니다.", Toast.LENGTH_SHORT).show()
        }
    }

    for(guess in guesses) {
        // ...
    }

    findViewById<Button>(R.id.add_choice).setOnClickListener {
        // ...
    }
}
```

또한 최종적으로 퀴즈를 추가하거나 수정하는 시점에 퀴즈 내용을 검증하도록 코드를 수정합니다.

예제 5.19 퀴즈 내용을 검증하는 기능을 구현   wikibook/learnandroid/quizquiz/QuizManageActivity.kt

```kotlin
findViewById<Button>(R.id.confirm).setOnClickListener {
    AsyncTask.execute {
        // (1)
        var validationFail = false
        var reason : String = ""
```

```kotlin
// (2)
if(quiz.question!!.isBlank()) {
    validationFail = true
    reason = "문두가 있어야 합니다."
}

// (3)
if(quiz.type == "ox") {
    val answerShouldOorX = ((quiz.answer == "o") || (quiz.answer == "x"))
    if(!answerShouldOorX) {
        validationFail = true
        reason = "정답은 o거나 x여야 합니다."
    }
} else {
    val guesses = mutableListOf<String>()
    for(i in 0 until choices.childCount) {
        val choiceEdit = (choices.getChildAt(i) as ViewGroup).getChildAt(0) as EditText
        val guess = (choiceEdit.text.toString())

        // (4)
        if(guess.isNotBlank()) {
            guesses.add(guess.trim())
        }
    }

    // (5)
    if(guesses.size < 2) {
        validationFail = true
        reason = "정상적인 내용이 포함된 2개의 이상의 선지가 필요합니다."
    } else {
        quiz.guesses = guesses
    }
}

quiz.category = quiz.category?.trim()
quiz.question = quiz.question?.trim()

// (6)
if(!validationFail) {
    if(mode == "modify") {
```

```
            db.quizDAO().update(quiz)
        } else {
            db.quizDAO().insert(quiz)
        }

        finish()
    } else {
        // (7)
        runOnUiThread { Toast.makeText(this, reason, Toast.LENGTH_SHORT).show() }
    }
}
```

(1) 검증에 실패하는지 여부와 검증에 실패한 이유를 저장할 변수를 선언합니다.

```
var validationFail = false
var reason : String = ""
```

(2) 퀴즈의 발문 내용이 비어 있을 수는 없으므로 검증 실패로 처리합니다.

```
if(quiz.question!!.isBlank()) {
    validationFail = true
    reason = "문두가 있어야 합니다."
}
```

(3) OX 퀴즈의 경우 o 혹은 x가 아닌 다른 정답이 들어갈 수 없으므로 역시 검증 실패로 처리합니다.

```
val answerShouldOorX = ((quiz.answer == "o") || (quiz.answer == "x"))
if(!answerShouldOorX) {
    validationFail = true
    reason = "정답은 o거나 x여야 합니다."
}
```

(4) N지선다 퀴즈의 경우 선택지를 여러 개 만들었어도 실제 선택지의 내용이 비어 있을 수 있습니다. 이 경우에는 선택지 리스트에 포함시키지 않고 내용이 있는 선택지만 추가합니다.

```
if(guess.isNotBlank()) {
    guesses.add(guess.trim())
}
```

(5) 이후 **내용이 있는 선택지의 개수가 두 개 이상인지 검증**한 후 필요하다면 검증 실패 처리를 진행합니다.

```
if(guesses.size < 2) {
    validationFail = true
    reason = "정상적인 내용이 포함된 2개의 이상의 선지가 필요합니다."
} else {
    quiz.guesses = guesses
}
```

(6) 검증을 무사히 통과한 경우에만 퀴즈 추가 및 내용을 수정하는 작업을 진행하도록 분기문을 추가합니다.

검증에 실패했다면 검증에 실패한 이유를 토스트 메시지로 출력합니다. 현재 execute 메서드를 호출해서 별도의 작업 스레드에서 코드를 실행하고 있으므로 토스트 메시지 출력이 메인 스레드에서 진행될 수 있도록 runOnUiThread 메서드를 호출합니다.

```
if(!validationFail) {
    // ...
} else {
    runOnUiThread { Toast.makeText(this, reason, Toast.LENGTH_SHORT).show() }
}
```

퀴즈 추가, 수정, 삭제 이후 퀴즈 목록을 갱신하는 문제 해결

이제 퀴즈 관리 화면에서 퀴즈 목록으로 돌아왔을 때 목록에 변경된 내용이 반영되지 않는 문제를 해결하겠습니다.

먼저 기존 퀴즈 관리 화면으로 이동하기 위해 startActivity 메서드를 호출한 부분의 코드를 수정해서 **종료된 액티비티로부터 결과를 반환받기 위해 사용하는 startActivityForResult 메서드를 호출**할 수 있도록 하겠습니다.

이후 퀴즈 관리 액티비티를 종료하는 시점에 퀴즈 추가, 수정, 삭제 작업과 관련된 수행 결과를 받아올 수 있게 하고, 수행 결과에 따르는 적절한 처리 코드를 추가해서 RecyclerView에 결과가 반영될 수 있도록 구현하겠습니다.

먼저 퀴즈 목록 프래그먼트에서 FAB 버튼을 눌렀을 때 버튼 클릭 리스너 관련 코드를 수정합니다.

wikibook/learnandroid/quizquiz/QuizListFragment.kt
```kotlin
override fun onCreateView(inflater: LayoutInflater, container: ViewGroup?, savedInstanceState:
Bundle?): View? {
    // ...

    AsyncTask.execute {
        // ...
    }

    view.findViewById<FloatingActionButton>(R.id.add_quiz).setOnClickListener {
        val intent = Intent(activity!!, QuizManageActivity::class.java)
        intent.putExtra("mode", "add")

        // (1)
        startActivityForResult(intent, 1)
    }

    return view
}
```

(1) startActivityForResult 메서드를 호출해서 액티비티를 시작하도록 수정합니다.

```
startActivityForResult(intent, 1)
```

두 번째로 전달하는 인자는 **요청 코드(request code)**로 0 이상의 **정숫값을 전달**해야 합니다. 이 요청 코드는 **액티비티를 종료한 이후 결과를 처리하기 위해 재정의할** onActivityResult **메서드에서 사용**할 것입니다.

FAB 버튼을 눌렀을 때뿐만 아니라 목록에서 특정 퀴즈 항목을 선택했을 때에도 startActivityForResult 메서드를 호출하도록 어댑터 클래스를 수정합니다. 동시에 항목의 위치 정보를 함께 전달할 수 있도록 수정합니다. 이 위치 정보는 이후 RecyclerView에 포함된 항목의 내용을 갱신하는 데 사용할 것입니다.

wikibook/learnandroid/quizquiz/QuizListAdapter.kt
```kotlin
// (1)
class QuizListAdapter(
    private val dataList: List<Quiz>,
    private val fragment: Fragment): RecyclerView.Adapter<QuizListAdapter.ItemViewHolder>() {
```

```kotlin
    // (2)
    class ItemViewHolder(val view: View, val fragment: Fragment) : RecyclerView.ViewHolder(view) {
        // ..

        init {

            view.setOnClickListener {
                val intent = Intent(it.context, QuizManageActivity::class.java)
                intent.putExtra("mode", "modify")
                intent.putExtra("quiz", quiz)

                // (4)
                intent.putExtra("position", adapterPosition)
                fragment.startActivityForResult(intent, 1)
            }
        }

        fun bind(q : Quiz) {
            // ...
        }
    }

    override fun onCreateViewHolder(parent: ViewGroup, viewType: Int): ItemViewHolder {
        val view = LayoutInflater.from(parent.context).inflate(viewType, parent, false)

        // (3)
        return ItemViewHolder(view, fragment)
    }

    // (.. 이후 코드 생략 ..)
}
```

(1) 뷰홀더 객체를 생성할 때 전달할 프래그먼트 객체를 전달받도록 어댑터 클래스의 생성자를 수정합니다.

```kotlin
class QuizListAdapter(
    private val dataList: List<Quiz>,
    private val fragment: Fragment): RecyclerView.Adapter<QuizListAdapter.ItemViewHolder>()
```

(2) 뷰홀더 클래스의 생성자를 통해 프래그먼트 객체를 전달받을 수 있도록 수정합니다.

```
class ItemViewHolder(val view: View, val fragment: Fragment) : RecyclerView.ViewHolder(view)
```

(3) 뷰홀더를 생성하는 시점에 프래그먼트 객체를 전달할 수 있도록 수정합니다.

```
return ItemViewHolder(view, fragment)
```

(4) 추가로 항목의 위치 정보를 전달하며 프래그먼트 객체의 startActivityForResult 메서드를 호출해서 액티비티를 시작합니다.

```
intent.putExtra("position", adapterPosition)
// 전달받은 프래그먼트 객체의 startActivityForResult 메서드를 호출
fragment.startActivityForResult(intent, 1)
```

이후 퀴즈 목록 프래그먼트의 어댑터 생성자를 호출하며 프래그먼트 객체를 전달할 수 있도록 수정합니다.

wikibook/learnandroid/quizquiz/QuizListFragment.kt

```
activity?.runOnUiThread {
    val layoutManager = LinearLayoutManager(activity)
    // 어댑터 객체를 생성할 때 프래그먼트 객체를 전달
    val adapter = QuizListAdapter(quizzes, this)

    recyclerView = view.findViewById<RecyclerView>(R.id.quiz_list)
    recyclerView.layoutManager = layoutManager
    recyclerView.adapter = adapter

    recyclerView.setHasFixedSize(true)
}
```

startActivity 메서드와 다르게 **startActivityForResult 메서드를 호출한 경우 액티비티 종료 이후의 결과를 처리하기 위한 메서드를 재정의**해야 합니다.

퀴즈 목록 프래그먼트에 onActivityResult 메서드를 재정의해서 결과를 확인하고 적절히 항목을 갱신할 수 있도록 코드를 수정하겠습니다.

예제 5.20 액티비티가 종료된 이후 결과를 활용할 onActivityResult 메서드 재정의

wikibook/learnandroid/quizquiz/QuizListFragment.kt

```kotlin
override fun onCreateView(inflater: LayoutInflater, container: ViewGroup?, savedInstanceState:
Bundle?): View? {
    // ...

    return view
}

// (1)
override fun onActivityResult(requestCode: Int, resultCode: Int, data: Intent?) {
    super.onActivityResult(requestCode, resultCode, data)

    // (2)
    if(requestCode == 1 && resultCode == Activity.RESULT_OK) {
        // (3)
        val operation = data?.getStringExtra("operation")
        val quiz = data?.getParcelableExtra<Quiz>("quiz")

        // (4)
        if(operation == "modify") {
            // (5)
            // 변경 상황
            for((i, q) in quizzes.withIndex()) {
                if(quiz?.id == q.id) {
                    quizzes[i] = quiz!!
                    recyclerView.adapter?.notifyItemChanged(i)
                }
            }
        } else if(operation == "delete") {
            // (6)
            // 삭제 상황
            val position = data.getIntExtra("position", -1)
            if(position != -1) {
                quizzes.removeAt(position)
                recyclerView.adapter?.notifyItemRemoved(position)
            }
        } else {
```

```
            // (7)
            // 추가 상황
            quizzes.add(quiz!!)
            recyclerView.adapter?.notifyItemInserted(quizzes.size)
        }
    }
}
```

(1) 종료된 액티비티로부터 결괏값을 전달받는 용도로 사용할 onActivityResult 메서드를 재정의합니다.

첫 번째로 전달받은 인자(requestCode)는 앞서 startActivityForResult 메서드를 호출하는 과정에서 전달한 요청 코드이며, 두 번째 인자(resultCode)는 결과 처리 상황을 알려줄 상수입니다. 세 번째 인자(data)는 종료된 액티비티에서 전달한 결과 정보가 담긴 인텐트 객체입니다.

```
override fun onActivityResult(requestCode: Int, resultCode: Int, data: Intent?) {
    super.onActivityResult(requestCode, resultCode, data)

    // ...
}
```

(2) 요청 상수와 요청 결과 상수를 비교합니다. 요청 코드로 1을 전달했으므로 여기서는 1과 값을 비교하며, 요청 결과 코드를 확인해 정상적으로 처리됐는지 여부를 확인합니다. 만약 이동한 액티비티 화면에서 백 버튼을 눌러서 액티비티를 종료한 경우에는 요청 결과 코드로 취소와 관련된 상수(Activity.RESULT_CANCEL)가 전달됩니다.

```
if(requestCode == 1 && resultCode == Activity.RESULT_OK) {
    // ...
}
```

(3) 인텐트 객체(data)로부터 필요한 데이터를 추출합니다. 어떠한 작업(예: 추가, 수정, 삭제)이 수행됐는지를 나타내는 정보(operation)와 퀴즈 객체를 전달받습니다.

```
val operation = data?.getStringExtra("operation")
val quiz = data?.getParcelableExtra<Quiz>("quiz")
```

(4) 관리 액티비티에서 수행한 작업에 따라 분기해서 상황에 따른 목록 갱신 코드를 실행합니다.

[5] 내용의 변경이 이뤄졌으므로 기존 퀴즈 리스트 데이터 중 새롭게 내용을 갱신해야 할 퀴즈 객체의 내용을 갱신하는 작업을 수행한 후 바로 `notifyItemChanged` 메서드를 호출해서 해당 위치의 항목이 변경됐음을 `RecyclerView`에 통보합니다.

```
// 퀴즈 항목 변경과 관련된 목록 갱신
for((i, q) in quizzes.withIndex()) {
    // 리스트에서 내용이 변경된 퀴즈 객체의 내용을 갱신
    if(quiz?.id == q.id) {
        quizzes[i] = quiz!!
        // notifyItemChanged 메서드를 호출하는 과정에서 내용이 변경된 항목의 위치를 전달
        recyclerView.adapter?.notifyItemChanged(i)
    }
}
```

[6] 특정 퀴즈 항목이 삭제됐으므로 `notifyItemRemoved` 메서드를 호출해서 해당 위치에 항목이 삭제됐음을 `RecyclerView`에 통보합니다.

```
// 퀴즈 항목 삭제와 관련된 목록을 갱신
val position = data.getIntExtra("position", -1)
if(position != -1) {
    // 삭제된 항목의 위치를 전달해서 리스트에서 퀴즈 객체를 삭제
    quizzes.removeAt(position)
    // notifyItemRemoved 메서드를 호출하는 과정에서 삭제된 퀴즈 항목의 위치를 전달
    recyclerView.adapter?.notifyItemRemoved(position)
}
```

[7] 새 퀴즈 항목이 추가됐으므로 `notifyItemInserted` 메서드를 호출해서 해당 위치에 새 항목이 삽입됐음을 `RecyclerView`에 통보합니다.

```
// 새 퀴즈 항목의 추가와 관련된 목록 갱신
quizzes.add(quiz!!)
// notifyItemInserted 메서드를 호출하는 과정에서 새로 추가된 퀴즈 항목의 위치를 전달
// (새로운 퀴즈 객체를 추가한 상황이므로 퀴즈 리스트의 크기를 구하면 새로운 퀴즈 객체의 위치를 알
//  수 있음)
recyclerView.adapter?.notifyItemInserted(quizzes.size)
```

이제 퀴즈 관리 액티비티에서 **액티비티를 종료하기 위해** finish 메서드를 호출하기 전 결과 인텐트에 필요한 정보를 추가하도록 코드를 수정합니다.

wikibook/learnandroid/quizquiz/QuizManageActivity.kt

```
findViewById<Button>(R.id.confirm).setOnClickListener {
    AsyncTask.execute {
        // ...

        if(!validationFail) {
            if(mode == "modify") {
                db.quizDAO().update(quiz)
            } else {
                // (1)
                val id = db.quizDAO().insert(quiz)
                quiz.id = id
            }

            // (2)
            val resultIntent = Intent()
            resultIntent.putExtra("operation", mode)
            resultIntent.putExtra("quiz", quiz)

            // (3)
            setResult(Activity.RESULT_OK, resultIntent)
            finish()
        } else {
            runOnUiThread { Toast.makeText(this, reason, Toast.LENGTH_SHORT).show() }
        }
    }
}
```

(1) 앞서 DAO 인터페이스에 정의한 insert 메서드에서 새로 추가한 행의 id를 반환하도록 설정했습니다. 여기서는 insert 메서드의 결과로 얻은 id 값을 대입해서 새로 생성한 **quiz** 객체의 **id** 속성값을 초기화합니다.

```
val id = db.quizDAO().insert(quiz)
quiz.id = id
```

(2) 결과 정보를 포함할 인텐트 객체를 생성한 후 어떠한 종류의 작업(operation)이 진행됐는지에 대한 정보와 퀴즈 객체를 포함합니다.

```
val resultIntent = Intent()
resultIntent.putExtra("operation", mode)
resultIntent.putExtra("quiz", quiz)
```

(3) 액티비티를 종료하기 전 setResult 메서드를 호출하며 인자로 결과 코드 상수와 인텐트 객체를 전달합니다.

이후 바로 finish 메서드를 호출해서 액티비티를 종료하고 동시에 onActivityResult 메서드가 실행되어 인텐트 객체를 전달받을 수 있게 합니다.

```
setResult(Activity.RESULT_OK, resultIntent)
```

마찬가지로 삭제 작업 이후에도 결과 정보를 돌려줄 수 있도록 코드를 수정합니다.

wikibook/learnandroid/quizquiz/QuizManageActivity.kt

```
findViewById<Button>(R.id.delete).setOnClickListener {
    AsyncTask.execute {
        db.quizDAO().delete(quiz)

        // (1)
        val resultIntent = Intent()
        resultIntent.putExtra("operation", "delete")
        resultIntent.putExtra("position", intent.getIntExtra("position", -1))
        resultIntent.putExtra("quiz", quiz)

        // (2)
        setResult(Activity.RESULT_OK, resultIntent)
        finish()
    }
}
```

(1) 삭제 작업에 따르는 결과 인텐트 객체를 생성하고 필요한 정보를 추가합니다. 여기서는 액티비티를 시작하며 전달받은 위치값을 그대로 돌려줘서 이후 목록에서 해당 위치에 있는 항목을 삭제할 수 있게 합니다.

```
val resultIntent = Intent()
resultIntent.putExtra("operation", "delete")
resultIntent.putExtra("position", intent.getIntExtra("position", -1))
resultIntent.putExtra("quiz", quiz)
```

(2) 이후 setResult 메서드와 finish 메서드를 호출해 결과를 전달하는 작업을 마무리합니다.

```
setResult(Activity.RESULT_OK, resultIntent)
finish()
```

앞에서 살펴본 **startActivityForResult** 메서드를 호출한 이후 요청 액티비티의 **onActivityResult** 콜백 메서드가 호출되기까지의 진행 과정을 도식화하면 다음과 같습니다.

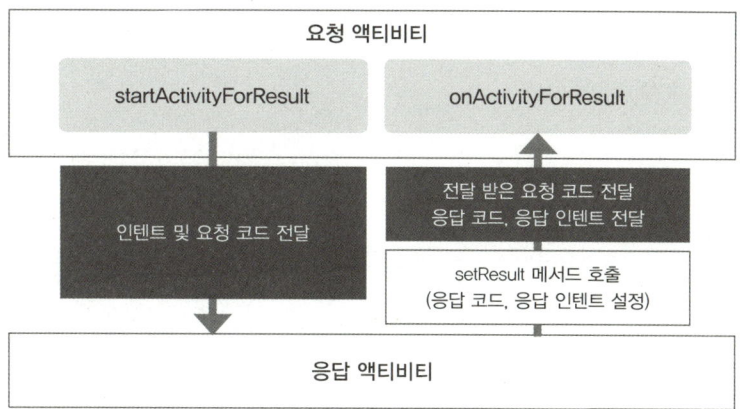

그림 5-14 startActivityForResult 메서드 호출에서부터 onActivityResult 콜백 메서드 호출 과정

> 🔍 만약 setResult 메서드를 호출하지 않고 finish 메서드를 호출하면 결과 코드 상수로 취소 상수(RESULT_CANCLED)가 전달됩니다.

이렇게 퀴즈 추가, 수정, 삭제 기능 구현을 완료하고 내용에 대한 검증 코드도 추가했습니다.

이제 앱을 실행해 퀴즈 내용에 대한 검증이 제대로 이뤄지는지 여부와 추가, 수정, 삭제 작업 이후의 결과가 RecyclerView에 제대로 반영되는지 여부를 확인합니다.

> 🔍 notifyItemInserted, notifyItemRemoved 메서드는 기본적으로 목록에 새로운 항목이 추가되고 삭제되는 기본 애니메이션을 재생합니다.

퀴즈 풀이 프래그먼트 기능 개선

기본적인 기능은 모두 구현했으므로 점진적으로 퀴즈 프래그먼트의 기능을 개선해 보겠습니다. 지금까지는 퀴즈에 카테고리 정보를 입력했어도 카테고리별로 문제를 풀 수 있는 방법은 없었습니다. 따라서 퀴즈 시작 프래그먼트 화면에 스피너를 추가해서 카테고리를 고를 수 있게 하고 퀴즈 풀이를 시작하면 해당 카테고리에 포함된 문제만 나오도록 개선해 보겠습니다.

먼저 DAO 인터페이스의 내용을 수정해서 카테고리 정보를 가져올 수 있는 메서드와 특정 카테고리에 속하는 퀴즈만 가져오는 데 사용할 메서드를 추가합니다.

wikibook/learnandroid/quizquiz/database/QuizDatabase.kt

```kotlin
@Dao
interface QuizDAO {
    // (.. 이전 코드 생략 ..)
    @Query("SELECT * FROM quiz")
    fun getAll(): List<Quiz>

    // (1)
    @Query("SELECT DISTINCT category FROM quiz")
    fun getCategories(): List<String>

    // (2)
    @Query("SELECT * FROM quiz WHERE category = :category")
    fun getAll(category: String) : List<Quiz>
}
```

(1) 등록된 퀴즈의 카테고리 정보를 모두 가져오는 @Query 애너테이션을 지정한 메서드를 정의합니다. 반환값 타입은 문자열 리스트로서 모든 카테고리 정보를 포함합니다.

```kotlin
@Query("SELECT DISTINCT category FROM quiz")
fun getCategories(): List<String>
```

(2) 조건절을 이용해 특정 카테고리에 속한 퀴즈만 가져오는 @Query 애너테이션을 지정한 메서드를 정의합니다. 여기서는 메서드에 전달된 인자가 @Query 애너테이션 내부의 문자열(":cateogry")과 치환되어 실행됩니다.

```
@Query("SELECT * FROM quiz WHERE category = :category")
fun getAll(category: String) : List<Quiz>
```

이후 퀴즈 시작 프래그먼트의 레이아웃 파일을 수정해서 특정 카테고리를 고를 수 있도록 스피너 뷰를 추가합니다.

예제 5.21 퀴즈 카테고리를 고를 수 있도록 도와줄 스피너 뷰 추가   res/layout/quiz_start_fragment.xml

```xml
<?xml version="1.0" encoding="utf-8"?>
<LinearLayout xmlns:android="http://schemas.android.com/apk/res/android"
    android:orientation="vertical"
    android:layout_width="match_parent"
    android:layout_height="match_parent">

    <!-- 카테고리를 보여줄 스피너 뷰 추가 -->
    <Spinner
        android:id="@+id/quiz_category"
        android:layout_width="match_parent"
        android:layout_height="wrap_content" />

    <Button
        android:id="@+id/start"
        android:layout_width="match_parent"
        android:layout_height="wrap_content"
        android:text="시작하기" />

</LinearLayout>
```

이어서 퀴즈 시작 프래그먼트 클래스의 내용을 수정합니다.

wikibook/learnandroid/quizquiz/QuizStartFragment.kt

```kotlin
class QuizStartFragment : Fragment() {
    // (1)
    interface QuizStartListener { fun onQuizStart(selected: String) }
    lateinit var listener : QuizStartListener

    // (2)
    lateinit var db : QuizDatabase
```

```kotlin
// (.. 중간 코드 생략 ..)

override fun onCreateView(inflater: LayoutInflater, container: ViewGroup?, savedInstanceState: Bundle?): View? {
    val view = inflater.inflate(R.layout.quiz_start_fragment, container, false)

    // (2)
    db = QuizDatabase.getInstance(context!!)
    val categorySpinner = view.findViewById<Spinner>(R.id.quiz_category)

    view.findViewById<Button>(R.id.start).setOnClickListener {
        // (3)
        val selected = categorySpinner.selectedItem.toString()
        listener.onQuizStart(selected)
    }

    AsyncTask.execute {
        // (4)
        var categories = db.quizDAO().getCategories().toMutableList()
        categories.add(0, "전부")

        activity?.runOnUiThread {
            // (5)
            val spinnerAdapter = ArrayAdapter<String>(activity!!, android.R.layout.simple_spinner_dropdown_item, categories)
            spinnerAdapter.setDropDownViewResource(android.R.layout.simple_spinner_dropdown_item)
            categorySpinner.adapter = spinnerAdapter
        }
    }

    return view
}
```

(1) 퀴즈 시작 리스너에 정의한 onQuizStart 메서드에 전달할 인자를 추가해서 **사용자가 선택한 카테고리 정보를 부모 프래그먼트로 전달**할 수 있도록 수정했습니다.

```kotlin
interface QuizStartListener { fun onQuizStart(category: String) }
```

(2) 퀴즈 시작 프래그먼트에서 카테고리 정보를 얻어오고 해당 정보를 기반으로 스피너에 포함할 옵션을 만들어야 하므로 데이터베이스 객체를 저장할 속성을 추가하고 초기화합니다.

(3) 시작 버튼을 누르면 스피너에서 선택된 카테고리 정보를 리스너의 메서드를 호출하며 전달합니다.

```
val selected = categorySpinner.selectedItem.toString()
listener.onQuizStart(selected)
```

(4) 카테고리 정보를 담을 리스트를 얻어오고 해당 리스트의 첫 번째 옵션으로 "전부" 옵션을 추가합니다. 해당 옵션을 선택할 경우 카테고리에 상관없이 저장된 모든 퀴즈를 풀 수 있게 합니다.

```
var categories = db.quizDAO().getCategories().toMutableList()
categories.add(0, "전부")
```

(5) 앞서 가져온 카테고리 정보를 기반으로 스피너에 필요한 설정을 완료합니다.

```
val spinnerAdapter = ArrayAdapter<String>(activity, android.R.layout.simple_spinner_dropdown_item, categories)
spinnerAdapter.setDropDownViewResource(android.R.layout.simple_spinner_dropdown_item)
categorySpinner.adapter = spinnerAdapter
```

이어서 리스너 인터페이스를 구현하는 QuizFragment 클래스의 내용도 변경합니다. onQuizStart 메서드를 통해 전달받은 카테고리 정보를 이용해 특정 카테고리에 포함된 퀴즈를 가져올 수 있게 수정합니다.

wikibook/learnandroid/quizquiz/QuizFragment.kt

```
override fun onQuizStart(category: String) {
    AsyncTask.execute {
        currentQuizIdx = 0
        correctCount = 0

        // 카테고리 정보에 따라 퀴즈 정보를 모두 조회하거나 특정 카테고리에 포함된 퀴즈 정보만 조회
        quizList = if(category == "전부") db.quizDAO().getAll() else db.quizDAO().getAll(category)

        childFragmentManager.beginTransaction().replace(R.id.fragment_container,
            QuizSolveFragment.newInstance(quizList[currentQuizIdx])).commit()
    }
}
```

퀴즈 목록 필터링 기능 추가

앞서 특정 카테고리에 포함된 문제만 풀 수 있도록 퀴즈 풀이 프래그먼트의 기능을 수정했습니다. 이번에는 퀴즈 목록 화면의 액션바에 메뉴를 추가해서 특정 카테고리에 포함된 퀴즈만 필터링한 후 목록을 표시할 수 있도록 구현하겠습니다.

먼저 **퀴즈 목록 화면의 액션바에 메뉴를 표시**해야 합니다. onCreateView 메서드 내부에서 메뉴를 보여주기 위해 호출하는 `setHasOptionsMenu` 메서드를 호출합니다.

wikibook/learnandroid/quizquiz/QuizListFragment.kt

```
override fun onCreateView(inflater: LayoutInflater, container: ViewGroup?, savedInstanceState: Bundle?): View? {
    val view = inflater.inflate(R.layout.quiz_list_fragment, container, false)

    // 액션바의 메뉴가 보이도록 setHasOptionsMenu 메서드를 호출
    setHasOptionsMenu(true)

    db = QuizDatabase.getInstance(context!!)

    // (.. 이후 코드 생략 ..)
```

이후 메뉴의 생성과 관련된 작업을 진행할 `onCreateOptionsMenu` 메서드와 메뉴가 선택되는 시점에 호출될 `onOptionsItemSelected` 메서드를 재정의합니다.

wikibook/learnandroid/quizquiz/QuizListFragment.kt

```
override fun onActivityResult(requestCode: Int, resultCode: Int, data: Intent?) {
    // ...
}

// 메뉴 생성과 관련된 작업을 진행할 onCreateOptionsMenu 메서드를 재정의
override fun onCreateOptionsMenu(menu: Menu, inflater: MenuInflater) {
    AsyncTask.execute {
        val categories = db.quizDAO().getCategories()

        activity?.runOnUiThread {
            // (1)
            val categoryMenu = menu.add("전부")
```

```kotlin
            categoryMenu.setIcon(android.R.drawable.ic_menu_view)
            categoryMenu.setShowAsAction(MenuItem.SHOW_AS_ACTION_ALWAYS)

            // (2)
            for(c in categories) {
                val categoryMenu = menu.add(c)
                categoryMenu.setShowAsAction(MenuItem.SHOW_AS_ACTION_NEVER)
            }
        }
    }

    true
}

// 메뉴를 선택한 이후 수행할 작업을 정의할 onOptionsItemSelected 메서드를 재정의
override fun onOptionsItemSelected(item: MenuItem): Boolean {
    AsyncTask.execute {
        // (3)
        val category = item.toString()
        if(category == "전부") {
            quizzes = db.quizDAO().getAll().toMutableList()
        } else {
            quizzes = db.quizDAO().getAll(category).toMutableList()
        }

        activity?.runOnUiThread {
            // (4)
            val adapter = QuizListAdapter(quizzes, this)
            recyclerView.swapAdapter(adapter, false)
        }
    }

    return true
}
```

(1) 코드를 이용해 메뉴를 동적으로 생성합니다. 인자를 통해 전달받은 **Menu** 객체의 **add** 메서드를 호출해서 필요한 메뉴를 추가합니다. 먼저 모든 퀴즈를 가져올 메뉴를 하나 추가합니다.

`setIcon` 메서드를 호출해서 상단 메뉴에 표시할 아이콘 이미지를 설정합니다. 이후 `setShowAsAction` 메서드를 호출해서 액션바에 해당 메뉴를 고정시킬지 여부를 설정합니다.

여기서는 `SHOW_AS_ACTION_ALWAYS` 상수를 전달해서 항상 액션바에 메뉴 아이템이 표시되도록 설정합니다.

```
val categoryMenu = menu.add("전부")
// 메뉴 아이콘으로 사용할 이미지 리소스를 지정
categoryMenu.setIcon(android.R.drawable.ic_menu_view)
// 메뉴 상단에 고정할지 여부를 설정
categoryMenu.setShowAsAction(MenuItem.SHOW_AS_ACTION_ALWAYS)
```

`setShowAsAction` 메서드에 전달할 수 있는 상수의 역할을 정리하면 다음과 같습니다.

상수	역할
SHOW_AS_ACTION_IF_ROOM	해당 메뉴를 표시할 수 있을만큼 충분한 공간이 있는 경우 메뉴를 상단 액션바에 추가합니다.
SHOW_AS_ACTION_WITH_TEXT	메뉴를 표시하면서 메뉴의 텍스트도 함께 표시합니다.
SHOW_AS_ACTION_ALWAYS	충분한 공간이 있는지 여부와 상관없이 메뉴를 상단 액션바에 추가합니다.
SHOW_AS_ACTION_NEVER	메뉴를 상단 액션바에 추가하지 않고 세 개의 점 아이콘(︙)으로 표시되는 오버플로우 메뉴에 추가합니다.

(2) 카테고리들은 모두 오버플로 메뉴에 추가될 수 있도록 `SHOW_AS_ACTION_NEVER` 상수를 전달합니다.

```
for(c in categories) {
    val categoryMenu = menu?.add(c)
    categoryMenu?.setShowAsAction(MenuItem.SHOW_AS_ACTION_NEVER)
}
```

(3) 전달받은 `MenuItem` 객체를 문자열로 변환해서 선택한 카테고리를 확인한 후 카테고리에 포함된 퀴즈 리스트를 반환받습니다.

```
val category = item.toString()
if(category == "전부") {
    quizzes = db.quizDAO().getAll().toMutableList()
} else {
    quizzes = db.quizDAO().getAll(category).toMutableList()
}
```

(4) 새 퀴즈 리스트를 이용한 어댑터를 생성하고 `swapAdapter` 메서드를 호출해서 새 어댑터 객체로 교체하는 작업을 진행합니다. 이후 RecyclerView에는 교체된 어댑터에 포함된 퀴즈 항목이 표시됩니다.

```kotlin
// 선택된 퀴즈 리스트를 이용해 새 어댑터 객체를 생성
val adapter = QuizListAdapter(quizzes, this)
// 어댑터 객체를 교체
recyclerView.swapAdapter(adapter, false)
```

이후 앱을 실행하고 퀴즈 목록 화면의 상단 액션바에 표시된 메뉴를 선택해 특정 카테고리에 포함된 퀴즈 목록이 출력되는지 여부를 확인합니다.

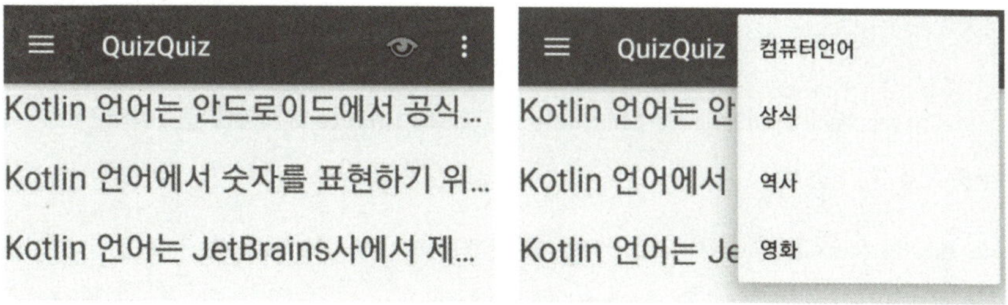

그림 5-15 메뉴가 표시된 액션바

> 🔍 상단 액션바의 여유 공간이 협소한 관계로 포함될 메뉴의 개수를 1개에서 2개 정도로 조정하는 것이 좋습니다. 당연히 가장 중요하고 빈번하게 사용되는 메뉴를 먼저 표시해야 합니다.

더 알아보기 _ 메뉴 리소스를 이용한 액션바 메뉴 생성

퀴즈 카테고리의 내용은 계속 바뀔 수 있는 정보이므로 여기서는 상단에 표시할 메뉴를 동적으로 생성했습니다. 만약 카테고리가 변경되지 않고 고정됐다고 가정할 수 있다면 다음과 같이 **메뉴 리소스를 이용해** 메뉴를 생성할 수 있습니다.

예제 5.22 상단 메뉴에 포함될 메뉴 리소스 정의   res/menu/quiz_list_menu.xml

```xml
<?xml version="1.0" encoding="utf-8"?>
<menu xmlns:app="http://schemas.android.com/apk/res-auto" xmlns:android="http://schemas.android.com/apk/res/android">

    <item android:id="@+id/quiz_list_all"
```

```xml
        android:title="전부"
        android:icon="@android:drawable/ic_menu_view"
        app:showAsAction="always"/>

    <item android:id="@+id/quiz_list_computer_language"
        android:title="컴퓨터언어"
        app:showAsAction="never"/>

    <item android:id="@+id/quiz_list_common_sense"
        android:title="상식"
        app:showAsAction="never"/>

</menu>
```

이후 onCreateOptionsMenu 메서드에서는 `MenuInflater` 객체의 `inflate` 메서드를 호출해서 정의한 메뉴 리소스에 포함된 메뉴를 모두 추가합니다.

```kotlin
override fun onCreateOptionsMenu(menu: Menu?, inflater: MenuInflater?) {
    inflater?.inflate(R.menu.quiz_list_menu, menu)
}
```

onOptionsItemSelected 메서드에서 메뉴에 부여한 식별자를 통해 선택한 메뉴에 따른 처리 작업을 진행할 수 있습니다.

```kotlin
override fun onOptionsItemSelected(item: MenuItem?): Boolean {
    AsyncTask.execute {
        when(item?.itemId) {
            // 부여할 메뉴 아이디를 이용해 메뉴에 따르는 처리를 진행
            R.id.quiz_list_all -> {
                quizzes = db.quizDAO().getAll().toMutableList()
            }
            else -> {
                val category = item.toString()
                quizzes = db.quizDAO().getAll(category).toMutableList()
            }
        }

        activity?.runOnUiThread {
            // ...
        }
```

```
        }

        return true
    }
```

퀴즈 풀이 화면의 타이머 기능 구현을 통한 제한 시간 설정

지금까지는 퀴즈를 풀 수 있는 시간이 무한정 주어졌기 때문에 퀴즈를 푸는 과정에서 긴장감이 없었습니다. 그리고 문제를 맞히거나 틀렸을 때 필요한 피드백도 제공하지 않았습니다.

이제 제한 시간을 둬서 시간이 지나면 정답을 맞히지 못한 것으로 처리해서 다음 퀴즈로 넘어갈 수 있게 하고 퀴즈를 맞히거나 틀렸을 때 적절한 효과음을 내도록 수정하겠습니다. 뽀모도로 프로젝트를 진행했을 때와 같이 **내부 타이머를 작동시켜 남은 제한 시간을 계산하고 SoundPool 객체로 효과음을 출력**해서 맞았는지 틀렸는지 여부에 대한 피드백을 주겠습니다.

먼저 효과음 파일을 저장할 raw 리소스 폴더를 생성하고 별도로 제공된 효과음 파일 두 개(correct.wav, incorrect.wav)를 폴더에 추가합니다.

퀴즈 풀이 프래그먼트의 레이아웃 파일을 수정해서 현재 퀴즈 풀이의 **전체 진행도를 보여줄 텍스트뷰와 남은 제한 시간을 표시할 진행바(ProgressBar)**를 추가합니다.

예제 5.23 진행 상황 및 제한 시간을 표시할 뷰 추가   res/layout/quiz_solve_fragment.xml

```xml
<?xml version="1.0" encoding="utf-8"?>
<ScrollView xmlns:android="http://schemas.android.com/apk/res/android"
    xmlns:app="http://schemas.android.com/apk/res-auto"
    android:layout_width="match_parent"
    android:layout_height="match_parent">

    <LinearLayout
        android:orientation="vertical"
        android:layout_width="match_parent"
        android:layout_height="match_parent">

        <!-- 발문 텍스트 뷰 위에 시간 정보를 보여줄 텍스트뷰와 진행바 추가 -->
        <TextView (1)
```

```xml
            android:id="@+id/quiz_progress"
            android:layout_width="match_parent"
            android:layout_height="wrap_content"
            android:gravity="center" />

        <ProgressBar ❷
            android:id="@+id/remain_time_bar"
            style="?android:attr/progressBarStyleHorizontal"
            android:layout_width="match_parent"
            android:layout_height="wrap_content"
            android:layout_alignParentBottom="true"
            android:progress="100" />

        <TextView
            android:id="@+id/question"
(.. 코드 생략 ..)
```

❶ 퀴즈 진행도를 보여주기 위한 텍스트뷰입니다. 해당 뷰를 통해 전체 퀴즈의 개수와 현재 풀고 있는 퀴즈의 순서를 보여주겠습니다.

❷ 수평 방향의 진행바를 보여주기 위한 스타일 속성을 지정합니다. progress 속성은 100으로 설정해서 처음에는 진행바가 모두 차 있는 상태로 시작할 수 있게 합니다. 나중에 코드를 통해 시간이 지남에 따라 해당 진행바의 길이를 조금씩 줄여나갈 수 있도록 구현하겠습니다.

퀴즈 풀이 프래그먼트 내용은 다음과 같이 수정합니다.

wikibook/learnandroid/quizquiz/QuizSolveFragment.kt

```kotlin
class QuizSolveFragment : Fragment() {
    interface QuizSolveListener { fun onAnswerSelected(isCorrect: Boolean) }
    lateinit var listener : QuizSolveListener
    lateinit var quiz : Quiz

    // ❶
    lateinit var timer : Timer
    val MAX_REMAIN_TIME = 10 * 1000
    var remainTime = MAX_REMAIN_TIME

    // ❷
```

```kotlin
    lateinit var soundPool : SoundPool
    var soundVolume : Float = 0.5F
    var correctAnswerSoundId : Int = 0
    var incorrectAnswerSoundId : Int = 0

    override fun onAttach(context: Context) {
        super.onAttach(context)

        if(parentFragment is QuizSolveFragment.QuizSolveListener) {
            listener = parentFragment as QuizSolveFragment.QuizSolveListener
        } else {
            throw Exception("QuizSolveListener 미구현")
        }
    }

    companion object {
        // ⑼
        fun newInstance(quiz: Quiz, currentQuizIdx: Int, totalQuizCount : Int) : QuizSolveFragment {
            val fragment = QuizSolveFragment()

            val args = Bundle()
            args.putParcelable("quiz", quiz)

            // ⑼
            args.putInt("currentQuizIdx", currentQuizIdx)
            args.putInt("totalQuizCount", totalQuizCount)

            fragment.arguments = args

            return fragment
        }
    }

    override fun onCreateView(inflater: LayoutInflater, container: ViewGroup?, savedInstanceState: Bundle?): View? {
        val view = inflater.inflate(R.layout.quiz_solve_fragment, container, false)

        val remainTimeBar = view.findViewById<ProgressBar>(R.id.remain_time_bar)
```

```kotlin
        // (3)
        soundPool = SoundPool.Builder().build()
        correctAnswerSoundId = soundPool.load(context, R.raw.correct, 1)
        incorrectAnswerSoundId = soundPool.load(context, R.raw.incorrect, 1)

        // (4)
        val currentQuizIdx = arguments?.getInt("currentQuizIdx")
        val totalQuizCount = arguments?.getInt("totalQuizCount")
        view.findViewById<TextView>(R.id.quiz_progress).text =
"${currentQuizIdx}/${totalQuizCount}"

        // (5)
        timer = Timer()
        timer?.schedule(object : TimerTask() {
            override fun run() {
                // (6)
                remainTime -= 1000
                remainTimeBar.progress = ((remainTime / MAX_REMAIN_TIME.toDouble()) * 100).toInt()

                // (7)
                if(remainTime <= 0) {
                    timer.cancel()
                    soundPool.play(incorrectAnswerSoundId, soundVolume, soundVolume, 1, 0, 1f)
                    activity?.runOnUiThread { listener.onAnswerSelected(false) }
                }
            }
        }, 0, 1000)

        quiz = arguments?.getParcelable("quiz")!!
        view.findViewById<TextView>(R.id.question).text = quiz.question

        val choices = view.findViewById<ViewGroup>(R.id.choices)

        // (8)
        val answerSelectListener = View.OnClickListener {
            timer.cancel()
            val guess = (it as Button).text.toString()

            if(quiz.answer == guess) {
```

```
            soundPool.play(correctAnswerSoundId, soundVolume, soundVolume, 1, 0, 1f)
            listener.onAnswerSelected(true)
        } else {
            soundPool.play(incorrectAnswerSoundId, soundVolume, soundVolume, 1, 0, 1f)
            listener.onAnswerSelected(false)
        }
    }

    when {
        // ...
    }

    return view
}
```

(1) 타이머 속성을 추가하고 퀴즈 풀이 시간을 10초로 지정합니다. 남은 시간을 저장할 remainTime 변수는 이후 퀴즈 풀이 제한 시간이 모두 소진됐는지 여부를 파악하기 위해 사용합니다.

```
lateinit var timer : Timer
val MAX_REMAIN_TIME = 10 * 1000
var remainTime = MAX_REMAIN_TIME
```

(2) 재생할 효과음과 관련된 객체 및 효과음 재생과 관련된 속성을 추가합니다.

```
lateinit var soundPool : SoundPool
var soundVolume : Float = 0.5F
var correctAnswerSoundId : Int = 0
var incorrectAnswerSoundId : Int = 0
```

(3) SoundPool 객체를 생성하고 효과음을 불러온 후 효과음을 식별하기 위한 식별자 변수를 모두 초기화합니다.

```
soundPool = SoundPool.Builder().build()
correctAnswerSoundId = soundPool.load(context, R.raw.correct, 1)
incorrectAnswerSoundId = soundPool.load(context, R.raw.incorrect, 1)
```

(4) 프래그먼트를 생성하는 과정에서 전달받은 퀴즈의 총 개수와 현재 퀴즈의 순서 정보를 퀴즈 진행도 텍스트뷰에 출력합니다.

```
val currentQuizIdx = arguments?.getInt("currentQuizIdx")
val totalQuizCount = arguments?.getInt("totalQuizCount")
view.findViewById<TextView>(R.id.quiz_progress).text = "${currentQuizIdx}/${totalQuizCount}"
```

(5) 타이머 객체를 생성하고 시작해서 1초에 한 번씩 run 메서드를 수행하게 합니다.

```
timer = Timer()
timer?.schedule(object : TimerTask() {
    override fun run() {
        // ...
    }
}, 0, 1000)
```

(6) 밀리초 단위의 남은 시간 변숫값을 1초(1000)만큼 감소시킵니다. 남은 시간과 주어진 시간의 비율을 계산해서 진행바의 progress 속성값을 설정합니다. remainTime 값이 감소할수록 진행바의 길이 또한 줄어듭니다.

```
remainTime -= 1000
remainTimeBar.progress = ((remainTime / MAX_REMAIN_TIME.toDouble()) * 100).toInt()
```

(7) 제한 시간이 모두 소진되면 타이머를 중지하고 퀴즈 풀이에 실패한 것으로 처리합니다.

```
if(remainTime <= 0) {
    timer.cancel()
    soundPool.play(incorrectAnswerSoundId, soundVolume, soundVolume, 1, 0, 1f)
    activity?.runOnUiThread { listener.onAnswerSelected(false) }
}
```

(8) 정답을 선택했으므로 더는 타이머가 작동하지 않도록 cancel 메서드를 호출하고 상황에 걸맞는 효과음을 재생합니다.

```
val answerSelectListener = View.OnClickListener {
    // 정답을 선택한 이후 타이머 작동을 취소
    timer.cancel()
```

```kotlin
        val guess = (it as Button).text.toString()

        if(quiz.answer == guess) {
            // 문제를 맞혔을 때 들려줄 효과음을 재생
            soundPool.play(correctAnswerSoundId, soundVolume, soundVolume, 1, 0, 1f)
            listener.onAnswerSelected(true)
        } else {
            // 문제를 틀렸을 때 들려줄 효과음을 재생
            soundPool.play(incorrectAnswerSoundId, soundVolume, soundVolume, 1, 0, 1f)
            listener.onAnswerSelected(false)
        }
    }
```

(9) newInstance 함수를 수정해서 총 퀴즈 개수와 현재 퀴즈의 순서 정보를 받을 수 있도록 인자 정보를 수정합니다. 동시에 퀴즈 객체 정보 외에도 **총 퀴즈 개수와 현재 퀴즈의 순서 정보도 번들 객체에 포함**할 수 있도록 수정합니다.

```kotlin
// newInstance 함수에 전달할 인자의 정보를 수정
fun newInstance(quiz: Quiz, currentQuizIdx: Int, totalQuizCount : Int) : QuizSolveFragment {
    val fragment = QuizSolveFragment()

    val args = Bundle()
    args.putParcelable("quiz", quiz)

    // 번들 객체에 정보를 추가
    args.putInt("currentQuizIdx", currentQuizIdx)
    args.putInt("totalQuizCount", totalQuizCount)

    fragment.arguments = args

    return fragment
}
```

이후 퀴즈 프래그먼트에서 퀴즈 풀이 프래그먼트 객체를 생성할 때 진행 상황과 관련된 정보를 전달할 수 있게 수정합니다.

onQuizStart 메서드 내부에서는 첫 번째 퀴즈를 풀기 위한 프래그먼트를 생성하고 있으므로 현재 순서값으로 1을 전달합니다. 동시에 퀴즈 리스트의 크기도 전달합니다.

wikibook/learnandroid/quizquiz/QuizFragment.kt

```kotlin
override fun onQuizStart(category: String) {
    AsyncTask.execute {
        currentQuizIdx = 0
        correctCount = 0

        quizList = if(category == "전부") db.quizDAO().getAll() else db.quizDAO().getAll(category)

        childFragmentManager.beginTransaction().replace(R.id.fragment_container,
            // 퀴즈 객체와 현재 순서 및 퀴즈의 총 개수를 전달
            QuizSolveFragment.newInstance(quizList[currentQuizIdx], 1, quizList.size)
        ).commit()
    }
}
```

onAnswerSelected 메서드 내부에서 퀴즈 풀이 프래그먼트를 생성하는 시점에도 현재 퀴즈 순서(currentQuizIdx)를 넘길 수 있도록 수정합니다. 단, 해당 인덱스 값은 0부터 시작하므로 1을 더해서 순서 값을 조정합니다.

wikibook/learnandroid/quizquiz/QuizFragment.kt

```kotlin
override fun onAnswerSelected(isCorrect: Boolean) {
    if(isCorrect) correctCount++

    currentQuizIdx++

    if(currentQuizIdx == quizList.size) {
        childFragmentManager.beginTransaction().replace(R.id.fragment_container,
QuizResultFragment.newInstance(correctCount, quizList.size)).commit()
    } else {
        childFragmentManager.beginTransaction().replace(R.id.fragment_container,
            // 퀴즈 객체와 현재 순서 및 퀴즈의 총 개수를 전달
            QuizSolveFragment.newInstance(quizList[currentQuizIdx], currentQuizIdx + 1, quizList.size)
        ).commit()
    }
}
```

마지막으로 좀 더 몰입감 있게 퀴즈를 풀도록 퀴즈 풀이를 시작하는 시점에 액션바를 숨기고 퀴즈 풀이가 다 끝난 시점에 다시 액션바를 표시하도록 수정하겠습니다.

퀴즈 프래그먼트의 onQuizStart 메서드에서 퀴즈 풀이가 시작되면 곧바로 액션바 객체의 hide 메서드를 호출해 액션바를 숨깁니다.

wikibook/learnandroid/quizquiz/QuizFragment.kt
```kotlin
override fun onQuizStart(category: String) {
    // 퀴즈 풀이가 시작됐으므로 액션바를 숨기도록 hide 메서드를 호출
    (activity as AppCompatActivity).supportActionBar?.hide()

    AsyncTask.execute {
    // (.. 이후 코드 생략 ..)
```

이후 퀴즈 프래그먼트의 onAnswerSelected 메서드에서 퀴즈 풀이가 모두 끝난 시점에 액션바 객체의 show 메서드를 호출해서 다시 액션바를 보여주도록 수정합니다.

wikibook/learnandroid/quizquiz/QuizFragment.kt
```kotlin
override fun onAnswerSelected(isCorrect: Boolean) {
    if(isCorrect) correctCount++

    currentQuizIdx++

    if(currentQuizIdx == quizList.size) {
        // 퀴즈 풀이가 모두 끝났으므로 액션바를 다시 보여주도록 show 메서드를 호출
        (activity as AppCompatActivity).supportActionBar?.show()
        childFragmentManager.beginTransaction().replace(R.id.fragment_container,
QuizResultFragment.newInstance(correctCount, quizList.size)).commit()
    } else {
    // (.. 이후 코드 생략 ..)
```

이후 앱을 실행해 퀴즈 풀이 화면에서 진행 정보가 표시되는지 여부와 내부 타이머의 정상 작동 여부를 확인합니다.

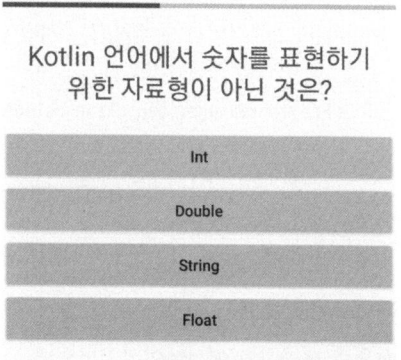

그림 5-16 퀴즈 진행 상황과 진행바가 포함된 퀴즈 풀이 화면

UI 개선

이전 프로젝트와 마찬가지로 기능 구현이 완료됐으므로 사용자 인터페이스를 개선하는 작업을 진행해보겠습니다.

프래그먼트 전환 애니메이션 추가

먼저 퀴즈 프래그먼트의 내용을 수정해서 **프래그먼트를 전환하는 시점마다 애니메이션을 적용**하겠습니다.

wikibook/learnandroid/quizquiz/QuizFragment.kt

```kotlin
override fun onCreateView(inflater: LayoutInflater, container: ViewGroup?, savedInstanceState: Bundle?): View? {
    val view = inflater.inflate(R.layout.quiz_fragment, container, false)

    db = QuizDatabase.getInstance(context!!)

    // (1)
    childFragmentManager.beginTransaction()
        .setCustomAnimations(android.R.anim.fade_in, android.R.anim.fade_out)
        .replace(R.id.fragment_container, QuizStartFragment()).commit()

    return view
}
```

(1) FragmentTransaction 클래스에서 제공하는 **setCustomAnimations** 메서드를 호출해 해당 트랜잭션을 통해 변경될 프래그먼트 내용에 애니메이션을 적용합니다.

첫 번째 인자는 프래그먼트가 생성되어 부착되는 시점에 적용할 애니메이션 리소스의 식별자이며, 두 번째 인자는 프래그먼트가 제거되는 시점에 적용할 애니메이션 리소스의 식별자입니다.

```kotlin
childFragmentManager.beginTransaction()
    .setCustomAnimations(android.R.anim.fade_in, android.R.anim.fade_out)
    .replace(R.id.fragment_container, QuizStartFragment()).commit()
```

이후 퀴즈 시작 프래그먼트가 추가되는 시점에 페이드인 효과가, 프래그먼트가 교체되어 제거되는 시점에 **페이드아웃 효과가 발생**합니다. 여기서는 따로 애니메이션 리소스를 정의하지 않고 안드로이드에서 기본적으로 제공하는 애니메이션 리소스를 사용합니다.

안드로이드에서 제공하는 기본 페이드인 애니메이션 리소스 파일(fade_in.xml)의 내용은 다음과 같습니다.

fade_in.xml

```xml
<?xml version="1.0" encoding="utf-8"?>
<alpha xmlns:android="http://schemas.android.com/apk/res/android"
    android:interpolator="@interpolator/decelerate_quad"
    android:fromAlpha="0.0"
    android:toAlpha="1.0"
    android:duration="@android:integer/config_longAnimTime" />
```

alpha 요소를 추가해서 대상 뷰의 투명도 값을 0부터 1까지 변경하도록 정의한 것을 확인할 수 있습니다.

> 🔍 setCustomAnimations 메서드는 add, replace와 같이 프래그먼트를 화면에 추가하거나 교체하는 작업을 진행할 메서드를 호출하기 전에 미리 호출해야 합니다.

onAnswerSelected 메서드 내부에서 퀴즈 풀이 프래그먼트를 교체하는 코드도 setCustomAnimations 메서드를 미리 호출해주도록 수정합니다.

여기서는 slide_in_left, slide_out_right 식별자를 전달해서 프래그먼트가 추가되는 시점에 왼쪽에서 오른쪽으로 슬라이딩 효과를 적용하고 교체되는 시점에는 오른쪽으로 슬라이딩되며 자연스럽게 사라지도록 변경했습니다.

wikibook/learnandroid/quizquiz/QuizFragment.kt

```kotlin
override fun onAnswerSelected(isCorrect: Boolean) {
    if(isCorrect) correctCount++

    currentQuizIdx++

    if(currentQuizIdx == quizList.size) {
        // ...
    } else {
        childFragmentManager.beginTransaction()
            .setCustomAnimations(android.R.anim.slide_in_left, android.R.anim.slide_out_right)
            .replace(R.id.fragment_container,
                QuizSolveFragment.newInstance(quizList[currentQuizIdx], currentQuizIdx + 1,
```

```
quizList.size)
            ).commit()
    }
}
```

이후 앱을 실행해 앞에서 적용한 애니메이션이 재생되는지 여부를 확인합니다.

커스텀 폰트 적용

이어서 안드로이드에서 **기본적으로 제공하는 폰트가 아닌 커스텀 폰트를 적용**하는 방법을 알아보겠습니다.

가장 먼저 필요한 준비물은 커스텀 폰트 파일입니다. 안드로이드에서는 일반적으로 널리 사용되는 폰트 포맷인 TTF, OTF 형식 파일을 모두 지원합니다. 이번 프로젝트를 진행하는 과정에서는 모바일 게임인 쿠키런에 사용되고 있는 폰트를 사용하겠습니다. 다음 사이트에 접속해 OTF 형식의 폰트를 내려받습니다.

- https://www.cookierunfont.com

꼭 해당 폰트가 아니어도 무료로 사용할 수 있는 폰트를 제공하는 사이트는 많기 때문에 원하는 폰트를 찾아서 사용해도 상관은 없습니다.

이후 res 폴더에 마우스 오른쪽 버튼을 클릭해 [New] → [Android Resource Directory] 메뉴를 선택한 후 [Resource type]을 [font]로 지정해 폰트 파일을 저장하기 위한 리소스 폴더를 생성합니다.

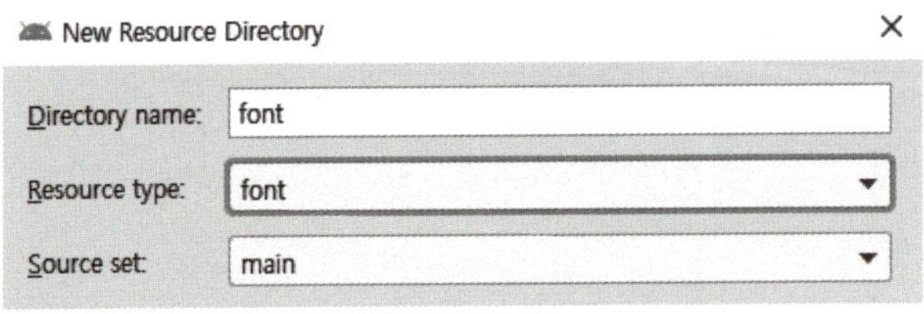

그림 5-17 폰트 리소스 폴더 생성

이후 해당 폴더에 사용할 폰트 파일을 추가합니다. 단, 리소스 파일의 이름을 지을 때 소문자, 언더스코어, 숫자만 사용할 수 있기 때문에 폰트 파일의 이름을 `cookierun_bold`와 같이 **소문자만을 사용한 이름으로 바꾼 후 추가**해야 합니다.

추가한 폰트를 적용하기 위해 다음과 같이 `fontFamily` 속성에 **폰트 리소스 식별자를 적용**합니다.

예제 5.24 폰트 리소스 적용   res/layout/quiz_solve_fragment.xml

```xml
<TextView
    android:id="@+id/question"
    android:layout_width="match_parent"
    android:layout_height="wrap_content"
    android:gravity="center"
    android:paddingTop="20dp"
    android:paddingBottom="20dp"
    android:textSize="24sp"
    android:fontFamily="@font/cookierun_bold" />
```

발문을 보여주는 텍스트뷰에 커스텀 폰트를 적용했습니다. 해당 폰트를 적용한 후의 퀴즈 풀이 화면은 다음과 같습니다.

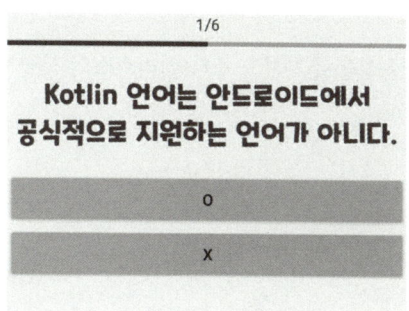

그림 5-18 커스텀 폰트가 적용된 퀴즈 풀이 화면

발문 텍스트뷰뿐만 아니라 추가한 폰트를 선택지 버튼에도 적용하겠습니다.

선택지 버튼에 폰트를 적용하는 과정에서 스타일 리소스를 사용해 해당 버튼에 필요한 모든 중복되는 내용을 통합해서 관리하는 방법도 알아보겠습니다. 웹 페이지에 스타일을 적용하기 위해 사용하는 CSS와 비슷하게 **안드로이드에서는 뷰의 스타일 속성을 정의하기 위한 스타일 리소스를 제공**합니다. 스타일 리소스를 뷰에 적용하면 같은 스타일을 적용하기 위해 작성해야 할 중복 코드를 상당 부분 줄일 수 있습니다.

필요한 스타일 리소스는 values 폴더 내부의 styles.xml 파일에 정의합니다. 여기서는 MyTextViewStyleParent이라는 이름을 부여한 style 요소에 두 개의 속성을 정의한 item 요소를 추가했습니다. 이제 이 스타일을 적용한 뷰는 모두 같은 스타일(텍스트 색상, 텍스트 스타일)을 공유하게 됩니다.

```xml
<style name="MyTextViewStyleParent">
    <item name="android:textColor">#F00</item>
    <item name="android:textStyle">italic</item>
</style>
```

기존 스타일을 상속받는 새로운 스타일을 정의할 수도 있습니다. 이 경우 style 요소에 **parent** 속성을 추가한 후 속성값을 상속받을 스타일의 이름을 지정합니다. 필요하다면 상속을 받은 스타일 속성을 재정의할 수도 있습니다. 아래 예에서는 **textStyle** 속성을 재정의해서 이탤릭이 아닌 볼드체를 적용합니다.

```xml
<!-- 부모로부터 상속받은 속성 재정의 가능 -->
<style name="MyTextViewStyle" parent="MyTextViewStyleParent">
    <item name="android:textSize">26sp</item>
    <item name="android:textStyle">bold</item>
</style>
```

스타일을 적용하려면 뷰에 **style** 속성을 추가하고 스타일 리소스의 식별자를 속성값으로 지정합니다.

```xml
<TextView
    style="@style/MyTextViewStyle"
    android:layout_width="wrap_content"
    android:layout_height="wrap_content"
    android:text="Hello World!" />
```

이제 해당 텍스트뷰는 MyTextViewStyle 스타일에 적용된 여러 스타일 속성을 적용받습니다. 만약 스타일 리소스에 포함된 속성 중 뷰에 적용할 수 없는 속성이 있다면 해당 속성은 무시됩니다.

이제 본격적으로 선택지 버튼에 적용할 스타일 요소를 정의하기 위해 스타일 리소스 파일에 다음과 같이 새로운 스타일 요소를 추가하겠습니다.

예제 5.25 공통 속성 정보가 포함될 스타일 리소스 정의   res/values/styles.xml

```xml
<resources>
    <style name="AppTheme" parent="Theme.AppCompat.Light.DarkActionBar">
        <item name="colorPrimary">@color/colorPrimary</item>
        <item name="colorPrimaryDark">@color/colorPrimaryDark</item>
        <item name="colorAccent">@color/colorAccent</item>
    </style>

    <!-- 버튼에 사용할 스타일 정의 및 공통 속성 추가 -->
```

```xml
<style name="AnswerButtonStyle"> (1)
    <item name="android:background">@drawable/answer_choice_button_bg</item>
    <item name="android:fontFamily">@font/cookierun_bold</item>
    <item name="android:textSize">26sp</item>
    <item name="android:gravity">center</item>
    <item name="android:textColor">#000000</item>
</style>
</resources>
```

(1) 정답 버튼에 사용할 스타일 요소를 추가했습니다. 이후 해당 스타일을 적용한 버튼들은 모두 같은 스타일 속성값을 적용받게 됩니다. 또한 외곽선과 둥근 모서리를 가진 사각형을 이용해 버튼의 배경을 구성하기 위해 배경 리소스를 사용합니다.

배경 리소스 파일의 내용은 다음과 같습니다.

예제 5.26 버튼 배경으로 활용될 드로어블 리소스 정의   res/drawable/answer_choice_button_bg.xml

```xml
<?xml version="1.0" encoding="utf-8"?>
<shape xmlns:android="http://schemas.android.com/apk/res/android"
    android:shape="rectangle">
    <padding android:left="7dp" android:top="7dp" android:right="7dp" android:bottom="7dp" />
    <stroke android:width="2dp" android:color="#000000" />
    <corners android:radius="20dp" />
</shape>
```

shape 요소를 추가해서 버튼의 모양이 사각형 모양으로 표시되게 하고 padding 요소를 적용해 안쪽 여백 공간의 크기를 설정합니다. stroke 요소를 통해 선 두께와 색상을 정의하고 corners 요소를 통해 사각형의 둥글기 정도를 조절합니다.

이후 버튼 뷰의 내용을 정의할 레이아웃 리소스를 새로 생성한 후 앞에서 추가한 스타일을 적용합니다.

예제 5.27 배경 드로어블 리소스 적용   res/layout/answer_choice_button.xml

```xml
<?xml version="1.0" encoding="utf-8"?>
<Button xmlns:android="http://schemas.android.com/apk/res/android"
    style="@style/AnswerButtonStyle"
    android:layout_width="match_parent"
    android:layout_height="wrap_content"
    android:layout_marginLeft="10dp"
    android:layout_marginRight="10dp"
```

```
        android:layout_marginTop="5dp"
        android:layout_marginBottom="5dp" />
```

이후 퀴즈 풀이 프래그먼트에서 퀴즈 타입에 따라 버튼을 동적 생성하는 부분을 수정해서 앞에서 정의한 레이아웃 파일을 통해 생성한 버튼을 뷰그룹에 추가합니다.

wikibook/learnandroid/quizquiz/QuizSolveFragment.kt

```kotlin
when {
    quiz.type == "ox" -> {
        for(sign in listOf("o", "x")) {
            // (1)
            val btn = inflater.inflate(R.layout.answer_choice_button, choices, false) as Button
            btn.text = sign
            btn.setOnClickListener(answerSelectListener)
            choices.addView(btn)
        }
    }
    quiz.type == "multiple_choice" -> {
        for(guess in quiz.guesses!!) {
            // (1)
            val btn = inflater.inflate(R.layout.answer_choice_button, choices, false) as Button
            btn.text = guess
            btn.isAllCaps = false
            btn.setOnClickListener(answerSelectListener)
            choices.addView(btn)
        }
    }
}
```

(1) inflate 메서드를 호출해서 버튼 객체를 생성합니다. 버튼 객체에 필요한 설정이 모두 끝난 직후 addView 메서드를 호출해서 뷰를 직접 추가하고 있으므로 여기서 마지막 인자(부모 뷰에 뷰를 부착할지 여부)로는 false를 전달합니다.

```kotlin
val btn = inflater.inflate(R.layout.answer_choice_button, choices, false) as Button
```

이후 앱을 실행해 선택지 버튼에 적용한 스타일이 제대로 적용되는지 여부를 확인합니다.

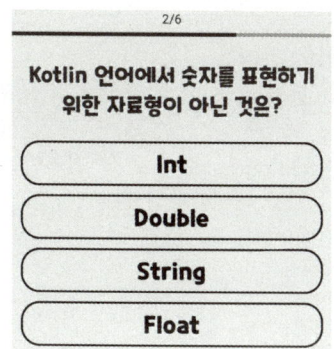

그림 5-19 스타일이 적용된 버튼을 추가한 퀴즈 풀이 화면

퀴즈 결과 프래그먼트 화면 수정

지금까지 퀴즈 결과 프래그먼트를 통해서는 문제의 총 개수와 맞힌 문제의 개수만 보여줬습니다.

이제 해당 프래그먼트에서 결과에 따르는 적절한 평가 코멘트와 평점바(RatingBar)를 보여주고 평점바에 표시될 별의 개수를 통해 어느 정도의 성취를 이뤘는지 시각적으로 바로 알 수 있도록 수정하겠습니다.

먼저 레이아웃 파일의 내용을 다음과 같이 수정합니다.

예제 5.28 평가 코멘트와 총 평점을 보여줄 뷰 추가   res/layout/quiz_result_fragment.xml

```xml
<?xml version="1.0" encoding="utf-8"?>
<LinearLayout xmlns:android="http://schemas.android.com/apk/res/android"
    android:orientation="vertical"
    android:layout_width="match_parent"
    android:layout_height="match_parent">

    <!-- 평점바 추가 -->
    <RatingBar (1)
        android:id="@+id/score_star"
        style="@style/Widget.AppCompat.RatingBar"
        android:layout_width="wrap_content"
        android:layout_height="wrap_content"
        android:layout_gravity="center"
        android:isIndicator="true"
        android:numStars="5"
        android:layout_marginTop="100dp" />
```

```xml
<TextView (2)
    android:id="@+id/result_text"
    android:layout_width="match_parent"
    android:layout_height="wrap_content"
    android:fontFamily="@font/cookierun_bold"
    android:textSize="36sp"
    android:gravity="center" />

<TextView
    android:id="@+id/score"
(.. 코드 생략 ..)
```

(1) 평점바를 추가하고 평점바와 관련되어 미리 정의된 스타일을 적용해 가장 크기가 큰 평점바를 표시합니다. 여기서는 평가 기능을 제공하는 것이 목적이 아니고 단순히 별점을 보여주는 용도로만 사용할 것이므로 **isIndicator** 속성은 **true**로 설정해 사용자와의 상호작용이 이뤄지지 않게 합니다.

numStars 속성은 최대로 표시할 수 있는 별의 개수를 지정하기 위해 사용합니다. 여기서는 총 다섯 개의 별을 보여주겠습니다.

> 🔍 좀 더 작은 평점바를 표시하기 위해서는 다른 스타일(@style/Widget.AppCompat.RatingBar.Small)을 적용할 수도 있습니다.

(2) 결과를 요약해서 보여줄 평가 코멘트 텍스트뷰입니다. 이어서 퀴즈 결과 프래그먼트의 onCreateView 메서드의 내용을 다음과 같이 수정합니다.

wikibook/learnandroid/quizquiz/QuizResultFragment.kt

```kotlin
override fun onCreateView(inflater: LayoutInflater, container: ViewGroup?, savedInstanceState: Bundle?): View? {
    val view = inflater.inflate(R.layout.quiz_result_fragment, container, false)

    val correctCount = arguments?.getInt("correctCount")
    val totalQuizCount = arguments?.getInt("totalQuizCount")
    view.findViewById<TextView>(R.id.score).text = "${correctCount} / ${totalQuizCount}"

    // (1)
    val correctRate = correctCount!!.toDouble() / totalQuizCount!!.toDouble()
    val resultText = view.findViewById<TextView>(R.id.result_text)
```

```kotlin
    var ratingStarNum : Int

    // (2)
    resultText.text = when {
        correctRate == 1.0 -> {
            ratingStarNum = 5
            "Perfect"
        }
        correctRate >= 0.7 -> {
            ratingStarNum = 4
            "Excellect"
        }
        correctRate >= 0.5 -> {
            ratingStarNum = 3
            "Good"
        }
        else -> {
            ratingStarNum = 2
            "Not Bad"
        }
    }

    // (3)
    view.findViewById<RatingBar>(R.id.score_star).rating = ratingStarNum.toFloat()

    view.findViewById<Button>(R.id.retry).setOnClickListener {
        listener.onRetry()
    }

    return view
}
```

(1) 문제의 총 개수와 맞힌 퀴즈 개수를 이용해 퀴즈를 맞힌 비율을 계산합니다.

```kotlin
val correctRate = correctCount!!.toDouble() / totalQuizCount!!.toDouble()
val resultText = view.findViewById<TextView>(R.id.result_text)
var ratingStarNum : Int
```

(2) 비율에 따라 적절히 등급을 조정하고 등급에 따른 평가 코멘트 문자열을 결과 텍스트뷰를 통해 출력합니다.

```
resultText.text = when {
    correctRate == 1.0 -> {
        ratingStarNum = 5
        "Perfect"
    }
    correctRate >= 0.7 -> {
        ratingStarNum = 4
        "Excellect"
    }
    correctRate >= 0.5 -> {
        ratingStarNum = 3
        "Good"
    }
    else -> {
        ratingStarNum = 2
        "Not Bad"
    }
}
```

(3) rating 속성을 수정해서 별의 총 개수를 조절합니다. 단, 평점바는 소수점이 포함된 숫자(예: 4.5)도 대입할 수 있도록 만들어졌기 때문에 해당 값에는 소수점 타입(Float 타입)의 값을 대입해야 합니다.

```
view.findViewById<RatingBar>(R.id.score_star).rating = ratingStarNum.toFloat()
```

이후 앱을 실행해 퀴즈를 맞힌 개수에 따라 평점바의 평점이 제대로 반영되는지 여부와 평점에 따르는 평가 코멘트가 출력되는지 여부를 확인합니다.

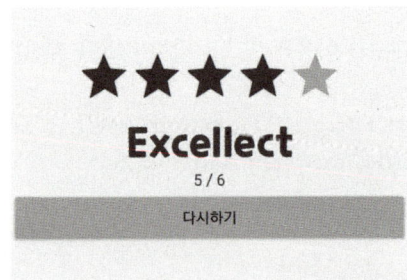

그림 5-20 평점바가 추가된 퀴즈 결과 화면

카드뷰 활용

카드뷰는 말 그대로 카드 모양으로 생긴 뷰그룹입니다. 다음은 구글 공식 사이트에서 확인할 수 있는 카드뷰가 적용된 예시 화면입니다.

그림 5-21 카드뷰가 적용된 레이아웃

카드뷰에 적용할 수 있는 고유의 스타일 속성 몇 개만 추가해서 예시 화면과 같이 카드 모서리의 둥근 정도와 그림자의 진하기 정도를 조절할 수 있습니다. 동시에 카드 뷰를 적용하면 앱의 전반적인 사용자 인터페이스에서 통일감을 줄 수 있습니다.

이후 발문을 표시할 텍스트뷰가 카드뷰에 포함될 수 있게 수정하고 동시에 정답 여부에 따라 피드백을 위해 표시할 이미지뷰를 카드뷰에 추가하겠습니다.

퀴즈 풀이 프래그먼트 화면의 레이아웃을 다음과 같이 수정합니다.

예제 5.29 카드뷰 적용   res/layout/quiz_solve_fragment.xml

```
<ProgressBar
    android:id="@+id/remain_time_bar"
    style="?android:attr/progressBarStyleHorizontal"
    android:layout_width="match_parent"
    android:layout_height="wrap_content"
    android:layout_alignParentBottom="true"
```

```xml
        android:progress="100"/>

    <!-- 카드뷰 추가 -->
    <androidx.cardview.widget.CardView (1)
        android:layout_width="match_parent"
        android:layout_height="wrap_content"
        android:layout_margin="10dp"
        app:cardCornerRadius="20dp"
        app:cardElevation="6dp">

        <RelativeLayout (2)
            android:layout_width="match_parent"
            android:layout_height="match_parent"
            android:minHeight="200dp"
            android:padding="10dp"
            android:background="@drawable/card_gradient">

            <TextView (3)
                android:id="@+id/question"
                android:layout_width="match_parent"
                android:layout_height="wrap_content"
                android:gravity="center"
                android:paddingTop="20dp"
                android:paddingBottom="20dp"
                android:textSize="24sp"
                android:fontFamily="@font/cookierun_bold"
                android:textColor="#FFFFFF"
                android:layout_centerInParent="true" />

            <ImageView (4)
                android:id="@+id/answer_feedback_image"
                android:layout_width="100dp"
                android:layout_height="100dp"
                android:layout_centerInParent="true"
                android:scaleX="1.0"
                android:scaleY="1.0"
                android:alpha="0.0" />

        </RelativeLayout>
```

```xml
</androidx.cardview.widget.CardView>

<LinearLayout
    android:id="@+id/choices"
    android:orientation="vertical"
    android:layout_width="match_parent"
    android:layout_height="wrap_content">
</LinearLayout>
```

(1) 카드뷰를 추가합니다. 카드뷰에 적용할 속성은 app 네임스페이스를 통해 접근합니다. 이때 **cardCornerRadius** 속성값을 조정해 카드 모서리의 둥글기 정도를 조절할 수 있습니다. 또한 **cardElevation** 속성값을 조정해 카드 그림자의 진하기 정도를 조절할 수 있습니다. cardElevation 속성에 낮은 속성값을 적용할수록 더 옅은 그림자를 보여줍니다.

(2) 카드뷰의 내용을 채울 뷰그룹을 추가하고 그러데이션 배경을 적용합니다. 적용할 그러데이션 드로어블 파일의 내용은 다음과 같습니다.

res/drawable/card_gradient.xml

```xml
<?xml version="1.0" encoding="utf-8"?>
<shape xmlns:android="http://schemas.android.com/apk/res/android">
    <gradient
        android:angle="270"
        android:startColor="@color/cardGradientFrom"
        android:endColor="@color/cardGradientTo"
        android:type="linear" />
</shape>
```

이후 사용할 그러데이션 색상을 색상 리소스 파일에 추가합니다.

res/values/colors.xml

```xml
<?xml version="1.0" encoding="utf-8"?>
<resources>
    <color name="colorPrimary">#008577</color>
    <color name="colorPrimaryDark">#00574B</color>
    <color name="colorAccent">#D81B60</color>

    <!-- 카드뷰 배경으로 사용할 색상 추가 -->
```

```xml
    <color name="cardGradientFrom">#037FFC</color>
    <color name="cardGradientTo">#0064C9</color>
</resources>
```

(3) 발문을 표시하기 위해 사용할 기존의 텍스트뷰입니다. 발문이 뷰그룹의 정중앙에 위치하도록 조정합니다.

(4) 문제를 맞히거나 틀렸을 때 피드백을 주기 위한 이미지를 표시할 이미지뷰를 추가합니다. 여기서 scaleX, scaleY는 각각 가로(X축), 세로(Y축) 확대 비율을 지정하기 위해 사용하는 속성입니다.

여기서는 1.0으로 지정해 가로, 세로의 크기를 그대로 보이게 합니다. 이후 이미지뷰에 애니메이션을 적용해 이미지가 살짝 더 커지는 효과를 적용할 것입니다. 앞에서 추가한 이미지뷰에 벡터 이미지를 표시할 것이므로 제공된 SVG 파일(happy.svg, unhappy.svg)을 사용해 벡터 이미지 드로어블(ic_happy, ic_unhappy)를 생성합니다.

> 🔍 벡터 이미지 드로어블 생성과 관련된 설명은 날씨와 미세먼지 앱 프로젝트의 벡터 이미지 활용 파트를 참조하시기 바랍니다.

피드백 이미지 및 선택지 버튼에 애니메이션 효과 적용

마지막 개선 사항은 피드백 이미지를 출력하고 선택지 버튼과 피드백 이미지에 필요한 애니메이션 효과를 적용하는 것입니다. 먼저 퀴즈 풀이 프래그먼트에 애니메이션 재생과 관련된 속성을 추가합니다.

wikibook/learnandroid/quizquiz/QuizSolveFragment.kt

```kotlin
lateinit var listener : QuizSolveListener
lateinit var quiz : Quiz

// (1)
var answerSelected : Boolean = false

// (2)
val ANIM_DURATION : Long = 250L

// ...
```

(1) 이전과 같이 정답이 선택된 이후 바로 다음 문제 풀이로 넘어가지 않고 애니메이션 재생이 끝난 시점에 다음 문제로 넘어가도록 수정할 예정이므로 답을 선택했는지 여부를 저장할 속성을 추가합니다.

(2) 애니메이션 재생시간을 저장할 속성을 추가합니다. 여기서는 250밀리초(1/4초) 동안 재생하도록 재생시간을 설정합니다. 이후 애니메이션 재생과 관련된 코드를 작성합니다.

wikibook/learnandroid/quizquiz/QuizSolveFragment.kt

```kotlin
// (.. 이전 코드 생략 ..)

val answerSelectListener = View.OnClickListener {
    // (1)
    if(!answerSelected) {
        timer.cancel()
        val guess = (it as Button).text.toString()

        // (2)
        val image = view.findViewById<ImageView>(R.id.answer_feedback_image)
        if(quiz.answer == guess) {
            soundPool.play(correctAnswerSoundId, soundVolume, soundVolume, 1, 0, 1f)
            image.setImageResource(R.drawable.ic_happy)
        } else {
            soundPool.play(incorrectAnswerSoundId, soundVolume, soundVolume, 1, 0, 1f)
            image.setImageResource(R.drawable.ic_unhappy)
        }

        // (3)
        val imageAlphaAnimator = ObjectAnimator.ofFloat(image, "alpha", 0.0F, 1.0F)
        val imageScaleXAnimator = ObjectAnimator.ofFloat(image, "scaleX", 1.0F, 1.5F)
        val imageScaleYAnimator = ObjectAnimator.ofFloat(image, "scaleY", 1.0F, 1.5F)

        // (4)
        val animatorSet = AnimatorSet()
        animatorSet.playTogether(imageAlphaAnimator, imageScaleXAnimator, imageScaleYAnimator)
        animatorSet.duration = ANIM_DURATION
        animatorSet.interpolator = LinearInterpolator()
        animatorSet.start()
```

```
        // (5)
        Timer().schedule(object : TimerTask() {
            override fun run() {
                activity?.runOnUiThread { listener.onAnswerSelected(quiz.answer == guess) }
            }
        }, 1500)
    }

    answerSelected = true
}

// (.. 이후 코드 생략 ..)
```

(1) 정답을 선택했는지 여부를 검사해서 중복 실행을 방지합니다. 정답을 최초로 선택했을 때 실행해야 할 모든 코드가 실행된 후 해당 변숫값을 true로 변경하므로 이후 조건문 내부의 코드는 다시 실행되지 않습니다.

```
if(!answerSelected) {
    // ...
}

answerSelected = true
```

(2) 피드백 이미지의 참조를 가져와 **(3)**에서 정답 여부에 따라 보여줄 적절한 이미지 리소스를 지정합니다. 나중에 애니메이션 재생이 모두 끝난 시점 이후에 **onAnswerSelected** 메서드를 호출할 것이므로 기존에 작성했던 onAnswerSelected 메서드를 호출하는 코드는 삭제합니다.

```
val image = view.findViewById<ImageView>(R.id.answer_feedback_image)
if(quiz.answer == guess) {
    soundPool.play(correctAnswerSoundId, soundVolume, soundVolume, 1, 0, 1f)
    // 이미지뷰에 정답을 맞혔을 때 이미지 리소스 설정
    image.setImageResource(R.drawable.ic_happy)
} else {
    soundPool.play(incorrectAnswerSoundId, soundVolume, soundVolume, 1, 0, 1f)
    // 이미지뷰에 정답을 틀렸을 때 이미지 리소스 설정
    image.setImageResource(R.drawable.ic_unhappy)
}
```

(3) `ObjectAnimator`는 뷰에 적용한 임의의 속성값을 조정하는 방식으로 애니메이션 효과를 주기 위해 사용하는 클래스입니다. 여기서는 **ofFloat** 메서드를 호출해서 Float 타입의 값인 alpha, scaleX, scaleY값이 순차적으로 변경되며 조절될 수 있도록 Animator 객체를 생성합니다.

```
val imageAlphaAnimator = ObjectAnimator.ofFloat(image, "alpha", 0.0F, 1.0F)
val imageScaleXAnimator = ObjectAnimator.ofFloat(image, "scaleX", 1.0F, 1.5F)
val imageScaleYAnimator = ObjectAnimator.ofFloat(image, "scaleY", 1.0F, 1.5F)
```

ofFloat 메서드의 사용법과 인자는 다음과 같습니다.

```
ofFloat((a), (b), (c), (d))
```

(a) 애니메이션을 적용할 뷰 객체를 전달합니다.

(b) 애니메이션을 적용할 뷰 속성의 이름을 전달합니다.

(c), **(d)** 속성의 **시작값**과 **끝값**을 전달합니다.

(4) 이전에 XML 애니메이션 리소스를 생성하며 사용한 **set** 요소와 같은 역할을 수행하는 `AnimatorSet` 객체를 생성합니다. 동시에 **playTogether** 메서드를 호출하며 함께 재생할 모든 애니메이션 객체를 전달합니다.

이후 재생 시간 및 보간 방식을 설정하고 최종적으로 **start** 메서드를 호출해서 애니메이션 재생을 시작합니다.

```
val animatorSet = AnimatorSet()
// 재생할 모든 애니메이터 객체를 playTogether 메서드에 전달
animatorSet.playTogether(imageAlphaAnimator, imageScaleXAnimator, imageScaleYAnimator)
// 애니메이션 재생 시간 설정
animatorSet.duration = ANIM_DURATION
// 선형 보간 방식을 이용해 애니메이션을 재생
animatorSet.interpolator = LinearInterpolator()
animatorSet.start()
```

(5) 애니메이션 재생이 모두 끝난 후 약간의 시차를 두고 다음 문제 풀이 화면이나 결과 화면으로 넘어갈 수 있도록 1.5초 이후에 onAnswerSelected 메서드를 호출합니다.

```
Timer().schedule(object : TimerTask() {
    override fun run() {
        activity?.runOnUiThread { listener.onAnswerSelected(quiz.answer == guess) }
    }
}, 1500)
```

이후 앱을 실행해 답을 선택했을 때 적절한 피드백 이미지가 출력되고 애니메이션 효과가 적용되는지 여부를 확인합니다.

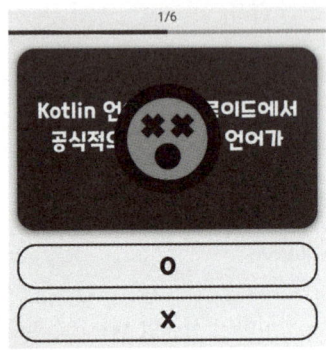

그림 5-22 피드백 이미지에 애니메이션 효과 적용

이제 앞에서 정의한 선택지 버튼에도 애니메이션 효과를 부여해서 버튼의 모습이 다른 모습으로 변환되는 전환 애니메이션이 재생될 수 있도록 수정하겠습니다.

res 폴더를 대상으로 오른쪽 마우스 버튼을 클릭하고 [New] → [Android Resource File]을 선택해 새 리소스 생성 창에서 다음과 같이 전환 애니메이션을 정의할 drawable 리소스를 생성합니다.

여기서는 [Root element]를 전환 애니메이션을 정의하기 위한 요소인 **transition**으로 선택하고 파일 생성을 완료합니다.

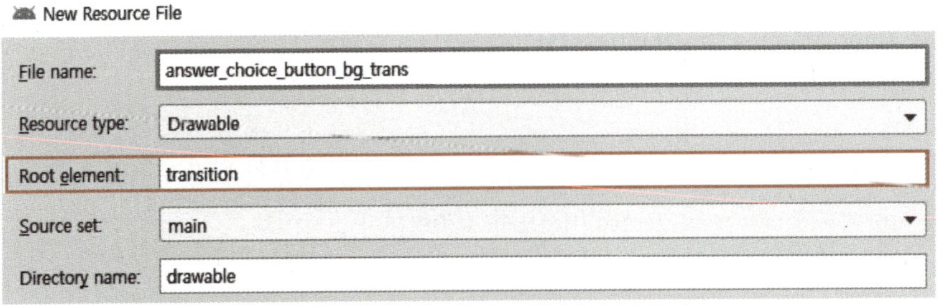

그림 5-23 전환 애니메이션을 위한 리소스 생성

생성한 드로어블 리소스 파일의 내용을 다음과 같이 작성합니다.

예제 5.30 애니메이션 시작되는 시점에 적용할 버튼의 배경 드로어블 리소스 정의

res/drawable/answer_choice_button_bg_trans.xml

```xml
<?xml version="1.0" encoding="UTF-8"?>
<transition xmlns:android="http://schemas.android.com/apk/res/android">
    <item android:drawable="@drawable/answer_choice_button_bg_trans_from" />  (1)
    <item android:drawable="@drawable/answer_choice_button_bg_trans_to" />    (2)
</transition>
```

전환 애니메이션을 기술해야 하므로 변환이 시작되기 전의 리소스 요소와 변환이 모두 진행된 이후의 두 개의 리소스 요소를 정의해야 합니다.

(1) 변환이 시작되기 전 모습을 기술하는 드로어블 리소스 요소를 정의합니다.

(2) 변환이 모두 진행된 후의 모습을 기술하는 드로어블 리소스 요소를 정의합니다.

변환이 시작되기 전의 모습을 기술하는 드로어블 리소스 파일의 내용은 다음과 같습니다.

예제 5.31 애니메이션 끝나는 시점에 적용할 버튼의 배경 드로어블 리소스 정의

res/drawable/answer_choice_button_bg_trans_from.xml

```xml
<?xml version="1.0" encoding="utf-8"?>
<shape xmlns:android="http://schemas.android.com/apk/res/android" android:shape="rectangle">
    <solid android:color="@color/answerChoiceButtonColorFrom" />
    <stroke android:width="2dp" android:color="@color/cardGradientFrom" />
    <corners android:radius= "20dp" />
</shape>
```

변환이 모두 진행된 후의 모습을 기술하는 드로어블 리소스 파일의 내용은 다음과 같습니다.

예제 5.32 버튼 배경 전환 내용을 기술할 드로어블 정의

res/drawable/answer_choice_button_bg_trans_to.xml

```xml
<?xml version="1.0" encoding="utf-8"?>
<shape xmlns:android="http://schemas.android.com/apk/res/android" android:shape="rectangle">
    <!-- 배경 색상 변경 -->
    <solid android:color="@color/answerChoiceButtonColorTo" />
    <!-- 선 색상 변경 -->
    <stroke android:width="2dp" android:color="@color/cardGradientTo" />
    <!-- 모서리의 둥글기 정도를 변경 -->
```

```xml
        <corners android:radius="0dp" />
</shape>
```

요소의 내용을 비교해서 살펴보면 선과 배경의 색상을 변하게 함과 동시에 버튼에 적용된 모서리의 둥글기 정도(**radius**)를 조정해서 둥근 형태의 모서리를 가진 버튼이 각이 진 모서리를 가진 버튼으로 변하도록 설정한 것을 확인할 수 있습니다.

stroke 요소의 **width** 속성은 그대로 뒀으므로 변환 후에도 버튼을 구성하는 선의 두께에는 차이가 없지만 원한다면 해당 값을 조정해서 더 두꺼워지거나 얇아지도록 조정할 수도 있습니다.

버튼 전환 애니메이션과 관련된 배경 색상은 다음과 같이 추가합니다.

res/values/colors.xml

```xml
<color name="answerChoiceButtonColorFrom">#00cfffc2</color>
<color name="answerChoiceButtonColorTo">#FFcfffc2</color>
```

마지막으로 버튼에 적용한 스타일 요소를 수정해서 앞에서 정의한 전환 애니메이션 드로어블 리소스를 배경으로 사용하도록 변경합니다.

res/values/styles.xml

```xml
<style name="AnswerButtonStyle">
    <!-- TransitionBackground 배경으로 변경 -->
    <item name="android:background">@drawable/answer_choice_button_bg_trans</item>
    <item name="android:fontFamily">@font/cookierun_bold</item>
    <item name="android:textSize">26sp</item>
    <item name="android:gravity">center</item>
    <item name="android:textColor">#000000</item>
</style>
```

이렇게 적용할 리소스만 변경한다고 해서 자동으로 애니메이션 재생이 이뤄지는 것은 아닙니다.

아무런 작업도 하지 않으면 **변환이 시작되기 전의 모습만 보여주기 때문에 최종적으로 코드를 통해 배경 객체(TransitionDrawable 타입)에 접근해 startTransition 메서드를 호출해야** 합니다.

wikibook/learnandroid/quizquiz/QuizSolveFragment.kt

```kotlin
val answerSelectListener = View.OnClickListener {
    if(!answerSelected) {
```

```
timer.cancel()
val guess = (it as Button).text.toString()

// (1)
val transition = it.background as TransitionDrawable
transition.startTransition(ANIM_DURATION.toInt())

// (.. 이후 코드 생략 ..)
```

(1) 버튼 뷰의 배경을 TransitionDrawable 타입으로 변환해서 접근합니다. 이후 재생 시간을 전달하며 **startTransition** 메서드를 호출합니다.

```
val transition = it.background as TransitionDrawable
transition.startTransition(ANIM_DURATION.toInt())
```

이후 앱을 실행해 결과를 살펴보면 다음의 화면 모습과 같이 변환이 시작되기 전 드로어블(answer_choice_button_bg_trans_from)에 정의한 모습에서 변환이 모두 진행된 후 드로어블(answer_choice_button_bg_trans_to)에 정의한 모습으로 전환되는 애니메이션 효과를 확인할 수 있습니다.

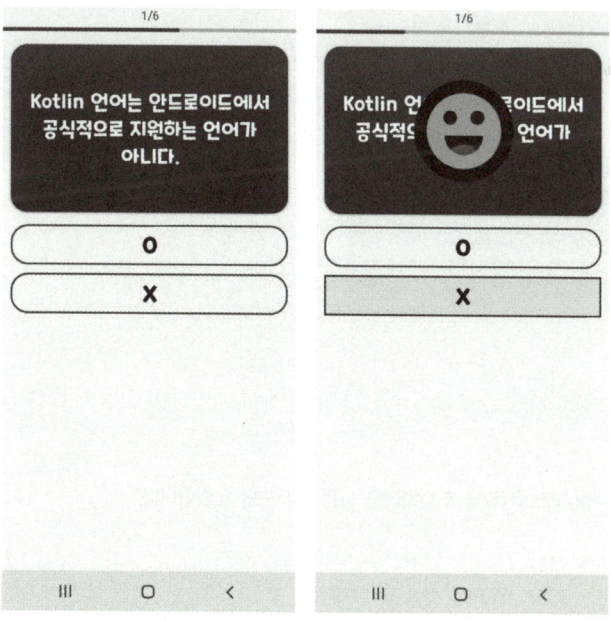

그림 5-24 애니메이션 효과가 적용된 화면

도전과제

Q1 _ 퀴즈를 틀렸을 때 피드백을 주기 위해 짧은 시간 동안 단말기가 진동하도록 수정하세요. (단, 진동 기능을 사용하기에 앞서 진동 관련 권한을 매니페스트 파일에 추가했는지 확인하기 바랍니다.)

```
<uses-permission android:name="android.permission.VIBRATE" />
```

Q2 _ 퀴즈 수정 화면에서 정답을 강조(다른 색상, 볼드 스타일 적용)해서 표시하도록 수정하세요.

힌트 _ 뷰의 텍스트 색상과 스타일을 조정하려면 다음 메서드를 호출합니다.

```
// view가 버튼이거나 EditText 뷰 객체라고 가정
// 강조하기 위해 텍스트 색상을 변경
view.setTextColor(Color.RED)
```

```
// 강조하기 위해 BOLD 스타일로 변경
view.setTypeface(null, Typeface.BOLD)
```

Q3 _ 퀴즈가 끝날 때마다 SharedPreferences를 통해 지금까지 푼 문제의 총 개수와 맞춘 개수를 저장하고, 갱신할 수 있게 하고 해당 내용을 다음과 같이 내비게이션 드로어의 헤더 영역에 표시하세요.

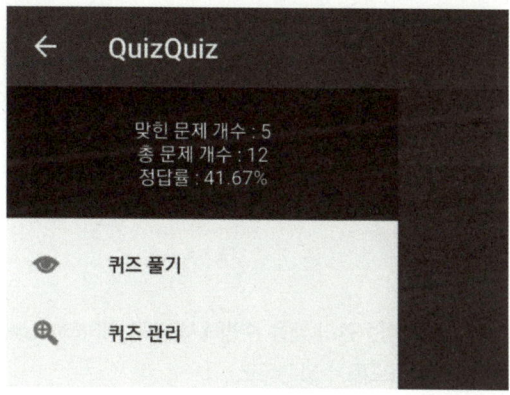

다음 코드는 설정한 헤더뷰에 접근하기 위해 사용한 코드입니다. 먼저 getHeaderView 메서드를 호출해서 헤더뷰에 접근하고 findViewById를 통해 내부 뷰에 접근합니다.

```
navView.getHeaderView(0).findViewById<TextView>(R.id.nav_header).text = "new text"
```

드로어가 열리는 시점에 헤더의 내용을 갱신하기 위해 다음과 같이 ActionBarDrawerToggle 생성 코드를 수정하고 주석에 필요한 코드를 작성하세요.

```
drawerToggle = object : ActionBarDrawerToggle(this, drawerLayout, R.string.drawer_open, R.string.drawer_close) {
    // 드로어가 열리는 시점에 호출되는 onDrawerOpened 콜백 메서드를 재정의
    override fun onDrawerOpened(drawerView: View){
        super.onDrawerOpened(drawerView)

        /* 여기에 필요한 코드를 작성 */
    }
}
```

Q4 _ 다음과 같이 퀴즈를 시작하기 전 풀 문제의 개수를 지정할 수 있도록 수정하세요. (단, 제공 가능한 문제의 총 개수가 요구하는 문제의 개수보다 적은 경우에는 주어진 문제를 모두 풀도록 구현하세요.)

Q5 _ 프로젝트2를 진행하며 작성한 명언 관리 앱을 수정해서 명언 데이터(Quote 데이터 클래스의 정보)를 데이터베이스를 사용해서 저장하도록 수정하세요.

A – E

abstract 키워드	209
Abstract method	209
Abstract property	217
AlertDialog	777
also 함수	154
AndroidManifest.xml	520
AndroidX	555
AnimatorSet	961
Anonymous function	129
ANR(Android Not Responding)	626
Any 클래스	215
Any 타입	40
API(Application Programming Interface)	620
app 네임스페이스	832
AppCompatActivity	461
apply 함수	153
argument	112
arithmetic operator	56
array	36
as 키워드	142, 229, 239
assignment operator	25, 60
AsyncTask	626
augmented assignment operator	60
AVD Manager	435
backing field	190
binary operator	56
Binder	737
bindService	737
break 명령어	103
BroadcastReceiver	746
built-in function	111
Bundle	486, 601
Button	503
Canvas	831
catch 블록의 중첩	345
CheckBox	508
Checked Exception	357
child class	199
class 키워드	164
ClassCastException 예외	240
companion object	304, 619
componentN 메서드	260
Console	17
const 키워드	307
constant	25
Context	474
continue 명령어	103
copy 메서드	254
CRUD	863
DAO 인터페이스	854
data 키워드	250
declare-styleable	822
deep copy	258
density bucket	456
dependencies 블록	529
design pattern	304
DialogFragment	777
Document	870
doInBackground	636
do – while 문	93
downcasting	229
Doze mode	767
DP	453
dp(density-independent pixel)	455
DrawerLayout	841
Editor	546
EditText	506
else	79
enum 키워드	274
epoch time	326
equals 메서드	251
Exception 클래스	341
expression	84, 117
Extension function	294

F – M

FAB(Floating Action Button)	908
File 클래스	402
finally 블록	349
findViewById	453, 463
for 문	93
forEach	383
Foreground Service	757

Fragment	591
FragmentManager	591
FragmentTransaction	598
FrameLayout	612
Functional Interface	248
Function overloading	144
Generic	359
getSystemService	694
Gradle	526
gravity	538
Gson	717
hashCode 메서드	261
Heap	252
higher-order function	126
HttpURLConnection	646
Identifier	445
if 문	75
if 표현식	81
ImageButton	504
ImageView	501
immutable collection	367
import 구문	140
in 연산자	67
infix 키워드	298
infix notation	298
Inheritance	199
init 블록	169
inner 키워드	288
inner class	286
Instance	161
Instantiation	161
Intent	557
intent-filter	522
interface 키워드	217
is 연산자	88
is 키워드	226
Iterable 인터페이스	394
Jackson 라이브러리	655
Java Development Kit	12
java.io 패키지	415
JDK	12
JSON	651
JSON(JavaScript Object Notation)	654
JvmField	307
keyword	28
Kotlin	4
Lambda function	126
lateinit 키워드	197
Launcher Icon	523
layout_gravity	490, 538
LayoutInflater	568
layout_margin	538
layout_padding	538
lazy 키워드	195
let 함수	150
Lifecycle	476
LinearLayout	489
List	368
listOf	372
loadAnimation	708
local function	137
LocationListener	694
LocationManager	693
Logcat	434
logical operator	64
main 함수	111
Map	378
mapOf 함수	380
math 패키지	317
MediaPlayer	795
MenuInflater	934
MenuItem	846, 932
method	164
MIME 타입	583, 587
mutable collection	367
mutableListOf 함수	368
mutableMapOf 함수	378

N – R

Named arguments	124, 179
Navigation Drawer	817, 839
NavigationView	841
nested class	286
non-null type	46

Notification bar	765
NotificationManager	770
not-null assertion	50
null	46
null 안전 연산자	47
null 허용 타입	46
Nullable 타입	45
nullable type	46
null safety operator	47
object 키워드	245
ObjectAnimator	961
ObjectMapper	657
Object-Oriented Programming	159
ObjectOutputStream 클래스	408
onActivityResult	917
onAttach	609
onBind	737
OnClickListener	466
onCreate	461, 477
onCreateView	596
onDestroy	477
onLocationChanged	694
onPageSelected	687
open 키워드	202
operator	56
orientation	490
overflow	59
override 키워드	205
Paint 객체	827
Pair 클래스	378
parameter	112
Parcelable	558, 857
parent class	199
PendingIntent	765, 813
Preference FragmentCompat	800
PreferenceScreen	803
primary action	908
primary constructor	167
Primary Key	855
println	17
private	183
Procedure	110
ProgressBar	634
property	164
protected	183
public	183
putParcelable	879
Qualified this	289
R 클래스	452
RadioButton	509
RatingBar	951
Raw String	33
readLine	19
RecyclerView	555, 887
Refactor	534
registerReceiver	746
RelativeLayout	489, 494
request code	917
requestPermissions	697
Retrofit	715
return 명령어	113
R.java	451
Room 라이브러리	852
run 함수	152
runOnUiThread	631

S - Z

Safe-call operator	49
SAM 변환	249
SAM Conversion	249
scope function	150
ScrollView	615
SDK	528
sealed 키워드	280
secondary constructor	172
sendBroadcast	744
Serializable 인터페이스	408
Set	381
setContentView	461
shallow copy	255
SharedPreferences	544
Single Abstract Method	248
singleton pattern	301
Smart cast	237

SoundPool	795	View Group	442
sp	458	ViewPager	684
Spinner	510	visibility	643
SQLite	544, 852	visibility modifier	183
Stack trace	342	weightSum	492
startActivity	558	when – case 표현식	85
startActivityForResult	916	while 문	91
startAnimation	709	with 함수	152
startForegroundService	774	XML	439
startService	752	XML 애셋	864
startTransition	964		
statement	84		
String template	34		
super 키워드	204		
SVG 포맷	711		
temporary scope	150		
TextView	500		
theme	820		
this 키워드	172, 180		
throw 키워드	352		
ToggleButton	505		
Toolbar	817		
toString 메서드	251		
TransitionDrawable	964		
try – catch 표현식	339		
UI 스레드	631		
unary operator	61		
Unchecked Exception	357		
underflow	59		
Unit 타입	116		
until 함수	79, 96		
upcasting	229		
upper bound	364		
URL	623		
use 확장 함수	351		
usesCleartextTraffic	625		
uses-permission	624		
val	27		
var	25		
vararg 키워드	120		
variable	24		
Vibrator	765		
View	442		

ㄱ - ㅂ

가변 인자	120
가변 컬렉션	367
가상 단말기	434, 438
개발자 모드	435
객체지향 프로그래밍	159
게터 메서드	189
고차 함수	126
과학적 표기법	30
구문	84
구분 단위	456
구현 메서드	216
권한	624
그러데이션	701
그레이들	526
기본 인자값	118
기본 패키지	427
깊은 복사	258
난수 클래스	322
날짜 클래스	323
내부 클래스	286
내비게이션 드로어	817, 839
논리값	64
논리 연산자	64
다운캐스팅	229
다이얼로그 프래그먼트	777
다중 상속	204, 220
다형성	233
단축 연산자	60
단항 연산자	61
대입 연산자	25, 60
데이터베이스	852
데이터 유실 문제	485
데이터 클래스	250
도즈 모드	767
동등 비교 연산자(==)	253
동적 생성된 뷰	513
드로어블(drawable) 리소스	702
디렉터리	414
디자인 패턴	304
람다 함수	126
래스터 이미지(비트맵 이미지)	710
런처 아이콘	523
레이아웃 매니저	562
레이아웃 파일	442
로그 메시지	434, 469
로그캣	434, 469
로컬 함수	137
리소스 식별자	452
리소스 파일	446
리스트	368
마커 인터페이스	413
매개변수	112
매니페스트 파일	520
맵	378
메뉴 리소스	842
메서드	164
메서드 오버라이드	205
메서드 오버로딩	208
메인 스레드	628, 869
명명 규칙	28
명명 인자	124, 179
명시적 인텐트	556
모델링	159
모듈 레벨 그레이들 파일	555
무한 반복	92
문자열 템플릿	34
문자열(String) 타입	32
바운드 서비스	735
바인딩	737
반복문	91
배열	36
배열 리소스	510
범위 함수	150
범위(Range) 객체	67, 69, 94
벡터 드로어블	711
벡터 이미지	711
변수	24
별칭	142
별표 기호(*)	141
보간 방식	707
보조 생성자	172
복합 대입 연산자	60
봉인(sealed) 클래스	280
부모 클래스	199
분기문	74
불리언(Boolean) 타입	35

불변 컬렉션	367
뷰	442
뷰그룹	442
뷰 컴포넌트	441
뷰 홀더	562
브로드캐스트 리시버	743
비교 연산자	62
비동기 작업	626
빌트인 함수	111

ㅅ – ㅈ

사용자 인터페이스	441
산술 연산자	56
삼항 연산자	81
상대 레이아웃	494
상속	199
상수	25
상태바	765
색상값	448
생명주기	476
생성자	166
서비스	734
선형 레이아웃	489
설정 프래그먼트	800
세터 메서드	189
속성	164
속성값 초기화 작업	169
스마트 캐스트	237
스와이프	684
스타일 리소스	947
스택 트레이스	342
시스템 내부 이벤트	755
시스템 클래스	326
시작 서비스	735
시작 액티비티	426, 460
식별자	445
실수형 다입	30
싱글턴 패턴	301, 863
안드로이드 소프트웨어 개발 키트	528
안드로이드 스튜디오	420
안전 호출 연산자	49

알람 매니저	766
알림 채널	770
알림(Notification) 객체	770
암시적 인텐트	579
암시적(Implicit) 인텐트	557
애너테이션	717, 854
애니메이션 드로어블	964
애니메이션 리소스	705
애셋 폴더	865
액션바	930
액티비티	475
액티비티 생명주기	475
액티비티 재생성	485
얕은 복사	255
언더플로	59
언체크 예외	357
업캐스팅	229
에포크 시간	326
엔트리 포인트 함수	111
엔티티 클래스	854
엘비스(Elvis) 연산자	49
역직렬화	654
연산자	56
연산자 우선순위	71
열거형(enumerate) 클래스	274
예외 블랙홀	349
예외 처리	336
예외 클래스	355
오버플로	59
오버플로 메뉴	932
외부 클래스	287
요청 코드	694, 917
원시(Primitive) 타입	38
위험한(dangerous) 권한	690
이름 충돌	143
이벤트 소스	465
이벤트	465
이벤트 리스너	465
이스케이프(Escape) 문자	32
이진 파일 입출력	408
이항 연산자	56
익명 클래스	245
익명 함수	129

인덱스	37
인덱스 접근 연산자	37, 65
인스턴스	161
인스턴스화	161
인자	112
인터페이스	216
인텐트	557
인텐트 필터	746
인텔리J IDEA	4
일반적(normal)인 권한	690
임시 환경	150
자격 있는 this	289
자동 코드 생성	857
자료형	25
자바 개발 도구	12
자식 클래스	199
작업 스레드	869
전개 연산자	122
전환 애니메이션	944
절차지향 프로그래밍 언어	110
접근 제어자	183
정수형 타입	29
제네릭	359
제네릭 함수	364
조건식	91
주 생성자	167
주석	52
주 키	855
중위 표기법	298
중첩 반복문	99
중첩 뷰그룹	497
중첩 클래스	286
직렬화(Serialization) 작업	408
진행 상태 바	634
집합	381

ㅊ - ㅎ

참조 비교 연산자(===)	252
체크 예외	357
최상위 뷰	442
최소 API 레벨	428
추상 메서드	209, 216
추상 속성	217
추상(Abstract) 클래스	209
카드뷰	955
카멜케이스(camelCase) 표기법	28
칼럼	856
캐스팅	229
커스텀 뷰	821
커스텀 속성	822
커스텀 폰트	946
컬렉션 순회	101
코틀린	4
콘솔	17
쿼리 스트링	622, 717
클래스	164
키워드	28
타이머 객체	940
타입	25
타입 변환	41, 226, 229
타입의 상한	364
타입 정보 매개변수화	359
타입 확인	226
테이블	855
텍스트 파일 입출력	405
토스트	469
통합 개발 환경	4
툴 바	817
파일 입출력	402
패키지	138
평점바	951
포어그라운드 서비스	757
표현식	84, 117
프래그먼트	591
프로그래밍 패러다임	159
프로시저	110
프로젝트(Project) 패널	433
필터링	472
하나의 추상 메서드	248
하위 패키지	138
함수	110
함수 몸체	218
함수 오버로딩	144
함수 참조 연산자	146
함수 축약	117

함수 타입	127
함수 타입 추론	130
함수형 인터페이스	248, 467
함수 호출 스택	345
햄버거 아이콘	817
호스트 액티비티	597
호스트 프래그먼트	873
화면 밀도	456
화살표 기호	85
확장 함수	294
환경변수	328
힙	252